KB018711

老 孫 兵 談

老 노 孫 손
兵 병 談 담

이창선 글

손자병법의 형성 과정을 추적한 서사
장장본 위서 논쟁을 중심으로, 老子와 孫子의 대화를 통해
손자 82편의 비밀 코드를 풀다

우물이 있는 집

老孫兵談 노손병담

초판 1쇄 발행 2022년 10월 15일

지은이 | 이창선
편   집 | 강완구
디자인 | S 디자인

펴낸이 | 강완구
펴낸곳 | 써네스트
브랜드 | 우물이있는집

출판등록 | 2005년 7월 13일 제2017-000293호
주   소 | 서울시 마포구 망원로 94, 2층 203호 (망원동)
전   화 | 02-332-9384
팩   스 | 0303-0006-9384
홈페이지 | www.sunest.co.kr

I S B N | 979-11-90631-55-6(93150)

to My grandchildren, Jack, Penny, Darwin and Eddie

기원전 484년 자강子疆은 한 꾸러미의 죽간을 메고 언덕을 오르고 있었다. 이미 초여름으로 접어든 산동 치박淄博의 들판은 메밀 향기와 쑥 향이 어울려져 바람에 이리저리 흘러 다녔다. 붉은 수수와 푸른 보리 물결이 보랏빛이 되어 그의 등 뒤로 눕고 일어서는데 바람 소리는 들리지 않았다. 흙먼지로 석고처럼 굳은 그의 투발 상투 아래 귀밑으로 흐르는 땀의 짭짤 달큰한 맛이 입으로 흘러들었다. 등에 찬 비파형 청동검에 권죽卷竹을 말아 틀어 엮은 옷매무새는 언제나 단정했다.

　궁전에 가득한 우竽의 메아리가 아직도 귀에 울렸다. 오묘한 화음은 망자들을 위안했다. 작년 증조부인 전희자田僖子의 장례가 여태 진행 중이었다. 머리의 흰 두건은 아직 풀지 못했다. 태산 남쪽 사면에 와지선을 따라 흐르는 모문하牟汶河는 삼 년 전 대홍수에 유로를 바꾼 황하黃河가 역류하고 있었다. 산이 무너지고 물은 넘쳤다. 사람도 자연처럼 노골적인 패권으로 가며, 백성은 어육이 되고 밭을 갈지 못해 중원은 황폐했다. 물이 잠시 맑아지는가 했더니 낯선 돛의 선박이 나타나면서 궐 망대 위로 취라치吹螺

赤의 대나각大螺角 소리가 그치지 않았다.

그는 유실된 도로가 끝난 물가로 내려왔다. 타고 다니던 혁차革車는 교통 체증으로 무질서하게 다른 사차駟車와 섞여 노변에 기울어져 있었다. 급히 임치로 퇴각하여 재편성하라는 부절符節이 전해져 혼란한 후퇴의 와중이었다. 치중대와 전투 사차가 얽혀 진을 이루지 못하고, 전에 사마양저司馬穰苴가 잡아 온 노에 전민戰民은 모두 달아나고 보이지 않았다. 주변에 죽은 말들의 썩는 냄새가 진동했다.

몸에 지녔던 패옥佩玉을 부수라는 명령을 받았다. 후퇴 신호인 쇠북 소리는 더 이상 들리지 않았다. 급한 대로 자강은 비밀 부결符決을 태웠다. 마르지 않은 청죽青竹에 마혈로 쓴 죽간은 잘 타지 않았다. 화정火鼎에 던져 넣으려던 참에, 잠시 망설인 것은 그가 지금까지 써 온 "82편"을 손에 들었을 때였다. 천막 안으로 머리를 민 비린내 나는 사내들이 들이닥쳤다. 자강이 끌려간 물가에는 검은 돛을 단 낯선 배들이 끝없이 들어오고 있었다.

일러두기

〈老孫兵談〉은 〈손자병법〉의 원적原籍을 파악하고, 전래하며 연변演變한 근거를 추적하려 저술하였다. 〈사기〉의 "손자 13편", 〈한서, 예문지〉의 "손무병법 82편과 도록 9편, 제손자병법 89편" 그리고 현 중국 손자학회에서 위서僞書로 취급하는 〈손무병법 82편, 일명 장장본張藏本 손자병법〉의 모순을 해체하며, 이용할 수 있는 동아시아 특정 영역과 한적漢籍의 말뭉치(textual corpus) 집합을 분석하고 필연적으로 접근하게 되는 손자병법 저자의 정체를 수렴한다.

1. 이 책은 장장본의 발견과 발굴 죽간의 비교, 한신비주, 도가와 병가의 경전 교차 해석 (老孫兵談) 원문 번역(부록) 순으로 전개된다. 기원전 1~2세기로 추정된 노자 백서 帛書 도덕경과 손자 장장본 비교는 사상이 전이된 알고리즘 맥락에서 교감하되,
   가. 불확실한 손자의 생몰 연대를 추적하여 82편과 죽간 12편*, 전래한 13편의 성립 과정을 재설정하고, 장장본에 보이는 "제안성간齊安城簡"을 분석하여 "손빈병법"의 허구성을 제고한다.
   나. 은작산 갱묘 출토 죽간에서 〈손자병법〉 해당 부분은 사실상 12편이나, 죽간정리소조는 13편으로 발표하며 "지형편"을 잔멸한 것으로 간주했다. 편수는 편제 목록이 적힌 목독의 해석에 따라 다르다.
   다. 죽간에서 종이로 한적들이 필사된 시기인 서기 3세기의 인물들, 조조曹操와 장로張魯, 서기 399년 손자의 후손으로 자처한 손은孫恩(? ~ 402)의 흔적을 찾고, 위화존魏華存에 의한 도교의 여성화와 비전非戰 사상의 발원을 살핀다.
   라. 손무가 병법을 기술한 경림景林(지금의 강소성 소주시 太湖의 西山島)을 돌아보고, 손은의 도교道教 반란 경험이 병법에 남긴 흔적을 〈장장본〉에서 찾아본다. 또한, 손자의 후손이라고 주장한 손성연孫星衍(1753~1818)의 〈손자집주孫子集註〉 일명 〈손교본〉에 나타난 죽간과의 연결 고리를 추정한다.
   마. 필사한 〈장장본〉과 은작산 한묘 발굴 죽간 손자의 비교 해석에서 우선은 죽간의 문장과 문리에 맞도록 했다.
   바. 〈죽간 손자〉와 조주본曹註本(曹操, 魏武帝孫子註) 이후에 전래한 통행본 〈손자병법 13편〉의 교감은 저자의 다른 저서 〈竹簡孫子論變〉에 있다.

2. 중심 텍스트는 은작산 한묘 죽간 〈손자병법〉과 장장본 〈손무 병법 82편, 한신 비주〉이고, 이를 현재 통행하는 손자 전래본과 비교하되,
   가. 약칭 "장장본 또는 장가본"은 1996년 서안西安 장씨 가문에서 내놓은 "西安 張氏家藏 周書漢簡抄本 〈孫武兵法〉82 篇"을, "한신주"는 장장본에 같이 전수한 한초왕漢楚王 한신韓信의 비주批註이며, "죽간본"은 1972년 은작산 한묘 발굴 죽간을 해독한 중국 군사과학원 손자학회 죽간정리소조의 1985년 정황간개와 일명 "吳九龍 사본"을 말한다.

나. 장장본에 보이는 괄호【孫】는 원본(장장본 초본, 한신비주, 죽간)에는 없으나 문맥과 문리상 있어야 할 단어이다.

다. "전래본"은 송나라 이후 판각된 11家注를 말하며, 지난 200여 년간 전 세계에 퍼져 번역의 저본이 된 청나라 〈손교본〉은 별도로 명시했다.

라. 괄호【□】는 문맥상 글자가 있었던 자리이고, 기호 ☒는 현존하지 않아 뜻을 알 수 없는 글자로 추정되는 글자는 (괄호 안)에 표기했다. 기호 □는 잔멸되었으나 추론으로 채울 수 있는 합리적 글자가 자리한 곳이다.

마. "缺文"이란 죽간과 장장본 수초본手抄本에서 잔멸된 문장이고 "없음"은 잔멸의 여부도 알 수 없는 문장을 말한다.

바. 殘缺이 심하여 문맥과 문리를 이루지 못하면 해석을 두지 않았다.

사. 문장 중 후미에 "*"표시는 저자 첨언과 주장이다.

例: 죽간 손자 12편*(손자 13편과는 다른 주장)

아. 인용한 〈도덕경〉 帛書本은 서로 다른 시기에 출토한 甲本과 乙本을 보완했다.

자. 비슷한 시기 성립했으나 발견 시간이 2,200년의 격차가 있는 한묘 죽간(기원전 2세기)과 장장본(20세기초 필사)을 비교하면서 죽간에 잔멸한 부분에 문리와 문맥에 맞는 문장이 장장본에서 발견되면 번역은 장장본의 문맥과 문리를 따랐다.

차. 제안성간齊安城簡으로 여겨지는 손빈 죽간의 재구성(Reconstruction)은 張震澤의 〈孫臏兵法校理1983, 1984〉, 劉新建의 〈孫臏兵法新編註釋 1989〉, 趙逵夫의 〈孫臏兵法校補, 簡牘學硏究 2002〉의 해독과 劉殿爵, Rodger T. Ames의 영문 번역을 참고했으나 많은 부분 해석을 달리했다.

카. 重慶의 재야 학자인 오송림吳松霖의 장장본 초본 편찬은 江湖에 비전秘傳하여 전체 사본을 얻기 어려웠다. 온전한 장장본은 茅山派 道家에 秘藏되어 있다고 알려져 있다.

* 죽간 손자병법 12편은 산동 린이시 은작산 한묘에서 나온 죽간으로 중국 군사 과학원 죽간정리소조의 주장은 발견되지 않은 "지형편"을 포함 13편으로 발표했다.

* 은작산 한묘 출토 "손빈병법"은 한신이 기술한 "齊安城簡"과 같아 조작의 의심을 받는다.

3. 손무 시대의 역사, 공간 배경이 되는 다음의 실증적 추론과 가설을 기존 전승사서(左傳, 史記, 漢書, 後漢書, 三國志 등)와 대비시켰다.

가. 춘추 말 오나라의 정치적 중심은 지금의 동중국해에 있었다.

나. 내 나라(邘國), 픔(吳)國, 야마타이(타이완, 琉球)는 육지로 연결되어 지금의 해안선과는 달랐고, 오스트로네시안의 서태평양 진출로 형성된 해양 제국이었다.

다. 서해와 동중국해는 부정기적으로 침몰하여 해수면이 차올라 기원전 11세기 부터 서기 3세기까지의 역사 지리 서술과 해석에 혼란을 불러왔다.

차례

들어가면서

1

〈노손병담〉은 위서 논쟁의 와중에 있는 〈손무병법 82편〉 일명 "장장본"에 숨겨진 코드를 풀려는 시도에서 쓰였다. 저자의 비재함을 돌아보지 못한 대담한 시도였기에 강호의 명철한 독자들이 보게 될 우매한 오언傲言에 두려운 마음이다. "손무"를 읽다 보면 도가道家의 마법적 직관에 몸을 떨게 된다. 죽간에서 필사한 초본으로 전해진 손무병법 82편, 일명 장장본은 지금 중국 손자학회로부터는 추방된 위서이다. 문화 혁명의 마지막 물결이 휩쓸었던 1972년 4월 홍위병 난동의 와중에 산동 은작산에서 발견된 손자, 손빈 병법은 어떠한가? 묘갱에 흩어진 죽간들은 "흙탕물에서 물고기 잡듯이" 건져 올려 급하게 자루에 퍼담은 것들이다. 또한 죽간의 배열이나 초기 예서隸書에서 현대 전승 한자로 옮겨지는 과정의 실수나 착오도 강호江湖의 독자가 참을 수 있는 인내선을 넘어서 있다. 저자는 위서 소송으로 얼룩진 중국 내의 양측 진영 어느 쪽도 가담하지 않는다. 다만, 서적의 진위를 떠나서 "문구"에 포함한 形, 勢, 理를 조심스럽게 파악해서 독자의 공감에 호소하고 싶다.

시간의 더께로 덮인 우연한 부분에서 바라본 찬란한 사색의 단면은 중화 문명의 면면綿綿함에 숙연한 마음이지만, 아울러 우리를 참신한 거짓에 매혹되게 한다. 허위 속에는 경건한 오류도 들어 있으니 함부로 들추어내어 재단裁斷하지 말아야 한다. 문구에 들어 있는 시대적 착오나, 생존을 위해 부득이했던 생계를 잇는 마중물들은 투명하게 덮어둔다. 그러나 중국 고대 역사의 척추를 이루는 〈史記〉의 권력적 무오류성을 기반으로 파생하는 수많은 문제를 다루기에 저자는 역부족이지만, 경이 다른 경을 제어하는 패권적 해석에는 반대하지 않을 수 없다. 경전을 통한 "역사의 제국성"을 경계하지 않을 수 없다. 힘이 없어 산속에 숨겨져 결국 산자이(山寨, 짝퉁)가 되어버린 〈병법〉에서 오히려 원류를 발견할 수 있다면, 궁정에서 권력자에게 바쳐진 〈병법〉은 어떻게 봐줘야 하나?

이 책은 장장본의 위서 논쟁에서 약점으로 알려진 도가적 색채나, 도교 문구에 다시 주목한다. 인문과 신화가 나선을 그리는 자리에 손자와 노자라는 두 법신을 초대했다. 이이李耳(노자)의 반전 평화 사상을 학습한 손무孫武(손자)가 피 묻은 과거를 회상하며 고뇌와 자괴감으로 후세에 전할 글을 썼다. 손무 역시 노예로 끌려 온 전민戰民이었다. 전쟁에 끌려가지 않은 난쟁이 유자[侏儒]들이 옆에서 그를 도왔다. 주유들이 얇게 자른 청죽青竹을 [1]삶아 말리는 동안 그는 망설이고 또 망설였다. 글을 배운 노예들이 간편簡片을 엮어 하나의 책册을 만들면 그는 다시 음살陰殺이 가득한 책략들을 과연 세상에 전 해야 하는지 주저하고 또 주저했다. 결국 세상에 경고하고 싶은 말들로 요약한 죽간縮簡을 만들고 세상에 전할 12편(또는 13편)과 집안에 깊이 비밀로 간직해 전승할 82편을 나누어 산책删册했다. 그러나 그의 염려대로 13편은 조조曹操에 의해 더욱 호전적으로 되어 권력자의 정치성을 옹호하고 말았다. 인민이 바라본 역사 정통에 권력자의 초조한 도통 계승의 의자는 없다. 황제의 자리가 바뀌면 세전世傳한 〈병법〉은 권력에 복

---

1) "청죽"은 죽간의 제작 과정에서 삶기 전의 죽간을 말한다. 〈後漢書, 吳佑傳〉에 "오우의 아버지 오회가 경서를 쓰려고 죽간을 "살청殺青"했다라는 말이 보인다. "恢(吳恢) 欲殺青簡以寫經書" 李賢注 "殺青者, 以火炙簡令汗, 取其青易書, 復不蠹, 謂之殺青, 亦謂汗簡.

무하고, 가전家傳한 <병법>은 계급 투쟁의 무장력으로 도교의 비술이 되었다. 13편을 종이로 옮겨 적으며 산동의 군사 천재들은 왕후장상의 주변을 돌고, 숨겨진 82편은 도교의 아이돌 신선의 손에 외단外丹의 모습으로 남았다. 땅에 금을 긋고 전쟁을 바라보면서 도사들은 "병법"이라는 싸움의 책에 부적을 붙인다.

손자는 도망친 자[孫者]였다. 齊와 吳 사이 그의 행적은 오늘날 독자들의 추적 대상이 아니다. 황하黃河를 내려와 회수淮水를 건너고 장강長江에서 배를 돌릴 때, 거미줄 같은 운하를 오가는 누선樓船 바닥에 그는 잡혀 있었다. 바닷속으로 가라앉는 거대한 오나라는 숨을 곳이 많았다. 제후들은 빅데이터로 그를 추적했다. 그가 진설한 비책秘策이 패권 욕망을 자극했고 다른 제후에 간다면 그를 죽여야 했다. 손무는 그 당시 노예에서 막 벗어난 유랑객이었다. Deep State(內朝)인 고소성姑蘇城의 전쟁광들과 임치臨淄의 육식자들을[2] 타이르고 싸움을 말리고 싶었다. 그가 쓰고 싶은 책은 군대의 해체를 논하는 "차병서次兵書"였다. 그래서 싸움에 이길 궁리로 혈안이 된 권력자들에게 해 줄 수 있는 말은 이중적이었다. 모두 싸우지 말라는 충고였고 백성의 고통을 생각하라는 고언苦言이었다. 그의 불안한 생애와 행적은 꼬리를 따라붙는 둔주곡遁走曲처럼 역사서에 나타났다.

사마천은 그가 궁녀를 훈련했다고 조롱한다. 元 시대의 소극笑劇으로 널리 퍼진 이 이야기가 사마천의 작作인지 술述인지 알 수 없다. 불알이 없는 그가 상상할만한 일이다. <사기>의 한대 죽간이 나오기 전에는 아마도, 위진魏晋 이후에 필사 제본되고 송대에 판각한 <사기>가 대부분이므로 후궁의 목을 자른 이 잔인한 사건의 진위를 밝힐 수는 없다. 그러나 사마천의

---

2) 육식자, 전쟁을 모의 하는 귀족들, 참조 : <좌전> 장공 10년 기록

중화 애국주의적 필법으로 보건대 손자의 반전사상을 영웅호걸의 대 로망에 접합하기가 어려웠다. 거짓은 주머니의 송곳 같이 뚫고 나온다. <손자병법>에 대한 한漢 유자儒者들의 태도는 냉담했고 병법을 유학적 설계로 바꾸어갔다. 그러나 후대에는 마침내 손자를 "병성兵聖"의 자리에 추대함으로써 그의 도망자 행각은 사면받는다.

그의 오나라 복무는 허망한 전설이 될지 모른다. 세전한 13편 죽간은 한나라 군유軍儒들의 세련된 사색으로 다듬어져 갔다. 천인 감응설로 병법의 운명적 설계가 가능했고 점을 치던 술사들은 군진에서 쫓겨났다. 가전한 82편 죽간은 방사들의 손에 은밀히 넘겨졌다. 무도한 세상이 되어 좀비(行尸)와 공시公尸들이 편파적 공론을 만들고 위세와 복을 함부로 농단하면 밀봉된 음살의 기운이 풀리게 시한 뇌관을 걸어두었다. 하늘에 부합한 천당天當의 논리가 민란 때마다 격문으로 나부꼈다. 가까운 태평천국에 이르자 항주杭州의 문란각장서루文瀾閣藏書樓에 소장된 사고전서四庫全書가 약탈당하여 민간에 흩어지면서 <손자병법 13편>은 전 세계로 퍼져나가 세전의 망극罔極에 이르렀다.

가전 죽간은 어디로 갔나? 중화 굴치의 200년을 겪으며 난세에 음살의 기운이 풀려난 것일까? 약탈자들은 다행히도 황금은 가져가도 거무튀튀한 땔나무 같은 죽간은 거들떠보지 않았다. 예시預示한 시간이 다가오고 있었다. 군벌의 패악과 홍위병의 난동에도 가까스로 살아남았으나 자신의 정체를 밝힐 수 없어 행로는 험난했다. 세상에 공개한 죽간 초본은 허술하고 내용은 2천여 년의 시차 적응이 안 되어 조롱받았다. 세전 13편이 온 누리에 퍼져 존경받는 차에, 이런 발칙한 위서는 "손자의 권위자"들을 충분히 분노케 했다. 더구나 죽서竹書의 소장자가 신중국에서 당성을 의심받았다면 그의 수장품 역시 불온한 것이었다. 찬란한 중화역사를 교란하고 인민에 위해를 가할 반혁명적 위서의 도장이 표지에 찍혔다. <82편>은 "산자이山寨"의 불명예를 안고 다시 깊은 어둠 속에 봉인되었다.

저자는 <손자병법>의 애독자로서 이 놀라운 경전이 축복으로 우리 손에 있는 이상 經의 어두운 과거를 비난할 생각은 추호도 없다. 이 책의 저술 목적이 특정한 의도를 가진 것은 더욱 아니다. 다만 經의 요건인 품위(雅) 있고, 사색이 통달(達)하여, 신뢰(信)할 수 있다면, 그래서 읽어 기쁘고 즐겁다면 우리가 모두 나누어야 할 유산이기 때문이다. 13편과 82편 모두 전傳하여진 과정의 고통과 험로를 이해하면서 더 깊은 존경과 사랑을 바친다.

2

1장은 장장본의 발견과 위서 논쟁의 배경을 기술했다. 장장본의 초사본을 구해 사진을 해독하는 것이 어려웠다. iCloud에 저장된 중화권 연구가들의 사본은 약간씩 다르다. 여러 개의 사본 중 전체 맥락이 통하는 자료를 취했으나 진위를 판별할 수는 없었다. 가장 중요하다고 여긴 텍스트는 손무의 맏아들 손치가 썼다는 <입언>에 보이는 단서였다. 글자 하나하나가 스치고 지나갈 수 없는 수수께끼와 힌트를 담고 있었다.

2008년 여름 장장본을 평가하고 발문跋文을 쓴 중경重慶의 오송림吳松霖은 발문 수정문에서, 장장본이 위서가 아님을 강변하고 중국 손자학회를 질타하고 있다. 장장본 초본을 질서 있게 배열한 것은 오선생의 공이다. 그는 <손자병법>이 실체적 경험을 가진 역사적 인물들과 학자들에 의해 점차 발전 형성되었다고 말하며 장량張良, 한신韓信, 양복楊樸, 임굉任宏, 유향劉向, 유흠劉歆 등에 의해 다듬어졌다고 주장한다.

저자는 장장본 82편에서 13편으로 축간되는 과정을 추적했다. 특히 도교 사상이 지역 컬트(Cults)와 융합하는 시점인 3~4세기에 나타난 사회 현상을 기술하고 가전한 82편과 세전한 13편의 운명을 논했다. 축간이 진행되며 작용한 요소를 관찰함에 음양오행의 순환성과 생극生克을 도입했다. 13편으로의 성립은 갑자기 어느 한 사람에 의한 것이 아니라 수많은 사람의 손을 거쳤다는 증거를 모았다.

2장에서는 사서에 기술한 손자의 일생과 여러 손 씨 계파의 족보, 장장본의 서술을 재고하여 그의 생애를 재조정한다. 중국 사서의 오류와 혼돈을 정리할 수는 없으나, 유물론적 중국 학계의 논리보다는 실증을 토대로 손자世系의 혼란을 응시했다. 손무의 경험이 반영된 병법 문구를 대조하고 글자가 연변 한 까닭을 밝히면서, 손무가 "애릉 전투"의 포로였다는 가설을 세웠다. 이 가설은 손무 생애의 사라진 연결 고리를 만들어 그의 실체를 복원하는 데 중요했다. 이 과정에서 손무가 활동한 오나라의 실체적 모습을 의심하고 동중국해에 침몰한 해양 제국론을 제기했다.

장장본과 은작산 죽간과의 관계로 나타난 손빈병법 허구성의 공감은 독자의 몫이다. 손빈은 지금까지의 모습으로는 파악되지 않는 모순된 인물이었다. 그러나 〈손자병법〉에 보이는 그의 "생각 DNA"를 발견하면 손빈의 역사적 실체는 부인할 수 없다. 〈좌전〉에서 추방된 그의 이름이 여기저기 흩어져 있었다. 사서에서 언급된 손빈과 묘갱에서 나온 죽간의 흔적을 살피면서 20세기에 재탄생한 〈손빈병법〉이 왜 漢唐을 거치며 전승되지 않았는지 알게 되는 실증 자료를 장장본이 제공한다.

3장에서는 도가와 병가가 교섭하여 변화한 13편과 82편의 일부 문구를 시공을 초월한 "대화 Metaverse" 안에서 교감校勘했다. 특히 삼국시대 한중漢中에서 일어난 조조曹操와 장로張魯의 만남으로 나타난 13편의 연변과 왕필王弼의 병법에 대한 몰이해, 4세기 후반에 일어난 도교의 반란인 손은孫恩의 난을 통한 장장본의 변화를 살펴보았다. 도교와 병학의 랑데부는 가전본(82편)과 세전본(13편)의 전승 의미와 방법을 뚜렷하게 말해 주었다. 많은 증거 죽간이 진시황, 태사공, 홍위병에 의해 소각되었는데, 그 빈 곳에 역사물 인벤토리를 창작하여 채운 사마천司馬遷을 위증 혐의로 소환했다.

　부록에는 "문서가설도" "장장본 서초본" 원문 번역, "죽간 과정 요소(3才와 5事)로 분류한 13편" "손자병법의 演流"를 넣었다

1장.

〈손자병법〉 장장본 82편의 발견

발견과 전래

1996년 가을 서안西安의 〈인민일보〉 기자는 놀라운 특종을 보도했다. 반고의 〈한서 예문지〉에 기록된 〈손자병법 82편과 도록 9〉로 추정되는 〈손무병법 82편〉이 서안의 장씨 가문에서 가전家傳 되어 왔다며, "선지宣紙에 잘 정리한 예서체隸書體로 필사본은 총 141,709자로[3] 의미가 정렬하며 23자만 해독할 수 없었다. 세상에 이미 전해진 손자병법 13편의 6,080여 자보다 많은 135,600여 자이다"[4]

장장본은 광서光緖 32년(1906년) 섬서성陝西省 한성漢城에 부임한 장루이지(張瑞璣, 1872~1928)가[5] "손무병법 82편"과 "9개의 도록圖錄", 죽간竹簡을 고서상에게 사들여 보관하다 동란을 피해 여러 곳으로 옮겨졌고 서안西安에서 종이로 필사되었다. 세상에 알려진 것은 1996년 그의 후손에 의해서였다. 성정이 고결하고 학문이 깊은 장루이지는 민국 2년(1913년) 원세개袁世凱(1859~1916)의 산서성장山西省長 임명을 거부하고 민국 6년 광주廣州 의회 비상의 의원이 되어 부진한 남북의화南北議和를[6] 도모하다 군벌의 난립과 혼전에 실망하여 서안西安에 칩거하며 술과 시서화에 기대어 살았다. 그 시대의 풍습대로 여러 처첩을 두고 산 것은 동란의 때에 갈 곳 없는 여인들을 거둔다는 명목이었다. 그러나 이는 후세에 장씨가의 가계家系를 이해하는데 큰 난맥이 되었다. 은둔 후 그가 둘째 아들로 여겨지는 장리안

---

3) 실제 장장본 "손무병법 82편" 서초본에 보이는 자수는 2만여 자이다.
4) 1996년 9월 18일 〈인민일보〉 孟西安 기자의 글, 인용
5) 장루이지張瑞璣, 자 衡玉 산서 趙城 사람, 그의 손녀 張敬軒는 그의 조부의 생몰 연대를 동치同治 6년(1867년)~ 민국 16년(1927)으로 기억한다.
6) 광주 남북의화, "손원제휴"라고도 한다. 신해혁명(1911년) 후에 민국의 손문과 청조의 원세개를 대표로하는 회담

지아(張聯甲)와[7] 같이 모은 장서가 15만 권에 달했으나 집안은 빈한해졌다. 이 무렵, 민국 12년(1923년) 경, 장루이지는 〈손무병법 82편〉을 죽간에서 종이로 필사한다. 군벌의 난립과 노변奴變으로 부피가 큰 죽간을 수장 관리하기가 힘들었기 때문이었다.

장루이지가 민국 17년(1928년) 56세로 병사하고 신중국이 들어선 지 40여 년 아들 장리안지아는 아버지의 유언을 이어 〈손자병법 82편〉을 연구 발간하려 하였으나 그 당시 문화혁명의 극좌사조(极左思潮)에 의해 당성 黨性을 의심받고 직장인 소학교 교사에서 해고되었다. 홍위병들이 "4개의 구악 제거"(破四舊)라는 명목으로 예술과 문화재를 파괴하자, 장리안지아는 물려받은 장서와 죽간을 보존하려 친척과도 일절 교류하지 않고 죽간에서 필사한 〈손무병법〉을 은닉했다. 들이닥친 홍위병들은 수많은 죽간과 필사본을 혁명의 적폐 사구四舊로 취급하여 시안(西安) 근처 야오왕먀오 (藥王廟)로 보내 구덩이에 던져 불태웠다.[8] 1972년 72세로 죽은 장리안지아는 이 기억들을 자식에게 물려주며 분노와 한을 두고 떠났다. 임종에서 그는 자기 딸 장징쑤안(張敬軒)에게 타다 남은 필사본을 물려주며 자신은 손자병법의 깊은 뜻을 잘 이해하지 못했다고 고백하며 딸에게 보인다는 "示兒女"를[9] 써 유고로 남겼다.

<hr />

7) 위서 주장 쪽에서는 장루이지의 가계가 위조되었으며 張聯甲은 가공의 인물이라고 말한다. 참조: 西安晩報 기자 金旭華의 취재 1996. 12. 20

8) 이 사건이 언제인지는 구체적 기록이 없다. 1996년 발행된 10기 〈收藏〉 선임 편집자 楊才玉은 "홍위병의 눈을 피해 죽간 82편 중 31편을 구덩이에서 빼돌렸다."라고 쓰고 있다. 죽간의 내용은 춘추 말의 기록이나 다시 漢代에 필사된 죽간이었다고 주장한다.

9) 장루이지와 장리안지아는 전래한 세전본世傳本 〈손자병법〉과 기타 병서에 대한 이해가 깊지 않은 것으로 보인다. 示兒女는 대개 중국인들이 자녀에 남기는 遺訓의 한 형태이다. 張敬軒가 소장한 "示兒女"는 전체를 공개하지 않고 있다. 12장의 메모로 항일 투쟁 경력을 서술하고, 82편이 인정받지 못한 한이 담겨있다고 전한다.

"학교를 나와 시골 관리가 되었고, 다시 (항일) 전장에 참가했다. 전장을 떠나 집에 돌아왔으나 어떤 이유(국공내전의 장개석 군대 가담)로 학문을 이을 수 없어 시장에 나가 일했다. ……. 이 (손무병법 82편)은 중화의 국보이며, 세계 문화의 정수이다. 완성되는 날 나의 무덤에 고하여 나의 서원을 갚아다오. 出學堂而進官場 出官場而上戰場 辭戰場歸家 做點學問未成 事出有因 又上市場……. 它是中華之國寶 世界之精華 完成之日 告我墳前 以還我願"

- 示兒女 부분

위서僞書논란

전 세계, 특히 북경의 손자학회는 큰 충격을 받았다. 처음에는 학술적, 문화재적 가치가 높다고 평가하고, 1972년 산동 임기 은작산 한묘에서 출토된 〈죽간 손빈병법〉의 죽간 내용과 많은 부분이 일치해 상호 검증의 고리를 발견했다고 기뻐했다. 그러나 과연 반고가 〈한서, 예문지〉에서 말한 82편인지는 찬반이 엇갈렸고, 마침내 1996년 12월 〈중국문물보〉는 "손무병법 82편은 완전한 위조"며 "골동품이나 문화재 위조와 같이 파렴치하고 민중에 해를 주는 범죄행위"라는 장문의 글을 발표한다.

그 무렵 중국 내에는 무분별한 문화재 발굴에 대한 자성론이 일던 때였다. 1970년대에 거의 파괴적이라 할 만큼 묘굴과 유적이 파헤쳐져 원모를 알 수 없게 망가지고 말았다. 1990년대 중반에 중국 역사 학계에서 고조된 유물의 검토와 해석은 고식적이었고 학문에서도 專(Professionalism)과 紅(Apoliticism)의 대립이 있었다. 더불어 역사 공정의 회오리가 근세 중국 역사의 굴욕에 분노한 펀칭(憤靑, 애국청년)이 휘두르는 깃발에 몰아쳤다. 자랑스러운 중화 유산을 훼손할 그 어떤 발견이나 이론은 용납되지 않았다. 〈손자병법〉은 전 세계 사람들에게 가장 잘 알려진 중국의 교양 도서였으며 학문의 체계를 구성한 군사학도의 경전이었다. 한 사람 불세출의 군사천재인 손무가 가진 "지적 소유권"을 의심해서는 안 되는 고전이었다. 기원전 6세기에, 인류사에서 전쟁을 인문적 소양으로 바라본 중화 문명의 우수성을 확인해 주는 금자탑이었다.

장장본의 발견자 장루이지(張瑞璣)와 이를 필사한 장리안지아(張聯甲)는 가족 관계가 허구라는 근본적인 혐의를 받고 있다. 장씨 가문의 족보가 위조되었고 초본을 필사한 주요 인물 장리안지아는 가공의 인물이라는 것이다.[10] 〈西安晚報〉의 한 기자가 장루이지의 4대 손자라는 장칠張七을 만나 보도한 이 폭로성 보도는 중국 전역에 큰 반향을 일으켰다. 문화재를 위조하여 이익을 취하려는 위서의 동기를 의심할 수 있는 주요한 사안이었다. 중국 역사학회는 아무래도 못마땅한 이 "위서"를 매장해 버릴 기회라고 생각했다.

그런데, 장루이지의 가계를 살펴보면 여간 복잡한 것이 아니다. 통상 청나라 말기 출사한 관리는 2명의 부인에 3명 이상의 첩을 둔 것이 보통이었다. 장루이지의 후손을 조사하는 동안 중국 여기저기에서 그의 손자, 외손이라는 사람이 나타난다. 민국 기간 첩실에서 난 자식들은 실정법에 따라[11] 성을 바꾸거나 아예 종실과는 인연을 멀리하고 연락하지 않았으므로, 장

---

10) 심규호 유소영 역, 岳南 〈손자병법의 탄생〉 도서출판 일빛 2011, 인용 〈北京青年報〉 1996. 12. 20 "손무병법 진짜인가? 가짜인가?" p 538
11) 중국의 一夫一妻制는 民國 初 〈中華民國臨時約法〉에 느슨한 규제로 기술했으나, 반발이 심하여 실제 법적 구속력은 北伐 전쟁 이후 南京 國民政府가 반포한 〈親屬法, 1930년 민법 제 985조 규정〉에 의한다. 그러자 첩(姨太太)과 결혼한 "이모부"의 성을 따르는 분가

루이지의 자손들은 서로를 잘 알지 못했다. 게다가 이권이 개입된 무한 가치의 문화재가 발견되었다면 부인들 간 후손의 갈등이 첨예하게 대립할 수 있다. 장리안지아가 "시아녀示兒女"를 써준 그의 딸 장징쑤안(張敬軒) 마저 그의 조부의 생몰 일을 정확히 기억하지 못한다. 그렇다면 장장본의 진위를 아는데 그 집안의 가계를 따질 일은 아닌 것 같다.

장장본 수초본의 모습은 형편없었다. 어리숙한 표현과 너덜너덜한 사색의 조합은 금세 누구의 장난인가 의심이 들었다. 장장본이 필사한 죽간이 써진 시기는 주경왕 16년(기원전 504년)으로 기록되어있다. 죽간 배면에 기재한 서한 한 고조 5년 2월로 표기된 한신韓信의 비주批注와 정간부호定簡符號는 은작산 〈죽간손자〉와 연결된 알고리즘을 보여준다. 그러나 문장 가운데 한대漢代 이후의 사실과 문자가 발견되고, 글자의 성립 시기 연대와 모순되어 몇 페이지 읽기도 전에 위조와 찬개竄改의 의심을 받았다. 최초에 의문을 제시한 중국 사회과학원 역사연구소 소장은[12] 원본 문서를 보고 현대인이 만든 위작이라 판단했다. 사실, 원본 죽간의 산일散佚과 잔멸殘滅, 홍위병의 분서焚書 난동을 무사히 지나기 어려웠다. 민국 초기의 사회 분위기는 중국이 무시당한 시기여서 사회도덕이 문란하고 각자도생의 길에 이익이 최선이었다. 노신魯迅의 말대로 "간교한 재주는 언제나 그 한계가 있다. 위서를 제작하여 팔려는 영리한 상술 搞鬼有術 但有限 這是偽書製作者 的智商"이라는 말이 수긍되는 시대였다.

장장본의 문세文勢는 수 천년 체제나 국가의 보호를 받지 못한, 세상의

가 이루어졌다. 그러나 민국 20년(1931년) 법해석에서 "첩을 두는 것은 중혼이 아니다."라는 판결로 국민당의 유력 인사들은 여전히 첩을 두었다. 신중국에서는 1949년 〈婚姻法〉을 제정 重婚을 엄격히 규제하고 있다.
12) 당시 소장 이학근, 군사과학원 손자학회

권력과는 동떨어진, 그러면서 천하의 안위를 걱정하는 은둔자의 소박하면서 야비한 마음이 담겨 있었다. 더욱이 상당한 편명과 문구가 이미 1972년 출토하여 "손빈병법"으로 발표된 은작산 죽간과 동일했다. 장장본에 같이 필사된 한신비주에는 한신이 "제안성간齊安城簡"으로 지칭한 "손빈의 89편"임을 추정케 하는 문구들이 산재해 있었다. 그러나 죽간정리소조는 발표문에 "제안성간"에 대해 일절 언급이 없었다. 그 대신 사회주의 유물사관에서 바라본 물화物化되어 있는 사본은 다른 말을 하고 있었다는 증거에 집중했다. 필사한 한예체는 영리한 모방으로 보였고 종이와 먹은 30여 년을 넘지 않은 것이란 감정이 뒤따랐다. 확실히 가짜로 보였다. 중국 손자학회는 장장본을 사서에 언급하고 있는 "병법 82편과 도록으로 인정하지 않는다." 발표하고, 펀칭(憤靑) 기자들은 분노의 기사를 여기저기 펴 날랐다.

그런데 도대체 누가 왜 이런 짓을 한 것일까? 그리고 이 엉뚱한 Fiction에 북경의 손자학회는 왜 그리 화를 내는 것일까? 허술한 문화재 위조로 돈을 벌려고 그랬을까? 명예훼손, 사기꾼 등의 말들이 소송 법정에서 오가고 시안과 북경의 신문들이 서로 비난의 화살을 주고받을 때, 홍콩과 대만에서 장장본을 진지하고 심각하게 읽는 사람들이 말을 꺼내기 시작했는데 그들은 도교 모산파茅山派 문하의 재야 학자들이었다. 그러나 중화권 안의 민족주의 큰 목소리에 이들은 침묵하고 병법에 내재한 "음살陰殺의 기운"을 도교의 주문과 부적으로 덮었다. 이 문제는 차후 장장본 〈立言〉의 해설에서 다루게 된다.

도교가 병법에 생각이 서로 침투 동화된 것은 〈도덕경〉과 〈손자병법〉의 뼈대나 문장의 전개를 보면 쉽게 알 수 있다. 노자 도덕경 "81편"과 장장

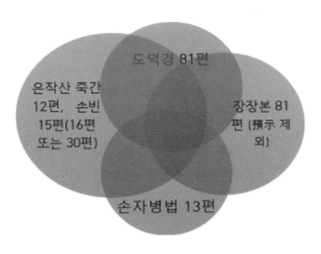

본 "81편"[13]의 관계에서 편제 순서가 일치하지는 않지만 서로 전쟁과 군대를
저주하는 알고리즘이 있고 九와 九가 발휘되어 서로 방통旁通하여 문구를
만들어 냈음을 알 수 있다. 그러나 장장본 82 편 중 41편은 잔멸殘滅되고 12
편은 제목만 남아있다. 편제 분류에서도 시안(西安) 약왕묘 구덩이에서 불
타기 직전 홍위병의 눈을 피해 건저 낸 죽간은 31편으로 보고 되었다. 그중
비교적 논지를 알 수 있는 온전한 편수는 29편이다. 게다가 편제를 알 수 없
는 잔문殘文이 20편이어서 81편 내부의 배열도 완전치 않다. 축간으로 요약
하여 13편으로 연변한 과정을 밝히기는 매우 어렵다. 그러나 이런 구조 속
에서 장장본의 위서 여부를 판단하기는 상당히 편리하다. 편수의 배열 순서
를 조정할 수 있고 입언이 말하고 있는 구신자九神者에 13편과 81편의 배속
관계를 알 수 있기 때문이다.

　위조되었다면 이렇게 구성이 어지럽고 편수의 과반이 잔멸되어 제목만

---

13)　後記 형태로 기재한 82편 預示제외

남기지는 않았을 것이다. 동란의 시기에 여러 차례 옮겨 적은 고단한 흔적으로 "사상의 위조"를 논하기는 너무 가혹하다. 장장본의 발견은 이를 위서로 규정하고 있는 중국 군사과학원 손자학회와 재야 학자들 간의 첨예한 대립을 불러왔다. 장장본은 손자 13편의 저자와 시기에 관한 확고한 신념을 지닌 사람들에게는 매우 "위험한 책"일 수 있다. 이미 〈한서 예문지〉에 나와 있는 손자병법 82편과의 관계에서 손자병법 고유 13편의 지위가 흔들리게 된다. 이것은 사마천이 〈사기〉에 기술한 13편을 위증으로 몰아갈 수 있다. 그러나 장장본 역시 여타 손자 전래본과 같이 스스로 저자가 기원전 6세기 손무孫武라는 주장에 모순되는 한대漢代 이후의 용어가 다수 있고, 시대적 교차 검증을 통과하지 못했다. 게다가 많은 부분 문맥이 맞지 않는 "도교적 주문"이 산재하여 혼잡한 찬서의 의심을 받는다. 이는 주사朱沙를 입힌 위험한 부적처럼 간지間紙로 끼어들었고 아주 적은 양의 마른 독버섯 가루처럼 독자를 병들게 했다. 이렇게 손을 탄 자료들은 〈한서 예문지〉에서 증언하는 "오손자병법 82편 吳孫子兵法八十二篇"과 "제손자 89편 齊孫子八十九篇"의 어디에 속하는지 문장의 구체적인 예속 관계를 보여주지 못하고 있다.

장장본의 마지막 장章인 〈82편 예시預示〉에 이 책의 성립이 춘추시대의 "주 경왕 16년"으로 기술된 것은 위서로 주장하는 진영의 주요 증거가 되었는데, 주경왕周敬王의 이름은 개匄, 재위 기간(기원전 519~기원전 476)은 43년[14]이었다. 장장본에 기술한 주 경왕 16년(기원전 504년)은 왕이 죽기 28년 전이므로 임금의 사후에 주어지는 추증시호追贈諡號 "경敬"을 저자가

---

14) 주경왕의 재위기간은 사서마다 조금씩 다르다. 〈사기, 12제후년표2〉에는 43년, 〈사기, 주본기 제4〉에는 42년, 〈集解〉에는 44년으로 기록되어 있다.

알 수 없기 때문이다. 위서로 몰리는 다른 큰 이유는 아마도 장장본이 필사되었기 때문이었다. 장루이지가 필사한 시기의 정황이 혼란하고 군벌이 난립하는 동란의 때였으므로 이른바 사회적 공증을 받을 수 없었다. 1996년 초본의 종이와 묵색墨色의 채명도彩明度 감정 결과는 1960년대 또는 70년대로 판정했다.[15] 손자 연구의 "권위자"들과 정부의 공적인 보호를 받지 못한 장장본은 궁향 향토 학자들의 찬개 대상이 되거나 실제 위조의 흔적을 남기게 된다. 중화권 여기저기서 인터넷에 올려놓은 수많은 장장본은 이제 "잡설"로 추락해 뜻있는 연구자들을 기만 조롱하고 있다. 장장본을 비웃는 중국 학계의 수많은 촌철살인의 글들이 있다. 특히 현대 중국어와 고대, 중세 중국어의 음운 변화를 무시한 해석으로 오해와 비웃음은 애석하게도 존고尊古와 의고擬古의 뜻있는 논의를 광대놀음으로 몰아갔다. 실증할 수 있는 데이터를 가진 역사가 거의 없다는 것에 절망하면서, 이 문제는 앞으로 세밀히 다루게 된다. 해석할 수 있는 문구를 나열하면서 그 시대의 정신, 사조, 역사 쟁의의 검열을 거치지 않을 수 없었던 상처와 흉터를 누가 왜 성형하였는지 끊임없이 질문 할 것이다. "위조"가 다른 진품이 있는 전제에서 사용되는 용어라면, 정신 산물의 표현인 서적은 그 콘텐츠가 써진 사판砂版에 불과하다. 오랜 역사의 면면綿綿한 전통을 이어온 중국인들이 각 시대적 공기의 흐름을 정체시킨다면 그 혁혁했던 인문 의식은 사라져 버릴 것이다. 고전의 해석에서 한자의 표음적 기능이 무시되고 상형적 조합 만에 머물어 많은 귀중한 경전이 아깝게도 위서로 불태워졌다.

---

15) 1996 12 10 문화재 감정사 焦貴洞의 감정

장장본 속의 발견들

82편으로 구성된 장장본은 예시預示를 제외한 81편 중 41편은 잔멸殘滅하여 내용을 알 수 없고, 나머지 40편에서 편제 순서를 가진 12편은 제목만 남아있다. 오로지 28편만 내용을 제대로 알 수 있다. 또한 편제의 순을 알수 없는 편제 명만 남은 잔문殘文이 20편이다. 비교적 온전한 12편에는 서한의 장군 한신이 직접 썼다는 "한신비주"가 있어 초미의 관심을 끌었다.

가. 한신비주

한신韓信(기원전 231 ?~196년)은 진한지제秦漢之濟에 나타난 군사적 천재였다. 청년기에 겪은 가난과 굴욕을 이기고 대장군에 오른 입지전적 인물이며, 한漢 왕조 창업의 최대 공신이었다. 한신의 불행은 그의 정치 감각의 결여에 기인하지만, 짧은 평생 專(전문성)이 紅(정치성)에 의해 왜곡되고 망가지는 아쉬운 전례를 남겼다. 한신은 잠시 한나라 초기 역사에서 사라졌고, 한문제漢文帝 이후 곧 복원된다. 겨우 한 세대 지난 후지만, 후인은 그를 전설처럼 전하여 그의 행적은 여전히 의심스럽다. 장장본의 한신비주는 그의 체취를 느끼는 유일한 문헌이다.[16] 죽간을 필사한 장리엔지아는 이 비주가 죽간의 배면背面에 있었다고 증언하나 증거를 찾을 수 없다. 이 독특한 비주批註는 〈한서, 예문지〉의 병법 부분 목록을 배경으로 서한 말까지 나타난 자료를 살피면 이해를 높일 수 있으나, 다른 한 편 보이는 모순과 의

---

16) 〈史記〉 卷130에 "於是漢興, 蕭何次律令, 韓信申軍法, 張蒼為章程, 叔孫通定禮儀"와 같이 기술 〈韓信曾經陳述軍法〉의 제목은 있으나 내용은 전하지 않는다. 역시 〈漢書〉卷30 에 "漢興, 張良, 韓信序次兵法, 凡百八十二家, 刪取要用, 定著三十五家"〈與張良一同整理兵法〉이라는 장량과 같이 지은 한신 저서의 제목은 전하나 내용은 모른다. 〈漢書〉卷30에는 "韓信三篇, 並且自己還寫了三篇兵書"3편의 병서 〈韓信〉이 있으나 내용을 알 수 없다.

문점도 증폭된다. 한신비주는 다른 제후국들의 병법 죽간을 비교 나열하여 그 시대의 서지학적 자료를 제공한다.

반고班固(서기 32? ~ 92)의 〈한서〉는 동한 시대에 써진 사서로 역사 기술에서 사마천의 〈사기〉와는 달리 주관적 생각을 억제한, 고증과 객관성이 보이는 명료한 글이다. 서한의 모습을 냉철히 조명하고 왕조의 흥망에 초연하여 사료로서의 가치가 높다. 백과사전적 각론인 "예문지藝文志"는 그때까지의 서적을 분류한 책 목록이다. 실제 책의 대부분은 현재 일실佚失되어 콘텐츠가 없는 "카더라 통신"이나, 당시 반고가 보았을 책의 실제 내용을 토대로 제자백가로 분류하고, 자파를 다시 나누어 서적의 성격을 이해하는데 중요한 지표가 되고 있다. 반고는 서기 89년(동한 和帝 永元 元年) 정치적 이해 관계로 투옥되어 60세에 옥사한다. 〈한서〉는 그를 이어 여동생 반소班昭(서기 49? ~ 120?)에 의해 다듬어지고 완성되었다. 화제和帝는 일찍 과부가 된 반소를 동관東觀 장서각藏書閣으로 불러 〈한서〉를 "속사완성續寫完成"하도록 하였는데, 이때 죽간에서 종이로 옮겨 필사된 것으로 여겨진다. 반소가 노년에 들었을 무렵 〈한서〉는 경학자經學者인 마융馬融(서기 79~166)에 의해 수정되어 황실 도서관인 난대蘭臺에 보관되었고 각 왕조로 흩어진 것은 삼국과 위×진 시대였다. 〈예문지〉에서 병서를 나눈 기준은 권모, 형세, 음양, 기교인데 이는 훗날 당唐의 이정李靖에 이해 "4종"으로 재진술된다. 다음 도표는 〈예문지〉의 병서 부분인 458항에서 519항까지 분류된 서적 목록인데, 〈손자 13편〉이 없는 것은 매우 이상하다. 그 대신, 230항에 "손자 16편"을 도가자류道家者流로 분류했다. 〈손자 16편〉이 무엇이었는지 내용을 알 수 없다. 왜 반고와 반소, 마융은 〈손자〉를 도가에 분류했을까? 그 시대까지 "孫子"라는 말이 병가와 병법을 상징하지 않았다는 것인가? 처음 458, 459항에 등장하는 "吳孫子兵法八十二篇과 齊孫子八十九篇"는 병가의 도서 목록에서 서열 순위 1번으로 보인다. 13편은 형세가形勢家 로 분류한 479항의 "경자 13편 景子十三篇"과 음양가로 분류한 489항의 "풍후 13편 風后十三篇"이 있다. 이 어려운 수수께끼는 한신으로부터 200년 후 사람인 반고가 만들었지만, 그는 말미에 혼잡한 병서를 통일하고 삭제한 근거를 말하고 있고, 이는 장장본의 한신비주를 통해 엿볼 수 있다.

출처 : 中國哲學書電子化計劃, www.ctxt.org

항 번	책 명	비고/저자
458 459 460 461 462 463 464 465 466 467 468 469 470	吳孫子兵法八十二篇 齊孫子八十九篇 公孫鞅二十七篇 吳起四十八篇 范蠡二篇 大夫種二篇 季子十篇 娷一篇 兵春秋一篇 龐煖三篇 兒良一篇 廣武君一篇 韓信三篇	장장본 〈손무병법 82편〉 경림간 제 안성간(한신비주) 상앙의 병법 〈오자병법〉
471	右兵權謀十三家 二百五十九篇 權謀者 以正守國 以奇用兵 先計而後戰 兼形勢 包陰陽 用技巧 者也	이상 권모 13가 259편

항 번	책 명	비고/저자
472	楚兵法七篇	
473	蚩尤二篇	
474	孫軫五篇	
475	繇敘二篇	
476	王孫十六篇	
477	尉繚三十一篇	
478	魏公子二十一篇	
479	景子十三篇	
480	李良三篇	
481	丁子一篇	
482	項王一篇	
483	右兵形勢十一家 九十二篇 圖十八卷 形勢者 雷動風舉 後發而先至 離合背鄉 變化無常 以輕疾制敵者也	이상 형세 11가 92편, 도 18권
484	太壹兵法一篇	
485	天一兵法三十五篇	
486	神農兵法一篇	
487	黃帝十六篇	
488	封胡五篇	
489	風后十三篇	
490	力牧十五篇	
491	鵙冶子一篇	
492	鬼容區三篇	
493	地典六篇	
494	孟子一篇	
495	東父三十一篇	
496	師曠八篇	
497	萇弘十五篇	
498	別成子望軍氣六篇	
499	辟兵威勝方七十篇	

항 번	책 명	비고/저자
500	右陰陽十六家 二百四十九篇 圖十卷 陰陽者 順時而發 推刑德 隨斗擊 因五勝 假鬼神而為助者也	이상 음양 16가 249편, 도 10권
501 502 503 504 505 506 507 508 509 510 511 512 513 514 515 516	鮑子兵法十篇 五子胥十篇 公勝子五篇 苗子五篇 逢門射法二篇 陰通成射法十一篇 李將軍射法三篇 魏氏射法六篇 彊弩將軍王圍射法五卷 望遠連弩射法具十五篇 護軍射師王賀射書五篇 蒲苴子弋法四篇 劍道三十八篇 手搏六篇 雜家兵法五十七篇 蹴雒二十五篇	
517	右兵技巧十三家, 百九十九篇 技巧者 習手足 便器械 積機關 以立攻守之勝者也	이상 기교 13가 199편
518	凡兵書五十三家 七百九十篇 圖四十三卷	병서 53가 790편, 도 43권

항 번	책 명	비고/저자
519	兵家者 蓋出古司馬之職 王官之武備也 洪範八政 八曰師 孔子曰爲國者 "足食足兵" "以不教民戰 是謂棄之" 明兵之重也 易曰 "古者弦木爲弧 剡木爲矢 弧矢之利 以威天下" 其用上矣 後世燿金爲刃 割革爲甲 器械甚備 下及湯武受命 以師克亂而濟百姓 動之以仁義 行之以禮讓 司馬法是其遺事也 自春秋至於戰國 出奇設伏 變詐之兵竝作 漢興 張良 韓信 序次兵法 凡百八十二家 刪取要用 定著三十五家 諸呂用事而盜取之 武帝時 軍政楊僕捃摭遺逸 紀奏兵錄 猶未能備 至于孝成 命任宏論 次兵書爲四種	

비주에는 "한초왕 한신이 서한 5년"漢楚王韓信於漢五年(기원전 202년) 2월에 썼다고 기록한다. 초한전쟁(기원전 206~기원전 202)에서 항우가 패망한 漢 4년 12월로부터 겨울을 지낸 2개월 후이다. 장소는 초楚에 분봉 된 후 당시 초의 수도인 하비下邳로 추정된다. 제齊에서 초楚로 옮겨지면서 그의 군사적 지휘 체계는 끊겼고 병권을 잃었다. 이런 심경이 비주에 보이기도 한다. 한신비주는 장장본 초본에 같이 기록되어 있으나 82편 모두에 있었는지는 확인할 수 없다. 죽간 배면背面에 주註를 써넣는 것은 전국 시대의 다른 죽간에도 보인다. 〈한서〉에 한신의 저술이라 말하는 〈한신서차병법韓信序次兵法〉과 장장본 비주가 유사할 것이라는 심증은 있으나 단정할 수 없다. 그러나 비주에 보이는 여러 죽간의 비교 논점은, 아마도 당시의

"국방개혁"을 위한 감군減軍의 준비 과정이었음을 시사하고 있다. 다시 말해, 한 제국의 통일 후에 다른 제후국 군대의 처리와 병법 통합 과정의 로드맵이라 할 수 있다. 그가 비교한 병법 죽간은 주로 제齊의 안성간安城簡과 진秦의 미오령(秦宮郿鄔簡) 죽간이었다. "서차병법序次兵法"의 글자 풀이는 수많은 다른 의미가 가능함을 제시하고 있다. "서序" 자字는 진예秦隸에 처음 보이고 차후 여섯 제후국으로 퍼졌다. 차次는 갑골에 보이므로 오래된 단어이다. 〈주역〉 지수사地水師 괘卦는 주로 군대의 운용을 말하고 있는데 "군이 후퇴하여 머무는 것 師左次"으로 次의 뜻을 풀이한다. 〈좌전〉에는 군대를 쉬게 하는 것을 次로 표현했다.

그렇다면 두 글자의 조합인"서차序次"는 병법을 편수했다는 의미보다 그 당시의 정황에서 장량張良과 함께 "군의 해산"을 논의한 것일 수 있다. 태평 시대를 맞아 초한 전쟁으로 비대해진 군대의 장래를 걱정하지 않을 수 없었다. 이 글자는 한신의 저서를 말하는 〈한서, 예문지〉에 처음 등장한다. (470항, 韓信三篇) 후세의 注는 책을 편차編次한다는 뜻으로 해석했다. 이것은 송대 이후의 판각본에서 보이고 본래는 병법을 가르치는 학교, 또는 군대의 사열 뜻도 포함되어 있다. 이어지는 〈한서, 예문지〉의 기록은 또 다른 의미로 확산 해석할 수 있는데, 병법의 서차가 책의 편차로 의미가 좁혀졌다.

"전부 182 가문의 (병가兵家) 가운데 필요한 35가 만 남기고 없앴다. 여씨 일당 [17]

이 이를 훔쳐 사용했다. 무제에 이르러 군사 담당 양복楊僕에게[18] 명해 이를 모두 취합하도록 했으나 〈기진병록紀奏兵錄〉이 일실되고 갖추어지지 못했다. 효제, 성제에 이르러 임굉任宏에게[19] 명하여 "차병서次兵書"를 논하도록 하여 4종의 책을 만들었다. 凡百八十二家 刪取要用 定著三十五家 諸呂用事而盜取之 武帝時軍政楊僕捃摭(拾取之)遺逸 紀奏兵錄 猶未能備 至於孝成 命任宏論次兵書 為四種"

- 〈漢書, 藝文志〉519行 부분

182가는 병법의 이론을 전승한 가문뿐아니라 사병私兵을 보유한 군사집단임을 알 수 있다. 차병次兵은 군축을 의미하므로 "차병서"는 군축 계획서라 볼 수 있다. 한신비주를 읽기 전 이해해야 할 것은 그가 비주를 쓸 무렵 군대를 해산해야 하는 과업에 직면해 있었다는 점이다. 군을 쉬게 하는(次師, 次兵) 것은 용병만큼 면밀한 계획이 필요하다. 사병私兵을 보유한 유력 가문의 저항이 있을 것이고 유사시 다시 동원 병력이 되려면 견제를 잘 유지하고 있어야 한다. 이런 문제들을 고민한 문구가 비주에 보인다면 장장본은 더 가치 있는 문헌이 된다. 장장본에 보이는 그의 비주批註는 열두 편이다.

5편	화동 和同	467 자	
26편	사비 四備	225 자	(제안성간, 勢備)
35편	인봉 麟鳳	251 자	(제안성간, 麟鳳)

---

18) 양복, 서한의 장군, 남월의 반란을 평정하여 무제의 신임을 받았다. 후에 조선 정벌에 실패하여 貶爵되었다.
19) 임굉, 서한말의 관리, 황제의 符節을 받아 병권을 행사했다.

37편	군격1 軍擊一	725 자	(제안성간, 軍擊)
39편	구탈 九奪	36 자	
47편	일장 一將	452 자	(제안성간, 義將)
50편	장패 將敗	227 자	(제안성간, 將敗)
51편	구변2 九變二	235 자	(제안성간, 九稱)
52편	사오 四五	121자	(제안성간, 善者)
64편	화공 火攻	254 자	(제안성간, 火隊)
67편	팔진 八陣 미상	150~ 300자	(제안성간, 八陣)
82편	예시 預示	42 자	

열두 편에만 보이는 비주는 82편 예시預示를 제외하고는 "손자 13편"에 상당한 영향을 준 문구들이 있다. 비주가 82편 모두에 있었는지는 미궁이나, 한신의 군사적 경험을 바탕으로 특별이 관심 있는 편만 선정되었을 가능성이 있다. 선정 기준은 군대를 해산하기 위한 182 병가兵家의 특색이 반영되었을지 모른다. 그러므로 후세에 "한신서차韓信序次"란 말이 등장했다. 〈서차병법〉을 비교적 상세히 논하고 있는 곳은 唐 시대에 성립되고 남송南宋에서 판각된 〈당이문대唐李問對〉이다.

"당태종이 이르길, 한나라 장량과 한신의 〈서차병법〉은 무릇 182 가의 병서를 모아 산책刪册하고 중요한 것을 모아 35 가로 정한 것인데, 지금은 전하지 않고 있다. 왜 그런 것인가? 이정李靖이 대답하길, 장량이 배운 것은 강태공의 〈육도〉와 〈삼략〉입니다. 한신이 배운 것은 사마양저의 〈사마법〉과 손무의 〈손자병법〉입니다. 그러나 대체로 내용은 〈삼문〉과 〈사종〉에 지나지 않습니다. 당

태종이 묻기를, 〈삼문〉이란 무엇을 말하는가? 이정이 대답하길, 신이 읽어 이해한 것은 〈태공모〉 81편은 소위 음살 모략으로 말로 표현할 수 없고, 〈태공언〉 71편은 군사 운용의 끝을 알 수 없고, 〈태공병〉 85편은 그 군사 재원과 수단을 다 알 수 없는 것입니다. 이를 〈삼문〉이라 합니다. 당태종이 묻기를, 〈사종〉이란 무엇을 말하는가? 이정이 대답하길, 한나라 임굉이 논한 것입니다. 무릇 병가에서 병법의 분류에 권모를 한 분야, 형세를 한 분야, 그리고 음양술에 이르러서는 기교를 두 분야로 하여 이를 〈사종〉이라 합니다.

太宗曰 漢張良, 韓信序次兵法, 凡百八十二家 刪取要用, 定著三十五家 今失其傳, 何也? 靖曰 張良所學, 太公〈六韜〉, 〈三略〉是也 韓信所學, 穰苴, 孫武是也. 然大體不出〈三門〉〈四種〉而已. 太宗曰 何謂〈三門〉? 靖曰 臣按〈太公謀〉八十一篇, 所謂陰謀 不可以言窮〈太公言〉七十一篇 不可以兵窮〈太公兵〉八十五篇 不可以財窮 此〈三門〉也. 太宗曰 何謂〈四種〉? 靖曰 漢任宏所論是也 凡兵家流 權謀為一種 形勢為一種 及陰陽 技巧二種 此〈四種〉也."

- 〈당이문대, 卷上〉

이정李靖(서기 571~641)의 말은 〈한서, 예문지〉의 내용과 동일하다. 한나라 임굉任宏이 만든 "차병서次兵書"의 모습을 이정이 정확히 알고 있는 것 같지는 않다. 그러나 위 문장에서 도가와 병가로 나뉘는 병법의 운명을 알 수 있다. 이정의 말로 이해할 수 있는 것은 한신은 〈사종〉을 읽었고, 장량은 〈삼문〉을 읽었다. 〈사종〉은 군사적이고 〈삼문〉은 정치적이다. 〈당이문대〉의 앞 문구에는 권모, 형세, 음양, 기교는 〈사마법〉에서 나왔다고 기술하고 있다. 주목되는 것은 태공망의 〈삼문〉의 하나인 〈太公謀〉 81편이다. 이것은 음살책으로 공개되지 않고 道家에서 비전秘傳되었다는 뉘앙스를 풍긴다. 세전한 손자 13편과 가전한 손무병법 82편의 전파 흐름이 감지된다. "손자"라는 자파의 명칭이 붙은 것이 서한 시기라고 하기에는 〈한서〉 예문지의 병서 목록과 모순된다.[20] 서한 말에 임굉이 차병서를 통해 수많은 병서를 정리한 뒤, 동한에 이르러 〈한서〉에 편집되기까지 이른바 "손자라는 병가"는 없었다. 동한 말 손무와 손빈을 13편을 형성한 "손자학파"로 묶고, 그 저본으로 추정되는 태공망의 〈태공모〉 81편과 손무의 82편은 도가의 손에 비장 되었다고 생각할 수 있다. 따라서 82편은 장량의 후손인 오두미 도교의 장천사張天師 종주宗主들에 의해 대대로 가전 되었을 것이다.

한신과 장량의 병법 서차에 의해서 임굉이 정리한 축간縮簡 과정의 산책删册과 재조합에 일정 부분 영향을 주었다면 〈한신비주〉는 82편에서 13편으로 이어지는 연결 고리를 알 수 있어 귀중하다. 51편 九變 2에 대한 비주에 〈손자 13편〉으로 추정되는 "손자 1□"[21]이라는 언급은 13편이 한신 당시 기존재 했음을 의미할 수 있다. 그러나 한신의 "손자 13편" 언급은 13편이 이미 있었기 때문보다는 축간 과정의 편제명 논의일 수 있다. 64편 화공의 비주에 "孫子十三篇 亦立此篇 簡名火攻"와 같이 "편명을 정함(立此篇)에 화공으로 한다."는 13편이 아직 성립되지 않았음을 의미한다. 〈한서, 예문지〉의 230항에는 "손자"를 도가자류道家者流로 분류한 "손자 16편이 있다. 그러므로 이것이 꼭 13편이었는지는 알 수 없고, 그렇다고 해도 현재의 13편의 모습은 아니었을 것이다. 한신 역시 구변 2 비주에 "十□篇"의 편명을 정함에 경림간의 "九變二"가 아닌 "變"으로 한다고 기술하고 있다.

---

20) 춘추전국 子派의 개념은 기원전 110년 이전, 司馬談(사마천의 아버지)이 先秦 시대의 사상가들을 6자파(陰陽, 法, 儒, 墨, 名, 道) 구분하며 시작한다. 이 때까지 兵家는 구분되지 않았고, 〈한서 예문지〉 병서 목록에도 孫子는 道家者流로 구분했다.

21) "1□"은 13편 또는 12편, 16편으로 추정되나 殘缺되어 미궁이다. 다른 장장본 사본에는 "孫子十三篇"으로 당연시 하여 적었다.

한신비주의 가치는 세 가지 죽간을 비교하며 논할 때 번개처럼 보이는 편제명의 유사성과 그것이 소속된 죽간의 언급이다. 특히 제26편 사비四備에서 편제명을 비교할 때 "제나라 안성간安城簡은 세비勢備라 부르고, 손빈병법 89편 그림(圖) 4권에 세비가 있다."라는 구절은 황금 구라고 할 수 있다. 동시에 이 문구는 분명 찬개의 의심을 받는다. 과연 한신이 "손빈병법"이라는 말을 사용할 수 있었을까? 하는 의문이다. 그가 경림간을 "손무병법"이라고 하지 않은 것처럼 안성간을 갑자기 "손빈병법"이라고 부를 까닭이 없기 때문이다. 이것은 동일 인물이 일괄적으로 저술하지 않았기 때문이다. 그런데 "89편 4권의 그림"이라고 구체적으로 적시하며 발굴된 죽간의 내용과 어울리는 각론을 말하고 있다. 사비(세비)의 앞 구절은 도교적 언사가 가필되어 있으나, 내용의 중심에는 죽간에 보이는 "凡兵之道四 曰陳(陣) 曰執(勢) 曰變 曰權"라는 구절의 이해를 도우려고 진비陣備, 세비執備, 변비變備, 권비權備를 그린 그림이 있었음을 설명한다. 그림은 아마 마왕퇴 한묘에서 출토된 "주군도駐軍圖"처럼 비단(帛)에 그렸을 것이고, 지금까지 전해지지 않은 위 사비의 다이어그램처럼 보인다. 하급 전술 제대의 TTP(Tactic & Technical Procedures 전술, 기술적 절차)를 보는 듯하다. 그러나 놀랍게도 현대전에서 전투력의 주요 요소인 화력, 기동, 생존성, 리더쉽을 언급하고 있다.

죽간   장장본

진비|陣備 : 兵理劍陣克敵圖, 진지에서의 근접 전투

세비|執備 : 兵理弓弩勢備圖, 사격을 집중할 수 있는 근거리 전투

변비|變備 : 兵理舟車變備圖, 관측과 기동의 변화에 따른 대비

이로써 추정하건대 손무의 오나라 82편은 손빈에 의해 7편이 더해져 제
나라 안성에서 89편이 된 것을 알 수 있다. 7편의 행방에 대해서는 제2장의
"손빈병법의 허구성"에서 다룬다. 한신의 병법 죽간의 대체적 평가는 경림
간을 기준으로 했고 손빈의 것은 별로 언급하지 않았다. 구변 2를 논하며
"제나라 안성의[22] 죽간에는 <구칭九稱>, 진나라 궁전 미오간郿鄔簡[23]에는
<승변勝變>이다, 경림간景林簡은 구변이<九變二>로 표현되었다."라는
말은 역시 고대 손자병법 연구에 지표가 될 수 있다. 한신의 이 말을 근거
로 하면 "경림간"이 장장본"손무병법 82편"임을 알 수 있다. 장장본 제51편
에 "구변 2 九變二"가 있다. 그러나 당시 제나라 글자와 진나라 글자가 크게
달라 한신이 비교할 수 있었는지 의문이다. 진의 문자 통일 이후에 분서焚
書에서 추려진 병법이라면 모두 진예체秦隸體로 번역되어 있었을지도 모른
다. 진과 제의 죽간을 경림간과 비교함에 그는 늘 경림간을 표준으로 생각
했다. 경림은 전국시대 吳 나라 구역이었고 "손무가 은퇴하여 경림에서 병
법을 지었다."는 말을 뒷받침한다. <죽서기년>에서 보듯이 서쪽의 진秦
과 비교적 가까웠던 중원의 중앙에 위치한 위魏의 글자를 해독함에 번역이
필요했다. 따라서 기원전 221년 秦의 문자 통일 사업이 매우 효과적이었음
을 알 수 있다. 문자 통일에서[24] 초한 전쟁까지 (기원전 221년~202년) 19여

---

22)   제안성齊安城, 제나라 수도였던 산동성 임치臨淄에서 황하를 따라 60km서쪽 상류에
위치한 제나라 군사용 도성
23)   제 5편 <화동>의 한신주 해석 각주 참조
24)   기원전 221년 진시황은 "書同文"을 명해 문자를 통일했다. 진의 문자 秦篆은 남방의
제, 초 문자보다 간략해서 小篆이라 불리고 배우기 쉬웠다. 후세에 이 문자 통일 과정을 隸

년간, 청년 한신은 제, 초의 문자와 진의 소전小篆을 모두 알고 비교할 수 있었다.

한신의 언어 해독 문제는 따지기 어려우나, 당시 고대 중국어와는 다른 언어 집합인 오월吳越 지역에서 손무가 82편을 썼다면 그가 어떤 언어를 사용하였는지 알 수 있는 근거는 있을 것이다. 추론하건데, 82편은 손무의 모국어인 제나라 글로 써졌을 것이고, 오나라 언어(粵語) 또는 야마타이어(邪語)로 번역되고 또다시 진의 문자 통일에 의해 진예체秦隸體로 다듬어졌을 것이다. 그 과정에 새로운 단어가 사용되어 뜻이 연변 했음은 당연하다. 예를 들어, "吳"는 나라(吳)보다는 나(吾)라는 의미였다. 상商 나라 종鍾이나 제기에 보이는 금문金文에는 "우리나라 강역에서 사용하는 用吳疆"과 같이 새겨, 물건의 사용처와 제작자를 밝히고 있다.

"形"에 대한 이해도 병서의 성립 시기를 판단하는데 중요한 지표이다. 형

변變이라 불렀다.

은 동주 시대의 정치 철학적 사변의 결과 만들어진 문자이다. 우물을 지키는 병사의 모습을 상형화했다. 갑골과 금문에는 없고 비교적 상당히 후대인 춘추 말에 나타난 글자로 여겨진다. 전국시대까지 刑 과 形은 서로 통가자로 쓰였으나 진 통일 이후부터 엄격하게 구별하여 진예秦隸에 나타난다. "형"은 정해진 모습이다. 하늘이 정했으므로 운명과 같다. 비주에 한신은 形을 거의 사용하지 않았다. 현재 알 수 있는 장장본 12편의 비주에서 오직 64편 화공火攻에 한 글자가 보인다. 화공의 비주에서 그의 군사사상의 단편을 엿볼 수 있는데, 아마도 그때까지도 13편에 보이는 군형軍形과 지형地形의 분리가 일어나지 않았음을 알 수 있다. 은작산 출토 12편에 지형편이 없는 이유를 이해할 수 있다. 한신은 형을 하늘의 모습, 뜻으로 간략히 묘사한다.

"〈도전〉에 이르길, 전쟁의 道에는 여섯 가지가 상존한다. 하늘의 모습이요, 땅의 기세요, 인간을 따르는 것이요, 군이 서로 다투는 것이요, 전쟁을 함이요, 민심(단결과 사기)의 변화이다. 이 여섯 가지는 절제하여 사용하는데, 군사 운용의 세 가지 과오는 불을 쓰는 것, 물을 쓰는 것, 증오를 즐기는 것이다. 이 세 가지로 운용하면 과오가 지나친다. 나 한신은 이로써 항상 승리함을 절제하여 행운으로 여기고, 지나친 승리는 재앙이 있으니 꺼리고 또 꺼린다. 위 하늘은 생명을 좋아하시니 지나치지 말아야 한다. 〈道典〉曰 兵道六常 曰形天 曰勢地 曰法人 曰軍爭 曰兵戰 曰心變. 此六者 命曰常節 兵道三過 曰動火 曰動水 曰動者. 此三者 命曰過極. 信以爲 常節勝 勝之有幸 過極勝 勝之有殃 戒之戒之 上天好生 不可過極."

〈한신비주 제64 화공 부분〉

위 문구는 서한 초기까지 "형세"에 대한 군사적 사변이 없었거나 아직 명문화되지 않았음을 나타낸다. 아마도 그의 "서차병법"을 마련하기 위한 작업지 초안 같아 보인다. 문구의 대략은 모두 전쟁을 꺼리며, 군대의 사용과 잔인 과격한 행동을 금하고 있다. 〈도전道典〉이[25] 무슨 책인지 알려지지 않고 있다. 노자 〈도덕경〉의 다른 명칭처럼 보이기도 하나, 마왕퇴 백서帛書를 보면 그 당시 이미 도가 자파子派의 기본 텍스트는 經의 지위에 올라 〈도경〉과 〈덕경〉으로 분리되어 있었다. 〈도전〉은 "병도 6상"을 말함에 군사 문제의 프로세스로 한정되어 있다. 이는 손자 13편의 形(군형) 勢(병세) 心(구지) 變(구변)의 전개와 유사성이 있고 13편보다 먼저 생긴 초기 군사사상으로 여겨진다. 장장본 43편 방면方面과 45편 기정奇正에는 과도할 정도의 形字를 사용한 문구가 있으나 한신의 비주는 보이지 않는다.

한신주 구변 2와 화공에서 가장 귀중한 구절은 아마도 "경림간"이다. 이는 그가 비주한 죽간이 경림간임을 가리키고 있다. 그렇다면 장장본은 분명 경림간인가? 이 문제는 뒤에 손자의 저자를 구명하며 자세히 논한다. 비주가 써진 시기에 대해서도 위서론자들은 한왕 5년 2월의 부당성을 주장한다. 그가 비주를 씀에 탈고와 교정을 하고 제목을 정했을 리는 없다. 아마도 비주라고 하는 "사색"의 형성 시기는, 그의 책사인 괴통과의 만남과 대화가 주로 한신의 제나라 점령 때인 기원전 204년까지이므로 괴통과의 병법 논의에서 한신주에 영향을 주었을 것으로 보인다. 〈한서, 괴오강식부전蒯伍江息夫傳〉에는 종횡가縱橫家인 괴통蒯通(본명 괴철蒯徹, 생몰연대 미상)[26]

---

25) 〈道典〉은 남북조 시대(남당)에서 성립한 佛과 道가 혼합된 경전이 따로 있다.

26) 괴통은 범양范陽 출신으로, 후세 역사가들이 한무제의 이름 劉徹을 피하기 위한 피휘 문제로 徹을 通으로 개명했다. 그는 한신의 군사적 재능은 인정했으나 후에 정치적 안목이 모자라 유방에게 죽을 것이라 예견했다. ref : 〈漢書, 蒯伍江息夫傳〉中國哲學書電子化計劃

이 전란의 종식과 천하 안정을 위해 천하를 삼분하는 "삼분천하三分天下 정족이립鼎足而立"의 계책을 갖고 한신을 찾았다는 기록이 있다. 그는 유방, 항우와 함께 천하의 안정을 구하는 한 축으로 한신을 세우려 그의 책사로 머물며 〈82책〉을 준다. 기원전 204년 한신이 齊 나라를 점령하자 유방으로부터 독립하여 제왕齊王이 되라고 설득하나 한신은 듣지 않았다. 괴통은 한신의 정치적 몰락을 예견하고 미친 척(佯狂)하고 떠났다. 종횡가인 괴통의 82 策은 병법서가 아닌 외교 정치 전략이었을 것이다. 예문지에는 82책은 보이지 않고 294항에 괴자 5편(蒯子五篇)이 있고 내용은 전하지 않는다. 반고의 말을 다시 상기하면 "군사 운용 권모에 능한 13 家 가운데 〈오손자 병법〉 82 편과 도록 9 편이 있다. 兵權謀十三家 中著錄 : 〈吳孫子兵法〉 八十二篇, 圖九卷."는 엄정한 진술과 함께 〈손자 13편〉을 예문지에 올리지 않음으로써 사마천의 위증을 애둘러 비판했다.

피휘避諱로 이름이 괴통으로 바뀐 괴철은 누구인가? 그의 〈82 策〉은 어디에서 온 것일까? 〈한서〉에는 그를 종횡가로 분류하고, 한 제국의 창건을 방해한 인물로 깎아내리지만, 다시 그의 이름을 복원한 기록이 보인다. 괴철은 유방의 사신 역생酈生(기원전 268 ~ 전204)이[27] 제와 화의하는 사이제를 공격하도록 한신을 설득했다. 분노한 제왕은 사신을 팽살烹殺한다. 무도한 일이었으나, 사신 하나 죽는 것으로 천하를 삼분하여 수많은 백성을 구할 수 있다는 논리였다. 그가 초기 범양의 유력가들에게 했던 유세는 늘 전쟁을 신중히 하고 백성의 고통을 생각하라는 것이었다. 그의 천하 삼분지계는 곧 한신을 움직여 어느 하나가 합한 둘을 넘을 수 없는 힘의 균형이었

---

27) 酈生, 酈食其(역이기)라고도 불린다. 高陽 사람으로 술꾼(酒徒)이었다. 유방을 도와 사신으로 제왕 田廣을 설득해 화의에 성공했다.

다. 그는 전란의 비참함을 한신에게 피력한다. "지금 유방과 항우의 분쟁으로 사람의 간과 뇌가 거리에 널리고, 백성은 들판을 헤매나, (두 사람)이 서로 이길 수 있는 승산이 없습니다. 今劉項分爭 使人肝腦塗地 流離中野 不可勝數"

사마천은 지금 전하여지 않지만 〈蒯子 5篇〉을 보았을 것이다. 제나라를 점령 후 한신이 괴통과 밀담을 나눈 내용과 괴철의 이중성을 의심하는 말을 〈사기·회음후열전 史記·淮陰侯列傳〉에 이렇게 적고 있다.

"武涉已去, 齊人蒯通知天下權在韓信, 欲為奇策而感動之, 以相人說韓信曰 '僕嘗受相人之術' 韓信曰 '先生相人何如?' 對曰 '貴賤在於骨法, 憂喜在於容色, 成敗在於決斷, 以此參之, 萬不失一' 韓信曰 '善, 先生相寡人何如?' 對曰 '願少間' 信曰 '左右去矣'"(초왕 항우가 보낸 사신) 무섭이 이미 떠나고 齊나라 사람 괴통은 천하의 권세가 한신에 있음을 알고, 기묘한 계책으로 한신을 움직이려 했다. 그는 관상으로 한신을 설득하며 이르길, "저는 일찍이 관상을 배웠습니다." 한신 이르길, "선생은 어떻게 상을 보시오" 답하길 "귀하고 천함은 골격에 있고, 근심과 기쁨은 안색에 있으며, 성공과 실패는 결단에 있으니 이를 참고하면 실수가 없습니다." 한신 이르길, "좋습니다. 선생이 과인의 상을 보건대 어떠합니까? 답하길, "듣는 이가 있습니다. 좀 더 가까이" 한신 이르길, "좌우는 물러서거라"

— 〈史記·淮陰侯列傳〉

한신이 측근들을 모두 물리치자 이어서, 괴통은 한신의 품격이 제후를 넘어선 황제라고 아첨한다. 사마천은 어떻게 밀담인 이 내용을 알았을까? 그는 괴통을 "제나라를 어지럽히고 한신을 교만하게 만든 亂齊驕淮陰" 사람이라고 적는다. 한신은 왕 노릇을 하는데 재미붙힌 사람은 아니다. 한신이 초왕이었던 것은 2년이 채 안 된다. 한신비주의 성립이 과연 장장본에 써진 대로 기원전 202년인지는 의심의 여지가 있으나, 그해 2월은 병권을 잃고 고립되어, 한가하게 초 나라 도성에서 뒤를 돌아 볼 수 있는 시기였다. 한신은 초 나라의 말단 병사에서 한의 대장군이 된 유능한 인물이다. 그는 어린 시절부터 진법과 지형을 읽고 전체를 암기한 병법의 천재였다. 시정잡배의 가랑이 밑을 기는 수모를(胯下之辱) 참고 때를 기다리며 병법을 익혔다. 그가 소하蕭何의 천거로 유방에게 발탁된 것은 진초秦楚의 전투에서 진의 장한章邯(?~ 기원전 205)과 초 항우의 군진 위치와 이동 탬포를 예견해 유방의 심복인 소하의 눈에 띄었기 때문이다. 그는 장수의 심리를 꿰뚫어 보고 형세를 파악했다. 양군의 사기와 군 내부의 분위기를 육감적으로 알고 있었다. 산동 13가의 병법을 익혔고, 정황으로 보아 진의 미오령 죽간이나 제의 안성간, 경림간은 장군이 된 이후에 알았을 것이다. 괴철과 만나 책사로 쓰며 82책을 받은 시기는 명확하지 않으나 유방이 팽성에서 항우에게 패하고 희망이 없던 기원전 205년 4월 이후로 보인다. 그 무렵 천하 책사(당시는 辯士라 불렀다.)의 시선이 병력을 온전히 보전하고 있던 한신에게 쏠려 있었다.

한 고조 유방은 진나라 2세 황제(호해) 3년(기원전 207년)에 함양을 점령 진을 멸했다. 그리고는 항우가 두려워 지형이 험한 한중漢中에 주둔했다. 한중왕이 된 한나라 건국 원년이었다. 8월에는 항우를 피해 진창陳倉을 나와 삼진三秦 지역에 주둔했다. 군의 사기와 보급은 바닥나고 있었다. 한 왕 2년(기원전 205년) 유방은 함곡관을 나와 韓과 魏를 공략했다. 4월에 항우에게 팽성에서 패해 유방의 가족은 초군의 인질로 잡히고 한군은 흩어졌다. 한신은 이때 유방에 원군을 보내지 않아 휘하 장수들의 비난을 받았고 유방의 막료들은 한신이 역심逆心이 있을 거로 의심한다. 그러나 유방은 마음을 드러내지 않았다. 유방은 재기하기 힘들어 보였다. 천하는 초나라 항우에게 기울어 있었고 제후들은 초패왕楚覇王에게 허리를 굽혔다. 유방의 입지는 점점 좁아졌다. 드디어 6월에 위표魏豹가 관문을 막았다. 그러나 8월이 되어 한신이 위를 격파하고 위왕 표豹를 잡았다. 9월에 한신은 작은 소국代 나라를 점령했다. 한왕 3년 한은 초를 공격했으나 이기지 못했다. 한왕 4년에 제나라를 평정했고 한신은 齊王이 되었다. 한신은 균형추였으며 천하의 캐스팅 보트였다. 그러나 균형추가 유방 쪽으로 기운 것은 유방이 천명을 받아서가 아니라 한신의 정치적 감각의 결여 때문이었다. 한왕 4년 12월 유방은 해하垓下의 전투에서 초나라 항우를 멸했다.

한왕 5년(기원전 202년) 2월, 유방은 황제의 자리에 올랐다. 장장본의 한신비주가 이 무렵 작성된 것은 논쟁의 여지가 있다. 2월 전후는 격렬한 역사 변동 시기여서 한가하게 궁에 앉아 글을 쓰는 때가 아니었다는 것이다. 초나라 평정과 함께 황제에 즉위 후 유방이 한신을 초왕에 봉한 시기는 문헌마다 차이가 있다. 〈사기〉나 〈한서〉에 보이는 약간의 시간 차(갑진의 오류)는 논외로 하고 비주의 작성일로 써진"한 5년 2월 漢五年二月"은 왕조의 창업과 함께 정치적 격변 과정의 논공행상과 음모에 모두 바빴을 것이다. 한신이 강요된 봉토인 초왕으로 보내진 것은 그의 고향이라는 명분 때문이지만, 그를 군대와 책사들로부터 분리하기 위함이었다. 그 당시 초의 수도는 하비下邳(지금의 강소성 피저우시(邳州市)에 있었다. 하비 역시 병법의 요람이다. 한신비주는 하비에서 써졌을 것이다.

산동의 제나라는 대국이며 바람이 좋은 날 황하를 거슬러 오르면 낙양에 하루에 닿을 수 있었다. 한신은 수상하게도 제나라로 들어간다. 한 고조 6

년 12월 유방은 한신을 가두었다가 사면하고 회음후淮陰侯로 폄작貶爵하여 다시 봉했다. 한 고조 11년, 한신은 그를 대장군에 추천했던 소하蕭何의 초청으로 낙양에 갔다. 결국 그는 장락궁長樂宮 종실鐘室에서 황후 여치呂稚에게 주살된다. 이미 매복한 여치의 여성 호위무사에 당한 사실상 암살이었다. 죽음에 임해 한신의 탄식을 〈한서〉는 이렇게 전한다. "괴통의 말을 쓰지 않은 것이 후회로다. 여자의 손에 죽다니! 悔不用蒯通之言 死於女子之手" 괴철 역시 유방에게 불려왔다. "네가 회음후에게 모반하라 교사했느냐? 若教淮陰侯反乎?" 대답하길, "그렇습니다. 신이 굳이 그를 가르쳤으나 그 어린 것이 신의 계책을 쓰지 않아 자신을 죽이고 이 지경이 되었습니다. 만약 저 애송이가 신의 계책을 썼더라면, 폐하께서 어떻게 그를 죽일 수 있었겠습니까! 然, 臣固教之 豎子不用臣之策, 故令自夷於此 如彼豎子用臣之計, 陛下安得而夷之乎!" 음흉한 유방은 자신의 사신이 齊에서 팽살당한 복수로 괴철을 팽형烹刑에 처하려는 척했다. "개들도 각각 자기 주인이 아닌 자를 보면 짖습니다. 狗各吠非其主"라고 부르짖자 그를 사면한다. 한신을 이용해 천하를 얻고 한신을 죽인 토사구팽兎死狗烹이란 말을 더 듣고 싶지 않았을 것이다. 그러나 이는 유방의 심오한 책략이었다. 위의 삽화 같은 글은 한실漢室 사관들이 어떻게 괴철과 한신의 밀담密談을 알았는지를 설명한다. 겉으로 보기에 괴철은 유방이 파견한 반간反間 같으나, 그의 책략을 한신이 역선택하게 함으로써 천하의 형세를 바꾸었다. 한 고조 12년(기원전 195년) 4월 유방이 장락궁에서 붕어했다.

한신이 초왕으로 옮겨졌을 때, 齊왕의 자리는 유방이 빈한한 시절 정부情婦였던 조曹 씨의 아들, 유비劉肥(?~기원전 189년, 재위 기간 기원전 201~189)를 앉히고 조참曹參을 재상으로 임명한다. 어려서부터 비만인 유비는 사람은 선량했으나 총명하지 못했다. 조참은 현인을 우대하고 인재를 모았다. 〈한서〉에는 그 가운데 괴철이 있어 조참에게 병법을 설한 기록이 보인다. 괴철의 삶은 제나라에서 그런대로 이어졌다. 그러나 이 기간은 황후 여씨 일족이 권력을 농단하던 어지러운 때라 여씨가 다른 첩실의 아들 유비를 독살하기까지 짧은 기간이었다. 그는 현실적이었고 권력의 향방에 민감했다.

> "괴통은 전국시대의 유세가와 권변에 능한 일을 논했는데, 자서에 이르기를 무릇 81수이며 이름하여 〈준영雋永〉이라 불렀다. 通論戰國時說士權變 亦自序 其說 凡八十一首 號曰雋永"
>
> − 〈漢書, 蒯通傳〉

81수의 준영雋永이란 무엇일까? "깊은 맛이 나게 장음의 시로 읽는 것"아닌가? 병법에 준영에 대한 구절은 한적에서 더 찾을 수 없다. 문맥으로 보아 권변(병법)과 관련 있어 보인다. "준영"에 관한 안사고顔師古의 주注에 "준은 살찐 고기이고, 영은 긴 것 雋 肥肉也 永 長也"라는 말로 보아 혹 상전인 유비劉肥를 찬양하거나 풍자한 글일 수 있다. 대체로 준영은 〈준영俊永〉으로 쓰여 전국 설사의 자기론을 피력한 글로 여겨진다. 이후 괴철의 행방은 알 수 없다. 그가 한 왕조의 블랙 리스트에 올라 있었다면 병법의 진작이나 저술은 어려웠을 것이다. 혹 〈준영〉이 한신에게 준 "82책"이 아니었을까?

나. 경림간景林簡의 정체

제 나라는 병법의 나라였다. 산동성 임치臨淄(지금의 지난齊南과 웨이

팡濰坊의 중간, 치보淄博의 한 區)는 고대 병법 육도六韜의 저자로 알려진 태공망의 고향이며 주 나라 건국 후 제 나라 초대 왕으로 책봉된 곳이다. 제 나라 수도였던 임치는 병법의 요람으로 수많은 병략가를 배출했다. 1972년 임치에서 남쪽으로 150 Km 떨어진 임기臨沂의 한묘에서 손자병법과 손빈의 죽간이[28] 발견되었다. 1985년 해독과 편집이 완료되어 이른바 〈손자 13편 죽간본〉이 성립되었다. 임기는 병법의 귀재 제갈량諸葛亮(181~234)의 고향이기도 하다. 임기에서 다시 약 150 Km 남쪽에 있는 하비下邳(지금의 장쑤성江蘇省 쥐닝현睢寧縣 북쪽)는 장량張亮(?~기원전 186)이 황석공黃石公을 만나 〈태공병법太公兵法〉을[29] 얻었다는 전설이 있는 곳이다. 하비는 중국의 남북을 잇는 중요 통로이고 화려한 강남문화와 북방의 강인한 기질이 만나는 곳이었다. 한신 역시 초왕으로 봉토를 옮긴 후 당시 수도인 하비에 있었다. 한신이 그의 비주를 여기서 썼다고 여겨진다. 손무는 하비에서 300여 Km 남쪽인 경림 (지금의 장쑤성 태호太湖 호수 내에 있는 서산섬)에 은거하며 장장본 한신비주에 언급한 경림간景林簡 〈손무병법 82편〉을 지었다. 한신의 비주에서 언급한 세 가지 병법 죽간은 제안성간齊安城簡(제손자 89편 추정), 진궁미오간秦宮郿鄔簡(멸실) 그리고 경림간景林簡(오손자 82편 추정)이다. 한신은 주로 경림간을 높이 평가하고 비주의 중심 텍스트로 삼았다. 춘추시대 오 나라 손무孫武의 병법은 하비를 통해 제 나라로 다시 환류하여 전달되었다. 병법의 원조는 제 나라였으나 실전에 써 승리한 것은 오 나라였다. 그러나 손무의 경고대로 병법을 남용한 오 나라는 멸망하고, 병법의 근본을 사색했던 제 나라는 전국戰國 말까지 존속한다. 물론

---

28) 齊安城簡으로 1985년 죽간손자정리소조는 이른바 "손빈병법"으로 재구성하여 발표했다.
29) 〈태공병법〉은 〈당이문대〉에서 이정이 말한 "〈太公謀〉 八十一篇, 所謂陰謀 不可以言窮 〈太公言〉 七十一篇 不可以兵窮 〈太公兵〉 八十五篇 不可以財窮 此 〈三門〉 也"로 추정된다.

吳의 멸망 원인은 중국 사서(사기, 오월춘추, 월절서, 회남자)가 전하는 것과는 실증적으로 다르다.

하비下邳는 중원의 유력 가문이 동란을 피해 강남으로 이주하는 주요 관문이었다. 때로는 강남의 풍요가 그리워 '친구따라 강남 가는' 길목에서, 그리고 거미줄 같이 엉킨 운하에서 길을 묻고 배에서 내릴 때 손을 잡아주는 사람들의 소매 속에는 병법 죽간이 들어있었다. 병법의 전파 경로는 다양했다. 주요 전투의 교훈을 적은 죽간이 기존에 전래한 간편簡篇에 끼어들며 책의 이름이 바뀌고, 군진과 군진 사이를 오가는 파발마에 실려 퍼져 나아갔다. 그러나 실상은 제와 오월 사이의 수많은 수로를 통해 책사들이 이동하면서, 배 안에서 이루어진 "브레인스토밍"으로 죽간의 융합과 문장의 소거를 거쳤다. 정보의 하이웨이는 자연이 만들어 준 것이었다. 그 길은 明나라 말末 동기창董其昌(서기 1555~1636)의 서화선書畵船이 그림과 고서를 싣고 오고 가던 수로 교통망과 그렇게 다르지 않았다.[30] 전국시대의 수로는 홍수의 토사물로 우물이 깊어지고 하수면이 가라앉은 명 시대보다 많아 양자강과 회수淮水, 황하黃河를 연결하는 자연 수로가 존재했다. 남북조 이후 강남으로 내려간 문화는 수隋 나라의 운하 사업으로 다시 북송北送되고 남북의 유통망은 더 분주해졌다. 물류의 중심에 태호太湖가 있었다. 태호의 서쪽 큰 섬 서산 섬이 경림景林이었다.[31] 경림은 또한 도교의 디바(Diva) 위화존魏華存이 되살아난 왕포王褒를 만나 그로부터 신선술과 〈황정경, 외경〉을 전수 받고, 상청파上淸派 도교를 창시創始한 곳이다.[32] 경

---

30) 傳申, 〈董其昌書畵船 水上行旅與鑑賞, 創作關係硏究〉 대만대학 예술사 연구소, 硏究集刊 第15期, 民國 92年
31) 참조 : 제 2 장, 〈좌전〉에 없는 영웅의 의미
32) 참조 : 제 3 장, 孫恩의 반란, 魏華存

림은 도가와 병가가 시공을 초월해 만날 수 있는 메타버스(Metaverse)였다. 태호 북서쪽 가까이 도교 모산파의 본거지 모산茅山이 있고, 태호의 남쪽은 운하를 통해 동중국해의 주산 군도로 빠지는 동아시아 무역의 중심지였다. 이 구역은 3세기 말 오두미도 손은의 반란 근거지였다. 춘추 시대에는 상당 기간 태호를 경계로 북만北彎 호반은 오나라가, 남만南彎 호반은 월나라가 경계를 이루며 살았다. 두 나라는 서로 언어가 소통되어 감정과 생각을 나눌 수 있었다. 한漢의 사관들이 주장하듯이 원수지간은 아니었다. 오월은 이른바 "춘추"의 역사 프레임에서 멀리 떨어진 서태평양의 해양 국가였으며 중국 내륙의 큰 위협이었다.

오월의 호수 경계선상에 경림이 있는 서산도가 위치한 것은 절묘하다. 지금과는 다른 모습이었을 태호는 말이 호수이지 수평선이 보이는 바다와 다름없었다. 물속에는 용왕이 살았고, 큰 거북이 물가에서 몸을 말리면, 등에 계시의 글을 봤다는 사람들이 신화와 전설을 옮겨 적었다. 호수로 이어지는 수로를 따라 가면 끝없이 이어지는 수향水鄉 마을에 얼굴을 살짝 찡그린 미인들이 연꽃 사이로 사라진다. 두 번의 눈길은 주지 않는 그 아름다움을 시인 이백李白은 〈월녀사越女詞〉에서 이렇게 읊었다.

> 야계에 연밥 따는 여인, 나그네 보자 뱃노래 하며 耶溪朵蓮女 見客棹歌回
>
> 웃으며 연꽃 속에, 부끄러운 양 숨어 안 나와 笑入荷花去 佯羞不出來"
>
> - 〈월녀사〉, 5首중 3 首

한신이 살았던 회음 지역은 오월과 齊의 중간 지대로 한동안 楚의 영토였고 지역적 특색이 모호하다. 한신비주에 제의 죽간과 경림간을 비교하며 경림간(82편)을 차별화 한 것은 그가 오월에 더 애착이 있고, 북방의 제를 경원시한 흔적으로 보인다. 제와 오 사이의 경계인이었던 그는 스스로 초나라 사람이라는 자부심이 있었다. 유연하고 정열적이지만 함부로 마음을 나타내지 않는 초나라 기질을 타고난 한신은 한 제국의 창업자들과는 어울리기 힘들었다. 음험하고 사람을 의심하며 언제든지 돌변하는 서주徐州출신의 유방劉邦과는 너무 달랐다. 주周의 동천東遷으로 전국시대를 거치고 진한지제에 이르러 회수 지역의 노래였을 〈초사楚辭〉는 일부 〈시경〉에 흡수되어 "소아小雅"에 나타나는데, 장강과 회수 사이의 수많은 지류와 그 사이를 나는 물새 들은 시적 감흥의 단골 소재였다. 사랑을 잃고 미쳐버린 여자와 뜻을 못 이룬 광인狂人들이 배회하는 모습은 회수의 빨래터에서 바라본 광경이다. 〈시경〉의 화자는 이런 빨래하는 여인들이었다. 시를 노래하면 물 건너에서 화답했다. 회수의 표모漂母에게 밥을 얻어먹고 면박을 받은 한신은 회음에서 태어나 자랐다. 동네 아낙들은 그가 왕손의 자식으로 알고 있었다. 회음淮陰(지금의 淮安)은 당시 강국들 사이에 끼어있는 혼돈의 지역이어서, 거리에는 부랑자와 무뢰배가 몰려다니고, 중국 각지에서 온 떠돌이들이 장터에서 이색적인 토산물을 팔았다. 여러 제후국의 병법 죽간도 은밀히 또는 공공연히 거래되는 곳이었다. 진의 천하 통일 후 바야흐로 평화의 시대가 오는 듯했다. 전국 시대에 인간의 기억을 장악했던 거북점 풀이의 貞人과 하늘을 보는 史는 더는 점으로 사람을 모을 수 없었다. 인간의 이성이 곧 神이었으며, 鬼는 모르는 영역 너머로 추방되었다. 승상 이사李斯(기원전 284~전 208)는 병법을 모아 진의 언어로 통일하려 했으나, 초의 망국대부들은 숨기고 내놓지 않았다. 오히려 81책이나 산동 병가의 기록은 더 빨리 퍼져 나아갔다. 한대 이후에 재편집했을 것으로 보이는 〈시경〉 소아, 북산지십北山之什에는 회수지역의 어려운 사정이 잘 그려져 있다. 거리의 마찻길은 궤도가 가지런하지 않았고, 약탈당한 텅 빈 수레의 요란한 소리와 수시로 퇴각과 피난을 알리는 쇠북 소리만 쟁쟁했다. 한신의 죽음을 애도하는 듯한 노래가 〈시경〉에 보인다.[33]

밥을 빌어먹은 사람이 어디 한신뿐이었겠나? 의관남도 시대에 중원에서 강남으로 가는 대부분 사람은 회음 지역을 거쳤다. 그들은 가전한 보검을 주막에 맡기고 밥을 먹었고, 귀신을 쫓는 주문을 그린 비단이나, 여러 제후국의 군사정보(民之情)를 기록한 죽간을 팔아 생계를 이었다. 회수에서 배고픈 나그네들에게 밥을 준 너그러운 인심을 사마천이 그냥 지나쳤을 리 없다.

> "내가 반드시 어멈에게 크게 보답하겠다." 노파가 성내며 말했다. "대장부가 되어 스스로 음식을 해결할 수 없어, 내가 왕손인 그대를 불쌍히 여겨 밥을 준 것이다. 어찌 보답을 바랐겠는가? 吾必有以重報母 母怒曰 大丈夫不能自食 吾哀王孫而進食 豈望報乎"
>
> － 〈史記·淮陰侯列傳〉

이 이야기는 후세에 곽박郭璞(서기 276~324)의 〈청오경青鳥經〉에서 풍자 섞인 말로 변질한다. 그의 시대는 북방의 터전을 빼앗기고 유랑민이

---

33) 〈시경〉小雅, 北山之什, 敲鍾四章, "쇠북소리 쟁쟁하고 敲鍾將將 회수의 물은 들끓어 淮水湯湯 내 마음은 시름으로 아파라 憂心且傷 착하신 그 분이시어 淑人君子 생각하니 진정 잊을 수 없네 懷允不忘

대거 남으로 이동하는 때였다. 병가의 기록 역시 장강을 따라 여산廬山을 거치고 모산茅山에 모였다. 이러한 "데이터의 흐름"은 전국 말이나 한신의 시대에도 감지되고 있었다. 한신이 배고픔을 참고 야망을 꿈꾸던 회음淮陰은 氣의 흐름이 일시적으로 모이고 정돈되는 장소였고, 천하의 형세와 산수를 관상함에 길한 곳이었다. 야심이 깃들은 둥지는 도가의 눈에는 웃음거리였는지 모른다.

> "산이 달려 나가고 물이 세차게 흘러나가면 남의 종이 되어 밥을 빌어먹는다. 山
> 走水直 從人寄食"
>
> - 〈靑烏經〉

곽박의 말은 후세의 미상인이 注하면서 "곽박이 말한바, (기氣)는 물에 이르면 멈춘다. 璞云 界水則止"가 되어 풍수에서 물의 기능을 표현하는 대표어가 된다. 독자는 한신이 살던 회음에서 유동적이고 어수선한 분위기를 느끼고, 한편에는 인생과 사람의 모습에 대한 관조와 너그러움에 안심한다. 누구든 그곳을 여행하는 나그네는 회음의 거리가 "좁고 굽어있으나, 길이 깊고 심원함에 통함 曲徑通幽"을 알게 된다. 경림간에 대한 한신의 자부심은 그의 문화적 배경이 초나라에 있고 오월에 뿌리를 두고 있음을 나타낸다. 그는 믿음의 사람이었고 의심이 많은 사람은 유방이었다.

한나라 창업 후 한신과 장량의 "서차병법"에 감군減軍 대상인 182 兵家와 남겨진 35 家의 흔적이 경림에 남았다. 산동의 병법 13 家는 서기 3 세기 의 관남도 기간 남하하여 복건 지역에 팔민八閩이[30] 되었다. 산동의 병법은 오

---

34) 元代에 남인 저항의 본거지인 연안 해안지역. 특히 복건성을 福州, 興化, 建寧, 延平,

늘날의 중국어가 아닌 양자강 하구의 월어粵語나 더 남쪽의 민어閩語로 발음되었다. 청나라 손성연이 찾아 헤매던 손무의 것으로 추정되는 무덤이 오나라 수도인 고소성과 태호의 경림(서산도) 사이 근처에 있다. 이 지역은 빠른 교통만큼 생각도 빨랐다. 군사사상 역시 신속히 융합되고, 글자는 연변하고 전파되었다. 민어에서 현대 중국어로 바뀌는 과정의 서지학적 혼란은 아직도 고대 서적을 이해하는 데 큰 장애이다.

가장 큰 관심과 쟁점은 경림간이 과연 장장본 손무병법 82편인가 하는 점이다. 경림간이 82편의 별칭이라면, "구변2 九變二"를 논하면서 왜 한신이 언급하지 않았는지 의문이다. 어쩌면 괴철에게 받은 82책이 그 책이었는지 모른다. 권력을 잃고 그가 말 한 필이 끄는 요차輸車를 타고 쓸쓸히 하비下邳로 향할 때 경호해 줄 어자御者도, 죽간을 지고 따르는 종자도 없었다. 회수淮水로 연결되는 수많은 하천을 보며 권력의 무상함과 병형상수兵形象水의 생태를 이해한다. 그는 빨래터 표모漂母에게 밥을 얻어먹었던 강가에서 생각한다. 은원恩怨의 관계 또한 다 부질없었다. 자신을 버리고 제 나라에 남아 권력의 주변을 도는 괴철(통)은 마음에서 지웠다. 괴철은 미친척(佯狂) 한 게 아니라 정말 미친 것이다.

다. 제齊 안성간安城簡과 진궁秦宮 미오간郿鄔

한신은 280여 년 전 애릉에서 벌어진 전투를(기원전 484년) 모르지 않았을 것이다. 임치를 나와 영嬴을 지나고 박博에 멈추어 서쪽의 태산을 바라보았을 때 피로 붉게 물들었을 모문하牟汶河를 건너지 못하고 망설였다면 그는 손무의 행방이 궁금했을 것이다. 그가 늘 읽고 감탄하며 비주를 써넣

汀州, 邵武, 泉州, 漳州 등8路로 나누어 팔민으로 불렀다.

은 죽간이 손무의 82편이었는지 언급이 없다. 너무 당연해서 말하지 않을 것일까? 그 시대에 이미 손무병법 82편이 "경림간"으로 일반 명칭되었기 때문일까? 아니면, 그의 비주에서 늘 비교 대상인 진나라 미오간과 제나라 안성간이 경림간과 함께 82편에 속해 있었기 때문이었을까? 괄목할 만한 것은 한신이 각 편의 비주를 달며 秦과 齊의 죽간 편명의 타당성을 말하고 있다는 점이다. 그렇다면 82편은 진나라의 통일 시점에 전 중국에 퍼졌던 것으로 판단 할 수 있다. 82편은 분명 선진先秦 시대의 작품이다. 한신 비주에서 세 가지 죽간에 대한 비교 언급은 귀중한 단서를 제공한다.

한신 비주의 3簡 篇名

장장본 편명	경림간	齊 안성간	秦 미오간
5.和同	和同	"縮立簡 縮去國璋 立取兵璋 半璋也. 죽간을 축약하고 나랏글을 줄여 없앴다.군사용 글만 취했으니, 반쪽 문장이다."	
26.四備	四備	勢備	四備
35. 麟鳳	麟鳳		
37. 軍擊―	軍擊―	"大亂 大誤 매우 혼란스럽고 크게 잘못되었다."	
47. ―將	―將	義將	將―
50. 將敗	將敗		
51. 九變二	九變二	九稱	勝變
52. 四五	四五	善者	六能
64. 火攻	火攻	火隊	五火
67. 八陣	八陣		

진한지제秦漢之際인 한신의 시대에 죽간을 바라보고 명명하는 시각과 400여 년이 지나 동한東漢 말에 언급되는 죽간명은 다르다. 예를 들어 한신이 손빈의 89편을 "제안성간"이라고 지칭하지 않은 것은, 손무의 82편을 일부러 "경림간"이라 말하지 않은 것과 같다. 제손자와 오손자의 구분은 그로부터 100년 후 사마천의 〈사기〉에서 처음 식별된다. 한신 비주의 문리로 보아 한신은 손빈의 존재를 의식하지 않았고, 제나라 병법의 정통성을 의심했다. 장장본에 보이는 한신의 손빈 언급은 후세에 가필된 것으로 감히 말할 수 있다. 동한 시기에는 춘추전국 시대를 결산한 자파子派의 분류가 정밀하게 이루어지고 종이로 죽간이 필사됨에 따라, 사상은 漢의 국시國是에 맞게 검열을 통과해야 했다. 뒷날 한나라 사서에 손빈의 등장과 그 원인은 제 2장, "장장본과 은작산 죽간과의 관계로 나타난 손빈병법의 허구성"에서 다룬다.

齊나라 안성安城(지금의 산동성 齊南市 平陰縣 安城鎭)은 제齊에서 삼진三晉으로 가는 기동 축선에 위치했다. 또한 위魏의 공격을 방어할 수 있는 곳이었다. 제의 수도인 임치로부터 황하의 상류로 물을 거슬러 오르려면 동풍이 필요했고, 제의 중원 지역과의 캠페인은 주로 동풍이 부는 이른 봄에 시작했다. 齊安城은 평상시에는 일부 경계병만 두고 사람이 거주하지 않는 흙을 쌓아 만든 군사 요새였다. 제의 수도로부터 150리 떨어져 서 측 위협으로부터 조기 경보체계를 이루었고, 손빈은 이곳을 위나라 공격 거점으로 삼았다. 황하를 북서로 끼고 동으로는 태산을 배후로 하여 한단邯鄲으로 통하는 넓은 전차 기동로를 통제할 수 있었다. 춘추 전국의 수많은 망명객이 이 공간을 오고 갔다. 이런 군사 요충지에 병법 죽간인 안성간이 생긴 것은 자연스럽다. 특히 위와 제 사이를 오고간 손빈의 행적에서 안성간 89편을 이해할 수 있다. 安城은 제와 위 사이의 경계에 있어 패권에 따라 주인이 자주 바뀌었다. 식수와 식량, 물자를 공급해야 하는 城은 邑과 달라 일반 백성의 거주는 제한되었다. 읍邑은 적어도 〈주례〉에 맞게 우물 4개를 가진 리里가 모여 16개 이상의 우물이 있는, 사람이 번잡한 곳이다. 뒤에 "성읍城邑"으로 복합조사複合組辭되어 행정 단위에 구분 없이 사용되었다. 위魏 소왕昭王 13년(기원전 283년) 진秦이 안성을 공략 탈취하고 위의 수도 대량 大梁을 위협했는데, 여기의 안성은 위 나라의 서쪽 변방에 있는 안읍安邑을 말한다.

한신이 언급한 진궁秦宮 미오간郿塢簡은 제齊 안성간에 비해 그 내용을 대부분 알 수 없다. 秦나라의 병법으로, 전래한 13편에 서용의 음운 흔적을 일부 남겼을 것이라는 추정 이외에는 미오간의 내용은 전하지 않는다. 한신은 비주에 미오간을 언급하며 四備, 麟鳳, 將一, 將敗, 勝變, 六能, 五火, 八陣과 같은 편명을 남겼는데, 안성간이나 경림간과 비교하여 편명이 유사하고 내용이 그렇게 다르지 않았을 것으로 추정된다. 이는 진의 통일 후 병법에 대한 정비가 있었고, 언어와 문자 통일이 상당히 진전되었음을 시사한다. 다만 진궁 미오간의 편명에 보이는 四, 五, 六, 八과 같은 숫자는 군사 교범적 준칙을 느끼게 해 준다. 이는 진의 병법이 다른 나라보다 교조화된 법가 이론에 바탕을 두었기 때문으로 보인다. 秦이 법가의 틀거지로 나라를 부흥시킨 것은 잘 알려진 사실이다. 〈한서, 예문지〉의 병서 부분 460항에 보이는 "공손앙 27편 公孫鞅二十七篇"은 秦으로 망명한 상앙商鞅의 저작으로 판단되나 내용을 몰라 진궁 미오간과의 관계를 알 수 없다. 진의 천하 통일 이후에, 역시 분서갱유와 함께 병법에 대한 정비가 있었을 것이고, 한신은 축약된 미오간을 보며 불만을 표시했다. 그는 마침내 미오간에 대한 평가를

"지금까지 학습해 온 이 진나라 병법은, 차후 더 배울 필요 없다. 장점이 없기 때문이다. 此秦之今元之後之習也,　此隆習也,　不可長也"라고 말하며, 그 후 미오간이 한나라 서차병법序次兵法 작업에서 사라지는 운명이 된다.

　"미오간"은 진궁秦宮 내의 미오령에서 발견되어 명명되었다. 발견 경위는 알려지지 않고 있다. 미오령의 위치는 자료마다 달라 종잡을 수 없다. 淸 옹정雍正 연간에 발간된 〈협서통지陝西通志〉에는 "서한 고조(유방) 5년 유방은 진조의 함양 현을 폐하고 현재의 서안 남교南郊에 장안 현을 두었다. 미오령은 함양의 아방궁으로 오르는 언덕으로 추정된다."라고 기술되어 있다. 현재에는 시안(西安) 시의 확장으로 그 위치가 시안의 서교西郊로 (지금의 陝西省 西安市 西郊　阿房村 附近) 조정되었다. 대부분 중국 학자들은 미오령을 아방궁阿房宮의 유적지 일부로 설명하며, 토목 공사로 조성된 거대한 둔덕을 일컫는다고 현지 주민의 전설을 인용한다. 항우項羽가 아방궁을 불태웠을 때, (실은 유방이 방화했을 가능성이 더 높다.) 궁전 내에는 아무것도 남은 것이 없었다. 함양을 먼저 점령한 유방이 삼일간의 약탈과 강간을 부하들에게 허락했다. 소하蕭何와 장량張良이 이를 수습하는 과정에 진의 병법 죽간이 한의 진중에 회람되었다. "미오령간"이라 명명된 이 병법 죽간을 한신이 일컬은 배경을 짐작할 수 있다. 그러나 한신비주의 문맥에서 한신이 강동의 항간에 떠도는 경림간은 이미 알고 있었으나, 안성간, 미오간은 장군이 된 후에야 접했다는 것을 알 수 있다. 미오령 지역은 동한 말 秦 제국帝國에 대한 노스탤쟈가 있는 동탁董卓에 의해 보수되어 다시 역사에 등장한다.

　"東漢初平三年, 董卓築塢於郿 , 高厚七丈, 與長安城相埒, 號曰 萬歲塢,

世稱 郿塢. 塢中廣聚珍寶, 積穀為三十年儲. 自雲 '事成, 雄據天下; 不成, 守此足以畢老' 동한 초평 3년, 동탁은 자신이 사는 미郿에 높이와 두께가 무려 7 장丈으로 장안과 같은 규모의 성을 쌓고 만세오萬歲塢라 불렀다. 당대 사람들은 이를 미오郿塢라고 이름했다. 오塢에는 30년 분의 식량과 많은 보물을 비축했다. 동탁은 스스로 '일을 이루면 천하에 웅거하고; 일을 못 이루면 이곳을 지키며 족히 평생을 지낼 수 있다.'고 말했다."

- 〈후한서·동탁전 後漢書·董卓傳〉

동탁을 죽인 여포는 초선을 찾으며 미오령을 헤맨다. 만세萬歲의 오塢는 한 세대를 못 가고 다시 허물어져 갔다. 오塢는 자급자족이 가능한 군사 요새로, 고립되어도 농성籠城할 수 있는 곳이었다. 그런데 한신으로부터 400년 후 동탁이 건설한 미오郿塢가 함양 진궁秦宮의 미오인지는 의심스럽다. 중국 당국의 새로운 조사에 의하면 이 지역은 지금의 협서성陝西省 미현眉縣의 동북으로 추정되었는데, 그 이유는 3국 시대 말에 유비의 아들 유선劉禪이 조위曹魏 조정에 항복하고 권신인 사마소司馬昭에게 미오령에 거주하기를 간청하자 거절당했다는 기록에서 미오령의 정확한 위치가 기술되었기 때문이다. 따라서 미오령간의 출처는 〈협서통지〉에 기술한 진의 수도 함양咸陽의 아방궁 언덕이고, 미오라는 요새는 동탁이 후에 이를 모방한 것으로 보인다.

천하를 통일한 진나라의 병법을 지금 자세히 볼 수 없는 것은 아쉽다. 秦을 부흥시킨 법가法家의 잔혹한 실정법 통치는 백성의 저항을 불러왔다. 2세 황제 호해(胡亥, 기원전 229~207)는 전국에 알자謁者를 파견하여 공안 정보 통치망을 구성하고, 군현 관리의 동향에서부터 농가의 가축 수까지 파악하러 했다. 군영에도 가혹하게 법이 적용되어 사소한 범칙에도 신체가 잘리고, 포鮑로 말려지고 육젓으로 담겼다. 법치 안에서 인간의 신성한 모습은 사라졌다. 인간의 존엄에 대한 자각이 초한 전쟁을 겪으며, 인치人治와 덕치德治의 모습을 유학이 그리게 된 것은 우연한 일이 아니다. 병법의 설계 역시, 과격한 전승戰勝의 수단에서 수공修功과 비류費留를[35] 생각치 않을 수 없었다. 이런 구상을 한 사람은 손무나 손빈이 아닌 역사상에 뚜렷한 한신이었다. 한신이 고민하며 서차序次 병법을 만들 당시의 손자병법 문서 가설도(Documentary hypothesis)는 다음과 같이 구성할 수 있다.

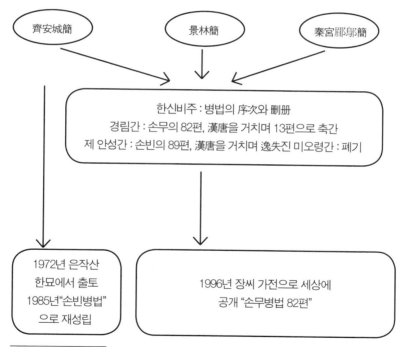

---

35) 수공修功과 비류費留. 손자 13편 火攻篇에 "무릇 싸움에 이겨 공을 취하고, 그 공을 다스리지 못하는 것은 흉하다. 이름하여 비류이다. 夫戰勝攻取 而不修其功者凶 曰費留"修功은 죽간에는 隋功(타공)으로 쓰여 공을 나눈다는 뜻이었다. 병법가들은 전승의 결과를 잘 처리하지 못하여 계속 전쟁 비용이 드는 "비류"를 경계했다.

축간縮簡 과정의 산책刪冊과 재조합

가. 13 편은 82편을 축간한 것인가?

죽간 권책卷册을 간단하게 줄이는 축간은 손무가 아들들에게 요구한 것으로 〈장장본〉 입언立言에 보인다. 따라서 13편이 82편을 토대로 재구성되었다고 판단할 수밖에 없다. 손무는 축간의 이유로 전쟁을 기획하고 전개하는 병법의 공포를 무마하고 "13편으로 압축하여 음살陰殺의 천기天機"를 가두어 두어야 하기 때문이라고 말한다. 결국 82편은 감추어지거나 폐기되어야 할 위험한 책이었다. 뒤에 음살은 13편을 지칭하는 말이 되었으나 唐의 이전李筌은 음살이 "음주살벌陰主殺伐, 주군을 숨기고 적을 정벌하는 것"으로 풀이를 달리했다.

82편의 편제명篇題名 배열은 내용의 올바른 이해 없이 가능하지 않다. 현대의 군사용어에 대입하는 것이 우선이지만, 고대 병서 용어는 양병과 용병이 혼합되어 있고 진법과 기동 배비 용어 역시 시대적 상황에 따라 의미가 다르다. 전략, 작전, 전술의 층위가 섞여 있는 고대 병법의 특성상 같은 단어의 해석이 달라질 수 있다. 문리의 범위에서 참을 수 있는 추정의 한도는 자의적이어서 이 책 안에서만 범례를 고정할 수밖에 없다. 81 편(預示 제외) 중 잔멸殘滅 41편을 제외하면 40편뿐이고 편제 순서를 가진 12편은 제목만 남아있어 28편만 내용을 알 수 있다. 더불어 편제의 순을 알 수 없는 편제명만 남은 잔문殘文이 20편이다. 따라서 콘텐츠의 알고리즘으로 12편, 또는 13편으로 분류되었음을 알기는 쉽지 않다. 앞에서 언급했듯이 병법이 漢代에 이르러 장량계와 한신계로 나뉘고 이를 확인해 준 것은 당대唐代였다. 축간縮簡과 편제의 배열 재조합은 상당한 시간이 지나며 음운을 통해 어느 정도 분류된 것으로 보인다. 이것의 전승이 기록에 의함보다는 암기와 구전으로 되었기 때문이다. 음운에 의한 편제의 분류에 오행이 차지하는 영향은 막대했다. 唐의 공영달은 오행을 배비시켜 "토는 궁宮, 금은 상商, 목은 각角, 화는 치徵, 수는 우羽이다"고 註했는데, 한자음 발음이 당나라 이전까지 한국어와 유사했을 거로 생각하면, 이는 "아설순치후"로 한 〈훈민정음〉 해례본의 오행 배속과 같았다. 〈홍무정운〉과 〈동국정운〉의 음과 오행의 배치는 서로 일치하지 않고[36] 이는 현재 음운학에서 해결되지 못한 문제이다. "나랏말쌈"이 달랐기 때문이기도 하지만 중국어의 상형적 표기나 "뜻"의 몰입 방법이 서로 달랐기 때문이었다.

82편에서 13편으로의 재조합에 작용한 요소나 유통한 사고思考 통로에는 음운뿐만 아니라 손자 13편의 다섯 가지 핵심 비교 요소(道天地將法), 천지인 3재才, 5 행行(土金水木火)의 순환과 생극生克이 작용한다. 13편의 최초 計편에 등장하는 "다섯 가지를 행렬하여 계로써 비교하고 經之以五 校之以計"라는 문구가 후세의 주註에 의해 5사 7계로 잘못 연변 한 것은 손성연이 바로잡았지만 동방문자(한자)의 음운성에는 주목하지 않았다. 13편의 형성이 하루아침에 한 사람의 손에서 이루어지지 않았다는 것은 "정음正音"을 확립하고 체계화하려는 후세의 노력에 의한 흔적으로도 충분히 알 수 있다. 이것은 궁극적으로 언어의 기록은 음에 의한 것이므로 13편 분류에 영향 요소로 판단하는 것은 타당하다.

---

36) 박대종, 대종언어연구소장 heobulan@naver.com

오행과 오사의 음음상 유사성

5行(音)		Baxter-Sagart old chinese		5事
		남북조 이전	송대 이후	
土(宮)		tʰˤaʔ(따)	tǔ	d.ao 道
金(商)		kəm (컴)	Kim/Tian/ Jin	tiān 天
水(羽)	水	s.turʔ(추)	sywijX /shuǐ	di 地
	墜	dr- + -wij(쥐)	drwijH/zhui	
木(角)		C.mˤok(목)	muwk /m.u	m.o jiāng(末)將
火(微)		qʷʰˤjeʔ(화)	xwaX /huǒ	fǎ 法

　음운과 연관하여 도천지장법은 오행의 토금수목화의 순서이다. 이는 토생금 금생수..... 와 같이 오행 사상에서 생성의 연결 순이며 순환계의 표현이다. 그러므로 어느 단면을 잘라 시작과 끝을 정할 수 없다. 위의 도표에서 알 수 있듯이 대체로 오행은 오사와 그 유사한 음을 대비시켰다. 즉 道는 송대 이후 土와 음이 유사한 "투" 발음이었고, 천은 금과 같은 "티엔" 발음이며, 지와 수는 지표면을 뜻하는 추墜로 같이 사용하여 수 역시 발음이 지와 같아 水, 墜, 地는 통가자로 쓰였다. 將은 木과의 관계에서 "뭐장(末將)"으로 한 대 이후 통용되었다. 將은 춘추 전기에 만들어진 단어이나 장군의 의미로 쓰인 것은 전국 후기이다. 법은 역시 화와 음이 같은 "Fa"이다. 이로써 각 요소의 상생과 상극을 대비하여 이해할 수 있고 각 편제의 연결점에 중요한 단서가 된다. 13편의 얼개는 이어서 천지인 3재가 섞여 돌며 오사와 오행이 조합하여 편제명으로 나타난다. 그러므로 예를 든다면 도(토)를 중심으로

순환하는 과정에 천지인의 요소가 작용한다. 천과 천이 만나 순수한 하늘의 뜻인 形이되고 지와 지가 만나 가장 어려운 인간 드라마 九地가 되며, 장과 인이 만나 인간관계의 갈등을 다룬 軍爭이 된다. 이처럼 무수한 조합을 이루어 문장을 조성했다.

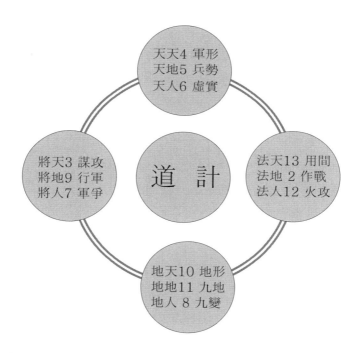

이렇게 상수常數가 존재하므로 13편을 역설계로 풀어 81편(9행 X 9행)에 도달하는 귀납적 방법을 취할 수 있다. 81편을 아홉으로 나누었을 때 장장본 입언에서 기술하고 있는 구신자九神者의 순서가 틀리지 않았다면 아마도 3 才인 천(謨, 明, 要), 지(算, 治, 變), 인(心, 擊, 聖)으로 분류할 수 있다. 공개한 편제 순서와 편제명의 문리가 맞지 않는 경우도 있고 "구신자"에서 13편으로 가는 고리는 찾을 수 없다. 그러나 은작산 출토 손자병법 해당 죽

간은 사실상 12편이고 이것은 81편에서 나왔다는 흔적이 있다.

나. 공개된 장장본 82편의 편제 순서와 구신자九神者

81개의 편(82편, 예시 제외)을 어떤 알고리즘으로 9개로 분류하고, 오사의 道를 제외한 천지장법 4로 곱하면, 36개의 책략이 된다. 36을 다시 천지인 3 才로 나누어 12편으로 완성했다고 가정하면, 다음과 같은 도표를 그릴 수 있다.

九神者	天地將法	計	三才	篇數	
九	四	三十六	三	十二	
道				計	
謨		天謨 地謨 人謨		謀攻	
明		天明 地明 人明		形	軍形
					地形(부분)
要		天要 地要 人要		兵勢(부분) 實虛	
算		天算 地算 人算		行軍 軍爭(부분) 地形(부분) 謀攻(부분)	
治		天治 地治 人治		作戰 地形 (부분) 行軍(부분)	
變		天變 地變 人變		九變 九地(부분)	

心	天心 地心 人心	九地 九變(부분)
擊	天擊 地擊 人擊	火攻
聲(聖)	天聲 地聲 人聲	用間

다른 장장본 초본의 입언에는 다음과 같은 말이 추가되어 있다. 전쟁의 아홉 가지 불가사의는 음양의 교대가 급해 지극하면 서로 바뀌어 음살陰殺이 13편에 내재한다는 것이다. 입언立言에 말한 두 행의 칠언시는 상당히 후대에 추가된 것으로 여겨진다.

"부친(孫武)은 시를 지어 정해 두었으니 "아들 동動이 어찌 축간가縮簡歌 하나로 만들었나 물으니, 13 혜兮를 하나의 입언立言으로 줄여 계모형세쟁전변計謀形勢爭戰變 요산치심격성要算治心擊聲多"라 했다. 父作賦以定之 詩曰 "子動問今縮立何 立 十三兮曲一歌 計謀形勢爭戰變 要算治心擊聲多"

칠언고시七言古詩는 선진 시대의 〈시경〉이나 〈초사〉에 간혹 칠언의 민요 형태로 보이나 문인이 창작하여 詩로 정립된 것은 위진 초기 조비曹조의[37] 〈연가행 燕歌行〉을 최초로 여기고 있다. 위 칠언시 14자에서 뒤에 조사로 붙은 多를 빼면 모두 13자이다. 후세에 찬개된 것이 분명하지만, 9 신자에서 13편으로 가는 연결고리를 제공한다. 전래본의 편제명을 환언하면

---

37) 조비(서기 187~ 226) 魏文帝, 조조의 둘째 아들

시계, 모공(謀), 군형(形), 병세(勢), 군쟁(箏), 작전(戰), 구변(變)과 허실(要), 행군(算), 지형(治), 구지(心), 화공(擊), 용간(聲)이다. 전쟁의 아홉 가지를 음양으로 변이시켜 바꾸었는데, 양구陽九(구신자)가 음살陰殺(13편)로 나눔은 이렇게 해독된다.

謀, 明, 要, 算, 治, 變, 心, 擊, 聲
九神者

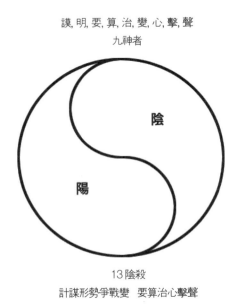

13 陰殺
計謀形勢爭戰變　要算治心擊聲

위 그림에서 계計는 도道에 해당하므로 음양을 포괄한다. 그러므로 최초에 편수가 아닌 머리말이었다. 形은 음양으로 나뉘어 군형軍形과 지형地形이 되고, 지형은 동한 이후에 추가된 것으로 추정된다. 어떻게 아홉 가지가 13편으로 바뀌었는지 장장본, 죽간, 전래본 등의 관련 문구를 부록의 도표에서 비교했다. (<부록 4 : 죽간 과정 요소(3 才와 5 事)로 분류한 13편>을 보라.

다. 한신韓信의 병법 서차序次

장장본 입언立言에 82편을 13편으로 줄이도록 축간을 주문한 것은 그의 아버지 손무라고 손치孫馳는 말하고 있다. 장장본이 장량의 후계에 비전秘傳되었다고 하지만, 그 비밀의 문을 열었던 역사적 존재는 찾을 수 없다. 장량은 〈太公謀 81편〉의 전수자였다고 이정李靖은 증언한다. 이것이 장장본 82편에서 예시預示를 제외한 경림간景林簡인지는 알 수 없다. 道家에서 축간의 의미는 전설적이고 신비한 시대를 연결하는 커플링을 통과한다. 그것은 한신에서 보이는 권력의 요구 사항이 아니라, 어두운 시대의 요청에 따른 메시지로 변화한다. 전쟁과 죽음에 항거하는 민중의 음살陰殺이다.

한신비주에는 명백한 축간縮簡의 증거가 기재되어 있다. 통일된 제국에서 수많은 전국 시대의 병가를 정리하고 병법을 민간에서 회수하여 관리할 필요가 있었다. 장장본의 구신자 축간 과정이 도가를 배경으로 했다면, 한신의 축간은 순수한 병가의 입장에 서 있었다. 이러한 풍경은 唐 이정의 증언으로 충분히 상상할 수 있다. (참고 : 唐李問對) 한신이 초기 13편(또는 12편)을 완성하지는 않았을 것이다. 손자 13편은 임굉, 유씨 부자(유향劉向과 유흠劉歆)를 통해 계속 발전하여 축간의 과정은 꽤 오랜 시간이 필요했다. 서지학의 실증적 그림을 그리거나 문서 가설도(Documentary hypothesis)가 가능한 것은 한신이라는 뚜렷한 역사 존재 때문이다. 한신이 비주에 여러 병법 죽간을 비교하며 새로운 죽간을 세움에 고심한 흔적과 내면 깊은 그의 유포리아(euphoria)를 함께 느낀다.

> "孫子十(三)篇 亦立此篇 簡名變 손자 13편으로 함에 역시 이편은 편명을 變으로 한다."
>
> - 장장본 51편 九變 2, 한신비주

"孫子十三篇 亦立此篇 簡名火攻 손자 13편으로 함에 역시 이편은 편명을 火攻

으로 한다." - 장장본 64편 火攻, 한신비주

　　〈한서漢書, 예문지藝文志〉의 차병서次兵書를 당 태종에게 설명한[38] 이
정은 도교를 경외하는 이세민의 눈치를 본다. 그는 장씨 가문의 도가적 개
종자開宗者인 장량이 또 다른 개념의 손무병법 82편으로 추정되는 〈태공
모 81편〉을 비밀리 소장 전수했다고 진언한다. 이세민은 병법을 세상에 함
부로 전해서는 안 된다고 하며 열람권은 제왕인 자신에게만 있다고 독점
적 "어람권御覽權"을 행사한다.

라. 82편의 출몰

　　뒤에 〈입언〉의 분석을 통해 알게 되지만, 손무병법 82편은 함부로 써진
책이 아니다. 사실 내용 중에는 도저히 병가의 말이라고 볼 수 없는 잡설들
과 소항小巷의 거리에서 열리는 가설무대에서나 들을 수 있는 유치한 사자
성어도 있다. 대개 고대 서적의 진위 파악은 동시대의 다른 서적의 교차 중
언을 통해 판단해 왔다. 그러나 한적漢籍의 상당 부분이 후세에 판각되거
나 출판원 미상인 경우가 많고, 새로운 왕조가 들어서면 이른바 "문화사업"
으로 대규모 사고본史庫本을 만들어 시대에 복무하도록 부풀리거나 권력
에 유리한 자료를 모아 집일輯佚하기 마련이었다. 일실한 다른 문헌에서 인
용된 책의 재생산은 아무래도 시대적 검열을 받았다. 또는 피휘 문제로 글
자를 바꾸거나 음운의 변화에 따른 글자의 연변으로 문장이 변하기도 한다.
왕조의 국시가 엄하면 잔혹한 "문자의 옥"을 초래하기도 했다. 영책另册(블

---

38) 〈唐李問對〉

랙리스트)에 오른 금서들은 오히려 언더그라운드 학자나 시조時潮에 반하는 좌파의 사랑을 받고 문맥을 극단으로 이끌기도 한다.

근자에 정밀한 알고리즘으로 고대 서적을 분석하게 된 것은 서적의 전자화로 인한 검색 기능의 발전에 의한다. 따라서 과거에는 생각지 못했던 독립적인 "말뭉치(textual corpus)"의 집합을 쉽게 찾을 수 있다. 동방문자(한자)는 특히 글자의 표의성으로 다중적 사건 관계가 파악된다. 가령 〈상군서商君書〉와 〈관자管子〉에 보이는 전국시대의 주요 제후인 진효공秦孝公과 제환공齊桓公의 시호에 태그를 건다면, 상앙商鞅과 관중管仲이 서로 교차하여 말하는 구절이 나타나고 그로써 특정한 사실이 증명된다. 〈관자〉에 보이는 진목공秦穆公의 기록이 진나라 목공의 고사를 통해 춘추시대에 이미 중원에 기병이 존재했음을 증명한다. 이로써 전국시대에 들어 기병의 사용이 점점 많아지고, 한漢 나라에 이르러 품종이 좋은 말이 페르시아에서 들어와 당시 전장이 전차전戰車戰에서 보기전步騎戰으로 바뀌었음을 알 수 있다. 실제 존재한 것으로 판명된 〈열자列子〉의 위서 논란은 더 깊은 시대적 이해를 해야 했다. 도교의 인간관계를 중시한 자파의 사상 기조를 바탕으로 써진 〈열자〉의 묘족苗族에 관한 기록은 2천 년 이상 부인되어 왔다. 중원 내부에 다른 민족의 존재를 싫어했던 일원 중심의 역사관을 가진 중화 애국주의자 사마천이 위서로 제외한 〈열자列子〉는 오랜 시간 어둠에 묻혀 있었다.[39] 열자의 실체는 한漢 시대의 예를 들어 춘추 시기에 이미 묘족이 중원에 있었음을 기술한 송나라의 자료에서 드러난다.[40] 이는 기록자가 모두 서로 알지 못했던 사료임에도 독립적으로 기술되었기

---

39) 〈열자〉에 대한 새로운 조명은 중국 정부의 동북/동남 역사공정과 관련되었다는 주장도 있다.
40) 戰國 列子, (宋) 林希逸(1193 ~ 1271) 注著

때문에 사실이 검증되었다. 사마천이라는 한 사관이 가진 확증 편향이 오히려 역사 검증의 반증 자료가 되는 것은 아이러니한 일이다. 백인 코케이전(白狄) 왕국이었던 하북성 고죽국과 인접한 중산국中山國을 사마천은 아예 주 왕실의 희성姬姓을 하사하여 중화권에 묶어 놓는다. 그러나 최근 발견된 독특한 청동기 문명과 문자들은 〈사기〉의 기록과는 다른 사실을 말해 주고 있다.[41]

장장본 〈손무병법 82편〉은 이런 독립적 교차 검증이 가능치 않다. 자료의 빈곤이 원인이었고, 2천 년이 넘는 긴 기간 사라져 〈술장術藏〉의 관심과 보호 아래에도 있지 못했다. 그러나 "藏"은 경전을 은닉하는 것이다. 유가儒家에는 유장儒藏, 도가道家에는 도장道藏, 기타 제가諸家에는 자장子藏이 있고 불가佛家에는 대장大藏이 있다. 역시 병가兵家에 "병장兵藏"이 없지 않았을 것이다. 〈술장〉은 술수학術數學에 의해 책의 성립 선후와 계통을 통제한다.[42] 장장본은 껍데기 목록만 남아 찾을 길이 없었다. 어쩌면 82편이라는 "공룡"은 가볍고 자유로운 13편의 "새"로 진화했는지도 모른다. 82편이 있던 전국시대"병법의 쥐라기 공원"은 사서에 그저 기념품으로만 남아있었다. 82편의 발견은 그러므로 공룡의 부활과 같은 것이었고, 20세기 신중국의 강단에서는 이것이 위험하며, 무모한 장난이라고 화를 내고 있다. 그러나 책의 사회 과학적 성격으로 보아 세전한 〈13편〉과 가전한 〈82편〉이 처한 운명을 상기해야 한다. 〈82편〉은 중국의 사료에 화석처럼 간헐적

---

41) Wu, Xiaolong, 〈Material Culture, Power, and Identity in Ancient China.〉 Cambridge University Press, 2017

42) 〈술장術藏〉, 35次 歷史版本 최근 경신일 2021 1 15, 〈술장〉에 대한 이해는 음양오행과 周易을 공부하는"術數學"의 경전으로만 여기는 좁은 범위를 벗어나 다른 경전과의 관계를 파악하여 術數로 정리한 알고리즘을 통해 이미 사라진 漢籍이나 禁書의 모습과 내용을 엿볼 수 있는 통로로 넓혀질 수 있다.

으로 등장한다.

시기	"82편"의 언급
기원전 2 ~ 기원전 1세기	한서 괴통전 82 책 언급
1세기	반고班固의 한서漢書 예문지藝文志에 "吳나라의 손자(孫武)는 손자병법 82편과 도록圖錄 9권을, 齊나라의 손자(孫臏)는 손자병법 89편과 도록 4권을 남겼다."
7세기	〈당이문대〉에서 당태종이 "太公謀 82편"*에 대해 대장군 이정에게 묻고 있다.
9세기	두목杜牧의 손자 注, 서문에 "武所箸書 凡數十萬言"으로 기술, 〈한서, 예문지〉의 "손오자 병법 82편 도9권"이라는 말을 뒷받침, 조조가 이를 산책(刪策)하여 13편으로 했다고 주장
10세기	唐의 역사학자 장수절張守節(생몰연대 미상)은 〈史記·正義〉에서 〈사기, 오기 손자 열전 史記, 孫子吳起列傳〉에 "손무병서 13편외에 그리고 또한 다른 82편이 있다. 孫武兵書除十三篇之外 還有八十二篇"로 기록했으나 〈史記·正義〉의 성립 시기는 대체로 북송 시대이다.
18 ~ 19세기	淸, 필이순畢以珣(1757 ~ 1836)의 〈손자서록孫子敍錄〉: "손무는 오왕 합려를 만나기 전 이미 13편을 저술했다. 합려와의 문답은 82편의 한 부분일 뿐이다."
20세기	장장본 〈손무병법 82편〉 발견

〈82편〉은 수 백 년마다 세상에 나타나 세인의 입에 오르내리거나 논쟁거리가 된다. 통일 제국이 완성된 서한 초기에는 군축의 대상으로 병법을 편집한다. 그리하여 탄생한 것이 〈13편〉이라면, 이 책의 논지를 쉽게 풀어

갈 수 있을 것이지만, 그런 연역적 증명은 저자로서는 거의 불가능하다. 唐나라 〈통전〉에 보이는 두목杜牧(서기 803~852)의 손자 주注에 근거 없이 손자의 저서가 "수십만 言"이라고 하지는 않았을 것이다. 전래한 〈13편〉은 판본마다 다소 차이가 있으나 6,100 字에서 6,250여 字로 되어 있다. 타타르 선비족 계열의 왕조인 唐이 역사 지리를 보는 관점은 코스모폴리탄적이었다. 두목의 조부인 두우杜佑(서기 735~812)는 탈라스 전투[43]에서 아랍인의 포로가 되었다 말라카 해협을 거쳐 살아 돌아온 두환杜環의 숙부였다. 〈통전〉의 편찬은 두우가 주관했으나 병서 분야는 그의 손자인 두목의 注가 현저하게 많다. 두목은 병법의 해설에 제국주의적 성격을 보였는데, 전투력의 원격 투사나 지리의 중요성, 고구려 원정의 실패에 대한 세계주의적 관점이 있었다. 넓은 안목을 가진 두씨 일가에서 편집한 백과사전이라 할 수 있는 〈통전〉에 "수 십만 자의 〈82편〉" 언급은 허튼소리가 아니다.

홍미로운 것은 위진 남북조 시기에 종이의 사용이 일반화되고 여유 있는 백성이 책을 접하게 되면서 기인畸人[44] 괴사怪士들이 나타났는데 이들은 예견된 암흑시대를 전파하는 아이돌이었다. 땅은 자주 흔들렸고 동해의 거대한 섬이 침몰했다는 소문이 들렸다. 그 시대의 대표적 기인으로 불리는 죽림칠현竹林七賢의 한 사람 완적阮籍(서기 210~263)은 중국 문학사의 랜드마크라 할 수 있는 5언체言體의 〈영회 82수 詠懷八十二首〉[45]를 남겼다. 이렇게 자주 나타나는 "八十二"라는 숫자는 도교적 의미이고 숨겨져 겉으로

---

43) 서기 751년 당과 이슬람 압바스 왕조의 전투, 杜牧과 杜佑는 "孫子 11家注"의 한 사람들이다.

44) 〈설문해자〉 "畸, 殘田也"

45) 〈詠懷八十二首〉는 위진魏晉 시대 죽림7현의 한 사람인 阮籍의 창작 일조시一組詩이다. 이 82수의 시는 위진 교체기의 암울한 사회상을 抒寫하고 감개를 읊고 있다. 당시 정치 상황의 고통과 분개를 잘 표현하여 그 시대의 正始之音으로 불린다. 중국 詩歌史에서 시의 분방한 창의성이 열린 작품으로 평가한다.

확실히 드러나지 않는 의지가 담겨 있다. 이는 〈술장〉의 술수학術數學에 의한 것으로 여겨진다. 노신魯迅(1881~1936)은 완적의 영회시를 "강개격앙慷慨激昂"한 마음을 "은이불현隱而不顯"으로 표현하는 중국적 시정詩情의 출발점이라 말한다.[46] 완적이 백안시한 세상의 거짓 군자는 82라는 수數를 읽지 못했다. 위魏의 보병步兵 교위校尉였기에 완보병阮步兵으로 불린 완적이 〈병서〉를 읽지 않았을 리 없다. 아쉽게도 도가적 성향의 그가 손자병법을 논한 흔적을 찾을 수 없다. 그런데 완적의 작품으로 추정되는 영회시詠懷詩가 또 발견되었는데 그것은 사언체四言體로 13首였다.[47]

82와 13의 관계는 세상에 대한 분명한 메시지가 있다. 뒤를 이어 도연명陶淵明(서기 365~427)은 〈독산해경 13수讀山海經十三首〉를[48] 지었는데 완적의 심경을 다른 상황에 옮겨 압축한 느낌을 받는다. 영회시詠懷詩 자체 역시 〈춘추〉의 은미한 기록 술법述法을 재현했다는 연구도 있다.[49] 위진 교체의 정치 무대는 그야말로 난장판이었다. 바야흐로 천하는 유쇠도흥儒衰道興의 시대였다. 무너지는 유학을 반성하고 비판해야 할 유자들은 권세의 흐름에 따라 세상에 아부하고 지식인들은 정치를 경멸했다. 바보 황제, 멍청이 목민관이 졸정拙政으로 뻘짓을 하면 사람들의 박수를 받았다. 폭력

---

46) 魯迅, 〈노신 작품전집, 而已集〉 "魏晉風度及文章與藥及酒之關係" 臺北 風雲出版有限公社, 1989

47) 녹흠립逯欽立(1910 ~ 1973) 〈先秦漢魏晉南北朝詩〉 中華書局, 1983 : 崔宇錫〈魏晉四言詩研究〉제 4장, 正始之四言詩에 완적의 사언시는 시경 정신의 계승으로 주장

48) 〈산해경을 읽고 13수, 讀山海經十三首〉는 진송지제晉宋之際를 살았던 도연명의 장년 시기 작품이다. 첫 편은 서시이고 뒤에 12편이 이어진다. 시 가운데 〈山海經〉, 〈穆天子傳〉과 같은 책의 제목을 베껴 넣었다. 조시組詩 가운데 세간의 傳說, 神話, 寓言, 史實을 포함하여 이른바 "魔鏡"에 이른다. 이 마경의 경지는 "예지睿智의 불꽃, 애완哀婉의 탄식嘆息, 경천驚天할 노후怒吼, 유충由衷의 마음으로 정성을 다해 아름다움을 경외하는 경패敬佩, 찰나刹那로 보이는 돈오頓悟의 경지, 가끔은 현묘玄妙한 허환虛幻, 세상을 깨우는 경세警世의 선언宣言 등으로 표현되었다. Ref : 중국시가연구

49) 蔡妙眞, "微言與解密－玩籍, 詠懷詩", 中興大學 中國文學 學報 제 32기, 2012년

의 꼭두각시가 된 황제를 무대 뒤에서 암거래하는"선양희극禪讓戲劇"이 쉬지 않고 이어지는 어지러운 세상이었다. 피난처는 당연 도가道家였다. 완적의 영회시 13수와 82수의 성립 선후와 내용은 송원명청 사이의 입에 오르내렸으나 금세 풍월의 역사에서 사라진다. 주자朱子의 미묘한 선언, 즉 유학적 미학이 있는 13수와 도교적 수사로 돌변한 82수를 논변하기 싫었던 모양이다. 근래 중국 학자들의 연구는 13수는 82수의 저본底本으로 확인하고 있다.

〈손무병법 82편〉과 전래한 〈손자병법 13편〉을 완적의 영회시 논란과 도연명의 관계로 이해한다면 견강부회일까? 술장術藏으로 덮인 책들에서 이러한 유사성을 도식화할 수는 없으나, 역사와 사회의 속살을 들여다보면 보다 너그러운 해답을 얻을 수 있다. 죽림칠현竹林七賢은 대숲에 숨어 청담淸談을 나누는 은자들이었다고 하지만, 대부분 정치적 이해를 따라 비명횡사했다. 낙양洛陽의 정권에 선을 대려는 베이스캠프 같은 느낌을 받는 죽림은 서늘하지 않고 욕망으로 뜨거웠다. 캠프의 테이블은 건간乾簡하지 않고 위선과 질시로 축축했다. 사마씨 서진西晋 왕조는 강력한 유교 독단주의를 표방했으나, 궁정의 내부는 사이비 도교가 잠식하고 있었다. 도교와 유교의 가치를 연결할 사상이 이른바 "현학玄學"이라는 말로 나돌아 다녔고, 이런 조류는 연이은 동란의 틈에서 학파를 이루지 못했다. 더구나 서쪽에서 밀어닥치는 불교의 심오한 사색에 대항할 중국 고유의 사상인 도교는 북방 민족이 점거해 오는 평지를 버리고 산으로 도피했다. 불교 역시 사회를 지도할 만큼 성숙하지 못했다. 급하게 번역된 격의格義 언어들이 노장사상에 포섭되어[50] 불교 본래 사상에 대한 이해는 왜곡되고, 한 편으로는 "선禪"이라는

---

50) 格義佛敎, 불교의 중국 전래에 나타난 초기 단계의 설명에서 중국 고유의 글과 서적에

참신한 동아시아 불교의 탄생을 도왔다.[51]

이즈음 권력에 항거한 혜강嵇康(서기 223~262)이 대장군 사마소司馬昭(서기 211~265)에게 살해당하고 그 이듬해(서기 263년) 완적은 세상을 떠났다. 위진지제魏晉之際에 사인들이 감당해야 할 출사와 처세의 모순은 복잡계를 형성한다. "82"는 병법이든, 詩이든, 기인畸人들의 손에 수장된 생각의 표상이었다. 생각을 감추었지만 드러내는 공공연한 암호 같았다. 역사에서 완적을 왜 奇人이라 하지 않고 畸人이라 했을까? 畸는 짜투리땅이니 기인은 잉여 인간이다. 구획 정리에서 비껴간 땅의 뜻을 가진 畸는 秦 소전小篆에 처음 보인다. 정리를 할 수 없는 맹지 같은 돼기밭은 사람들이 욕심을 내지 않는 관심의 피안 너머에 있다. 이렇게 버려진 땅에 기거하니 안전하다.

장장본은 이러한 기인들의 손에서 손으로 전수되었을 것이다. 어리숙하고 손에 거름이 묻어있으며 스스로 피혁을 만들고, 대장간에서 쇠를 두들기며 금속 공예를 했던 사람들이었을 것이다. 그러므로 글의 내용에 가끔 보이는 허술한 사자성어는 마치 작치양매作痴佯呆(거짓 바보인 양) 엉뚱하고 유치하다. 동주東周, 즉 춘추 후기에 기술되었다고는 믿어지지 않는 여러 성어는 장장본이 위서라고 주장하는 이들에게 주요 근거였다. 장장본의 문장은 상당수가 문리가 통하지 않는 것이 사실이다. 더구나 중국 중세 소설, 〈삼국지연의〉나 기타 청대 무협지에 나오는 성어들이 있다. 41편 拾中에는 1920년대 만주 군벌이 사용한 오늘날 동계 전투 준비를 연상하는 용어가 보인다. (부록 3 : 장씨가전수초본張氏家傳手抄本 원본 및 해석 참조) 찬서한 부분들을 변호할 의도는 없으나, 상당 부분 은작산 한묘 발굴 죽간에 보

비유하여 불교의 본의와는 어긋났다.

51) Seidel, Anna "Chronocle of Taoist Studies in the West 1950-1990"online PDF.Ⅶ.2. "Buddhism in Taoist Scriptures

이는 손자, 손빈의 문구가 무질서하게 자리 잡고 있다. 1923년 장장본을 필사한 장루이지가 1972년에 발견한 은작산 죽간을 보았단 말인가? 아니면, 비밀리에 전승한 손자병법 죽간이 있었기 때문인가? 혹 장장본이 1996년 장씨 가문에서 세상에 내놓았기 때문에 1980년대에 북경에서 발표한 해석이 완료된 죽간을 보고 찬서, 표절한 것인가? 이 수많은 의문점은 책의 내용을 충실히 읽으면 밝혀진다.

어쩌면 정말 산자이(山寨)에 살았던 필사자가 무협지와 이런저런 병서를 읽고 영리한 모방을 했는지도 모른다. 그는 짜투리땅(畸)에 숨어 살며 세상을 꼬집고 싶었다. 그런데 82편을 읽다 보면 꾸준한 성실함이 느껴지는 것은 왜일까? 필사자가 잘못 알고 있는 사실도 한편으로는 근거가 있다. 허술한 장장본이 중국 손자 학회에서 추방된 이유 여러 가지 쟁점을 살펴본다.

2장.

장장본으로 풀리는 〈손자병법〉의 비밀

손무병법 82편 속의 암호들

가. 글에 손무孫武라는 이름을 직접 사용한 점

중국인의 이름은 한나라 이후에 정형화되고 전국 시대의 지역색을 바탕으로 제도권 안에서 가문을 형성한 것으로 알려져 있다. 그전에 주나라 사회는 나라 또는 읍邑의 이름을 씨氏로 하고 분봉한 제후는 어머니 이름을 성姓으로 했다.[52] 씨는 아버지요 성은 어머니였다. 이후로 名이라 함은 그 사람이 삶을 통해 이룬 업적과 영향으로 얻어졌다. 어머니의 성으로 가족과 영지가 갈리어 전국시대는 어머니들 간의 싸움이었다. 통일 제국인 진, 한이 들어서면서 후궁인 어머니의 성은 사라지나 성과 씨가 합쳐 "성씨"가 되고 성은 일부 작은 봉국에게는 남겨두었다. 모계 전통이 사라진 것은 유학을 국시로하는 漢의 소인小人 유생들이 남녀를 수직적 존비 관계로 사회를 재단하면서 남성 위주의 나쁜 관습을 잘못 전승한 결과였다.

손자, 손무라는 이름은 후세의 기록에 의해서 붙여진 존칭과 성명이므로 장장본의 성립시기인 춘추 말기에 그의 이름이 직접 서명된 것은 이상한 일이다. 그리고 "가짜"를 만들려면 이렇게 하지는 않았을 것이다. 주나라 봉건 체제에서 봉토를 받은 유력 가문만이 이름과 성이 있었다. 이로써 장장본이 춘추시대가 아닌 후세에 필사된 것임은 분명해 보인다. 秦漢시대의 산동 182 병가에 얼마나 많은 병법 죽간이 있었겠는가! 서한 말 양웅은 〈태현경〉에서 형명학形名學의 시초가 되는 논의를 일으켰는데, 그 배경에는 유교의 몰락과 도교의 대중화가 있었다. 形은 겉모습이고 名은 실질이었기에 허명보다는 능력에 대한 의문이 제기되는 난세를 지나며 누구나 이름을 가지게 된

---

52) 以國名爲氏 或 以邑爲氏,

다. 이로써 이름 名을 표방한 것은 후세의 기록자가 그 업적을 추존했기 때문이다. 孫武의 "孫"은 도망자란 뜻이고[53] "武"는 역시 무부이다. 이것이 그의 이름(名)이 된 것은 자연스러운 일이다. 사상의 국가 검열이 심했던 양한 시대의 사서와 상당히 많은 문헌에서 손자의 계보를 대체로 다음과 같이 말하고 있다.[54]

> "開, 字長卿, 為齊大夫 이름은 개, 자는 장경이며 제나라 대부였다."
>
> ― 〈史記·孫子吳起列傳〉
>
> "孫子武者, 齊人, 姓田, 名開, 字子疆, 乃陳無宇長子也 손자는 무인으로 제나라 사람이고, 성은 田, 이름은 開, 자는 자강이다. 진무우의 장자이다."
>
> ― 장장본, 抄本 跋文

손무의 본래 제나라 시절 성은 전田이었다. 전 씨는 衛 나라에서 망명한 진씨陳氏의 후손으로 뒤에 제의 통치 가문이 되고, 일부 기록에는 손자의 집안이 제나라의 정변으로 오나라로 망명했다고 전한다. 그러나 중요하다고 여겨지는 〈좌전〉에 제나라 궁정에서 田, 國, 高 씨 등 유력 가문의 권력 다툼은 여기저기에 보이나 손무가 망명했다는 기록은 발견할 수 없다. 정황으로 이해할 수 있는 것은 정변이 일어날 때마다 齊의 대부들이 주변 제후국인 魯, 魏, 燕 등으로 망명했으며, 더 멀리 해외 망명을 위해서는 항구가 있는 작은 나라 거국莒國(지금의 산동성日照市)으로 피신했다. 〈좌전〉에 吳 나라에 대한 기록이 인색해서이지만, 吳는 춘추 기간 제후국으로 인정받

---

53) "孫"은 "도망쳐 숨다."라는 뜻이 있다. ref 〈강희자전〉
54) 참조 : 2장, 〈손자병법〉의 저자 손자는 누구인가?

지 못했다. 그러다 갑자기 춘추 말에 춘추오패로 등장한 것은 사마천에 의해서였다.[55] 더 멀리 있는 월은 거대한 해양 세력이 배후에 있다는 공포감이 있었고 완전한 미지의 지역이었다. 따라서 오와 월은 산동 대부들의 망명처가 아니었으며, 당시 제와 오는 언어 소통이 되지 않았다. 손무의 오나라 이주는 어떤 '강제성'에 의한 것이었고 '孫武'라는 성명의 기원은 이런 정황을 이해한 제삼자에 의해 명명되었을 가능성이 있다.

나. 주오민周吳民, 뭇나라인가? 나의 나라인가?

장장본 "입언"과 마지막 82편 "預示"에 필자 자신을 지칭하기를 "주오민周吳民"이라는 이해하기 어려운 말이 있다. 이런 조사복합組詞複合된 글자는 한나라 이후 더 늦게는 위진 남북조의 시가詩歌에 보이는 형태이다. 3, 4세기 이후에 누군가 82편에 손을 댄 것으로 보인다. 그런데 특이한 것은 "民"의 의미를 전국시대의 뜻으로 썼다는 점이다. 민은 청동기 제국이 들어선 은주 교체기에 금문에 처음 나타난다. 즉, 전쟁으로 대량의 포로가 발생한 시기에 만들어졌다. 잡은 포로의 한쪽 눈을 빼어내어 노예로 쓰는 모습에서 상형화했다. "吳"는 상당히 와오訛誤된 연연沇演의 결과로 쓰인 글자이다. 한묘 죽간에서 흔히 보이듯 "吾"는 "吳"와 통가자로 쓰이거나, 조주본 이후 잘못된 해석의 결과로 본래의 "나의 나라"가 아닌 "오나라"로 여겨져 전승되었다.[56] 이후에는 오월吳越 관계의 비극적 스토리로 손자 13편 구지편에 변탈하여 전해졌다. 고대 중국 음운 연구에는 오, 월, 왜 모두 유사한 언어를 사용한 해양 국가임이 증거가 되는 자료를 내놓고 있다. 사실 나라 이

---

55) 저자는 吳에 의해 최초의 중국 통일이 이루어졌다고 본다. (참조 : 吳나라, 사라진 해양 제국
56) 李昌善, 〈죽간손자논변〉 2015, 實虛篇 p 206 ~ p 208

름인 "오월왜" 모두 한 음으로 발음되었는데, 뒤에 "나"와 "우웨"로 나누어진다.

그가 오의 객경客卿이었으며 장군, 군사軍師였다면 "주오민 周吳民"이 아니라, 그림의 예인 오계자吳季子와 같이 "오손자 吳孫子"로 썼을 것이다. 이 그림은 명청 교체기에 손승택孫承澤(1592~1676)이 수집한 검의 명문銘文을 모사했다. 칼은 사라져 현재 원모를 알 수 없으나, 글자의 해독은 왕사정王士禎(1634~1711)이 하고, 청의 완원玩元(1764~1849)은 이를 수집하여 그의 〈積古齋鐘鼎彝器款識, 1804. 8. 20〉에[57] 실었다. 명문은 조충서 鳥蟲書(鳥篆體) 열 글자로 여러 사람이 해석했으나 대체로 왕사정의 해석이 받아들여졌다.[58]

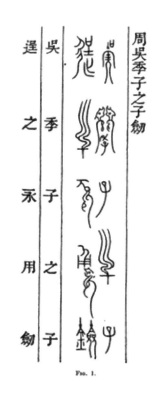

FIG. 1.

이는 사마천의 독특한 인벤토리인 〈사기, 吳太伯世家第一〉에 보이는 계자季子가 수몽壽夢의 막내아들이며 그의 자식인 정逞이라는 기록을 참고로 해석했기 때문이다.

---

57) 〈적고재종정이기관식積古齋鐘鼎彝器款識〉, 제 6권 p 40 ~ p 41 (실물 卷8, p 20), China-America digital academic library(CADAL), archive.org 원본은 모두 10권으로 되어 있으나 CADAL은 6권으로 전자화했다.

58) 2014년 금속 명문과 고문 해석의 전문가 동산董珊은 "吳季子之逞劍"로 추정하였는데, 이는 1669년 漁洋山人의 精華錄에 써진 雙劍行과 같고, 이는 두 칼의 명문을 본 감회 詩로 해석했다. 계자(季札)는 아들 이름이 역사에 알려지지 않고 있다.

"吳季子之子保(逞)之永用劍"

"오나라 계자의 아들 영逞이 영원히 사용할 검"

재해석 : "나의 막내아들의 아들을 지키며(保, 寶) 오래 사용할 검"

이 문구 역시 왕사정의 해석인 "오나라"보다는 "나의 막내아들(季子)"로 해석해야 옳다. 또한 엄연히 새겨져 있는 보保를 〈사기〉에 나왔다는 근거로 영逞으로 함은 무리이다. 왜냐하면 이 청동검들은 오나라 영역이 아닌 남중국 전역과 일부 허베이(河北) 지역에서도 출토되고 있기 때문이다. 또한 〈積古齋鐘鼎彝器款識〉에 수집된 서주의 청동 제기, 종鐘, 정鼎, 이彝 등에 수없이 보이는 "후손이 영원히 귀히 사용하는 孫永寶用之"과 뜻이 같아 이런 해석은 무리가 아니다.

어쨌든 이 글의 관점은 "주오계자"에 있다. "오계자"는 손무와 비슷한 연대인 기원전 6세기 오나라였든 아니든, 왕족이나 유력 인물에 대한 그 당시 표현이고 "주오계자"는 16세기 써진 것이다. 따라서 장장본의 "주오민 손무" 역시 그의 생애에 써진 글은 아닐 것이다. 추정할 수 없는 오랜 세월, 적어도 16세기 이전이겠지만, 후에 가필된 것으로 판단할 수밖에 없다. 그런데 "民"은 확실한 자신의 처지를 나타낸다. 민은 개탄스런 손무의 처지를 잘 대변하고 있다. 전국 이후 민은 "戰民, 싸우는 노예"의 뜻이 강하고 은작산 죽간 손자에는 싸움에 쓰기 위해 길들인 포로를 말하고 있다. 전래한 〈13편〉의 민은 당 태종 이세민李世民의 이름을 피휘避諱하여 모두 人으로 바뀌어 문맥이 상하기도 했다.

왜 그는 주周 천자天子 아래 오나라 전민(周吳民)이 된 것일까? 그의 슬픈 가족사는 다음 장에서 알아보고, 그가 살았던 춘추 말 무렵 〈좌전〉에는 제나라 전田씨 가문의 정변에 대해 자세히 기록하고 있다. 그러나 〈손자〉라는 불후의 이름은 어디에도 나타나지 않는다. 그래도 손무의 행방을 명료히 추적할 수 있는 단서 역시 〈좌전〉 애공哀公 11년의 기록에서 발견할 수 있다. 전씨 가문의 주요 무장武將들이 참가하고 패전한 애릉艾陵의 전투(기원전 484년 5월)에 주목할 필요가 있다. 그는 할아버지인 전서田書와 함께 포로로 잡혀 애릉의 모문하牟汶河에서 오나라 고소성까지 배 밑창에서 노를 저었었는지 모른다. 그 고소성 역시 지금의 위치(蘇州)가 아닌, 해양제국의 변방에 있는 많은 코소(Ko Su)중에 하나였다.[59] 결국 그는 노예로 팔려 끌려갔던 것이 아닐까? 〈82편〉에는 수많은 자기 연민의 감정이 투영되어 있다. 손무는 오나라에 도착 후 제민齊民이라 불리운다. 그리고 은퇴하여 경림에 들어서는 오민吳民으로 바꾼다. 제민은 한신비주가 처음 보이는 5편 화동에서 시작하여 25편 四備, 47편 一將, 51편 九變2의 한신비주에만 보인다. 오민은 주오민으로 조사 복합되어 입언과 82편 예시에 보인다. 이를 보아 두 가지 분석이 가능하다. 첫째, 제민은 한신이 손무를 지칭한 것이고, 오민은 손무 스스로 칭했다. 한신이 사용한 민은 "일반 백성"의 뜻이었을 것이고, 손무의 민은 본래 "맹氓"으로 쓰였던 도망친 노예, 즉 자유민이란 뜻을 내포하고 있다.

둘째는, 이 모두가 제삼자의 눈으로 본 기록일 수 있다. 그 제3의 기록자는 상당한 후대에 제나라의 정변과 오나라의 성쇠를 알고, 한신의 생애 전반을 알고 있는 사람이다. 그가 82편을 씀에 - 아마 죽간이 아닌 종이에 썼을 수도 있다.- 시대적 어두움을 등진 자신을 돌아보지 않을 수 없는 기인畸人이었을 것이다. 그가 생각하는 백성(民)은 늘 쫓기거나, 도망쳐야 하는 신

---

59) 2장, 吳나라, 사라진 해양제국

세의 가련한 존재였고 제후들의 약탈물이며 식량이었다. 전국시대 주요 전투가 춘궁기인 봄에 이루어진 것은 식량을 약탈하기 위해서였는데, 점령지의 포로 가운데 건강한 남자는 전민으로 노인, 여자, 아이는 식량으로 사용했다. 백성들은 이들을 "육식자肉食者"로 불렀다.[60] 〈13편〉 작전편에 "인량어적因糧於敵"은 적으로부터 적의 식량을 탈취한다는 뜻으로 인因을 허사로 사용 연변 한 것이지만, 소전小篆 이전에 因의 본래 뜻은 죽은 사람을 거적 위에 올려놓은 인육人肉을 상형화했다.

백성(民)은 이처럼 비참했다. 민의 의미가 점차 "서민庶民"이 되고 "인민人民"으로 변화하여 마침내 청대에 이르러서는 "君客民主"[61]로 발전한 것은 끊임없이 배움으로 천명이 인간의 마음에 있다는 유학의 가르침 때문인 것은 부인할 수 없다. 오랜 세월 民의 의미를 되새기면, 장장본의 주오민은 민국시대의 분위기를 넣은 장리안지아의 찬개로 볼 수도 있다. 그러나 한편, 한신이 제민이라고 일부러 손자를 부른 것은 다른 해석의 여지가 있다. 한신이 지칭한 "제민무자齊民武子"는 손빈孫臏을 특정한 것이 아니라 손무의 본래 출신을 상기하기 위한 것이었다. 그는 경림간을 오나라 소유에 넣기 싫었다. 제와 초의 경계 지역인 회수 부근에서 자라난 한신은 더 남방인 오吳를 멸시하는 분위기에 익숙했다. 중국의 남북 차별 상은 시대별로 우열감優劣感이 다르다. 후한 이전까지 황하 중류의 이른바 중원의 봉족封族들은 회수 이남 장강 하류의 제 민족을 멸시했다. 중국 남동 해안의 오와 월은 기원전 8천 년 전부터 형성된 타이완과 오키나와, 제주, 큐우슈우에 이르는 거대한 해양 세력의 외곽 부분으로 자리했다는 고고학의 다른 가설들은 중국

---

60) 左傳, 莊公十年, "其鄉人曰 肉食者謀之 又何間焉?" 는 조귀曹劌가 노 장공을 만나 제나라 군대의 침공 징후를 논하면서 현지인의 정보를 언급한 것이다.
61) 고염무, "군주는 객이요 백성이 주인이다."

남북 갈등의 근원으로 설명될 수 있다.

북방 민족의 남하와 어지러운 위진의 몰락에 의한 의관남도 후에는 강남 인이 북방인을 경멸하는 사회 분위기로 새롭게 바뀐다. 강남의 풍요는 재빠른 문화의 침투 동화를 가져왔다. 위진 남북조의 혼란을 통일한 수隋 나라 는 강남으로 이전한 문화 재원을 북으로 환류하기 위한 운하의 건설이 시급 했다. 강남의 인재를 되찾아 국가 통합을 이루려는 과거제의 시행 역시 같 은 맥락이었다. 이러한 남북문제는 주나라 시조로 여겨지는 양치기 족장 고 공단보 시대에도 있었다. 권력 쟁의 결과 그의 아들 태백이 강남으로 도피 한 것도 사서에 보이는 "아름다운 양보"보다는 힘의 대결 결과였다. 남북의 적대적 장벽은 〈좌전〉이 남방에서 일어난 주요 사건을 잘 기록하지 않았 던 것으로 알 수 있다. 한신이 언급한 3가지 죽간에서 경림간은 오늘날 은 작산 출토 죽간으로 중국 손자 학계에서 인정된 〈손빈병법〉은 아니다. 비 주의 전체 문맥으로 보아 20세기 "손빈병법"으로 조합된 것은 한신이 낮게 평가한 "제나라 안성간"일 수 있다. 〈82편〉은 그렇다면 〈손자 13편〉과 〈손빈병법〉에 앞서 성립한 모본母本이었을 가능성도 있다. 한신비주의 "제민무자齊民武子"는 오랜 세월 사서에 오르내린 "손빈孫臏의 齊손자병법" 과 "손무의 吳손자병법"과는 다르다. 한신의 손에 손빈의 죽간은 없었을까? 혹시 안성간이 손빈의 죽간이 아니었을까? 다음 쟁점에서 손빈의 세습 가 계를 살피면 82편의 저자에 더 접근할 수 있다.

다. 〈손무병법 82편〉 집필 시기 분석과 손무의 생애 재조정

〈장장본〉에서 주장하는 82편의 성립 시기는 〈사기〉, 〈한서〉 그리고 현재 전승한 손씨 족보와 〈사기, 田敬仲完世家〉, 〈전당서全唐書〉, 〈신당서, 宰相世系表〉 등과 일치하지 않으며 특히, 가장 신뢰할 수 있는 〈좌전〉의 기록과 전걸田乞, 전서田書등 손무 가계의 주요 인물의 연결 고리가 너무 짧거나 길다.

도표 : 82편 집필 시기 분석

<table>
<tr><th rowspan="2">서력
(기원전)</th><th rowspan="2">기년
(주경왕)</th><th rowspan="2">손무
나이</th><th rowspan="2">주요사건</th><th colspan="2">출처</th></tr>
<tr><th>장장본</th><th>사서</th></tr>
<tr><td rowspan="2">544</td><td rowspan="2">齊景公 4</td><td rowspan="2">1</td><td>손무 출생, 齊 樂安
성 田氏</td><td rowspan="2"></td><td>〈신당서〉</td></tr>
<tr><td>손무 출생 孫書의
손자</td><td>〈전당서〉</td></tr>
<tr><td>524</td><td></td><td>20</td><td>제의 大夫들 서로 죽이는
정치불안 지속</td><td></td><td></td></tr>
<tr><td>523</td><td>魯 昭公
19년</td><td>21</td><td>가을, 제의 告發이 군대를 이끌고 거莒
나라를 쳤다 齊告發帥師伐莒,
거가 기창으로 도망가자 莒子奔纪鄣,
손서를 시켜 정벌토록 했다 使孫書伐之</td><td></td><td>〈좌전〉</td></tr>
<tr><td>516</td><td>주경왕
4년</td><td>28</td><td>8년간 작업한
〈손무병법 82편 탈고〉</td><td>“입언”</td><td></td></tr>
<tr><td rowspan="2">515</td><td rowspan="2">5</td><td rowspan="2">29</td><td>82편을 축간縮簡
預示에는 81편으로 기술</td><td>“예시”</td><td></td></tr>
<tr><td>합려, 僚 암살 찬위
손무, 오자서의 천거로
오의 객경이 되어
〈13편〉 제출</td><td>“예시”</td><td>〈사기〉</td></tr>
<tr><td>506</td><td>14</td><td>38</td><td>가을 柏擧의 전투
합려와 오자서 출병
겨울 초의 수도 郢 점령</td><td colspan="2">〈좌전〉, 〈전국책〉,
〈여씨춘추〉에 손무
의 이름 없음</td></tr>
<tr><td rowspan="2">504</td><td rowspan="2">16</td><td rowspan="2">40</td><td>초의 昭王 陳郢 천도</td><td></td><td></td></tr>
<tr><td>경림에서 병법 저술
〈경림간〉 추정</td><td>“예시”</td><td></td></tr>
</table>

서력 (기원전)	기년 (주경왕)	손무 나이	주요사건	출처	
				장장본	사서
496	24	48	2설, 손무 죽음 오왕 합려 월과의 전투에서 전사		〈오월춘추〉
			1설, 합려와 손무 결별	"예시"	
490	30	54	제나라 鮑牧의 정변		〈사기〉 〈좌전〉
			이 정변으로 손무 일가 오 나라로 망명 주장	"발문"	
484	魯 哀公 11	60	봄, 손서(전서) 노나라 정벌 5월 艾陵의 전투에서 손서(전서) 오에 포로로 잡힘 공자, 노나라로 돌아감		〈좌전〉
482	38	62	부차의 黃池 會盟		〈사기〉 외 다수
476	44	68	손무의 경림 은퇴 82편을 아들 손동과 후손 들이13편으 로 재편집 추정	"입언"	
473		71	오나라 멸망 손무 고소성 귀환		〈한서〉 형법지
470		74	1설, 손무의 죽음	富春孫 氏 族譜	
			손무의 주살설 기록		〈한서〉 형법지
			고소성 巫門밖 큰 무덤이 손무의 무덤 이라 기록		〈월절서〉

기원전 524년 齊의 상황은 어떠했나? 그 시기 제나라는 비교적 평온했으

나 타락한 궁정 생활을 사람들이 손가락질하고 있었다. 임금인 경공은 말을 사랑했고 남색男色을 즐겼다. 백성을 향한 법은 가혹하고 세금은 무거웠다. 공자孔子가 36세에 제나라에서 경공을 만난 적이 있는데, 〈논어論語〉계씨편季氏篇에 "제 경공은 천승의 사차駟車가 있었으나, 그가 죽는 날 그의 덕을 칭송하는 백성이 없었다. 齊景公有馬千駟 死之日 民無德而稱焉"라는 말을 보아 민심이 이반되어 있었다. 공자의 말대로 임금은 임금다워야 하고, 신하는 신하다워야 하며, 아비는 아비답고, 아들은 아들다워야 君君臣臣父父子子"하는데 전혀 그러하지 못했다. 이른바 강제군주姜齊君主 강姜씨에서 전제군주田齊君主 전田씨로 권력이 이동하고 있었다. 이 기간은 제경공의 재위 기간(기원전 548~490)이었으나 당시 제의 강역疆域 대부분은 서서히 전 씨가 차지했다. 장장본 초본의 발문跋文을 쓴 중경重慶의 우쑹린(吳松霖)은 2008년 7월 발문 수정문에서, 전희자田僖子 걸乞이 연루한 포목鮑牧의 정변(因僖子乞與鮑牧等圖危社稷) 이후 손무가 오나라로 망명한 것으로 기술한다. 그러나 이것은 사기나 기타 통행하는 손자 관련 역사서의 손무 오나라 활동 시기와는 시간이 맞지 않는다. 어떤 것이 오류일까? 이 혼란을 찬찬히 들여다보자. 현재 전래한 손자의 족보는[62] 크게 두 가지로 제시되고 있다.

"개는 자가 자강, 시호는 무자이다. 제나라 대부였고 낙안에서 나물을 캐 먹으로 청빈하게 살았다. 오나라로 망명해서는 성을 손孫으로 바꾸었다. 오나라 장수가 되어서는 무경 82편을 지었다. 자식에는 명이 있고 명은 자가 경호이다.

---

62) 손씨 종보에 대한 신뢰할 수 있는 실증적 증거는 없다. 甲山北灣孫氏宗譜는 1995년 장쑤(江蘇) 지역에서 발견되었다고 전하나, 〈신당서〉의 기록과 끼워 맞추어진 정황이 있다. 손씨 종보는 신해혁명 후 孫文의 세계를 주장하는 가문마다 우후죽순처럼 만들어졌다.

부춘에서 역시 아버지를 따라 나물을 캐며 살았다. 이로써 부춘 손 씨를 이루었다. 그의 아들은 기인데 그 기의 아들이 빈이다. 빈은 자가 가모嘉謀이고 위나라의 장군이 되고 후에 위나라의 군사가 되었다. 승이라는 아들을 낳았다. 雲 : "開, 字子彊, 諡武子, 齊大夫, 食采樂安. 適吳, 更姓孫, 爲吳將. 著武經八十二篇. 生子明 明, 字景浩. 以父功食採於富春, 是爲富春孫氏. 生子沂, 沂生子臏. 臏, 字嘉謀, 仕魏爲將軍. 後仕齊爲軍師. 生字勝"

<甲山北灣孫氏宗譜序>

"개는 자가 장경이고, 제의 대부로 낙안에서 나물을 캐며 살았다. 그 무렵 田乞과 鮑牧의 정변으로(3) 무자는 오나라로 도망쳤다. 성을 손씨로 바꾸고 병법 13편을 지어 오왕에게 바쳐 장수가 되었다. 開, 字長卿, 爲齊大夫, 食採於樂安. 是時, 因僖子乞與鮑牧等圖危社稷, 武子遂奔吳, 更姓孫, 以兵法十三篇幹吳王, 用以爲將"

<泗安孫氏家乘·孫氏族譜序>

　전씨田氏 세계世系에 그들의 선조는 기원전 672년에 陳나라에서 齊나라로 망명해 온 진陳 여공呂公 규약嬀躍의 아들, 공자 완完이다. 제환공齊桓公 14년 때였다. 제환공은 완의 총명함을 알고 경卿으로 삼고자 했는데 굳이 사양하여 장인匠人을 다스리는 공정工正을 삼았다. 완이 제나라에 정착하고는 陳씨 성과 田씨 성을 혼용하여 썼다. 완이 죽자 그에게 경중敬仲이라는 시호를 내렸다. 전완田完의 방계 손자가 전양저田穰苴였다. <한서, 예문지>의 병서 목록에 <사마법>이 없는 것은 이상하지만, 병서 <사마법>은 전씨가의 후손인 제 위왕威王의 명으로 사마양저의 군사사상을 기

록한 것이다.

田敬仲完(기원전 672년 陳에서 齊로 망명) - 田孟夷稚 — 田孟莊湣 — 田文

子須无 - 田桓子无宇 — 田武子開 - 田僖子乞(?~ 기원전485) - 田成子常(恒) -

田襄子盤 — 田莊子白 - 田悼子 - 太公和(최초의 田齊군주 ~ 기원전 384년)

〈사기, 田敬仲完世家〉

전완의 4대손 전무우(桓子)는 제나라의 군권을 손에 넣게 되고 경공 때에
이르러 안영의 도움으로 상장군이 된 전양저는 燕과 晉의 침공을 효과적으
로 막아내 제를 구했으나 정권의 실세에는 거리가 있었다. 완의 자손은 점
차 제의 유력 가문이 되어 뒷날 강 씨의 제나라를 멸망시키고 전 씨의 제나
라를 건국하게 된다. 23대 제 경공은 이복형인 장공莊公을 대부 최저崔杼
(?~기원전 546)가 시해하자 정변을 틈타 왕위에 오른다. 그러나 꼭두각시
임금을 하면서 형을 죽인 최저를 우상右相으로 임명하니 무도한 일이었다.
대부들이 서로 죽이고 정치가 혼란했다. 세금을 무겁게 매기고 사치가 심해
나라가 피폐했으나 초국에 출사했던 안영晏嬰(기원전 578~ 500)을 데려와
임명하면서 나아지게 된다. 그 무렵 손무의 증조부 전희자田僖子 걸乞은 세
금을 징수할 때 작은 되를 사용하고, 양식을 배급할 때는 큰 되를 사용하여
백성의 민심을 얻었다. 앞서 전희자의 아버지 전무자田武子 개開는 경공이
신뢰한 3명의 용사(公孫接, 田開疆, 古冶子)를 안영의 계략으로 제거하고[63]
궁정을 장악했다. 사치스럽고 우유부단한 경공이 죽고 그가 사랑한 후궁 육

63) 〈안자춘추〉에는 전무자 개와 전개강을 다른 사람으로 묘사했다. 교묘한 계책으로 상
대 3사람을 자멸시킨 "二桃殺三士"의 이야기가 전한다.

사鬻姒의 어린 아들 도荼가 군주의 자리에 오르니 불만이 폭발했다.

전걸田乞과 포목鮑牧은 지지 세력을 규합하여 어린 군주를 옹호하는 세력을 공격하여 육사의 거처를 옮기고, 왕갑王甲을 죽여 도荼의 주변을 제거한다. 이어서 魯나라에 망명했던 공자 양생陽生을 불러 군주로 옹립한다. 그가 25대 도공悼公이다. 전희자 걸이 죽고 아들 전성자田成子 항恒(田常)이 뒤를 이었다. 그 항의 아들 "서書"는 〈신당서〉에 의하면 손무의 직계 조상, 조부로 기록되어 있다. 그런데 전서(손서)의 행적은 〈좌전〉에 두 번 나오는데 기원전 523년 거국莒國 정벌 때와 기원전 484년 오나라와 전투에서 대패하여 오의 포로로 잡힌 때이다. 이 39년의 간격은 손무의 일생을 확인하는 데 중요하다.

田敬仲完……桓子无宇…… 恒(常) - 書(字子占, 기원전 484년 吳에 彼捕*) - 凭
(字起宗) - 武(字長卿)

〈신당서, 宰相世系表〉

손무의 조부가 전서로 나오는 〈新唐書·宰相世系表〉는 신중국의 주류 역사계에서 큰 오류라고 비판한다. 주장의 요지는 〈좌전〉을 注한 두예杜預(서기 222~285)의 관점이 〈신당서〉에 잘못 기재되었다는 것이고, 그것은 두예가 좌전에 기술된 애릉의 전투에서 오나라에 포로로 잡힌 전서田書와 손서孫書를 같은 사람으로 혼동했기 때문에 발생한 오류라는 것이다. 이를 대변하기 위해 좀 더 물화된 증거를 내놓았는데, 〈전당문全唐文〉에 기재된 "唐幽州內衙副將 中散大夫 試殿中監樂安郡孫府君神道碑"에 따라 손무는 衛나라 손림보孫林父의 후대로 결론 내렸다. 그렇다면 손무는 본래부터 손 씨였다.[64] 그러나 이것은 〈사기〉의 기록에 껴맞추기 위한 상당히 의도된 노력으로 보인다. 낙안 손 씨의 신위를 모신 비를 근거로 손무의 조상을 설정하면 뒤에 설명하겠지만, 수많은 모순이 따라붙는다.

손무의 죽음은 두 가지 설로 나누어져 있다. 손무는 기원전 496년 오나라 합려의 전사와 함께 사라져 실종(MIA)으로 처리된다. 또 다른 설은 〈한서 형법지〉에 기원전 470 고소성에서 주살된 것으로 기록한다. 기원전 485년 전걸의 죽음은 확증할 수 없는 간격을 만들어 놓고 있다. (참조: 도표 손무의 생애 재조정) 가장 합리적인 추론은 한 세대를 20~30 여 년으로 보았을 때 전항의 아들 전서가 오나라에 잡힌 해 그의 나이는 이미 70이 넘어야 한다. 어쩌면 이들은 부자 관계가 아닌 형제 관계일 수 있다. 더구나 복잡한 첩실이 얽힌 승계 구도는 세대 간격의 오차를 용납할 수도 있겠다. 이 혼란은 전항田恒의 제나라 장악을 위한 종실 확장 계획과 관계있다. 사람이 있어 땅을 나눈 것이 아니라, 먼저 땅을 차지하고 분봉할 사람을 만들어 냈다. 전 씨 세계의 급격한 팽창은 권력을 나누는 공간 구도의 설계에 있다. 전항은 백여 명의 미녀를 별궁에 두고 그의 지인들을 드나들게 하여 짧은 시간에 70여 명의 남자아이를 생산했다. 태어난 아이의 브랜드 네임은 모두 전씨田氏였다. 아비는 아비답지 않고, 자식은 자식답지 않았다. 이른바 전씨대제田氏代齊의[65] 기초는 이렇게 완성되었다.

"전서田書"가 손무의 직계 조상인 것은 후에 다른 사서나 특히 〈좌전〉

---

64) 손무의 선조는 춘추 초기 위나라 武公의 아들인 惠孫이라는 기록이 〈元和姓纂〉에 보인다. "周文王第八子衛康叔之後 至武公和生惠孫 惠孫生耳 耳生武仲 以王父字為氏"
65) 전씨대제는 田씨가 제나라의 국군의 성인 姜과 씨인 呂를 대신 제나라를 다스렸다는 성어이다.

두예의 주를[66] 기초로 당송 시대로 이어지는 공영달孔穎達과 구양수歐陽修의 검증에서 "손서孫書"로 기록된 것으로 알 수 있다. 성씨를 田에서 孫으로 바꾼 것은 손무이기 때문이다. 그런데 애릉의 전투를 기록한 〈좌전〉 애공 11년에 보이는 세 이름, "국서國書", "진서陳書", "전서田書" 그리고 소공 19년(기원전 523년)의 "손서孫書"는 상당히 혼란스럽다. 우선 씨와 성, 명으로 나누어 분석하면, 書는 명名일 가능성이 높다. 명은 그 사람의 능력과 업적으로 주어지는 Surname이다. 그러므로 이들은 국정을 관장하는 Secretary였다. 국서의 아버지 국하國夏는 제 경공이 죽자 어린 군주인 도荼를 옹호하다 전걸과 포목의 정변(기원전 489년)에 거국莒國으로 도망했다. 전걸은 다시 포목을 제거후 옹립한 도공悼公(?~ 기원전 485년)을 독살하고 간공簡公을 세웠는데, 전걸의 아들 전상(田成子)과 국하의 아들 국서는 이에 협력하며 북상해 오는 오월 연합군에 국상 기간이란 명목을 세워 화친을 청하려 했다.

전 씨의 조상은 200여 년 전 陳에서 齊로 망명해 온 진陳 여공呂公이었고 기간 중 나라 이름인 陳氏를 田氏과 혼용하여 사용했다. 그러므로 진서와 전서는 동일 인물이다. 허나, 애릉의 전투의 등장인물 보다 미리 39년 전에 나타난 손서孫書는 누구인가? 〈좌전〉 소공19년에 보이는 손서는 전서와 동일 인물은 아니나 거국莒國(현 산동성 日照市 莒縣) 정벌에 같이 참여했다. 중국 학계는 이 손서를 손무의 조부로 보고 있다. 그렇지 않다면 사마천이 묘사한 오왕 합려와 손무의 절친 관계와 "13편"은 허구가 되기 때문이다. 이 주장이 정립하려면 크게 두 가지 의문이 해결되야 한다. 첫째는 그의 조부가 "손서"라면 다수의 한적에서 말하는 손무의 오나라 정착 후 개명改名

---

66)　두예杜預의 註, 신중국에서는 그의 주를 꺼리는 경향이 있다.

은 허위 사실인가? 둘째는 손서의 거국莒國 정벌인 기원전 523년 〈좌전〉의 기록에 보이는 정황 "제의 고발이 군대를 이끌고 거국을 치자 거자(莒共公)가 기장紀鄣(현 江蘇贛榆東北)으로 도망했다. 손서를 시켜 정벌케 했다. 齊高發帥師伐莒 莒子奔紀鄣 使孫書伐之"를 보면 손서는 총지휘관이 아닌 예하 부장이었다. 나이가 40을 넘지 않았을 것이고 손무는 아직 태어나지도 않았다. 손서가 조부라면 오왕에게 13편을 바친 기원전 515년에 손무는 아기여야 한다. 孫書(? ~ ?)의 생몰 연대가 풀리지 않는 한 이 논쟁의 결론은 미궁이다. 그가 전걸의 손자 전서와 함께 거莒나라를 정벌한 것은 공통된 의견이지만, 두예가 혼동한 것이 아닌 동일 인물이었다면 〈사기〉는 또다시 타격을 받는다. 이 문제는 다시 "손자좌전무대론"에서 끌어가기로 한다.

중국 "사서"에 대한 신뢰는 번쇄한 논쟁을 끌어들이므로 논외로 하고, 충분히 의심할 수 있는 범위에서 합려의 시대를 그려 보아야 한다. 그 시대는 남방의 해양 국가가 발호하는 격동기였다. 춘추시대의 마감은 중국의 최초 통일이 吳 나라에 의해서였을 것이라는 믿음이 가는, 오의 광대한 남중국과 중원 영역의 장악과 급격한 몰락에 의해서였다. 따라서 이 기간을 기록한 사서에 상당한 절충과 봉합이 보인다. 손무를 유령으로 만든 것 또한 다양한 상상을 가미한 중국의 사서임은 분명하다. "82편"의 이야기 역시 한대의 반고로부터 시작하여 "손자"가 등장하는 한적漢籍마다 긴 꼬리처럼 따라붙는다. 唐의 역사학자 장수절張守節은 〈史記·正義〉에서 〈사기, 오기 손자 열전 史記, 孫子吳起列傳〉에 "손무병서 13편 외에 그리고 또한 다른 82편이 있다. 孫武兵書除十三篇之外 還有八十二篇"고 덧붙였다. 그런데 이 문장은 후인이 보기補記한 것으로 평가되고 있다. 위 도표에서 장장본과 기존 사서를 취합하면 그야말로 대혼란이다. 손무가 태어난 해로 추정되는 기원전 544년(齊 景公 4년)부터 경공의 재위 58년간(전 548~490)은 사치스러웠으나 매우 안정된 통치 기간이었다. 그러나 내부적으로는 유력 가문인 전 씨가 서서히 권력을 잠식하고 있었다. 전 씨 내부에도 어떤 갈등이 있었을 것이고, 무슨 이유에든 손무의 오나라 이동은 아주 중요한 관심 사항이다. 그러나 어떤 자료도 그의 오나라 "이민"을 충분히 설명하지 않고 있다. 대체로 "망명"으로 이해할 수 있는 표현이 사서에 보이나 망명 원인에 대해 기원전 490년 제나라의 "포목의 정변"으로 꼬집어 말한 것은 장장본 발문뿐이다.

이런 상황에서 오에 망명한 손무가 82편을 쓰는 시점에 대한 시대적 불일치가 보인다. 장장본 "예시"를 기초로 82편의 성립과정을 추정하면, 주경왕 4년(기원전 516년) 가을 8년에 걸쳐 쓴 병법을 탈고했고, 주경왕 12년 봄(기원전 508년) 오자서가 그를 오왕에게 천거했으며, 기원전 506년 겨울 초나라를 격파한 백거의 전투가 있었다. 그리고 주경왕 16년(기원전 504년) 경림에서 죽간을 완성한다. 이로써 병법을 쓰기 시작한 해는 적어도 기원전 524년 전이 된다. 그러면 그의 오나라 망명은 기원전 524년 전이어야 한다. 그런데 그의 망명의 원인인 제나라 포목鮑牧과 전걸田乞의 정변이 일어난 것은 기원전 490년이었다. 그렇다면 손무 일가의 실제 망명 시기는 언제였을까? 발문跋文에는 전걸田乞(? ~기원전 485년)의 난 이후로 보지만 이는 장장본의 기록과는 맞지 않는다. 장장본이 위서여서인가? 장장본의 주장대로라면 손무의 망명이 적어도 기원전 524년 전이어야 그의 오나라 삶의 여정이 들어 맞는다. 장장본을 허술하게 보게 하는 기원전 516년은 "입언"과 "예시"라는 책의 머리말과 후기의 진술과 일치하지 않기 때문이다. 그러나 아래 도표로 손무의 생애를 재조정하면 퍼즐이 풀리게 된다. 전서(손서)가 거느린 손무 일가가 기원전 484년 애릉의 전투에서 포로가 되었다면, 그 후 8년간 그가 노예인 전민으로 살았던 시간 장경이 생기게 되고 이는 입언立 言의 전개 부분에서 기술한 기묘한 말의 해석을 완전하게 한다.

"歷時八年, 嘔心瀝血, 九盡而功成也；功成兵法……. 事不能反；反則不輾；法不 能過"

"지난 8년 동안 심장을 토하고 피를 흘리며 최선(九盡 수많은 난관을 헤치고)을 다해 공을 이루고 병법을 지었다……. (노예로서) 상황은 반란을 기도할 수 없었 고；반란을 해 몸을 돌려 (제 나라로 귀환할) 수 없는 것은；(오나라의) 법이 지 나치지 않았기 때문이다."

〈장장본〉 立言 전개부분

이 말은 평이하게 보일 수도 있다. 그러나 이것은 그가 기원전 484년에서 기원전 476년까지 8년간 전쟁 포로로 살았던 기억을 회상하고, 노예 생활하 는 동안 오나라에 대한 감상을 표현했다. 같이 포로가 된 당시 중군의 지휘 관인 손서(전서)의 나이를 알 수 없어 유감이지만, 손무는 할아버지를 따라 종군하면서 이미 병법 82편의 상당 부분을 완성한 것 같다.

애릉의 전투 서막은 패왕의 야심이 있는 부차가 한 해 전인 기원전 485년 에 노魯, 주邾, 담郯 등 작은 제후국을 공격하며 열리기 시작했다. 부차는 동시에 오월 연합 수군으로 바다로 나아가 산동 해안 지금 일조시日照市 거 현莒縣 부근에 상륙하여 협공토록 했으나 제의 반격으로 실패한다. 484년 이른 봄 제가 노 나라를 침공하나 노군의 저항으로 퇴각했다. 제는 노나라 정벌이 실패하고 군을 돌려 재편하는 중이었다. 마침내 주경왕 36년 기원전

484년 오와 노, 월의 연합군이 애릉에서 급편방어 중인 제군과 조우한다. 5월 제가 노를 공격했다는 소식을 들은 부차는 노와 연합하여 박博(현 산동성 泰安市 동남 30리 지점)을 함락하고 영영(현 산동성 莱芜市 서북 구역)에서 제의 주력군과 조우한다. 양군의 병력은 각각 10만 정도로 비슷했다. 제는 천승의 전차가, 오는 충분한 보급지원 선박과 수륙 양면 작전에 근접 전투가 능한 보병이 핵심 전투력이었다. 약소국인 魯는 그 지역 지형을 잘 알므로 제1진으로 향도 역할을 했다.

제군의 전투 편성은 안정되어 있지 않아 보인다. 제의 궁정은 왕의 시해 사건이 이어지고 정권 다툼으로 피비린내가 가시지 않은 상태였다. 한 해 전 도공悼公을 독살한 실권자 전걸이 겨울을 넘기지 못하고 병사했다. 아들 전상(田成子)과 정적으로 망명했던 국하의 아들 국서는 협력하며 오와의 전투에 대비했다. 처음엔 국상國喪을 핑계로 화친을 청했으나 부차는 거부했다. 능력이 출중한 전걸이 죽고 제의 전쟁 지도 능력이 없음을 간파한 것이다.

불화가 잠재한 齊 군대의 진영 편성을 보면 국서國書는 사령탑인 중군을 지휘했고, 고무비高無㔻가 상군을, 종루宗樓가 하군을 지휘했다. 전서가 지휘했을 부대의 전투서열은 기록에 보이지 않고 있다. 그러므로 그를 따라 참전했을 손무의 군내 위치는 알 수 없으나 중군을 지휘하는 국서와 함께 전서가 있었으므로 중군에 속했을 것이다. 전투 진영은 齊군은 종대로 배치 – 전방(상군과 우군), 중앙(중군), 후방(하군) – 하였고, 吳군은 횡대로 전방(상군과 우군), 후방에 주력인 중군을 두어 융통성 있게 운용했다. 〈좌전〉에 보이는 상하군上下軍 표현은 병가에서는 잘 사용하지 않는 용어이다. 춘추 좌전의 소공 연간을 기록한 노나라 사관이나 뒤에 〈좌전〉을 수정한 서한西漢의 유학자들이 병가의 용어를 통일성 있게 사용하지 않았음을 보여주고 있다. 춘추 전국 시기에 군대의 전투서열은 통상 좌군과 우군으로 하고 작전 형태는 객客과 주主로 표현했다. 좌군은 방어와 후퇴 작전을 담당하고, 우군은 공격 부대였다. 객은 공자를 주는 방자를 의미했다. 기동 형태는 좀 모호했지만, 正과 奇, 會戰과 合戰, 交와 絶, 方과 圓을 사용하였다. 이런 용어를 잘 정립한 것은 손빈에서부터이고, 군 편성 용어와 3군이 개념이 정립된 것은 漢代 이후였다.

그런데, 전투의 경과를 보면 오왕 부차가 친히 지휘하는 중군의 역할이 컸음을 알 수 있다. 초기 접전에서 오의 우군이 제의 상군을 격파했으나 오의 상군은 제의 우군에 패했다. 이때 부차는 휘하의 예비 중군을 투입하여 서문소胥門巢의 상군을 구해 제군을 막아낸다. 이어 주도권을 쥔 오군은 제의 10만 병력을 섬멸한다. 제의 장군 공손휘는 전사 하고 하군 대장 종루는 실종되었다. 국서國書, 공손하公孫夏, 여구명閭丘明, 진서陳書(전서), 동곽서東郭書 등 대부들이 오나라의 포로가 되고 제나라 병거 800승을 오군이 노획했다. 애릉의 싸움은 춘추 말 가장 큰 규모의 전투로 철저히 상대의 유생역량을 제거한 섬멸전이었다. 동시에 전사戰史에 예비대 운용의 중요성을 가르친 전투였다.

라. 손무는 어디에 있었나?

포목의 정변에 가문이 연루되어 오나라로 망명했다면 그는 애릉의 전투 자리에 없었을 것이다. 그가 손서의 자손이라면 전 씨의 권력 투쟁에 소외되어 임치의 교외인 낙안에서 나물을 캐어 먹으며 전장을 방관했을 것이다. 손서의 조상 위나라의 위패를 신주로 모셨다면 나중에 성을 바꿀 일도 없었을 것이다. 두예가 판단했듯이 손서와 전서가 동일 인물이었고 한나라 사관들의 혼동을 바로잡은 것이라도 손서의 거국莒國 정벌과 애릉의 전투 사이에는 약 40년간의 메울 수 없는 간격이 있다. 이 점은 해결할 수 없는 미궁이지만, 애릉의 전투에서 전서(손서)가 오나라에 포로로 잡힌 때의 나이를 70대로 추정하고 손무의 48세 사망설에 의거 기원전 484년을 손무의 나이 34세로 기표하면 그는 손서와 동일인인 전서의 손자로 볼 수 있다. 전서의 진중 위치는 알 수 없으나 제 오 양군의 전투 기동을 추정하면 지휘소인 국서의 중군 막부에 같이 있었을 것이고 손무는 그의 알자謁者와 같은 역할을 하거나[67] 참모로 할아버지의 전쟁을 도왔을 것이다. 〈좌전〉의 기록에 의하면 공손하, 전서, 여구명 등은 국서의 말장末將으로 있다 같이 포로가 되었기 때문이다. 〈좌전〉 애공 11년 봄에서 시작된 전투는 여름까지 이어졌다.

"甲戌, 戰于艾陵, 展如敗高子, 國子敗胥門巢, 王卒助之, 大敗齊師, 獲國書, 公孫夏, 閭丘明, 陳書, 東郭書, 革車八百乘, 甲首三千, 以獻于公

갑술일에 애릉에서 싸웠다. 오의 전여는 고자를 이겼고, 제의 국자는 서문소를 무찔렀으나, 오왕 부차의 군사가 이를 도와 제나라 군사는 대패했다. 국서, 공손하, 여구명, 진서, 동곽서를 사로잡고 혁차 8백 대 갑사 3천의 머리를 베어 왕에게 바쳤다."

- 〈좌전〉 애공 11년, 5월 27일 갑술일

피아의 기동 상황과 접촉 현황에 대한 정확한 기록은 없다. 봄에 노나라

---

67) 謁者, 군주나 장군에 근접해 보조하는 영접관이나 안내인 또는 피아의 진중 분위기를 염탐하는 첩자로 전국 말에 나타난 용어이다.

를 공략한 제나라 군대는 노, 오, 월 연합군의 반격을 받고 제의 수도 임치를 방어하기 위해 종심으로 군을 배치한 것으로 보인다. 그러나 부차는 빠른 기동으로 애릉에서 서로는 태산泰山 남부 사면에서 동으로는 현 연화산 蓮花山 동쪽 산록(현재 산동성 淄博市의 남쪽 區)으로 [68] 횡격실의 유리한 지형을 선점하고 분지를 감제하는 진지를 형성하고 있었다. 태산에서 연화산으로 연결된 구릉과 분지는 제나라의 주력인 사차駟車를 이용한 전차전에 불리한 제약을 주었고 주변에 거미줄처럼 얽힌 모문하牟汶河는 오나라의 보급 선박의 이동을 용이하게 해 주었다. 전투 경과에서 제와 오의 우군 右軍이 피차 상군上軍을 격파한 것은 취약한 측면을 공격했기 때문이었다. 게다가 제 중군의 수장들을 포로로 잡은 것은, 상군으로 각기 정합正合을 이루고 추가로 투입한 부차의 정예 중군을 기병奇兵으로 써서 퇴로를 차단한 것으로 추정된다. "정으로 대치하고 기로써 승리하는 以正合 以奇勝" 병법의 전형이었다. 노획한 혁차 팔백 승은 중군中軍과 하군下軍에 있던 가죽 덮개로 지붕을 씌운 전투근무지원 수레이다. 혁차 역시 4마리의 말이 끌었다. 혁차에는 숙영 도구와 식량, 군마초, 취사용 땔감, 전장 상황 기록 죽간, 병장기를 싣는다. 목을 벤 갑사 3천은 사차를 타고 전투하던 병사이니 전차 천여 대가 파괴된 것으로 보인다. 완전한 섬멸전이었다. 손무는 중군의 어디 있었나? 그는 전투원이라기보다는 알자이며 하급 서기로 혁차 주변에서 잡혔을 것이다. 포로로 결박된 채 멀리서 대장군인 국서가 참수되고, 할아버지 전서와 부장들이 끌려가는 것을 보았을 것이고 그것이 마지막이었다. 부차는 국서의 머리를 비단에 쌓아 깨끗한 함에 넣고 제나라로 돌려보냈다.

---

68)

"公使大史固 歸國子之元 寘之新篋 襲之以玄纁 加組帶焉 寘書于其上 曰 天若不識不衷 何以使下國. 오왕이 태사고에게 국자(국서)의 수급을 제에 돌려주라 함에 새 상자에 머리를 넣고 검고 옅은 붉은 비단을 깔고 비단 띠를 둘러 그 위에 글을 두었는데, 이르길, "하늘이 바르지 못함을 알지 못하였다면 어찌 하국인 오나라가 이기게 하였겠는가?"

-좌전 애공 11년 -

승리한 오나라가 자신을 낮추어 하국下國이라 칭한 것은 〈좌전〉 필자의 남방에 대한 우월 의식을 나타낸다. 이 남북문제는 훗날 사마천이 해결해야 할 끊임없는 역사 괴리감이었다. 손무는 포로들 가운데 어디에 있었나? 그는 죽간에 전투 상보인 부결符決을 적는 동안 오 중군의 기습으로 후방이 차단되었다는 보고들 듣는다. 齊 군 지휘부에서 국서의 사령 전차를 모는 어자御者 상암서桑掩胥가 끝까지 싸우다 죽는 것을 보았다. 잡히기 전 임치臨淄로 보내려던 비밀통신인 음부陰符를 불에 태우며 장막 밖을 내다보았다. 애릉 언덕을 돌아 흐르는 모문하牟汶河는 피로 붉게 물들어 흘렀다. 부서진 전차들이 여기저기 흩어져 불에 타고 창과槍戈에 다리가 잘린 말들이 고통스럽게 울어댔다. 손무는 혁차 안에 숨어 있다 잡혀 모문하 천변으로 끌려갔다. 메케한 연기 속에 흐느끼는 얼굴들이 불쑥 나타났다가 사라지고 서편 태산 남사면으로 해가 지고 있었다. 포로의 분류는 신속히 이루어졌다. 부상이 심한 자는 바로 삶아 식량으로 사용하려 하였으나 부차는 이를 금했다. 그것은 "(무도한) 齊의 육식자나 그렇게 하는 것 齊之 肉食者 行之"이었다. 건강한 포로는 황하 지류 모문하에서 배를 타고 제와 노의 봉토 경계에서 국경을 차단하는 잔류 접촉 부대의[69] 전민이 되었다. 잡은 포로를 다시 훈련해 전민을 만드는 것은 어려운 일이었다. 은상 시대에는 한쪽 눈을 파내었다. 서주 시대에 이르러서는 얼굴에 문신하는 것으로 바뀌고, 도망갈 염려가 없는 전민으로 길들면 몸에 X형의 띠를 둘러(卒) 표시했다.

손무가 현장에서 처형되지 않고 오의 고소姑蘇- 아마도 구주九州의 음차일지도 모르는 지역이지만 - 로 끌려간 것은 제의 병법과 군사기밀이 적힌 죽간을 실은 혁차革車에 있었기 때문이었다. 혁차에는 산동의 수많은 병가 현황과 전래한 병법이 가득했다. 오와 제의 언어가 달라 소통이 어려웠으므로 손무가 통변通辯이 가능한 변사辯士로 여겨졌다면 그가 목숨을 구한 주요 이유로 보인다. 물가에서 그는 머리를 깎이고 얼굴에 문신이 새겨졌다. 부차의 중군 진영은 환호와 흥분, 기괴한 군무軍舞로 시끄러웠다. 그 전승戰勝의 춤은 아마도 오늘날 태평양의 여러 섬을 비롯 뉴질랜드의 마오리 족 하카(Haka) 춤과 유사하지 않았을까?[70] 하카는 이방인에 대한 환영의 춤으로 변질하였으나 춤과 함께 부르는 노래에는 실상은 애릉의 전투에서 북방 중국인들의 장발長髮 모습을 경멸하고 있다.

발을 맞추어 구르자!

이것은 죽음! 이것은 삶!

---

69) 잔류접촉부대. 철수 또는 지연 및 후퇴 작전에서 이를 기만하기 위해 적과 접촉하여 남겨진 부대

70) 1937년 여름 南京에 입성한 일본군의 기이한 군무와 Haka는 스텝과 동작이 비슷하고 지금은 금지된 病身舞를 연상케 한다. 춤에는 足の不自由な人 히즐대기, びっこ 절름발이, 癩病患者 문둥이, 布袋腹 배불뚝이, 腰の曲がった老婆 꼬부랑할미, せむし くる病 곱추, 奇形の小人 난장이, 聾唖 벙어리, 盲人 봉사, 中風患者 중풍쟁이 등이 있다. 일본이 식민지나 점령지에 퍼트린 장애인 비하의 춤은 예술적 표현과 소외자의 戱化 사이에 논란이 있다.

보라, 털 많은 인간아![71]

그리고 우리 태양으로 단련되고

그것으로 빛나는 우리들

일어나라! 일어나

떠오르는 태양처럼 높이 일어나

이것은 죽음! 이것은 삶!

-Maori, Haka Dance

얼굴이 흰 대부의 아들 손무를 유심히 오래 바라본 사람은 서문소胥門巢였다. 오의 상군上軍을 이끌던 서문소는 패전의 죄를 묻는 자리에서 무릎을 꿇고 엎드려 있었다. 그는 자신을 이긴 국서國書가 멀리서 참수되는 것을 보지 않으려 고개를 돌렸으나 눈길이 닿아 쳐다본 게 손무의 얼굴이었다. 삼십 대 중반의 홍조가 가시지 않은 비범한 얼굴이었다. 관자놀이와 귀밑머리의 경계가 뚜렷했고 방금 새긴 문신으로 턱 아래에 핏자국이 말라붙어있었다. 중군의 수장 국서가 죽고, 손무의 할아버지인 전서와 그의 말장末將들은 행방을 알 수 없었다. 〈좌전〉으로 알 수 있는 것은 여기까지이다. 이 장면을 자세히 묘사하고 있는 사서史書가 아닌 소설에 가까운 〈동주열국지東周列國志〉[72]에는 서문소의 동선을 이해하게 하는 글이 보인다. 서문소 관련 행적을 요약하면 다음과 같다.

---

71) Austronesian 사이에 퍼져있는 이 전설의 노래는 마오리 족이 서양인을 "털 많은 인간"으로 묘사한 것으로 해석되고 있다. 그러나 이는 머리를 밀고 문신한 오월 연합군이 상투와 장발을 한 북방 중국인과 싸웠던 기억의 소산일 수 있다.

72) 〈동주열국지〉는 明의 馮夢龍(서기 1574 ~ 1646)이 〈좌전〉을 참고로 기술한 70여만 자의 〈列國志傳〉을 청대 乾隆 연간에 편집 출간했다. 대체로 成書 연대를 1736년, 1752년, 1767년으로 보고 있다.

"국서의 중군에 돌진해 든 서문소는 공손휘公孫揮와 30여합을 겨루다 패퇴했다. 화가 난 부차가 패장을 벌하려 하자, 서문소는 부차에게 제군의 허실을 몰라 강한 곳을 공격했다고 변명한다. 다음 날, 부차는 지형을 잘 아는 노나라 장수 숙손주구叔孫州仇를 제1진으로 선봉에 세우고, 전여展如를 제 2진으로 후속 공격케 한다. 왕자 고조타姑曹打는 제3진에 두어 증원 예비로 두었다. 그리고 다시 패전한 서문소로 하여금 월나라 지원군 3천을 이끌게 한다. 월병을 이끌고 온 제계영諸稽郢은 남아 전투를 지켜보게 했다. 서문소는 다시 패전을 가장 퇴각하며 제군의 공손휘를 유인하고 매복한 숙손주구가 공손휘를 죽인다. 이를 본 공손하가 전차로 추격하나 오장 전여가 이를 차단하고 공손하를 죽인다. 서문소는 차방전車幇戰으로 제장齊將 고무평高無平, 종루宗樓, 성기性起를 죽인다."

－〈東周列國志〉殺子胥夫差爭歃 納蒯瞶子路結纓 부분,

中國哲學書電子化計劃 ctext.org

서문소는 오나라 장수였으나 소외된 계층이었고 출신 차별을 받았다. "胥門巢"라는 이름 그대로 오자서伍子胥가 건축한 고서성姑胥城의 서문胥門에 사는 사람이었다. 부차는 한 해 전 오자서(기원전 ? ~ 485)를 숙청하고 그의 휘하 여단을 서문소가 지휘하게 하였으나 이 부대는 모두 정예병이 아닌 노약 잔병殘兵이었다. 서문소의 그 당시 발음은 "Xer mˤən dzˤraw 써먼쩌"이고 "dzˤraw"는 그 당시에 사용한 것으로 여겨지는 지금의 월어粵語로"越勇, 용맹스러운 월나라 사람"의 의미이다. 서문소는 따라서 오자서를 따르던 월나라 사람으로 보인다. 오자서가 죽고 끈 떨어진 서문소가 적을 유인하는 미끼로 사용되고, 결국 포로의 후송을 담당하는 좌군 부대로 좌천된 것은 자연스럽다. 포로가 된 손무의 운명을 좌지우지할 수 있는 사람은 서문소였다.

손무는 중원군으로 지류를 따라 올라온 월나라의 선박에 태워져 배 밑바닥에서 노를 저어야 했다. 약탈한 제나라 재화로 배는 무거웠다. 3천의 증원병을 보낸 월나라 구천은 화의의 사신으로 보냈던 그의 아들 제계영諸稽郢에게 다시 수백 척의 배를 준비시켜 지원했다. 월나라 군대가 수월하게 애릉 지역의 하천에 도달할 수 있었던 것은 항해가 가능한 수로가 있었기 때문이었다. 하지만 춘추 말의 동중국 해안선은 지금과는 확연히 달랐으므로 지금의 지리 공간으로 가늠할 수는 없다. 남북 연결의 운하는 수나라 이후였으나 이는 낮아진 수면의 물을 끌어드린 약간의 작업으로 가능했다. 황하의 치수 기록에는 기원전 596년부터 서기 1946년까지 1,593번의 대홍수가 있었고, 26번이나 흐르는 방향이 바뀌었다. 그중 9번은 초대형 홍수여서 수시로 유로流路의 변화가 있었다. 황하는 대체로 발해만渤海灣으로 하구를 정하고 흘렀으나 가끔은 산동 반도 이남으로 나아가 황해에 유입되었다. 이런 현상은 토사가 쌓이면서 명, 청대에 이르러는 더 자주 일어난다. 황하 탈월脫越 현상은 강남에서 바닷길을 따라 제의 수도로 가는 뱃길을 바꾸었다. 애릉의 전투 무렵 오월 군대의 기동력은 이런 상당한 기후 변화에 도움을 받았다.

12,000년 전부터 시작된 해빙으로 동아시아의 여러 구역이 바다 밑으로 가라앉았다. 말레이반도와 인도네시아, 필리핀, 타이완으로 이어진 순다랜드(Soondaland)는 100미터가 높아진 수면 아래로 사라졌다. 서해와 제주, 일본은 모두 육지로 연결되어 있었다. 지금과 같은 해안선이 나타난 것은 불과 4~7천여 년 전이었다. 황하와 양자강의 하구는 지금으로는 도식할 수 없는 상상할 수 없는 곳에 있었다. 기원전 40세기에서 20세기까지는 중

기 홀로세(Mid-Holocene)의 온습한 해빙기로 황하 중류 지역은 중국 농업의 요람이었다. 바다의 수위는 지금보다 3~5 m 높았고 그즈음 황하 하구는 완전 습지여서 인간의 활동 흔적을 찾을 수 없다. 비슷한 시기 오키나와, 타이완, 큐우슈우를 중심으로 한 해양 제국들은 침수되어 영역이 줄어들자 육지로 진출을 모색하게 된다. 기원전 4, 5세기를 지나며 유럽 지중해의 수위도 점점 높아져 알렉산드리아 항구의 앞섬들이 바다로 가라앉았다. 중국인들은 물의 흐름에 민감했다. 기원전 2268년 태행산太行山 대지진 이후에 산동 지역의 황하 물길은 불안했으나, 약 200여 년 후인 기원전 2050년대 쯤 우禹의 치수로 비교적 안정을 찾는다.[73] 기원전 20에서 10세기, 하말에 은상을 거쳐 서주 초기까지 황하 하류는 수풀과 스텝지역으로 바뀌면서 서쪽의 유목민이 이주하기 시작했다. 이것은 서융의 침공으로 인한 주나라의 동천과 연관되어있다. 기원전 8세기에서 5세기에 황하 하류는 크게 3가지 하천(禹貢河, 漢志河, 山經河)으로 나뉘어 범람하고 유로를 변경했다.[74] 楚 장왕莊王의 패권 시대였던 주정왕周定王 5년 (기원전 602) 역사상 최초로 알려진 우공禹貢 운하를 만들어 치수의 큰 전환점을 이룬다. 楚의 북방 접근이 용이하도록 의도된 물길이었으나 뒤에 정치 군사적 형세 변화를 가져왔다. 이어서 수년간의 제방 건설과 개선 끝에 황하 유로는 동한 왕조 시대에 점점 더 안정되어갔다. 북송 왕조 때 황하의 홍수가 다시 대규모로 발생하여 강의 흐름이 급격히 변했는데, 치수와 이주 문제에 대한 논의가 이때 기록

---

73)   南京大學, Scientia Geographica Sinica, 地理科學 2002, 10

74)   Royal Swedish Academy of Sciences 2012, 任美锷, "Socio—economic Impacts on Flooding: A 4000 — Year History of the Yellow River, China"Published online 2012 Jun 5

으로 많이 나타난다.[75]

　〈좌전〉에는 동네북 같은 나라가 등장한다. 제나라에 둘러싸인 거국莒國이다. 아주 작은 약소 제후국으로 상상되는 것은 걸핏하면 주변 강국이 거 나라를 정벌했다는 말이 나오기 때문이다. 그러나 이곳은 제의 시조인 태공망 여상呂尙의 지역 거점이어서 강한 정치적 특색이 있었다. 莒는 지금의 산동성 거현으로 서해로 나아가는 항구인 일조시日照市를 포괄한다. 또한 주변 제후국의 공자公子, 대부大夫들의 인기 망명지였다. 황하는 범람하여 가끔 발해만으로 나아가지 않고 유로를 바꾸어 거국 주변의 하구로 빠져 나갔다. 거국으로 가는 손쉬운 뱃길은 이렇게 생겼고, 고조선과 구주九州(큐우슈우), 야마타이로[76] 도피를 도모할 수 있는 곳이었다. 오월 연합군의 상륙지로 추정할 수 있는 충분한 조건을 갖추고 있었다. 서해에 물이 차기 전 거국莒國의 강역은 알 수 없으나 한반도와 닿아 있었을 가능성이 있다.

漢代 畫像石 "河伯의 침공"[77]

---

75)　왕러바이(王若柏), 〈黃河下游遷徙改道原因新解〉 2005, 光明網

76)　제 2장, 吳나라, 사라진 해양제국

77)　"河伯"은 韓中日 신화에 모두 보이는 인물이다. 하백은 고구려 시조 주몽朱蒙의 외조부이고, 일본에서는 익사한 이족夷族이 龍이 되어 카파(河童)으로 불리었는데, 야마토 정권 이후 도교 의례로 제를 지냈고 후에 기우제로 변화한다. 〈竹書紀年〉에는 "帝芬十六年 洛伯用與河伯馮夷鬥"황하 유역 부족의 갈등과 싸움으로 기록했다. "帝芬"은 夏 왕조의 10대 왕 夏帝槐(기원전 1965~1922)로 44년간 재위했다. 제분 16년은 기원전 1981년으로 추정된다.

물이 차오르듯 오나라는 쳐들어왔다. 오나라에서 손무의 행방은 알 수 없다. 고소성 외곽의 궁륭산穹隆山 산채山寨에서 두목이 되었다는 최근의 관광용으로 조작된 가설은 믿을 수 없다. 그는 주오민周吳民으로 스스로 칭했다. 앞에서 설명했듯이 현대의 독자는 "주 천자의 오나라 백성"으로 읽을 수 있다. 그러나 이것은 노예로 잡힌 전민戰民을 의미한다. 그는 전민으로 이리저리 끌려다니며 작은 전투를 치르거나 잡역에 동원되었을 것이다. 동화 같은 서시西施의 이야기가 사실이라면, 그녀를 위해 부차가 짓는 고소대姑蘇臺의 토목 공사에서 돌과 나무를 날랐을지도 모른다. 그러나 그는 줄곧 서문소의 주목을 받고 있었다. 그의 영향으로 노예 십부장(士)들은 총명한 그에게 곧 호감을 느끼게 된다. 士란 글자는 오늘날의 선비란 뜻이 아니라 춘추 말에는 열 명의 죄수를 관장하는 간수를 지칭한 회의자였다. 손무는 13편에서 민과 사의 관계를 누누이 설명하고 있다. 특히 은작산 한묘 죽간 13편(지형편이 없으므로 정확히는 12편)을 보면 이 점은 이해하기 쉽다. 죽간 손자는 전래본을 통해 많은 문구가 연변 하였는데, 특히 民은 당 태종 이세민의 이름을 피휘하려 人으로 바뀌며 의미를 상하게 했다.

편 명	戰民의 사용
形	승산이 있으면 노예(전민)은 싸우게 된다 稱勝者戰民也 : 民을 피휘한 당 우세남의 주[78]
勢	승리를 세에서 구하지 전민에게 책임을 묻지 않는다. 求之於勢 弗責於民 그 전민이란, 목석이 구르듯 싸우는 것 其戰民也 如轉木石 : 전쟁 노예를 어쩔 수 없이 싸우게 하는 것이 세이다.

기원전 2268년 타이항산 대지진 후 황하의 물길이 바뀌고 서해에 물이 차는 동아시아 지형의 대변형이 일어나 동이족 九州의 판도 변화가 생겼다.

78) 唐, 우세남虞世南 注, 北堂書鈔 武功部六 攻戰 卷一百一十八 "若決水於千仞" 虞世南 注孫子兵法云 "勝者之戰, 若決水於千仞之谿者, 形也."

편 명	戰民의 사용
軍爭	노예의 이목을 하나로 모으는 바, 노예를 뭉쳐 놓아 용감한 놈이 홀로 나아가지 못하게 하고, 겁먹은 놈이 혼자 물러서지 못하게 한다. 所以壹民之耳目也. 民旣已榑 則勇者不得獨進, 怯者不得獨退
行軍	"제나라 포로들의 싸움을 그치게하는 것은 평소에 법령을 엄정히 시행하여 노예를 가르치면 노예들은 복종한다. 齊之以武 是謂必取 令素行以敎其民, 則民服 ; 제지이무는 후에 조조의 주 영향으로 "武로써 군대를 가지런히 단련하는 것"으로 뜻이 연변한다.
九地	일을 바꾸고 계획을 고쳐 노예들이 알지 못하게 한다 ; 있는 장소도 바꾸고 가는 길도 돌아가 노예들이 생각치 못하게 한다. 易其事, 革其謀, 使民無識 ; 易其居, 迂其途, 使民不得慮

이런 영향으로 전래본에 -"승자지전勝者之戰"으로 축약되어 전민戰民의 의미가 사라졌다.

장장본 82편에 보이는 "民"은 대개 한대 이후의 의미인 "백성"의 뜻을 담고 있다. 그러나 간혹 파편적으로 兵과 民을 구분하여 사용한 사례가 보인다. 16편 민정民情의 죽간에 해당하는 손빈병법"民之情"은 노예 관리 기법에서 연변 한 문장임을 알 수 있다.

而欲徒以刑罰威之, 難以用眾 …… 而國力專, …… 民出於為上可與堅戰固守 民之情也. 무리에게 형벌의 위엄으로 형벌을 주려 해도 실행이 어려운 것은 …… 힘을 모아야 하고,…… 윗사람을 위하여 굳세게 싸움을 고수하는 노예가 나오는 것은 노예의 사정(을 잘 이해했기) 때문이다.

- 장장본 16편 해당 죽간 民之情

"民之情"은 후에 한적에 보이는 관용어 "民之故", 즉 백성이 그러하게 된 연유로 의미가 더 확장되고 노예가 아닌 자유민을 뜻하게 된다. 장장본 한신 비주에는 대체로 民을 노예가 아닌 백성의 뜻으로 썼고 "제민"으로 한신은 손무를 지칭했는데, 이는 그의 제나라에 대한 착잡한 감정 때문이었다. 한신은 제왕으로 그것도 "임시 왕(假王)"으로 잠깐 있었던 때에 겪은 배신을 상기하지 않을 수 없었다. 오민吳民은 손무 스스로 일컬은 말이었다.

노예를 관리하는 士는 장장본의 대부분 문구에서 民과 대척을 이룬다. 士는 간혹 길들인 노예인 "졸"과 의미가 혼합되고 이어서 조사복합組詞複合하여 "사졸"로 오늘날 사용되고 있다. 은작산銀雀山 죽간 〈관자〉 왕병王兵에 "전사[士]들을 교육하여 노예군[民]을 쳐서 몰아라. 以教士擊驅民"와 같은 구절은 사와 민의 대조로 의미를 더 분명히 하고 있다. 서한 시대까지도 民은 백성이 아닌 노예의 뜻이었음을 알 수 있다.

軍   士   卒   民

위의 자형은 금문에 처음 보이는 軍을 제외하고는 모두 갑골에 있다. 군은 공성攻城 기구를 끄는 하나의 집단을 상형화했으나 후에 차양을 친 차의 모습으로 지휘부를 뜻하게 된다. 士는 노예 열(十)을 무기로 감시하는 모습을 상형화했다. 卒의 모습은 포승줄에 묶인 포로였으나 춘추 말기부터는 길들여 싸울 수 있는 군인을 표기했다. 民은 서주 시대 금문에 역시 포획한 인간의 한쪽 눈을 칼로 찔러 노예화한 천민을 상형화했다. 그러므로 장장본

82편의 오민, 제민은 노예를 말한다. 손무의 시대에 죽간에 써진 군인을 뜻하는 용어는 다음과 같이 구분하여 이해할 필요가 있다.

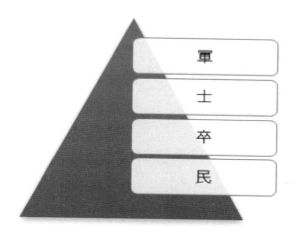

손무는 "8년간의 노예로 끌려다니며, 심장을 토하고 피를 흘렸다. 歷時八年, 嘔心滴血" 그래도 그는 오나라 법이 제나라 법보다 잘 지켜지고 상당히 공정했음을 다음과 같이 쓰고 있다. "(노예로서) 당시 상황은 반란을 기도할 수 없었고, 반란을 해 몸을 돌려 (제 나라로 귀환할) 수 없는 것은 (오나라의) 법이 지나치지 않았기 때문이다. 事不能反 反則不輟 法不能過〈장장본〉立를 부분" 그는 궁륭산에서 산채를 짓고 도적을 모은 것이 아니라, 오나라 실정법에 호감이 있었다. 제나라처럼 가혹하게 노예를 다루지 않았고 인육 먹는 것을 금했다. 손무의 오나라 이동 경로는 알 수 없다. 추정할 수 있는 것은 대규모로 북상해 정박한 월나라 선박에 실렸을 가능성이 있다. 남동 중국해의 해상을 장악하고 있는 오, 월, 왜(야마타이)의 여러 곳으로 노예로 팔기 위해서였다. 전리품으로 가장 큰 재원은 "인간"이었고 능력 있는 인간은 바로 선발되었다.

오월 연합군의 상당수가 구주九州 출신이었다. 그런데 구주는 동아시아 전역에 도처에 있었다. 구주는 기환奇幻의 세계였고 동해의 해적들은 자기 고향을 그렇게 불렀다. 九州의 당시 발음은 "쿠우슈우"에 가깝다. 고소성姑蘇城도 당시 발음은 "쿠우쑤"성이다. 구주는 대부분의 사용 용법에 "온 세상"을 말하는 관용어가 되었으나, 음운상의 특징은 어느 특정 지역을 짐작게 한다. (참조: 2장, 吳 나라, 사라진 해양제국) 장장본 34편 십발十發에 "그러므로 전쟁 계획은 구주를 (보호함을) 최선으로 하고, 궐벽을 부수는 것은 차선책이다. 故善謀者九州為上, 破闕次之"가 보이는데, 이 문구는 13편 모공편謀攻篇의 유명한 명언 "(전쟁함에) 나라를 온전히 보존함이 최선이고, 나라를 부수는 것은 차선이다. 全國爲上 破國次之"의 원래 모습이 아니었을까? 장장본이 위서라 <손자 13편>을 모방했다면 구지 "구주위상"이라는 말을 넣지는 않았을 것이다. 그러므로 위 문구를 다시 해석하면 "좋은 전쟁 계획은 고소성을 온전히 하고, 그다음은 궐벽을 부수는 것이다."라는 아주 지엽적인 전투 시행령이 된다. "십발편"의 주제는 모공과 같이 부전이승不戰而勝의 군사사상이다.

배에 태워진 손무는 서문소가 지휘하는 월나라 군의 손안에 있었을 것이다. 애릉의 전투에 월군을 인솔하여 오군을 증원한 것은 제계영(?~?)이었다. 그는 10년 전 부초의 전투에서 패배하여 오나라에 볼모로 잡힌 월의 태자였다.[79] <국어, 오어>, <좌전>과 <월절서> 등에 등장하는 그는 오, 월, 제의 언어 소통에 지장이 없이 여러 언어에 능변했다. 손무가 잡힐 때 그는 월군과 오군의 목소리를 들었다.

---

79) 〈國語, 吳語〉"句踐請盟 一介嫡女 執箕箒以孩姓於王宮 一介嫡男 奉盤匜 以隨諸御"

"우리 주군 코우센(구천)께서 코우려(합려) 전하께 지은 잘못을 지금 아드님 코우(王, 부차)께 갚으려 합니다."

- 〈國語, 吳語〉

기원전 494년 (주 경왕26년, 월왕 구천 3년, 오왕 부차 2년)에 부차는 2년 전 취리의 전투(檇李之戰, 지금의 浙江省 嘉興)에서 전사한 아버지 합려의 원수를 갚으려는 명분으로 월을 정벌했다. 부차는 부초의 전투(夫椒之戰, 지금의 江蘇省 太湖 洞庭山)에서 월을 격파한다. 이 전투의 자세한 묘사는 없으나 대규모 해전이었다. 구천은 회계산에 숨고 아들 제계영을 사신으로 파견하여 화친을 청했다. 제계영과 부차는 이렇게 구면이었다. 〈월절서〉, 〈좌전〉에는 월왕이 오에 올 때마다 오왕과 중신들에게 뇌물을 뿌린 사실을 묘사하고 있다.[80] 이른바 "와신상담"의 서막에 흔히 보이는 이야기지만, 이 정황은 13편의 구지편에 묘사되고 있다. 그런데 여기 비밀이 숨어 있다.

〈손자 13편〉 九地篇

통행 전래본		"吾士無餘財 非惡貨也; 無餘命 非惡壽也"
한묘 발굴 죽간본		"吾士無餘財 非惡貨也; 無餘死 非惡壽也"
전통적 해석	전래본	우리 군사들에게 남은 재물이 없는 것은 재화를 싫어해서가 아니다; 남은 명이 없는 것은 오래 살기 싫어서가 아니다
	죽간본	우리 군사들에게 남은 재물이 없는 것은 재화를 싫어해서가 아니다; 죽을 여지가 없는 것은 오래 살기 싫어서가 아니다.
가능한 해석 (죽간본)		오나라 士(노예 관리자)들은 재물이 없어 재화를 싫어하지 않았다 ; 죽을 여지가 없으니 받는 것(壽)를 싫어하지 않았다.

---

80) 〈좌전〉 애공 11년 "吳將伐齊 越子率其衆以朝焉 王及列士 皆有饋賂 吳人皆喜 唯子胥懼曰 是豢吳也. 오나라가 제를 치려고 하는데 월나라 구천이 무리를 거느리고 입조하여 왕과 여러 장수에게 진미와 제물을 바쳤다. 오나라 士의 무리가 모두 기뻐했으나, 오직 오자서만이 두려워하며 말했다. '이는 오나라를 길러 희생으로 쓰려는 것이다."

죽간(한무제)과 조주본(위진시대) 사이 300여 년의 시간 간격에 손자병법에 관한 다른 텍스트는 발견되지 않고 있다. 그 이후 무질서한 두예의 주와 진잔본晉殘本이 있으나 불완전해 참고할 수 없다. 위 문구에서 死가 命으로 바뀐 것은 조주본 이후로 여겨지지만, 그 이후 11 가주는 壽와 문리가 맞는 命이 자리 잡은 것에 의문을 제기하지 않았다. 壽를 죽어서 입는 "수의"로 해석하면 또 달라진다. 그러나 죽간이 써질 무렵인 한무제 시대의 동중서는 〈춘추번로〉에 "壽者, 酬也"로 말하고 있다.[81] 따라서 "보수로 받는다"는 해석이 가능하다면, 죽간을 통해 문장 전체의 의미가 달라진다. 장장본에 편제 배열 미상 잔문에 "행찬行纂"이 있다. 필사한 것은 잔멸되고 은작산 죽간에 같은 제목의 행찬은 "자원의 징발"로 해석되었으나, 사실은 노예 관리 기법으로 노예를 옮기는 방법 "移民之道"를 논하고 있다. 이 문장은 문리文理가 맞지 않고 미스테리해서 풀이가 완전하지 못했다.

"夫民有不足於壽而有餘於貨者, 有不足於貨而有餘於壽者"

기존 해석 : "무릇 백성은 목숨을 아까워 하지만, 재물이 넉넉한 자가 있고, 재산은 없어도, 목숨은 바치려는 자가 있다."[82]

재해석 : "무릇 노예에게, (士가) 재화를 남기려 보수를 부족이 하는 것은, (공공의) 재화를 부족이 하여 (士가) 보수를 여유 있게 가지려는 것이다."

- 은작산 죽간, 行纂

---

81) 동중서, 〈춘추번로〉에 "수壽는 대가로 받는 것(酬)"이다. 청대에 판각된 〈동자번로董子繁露〉에 "壽者 酬也 壽有短長, 由養有得失"가 보인다.

82) 리우씬지안(劉新建)의 죽간 복원 해석(1985). 참고로 Rodger Ames 의 영문 번역은 "There are those among the people who have material goods to spare but insufficiency in longevity, and there are also those who have years to spare but insufficiency in material goods.

행찬의 편제 순서는 알 수 없고 문장 전체는 부분 잔멸하여 완전하지 않으나, "공공의 재화"는 앞 문구에서 "개인과 공공의 재화를 하나로 私公之財一也"를 설명하며 위 문장이 이어졌기에 유추할 수 있다. 전쟁 물자 징발에서 민과 사의 관계에서 드러나는 뇌물의 정황이 그려져 있다. 이런 바탕에서 전승한 13편을 보며 위진魏晉의 주해자 들은 "무여사"를 남겨 두었다가는 곤란했을 것이다. "무여명"으로 바꾼 것은 창조적 왜곡이지만, 命 역시 한대에는 "명령"의 의미로만 쓰였지 "생명"을 뜻하는 것은 송대 이후이다. 조주본에서부터 "무여명"으로 보인 것은 문맥을 다듬어 뇌물 사건을 감추려는 것이 아니었을까? 위×진 시대에는 도교의 관심사인 장수長壽에 사람들이 쏠리면서 내단內丹의 방법으로 "인간의 수명을 무한히 늘릴 수 있다는 延壽無極"의 여러 방법론이 나왔다. 행찬편行篡篇에 보이는 위 문구는 분명 오두미도의 주목을 받았을 것이다. 단장취의斷章取義하여 "장수만세" 시대에 수壽를 "목숨"으로 다시 환원하면 해석은 완전히 재물을 경시해야 오래 산다는 교훈으로 바뀐다.

"不足於壽 餘於貨 不足於貨 餘於壽 재산에 여유가 있으면 명이 부족하고, 재산이 부족하면 남은 수명은 길다." 이런 해석은 도교 모산파의 작품 〈포박자〉, 내편內篇 대속對俗에 운명 전환법으로 선악 행위에 의한 상벌 점수를 받아 수명을 증감하는 내용으로 발전했다. 시대의 상황은 언제든지 다른 해석이 가능하게 한다. 조조는 고민했을 것이다. 도대체 손무는 누구였나! 사마천은 그를 군사軍師의 지위에 두었다. 그런데 도처에서 출몰하는 이상한 문구들에는 이 병법 저자의 뜻밖의 행적이 숨어 있었다. 이것은 구천이 여자와 뇌물을 바친 음모의 전초전을 묘사한 듯하나, 대부분의 저자들은 자신의 이야기를 쓰기 마련이다.

손무는 뇌물을 써서 8년간의 전민에서 풀려난다. 어찌 보면 황금 30근斤에 포로나 죄수가 풀려날 수 있는 〈주례〉에 맞는 일이었다. 합법적인 보석금이었고 주천자의 천하에서 주오민周吳民의 권리였다. 그는 고소성에 가능한 한 멀리 떨어진 30리 밖의 궁륭산에 잠시 머물렀을 수 있었다. 그러나 좀 더 안전한 장소가 눈에 들어왔다. 궁륭산에서 서쪽으로 거대한 태호太湖가 보였다. 수평선과 맞닿은 먼 듯하지만 가까운 수풀로 우거진 풍광은 아름다웠다. 지는 해를 바라보며 장차 도래할 당천當天의 시대를 예감했다. 그야말로 재능을 소인에게 탈취당하지 않고 군자가 머무는 리인里仁일 수 있었다. "쓰면 쓰지 않은 듯이 보고, 가까우면 먼 것처럼 보고, 멀면 가까운 것처럼 보는 用而視之不用, 近而視之遠, 遠而視之近"[83] 곳이었다. 그런 섬 하나가 눈에 들어왔다. 고향인 임치의 변두리 낙안에서 바라 보았던 존경하는 관중이 묻힌 우산牛山과 같은 모습이었고 나직하니 웅크린 소처럼 평안해 보였다. 바로 경림이라 말하는 서산 섬이었다. 주변에는 대나무 숲이 울창했고 물가에 생죽生竹을 말리는 사람들이 보였다. 오나라에서 밀었던 머리칼이 다시 자라고, 포로로 잡혀 얼굴에 급하게 새긴 문신도 흐려져 갔다.

사마천의 말대로 과연 그가 그전에 망명하여 기원전 496년 (애릉의 전투 12년 전) 합려가 죽은 후 사라졌다면, 그는 후에 82편에서 12편 또는 13편으로 축간縮簡하며"작전편에, "帶甲十萬"용간편에 "십 만의 군사를 일으키려면, 부득이 이를 돕는 70만의 사람이 필요하다. 興士十萬, 不得操事者 七十萬" 등의 구절을 쓸 수 없었을 것이다. 더구나 13편 九地에서 연속적으로 나타나는 오나라 멸망 사건은 도저히 알 수 없었을 것이다. "구지편"본래 모습은 장장본 여러 곳에 부서진 구절로 남아있다. 이 변화를 볼 수 있는 좋은

---

83) 〈손자, 13편〉計篇. 전래본에는 視를 示로 바꾸어 수동사로 썼였다.

예가 장장본 47편 "일장一將"에 있다.

"그러므로 군사 운용을 잘하는 것을 비유해 위연과 같다고 한다. 위연이란 항산의 뱀인데 넷이 하나를 이룬다. 머리를 치면 곧 꼬리가 이르고, 꼬리를 치면 곧 머리가 이르며 몸 중심을 치면 머리와 꼬리가 함께 이른다. 감히 묻노니, 군사 운용을 위연처럼 할 수 있는가? 대답하여, 할 수 있다. 감히 묻노니 장군을 위연처럼 쓸 수 있는가? 대답하여, 할 수 있다. 만약 군이 위연과 같다면 그것은 여섯 가지 근본이 하나가 되어 사용되어 승리와 명성을 온전히 할 수 있다. 故善用兵者 譬如衛然 衛然者 恆地之蛇也 蛇者 四合為— 擊其首則尾至 擊其尾則首至 擊其心腹則首尾俱至 敢問軍可使若衛然乎? 曰 可 敢問將可使若衛然乎? 曰 可 若軍若衛然 六根而合—而用 名利可全"

- 장장본 47편 一將

"그러므로 군대를 잘 운용하는 것을 비유해 솔연과 같다고 한다. 솔연이란 항산의 뱀인데 머리를 치면 곧 꼬리가 이르고, 꼬리를 치면 곧 머리가 이르며, 몸 가운데를 치면 머리와 꼬리가 함께 이른다. 감히 묻노니, (적인데도) 만약 솔연처럼 (즉시) 할 수 있느냐면 대답은 그럴 수 있다는 것이다. 무릇 월나라 사람과 오나라 사람이 서로 미워하나, 배를 타고 건넌다면 서로 도움이 좌우의 손과 같다. 故善用軍者 辟如(亻率丁)然 亻率丁然者 恒山之(蛇也. 擊亓首則尾至) 擊亓尾則首至 擊亓中身則首尾俱至. 敢問(則/賊) 可使若(亻率丁) 然虖 曰 可. 夫越人與吳人相惡也 當亓同周而濟也 相救若(左右手)"

- 죽간 손자 "구지편"

그러므로 군을 잘 운용하는 것을 비유해 솔연과 같다고 한다. 솔연이란 상산의 뱀인데 머리를 치면 꼬리가 이르고, 꼬리를 치면 곧 머리가 이르며, 가운데를 치면 머리와 꼬리가 함께 이른다. 감히 묻노니, 군사운용을 솔연처럼 할 수 있는가? 대답하여 할 수 있다. 무릇 오나라 사람과 월나라 사람이 서로 미워하나, 배를 같이 타고 가다가 바람을 만나면 서로 구하는 것이니, 좌우의 손과 같다. 故善用兵者 譬如率然率然者 常山之蛇也 擊其首則尾至 擊其尾則首至 擊其中則首尾俱至 敢問 (兵)可使如率然乎 曰 可 夫吳人與越人相惡也 當其同舟濟而遇風 其相救也 如左右手

- 전래본 손자 "구지편"

一將은 장장본에서 하나의 장수를 중심으로 군의 단결을 강조한 부분의 편명이다. 장장본이 비록 후세에 가필되고 죽간에서 필사되어 글자의 착오가 있으나, 시대적 사건을 명백히 구별하게 해 준다. 오월의 갈등 문제는 한나라 사관들이 꾸며낸 중국의 남북 문제이다. (참조: 좌전에 없는 영웅의 의미) 따라서 한 장수를 중심으로 단결을 설명함에 전래본은 갑자기 오월의 원한 관계로 비교해 오월동주의 고사를 들이민다. 죽간과 전래본은 漢 나라 이후에 써진 것이므로 이 문구가 삽입된 것이고 손무의 장장본은 본래의 의도인 군의 단결을 설명하는데 충실해 있다. 따라서 문리와 맥락이 맞는다. 한신 비주에는 "여섯 가지 근본이 하나로 사용되는 六根而合一而用"것의 구체적인 풀이를 하고 있다. 육근을 내근內根과 외근外根으로 나누고 내근은 義, 忠, 仁으로 외근은 德, 信, 智로 하여 군의 단결을 이루는 원리를 설명한다. 장장본의 "위연衛然"은 지금은 없는 글자 솔연의 "솔(彳率亍)"을 잘못 필사한 것이다. 솔(彳率亍)을 위衛로 오독誤讀한 것은 장장본의 필사자가 전래본의 솔연率然을 보지 않고 죽간의 "彳奉丁"을 "衛"로 보았기 때문이다. 항산이 상산으로 바뀐 것은 한문제漢文帝의 이름 항恒을 피한 피휘避諱이니, 죽간본까지는 피휘가 엄하지 않아 그대로 항산으로 쓰였다. 손무의 시대에 오월이 잠시 패권 갈등은 있었으나 오랜 원수지간은 아니었다. 위 문장들은 여러 가지를 시사한다. 경림에 은거하며 그가 오-월-초에 이르는 태호 지역의 판도 변화를 알 수 있게 오래 살았다면 전래본의 문장은 그의 것일 수 있다. 그러나 합려에게 13편을 바칠 수는 없었을 것이다. 그는 장장본의 기록대로 경림에 숨어 애릉의 전투를 회고하며 병법을 저술했다. 그가 〈손무병법 82편〉에서 시국을 개탄한 연유는 〈회남자〉 병략兵略에 잘 기술되어 있다.

"오왕 부차는 사방 이천 리의 영토를 차지하고, 예비 전력인 70만을 동원하여 남으로 월나라와 싸워 회계를 차지했고, 북으로 제나라와 싸워 애릉에서 이를 격파했다. 서로는 진나라와 맞대고 황지를 손에 넣었다. 이것은 그 전투원의 사기가 견실했기 때문이다. 그러나 그 후 교만이 넘쳐 욕심에 따라 간언을 거부하고 아첨을 즐겼으며, 그 사나움이 두려워 과오를 넘겨 바르게 깨우칠 수 없었으니, 대신들은 이를 원망하고 백성이 더는 따르지 않았다. 淮南子, 兵略 "吳王夫差地方二千里, 帶甲七十萬, 南與越戰, 棲之會稽; 北與齊戰, 破之艾陵; 西遇晉公, 擒之黃池, 此用民氣之實也. 其後驕溢縱欲, 距諫喜諛, 憍悍遂過, 不可正喻, 大臣怨懟, 百姓不附"

애릉의 전투에 오의 포로가 된 것 외에는 할아버지 전서田書의 차후 행적 기록은 없다. 일설에는 전서와 사촌 서자 형제인 사마양저(전양저田穰

苴)와 세계世系의 혼란을 풀어 손무를 사마양저의 후손으로 보기도 한다. 전양저는 전씨가의 첩의 자식으로 기록되어 있으나 아버지가 전걸인지 전항인지는 불명확하다. 전항(전상)이 의도적으로 첩실의 출입을 문란히 하여 전씨 성을 퍼트린 결과였다. 당시를 기록한 사서를 보면 제나라 귀족 사회는 가혹한 출신 차별과 형제간의 반목이 극심했다. 사마양저가 안영의 추천으로 대장군이 된 것은 아마도 전씨가田氏家 내부에 있는 균열과 권력 다툼에 균형을 잡고, 소외되어있는 유능한 인물을 등용, 전 씨의 권력을 견제하기 위함이었다. 손무가 사마양저의 사마법을 읽었을 리는 없다. 사마법은 전 씨가 왕위를 찬탈한 뒤 전제田齊 군주 계보인 위왕威王 이후에 나왔으므로 시간대가 맞지 않는다. 사마양저의 〈사마법〉은 후세에 그의 말을 집일輯佚한 것이므로 그의 체취가 묻어 있지 않았을 것이다. 더구나 당시의 것은 일실되어 없고 현재에 주합된 것은 책의 성립 시대를 알기 어렵게 혼잡하다. 주로 송, 원, 명을 거치며 이른바 "무경칠서"의 하나로 자리매김하여 판각된 것이므로 여러 사람의 손을 탔다.

　제나라 군대의 군율이나 제식 프로토콜 같은 〈사마법〉은 상당 문구가 손자의 군사사상에 닿아 있다. 제나라뿐만 아니라 아주 오래전 은상의 전쟁 경험과 군내의 관습이 전승되어 있다. 춘추 말 전국 초기의 문리와 문세를 가진 초기 병법의 틀을 구성하고, 〈손자병법〉의 원형 문구를 짐작케하는 말들이 들어 있다. 단순하고 직설적이지만, 문장은 한나라 이전에 어느 정도 정형되었다. 사마천이 사마양저의 전기를 쓴 것으로 보아 서한까지 사마법은 군사사상에 깊이 파고들었을 것으로 짐작된다. 손자병법이 사마법의 후학인 것은 13편, 82편의 성립 시기가 훨씬 후대인 것을 증거한다. 경림간 82편은 사마법과 13편의 중간 어디 즈음에 자리 잡고 있다. 〈사마법〉

은 남북조 이씨주李氏注에[84] 의해 상당히 다듬어지고, 이해할 수 있는 책이 된다.

경림에서 손무는 죽간을 수집했다. 그는 사마천처럼 해석된 정보를 수집한 것이 아니었다. 그는 자신의 경험과 기억을 믿지 않았고 이것들이 왜곡될 수 있다는 것을 알았다. 어지럽고 잔인무도한 세상에 권력으로부터 떨어져 힘없는 자의 눈으로 본 전쟁의 뜻을 구조화했다. 그 후 한대에 벌어진 참혹한 인문의 검열과 몰락을 비교한다면, 그의 고백은 상당히 침착하고 집요하며, 처음에는 혼탁하나 자꾸 길어내면 맑아지는 지하수의 마중물 같다. 그는 관찰을 중요시했고 끊임없는 사색을 권장했다. 정보를 취합함에 그의 태도는 상당히 시니컬하다.

> "먼저 아는 것이란, 귀신에게서 얻을 수 없고, 일을 유추하여 그려낼 수 없으며, 경험을 가늠하여 가능하지 않고 반드시 사람을 취해 얻을 수 있다. 先知者, 不可取於鬼神 不可象於事 不可驗於度 必取於人知者"
>
> - 13편 용간편

전쟁을 권력자의 손에만 두어서는 안 되었다. 권력의 주변에는 두 마음 품은 자들이 아첨과 위세로 화복禍福을 농단했다. 병법의 기초를 닦은 사마양저는 출신 차별과 더불어 무격巫覡의 저항을 받았다. 은상으로부터 내려온 정인貞人들이[85] 거북을 구워 군의 진퇴를 논하는 관습이 아직도 궁정

---

84) 〈司馬法〉은 제나라 초기 단계의 병법으로 후세에 산일되었다. 남북조의 李氏(미상)의 注를 토대로 한 泓按(미상)의 해설로 이해를 돕고 있다. 曹操와 宋均의 佚文에 대한 추가적이 언급이 있다.

85) 貞人, 은상 시대에 갑골에 글을 쓰는 서기를 말한다. 이들은 서주 중엽에 이르러 사관이 되고, 전국말 도교와 융합하여 方士로서 점을 쳤다.

에 남아 있었다. 수많은 생명이 달리고 국가 존폐의 문제를 귀신에 빌게 해서는 안 되었다. 비록 서얼이었으나 전씨 집안 어른으로 존경했던 사마양저는 궁중의 국 씨와 고 씨의 사주를 받은 史(하늘 읽는 자), 貞(갑골 쓰는 자)의 모함으로 탄핵받아 쫓겨났고 화병으로 피를 토하고 죽었다. 〈사마법〉이 집일 된 것은 손무의 시대가 아닌 더 후대 손빈이 활동한 위왕威王 때이므로 손무가 온전한 〈사마법〉을 보았을 리는 없다. 그러나 제경공 때의 성공적 군사 운용은 이후 〈손자병법〉과 서로 교차 감응되었을 것이다.

하늘의 뜻은 신에 묻는 것이 아니라 인간의 마음속에 있었다. 고소성의 전쟁광들과 임치의 육식자들이 전쟁을 오래 끌지 않게 하고 적어도 졸속으로 빨리 끝나게 하려면,[86] 이들이 늘 승리의 확신이 서지 않게 의심을 불어넣을 필요가 있었다. 군이 주둔하는 곳에 전쟁 물자를 독점하여 시장이 서면 안보 장사꾼들이 국가 재정을 도둑질하게 놔두어선 안 되었다.[87] 사람을 모으는 캠페인은 시장에서 이루어졌다. 군대의 "師"는 시장인 "市"에서 연변한 것으로 수건(巾)을 걸어 장대에 매단 것이다.

싸우지 않으려면 적이 없어야 했다. 처음부터 적의 생성을 눈여겨보지 못했다면 "적의 오판"이라는 말로 백성을 교묘히 속일 수밖에 없으므로, 늑대 양치기의 빈말이 되지 않으려면, 적의 모습을 잘 그릴 수 있어야 했다. 적을 분별하는 것, 또는 적을 정의하는 문구는 제 안성간에 자주 등장한다. 손빈은 적이란, "식량이 같은 수준으로 있고, 사람과 군대가 균형을 이루어 공자와 방자가 서로 두려워하는 사이 糧食均足 人兵敵衡 客主兩懼"라고 말

---

86) 〈손자 13편〉 作戰篇. "전쟁은 속히 끝내야 한다는 말은 들었으나, 교묘히 오래 끈다는 것은 보지 못했다. 兵聞拙速 未睹巧久"
87) 〈죽간손자 12편〉 作戰篇. "군대(시장)에 가까이 붙어 비싸게 팔아 백성의 재물이 고갈되면, 노역 공출도 급해진다. 近市者 貴賣則百姓財竭 則急及丘役"

한다.[88] 〈전국책戰國策〉, 진책秦策에는 주변 정세를 파악하는 "四國之兵敵"을[89] 주하며 "적이란 국력이 같은 것 敵, 强弱等也"이라 정의한다. 고대 동아시아에서 적의 개념은 상당히 신사적이어서 세력의 균형 관계로 이해했다. 서구 기독교에서 전래한 "Enemy(원수)"라는 현대적 개념의 보복적 제거 대상은 아니었다. 그러므로 손자병법에서의 적이란 용어는 섬멸 대상이 아닌 균형을 재는 "상대방 Opponent"으로 이해해야 한다. 죽간 손자의 단순한 언어 "능여적화能與敵化 능히 적을 적이 아니게 만드는 것"은[90] 손자의 군사사상이 지향하는 목표였다. "적화"는 현대에 쓰는 의미와는 다른 뜻이다. "化"는 초기 갑골에 보이는 오래된 글자로 "사라져 없어지는 것" 또는 중화 상태로 되돌아간 모습이나, 사람이 죽어 다른 모습이 되는 것을 상형화했다. 그러므로 적화란 화를 동사로 하여 적이 사라진 것이다. 그런데, 뒤에 조조에 의해 이 문구는 "能因敵變化而取勝者" 즉 "능히 적의 변화에 맞게 승리를 얻는 것"으로 문구가 변하고 그 의미가 크게 달라진다. 조조는 적이 없는 평화의 상태가 아니라 적상황의 변화를 이용한 군사적 승리에 생각이 젖어 있다. 이 문구는 "변화"라는 단어의 사용이 위×진 이후이므로 조조가 만들었는지는 의문이다.

그런데 장장본에는 "적화"를 손자의 셋째 아들 이름에 넣어 미묘한 말을 하고 있다. "셋째 아들의 이름은 손적孫敵이고 자는 化이다." 손자의 후계에 대해서는 관판官版 사서史書에서는 찾을 수 없다. 난립해 있는 여러 손 씨족보에 간혹 불완전하게 이름이 보이지만 행렬이 맞지 않는다. 장장본에 삼

---

88) 〈손빈병법〉十問
89) 秦이 주변국의 국력 평가에서 秦魏와 楚韓의 군사 동맹 결과를 저울질 한 것
90) 〈죽간 손자〉實虛篇, 兵无成埶, 無恒刑, 能與敵化之胃神

형제는 치, 명, 적이고 그들의 자는 동, 정, 화이다. 치동馳動 ⇨ 명정明靜 ⇨ 적화敵化의 프로세스는 손자의 군사 철학을 함축하고 있다. 홍분한 말처럼 날뛰다가, 사리를 분별 평정을 찾고, 적이 없도록 하는 것이었다. 13편 실허에는 군사력의 형세를 무상하게 설명하며, 종국에는 모든 상황 변화의 방향을 "적이 없는 상태"로 몰아가는 것이다. 이것은 그의 인생관과 결합하여 자식의 이름으로 상징했다. 그렇다면 이 세 아들이 실제 인물이었는지는 의심스럽다.

경림景林에서 손무는 천하를 조망한다. 그의 사생활을 알 수 있는 자료는 거의 없다. 청의 손성연이 추정하여 그의 무덤을 배회한 감정 외에 권위 있는 기록을 찾을 수 없다. 어느새 그의 주변에는 전장 이탈자들이 모여들었다. 성한 몸으로 전투 진영에서 낙오하면 목이 잘렸으므로, 주로 불구자이거나 난쟁이 유학자(侏儒)들이었고, 육예六藝에[91] 모두 능한 사람도 있었다. 이들은 귀족을 대신해서 시험을 치르던 대리 시험인이었다. 주인이 죄를 지으면 대신 처벌을 받았다. 모두 학대받고 차별받던 사람들이었다. 인간의 결핍이 무엇인지 절실히 아는 사람들이었다. 그들은 서산도에서 가장 시원한 물이 나오는 금정金庭의 우물에 모여 이야기를 나누고, 살청殺青이 끝난 죽간을 다듬어 손무에게 주었다. 태호에 배를 타고 돌며 그는 지난 시간을 되돌아본다. 태호의 물은 핏빛으로 보였다. 서산도에서 동쪽으로 보이는 동산도의 동정산洞庭山은 기원전 494년 오왕 부차가 월왕 구천의 항복을 받은 곳이었다. 그가 애릉에서 잡히기 10년 전의 일이었다. 8년 간의 노예 생활이 끝난 기원전 476년부터 태호의 경림에 거주했다면, 기원전 473

---

91) 六藝. 서주 시대 전에 귀족의 교육으로 〈주례〉에서 지정한 6가지 과목. 禮(예교), 樂(음악), 射(궁술), 御(말타기와 사차 몰기), 書(서법), 數(수학)

년 11월 고소산에서 부차의 자살과 오의 멸망을 목격했을 것이다. 그가 82편을 13편으로 축간하도록 아들들에게 주문했다면, 그 기간은 기원전 470년(월왕 구천 27년) 손무가 사망(한서 형법지의 주살설)하기까지 6년간으로 추정된다. 아들 셋을 비롯한 그의 가족 형성은 상상이 불가능하다. 그가 현지 여자를 취했을지, 제나라의 가족과 재회를 통해 다시 가정을 정상화했는지 알 수 없다. 단정하긴 어려우나 노예에서 풀려났음에도 불구하고 고향인 임치로 돌아가지 않은 것은 당시 제후들 간의 엄격한 유민 통제 때문이었을 것이다.

패권 야욕이 노골적으로 되는 전국 시대에는 제후의 영토 기반 확장은 인구를 모아 증대시켜야 가능했다. 〈맹자〉의[92] 전쟁관이 들어있는 양혜왕 편에 왕은 인구를 모아 이익을 모색하는 방법을 묻지만, 맹자는 오직 의가 있을 뿐이며, "의義"로써 천하의 민심을 모을 수 있다고 말한다. 양혜왕이 추구하는 "리利"는 백년 전인 손무의 시대까지는 "날카로움"을 뜻했다. 손자 13편이 전국을 지나 맹자의 위민爲民 사상이 버무려진 한대 이후에 성립했음을 짐작게 하는 구절은 "利"를 들여다보면 도처에 있다. 장장본과 은작산 죽간 손자에는 '리'를 날카롭게 군사를 단련시켜 정예화하는 것으로 수없이 나타난다. 전래한 손자병법이 "승리" 또는 "이익"으로 연변 한 것은 맹자 이후이고 춘추시대 손무가 한 말은 아니다.

이러한 시대와 언어의 착오, 불일치를 따지기보다는 제후들의 당시 인력 관리가 가혹했음은 맹자를 통해 알 수 있다. 덕망 있는 제후가 되어 사람을 모으라는 말은 당시 백성이 자유로이 여행하는 여권을 가질 수 없었고, 몰

---

92) 〈孟子〉, 기원전372~289, 산동 鄒나라 사람. 전국시대 유가의 대표적 사상가이다. 생몰연대는 추정된 것이고, 漢代 이전에는 그의 기록이 전혀 없다.

래 도망가는 사람들을 다 잡을 수 없었기에 나온 공론이었다. 손무는 도망친 사람이었다. 마침내 그는 성씨를 "손孫"으로 바꾼다. 孫은 "도망가다, 숨다.["라](#)는 뜻이 있다. 손을 씨氏로 하고, 명名이 무武인 것은 그의 직업과 성취가 무부武夫였기에 지어진 것이다. 그러므로 본래부터 "田武"였는지 의심스럽다. 경림에 숨어 제나라로 돌아갈 여권이 없어, 어쩌면 아름다운 오, 월 여인을 만나 법이 너그러운 오나라에 정착했을 것이다. 나중에 그의 고소성 귀환이 비극으로 끝나기 전, 그는 82편과 13편의 축간을 아들에게 지시하고 그 의미를 유언처럼 남긴다. 그러나 그의 둘째 아들 明은 제나라로 돌아가 기沂(현 상동 린이시)에서 여자를 취해 "손기孫沂를 낳았고 沂의 아들이 후에 제손자齊孫子 손빈孫臏이다."라는 <사기>를 기초로 한 주장이 맞으려면 상당한 시공적 봉합이 필요하다. 손 씨에 여자가 속한 지방의 씨를 자식의 성으로 하고 다시 다시 이름 명이 된 것은 <주례>에 맞고 자연스럽다. 손빈이 제나라 군사軍師가 된 기원전 341년까지 129년간 세계世系를 알 수 있는 신뢰할 수 있는 자료는 발견되지 않고 있다. 산동의 시골 마을 사람인 그가 어떻게 지금 하남성에 있는 위나라 왕을 만나 유세했는지는 알 수 없고, 그가 월나라 사람이었다는 다른 주장도 있다. 이 의심은 뒤에 손빈병법의 허구성에서 살펴본다.

<장장본>에는 시간의 불일치와 인물 관계의 혼선 속에 파편적 사실이 여기저기 흩어져 있다. 이 퍼즐을 맞추기 위해 82편과 13편의 성립 시기를 분석해 보고 손무의 생애를 재조정해 보았다.

---

93) <설문해자>에 "孫 遁也 손은 피하여 숨다"라는 또 다른 뜻이 보인다. <강희자전>에는 "공손히 숨다."라는 뜻으로 <춘추> 莊元年의 기록인 "三月 夫人孫于齊"라는 기록을 인용하고 있다

도표 : 손무의 생애 재조정(추정)

나이: 손서와 전서가 동일인일 때(포목의 정변 54세 기준), 수정 나이: 손서와 전서가 다른 사람일 때(애릉의 전투 참가 34세 기준)

년도 (서력 기원전) A	나이	좌전	사기, 중국 손자학회*	한서, 형법지	오월 춘추	장장본	손씨 족보	수정 나이 B
544	1							-27
523	21							
520?	24	孫書 莒國 정벌(94)	뭇로 망명 窮隆山 은거		오월 연합군 제의 침공 저지			-7
516	28					손무병법 82편 탈고		2
515 ~ 512	29		손자병법 13편 오왕에 헌상					3
506	38		군사로 임명 백거의 전투 대승					12
496	48				뭇 합려 월과의 전투에서 전사 손무 행불 (죽음)	합려와 손무 결별 "예시		22

---

94) 〈左傳·昭公十九年〉 "秋. 齊高發帥師伐莒 莒子奔紀鄣 使孫書伐之"의 기록으로 보아 孫書는 고발의 휘하 장수였다. 손서는 전서와 동일 인물이 아니다. 이 당시 전서의 나이 31세로 추정

년도 (서력 기원전) A	나이	좌전	사기, 중국 손자학회*	한서, 형법지	오월 춘추	장장본	손씨 족보	수정 나이 B
490	54	제나라 鮑牧의 정변				손무 일가 오나라 망명 "발문"	泗安孫氏 家乘 족보 손무일가 오나라 망명	28
485	59		田乞 죽음					33
484	60	5월 艾陵의 전투에서 전걸의 손자 田書 오에 포로로 잡힘[95]	〈사기〉田敬仲完世家 전걸-전상(항)-전서 〈신당서〉전상(항)-전서-田凭-田武(손무)	전서의 오나라 포로시 나이 70대로 추정하여 손무의 48세 사망설에 의거 손무의 나이 34세로 기표 戰民(齊民⇨吳民) 노예 상태(8년간)				34
476	68							42
473	71		졸년 미기재	오나라 멸망 손무 고소성 귀환		손무 경림에 은퇴 82편을 13편으로 편집		45
470	74			손무 誅殺				48

95) 〈左傳·哀公十一年〉"爲郊戰, 故公會吳子伐齊, 五月, 克博, 壬申, 至於嬴, 中軍從王, 胥門巢將上軍, 王子姑曹將下軍, 展如將右軍, 齊國書將中軍, 高無平將上軍, 宗樓將下軍, 陳僖子謂其弟書, 爾死, 我必得志, 宗子陽與閭丘明相屬也, 桑掩胥禦國子, 公孫

위의 도표를 토대로 3가지 일생을 추정할 수 있다. 첫째, 앞에 기술했듯이 중국 학계가 착오라고 주장하지만, 두예의 <좌전> 注를 기초로 한 <신당서>의 기록이 정확하고 손서와 전서가 동일 인물이라면, 전서田書(陳書)가 기원전 484년 오에 포로로 잡힐 무렵 손무의 나이를 추산할 수 있다. 이것은 손무가 전서의 손자이며 손무가 죽은 기원전 470년을 참고하면 애릉의 전투 시 손무의 나이는 30대 초반이 된다. 이것은 사마천의 주장과는 30년 가까운 차이가 난다. <사기>에 따르면 손무는 29세(기원전 515년)에 오왕 합려를 만난다. 이어 궁녀를 훈련하여 시범을 보여 군사가 되는 동화 같은 이야기가 이어진다. 이 이야기는 아마도 제 경공 때 <사마법>을 쓴 사마양저(전양저)를 등용하면서 양저가 경공이 총애하는 남기男技 장고莊賈를 군율을 엄정히 한다는 이유로 참수한 사건을 사마천이 각색한 것 같다.

둘째, <좌전>의 기록에 보이는 "손서"가 전서와 다른 인물이지만, 손무가 전서의 손자라면, 애릉의 전투 시 전서의 나이는 3, 40대이고 그의 손자는 아주 어린 나이가 된다. 그러면 전서가 전걸의 손자인 것은 시간대가 맞지만, 이는 좌전, 사기, 장장본과 손 씨 족보가 기술하고 있는 정황과는 어느 것도 맞지 않게 된다. 수많은 첩실을 거느린 그 당시 조손祖孫 관계에서 세대 간의 차이가 오늘날과 같은 시간 간격이지는 않았을 것이다. 이 문제는 결론을 내릴 수 없는 미궁이다.

셋째는 가장 가능성 있어 보이는 후세의 기록 오류인데, 손무의 이름이 유명해짐에 따라 중국인들의 관심은 그가 "어느 가문"인지에 모였을 것이

夏曰, 二子必死, 將戰, 公孫夏命其徒歌虞殯, 陳子行命其徒具含玉, 公孫揮命其徒曰, 人尋約, 吳發短, 東郭書曰, 三戰必死, 於此三矣, 使問弦多以琴, 曰, 吾不復見子矣, 陳書曰, 此行也, 吾聞鼓而已, 不聞金矣, 甲戌, 戰於艾陵, 展如敗高子, 國子敗胥門巢, 王卒助之, 大敗齊師, 獲國書, 公孫夏, 閭丘明, 陳書, 東郭書, 革車八百乘, 甲首三千, 以獻於公"陳書在艾陵之戰中, 被吳國俘虜。

다. 손자의 조상을 따지는 역사가들이 손무가 전서의 손자임을 알고 손무를 중심으로 "전서"를 "손서"로 거슬러 기술했을 것이라는 점이다. 중국 사서에서 흔히 보이는 연역적 오류이다. 이 실수를 바로 잡은 것은 〈좌전〉을 성실히 주한 두예의 공功이라고 할 수 있다. 그러나 사마천은 역사는 뒤를 보고 쓰는 것이 아니라 앞을 보고 써야 한다는 생각에 충실했다. 그러기에 그의 태사공 자서에 "故述往事思來者 지난 일을 저술하여 미래를 생각한다." 며 중화 애국주의로 후세가 단결하길 원했다. 그러나 아무리 생각해도 그는 역사를 "述"하지 않고 "作" 한 것 같다. 〈춘추 좌전〉에 보이는 엄정한 포폄은 없고 인간을 보는 따뜻한 시각으로 읽는 이를 사로잡는다. 과연 그가 생각하는 미래의 독자에게 〈사기〉는 베스트 셀러가 되었으나 그가 생각한 미래는 서지학적 대혼란을 가져왔다.

사마천이 〈사기〉에 타 놓은 독毒을 〈좌전〉이나 〈죽서기년〉으로 어느 정도 해독解毒 할 수 있으나, 후한에 이르러 〈오월춘추〉, 〈월절서〉 등 급하게 만들어진 "소설 사서"는 우리를 더욱 혼란에 빠트린다. 이들은 모두 漢 제국의 국가 통합을 위해 중국 남부를 중화권에 포함하기 위해서였다. 장장본은 이들 사서에 비하면 순진하다. 통일제국인 한漢나라에서 손자에게 갑자기 오나라 군사軍師라는 벼슬이 주어지고 "손오자 열전"이 만들어진 것은 이와 같은 맥락에서 이해할 수 있다. 나중에 다시 조조가 〈손자병법〉 13편을 주 하여 문구를 산책删策한 것은 같은 의도였으나, 강남을 폄하하는 감정과 함께, 보다 군사적 정치적 요소가 가미 되었다. 20세기 중반 북경 대학의 구지에강(顧頡剛)은[96] 손무를 가공의 인물로 판단했다. 그는 손빈의 행

---

96) 구지에강(1893 ~ 1980), 강소성 蘇州사람, 북경대 교수, 고대사에 대한 懷疑論을 주장하는 古史辨派의 대표 인물, 참고 : 錢穀融, 印永淸 : 〈顧頡剛書話〉, 浙工人民出版社, 1998年版

적을 추적하며 손무의 실체를 의심한다.

"기원전 341년 제齊나라가 한韓을 위기에서 구하러 위魏를 공격할 때 전기田忌를 대장군으로 하고 손빈을 군사軍師로 삼는다. 손빈은 계략을 써 전에 자기 다리를 자르고 얼굴에 먹을 새긴 원수, 위나라의 장군 방연龐涓을 전투에서 자살케 하고 원한을 갚는다. 후에 전기는 초楚나라로 망명하는데 그곳은 오吳 나라의 영역으로 거기에 영지를 분봉 받는다. 손빈 역시 그를 따라와 오나라 땅에 정착하여 〈손자병법〉을 썼다. 오왕 합려闔廬와 손무와의 관계는 모두 허구로 그 때 만들어진 것이다."

이 주장은 Samuel B. Griffith의 번역본 〈Art of War〉의[97] 머리말에 구지에강의 Acknowledgements로도 들어있다. 구지에강의 주장은 손자 졸년인 기원전 470년보다 훨씬 후대인 341년의 사건(마릉의 전투)을 기점으로 손빈에 초점이 맞추어져 있다. 그는 비교적 논리적인 의견을 내놓았지만, 그 역시 허구라고 하는 사마천의 〈손자 오기 열전〉의 부분적 제시를 통한 근거로 내용을 따진 것이니 모순이다. 1974년 은작산 한묘에서 출토한 병법 죽간에 별도의 "손빈병법"이 있다는 손자학회의 주장은 그를 더욱 괴롭혔을 것이다. 그러나 구지에강의 추론은 장장본의 분석을 통해 옳았다는 것을 알 수 있다. 손빈의 작업은 한신비주에서 보이듯 "안성간"에 나타나며, 산동 한 묘에서 나온 죽간은 바로 손무 82편의 "손빈 버전"인 89편이었다. 손무가 가공인물이라고 주장하는 구지에강의 급진적 실증주의는 이제 더 효력은 없

---

97) Samuel B. Griffith(예, 미 해병 준장) 번역, 〈Art of War〉 Oxford At the Claredon Press, 1963

으나, 상당 부분 손빈의 정체를 재고하게 하는 계기가 되었다.

89편 저자가 손빈이 아니더라도 그의 증조부인 손무로부터 물려받아 이를 참고로 오늘날 전승한 손자병법의 형성에 참여했을 것이다. 1995년 말 소주蘇州 오현吳縣 형산도衡山島에서 발견한 갑산 북만손씨甲山北灣孫氏 족보에는 손빈 즉, 손무가 죽은 기원전 470년부터 손빈이 위나라 군사가 된 기원전 341년까지 129년간 세계世系가 보인다. 손무는 세 명의 아들을 두었고 손빈은 손무의 차남인 손명孫明의 후손이다. 손명은 다시 제나라로 돌아가려 했다. 이 점은 사서의 기록이 엇갈린다. 일부 분가를 이룬 가족이 소주 蘇州의 부춘富春에 남아 부춘 손 씨를 이룬 것으로 여겨지는데, 손빈이 이들의 후손인 정황이 있다. 이것은 그가 오월 지역 출신임을 시사하는 은작산 발굴 죽간〈진기문루陳忌問壘〉에 보이는 그의 고백과 일치한다. (참고 : 장장본과 은작산 죽간과의 관계로 나타난 손빈병법의 허구성, 다. 마릉 전투의 설계자, 다시 孫氏에서 田氏로)

다른 주장은 손명의 아들 이름이 "기沂"로 보아 그는 지금의 산동 린이(臨 沂)에 살았다는 것이다. 린이는 잘 알다시피 손자병법 죽간이 발견된 은작산 한묘가 있는 곳이다. 손기의 아들 손빈은〈사기〉에 제나라의 아阿와 견 甄 일대에서 태어난 것으로 기록되어있다.[98] 손빈의 탄생지 증거가 된 두 기록은 일단 천 리가 넘는 공간적 편차를 벗어나 있어 둘 중 하나는 거짓이거나 둘 다 허위일 수 있다. 최근의 일부 중국 학계에서는 손무로부터 손빈까지의 세계世系가 불완전하고 시간 장경이 모자란다는 주장에 따라 세대 간

---

98) 손빈의 출생지라고 주장하는 阿와 甄은 산동성 경내에 있다. 阿는 현 산동 陽谷縣 동북 阿城鎭이고 甄은 산동 甄城縣 북쪽이다.〈사기, 사마양저 열전〉에 晉이 이 지역을 침공한 기록이 있다. 阮籍은〈東平賦〉에서 "西則首仰阿甄, 傍通戚浦"라 읊어 산동지역의 지형과 지세를 평가하고, 슬픔으로 迷惘한 情裏를 잘 나타냈다.

에 한 명씩 더 추가되었다. 〈신당서新唐書 재상세계표宰相世系表〉에 기재한 "손빈은 손무의 세손인데, 손명의 아들이다 孫臏是孫武之孫, 孫明之子"와 〈史記 孫子吳起列傳〉의 기록인 "손무가 죽은 후 백여 년 후"는 상호 모순된다는 것이다. 그러면서 어디서 가져왔는지 창조적인 자료를 제시한다. 그것은 "조주손자趙注孫子"라는 잘 알려지지 않은 책이었다.

저자인 조허주趙虛舟는[99] 〈조주손자손자고趙注孫子孫子考〉에서 출처를 알 수 없는 손자 족보의 개종開宗의 글에서"빈臏은 손무의 손자인 손조孫操의 아들이다."를 인용한다. 다른 근거로는 〈율양손씨종보溧陽孫氏宗譜〉의 세계世系에 기재된 "손무는 明을 낳고, 명은 順을 낳고, 순은 機를 낳았으며, 기는 操를 낳았고, 조가 臏을 낳았다. 孫武生明 明生順 順生機 機生操 操生臏"는 말을 근거로 〈신당서〉보다는 사마천의 〈사기〉를 옹호하고 있다. 〈신당서〉와 〈사기〉는 많은 부분에서 배치하는 부분이 있고 역사 논제에서 대치되는 명제를 만들었다. 진위를 따지기는 어렵지만, "Cosmopolitan 세계주의" 나라 唐의 입장과 "Sino-Centrism 중화 중심주의"인 사마천의 주장이 대척하는 것은 오히려 자연스러워 보인다.

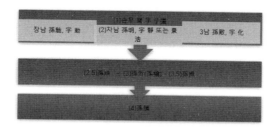

99) 趙虛舟, (일명 闓晉江 趙虛舟) 본명은 趙本學(서기 1478 ~ 1544)이다. 〈趙注孫子十三篇〉三卷과 〈孫子校解引|類〉 등에서 정밀한 손자 연구 자료를 제공하고 있다. 福建의 抗倭軍 소속으로 병법을 연구했다. 그의 저서는 明刊本, 淸刊本, 日本刊本등이 있으나 혼합되어 전해졌고, 세상에 알려진 책은 이를 批校整理한 重校本으로 1930년 掃葉山房에서 출간되었다.

장장본의 손무 세계世系 설명은 신당서의 주장과 부합한다. 이와 함께 갑산북만손씨甲山北灣孫氏의 족보는 아마도 가장 신뢰할만 하고 신당서와 잘 들어 맞는다. 율양손씨溧陽孫氏의 종보宗譜와 왜 다른지를 설명하는 사람은 아직 중화권 내에서 발견되지 않고 있다. 대부분의 손 씨 종보는 唐代 이후에 만들어 진 것이므로 믿음이 가지 않지만, 갑산북만손씨의 족보는 1995년에 경림에서 가까운 곳에서 발견된 것으로, 전승하며 다른 사람의 손을 타지 않아 더 신뢰할 수 있다고 볼 수 있다. 손빈孫臏의 字가 가모嘉謀인 것은 여기서 유일하게 보이는데, 아무래도 후세에 가필되었을 것이다. "고명한 경국모략經國謀略"라는 의미의 자字 "가모"는 추존하여 부른 듯하다. 북만 손 씨는 시조가 난징(南京)에서 시작되었으나, 그의 원적은 태호太湖의 형산도衡山島였다. 후손은 동정호에 흩어져 살아 족보에 분파를 이룬다. 태호와 동정洞庭 사이는 이백의 시 "천리강릉일일환千里江陵一日還"처럼 뱃길로 쉽게 오갈 수 있는 거리였을 것이다. 형산도가 경림인 서산도의 옛 이름인지는, 또는 그 옆의 삼산도三山島인지는 설이 다르나, 모두 태호 안에 있고 소주의 고소성 지근 거리이다. 현재 중국 학계의 손무에서 손빈의 세계는 孫武→ 孫明→ (孫順)→ 孫機→ (孫操)→ 孫臏으로 하여 의도적으로 사마천의 말을 뒷받침한다. 손자 후손의 족보는 중국 내에 많이 보인다. 마침내 손중산(孫文) 마저 손자의 후손이라고 주장하는 저널이 나왔는데, 모두 손자의 후손임을 자랑스러워하는 사람들이 그의 흔적을 잡고 다투고 있다. 더구나 관광용으로 물화된 손무의 생애나 〈손자병법〉은 그의 실존과 평화를 사랑했던 참된 인간의 모습을 파악하는 데 장애가 되었다.

어쨌든, 장장본은 손무가 경림에서 집필 후 손씨 가문에서 가전해 손빈의 손에 이른다. 뒤에 기술하지만 손빈은 오월 지역에서 태어나 자라고 귀곡자에게 배운 후 齊로 가서, 오월에서는 생소한 전차 기동전을 습득하게 된다. 그는 물려받은 82편에 전투력 기동의 상대성을 집중적으로 연구했다. 그 결과 89편인 제안성간이 성립된다. 이것은 장장본에 분명 영향을 주었을 것이다. 후세에 여러 번 찬개 되었으므로, 내용은 혼란하고 결국 한신이 상당 부분 폐기한 정황이 있다. 13편으로 축간하면서 비전非戰 사상은 장장본으로 숨어 82편은 가전본家傳本으로만 남는다. 81편 예시에서 이점은 상징적이고 모호하게 묘사되어 있다. 면면綿綿한 후사後嗣를 걱정하는 중국인들에게 그 기록은 은미하게 숨겨져 있었다. 손무가 경림에 은퇴해 장남 손치를 시켜 13편으로 축간하고 8년의 포로 생활을 회상한 것 또한 모호한 표현일 수밖에 없었다. 권력에 복무해야 하는 13편을 "음살"로 표현한 것 역시 상징적이다. 후손들은 82편 죽간의 성립을 기념하고 조상인 손무의 고난을 기리기 위해 "경림간"으로 불렀을 것이다. 이 경림간의 부분 취합이며 손빈이 7편을 추가한 89편 "제안성간"이 오늘날 은작산 출토 죽간 〈손빈병법〉으로 불리고 있다. 이 문제는 차후에 이 책에서 정밀히 다루게 된다.[100] 빈臏으로부터 139년 후인 기원전 202년 한신韓信은 경림간을 손에 들었다. 그러면서 진나라 궁의 미오령 죽간, 제나라 안성 죽간과 비교하며 경림간의 우수성을 극찬한다.

마. 전차 기동전이 가능한 지역은 어디였나?

 齊는 전차전에 능한 나라였다. 나라 이름 자체가 戰車를 상형화한 글자였다. 30폭輻 살의 전차 바퀴는 고속의 충격에 견디도록 고안되었다. 4마리의 말이 끄는 사차駟

---

100) 참조: 장장본과 은작산 죽간과의 관계

車에 달려, 같은 시대에 4폭의 바큇살로 만든 이집트나 그리스 전차 보다 두 배나 빨랐다.[101] 제는 공성전을 피하고 주로 구릉에 안성安城처럼 전술 진 지 성곽을 두고, 평야에서 적을 돌파하여 격멸하는 병법을 발전시켰다. 성 안에 들어서면 마차 바퀴가 일정한 차축을 따라 진행하도록 차요철車凹轍 이 레일처럼 깔려있어 차의 규격과 교통의 통제가 이루어졌다. 군의 기동 통제를 위해 <손자병법>에 "매륜埋輪"이라는 용어가 사용된 것은 레일의 홈을 흙으로 묻는 의미였다. 장장본 82편이나 손자 13편의 작전편에 전투용 두 바퀴의 치차馳車나 보급 수송용 네 바퀴의 혁차革車의 묘사는 상세하고 탁월하다. 작전편作戰篇에는 적 전차의 노획과 재사용, 세편勢篇에는 전차 바퀴 자국으로 보는 형세의 판단, 군쟁편軍爭篇에는 전차로 진영을 만드는 법과 전차와 보병의 공격 템포와 지침을 기술하고 있다. 손무는 분명 탁월 한 전차 운용의 제나라 사람이었다.

<손자병법> 행군편은 적 전차 부대의 식별과 접근을 묘사하고 광활한 개활지에서 적 접근로를 판단하고 기동 공간을 평가한다. 이렇게 전차 이 야기로 가득한 손자 13편이 선박의 나라인 오나라 왕 합려의 관심을 끌 수 있었을까? 吳는 남방의 해양 제국이며 물의 나라였다. 합려의 관심은 전투 용 선박일 것이고, 선박이 접근할 수 있는 운하의 발견과 개척이었다. 수전 水戰과 상륙전에 능한 병사를 양성하는 것이 관심이고, 오나라의 기동 공간 평가는 물의 수위와 흐르는 조수와 돛을 밀어줄 바람의 방향이었다. 강남의 저지대는 늪과 호수가 끝없이 펼쳐진 곤죽의 땅이었다. 더구나 기원전 10세 기에 높아진 해수면은 춘추 말인 기원전 5세기에도 지금보다 3~4미터 높아,

---

101) Shaughnessy, Edward L, 1988, "Historical Perspectives on The Introduction of The Chariot Into China", Harvard Journal of Asiatic Studies 48, p189 - 237.

황하의 범람에 따라 물길이 이리저리 바뀌고 있었다. 전차의 기동을 빈번히 묘사하고 있는 〈손자병법〉은 오나라의 지형 여건과는 전혀 맞지 않는다.

제나라의 시조라고 하는 태공망 여상呂尙(姜子牙, ?~기원전 1015)은 성姓은 강姜이고 씨氏는 여呂이다. 여呂가 거莒지역에 집성촌을 이룬 것은 우禹가 치수를 완성하여 황하의 흐름을 안정시킨 기원전 20세기 전후였다. 산동 지역에 점차 해수면이 낮아지면서 莒 땅은 광활한 스텝 초원으로 변모하고 목양과 양마養馬로 풍요로워졌다. 여상의 조상은 세련된 전차 운용과 비파형 동검을 사용하는 요동에서 아직 바다가 되지 않은 벌판을 건너온 고조선인들이었다. 여상의 후사後嗣들은 주 왕실에서 시집오고 보낸 여인의 성(姬, 姜)을 물려받았다. 태공망의 성씨가 여러 사서에서 혼란스러운 것은, 그의 조상이 동북 지역에서 왔기 때문으로 여겨진다. 그는 동이족 은상殷商의 제후였으나 주가 은상을 멸하자 주나라의 氏인 희씨姬氏 여성을 통

해 제나라 군주의 혈통을 잇게 했다. 제의 대다수 유력 가문의 원류는 백적白狄인 중산국의 분파와 선비족 그리고 요동에서 내려온 중외中外 지역 사람들이었다. 은의 멸망 후, 중원을 점령했던 고조선은 요동과 한반도로 철수하고, 주周와의 완충지역인 요서에 기자 조선이 들어섰다. 산동 지역은 주의 제후국으로 남게 된다. 여상이 지은 것으로 알려진 〈육도六韜〉에는 전차의 기동로 개척을 각별히 말하고 있다.[102] 산동 182 병가는 전차전 주역들의 후손이었다. 손빈孫臏이 전기田忌의 마음을 사로잡고 군사력의 상대적 우세를 설명한 곳도 전차 경주와 경마 흥행장에서였다. 격렬한 치차馳車 경주에 열중했던 제경공齊景公은 좋은 말을 수집하는데 국고를 낭비하여 공자의 비난을 받았다. 전투용 치차(戰車)는 진한지제(秦漢之際, 기원전 221 ~ 서기 220)를 거치면서 두 개 축을 가진 중차重車가 선호되어 기동력이 현저히 떨어진다. 제국 영토의 범위가 넓어지면서 중차인 혁차革車와 구분하기 위해 한 축으로 된 차를 경차輕車로 지칭했다. 그 후 송나라 이후의 전쟁에서는 뛰어난 품종의 말들이 개발되어 전차의 사용이 거의 사라지면서 병법 문구상의 변화가 생겼다.

전차 한 대를 끄는 말 네 마리를 사駟라 한다.[103] 안쪽의 두 마리는 복마服馬라 하며 멍에를 길게 바투 매었고, 바깥쪽 두 마리는 참마驂馬라 하여 멍에는 짧게 느슨히 매었다. 그 무렵 제나라는 천승千乘의 대국이었다. 사차를 타는 사람은 무예가 뛰어나고 창검에 능해야 했다. 하나의 사차에는 갑사가 세 명 타, 왼쪽은 활을 겨누고, 오른쪽은 긴 창 이모夷矛와 짧은 창 추

---

102) 〈육도六韜, 犬韜, 戰車〉에는 전차전을 벌임에 "골이 깊은 험險과 울퉁불퉁한 저阻는 깎아 넘는다. 越絶險阻"
103) 〈시경〉 鄭風, 大叔于田 三章

모酋矛를[104] 잡았고, 가운데 전차 몰이를 담당한 어자御者가 말을 몰았다. 이를 따르는 보병이 72명이었다.[105] 주 왕실은 제후국이 천승 이상의 전차를 갖지 못하도록 규제했는데, 이는 춘추 말에 이르러 유명무실해졌다. <주례周禮>에 따르면 전쟁에 동원령이 선포되고 이를 지원하는 후관候館을 두어 전략 비축물자를 저장케 했다.[106] 우물을 중심으로 나뉜 8가구 중 한 가구에서는 전사戰士를 내고 다른 일곱 가구는 전마戰馬와 보급 지원을 담당하도록 했다. 그러므로 천 승의 나라는 10 만 이상의 군사를 상비하고 70 만의 예비 병력을 동원할 수 있는 강국이었다.

손무의 병법에는 요동 벌판의 기억이 있다. 요하遼河의 동서에서 발굴된 고조선의 전차 장구류와 마구馬具들은 고조선이 "은상"의 이름으로 중원을 통치했던 무력 수단 "전차병단"의 증거들이다. 손무의 82편은 이러한 병기를 다루는 소프트웨어이다. 훗날 애릉의 전투에서 제의 패전은 기동성의 상대적 제한 때문이었다. 제나라의 전차 기동력이 하천과 운하를 이용한 오월의 선박 운용 능력에 상대적으로 뒤졌기에, 전투력의 집중과 분산에 실패한 것이다. 이에 따라 전장을 선택하는 주도권은 오월에 있었고, 제는 전차 기동의 제한으로 운하가 얽힌 회수淮水를 건너는 공격 작전을 세우기 어려웠다.

바. 왕도王道와 패도覇道의 이해로 본 <82편의 성립 시기>

패도와 왕도의 의미는 패권의 타락을 비판하는 전국 시대 맹자孟子에 의해 정리되었다. 춘추 시대까지 "패覇"는 周 천자의 권위를 업고 비록 야심

---

104) <考工記>. "車兵五兵為 夷矛(長二丈四尺 5.54 m 酋矛(長二丈, 165 ~ 220 cm) 참고
: 吳承洛 <中國度量衡史> 1993
105) <시경> 頌, 魯頌 제 4편 閟宮 九章
106) <주례> 地官, 遺人 "五十里有市, 市有候館, 候館有積"

은 숨겼지만, 제후들이 만형이 되면, 돌아가며 천자로부터 달력을 하사받는 행위였다. 춘추오패(秦, 楚, 齊, 晉, 吳越)에 이르면서 야심은 점점 노골화된다. 전국시대에 이르러 覇는 무도한 약육강식 싸움의 승자 의미로 변했기에 맹자는 패란 "힘으로 어진 정치를 가장하는 것 以力假仁"이라 비난하고 왕도정치를 설파한다. 왕도王道는 때때로 무책임하고 안이하다. 〈춘추〉의 통치 이념의 하나는 "왕자불치이적론 王者不治夷狄論"인데, 소위 문명과 야만을 구별하는 것이 아니라 미지의 지역을 온전히 방치하라는 것이었다. 제국주의가 타지역 문명화의 사명감에 오염되지 않은 지역을 "미개"로 몰아 파괴 휘저어 놓지 않도록 하는 배려였다. 인간은 각자 독특한 문명을 전승하고, 이로써 차별받지 않으며 온전하고 건강한 환경을 누리도록 존중되어야 했다. 힘으로 정복하지 않고 德으로 감화하는 왕도王道 정치를 손무는 병법의 여러 곳에서 은연히 말한다. 그에게는 패도覇道야말로 미개한 것이었다.

패覇와 왕王을 분석하면 13편이 82편에서 나왔다는 것을 쉽게 알 수 있다. 패왕의 구분은 전국시대 맹자 이전에 춘추 말에 이미 개념 형성이 되어 있었다. 장장본에 패와 왕의 비교 문구가 보이는 것은 그 때문이다. 그런데 전래한 13편은 천하를 제패制覇한"패왕"으로 복합 표현하여 의미가 손상되었다. 놀랍게도 죽간 13편에는 장장본과 같은 의도로 패와 왕을 비교하여 기술하고 있다. 이로써 죽간 13편 - 정확히는 12편 - 은 서한까지 장장본의 문맥을 전승했고, 오늘날에 보는 전래한 13편은 동한 이후 삼국시대, 즉 조주본 이후에 성립되었다고 판단할 수 있다.

장장본 82편	13편	구절	해석
편제 배열 미상 九地 三 "九地者, 一不知 非王 霸之兵也" 52편 四五, 한신주 "非王 霸之兵"	죽간본 구지편	非王 霸之兵也.	왕도王道의 군대가 아니며 패권霸權의 군대이다.
	전래본 구지편	非霸王之兵也.	패왕의 군대가 아니 다.
	죽간본 구지편	诐王 霸之兵 伐大國	왕도가 기울어 패권 의 군대가 대국을 치 면,
	전래본 구지편	夫霸王之兵 伐大國	무릇 패왕의 군대가 대국을 치면,

Slip 128-3

은작산 죽간정리소조의 해석은 13편 죽간 구지의 "피왕诐王"을 "피왕彼王"으로 해독했는데, "기운다"는 뜻의 "诐"가 한예체漢隷體에 없었고 동한 시대 이후 해체楷體에 처음 보이는 글자로 간주했기 때문이었다. (그림 참조 : 죽간 128행, 부분 조각 3번째) 따라서 손자학회는 彼와 诐를 음이 같아 사용한 통가자通假字로 보았다. 그러나 〈설문해자〉에는 소전小篆에 이 글자가 있고 서한 초기에 시작된 해서楷書 이전에 诐가 예서隷書로 있었음을 나열하고 있다. 彼는 이인칭이며, 적을 지칭한다. 그러므로 해석하면 죽간이 훨씬 의미가 정렬하다. 이것은 패와 왕을 구분하여 기술한 장장본과 결을 같이 한다.

장장본에 보이는 覇(霸)자는 일괄적으로 쓰이지는 않았다. 35편 인봉麟鳳과 67편 팔진八陣에는 "왕패"를 복합조사複合組辭로 써서 후에 누군가 가필한 것이다. 본래 원형 문구가 무엇인지는 알 수 없으나, 장장본의 최초 성립을 짐작게 하는 이 문구들은 은작산 죽간과 같은 시대적 이해를 담고 있다. 더구나 천하의 무도함을 강조하고 군사력의 사용을 미워하며, 반전사상을 설파하고 싶은 손무의 뜻이 비록 파편적이지만 의미 있게 장장본에 담겨 있다.

사. 82편과 13편 모두에 보이는 漢代 이후의 글자들

춘추 말의 손무가 아직 생기지도 않은 글자를 사용할 수는 없었을 것이다. 하나의 글자가 문장이 될 수 있는 중국어의 특성에서 후세에 새로운 글자의 가필은 부득이 그 시대의 새로운 의미가 가중되었다. 끊임없이 통일성을 지향하는 중원의 생리는 중화 문명의 구심력이었지만, 다른 세력이 들어와 주인이 되면 새로운 소통 방법이 생겨나고 이것은 과거제라는 중국 특유의 권력 수급에 의해 글자가 만들어져 대중에 보급되었다. 정복과 통일로 문법이 바뀌어 이해할 수 없는 문구는 수정될 수밖에 없었을 것이다. 글자와 시간대가 맞지 않는 것은 저자를 의심케 하는 큰 문제이지만, 이것은 한자 문명 전승의 자랑스러운 면면綿綿함이 가진 약점이기도 하다. 그러나 가필과 수정, 찬개竄改나 삭제의 의도가 무엇인지 배경을 이해하고 지금 손에 들고 있는 〈손자병법〉의 허물어진 곳과 보수補修 내력을 아는 것은 오해하기 쉬운 장장본을 이해하는 데 도움이 될 수 있다.

동방문자(漢字)는 아주 미세하게 시대를 연결하는 시간차 번역의 연속이라고 할 수 있다. 글자는 뜻을 변화시키고 뜻은 글자를 바꾸었다. 문화의 골이 깊었던 유럽이나 신정일치를 추구하던 아랍 세계에서는 글자의 뜻이 바뀌지 않도록 폭력적 관리가 필요했다. "동방문자"는 오히려 황제 이름의 피휘避諱로 개음改音하거나 통가자通假字로 바뀌 사용자를 시험했다. 동방문자의 생성은 유럽이나 아랍 세계에서 보듯, 대중이 사용하고 기록된, 로마자나 아라빅과는 달리 특정인의 창의성과 대중 교화를 위해 사인仕人들이 의도적으로 만든 경우가 허다했다. 특히 과거제가 시행된 수당 시대 이후에는 시험을 규정하는 용어가 만들어져 대중이 글자를 익히고, 발음 방법을 찾아야 했다. 중국어의 사성 발성이 의관남도 사태 이후 강남에서 더 발전하고, 훗날 사성에 서툰 북방인이 시문을 지음에 강남 사인보다 불리했던 것은 이런 성음의 문제 때문이었다.[107] 수(隋, 581년~619년) 왕조는 강남으로 도피한 "문화인"을 수도로 끌어들이기 위해 과거제를 실시했고, 운하를 파 강남과 연결을 시도한다. 위진 남북조의 혼란기에 새로 중원에 유입한 북방 민족은 언어의 공백을 채울 단어가 필요했다. 또한 이 무렵 종이의 생산과 보급이 비약적으로 발전했다. 수많은 전승 죽간을 종이로 옮겨 필사하는 시대였다. 동한 시대 초기에 진秦의 왕차중王次仲에[108] 의해 창안된 해서체를 도입하였으나, 이 유려한 서체는 복잡하여 널리 퍼지지 못했다. 해서楷書는 가는 명맥을 유지하다 동한 말 종이의 보급이 원활해지면서 사용자가 팽창하게 되는데, 이 무렵 수많은 새로운 글자들이 나타났다. 좀 더 세

---

107) Mark E. Lewis, 〈China Between Empires〉 The Northern and Southern Dynasties. 2009, President and Fellows of Harvard College

108) 王次仲, 생몰 미상, 진한지제 사람으로, 서기 1120년 북송에서 서법의 기원을 연구하며 발간된 〈宣和書道〉에는 "한나라 초기 왕차중이 처음 예서를 해서로 만들어 사용했다. 漢初有王次仲者 始以隸字作楷書"가 보인다. 청의 옹방강翁方綱은 "예체를 물 흐르듯 쓰게 되면서 점탁의(서법의 하나) 맺음이 더해졌으나 예서 본래의 횡직 서법은 보존되었다. 變隸書之波畫. 加以點啄挑, 仍存古隸之橫直"라고 평했다.

련된 사색과 감상을 담을 수 있는 해서楷書는, 실용적이지만 투박한 노예의 글자 예서를 몰아낸다.

〈손자병법〉에는 전국 7웅의 각 지역의 방언과 파편이 모인 흔적이 있다. 또한 언어학적으로 상이한 서융西戎의 음운으로 표현된 진秦나라의 진법이 보이고, 훗날 한나라 때에 정해진 "분수分數", "알자謁者", "삼군三軍"과 같은 용어는 분명 가필된 것이다. 더구나 용간편에 오간五間의 운용을 오행에 맞춘 것은 도저히 춘추 시대에는 할 수 없는 동한東漢 이후에 각 구절을 조립하여 편집한 것이다. 서융의 음운은 주의 동천으로 서서히 중국어에 스며들면서, 진의 천하 통일 후 중국 고대어는 Sino-Tibetan어로 자리 잡는다. 13편 군쟁편의 "당당한 진영은 공격하지 마라. 毋擊堂堂之陣"의 당당은 의태어이지만 서융에서 온 것으로 판단하고 있다. 당당은 "위험하다."는 티베트(서융)의 단어이다.[109] 서융과 혼혈인 秦에서 진영을 묘사함에 "당당"을 사용했음은 자연스럽다. 병법에서 군의 편제를 의미하는 "분수"는 한대에 성립한 〈文子, 성립시기 서기 212~231〉에[110] 처음 나오는 단어이다. 그 전 〈묵자〉와 〈갈관자〉에는 천문이나 음양을 나누는 뜻으로 쓰였다. 장장본에는 분수란 단어가 보이지 않는다. 잔멸한 다른 편에 이 단어가 있었을지는 알 수 없다. 분수 이전의 용법으로 39편 구탈九奪에 "(작전 구역과 편성을) 나누어 정한 다음 싸운다. 分定以後 戰"와, 45편 기정奇正에 "기책으로 나누고 分之以奇數 다섯 가지 形으로 통제한다. 制之以五形"는 13편 세편勢篇에 다음과 같이 변화했다.

---

109) ༙ྍ႕ཚོﾡ, 위험한, nyen kha tsha po의 뜻
110) 〈文子〉는 도교의 한 자파로 분류한다. 성립은 동한 말에서 晉 사이로 보고 있다. 上禮篇에 처음 보인다. "分山川谿谷, 使有壞界, 計人眾寡, 使有分數"

장장본 82편		손자 13편	
39편 九奪	分定以後 戰	治衆如治寡 分數是也 많은 군사를 적은 군사를 지휘하듯 하는 것이 분수이다.	勢編
45편 奇正	分之以奇數 制之以五形	鬪衆如鬪寡 形名是也 많은 군사를 적은 군사가 싸우듯 하는 것이 형명이다.	

　이로써 춘추 시대에는 병법에 분수가 없었음을 알 수 있다. 이것은 손자의 후손으로 하여금 82편을 13편으로 축간하도록 한 입언의 글이 성실했음을 증명한다. "분수"가 병법 용어로 사용된 것은 아무리 빨라도 진한지제 이후이다. 구탈편九奪篇의 한신비주에 분수란 말이 없는 것으로 보아 〈文子〉의 텍스트에 나타난 분수의 시점과 비슷한 시기인 서한 초기에 현재의 모습은 아니지만 13편은 형성되었을 것이다. 아뢰는 사람"알자謁者"역시 황제의 눈과 귀로 표현된 것은 秦의 통일 이후이므로 전국 시대 이후에 만들어진 글자로 보인다. 알자는 권력자가 은밀히 운용하는 첩자로 의심스러운 장소와 사건에 파견되었다.

　정보 운용(用間)에 관한 장장본의 문구는 44편 명암明暗에서 알고(明) 모름(暗)으로 은미하고 그로테스크하게 설명되고 있다. 明을 White 요원, 暗을 Black 요원으로 상상할 수 있는 시적 메타포가 숨어 있다. 장장본에는 45편 기정奇正 이전에 간첩 운용을 설명함으로써(明正暗奇) 정보 운용이 형세의 불균형을 야기 시키는 요건임을 강조한다. 82편 예시預示와 편수를 알 수 없는 편명 "찬졸纂(选)卒"에도 정보 운용이 가볍게 언급되었다. 예시는 찬개한 문구가 많아 신뢰할 수 없고 찬졸에서의 정보 운용은 매우 피상적이다. 그러나 은작산 죽간 12편과 전래한 13편에서 "용간"은 전래 과정에서 "다섯 간첩을 동시에 일으키는 五間俱起" 운용함에 오히려 심오한 의미가 퇴행했다.

정보운용의 프로세스

5行	5事	상황	죽간손자 12편	전래손자 13편
火	法	和議法에 맞춰 사신(화이트) 파견	生間	因間
土	道	無道한 風土 반체제 인사(블랙) 생성	因(鄕)間	內間
金	天	돈(金)을 사용 내부 첩자(블랙) 양성	內間	反間
水	地	극한(九地)의 상황 이중간첩(블랙) 운용	反間	死間
木	將	고급 인력(화이트) 將을 죽여 거짓정보 제공	死間	生間

죽간본의 용간 운용을 통해 음양오행이 생각보다 이른 한무제漢武帝 이전에 병법에 작용했음을 알 수 있다. 오행설이 이론적으로 정립한 것은 후한의 정현鄭玄에 의한 것으로 알려져 있다. 오간五間의 순환 과정을 오행에 맞추어 도식화 한 것은 무리한 생각이었을까? 간첩 운용 역시 인간사의 자

연적 변화 속에 관찰할 수밖에 없었다면, 그 시대의 사회 과학 원리 속에서는 타당한 것이었다. 그러므로 뒤늦게 첨삭된 단어들이 없었다면 오히려 원모를 짐작하기 더 어려워졌을 것이다.

〈장장본〉은 손자병법이 춘추시대뿐만 아니라 漢나라 시대 작품이라고도 단언할 수 없게 한다. 문장 속에는 여러 시대가 소환되고 사라져서, 마치 알 속에서 진화의 과정을 반복하는 생명체처럼 역사의 총체성이 들어있다. 병법의 가전家傳(內傳)과 세전世傳(外傳)의 차이를 둠으로써 오히려 전래한 손자 13편의 본래 의도를 알 수 있게 한 것은 장장본의 존재에 의한다고 말할 수 있다. 장장본은 군사 과학을 공부하는 사람에게 중요한 관점을 제공한다. 앞에 기술한 손무의 행적을 더듬어 보면서, 불완전하지만, 〈손자병법〉의 저자 위치를 가장 적합한 자리에 올려놓을 수 있는 것은 장장본 덕분이다. 그가 살았던 시대의 이해 없이 그의 작품을 설명할 수 없을 것이다. 이 명제는 앞으로 "좌전손자무대론"에서 더 세밀히 다룰 것이다. 손무의 모습이 완성되면 따라서 앞으로 그의 "병법"의 해석이 달라질 수 있다. 지금까지 그를 장군이나 군사軍師, 오나라 궁정의 객경客卿이라는 지배층의 이데올로기에서 자리매김한 전쟁의 관점은 완전히 바뀔 것이다. 노예에서 도망쳐 숨은 자(孫者)가 되어 이름을 바꾸어 살면서, 궁정에 포진한 야심과 음모의 전쟁광들을 보았다면 어찌 마음속에 분노가 생기지 않았겠는가! 〈손자병법〉이 여타 경經들과 달리 "대화체"가 아닌 것은 마음 속에 담은 아주 개인적이 속삭임이기 때문이다. 청년 손무는 대부大夫 임에도 제나라의 다른 "육식자"들과는 달리 임치臨淄의 변두리 낙안樂安에서 풀을 뜯어 먹고 살았다. 채미採薇하며 주린 배지만, 청빈으로 무도한 세상을 관조하고 만고에 처량한 권력자들을 경멸했다. 그의 애릉 전투 참전은 국가 동원령에 응소한 것일 뿐, 제나라 궁정에서 들리는 아름다운 우竽소리에[111] 현혹되어 자리를 탐낸 것은 아니었다. 그는 공을 세우겠다는 생각도 없었고, 속한 집단이 무도하면 언제든지 자리를 뜨려 했다. 다만 제나라의 법이 가혹하여 8가구에 하나의 사士를 내고 7가구가 이를 지원하려 종사하는 〈주례周禮〉에 따랐을 뿐이었다. 대부의 집안에서 자랐지만, 궁정을 장악한 田씨 집안과는 거리가 있었다. 그는 가문의 수많은 부인들 가운데 나온 곁가지 자손의 한 사람으로, 권력 핵심의 전걸田乞이나 전서田書는 그의 이름을 잘 몰랐을 수도 있다. 권세와는 너무 멀어 8진을 이루는 우물 하나도 얻지 못하고, 땅의 기획에서 제외된 자투리땅 "기畸"를 일구며 기인으로 살며 새로운 장원莊園을 개발해야 했을 것이다.

　손무는 전쟁의 무도함을 일찍이 깨달았다. 산동 병가의 죽간을 수집하여 82편을 쓰면서 반전反戰과 염군厭軍의 문구를 다듬어갔다. 이런 흔적은 전래한 손자병법에는 거의 지워졌으나 〈장장본〉이나 은작산 〈죽간손자〉에는 국가와 개인 사이의 갈등과 함께 도처에 잠복해있다. 손무는 전장에서 이름 없이 죽어간 수많은 전민戰民과 하급 군인을 기념한다. 더욱이 스스로 전민이었기기에 그의 경험은 비밀스럽고 이중적인 표현으로 전해졌다. 전쟁의 실상을 인문의 영역으로 끌어들여 반전反戰 평화를 이야기했다. 그러기 위해서 전래한 병법을 모으고 가혹한 포로 생활을 견뎠다. 사무치게 그리운 고향으로 가지 못하고 이국땅 오월에서 생을 마감하기까지, 청렴했던 대부의 아들 손무는 노예의 문신을 얼굴에 지닌 체, 죽은 전사의 피와 마혈

---

111) 竽는 전설로 전해지다 실물이 1972년 長沙의 장사국 대부의 묘에서 출토되었다. 한 건국 후 楚에 분봉 된 吳芮의 후계 무덤이다. 竽는 망자의 혼백을 위로하는 장송 진혼곡에 연주되었지만, 齊 나라에서는 삼 백 명의 악사가 합주하는 연회의 중심 악기였다. 13관을 꽂은 것은 和, 36관을 꽂은 것은 竽라 불렀다.

馬血을 목탄에 섞어 죽간을 써 내려갔다.

아. 깨우친 노예 민戕과 그들의 글 예서隸書

"戕天下之戕, 坐(挫)天下之權"

"깨우쳐 사나운 천하의 노예들을 평정하고, 천하의 권세를 꺾었다."

- 32편 九天

"민戕은 "깨어 있는 시민"이다. 그들은 글자를 알아 의식화되었고 사납고 반항적이다. 글자의 원형에서 〈설문해자〉는 흥미 있는 해석을 내놓았다. "어지러운 백성이라 강한 것 昏戕强也"이다. 왜 어지러운지는 자형의 발전을 보면 알 수 있다. 서주 시대의 청동 금문에는 손을 잘 쓰는 노예(民 + 手)를 상형화했고, 이윽고 춘추전국시대에는 글씨를 쓰게 된다. (民 + 文) 그러므로 의식이 생겨 자각하고, 이미 피할 수 없이 정해졌다는 운명에 맞서 하늘의 뜻을 묻게(天問) 되었다. 32편 구천九天에 이런 노예의 숙명을 거부하는 문구가 있다.

戕:　　　서주금문　　　　　전서　　　　　진예

글자는 사용의 주체에 따라 다른 의미를 띄게 된다. 노예 상태에서 손무는 운명의 변화를 염원한다. 전쟁 노예의 비장하면서도 야심 있는 개운의 다짐이 九天에 보인다. "감천하지민戡天下之政"에서"政"은 초기 금문金文에 노예를 회초리로 때려 깨우쳐 가르치고 강인하게 만드는 뜻이었으나, 이들은 점차 혼미昏迷한 의식에서 깨어나고 노예 상태를 자각한다. 소요가 일어나지 않을 수 없다. 진의 통일 무렵에는 스스로 깨우쳐 천하를 혁명하는 운명의 변화(九天)를 꿈꾼다. 인문의 세계가 유한有閑한 귀족이 아닌 노예로부터 시작되었다는 것은 놀라운 일이다. 춘추전국 시대에서 진한지제까지 귀족은 직접 글씨를 쓰지 않고 서기를 두었다. 글자를 만든 것은 지배층에 봉사하는 중간 클래스의 사람들이었고 글을 쓰는 것은 노예였다. 이들은 합쳐져 중간 중개자(Mediums, sorcerers or sorceresses)로 등장한다. 마침내 예언적 지도(Oracles)를 내놓고, 병을 치료하고 비를 오게 하는 "유儒"로 지위가 상승한다. 비슷한 예로 중동 지역의 점토판에 써진 우갈릭 알파벳(Ugarlic alphabet)이나[112] 이집트 상형 문자(Egyptian hieroglyphics)는 그림(상형)과 음소가 결합한 글로 기록과 전달을 위하여 점토에 새기는 것은 상당한 노동이 필요했고 이는 당연히 노예의 몫이었다.

죽간을 만드는 번쇄한 일을 하는 것은 주변의 주유侏儒와 노예들이었고 전쟁 포로는 출신 제후국의 소통을 위해 번역을 도왔다. 건전한 사내를 키우기 위해 유력 가문에 육예六藝를 연습하도록 권장했으나 춘추 말에 이르러 이는 허울뿐이고 사회 발전은 노예에 의해 추동되고 있었다. 주종관계에서 사실상 글을 쓰는 주체는 경계가 모호했다. 〈시경〉, 국풍國風, 위풍魏風, 벌단伐檀 3장三章에는 이런 상황이 잘 묘사되어있다. "심지도 않고

---

112) Ugarlic Clay Tablet은 대체로 5 cm X 2 cm 크기로 노예들이 제작했다. 참고 : Ugaritic, Dennis Pardee in The Ancient Languages of Syria-Palestine and Arabia (ed Roger D Woodard) Cambridge University Press, 2008

거두지도 않고 不稼不穡, 사냥도 하지 않는 不狩不獵, 저 양반네들 彼君子 兮"이러한 시경의 화자들은 수레바퀴를 깎고, 말 편자를 만들며, 죽간을 삶 아 말려 상전의 분부를 받아 적었다. 시간이 지나며 대부들은 글은 읽었으 나 쓸 줄을 모르게 되고, 경주용 말은 몰았으나 전투용 사마駟馬 전차는 겁 을 내며 오르지 못했다. 예가 무너지고 음악이 어그러지는(禮崩樂乖) 시대 였다. 음악을 들으며 활을 장난삼아 쏘니, 보다 못한 공자孔子가 "활을 쏘며 음악을 듣는다면 어떻게 음악을 들을 수 있으며 어떻게 제대로 활을 쏠 수 있겠는가! 孔子曰 射之以樂也 何以聽 何以射"며[113] 한탄했다. 그랬었다. 어 릿 공자들이 까불며 돌아다니고, 마성麻城에는 대마 연기가 자욱했다.

　　〈장장본〉이 위서 근거로 흔히 지적되는 것은 "입언"과 "82편 예시"에서 손자가 자신의 이름 손무를 밝히고 직접 썼다는 점이다. 그러면서 "주오민, 제민"과 같은 말을 조롱하며 웃음거리로 삼았다. 고대에 점을 치고 천문을 관찰하는 자들의 신분은 그리 높지 않았다. 후한과 위×진 시대에 들어서며 천문 지리를 읽을 줄 아는 책사가 선망의 대상이 되었지만, 노예가 서기로 서 글씨를 쓰는 시대에는 책임을 지는 흔적을 남겨야 했다. 발굴된 한대 죽 간 말미에는 대부분 글자의 자수字數를 적었는데 편말篇末 숫자에 대해서 는 아직 정확한 동기나 다른 이유의 알고리즘을 찾지 못하고 있다.[114] 필자의 생각이지만 이것은 문서 통제 방법으로 보인다. 필사자가 신분이 낮았기에 글자의 가감을 막고, 비밀리에 발송자와 수신자가 다른 경로로 편말 숫자를 알도록 했을 것이다. 귀족이 글씨를 쓰는 시대로 바뀐 것은 종이의 보급이 보편화하여 멋을 내는 해서楷書가 퍼지고 서체가 예술의 경지로 올라서며

---

113)　〈예기〉 郊特牲
114)　中國國家數字圖書館, 華夏記憶

권태로운 상류층의 사교 수단이 되면서부터이다. 장장본의 서명과 관련하여 중국 내에서 위서의 근거로 "저술에 이름을 밝힌 것"에 대한 일반적 주장을 모으면 다음과 같다.

> "춘추 이전에 개인적인 저술이란 없었다. 여러 자파가 문장을 지은 것은 그 문하의 제자들이 후에 집필 또는 편찬한 것이 대부분이다. 〈관자管子〉나 〈상군서商君書〉가 그와 같다. 고대인들은 저작권著作權 의식이 없었다. 어떤 사람들은 자신의 사상을 전파하기 위해 유명한 고인의 이름을 빌려 영원하기를 바랬다. 선진先秦 시대의 저술에는 저자를 나타내는 서명이나 낙관落款은 존재하지 않았다. 서명, 낙관은 동한 이후에 시작된 것으로 〈주역참동계周易參同契〉를 보면 알 수 있다. 저자의 흔적을 남기고 싶으면 이름을 수수께끼로 만들어 사람들이 추측하도록 텍스트와 연결했다. 손무와 한신이 근대인처럼 책의 말미에 서명한다는 것은 있을 수 없는 일이다. 종이와 인쇄가 발명되기 전에 그 두터운 죽간에 서명이라니...."

이런 관점에 걱정이 되는 것은 "위서"라는 전제를 깔고 그 근거를 찾으려 하기 때문이다. 많은 한적이 시간을 통해 손을 타고 개작되었음에도, 자파子派를 이루고 經으로 숭상되는 것은 문구에 정신이 매이지 않은 "득의망자得意忘字, 뜻을 얻으면 글자를 잊는"데 충실했기 때문이다. 후학들은 "책의 정신"의 근본이 글자나 문법에 억압받지 않는 자유로운 표현을 중요시했다. 손무의 인생을 정립하지 못한 상태에서 이런 오언傲言을 세우기는 어렵지만, 그가 전민이라는 노예로 타국에서 지내는 동안 저자의 이름이나 책이름은 그리 중요하지 않았다. 그의 "싸인"은 어쩌면 노예의 흔적이 잘 아물지 않은, 그리고 그의 얼굴에 새겨진 문신이 다 사라지지 않은 아픈 과거처럼 보인다.

그런데 장장본에는 "손자왈"이라는 개두문開頭文이 없다. 이 점은 중대한 두 가지 단서를 독자에게 남겼다. 하나는 필자의 일인칭 서술이 더욱 분명해졌다는 것이고, 다른 하나는 "손자"의 의미가 자파의 창시자 존칭이 아니라는 점이다. 그는 孫者(도망처 숨은 자)였기에, 이것을 자괴감 느끼며 편두篇頭에 쓸 필요가 없었다. 경림에 숨어 사는 이 "School of Fugitive"는 훗날 사마천에 의해 "School of SUNTZU"로 격상되었다. 〈손자〉가 經으로 숭상된 것은 한대漢代 이후 국가적 검열의 결과였다. 이 개두문의 유무는 은작산 죽간 손자 12편*에도 많은 의문을 던지고 있다.

자. 개두문의 "孫子曰" 유무

"子曰"은 알려진 것이 "선생님께서 말씀하셨다.'라는 존경과 권위의 개두문開頭文이다. 유학 경전은 공자왈 맹자왈과 같이 질문과 답변, 의심의 해소나 부연 설명, 사회적 선언 등이 대화 형식으로 되어 있다. 휘하에 모이는 문하생들이 많아질수록 경전은 "자왈"로 가득하게 된다. 후세에 말씀을 취합하여 기록하였기에 선생님들의 대화는 왕과 공경 같은 권력자, 힘센 도둑을 상대로 권위를 높인다. 대화체가 아닌 경전의 대표적인 것이 노자의 〈도덕경〉이다. 도교는 〈장자〉에 이르러 여러 자파의 백화점이 된다.

〈손자병법〉이 대화체가 아닌 것은 〈도덕경〉과 같이 직접 저자의 체취를 담아 기술되었기 때문으로 여겨진다. 후세에 "82편"을 "12편" 또는 "13편"으로 축간 편집하면서 개두문 "손자왈"을 넣은 것은 그의 직접 저술이 아닌 다른 이의 Second Hand Edition을 의미한다. 장장본에 개두문 "손자왈"

이 없는 것은 좀 허술하지만 이렇게 설명할 수밖에 없다. 〈손자병법〉에 "손자왈"이 나타난 최초의 버전이라고 할 수 있는 은작산 한묘 죽간은 이 문제의 개두문이 일정하지 않다. 이것은 각 편의 출처가 다르기 때문일 수 있고, 그저 묘갱에서 나오면서 죽간이 부서져 잔멸된 간단한 이유일 수 있다. 죽간에 편명篇名을 기재하는 방법은 간배簡背의 상단에 적는 것이 일반적이다. 죽간을 말아(卷) 보관하였을 때 Tag처럼 볼 수 있도록 했다. 그리고 이것은 저자 또는 편집자의 의도를 알 수 있는 주요 표식이다. 그런데 손자병법의 편제 순서가 오행五行과 오사五事에 의해서 배열된 것이라면[115] 12편의 편명이 발굴 과정에 잔멸된 것이 아니라 처음부터 없었을 수 있다.

전래본 손자 13편		죽간 손자 12편							
3才	편명	편명 유무	죽간편명	木牘편명	개두문유무	相克	5行	相生	5事
始計		缺	?		○		土		道
地	作戰	作戰			○		火	生	法
天	謀攻	缺	?		?	克	木		將
	軍形	形	形	○			金	生	天
	兵勢	勢	勢	×			水	生	地
人	虛實	實虛	實虛	×		克	金		天
	軍爭	爭		×			木	生	將
	九變	缺	?		?		水		地
地	行軍	缺	?	行軍	?	克	木		將
	地形	없음					金	生	天
	九地	缺	九地?	九地	?	克	水		地
人	火攻	火攻		火攻	○		火		法
天	用間	缺	?	用間	○		火		法

115) 李昌善, 〈죽간손자논변〉 2015 p 14 손자 13편의 순서

편명의 성립과 전승이 가장 온전한 것은 形, 勢, 實虛, 火攻뿐이다. 죽간 손자와 함께 출토한 목차라 할 수 있는 편제목독篇題木牘에 식별할 수 있는 편명은 일곱 편이다. 또한 이 목독이 중국 손자 학회가 주장하는 손자 13편의 목독이 아닌 손빈의 89편 목독일 가능성이 있다. 죽간에서 개두문 "손자 왈"이 확실히 없는 편은 세, 실허, 군쟁인데, 이 세 가지 篇은 다른 곳에서 편집하여 조합된 것으로 추정된다. 지형편이 죽간에 없는 것을 중화권 학자들은 각 편을 급하게 나누어 쓰면서 실수로 누락된 것이라 주장하며 13편의 완전성을 변호하고 있다. 죽간이 부장된 한무제 시대에 과연 손자 13편이 성립되었을까? 위의 도표를 보면 전래한 13편의 지형의 위치가 오행에 맞추려는 의도에 따라 자리 잡고 있음을 알 수 있다. 편제의 순서에서 전반적인 오행의 흐름은 形을 金의 위치에 두고 있다. 따라서 오행의 흐름에 맞춘 전래본이 형성된 양한 시대 이후에 지형편이 성립되었음을 알 수 있다.

차. 과연 처음부터 13편이었나?

산동 린이(臨沂)의 은작산 한묘에서 다른 죽간과 함께 출토된 이 목독木牘을 중국 학자들은 13편의 편명을 적은 것이라고 주장해 왔다. 이 목독에 대한 분명한 설명은 중국 손자학회에서 회피하고 있는 듯, 최근에는 죽간 연구 사료에서 잘 보이지 않는다. 편제 목독에서 形(刑)은 아직 군형軍形과 지형地形으로 분리되지 않았음을 알 수 있다. 목독에는 불완전한 글자인 九, 十, 五와 하단에 칠세七勢, 삼천三千이 보인다. 九를 중국 학자들(죽간정리소조)은 구변九變으로 유추했으나 장장본에는 "구세九勢"로 적혀있다. 다른 글자는 편제에 보이지 않는 글자이다. 그런데 장장본에는 58편 "九勢"와 유사한 내용이 있을 것으로 추정되는 죽간인"칠세七勢"는 은작산에서 출

執

貴軍行

九
十
五

九地
火用
閒地
七敢　刑
敗三
千

Wood slat of the table of contents

토되었으나 "손빈병법 上과 下"로 재조립하는 과정에서도 편 외로 제외되었다. "칠세"의 문장 가운데는 불완전 하지만 "전쟁을 잘하는 것은 사람을 택함에 있다. 故善戰者有擇人之勢"가 있어, 이 문구가 13편 세편의 "그러므로 전쟁을 잘하는 자는 승리를 세에서 구하지, 사람에게 책임을 묻지 않는다. 따라서 능한 사람을 뽑아 세에 맡긴다. 故善戰者 求之於勢 不責於人 故能擇民而任勢"의 원형임을 알 수 있다. 장장본의 구세九勢란 아홉 가지 세가 아니라, 형세의 변화를 의미한다. 목독木牘에 보이는 이런 글자들은 한신이 비주에서 언급한 齊 안성간安城簡, 즉 제손자 손빈의 89편일 가능성이 높다.

"十"자가 포함된 편명은 13편에는 없으나 장장본에는 19편 "십관十官"과 34편 "십발十發"이 있고, 출토 죽간에는 "손빈병법 하권"으로 분류된 "십진十陣"과 "십문十問"이 있다. "五"는 39편 "구탈九奪"의 한신주에 "오도육량구탈五度六量九奪"과 내용이 같은 죽간인 "五度九奪"이나 편제 순서 미상의 "공명恭名"에서 내용이 유사한 죽간인 "오명오공五名五恭"의 편제명으로 추정된다. 맨 아래 좌측 귀퉁이의 "三千"은 무엇이었을까? 목독에 기록한 편제 전체의 글자 수를 의미한다면 "三千□□□□□ (字)"의 잔멸된 부분일 수 있다. 그렇다면 출토한 편제목독은 잔멸된 것을 합하면 89편 모두 기록되었던 것이 아니었을까? 발견된 목독이 여러 개 중의 하나였을 것으로 보이지는 않는다. 글자가 들어갈 공간으로 보아 13편이 아닌 82편에서 손빈의 생각이 추가된 89편, 그리고 13편으로 진화하는 중간의 어디쯤으로 보인다. 이 목독은 분명 죽간 손자 13편의 차례나 순서는 아니다. 손무는 그의 장자 손치孫馳에게 82편을 13편으로 축간하도록 주문했다. 이 어려운 과업은 그의 세손으로 이어졌을 것이고 손빈의 생각이 추가되고 이후 한의 유자들에 의해 13편에 가깝게 다듬어졌다. 은작산 발견 12편은 물이 찬 단지 속에 손으로 더듬어 들어 올린 것이니 어떻게 알 수 있겠나! 장장본이 20세기의 위서라면 어떻게 22세기 전에 써진 목독의 편제와 상당 부분 일치할 수 있겠나!

세월이 지나며 5행에 의한 편제 순서는 5사五事로 모습을 바꾸어 다듬어져 갔다. 순서는 사실 순환하는 것이어서 일렬로 늘어선 것이 아니라 꼬리를 이어갔다. 계(道) : 형, 세, 실허(天) - 지형, 구지, 구변(地) - 모공, 행군, 군쟁(將) - 작전, 용간, 화공(法)의 순서는 현재 전래한 13편의 순서와는 맞지 않는다. 이 순서가 현재의 모습으로 조정된 것은 천, 인, 지 3재才로 책册을 상, 중, 하 3권으로 재구성한 미상의 편집자 때문이었다. 道를 중심으로 상극과 상생으로 이어지는 순환의 고리는 이해하기 어렵다. 그러므로 죽간 12편의 필자는 이렇게 고백한다.

> "기와 정(奇正)이 서로 되돌아 바꾸어 낳고, 낳음은 마치 끝이 없는 고리와 같으니, 누가 능히 이를 다하랴! 奇正環相生, 如環之毋端, 孰能窮之"
>
> - 죽간 12편, 勢篇

13편의 형성 시기 논쟁은 청의 고증학자 필이순이나 일본의 실증주의 역사학자들, 그리고 20세기에는 구지에강(顧頡剛)과 같은 대표적 의고론자에 의해 끊임없이 제기되었고, 서구 학자들은 대부분 이들의 주장에 동조하고 있다. 그러나 1972년 은작산 죽간의 발견으로 중화권의 대부분 학자는 〈손자병법 13편〉이 온전히 춘추 전국 시대의 작품이라고 못 박았다. "지형편"이 빠진 것은 실수였고, 대수롭지 않은 것으로 넘어갔다. 이어서 1978년 7월 칭하이성 대통大通 상손가채上孫家寨 전씨가田氏家에서 5천여 년 전의 화문花紋 토기들과 함께 발견된 한간漢簡 70여 죽편 중 60여 조각에서 손자와 관련 글이 나왔다.[116] 중국 역사학계를 고무한 것은 "손자 13편"의 언급 (죽편 061)이었다. 13편의 성립 시기가 춘추 말인 것을 고수하는 손자학회의 입장에서는 이 漢簡이 주요 증거가 되었다. 그러나 살펴보면, 시안(西安)에서 500여 Km, 린이(臨沂)에서는 일천 Km 이상 떨어진 이 오지 마을에서, 층층으로 누적된 유물 속에는 서로 상이한 시간 층은 발견되었으나, 뒤섞인 유물의 탄소 연대에 대한 보고는 아직 없다. 희망하는 대로"죽간 조각"이 써

---

116) 《文物》 1981年 第2期, "大通上孫家寨汉简整理小组 보고" 黃葵, 刘春生 編著 <孙子兵法词典>, 成都, 四川教育出版社, 1998
孫子曰: 夫十三篇 (061) 相勝奈何? 孫子曰: (018) <軍鬥令> 孫子曰: 能當三□ (047) 者制為 <軍鬥> (346) <合戰令> 孫子曰: 戰貴齊成, 以□□ (355)□成不齊 (054) <□令> 孫子曰: 軍行患車之, 相 (?) □□ (157、 106) <□令>, 令曰: □ (328) <□令>, 令 (318) 子曰:軍患陳(陣)不堅, 陳(陣)不堅則前破, 而 (381) □制為堅陳(陣) (078) 為中堅 (094) 堅 (164) □幹行, 五百將斬;以曲幹行, 候斬;以部幹行, 司馬斬;以校幹行, 軍尉斬(044, 056, 027, 232, 218, 354) 幹行, 伍長斬;什(293) 幹行, □(288) 軍尉斬之, 司(131、244) □斬以百(129) 執者□□斬 能執之, 賞如甲首。諸誅者剮之, 以別死皋(罪) (256, 021) □罪, 能執之, 賞如甲(017) 行殺之, 擅退者後行殺之(063) 殺之, 擅有還顧背北者, 後行殺(002)之, 殺適(敵)人, 故以後禁前, 是(009) □□故善者(185) □可乘赴湯火白刃也(001) □□寇者有(305, 306) 右者右行(128) 曰:諸吏無貴賤, 非其(223) □陳(陣)毋□出□(085) □陳(陣)過故善(023) 而前, 不得扶傷舉(輿)死, 民□弓弩並約矢盡兵折, 非有將之(197, 248) 方陳(陣), 將車(040) □為方(114) 為方(036)・牡陳(陣): 衝方之□(233) 衝方□ (220) □制為□□ (231) 六曰馮車, 七□□ (103) 以逢弓(222) □□有方, 有方□□(102) □人與其 (213) 其行為□ (190) 斬以□ (135) □者罰 (210) □菌(208) □□發而校不鬥□(111) □除合與 (260) □□令在其地□ (122) □不法□ (134) 微土不擇(091) □卿去俈(072) 人以上, 書到皆駕若騎行, 以駕(012, 016) 傳遣吏常將□(082) □以將其左(113) □騎始左騎 (?) □(066) 城郭□□能複如 (192) 右游□前後□ (261) 府已□鬥□(253) 將屯兵予禦□(095) □禦不得用(138) 數而破其(136) □其亡摩(麾)(227) 取薪柴.(224) □□□兵約(347) □斬(118) □車一兩欘四(186) □定行者(195) □一人曰□, 二人曰(148) 學之者(320) - 상손가채 한간(竹片번호)

진 시기가 서한 말기이므로 13편의 생성이 춘추 말이라는 증거는 되지 않는다. 더구나 함께 나온 죽편에서 당시의 사회상을 표징 하는 田, 孫, 劉, 王 등 주류 한족 성씨와 回, 土, 藏 등 6개 타민족의 호적 상황이 기재된 것은 적어도 동한東漢 이후로 증거된다.

문맥과 문리는 헝클어져 내용 파악이 어려우나 상당히 유의미한 군사 기록은 한대의 변방 수비 부대의 실상을 보여준다. 고대 군사 율령과 작전 조례條例, 군령, 군법, 군례와 같은 용어의 혼용은 한대에 이르러 "군법"으로 통일하여 사용되었음을 알 수 있다. 또한 齊의 <사마법>이 <주례>의 夏官×司馬 와 관련되었음을 알려준다. 처벌 규정과 기치旗幟, 부대 식별, 견장 제식 규정은 대체로 <위료자>와 내용이 유사하다. 그러나 실제 <손자병법>에서 인용한 문구는 보이지 않고, 온통 잘못을 범하면, 죽이고殺之, 삶고, 코를 베는劓之 이야기뿐이다. "참斬"이 여기서 "부대 편제를 나눔"으로 해석되는 것은 살벌한 분위기의 군령을 더욱 무섭게 한다. 상손가채 죽간과 목간에 보이는 잔혹한 군령은 마치 전민戰民을 사람이 아닌 가축을 다루듯 한다.

계층별 상벌 권한을 언급한 것은 병법서라기보다는 전투에 임하기 전 군령을 엄히 한 것으로 진중 규율을 내건 문건 같아 보인다. 칭하이 대통 지역은 하서회랑河西回廊으로 통하는 북방 호족과의 전쟁터였고 출병의 길목이었다. 3세기 말에는 쿠마라지바(鳩摩羅什)가 쿠차에서 후량後凉의 군대에 잡혀 전쟁 포로로 이곳을 통과했다. 중국의 서역 진출은 한무제 때 활발했으나, 잦은 전역戰役에 피로감을 느끼는 예하 장수와 현령들은 고조선, 흉노, 위구르와의 싸움보다는 그들에게 작위와 뇌물을 주어 위무하기에 바빴다. 날조된 항복 문서가 도성에 전달되고 한무제漢武帝의 책상 위에는 수많은 유령 군현이 이름만 올라 있었다. 〈사기〉, 〈한서 지리지〉를 비롯한 중국의 역사 지리서에 기술한 주변 고대 국가의 영토 영역이 맹탕인 것은 이를 취합하여 보고한 한 제국의 관념론자 덕분이었다. 상손가채 죽간은 〈손자 13편〉의 행적을 더욱 묘연하게 한다. 전씨 가문에서 나온 사마양저의 〈사마법〉 파편 속에 13편의 언급이 있었다면, 이는 손무와 손빈이 모두 허구일 수 있다는 의심의 단서가 된다.

吳나라, 사라진 해양 제국

가. 吳나라의 국제적 지위와 손자의 역활

吳는 중국 남북문제 토론의 중심에 서 있다. 오나라의 기원에 대한 사마천의 기술은 중화 일원 중심적이지만, 오히려 역발상을 가능케 하는 주요 반증 자료가 되고 있다. 손자의 오나라 이주는 춘추 말기의 정세를 살피면, 오늘날 한국인이 미국으로 이민 간 것과 같이 신세계에 발을 들인 것이었다. 전국 초기까지 주요국인 진, 제, 초, 오는 서로 언어가 달라 통하지 않았다. 중국 역사서에서 오나라의 기원은 어딘지 어색하고, 한나라 이후의 사서에서부터 출현한다. 사마천의 말을 믿어야 한다면, 오나라 왕들은 주 문왕의 백부인 태백泰伯의 후손이다. 태백은 현자인 아우 문왕文王 창昌(기원전 1125 ~ 1051)에게 왕위를 양보하고,[117] 두 형제가 강동의 하구인 형만

---

117) 〈今本竹書紀年〉, 文丁 11年(기원전 1104년?)의 기록에는 季歷이 예도翳徒의 戎을 정벌하고 은 천자 文丁으로 부터 포상을 받는다. 그러나 점증하는 周나라 세력을 경계한 은의 조정은 계력을 가두어 굶어 죽였다. 〈좌전〉은 계력의 사망으로 왕위 계승 투쟁이 벌어진 것으로 기록했으나, 사마천은 양보의 미덕으로 미화시킨다. "周公季歷 伐翳徒之戎 獲其三大夫 來獻捷. 王殺季歷. 王嘉季歷之功 錫之圭瓚 秬鬯九命為伯 既而執諸塞庫. 季歷困而死 因

荊蠻으로 도망쳐 그곳에서 머리를 자르고 문신을 새겨 군장群長이 된 뒤에 주 왕조와의 관계를 끊었다. 주 무왕이 은을 멸하면서 할아버지 계력의 둘째 형 중옹仲雍을 강동 지역이라 여겨지는 곳에 제후로 세웠다. 그러나 실상 오나라는 남쪽의 먼 원방으로 주나라와 접촉이 없었다. 오왕 수몽壽夢(? ~ 기원전 561) 때에 초나라의 신공무신申公巫臣이 진晉나라로 망명할 무렵, 당시 진晉과 초楚는 중원의 패권을 다투고 있었다. 진은 초에 압력을 가하려고 무신을 초의 배후에 있는 오나라에 파견해 활동토록 했다. 그는 오나라에 전술과 전차 사용법을 가르쳤다. 물의 나라인 오나라에 전차가 필요했는지는 의문이다. 오나라는 이때부터 중원의 중국과 교류한다. 아울러 장차 춘추시대 패권 전쟁의 장으로 월越 나라를 끌어들인다. 오나라 수몽은 이 때부터 公에서 王으로 칭했는데, 당시 왕을 칭한 야만 이족은 楚 나라, 越 나라, 徐 나라였다.

　壽夢(수몽, 주몽) 당시 오나라가 중원의 패권 투쟁에 뛰어들었는지는 확실치 않다. 주 천자의 눈에는 보이지 않았을지 모르나 오나라가 주의 제후국임을 자부할 수 있었다는 것은 사마천이 전한 이야기일 뿐이다. 수몽의 아들 요僚(? ~ 기원전 515년)를 죽이고 왕위에 오른 합려闔閭(당시 발음 코우려)가 과연 수몽의 다른 아들이었는지는 확실하지 않다. 좌전(襄公 17년)에 처음 보이는 "합려闔廬"는 사람 이름이 아닌 기후가 나쁜 지역의 창문이 밀폐된 초옥이다. 또한 누선樓船 위에 세워진 문을 닫은 가옥을 말하기도 한다. 사마천은 그를 주나라 왕실의 후예로 혈연을 맺어 놓았으나 좌전(昭公 27년)에는 그가 첩실의 아들(또는 다른 해양 부족)인 합려闔廬로 요를 암살한 후 갑자기 공자 광光에서 오왕 합려가 된다. 합려(闔廬, 闔閭)가 현대

謂文丁殺季歷"

중국어에는 음이 같아 통가자로 쓰였을 것이나, 고대에 려廬는 "라"로 려閭는 "뤼"로 발음되어 합려의 등장 부분에서 <좌전>이 한의 유생들의 손을 탄 것으로 보인다. 주요 인물로서 합려가 등장하는 가장 빠른 한나라 기록은 秦의 통일 무렵에 성립된 <순자筍子> 왕패王霸에서부터이다. 통일 제국 후에 뒤를 돌아보아 전국戰國을 정리하고 패왕을 논하던 때였다. 그는 분명 중외의 다른 나라 사람이었다. 그의 활동이 가장 빈번히 기록된 사서는 <오월춘추>의 합려내전闔閭內傳이지만, 이는 모두 한나라 때 기록이다. 오는 그의 아들 부차夫差에 이르러 짧은 부흥기를 열었다. 그 기간 손무가 자신을 "주오민"이라 칭한 것은 자연스럽다. 사마천은 중국인 특유의 절충과 봉합 정신으로 오나라를 주 천자의 혈맥으로 관계를 정립되고 당당히 춘추오패의 하나로 올려놓는다.

춘추(기원전 770~403) 전국(기원전 403~221) 시대의 사회적 맥락을 살피면 동란의 혼돈에도 질서가 보인다. 주 경왕의 재위 시기인 춘추 말기에 세력이 급성장한 오吳 나라에 천하에 재능있는 사람들이 몰려들었다. 오나라는 그야말로 춘추를 통일한 신세계였다. 바야흐로 춘추의 왕패王霸 질서는 힘으로 인정仁政을 가장하는(以力假仁) 패도覇道로 바뀌어, 오로지 힘으로 군림하려는 영웅이 나오는 다급한 시기였다. 이런 전국시대로 향하는 길목에서 무력으로 제후들을 제압하는 체계적인 기법, 즉 병법의 출현은 불가피했다. 더구나 춘추 말에 이르러 이웃 국가들과 군사 동맹에서 병법과 전술의 전파를 위해 사람의 파견과 회동이 자주 있었다. 정변과 망명, 지형의 변화에 의한 인구가 이동하는 시대였다. 사마천은 이 시기에 오와 월을 중화권에 흡수하고 "열전列傳"을 만들어 준다. 서태평양의 해적 제국인 오나라 사람의 몸에 그들의 조상이 주 왕조의 혈통임을 문신으로 새겨준다. 그러나 여전히 〈좌전〉에는 남방을 경시하는 사관들에 의해 소홀한 기록은 그대로 남았다. 거대한 해양 세력인 오월을 중화역사의 무대에 등장시킨 사마천은 이즈음 손자를 열전列傳에 연출한다.

그래서 우리의 태사공 사마천은 또 이렇게 말한다. "손무는 기원전 515년 오왕의 초청으로 군사軍師가 되고, 기원전 506년 오왕 합려闔閭는 오자서伍子胥를 장군으로하여 남방의 강국이었던 초楚의 도읍인 영郢 (지금의 후베이성 장링 현江陵縣)을 점령했다. 기원전 482년 그의 아들 부차는 황지 (黃池:지금의 허난성河南省 평추현封邱縣)에서 제후들과 회맹會盟하여 패자가 되었다. 뒤에 오나라는 월왕越王 구천句踐의 공격을 받아 멸망했고, 월은 다시 일어선 초나라에 패권을 넘겼다." 이렇게 손자가 스타덤에 오른 사건을 열거했다. 그러나 〈좌전〉의 사관은 손자를 시큰둥하게 여겨 이름을 기록하지 않았고, 이야기는 한 참 후세인 동한 시대에 별도로 〈오월춘추〉에 나타난다. 오나라는 세력이 급성장하며 주변 소수 민족과 좌충우돌 흡수하며 드디어 초나라를 공격 대승을 거두게 된다. 그런데 당시 오나라에는 사관이 없었고 기록은 수백 년이 지난 양한 시대에 다듬어진 것이다. 오나라의 역사는 漢 유생의 기록보다는 강남 지역 여기저기에서 출토하는 양질의 청동검에서 더 생생히 응집되고 서태평양의 화산재 냄새가 난다.

사서에서 묘사하는 오나라의 초나라 정벌에서 작전 경로나 기동로를 추정하면 상당한 모순을 발견하게 된다. 망명한 신공무신申公巫臣이 재빨리 뱃놈들에게 전차전을 가르쳐 준 덕분일까? 사서의 기록보다는 실증할 수 있는 추정이 더 정확하다. 뛰어난 선박 건조 기술과 항해술, 해전에 능한 오나라 군대의 전투는 주로 장강長江과 운하를 따라 이루어졌을 것이다. 〈오월춘추〉나 〈월절서〉에 보이는 오자서(伍子胥, 기원전 526~484)의 편지로 스케치 된 풍광을 그대로 엿볼 수 있다. 그는 시탕(西塘, 지금의 浙江省 嘉興)에서 수군을 훈련하면서 전차와 선박의 상륙전을 위한 호환성을 논한다. 학자마다 약간 위치가 다르지만 대체로 초楚의 수도 영郢은 저수와 장수 사이(沮漳二水之間)로 지금의 만하유역蠻河流域 아래 지역이었다.[118] 오의 침략으로 도읍을 잃고 도피한 초 소왕昭王은 기원전 504년 돌아와 수도를 진영陳郢으로 옮겼다. 이즈음 남방과 맞닿은 주요 성읍이 강하江河에서먼 내륙으로 옮겼는데, 이것은 해양 세력의 중국 내륙 진출과 관계있다. 오의 초나라 원정은 그야말로 장거리 전력 투사였다. 장강 하구인 고소성에서강을 따라 5백여Km를 가야 초의 수도 영郢에 이르게 된다. 강력한 해군력과 원활한 수상水上 보급에 의하지 않고는 불가능한 작전 기동이었다. 장장본 82편 "예시"에는 주로 오나라 군의 양성과 전략적 기동 템포를 언급했으나 위의 작전 환경으로 그릴 수 있는 모습과는 동떨어져 있다.

"吳王授命於備而伐楚. 吾作兩三之策. 夫策者, 一備二控也. 一方修道, 富國強兵, 習陣選卒, 備險備用. 一方三軍, 三分一擊, 兩守輪流. 實楚時三年有餘, 楚軍成矣. 周敬王十二年春, 吾黃道起兵. 馳車千駟, 革車千乘, 帶甲三萬, 興兵伐楚. 楚起甲二十萬, 戰於柏舉. 四面楚歌, 捌方瀚曲, 佯圍不攻, 牽楚軍也. 楚歸, 吾則千里設伏, 捌面伏擊, 一戰而屈楚之兵於郢城. 城中楚王濟江而亡水中, 夫破楚一戰, 傳於列國, 吳王闔閭得以天下之親主也.

오왕은 명을 내려 초나라 정벌을 준비했다. 나는 양군에 3가지 책략을 만들었다. 무릇 책략이란 한 방책에 두 가지 시행 책이 있는데, 하나는 수도(양병)로 부국강병을 하여 진법을 훈련하고 군사를 뽑는 것으로 위기와 군사 운용에 대비

---

118) 石泉(1918 ~ 2005), 중국의 역사 지리학자의 고증

한다. 다른 하나는 (용병)으로 삼군을 편성하여 셋으로 나누어 공격함에 두 군은 수비와 보급 수송을 한다. 초나라 실제 공격을 위해 3년을 기다려 초 원정군을 만들었다. 주 경왕 12년 봄, 나는 黃道에서 군사를 일으켰다. 천 대의 4마리 말 전차와 천 대의 보급 수송차, 예비 무장병 3만을 동원하여 초나라를 쳤다. 초나라는 무장병 20만을 동원하여 柏擧에서[119] 전투를 벌였다. (전세를) 사면초가와 별방한곡(오랑캐 노래)으로 적을 불안케 몰았다. 공격하지 않고 포위한 척하여 초군을 끌어내었다. 초군이 군대를 돌릴 때 나는 천 리에 걸쳐 복병을 두었다. 사방 매복하여 공격하니 한 번 전투로 초군을 (수도) 영성郢城에서 굴복시켰다. 성안에 있던 초 왕은 강을 건너 물속으로 도망쳤다."

〈장장본 손무명법 82편 "예시"〉

누구든 이런 작전을 위해서는 수천 척의 배를 준비했을 것이다. 예시의 구절은 거의 후세에 찬개하여 사실을 오염시켰다. 삼군三軍의 편성은 한나라 이후에 만들어진 군사 편제이고 천승지가千乘之家는 패권을 가진 제후를 뜻하는 역시 한나라 이후에 쓰인 〈주례周禮〉에나 보이는 말이다. 천사千駟, 천승千乘, 대갑帶甲은 〈손자 13편, 작전편〉에도 보이지만 이 역시, 한대 이후의 용어였다. 장장본이든, 사마천의 〈사기〉이든 손자의 초나라 침공에서 군사軍師로서의 역할은 모호하다. 6년간의 전쟁 준비 기간은 오자서의 충고를 받아들인 합려의 건전한 판단에 의해서였다. 오 군이 3만 병력으로 초의 2십만 대군을 격파한 백거지전柏擧之戰(기원전 506년 가을 ~ 11월 29일)은 춘추 말 주요 전투에서 수상전水上戰으로 분류되어 있다. 그러나 〈좌전〉, 〈전국책〉, 〈어씨춘추〉 등에 이 전투에서 가장 중요한 직

---

119) 柏擧, 湖北省 麻城市 서쪽 20Km 지점

책인 군사軍師를 맡은 손무의 이름이 보이지 않는다. "軍師"라는 직책이 과연 춘추전국 시대에 있었는지도 의문이다.

　손무는 사마천의 연출로 오나라 무대에 등장한 인물인가? 오나라의 중국화가 간절했던 것은 역시 중국의 남북 문제와 연결된다. 무신巫臣과 같은 중원의 뛰어난 인물들을 남방에 파견하여 이 "해적"들을 포섭하고 일원화한 중화역사에 참여시킨 것일까? 손무는 이 전투로부터 30년 후에 경림에 앉아 백거전의 베테랑들에게 이야기를 들은 것일까? 오왕 합려의 세계世系는 〈사기〉에 보이지만 〈오월춘추〉의 별도 기록과 연대가 맞지 않는다. 그는 갑자기 역사의 무대로 튀어나와 그의 선왕이며 이복형인 요僚를 죽이고 왕위를 찬탈한 사람이다. 합려는 누구였을까? 물화한 중국사에서 그는 그 유명한 오왕광검吳王光劍의 주인공 光이다. 도처에서 출몰하는 오왕광검의 이야기는 다음 장에서 하고, 현대 중국어에서 "hé lǔ"로 발음하는 "합려閨閭"라는 이름은 당시 사람들은 지금의 월어粵語 발음인 "hap-lè uih"로 했을 것이다. 그러나 어쩌면 오의 배후에 있었던 다른 해양 연대 세력인 월나라 사람들은 어떻게 불렀을까? 월어越語는 왜倭와 유사한 음으로 한자를 읽었는데 특히 왜구 해적들의 발음으로 합려는 코우려(こうりょ)나 카우리요(カフリヨ)이다. 사마천이 주 왕실에서 하사받은 이름을 창작하여 펴 날라 쓴 〈오태백세가吳太伯世家〉의[120] 합려 이름 광光은 역시 왜어倭語로는 코우(光, こう)이다. 〈국어國語,越語下〉에 보이는 남방 월나라 모습은 구천의 신하 장군인 범여范蠡의 말에서 정체가 드러난다.

　"범여가 말하길, '왕손자여! 옛날 우리 선군은 주실에서 받은 작위도 없소. 그 때

---

120)　〈사기〉,〈吳太伯世家〉는 唐 司馬貞(679 ～ 732)에 의해 撰寫한 것이다.

문에 동해의 제방에서 도롱뇽, 악어, 물고기, 자라와 같이 함께 살았소. 개구리,

맹꽁이와 함께 물가에 살았소. 나는 부끄럽게도 사람의 얼굴로 짐승처럼 살았

소, 그러니 어찌 교묘한 말을 알고 있겠소?' 范蠡曰 '王孫子, 昔吾先君固周室之

不成子也, 故濱於東海之陂, 黿鼉魚鱉之與處, 而蛙黽之與同渚 余雖靦然而人面

哉, 吾猶禽獸也, 又安知是諓諓者乎?'"

- 國語, 越語下

이것은 오왕 부차가 구천의 보복 침공으로 고소성에서 3년간 농성 하며,
왕손락王孫雒(왕손자)를 보내 화친 회담을 하며 범려와 나눈 대화의 일부
이다. 〈국어〉의 저자는 물론 전국시대 좌구명의 이름으로 나타나 있으나,
판본은 모두 唐대 이후에 판각하여 전해졌다. 위 문구는 남방 세력을 무시
하는 오나라의 무지를 범여의 입으로 자학적으로 비꼬며 말하여진 것이지
만, 이는 모두 한 나라 시대 사관들의 남방 세계관을 보여준다. 또한 오가
주 왕실의 자손이라는 사마천의 말을 확인시키려는 의도가 있다.

해양 세력의 진출을 보여주는 또 다른 사건은 기이한 생선 속에 비수를
숨겨 요僚를 암살한 전설제鱄設諸라고 알려진 전제專諸의 이름이 〈손자
13편〉에 등장하여 상징화된다. 구지편에 "갈 곳 없는 곳에 던져진 것은 전
제와 조귀의 용기이다. 投之無所往, 則諸劌之勇也"라는 구절은 손무가 오
나라에서 일어난 합려의 정변을 특별히 기억하고 싶어서였다. 〈좌전左傳〉,
소공昭公 27년(기원전 515년), "전설제가 생선 속에 검을 숨겨 나아가 검을 빼
왕을 찔러 죽였다. 鱄設諸置劍於魚中以進 抽劍刺王"라는 구절을 보아 자객
인 전제는 생선 요리를 진설하는 사람이었다. 〈사기〉 자객 열전에는 암살
의 배후로 오자서伍子胥를 지목한다. 전제는 분명 큰 바다를 건너온 사람으

로 진귀한 물고기를 진상할 수 있는 뱃놈이었다. 물론 그 뒤에 합려의 그림자가 어른거린다. 원수가 같은 배를 탔다는 오월동주吳越同舟로 유명한 오월의 원한 관계는 〈손자 13편〉에도 잘 나타나 있다. 이것은 분명 손자병법의 성립 시기를 재고케 하는데 "구지편九地篇"다음 문구는 더욱 의심을 증폭시킨다.

"敵人開闔 必亟入之 先其所愛 微與之期 踐墨隨敵, 以決戰事. 적이 문을 여닫는 사이 반드시 신속히 들어가 먼저 그 사랑하는 바를 기약 없이 주며, 말없이 적의 의도대로 따르다가 결정적 전투를 벌인다."

문구에서 보이는 "합閤"과 천踐"은 우연이 아니라면 합려와 구천이다. 합려의 아들 부차의 포로가 된 구천은 그가 사랑했던 미인 서시를 바쳐 훗날을 도모했다. 그는 침묵하며 적의 의도대로 살았다. 이 글이 성립하려면 합려가 월과의 전투에서 화살에 맞아 죽은 기원전 496년을 훨씬 지난, 오가 멸망한 기원전 473년 이후여야 한다. 〈손자 13편〉은 합려의 재위 기간 성립되지 않았던 것이다. 이 점은 13편으로 좀 무리하게 정리된 은작산 죽간을 보면 이해가 명확해진다. 죽간 133행 아래 조각과 죽간 134행 중간 조각은 전래한 13편 구지편의 문구가 그보다 후대에 만들어졌음을 가리킨다.[121] 죽간에는 합閤이 궤闠로 되어 있고 "踐墨隨敵 조용히 적의 의도대로 따르는"은 잔멸殘滅되어 보이지 않는다. 과연 죽간 출토 과정의 실수와 잔멸일까? 처음부터 없었던 것이 아닐까? 누군가 슬그머니 "踐"자를 집어넣어 오월 전쟁을 기념하고 싶었던 것일까? 闠는 〈설문해자說文解字〉에 "시장의 바

---

121) 李昌善, 〈죽간손자논변〉 우물이 있는 집, 2015, p 510 ~ p 512

같 문 市外門也"이라 정의하고 단옥재段玉裁는 〈서경부西京賦〉에[122] 注 한 것을 인용하여 "환闤은 시가를 둘러싼 담이고 궤는 가운데 격문이다."로 풀이한다. 또한 촉나라의 수도를 묘사한 〈촉도부蜀都賦〉는[123] "환闤은 시장통 거리이고 궤는 시 안팎의 문이다."라고 기록하고 있다. 그렇다면 죽간에 보이는 궤는 도시의 핵심 시설로 통하는 문으로, 단순한 문짝 합闔은 아니었다.

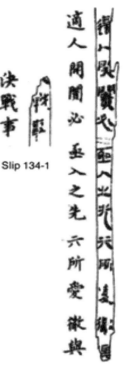

Slip 134-1

Slip 133-2

궤闠가 합闔으로 변이된 것에는 창의적인 고의성이 있다. 현재 전래한 통행본 13편의 가장 빠른 注는 위무제손자주魏武帝孫子註 일명 조주본曹註本이다. 이것 역시 송대에 판각된 것이지만, 위 문구는 조조曹操의 주 이후에 합闔으로 변한 것으로 이해할 수밖에 없다. 조조는 개합開闔을 "적의 틈새"로 풀이하고 후에 주석가들은 이를 따르고 있다. 조조는 〈손자〉를 좀 더 병서답게 하고 싶었다. 궤를 합으로 바꾼 게 그였다면, 공간적 전곽의 구조와 도시 설계를 뜻하는 궤闠라는 용어보다 병력 운용의 기동과 템포를 표현할 수 있는 합闔으로 한 것은 천재적이다. 조조는 완전히 요새화된 누각 문門인 궤闠를 문을 닫는 합闔으로 변화시켜 "적

---

122)   설종薛綜의 저서, 삼국시대에 손권의 막하에 있었던 문사, "闤市營也 闠中隔門也"
123)   유목劉陸, 〈촉도부〉 "闤, 市巷也 闠, 市外內門也"

에 틈이 있으면 당연히 급히 들어간다. 敵有間隙, 當急入之也"로 풀이했다.

그런데 이어서 "그 사랑하는 바를 기약 없이 주며"는 희극적이다. 오월 전쟁의 무대 위에서 서시西施는 비극의 삶을 살았다. 전래본의 문구는 죽간에 안 보이는 "말없이 적의 의도대로 따르다가 踐墨隨敵"를 끼워넣어 합려와 구천의 관계를 연상케 하고 있다. 합려와 구천은 처음부터 원수는 아니었다. 애릉의 전투에서는 제의 남하를 막기위해 오와 월은 연합하여 싸웠다.[124] 손무가 기원전 473년 오나라의 멸망을 지켜보았다면 위의 문장은 그의 순정품이 되나, 사마천이 손자가 오나라 왕에 13편을 바쳤다는 말은 거짓이 된다. 남방 지역에서의 패권 다툼인 백거지전柏舉之戰 후 22년이 지나, 기원전 484년 5월 남방을 석권한 吳가 일으킨 애릉艾陵의 전투는 매우 큰 규모의 남북 충돌이었다. 중국의 사서 기록은 이 전투 묘사에 매우 인색할 뿐 아니라 상당 부분 왜곡하고 있다. 왜일까? 싸움이 일어난 배경은 크게는 해양 세력의 내륙 진출에서 작게는 제나라 권력 구조의 갈등, 주변국 외교 책략의 실수와 오판 그리고 우연을 들 수 있다. 사마천은 공자의 제자 자공子貢(기원전 520~456)의 외교 활동을 능란하게 말하고 있다. 이 중요한 외교적 성취가 〈좌전〉과 〈전국책〉에는 보이지 않는다. 오월의 중화권 통합을 위해 애릉 전투 배경을 철저히 왜곡했다.

"故子貢一出 存魯 亂齊 破吳 彊晉而霸越. 子貢一使 使勢相破 十年之中 五國各有變. 그러므로 자공이 한 번 나서니 노나라가 존속되고, 제는 혼란에 빠졌으며, 오나라는 망하고, 진은 강국이 되었으며, 월은 패자가 되었다. 자공의 한번 활동으로 나라 간 형세가 바뀌고 10년 사이 다섯 나라의 변화가 있었다."

---

124) 〈좌전〉哀公 11년의 기록

단무지(端木賜) 자공의 눈부신 활동은 독자들을 흥분과 재미로 끌어들이기 충분하다. 〈사기〉의 중니제자열전은 "자공의 활약"을 위해 특별히 써진 것이다. 이 이야기는 동한 시대 창작된 〈월절서〉에 더욱 강조되어 나타났다. 그는 남북으로 두 개의 강을 오가는 행적을 통해 해양 세력의 활동을 부정한다. 자공은 먼저 魯를 침공할 계획을 세운 齊로 가서 실권자인 전상田常(田恒, 田成子, 생몰 미상)을 만난다. 기원전 485년 겨울 전걸이 죽자 전상이 그의 자리를 계승했는데, 그의 아들 전서는 손무의 직계 조부이다. 기원전 490년 포목과 전걸의 정변 후에 오월의 군선軍船들이 해안에 나타나 제를 괴롭혔다. 해수면의 상승으로 새로운 뱃길이 열리자 오왕 부차는 월군과 연합하여 기원전 485년에 작은 성읍 국가인 노魯, 주邾, 담郯 등을 공격한다. 애릉 전투의 서막이었다. 그 시점에 어지러운 정변과 초상집인 제 나라가 한가히 자공을 만나 그의 허황한 달변을 들었을까? 이미 전쟁은 시작되고 있었다. 자공은 오월 지역을 두루 돌며 어리석은 왕들을 속인다. 당시 〈춘추〉를 기록한 노의 사관은 오월 따위에는 관심이 없었다. 외교의 모략 책을 적은 〈전국책〉에 왜 이런 자공의 외교 성공 사례가 없는 것일까? 이것은 UN 사무총장의 이름이 UN의 기록에 빠진 것과 같다. 〈좌전〉에도 자공의 눈부신 활동이 무시되고 있다. 자공의 활약은 사건의 결과를 연역적으로 적은 사마천의 창작 인벤토리이기 때문이다.

나. 吳의 중심은 어디었나?

오나라 멸망 4백여 년 후, 형만荊蠻으로 도망친 계력季歷의 두 아들이 오의 시조라고 사마천이 규정한 이래, 오는 주周 왕실의 혈통과 법통을 이어받고 중화의 남방 세계가 된다. 화려한 강남의 전통을 이룩한 오나라에 대한 관심은 당송 시대 역사가들이 더욱 구체화하였는데, 당대唐代에 편찬한 〈오지기吳地記〉는 "오나라는 25대 왕이 624년을 통치"했다고하며[125] 吳의 개국이 〈오지기〉의 편찬 해인 서기 876년으로부터 1,895년여 전으로 여겼다. 따라서 오가 멸망한 기원전 473년을 거슬러 건국은 기원전 1,097(갑진보상 1096)년으로 추정했다. 〈송사, 예문지 宋史·藝文志〉는 당唐 건부乾符 3년三年(庚申, 서기 876년)을 기준으로 "주경왕周敬王 6년六年(丁亥, 기원전 514년)까지가 1,390년이므로 1,895년은 아니다."라고 〈오지기〉의 내용을 비판 수정했다.[126] 기원전 514년은 합려가 요僚를 죽이고 정변을 일으킨 일 년 후이다. 이 오백여 년의 차이는 오의 건국이 기원전 15세기경으로 기록한 "사라진 다른 사료"에 당송의 사관들이 혼란을 일으킨 것으로 보인다. 〈史記〉 권31 〈吳太伯世家〉에는 역대 오나라 왕의 25대 세계를 다음과 같이 기술하고 있다.

> "太伯 — 仲雍 — 季簡 — 叔達 — 周章 — 熊遂 — 柯相 — 強鳩夷 —
> 余橋疑吾 — 柯廬 — 周繇 — 屈羽 — 夷吾 — 禽處 — 轉 — 頗高 —
> 句卑 — 去齊 — 壽夢 — 諸樊 — 余祭 — 余眛 — 僚 — 闔閭 — 夫差"

---

125) 唐 陸廣微 撰, 〈吳地記〉云 "二十五王, 治國總六百二十四年"
126) 〈宋史·藝文志〉作一卷, 與今本合. 書中稱周敬王六年丁亥, 至今唐乾符三年庚申 凡一千八百九十五年 實非庚申 上距周敬王丁亥, 僅一千三百九十年, 實非一千八百九十五年

최근에 일부 중화권 학자들은 사마천이 제시한 오나라의 세계世系를 의심하기 시작했는데, 오의 영토라고 생각되었던 소남蘇南지역의 유적 발굴에서 나타난 다른 증거들 때문이었다. 위의 25세대는 왕의 이름으로 보아 우선 두 단계 그룹으로 나눌 수 있다. 태백에서 숙달叔達까지는 백伯, 중仲, 계季, 숙叔과 같이 서주西周의 장자 계승제와 부족 통치에서 나온 관념화된 언어이다. 이 지점에서 사마천이 주 왕실과 연결 지으려 절충折衷하고 봉합縫合한 흔적이 드러난다. 또한 주나라가 은을 멸하고 다시 태백과 중옹의 후손을 찾아 제후로 봉한 곳은 형만이 아니라 하허夏虛(安邑, 지금의 산서성 하현夏縣 일대)로 서주 시대부터 우산虞山으로 불리던 곳이었다. 일부 중국 학자들은 虞는 吳와 발음이 같아 가차자로 쓰여, 이들이 후에 오의 시조로 잘못 인식하게 되었다고 주장한다.[127]

주장周章에서부터 부차夫差까지 21명의 오왕들이 진정한 오나라의 세계이며 이들은 동해(서태평양)에 여러 도시 국가를 형성, 영역을 알 수 없는 "구주九州" 일대에 느슨한 연합체를 이루었다는 최근의 학설은 주목할 만하다.[128]

난징 대학의 장학봉張學鋒은 이들 21명의 오왕을 고대 음운의 발음을 기초로 다섯 계파로 나누고 있다.

---

127) 張學鋒, 南京大學歷史學系, "句吳是早期方國, 泰伯奔吳不可信"www.thepaper.cn 2018. 12. 22

128) 기무라 마사아키(木村政昭) "무우대륙은 유구에 있었다.〈ムー大陸は琉球にあった〉德間書店, 1991年

A 그룹, 첫 음절(首音)을 t́síwo나 그 유사음으로 분류

B 그룹, 첫 음절(首音)이 ko나 그 유사음으로 분류

C 그룹, 첫 음절(首音)이 i나 그 유사음으로 분류

D 그룹, 첫 음절(首音)이 puâ나 그 유사음으로 분류

E 그룹, 첫 음절 특징이 불명확 한 것

　위 분석에서 오의 세계世系를 주왕실에서 분리하면, 다섯 그룹의 혼잡한 지역성이 있었음을 짐작할 수 있다. 그러나 이것으로는 오나라의 정치적 중심을 이해하기에는 부족하다. 吳의 기원과 세계의 혼란은 오나라 사람의 정체성을 의심케 한다. 그리고 오의 배후에는 언제나 월越이라고 하는 거대한 그림자가 서성이고 있다. 그들은 범여范蠡가 이야기하듯 동해(동중국해)의 제방에서 거북, 악어와 같이 사는 사람은 아니었다. 이들은 중국 내륙의 중원과는 아주 먼 태평양(Austronesia)에서 그 당시의 최고의 문명과 선진 기술을 가진 세련된 사람들로 오히려 중국의 중원보다 발전된 청동기 문명과 철기 문화의 전파자들이었다.

　오나라 사람들이 해양에서 대륙으로 이동한 경로를 보여주는 지명을 음

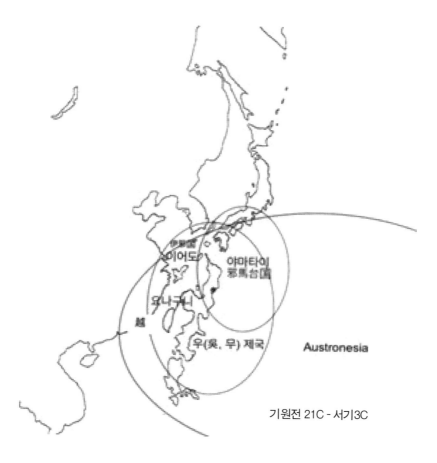

아메어도

아마타이
룡馬台國

오나구니

越

우(吳, 무) 제국

Austronesia

기원전 21C - 서기3C

운으로 분석한 자료를[129] 보면 그들의 활동 구역은 알 수 있으나, 정치의 중심이나 수도는 불명확하다. 춘추 말의 다른 제후국에 흔히 보이는 평범한 백성이 사는 읍邑은 없고 모두 전투용 성곽이다. 소주의 고소성은 오나라의 수도로 알려져 있으나 "고소(Ko-So, 큐우쏘우)로 이름한 성곽은 사방에 흩어져 있다. 사적史籍에 등장하는 오나라와 유관 있는 지명(현 지명)은 다음과 같다.

___

129) 위의 주 : 張學鋒, 南京大學歷史學系

南京大學歷史學系의 분류

구역	지명(현 지명)	당대 추정 발음	演變 지명	시기
A	鳩玆(지금의 안후이安徽 우후蕪湖 부근), 姑孰 (지금의 안후이安徽 당투當塗), 胡孰(지금의 난징南京 江寧 후슈湖熟), 朱方 (지금의 江蘇 鎭江 단투진丹徒鎭부근, 양자강 하구 삼각주 구역), 胥河 (지금의 난징 남쪽 가오춘 쑤허高淳胥河 강변), 胥江 (기원전 506년 오자서가 건설한 운하, 지금의 우시無錫 합려성闔閭城 옆), 胥山 (지금의 우시無錫 합려성闔閭城 옆), 姑蘇, 姑蘇台, 姑胥, 胥門, 胥江 (지금의 쑤조우蘇州 泰讓橋에서 胥口까지)	KO-SO 또는 유사음	姑蘇 코우쑤우 九州 큐유슈우	춘추 말기
B	固城 (지금의 난징 가오춘高淳 固城鎭東), 邗 (지금의 江蘇 양저우揚州 한강邗江), 胥城 (지금의 창저우常州 우진武進 후탕젠湖塘鎭 마항촌馬杭村 東南), 留城 (지금의 창저우 우진武進 湖塘鎭 河留村), 闔閭城, 葛城 (지금의 강소江蘇 진강鎭江 丹陽 어링珥陵), 朱方城 (지금의 江蘇 鎭江 단투진丹徒鎭), 吳城 (지금의 蘇州 越來溪 行春橋 서쪽 상방산上方山 磨盤嶼), 무두(木瀆, 지금의 江蘇 소주시 링얀산灵岩山 기슭)古城	"攻吳", "句吳"등 吳의 국호와 공통 특징의 발음	커우 또는 우(WU)	춘추 중기
C	闔閭城 (지금의 우시無錫와 창저우常州 사이)	闔閭 Kou-Ryo	코우려(こうりょ)카 우리요(カ フリヨ)	춘추 말기

위 지명의 발음으로 오나라 사람들의 이동 경로나 거주지를 정확히 알 수는 없다. 그러나 태호와 장강長江 양안에 부정기적이지만 갑자기 건설된 식민 거주지였음은 분명해 보인다. 오월吳越의 중심에 있는 태호太湖가 현재의 모습을 갖춘 것은 거대한 지형 변화가 생긴 기원전 20세기 무렵이었다. 이른바 타이항산(太行山) 대지진이 일어날 무렵 동중국해의 섬들이 침몰하고 있었다. 황하의 물줄기가 바뀌고 해수면은 급격히 상승했다. 류우

쿠우(琉球)와 타이완은 하나의 큰 대륙 섬이었고 열도는 제주까지 이어져 섬들은 모두 가시거리 내(Inter-visibility)에 있었다. 지진 호수(震澤)인 태호의 모습도 현재와는 많이 달랐을 것이고 담수호가 아닌 바닷물을 담고 있었다. 오월의 유물이 나온 위의 지역명은 기원전 10세기 이전까지 거슬러 올라간다. 처음 오나라 사적 연구에는 이 지역의 청동기 문명에 중점을 두었으나, 점차 상주商周 시대의 청동 문화에 속하는 오나라 건국 이전의 호숙문화湖熟文化(寧鎮丘陵地區)로 吳와는 분리된 연구가 시작되고 있다. 호숙문화의 주인공은 오나라 사람의 선조로 여겨지는 회하淮河 남북에 거주한 "회이淮夷"라고 불린 사람들이었다. 이족夷族 연합체인 이들은 어디서 온 사람들이었을까? 오나라 사람들의 기억에 잠재한 그들의 이주 연혁은 왜 사라진 것일까?

류우쿠우 열도는 현재 105개의 크고 작은 섬으로 구성되어 있다. 해양 지질학자들은 대체로 지금부터 BP 3천 ~ 3천 오백여 년 전에 지금의 해안선이 형성되고 쿠로시오(黑潮) 해류가 그때부터 발생했다고 보고 있다. 인간의 거주 흔적은 3만 년 전으로 거슬러 올라 최초 거주민(아마도 일본 열도에서 내려온 아이누로 여겨진다.)은 18,000년 전에 사라지고, 오스트로네시안계의 조오몽인이 7천여 년 전부터 섬에 상륙하여 살았다. 이들은 서기 8세기(후기 조오몽, 야요이, 고분 시대)까지 한반도와 일본, 남중국과 활발히 교류했다.[130] 섬에 정착한 류우쿠우인의 항해 활동은 3세기 전까지 가시거리 내의 섬을 왕래하는 데 그쳤다는 연구가 있다. 이 점은 모두 눈으로 보이지 않는 수평선 너머의 제주와 한반도, 남중국과 교류 시대에 해안의 지형

---

130) 구마모토(熊本) 대학의 나오코 키노시타(尚子 木下), 琉球列島 / 沖繩貝塚時代後期 Shell Exchange연구, English translated by Richard Pearson, 2007

이 지금과는 현격히 달랐다는 것을 의미한다.[131] 먼바다 항해를 가능케 한 수중 지남철旨南鐵의 사용은 송대 이후 기록에 나타난다. 서한 시대에 발명한 것으로 알려진 라침羅針은 나국那國(奴國) 즉 오나라의 침이라는 뜻이다. 자철광磁鐵鑛의 산지가 철의 나라 오나라였다면 나침반의 기원을 잠작할 수 있다. 서기 1273년 봄 제주도를 출발한 고려의 삼별초가 류우쿠우에 상륙한 이후 14세기 초에 이 섬은 삼산국三山國(北山, 中山, 南山)으로 나누어졌다.[132] (삼산국의 분란은 학자마다 시기가 다르다.) 고려계로 알려진[133] 추잔국(中山)이 같은 고려계인 난잔국(南山)을 합병하고, 1389년 이성계가 권력을 장악한 한반도에 사신을 파견했다. 〈조선왕조실록〉 태조 7년(1398년) 기록에는 추잔국의 정변으로 축출된 난잔국왕 온사도溫沙道가 조선에 망명을 요청한 기록이 보인다.[134] 추잔은 1419년 오키나와 북부의 호쿠잔을 정복하고 1421년부터 류우쿠우 왕국으로 독립된 통일 국가가 된다. 1609년 카고시마 사쓰마 번藩의 침공으로 번의 속국이 되면서 일본화하기 시작했는데, 1879년 현대 일본에 편입되기까지 현지인의 정치권력이 존재했다. 최근 오키나와 고고학의 방향은 일대 전환기를 맡고 있다. 고고 유적의 발굴이 류우쿠우 열도 주변의 해저 지역으로 확대되면서, 이주민, 정복민, 무역

---

131)   Naoko Kinoshita, Prehistoric Ryūkyūan Seafaring: A Cultural and Environmental Perspective, Publisher: Springer Singapore, 2019

132)   아사토 쓰스무(安里 進), 〈The Emergence of Ryukyu Royal Authority and Urasoe〉, Okinawa Prefectural University of the Arts, English translated by Richard Pearson, 2007

133)   추잔(中山)이 고려계인 증거는 기와 막새의 문양과 13세기 오키나와에서 갑자기 나타난 도자기 가마 카무이야키(龜燒)의 형태 변화에서 알 수 있다. 거북형 가마는 한반도의 개성, 강화, 나주 등지에서 사용되었으나 그 원류는 양자강 하구, 오키나와, 큐우슈우에서 유사한 모습으로 보다 오래된 기원을 가지고 있다.

134)   河宇鳳 외 4인 공저, 〈朝鮮과 琉球〉 제 6장, 문물교류의 상호인식 p 313 ~ p 314, 대우학술총서 450 공동연구, 도서출판 아르케, 1999

과 국제 관계 등을 새롭게 조망하고 있다. [135] 더불어 전설이었던 침몰한 야마타이 왕국도 수면 위로 나타나기 시작했다.

이로써 "오나라의 정치적 중심지는 어디였나?"를 다시 한번 질문하게 된다. 중국 학계의 사적史蹟 연구는 주목할 만하나 대륙 내에만 시선을 고정하고 있어 아쉽다. 만약 우시(无錫)의 합려성闔閭城이 오왕 합려에 의해 건설된 수도였다면, 오나라의 역사 전통을 이어 온 것으로 알려진 소주蘇州는 어떤 곳이었나? 고대 도시 무두(木瀆)가 춘추 말에 오의 정치적 중심이었다면 소주지역의 흩어진 다른 역사 유물들은 어떻게 설명할 수 있나? 무두는 동중국해 대륙의 침몰로 떠내려온 수많은 목재가 쌓인 해안을 따라 형성되었다. 바닷물이 닿았을 소주의 영암산靈巖山 기슭이 무두이고 산정에는 지금 폐허로 남아 있는 관왜궁館娃宮이 있다. 대부분의 사서는 춘추 말에 태호의 주변과 궁륭산 일대에 대규모 토목 공사가 있었음을 기록하고 있다. 대표적인 것은 부차의 관왜궁이다. 부차는 관왜궁을 지으려 목재를 성채처럼 쌓아 놓았는데 이를 사람들은 개울에 재워놓은 목재란 뜻의 목새우독木塞于瀆으로 불렀다. "KO-SU"로 발음되는 지명인 "鳩玆, 姑孰, 胡孰, 姑蘇, 姑胥"역시 고소성이 현재 알고 있는 위치였는지 의문이다. 또한 오와 월은 겹쳐서 번갈아 같은 장소에 존재했다. 소주와 우시(无錫) 사이에 있는 오와 같이 공존한 월국越國의 귀족 묘 홍산묘지鴻山墓地(강소, 무석, 新吳區)는 오의 무덤이 아니고 월의 무덤이다. 오와 월은 사마천의 규정대로 과연 원수지간이었나? 그의 유사 역사(Pseudohistory)를 배경으로 뒤에 손자 13편(曹註本)의 편자編者가 구천句踐(? ~기원전 465)을 상기하는 단어를 집어넣어

---

135) Edited by Richard Pearson, School for Oriental and African Studies, University of London : Symposium, Kingdom of the Coral Sea, Nov. 17, 2007

약간의 장난을 친 것이라면, 다른 상상도 가능하다. 월나라 구천의 힘의 배경이 되었던 왜倭 해적은 그를 코우센(句踐 こうせん)으로 불렀을 것이고, "구천의 원수"였던 합려는 코우료(闔閭 こうりょ)로 불러, 해양 제국들의 수장에 "코우"가 의미하는 이유가 있다. 음이 약간 연변 하여 고오(王)가 되면 그 의미는 더 분명해진다. 이는 이른바 "왜국대란倭國大亂"의 중심에 있는 서기 2세기 후반 제정祭政 일치 여왕 "히미코卑彌呼"와 침몰한 그녀의 제국 "야마타이"에 비록 공허하지만 시선을 끌게 한다. 오키나와(沖繩)의 후예 가문 히카리ひかり(휘카리光 : 오키나와식 발음)가 혹 합려의 후예인지 모르지 않은가?[136] 고소성이라는 도시의 건립에서 나오는 의심은 생긴 지 600여 년이 지난 나라의 수도를 주 경왕 6년(丁亥, 기원전 514)에 건설함에 있다. 춘추의 패자가 된 합려와 부차가 도성을 재건축한 것으로 이해할 수 있으나, 이는 정치적 과시욕이 아니라 상류 세력의 새로운 도시 건설이었고, 이러한 의문의 일부 연결점을 일본의 해양 지질학자 기무라 마사아키木村政昭가 제시한 다음의 가설에서 찾을 수 있다.[137]

3,150여 년 전에서부터 서기 3세기까지 해수면 40m 아래로 가라앉은 요나구니(与那國) 섬 주변의 해저 유적 연구자들은 "사라진 나라"나국邪國과 야마타이(邪馬台)가 일정 시기를 지나 분리되어 요나구니 유물에서 류우쿠우 열도의 다른 섬과는 다른 특색을 발견한다고 보고한다.[138] 요나구니 섬은 오키나와와 대만 해협 사이에 있다.[139] 영토의 크기를 알 수 없는 야마타이

---

136) 金履祥(서기1232 ~ 1303), 송대 학자 〈通鑑前編, 吳亡條〉 "今, 日本又雲為吳太伯之後, 蓋吳亡, 其支庶, 入海為倭), 〈新撰姓氏錄〉 "松野 吳王夫差之後也, 此吳人來於我之始也"
137) 木村政昭, 〈邪馬台国は沖縄だった!〉─卑弥呼と海底遺跡の謎を解く, 第三文明社, 2010
138) 위의 주, Richard Pearson의 Preface
139) 木村政昭의 요나구니 해저 유적 침몰설은 해양 지질학계와 고고학계에서 일반적으

는, 마사아키의 추정에 의하면, 제주와 큐우슈우, 대만, 필리핀의 민다나오 섬에 이르는 지금의 일본 열도보다 약간 작았던 것으로 평가되고 있다. 이들은 태평양의 상당 구역을 석권한 해양 제국을 건설하고 한반도 남부와 중국 장강 유역, 일본의 관서 지역에서 멀게는 폴리네시아의 여러 섬에 기지를 둔 오스트로네시아어족의 부족 국가였다. 이들의 기원은 기원전 40세기부터로 추정하며, 약 6천여 년 전에 가덕도를 포함한 한반도의 동남부 해안에도 상륙해 포경 어선의 기항지를 표시했다. 울산의 반구대 암각화에 그린

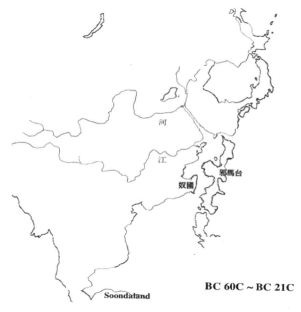

<hr />

로 부인되고 있다. 지상에 있다 침몰했다면 해저 석회 동굴 안에 종유석이 있거나 자란 흔적이 있어야 하나 아직 발견하지 못한 것이 주된 이유다. 또한 피라미드로 추정되는 사암의 절개 방향이 근처 요나구니 섬 절벽 암석들과 일치하여 인공물이 아닌 수중에서 자연적으로 형성된 것으로 판단하고 있다. 따라서 서구에서는 Remains가 아니라 Monuments로 표기한다. 그러나 피라미드 형태의 암석 구조물의 정교한 계단과 출입구, 정 자국들은 전체가 비록 자연석이라도 일부분 인간이 조형한 것이라는 반론도 일어났다. 기무라 마사유키의 야마토 정권 오키나와 중심설은 일본 우익의 거센 반대와 일본 주류 역사 학계의 외면으로 Pseodohistoria, Pseudoarcheology 취급을 받았으나 최근 류우쿠우 열도 주변에서 발견되는 수많은 증거로 세계 학계로부터 주목받고 있다.

참고래, 향유고래, 흑등 고래로 보아 이들의 항해는 추운 바다인 베링해에서부터 필리핀해역까지 뻗쳐 상상할 수 없는 장거리 항법 기술을 터득하고 있었다. 항법로와 족보를 문신으로 몸에 새기고 암각화를 그린 이 사람들은, 남쪽에서 올라 온 해양 제국의 항해자였지 대륙에서 남하한 한반도인이라고 보기는 어렵다.

기원전 60세기에서 21세기까지 동아시아의 지형은 지금과는 판이했다. 논하기 어려운 이 선사 시대의 시간적 단면을 기록한 역사서는 우리 손에 없으나 시차를 모르며 전승된 기록은 대방帶方이나 야마타이(邪馬壹)의 위치를 혼란스럽게 한다. 야마타이국의 침몰은 일본 열도와 중국에 큰 충격을 주었다. 정치적 중심 역시 둘로 갈라져 이때에 일본 큐우슈우(九州, Ko Su)와 중국 고소(姑蘇, Ko Su)로 나뉜 것으로 보인다. 이 시기는 가늠할 수 없으나 대개 기원전 20세기와 류우쿠우 지역에 패총貝塚이 발견되지 않는 기원전 7세기에서 5세기,[140] 그리고 동한 말까지 수차례에 걸쳐 지진과 침강沈降 재난이 일어나 주요 역사의 어두운 밑절미로 자리 잡았다. 빙하기 (Pleistocene) 시기의 지구 환경에서 류우쿠우 열도는 지금처럼 산호가 존재할 수 없었다. 섬에 인간이 거주했던 흔적이 있는 후기 빙하기 사람들은 왜 갑자기 사라진 것일까? 같은 시기 남태평양의 타스마니아(Tasmania)와 킹 (King), 플린더스 제도(Flinders Islands)는 모두 남부 호주와 육지로 연결되어 있었다. 역사 지형학(Palaeogeomorphology)은 최근 마사유키의 주장을 조심스럽게 주목하고 있다.[141]

---

140) Shinjun Asato, 〈Archaeology of the Ryukyu Islands: Major Themes, Okinawa Prefecture Archaeological Center : British Archaeological Reports에는 오키나와 지역에서 상당한 촌락을 이루고 산 지역에 약 BP 2700년 ~ BP 2500년 기간 패총(Shell Middens)이 전혀 보이지 않는 것에 명료한 분석을 내놓지 않고 있다.

141) Hiroto Takamiya, 〈Okinawa's Earliest Inhabitants and life on the Coral

큰 자연 재난은 이를 설명하고 예측하며, 막아낼 수 있는 믿음을 주는 제사장에게 권력을 주기 마련이었다. 결국 야마타이국의 제사장이며 여왕인 히미코가 등장한다. 3세기 말에 쓰진 〈三國志〉 위서魏書 30卷, 왜인전倭人傳은[142] 이 혼란을 다음과 같이 기술하고 있다.

"왜인은 대방의 동남쪽 바다 가운데 살며 도서 지역을 마을과 나라로 삼았다. 과거 한나라 때에는 백여 나라가 사신을 파견 배알했으나 지금은 (사신을 보내는) 나라가 모두 삼십여 개 국에 불과하다.…… 남쪽에 이르러 야마타이 국이 있고, 여기가 여왕의 도성이다.…… 그 나라는 본래 남자가 왕이었으나 7, 80여 년이 지나 서로 정벌하는 쟁난을[143] 겪은 후에 마침내 한 여성을 왕으로 삼았다는데 이름하여 히미코이다. 귀신을 섬기고 능히 무리를 감복시켜 해가 지나며 장대해졌다. 남편과 정부를 두지 않고 그녀의 남동생이 보좌하여 나라를 다스렸다.…… 여왕의 나라는 동해(동지나해)를 건너 천여 리이고, 또한 여러 나라가 있는데, 모두 왜와 같은 종족이고, 또한 남쪽으로는 난쟁이 나라가 있다…….倭人在帶方東南大海之中, 依山島爲國邑. 舊百餘國, 漢時有朝見者, 今使譯所通三十國…… 南至邪馬壹國, 女王之所都……. 其國本亦以男子爲王, 住七八十年, 倭國亂, 相攻伐歷年, 乃共立一女子爲王, 名曰卑彌呼, 事鬼道, 能惑衆, 年已長大, 無夫壻, 有男弟佐治國…… 女王國東渡海千餘里, 復有國, 皆倭種. 又有侏儒國在其南……"

Islands〉, Sapporo University

142) 서진西晉, 진수陳壽(서기 233 ~ 297)의 〈三國志, 285년 편찬〉

143) 이른바 "왜국대란"이라고 일컬어지는 사건, 〈후한서〉 권 85東夷列傳 第75의 기록에 따르면, 환제(서기 147 ~ 168)와 영제(서기 168 ~ 189) 때이다. "桓 靈閒 倭國大亂 更相攻伐 歷年無主 有一女子·名曰卑彌呼 年長不嫁 事鬼神道 能以妖惑衆 於是共立爲王"

〈삼국지〉는 왜국 위치에 대한 지리적 방위를 두 갈래로 설명하고 있다. 하나는 한반도에서부터 동남으로 향하는 혼란스러운 기록이고, 다른 하나는 중국 본토(장강 하구)에서 바다를 건너는 동해(동중국해)의 400 Km 방면이다. 〈삼국지〉는 진수陳壽가 편찬했으나 기존의 여러 사료를 참고했음을 알 수 있다. 특히 〈위지魏志〉 부분에서 魚豢어환(생몰 미상, 陳壽와 동시대인)의 〈위략魏略〉의[144] 대부분을 인용하여 재기술했다. 그러므로 편집 과정에서 자료가 중복되고, 상당한 정보에 과거에서 전승한 신화, 전설이 검증되지 않고 섞여 든 흔적이 있다. 어환은 조위曹魏 조정에서 낭중郎中의 벼슬을 했으나 사마씨가 들어선 후로는 출사하지 않고 위나라 역사를 모으는데 진력했다. 낙양을 떠난 적이 없는 사람이 私적인 집념으로 사초를 검증하는 데는 한계가 있었다. 그러나 그가 경이적으로 동방을 바라보며 쓴 〈위략〉은 권력에 복무하며 쓴 관찬 사서가 아니라 "이념"에 휘둘리지 않고 직설적이며 자세하다. 진수는 이를 토대로 〈위지, 왜인전〉의 초두에 동중국해에 침몰한 나라들을 추적할 수 있는 자료를 남겼다. 해양제국 야마타이의 군장국가(Chiefdom)들을 과거의 발음과 연변 한 일본어로 표기하면 아래 도표와 같다.

"帶方郡与伽耶在其西北, 除了狗奴国外大多小国受其管理 (對海国, 一大国, 末廬国, 伊都国, 奴国, 不彌国, 投馬国, 斯馬国, 百支国, 伊邪国, 都支国, 彌奴国, 好古都国, 不呼国, 姐奴国, 對蘇国, 蘇奴国, 呼邑国, 華奴蘇奴国, 鬼国, 為吾国, 鬼奴国, 邪馬国, 躬臣国, 巴利国, 支惟国, 烏奴国"

---

144) 〈魏略〉은 50卷으로 전해졌으나(신당서) 8할이 佚失되었다. 諸家의 평가는 내용이 상세하나 기존 사서와 크게 다른 내용이 많다고 전한다.

표 인용: 木村政昭, 〈邪馬台国は沖縄だった〉

倭人傳 記載	Boxter-Sagart 古代 中國語音	日語音	마사아키 주장 현지명	演變
狗奴國	ə.kʰro nˤa	くやが	부산 부근	吳
對海国	tˤəp-s mˤə	つしま	대마도 對馬	?
一大国	it ɭat-s	いき	이키 壹岐 섬	
末廬国	mˤat ra	まつら	마쯔우라 松浦	마라도
伊都国	ij tˤa	いと	이쓰쿠시마 嚴木, 伊都岐木	
奴国	nˤa	な	카나사키 神崎(かなさき)	吾(吳)
不彌国	pə m-nər	ふめ	쿠루메 久留米(くるめ)	나주
投馬国	dˤo mˤra	つま	사쯔마薩摩, 카고시마鹿兒島	제주도
斯馬国	se mˤra	しま	시마보라島原(しまぼら)	
(己)百支国	(kəʔ)pˤrak ke	いはき	히와키 樋脇 (ひわき)	
伊邪国	ij ɢa	いや	이야쿠시마 屋久島	이어도
都支国	tˤa ke	たけ	다케사키 竹崎	
彌奴国	m-nər nˤa	みな	미나타루노세 水垂ノ瀬	임나任那
好古都国	qʰˤu kˤaʔ tˤa	こうこと	코오모토사키 高元崎	
不呼国	pə qʰˤa	ふわ	쓰와노세지마 諏訪之瀬島	
姐奴国	dza nˤa	たかな	도쿠노워자키 トクノヲ崎	
對蘇国	tˤəp-s s.ŋˤa	たいさ	다이세자키 大瀬崎	
蘇奴国	s.ŋˤa nˤa	さん、さな	산佐仁 아마미오시마 奄美大島	
呼邑国	qʰˤa qəp	おお	오오시마 大島	
華奴蘇奴国	N-q ra nˤa s.ŋˤa	かなさきな	가나미사키 金見崎	
鬼国	nˤa	き	기카이지마 喜界島	
為吾国	k- uj	わか	아카자키 赤崎	
鬼奴国	uj nˤa	きな、ちな	찌나 知名, 沖永良部島	
邪馬(台)国	k- uj nˤa	やまたい	오키나와 沖繩	
躬臣国	ɢa mˤra lə	くんじん	키죠카 喜如嘉	
巴利国	ə.lak-s Gin	はに、はり	하니지 羽地	
支惟国	pˤra rit-s	きゆ、ちゆ	키요다 許田	
烏奴国	Ke ij , qˤa nˤa	おな	온나 恩納	
			* 인용: 木村政昭, 〈邪馬台国は沖縄だった!〉—卑弥呼と海底遺跡の謎を解く	

지리 산정의 두 가지 중 첫 번째는 한반도의 서남부를 끼고 남하하여 히미코 여왕의 통치 구역을 순회하는 경로이다. 이 부분 역시 일본 학자들 간의 논쟁거리이다.[145] "投馬国"을 큐우슈우의 사쯔마(薩摩)로 하여 야마타이의 중심을 큐우슈우로 하는 구주설九州說은 종래의 역사 주류인 혼슈(本州) 지역의 야마토 정권설(畿內說)과는 완전히 다르다. 그러나 "投馬"의 일본어 음은 고대 중국어 발음인 "담라(제주도)"와 맞지 않으며 이미 침몰한 지역을 큐우슈우 지역에서 찾은 것은 모순이다. 마사유키(政昭)는 더 과감하게 요나구니 해저 유물의 발견과 〈왜인전〉의 재해석을 토대로 야마타이의 정치적 중심이 오키나와(沖繩)였다고 주장(琉球說)한다. 현재 밝혀진 해저 유적이 서기 3세기 이전에서 기원전 천여 년 이전으로 거슬러 올라 히미코 여왕의 통치 시절과는 다른 세력이 자리 잡고 있었다. 그들은 누구였을까?

〈왜인전〉에 倭를 향한 두 번째 경로는 중국 본토에서 동쪽으로 천여 리(400 Km)에 위치한 야마타이국이다. 히미코 여왕의 수도로 기술된 이 지점은 지리적으로 지금의 오키나와와 일치한다. 그런데 이 지점은 첫 번째 경로에서는 "投馬国"에서 남쪽으로 "물길로 10일, 육로로 한 달 水行十日 陸行一月"이 걸리는 곳이다. 야마타이 국에 이르는 두 가지 지리 정보는 〈왜인전〉이 취합한 사료의 써진 시기가 달랐기 때문이었다. "육로 한 달"은 서기 2세기, 야마타이의 주요 국토가 침몰하기 전의 기록이고, "東渡海千餘里"는 3세기에 진수가 새로 얻은 정보를 적은 것으로 보인다. 일본 역사에서 야마토(大和) 정권은 비로소 신화에서 벗어나 안개가 걷힌 실체 모습을 보인 국

---

145) "南, 邪馬壱国に至る, 女王の都する所, 水行十日, 陸行一月"の部分について,行程や地名の記載をどのように解釈するかが論争のもとである. 琉球新報 2010 8 22

가 권력이었다. 그런데 이를 설계한 주체 세력은 누구였을까?

기원전 585년 오나라의 제19대 수몽壽夢(? ~기원전 561)이 즉위하자 나라 이름을 句吳에서 吳로 개칭한다. 그 당시 발음으로 句吳는 코나(狗奴)였으며, 吳는 "나"였으나 후에 Sino-Tibetan 음인 "우"로 연변 한다. 따라서 〈왜인전〉에 자주 등장하는 "奴國"은 吳國의 원발음으로 볼 수 있다. 일본 학자들이 "奴, な"를 일본 열도 내에서 찾아 야마타이국의 범위를 설정한 것과는 크게 다를 수 있다. 즉, 야마타이가 오나라에서 분리된 것은 기원전 473년 오의 멸망 후이며, 이 무렵 동중국해의 섬들이 침몰하는 큰 지각 변동이 있었다는 해양 지질학의 자료가 이를 뒷받침한다. 이를 토대로 다음과 같은 가설이 가능해졌다. 은殷나라가 중원을 잃고 평양(고조선의 수도 요동의 遼陽)으로 철수한 것처럼, 오나라는 강남을 잃고 구주九州와 야마타이邪馬台(큐우슈우와 오키나와)로 철수했다. 오나라는 월에 멸망 후 갑자기 사라진 것이 아니라 세력 판도를 조정한 것이었다. 후에 나타난 삼국시대 오나라의 손권孫權(서기 182~252)은 산동에서 이주한 손 씨의 후손이었다. 그의 주장대로 그가 손무의 후손이었는지는 알 길이 없다. 이들은 명목상 漢 왕조를 받들며 오월 지역의 교성僑姓으로 자리 잡고 다른 토호들과 혈연관계를 맺는다.

대륙에서 吳는 갑자기 강성했다 혜성처럼 소멸했다. 기원전 506 백거지전柏擧之戰, 기원전 484년 애릉지전艾陵之戰을 거치며 춘추 말 패자가 되었다. 그러나 오자서의 걱정대로 남중국해의 또 다른 해양 세력 월에 멸망했다. 사마천의 평가, 회남자의 기술대로 전쟁에 광분하고 교만하며 여색에 탐하여 망한 것일까? 동중국해 대지진은 한 번이 아닌 여러 차례 있었다. 후세에 나라가 망해 산천을 감상할 때"잔산잉수殘山剩水"란 표현에 걸

맞게 "산은 무너지고 물은 넘쳤다."기원전 20세기 타이항산 대지진으로 진택震澤(태호)이 생기고 이 무렵 야마타이의 일부가 물에 잠겨 주민들이 양자강 하구와 산동으로 이주한다. 이들이 뛰어난 청동기 제작 기술을 가진 호숙문화湖熟文化를 탄생시켰다. 기원전 5, 6세기의 지진은 유구琉球 열도의 대부분을 침강시켰고, 중국에 춘추에서 전국 시대로 가는 변화를 일으켰다. 서기 2, 3세기까지 해수면이 차올라 오늘의 지리 형세를 만들었다.[146] 섬에 남아있던 잔류 야마타이는 분조分朝를 이루어 큐우슈우로 이주한다. 4세기 일본 야마토 정권의 시작이었다. 이러한 동아시아의 대이변은 신화와 전설이 되어 사람들의 기억에 잊혔으나, 14세기 元에 유학하고 돌아온 일본 승려 츄간엔게츠(中岩圓月, 1300~1375)가 〈日本紀〉에 "우리나라 최초 천황은 오나라 태백의 후손이다.[147]라는 기록을 남긴다. 중국의 이민족 지배기에 나타난 천황의 중국인 후손 설은 다시 중국이 청나라의 지배에 들어간 일본 에도 시대에 조금씩 언급되기 시작했으나, 신화와 뒤섞여 일본 국수주의 미토학(水戶學)으로[148] 빗나가고 말았다. 이들은 신무神武 천황이 오나라 시조 태백太伯의 후손이며, 결국 주 왕실의 장자 정통을 이어받았다고 주장하고 유학의 중심에 야마토가 있다고 말한다. 이러한 관제 역사학은 도쿠가와 막부의 국사國師인 하야시 라잔(林羅山, 서기 1583~1657)에 의해 주도되었다.[149]

---

146) 현재 동아시아의 해안선 형성은 지금으로부터 7 ~ 6 천년 전으로 보는 것이 일반적 지구 물리학과 고대 기상학의 학설이다.

147) 國常立尊. 일본 神道에서 말하는 최초의 현인신, 초대 천황

148) "국수주의적 미토학"의 유래: 도쿠가와 미쓰구니(德川光圀, 1628 ~ 1700), 에도 시대 미토번(水戶藩)의 번주 다이묘. 그의 이름으로 編著한 〈大日本史〉에는 "稱日爾吳之後, 則神州大寶, 不免為異域附庸, 豈不悲哉"라 한탄하며 일본(神州)을 중화의 정통에 끌어넣었다.

149) 하야시 라잔(林羅山), 애도시대 초기의 유학자. 본명 노부카츠信勝(のぶかつ) 도쿠가와 가문의 후계를 가르친 國師였다. 그의 신무천황론 〈神武天皇論〉에 "太伯逃荊蠻, ……其

라잔羅山이 1644년 편찬을 시작하여 1670년 그의 아들 하야시 가호(林鵞峰)가 출간한 〈본조통감本朝通鑒〉에는 "일본의 시조는 오나라 태백의 후손이다. 日本 始祖, 吳太伯之胤也"라고 선언했는데 이는 자신들 역사에 대한 도쿠가와 막부의 공식 입장이었다. 이를 더욱 심화한 것은 〈대일본사〉인데, 중국에서 망명한 유학자 주지유(朱之瑜, 1600~1682, 호는 舜水)가 미토번 번주 도쿠가와 미쓰구니(德川光圀)의 후원받아 편찬한 어용 사학 도서였다. 주지유는 1644년 베이징이 청의 군대에 함락되자, 망국 유신이 되어 광동, 안남, 대만을 떠돌았다. 대만의 정성공鄭成功의 사신으로 나가사키(長崎)에 온 그는 미토번 번주의 초청으로 눌러앉아 에도(江戶)에서 유학을 강의했다. 비록 근간까지 유사 고고학(Pseudoarchaeology)으로 비난받는 요나구니의 해저 유적과 〈왜인전〉의 유구 열도 묘사는 "야마타이국이 오키나와였다."는 충분한 실증적 자료이다. 해양 대국 오나라는 지진으로 침몰한 뒤 그 정치적 정통은 중국과 일본 사이에서 분해되어 사라진 나라였다. 한반도보다 더 크고 현재의 일본 열도 보다 약간 작은 이 위대한 영토는 아직도 제주도에는 이어도의 전설로 남아 있다.[150] 제주 신화 "궤네깃또" 영웅담에는 동중국해에서 벌어진 사건을 연상케 한다.[151] 여러 설화를 종합하여 요약하면 다음과 같다.

"금백조(백주또)"는 원래 강남 천자국의 백모래밭(야마타이 침몰 전 남중국 해

子孫來築紫, ……是天孫降日向高千穗之謂耶? ……神武四十五歲東徵, ……嗚呼! 姬氏之子孫(吳太伯本姓姬) 可本支百世, 萬世爲君矣, 不亦盛哉! 彼強大之吳, 雖滅於越, 我邦之寶祚, 於天地而無窮, 於是愈信太伯之至德."

150) 이어도 연구회 〈이어도, 그것이 알고싶다〉 2016, 12

151) 이석범, 〈제주신화〉 살림지식총서 535 : 신동흔, 〈살아있는 한국신화〉 2014 : 최오원, 〈우리 신화 이야기〉, 2005

안에 제방을 형성했던 주변의 산호섬)에서 태어났다. (야마타이의 침몰 후, 바다에서 솟아오른) "소천국"은 굶주려 있었다. 두 사람은 부부가 되었다. 금백조가 "궤네깃또"를 임신했을 때 소천국이 자신의 소뿐 아니라 남의 소도 잡아먹어(바닷물이 차올라 자원이 고갈되자) 부부는 싸움 끝에 영토를 분할한다. (야마타이와 오의 분리) 소천국을 경계한 금백조는 먼저 "바다와 땅을 가르자"고 제안한다. 그들의 아들 궤네깃또는 아버지 소천국에 보내지고, 어린 궤네깃또가 소천국의 수염을 잡아당긴 죄로 동해(동중국해)로 철궤에 넣어져 (야마타이의 철괴 鐵塊를 가지고) 추방된다. 철궤는 수중과 수면을 항해하여 용궁에 표착했다. 궤네깃또는 동해 용왕의 막내딸을 아내로 삼고 강남 천자국(오나라)에 가 머리 여섯 달린 장수들(전국 시대 여섯 제후국)을 제압하고 다시 제주로 귀환하여 구좌읍 김녕리에 좌정한다. 그를 추방했던 부모는 놀라 도망가다 죽는다. 한라산 장군신 "하로산또"는 뒤에 이 비극을 중재한다.

- 제주 신화 〈궤에서 나온 영웅 궤네깃또 이야기〉

"도(또)"는 제주어로 神이란 뜻이다. 제주 무당들은 그저 존칭의 의미라고 말한다. 위의 서사는 제주에서 서남쪽에 있는 바다가 "동해"로 불리어 이 이야기가 중국 쪽에서 왔음을 시사한다. 또한 제주가 이들과 아주 밀접한 혈연관계였음을 알 수 있다. 신화는 오나라 합려와 부차의 중국 내륙 석권을 말하는 듯하기도 하고, 커다란 자연 재난과 도교의 적대적 세력인 육천六天과의 싸움이 뒤섞여 있다. (참고 : 제 3장 위화존) 좁은 섬에서 이러한 웅대한 서사가 발견되는 것은, 바다를 무대로 야망을 숨길 수 없는 이유와, 이렇게 개방된 인간의 크기와 자연적 몸집이 비교되는 환경적 요인이기도 하지만, 한반도에서는 없었던 실제 역사가 있었기 때문이었다. 출렁이는 물, 무한한 에너지로 밀려오는 파도에 맞서는 인간을 모아 방향을 정하는 영웅이 필요했다. 이들은 내비게이터였고 외로운 섬을 연결하는 중개자이며 문명의 하이브리드였다. 혼혈의 인맥은 늘 싸움과 화해, 분열과 봉합을 동반한다. 북유럽 차가운 바다의 바이킹이 그랬고, 따뜻한 지중해의 섬들을 오가는 희랍인들이 그랬었다.

손무孫武가 오나라로 끌려갔던 기원전 484년 吳(句吾) 국은 상당한 영토가 물에 잠겨있었다. 지금과는 모습이 달랐을 태호는 물이 짜지 않았고, 호수는 연안사주沿岸砂洲로 바다와 격리된 석호潟湖여서 찌얀(鹽)[152] 물은 동해의 여러 호수를 거치며 걸러져 마실 수 있었다. 대부분 오나라 사람들은 선상에 누각을 짓고 신분이 낮은 자는 일 층의 "려廬"에 높은 자는 이 층"비려飛廬"에 거주했다. 잡힌 노예는 순화順化 정도에 따라 선저船底에서 노를 젓거나 살사殺士로 길들고, 어린 노예는 높은 작실雀室에서 망을 보았다. 그는 처음 모문하牟汶河에서 포박된 채 오월 연합군의 보급선인 조방선漕舫船에 실렸다가 동해로 나가 누선楼船(2~3층의 대형 戰船)에 옮겨 태워졌다. 대부분 포로는 노예로 구주九州의 여러 나라에 팔려 갔다. 그가 잡혔을 당시 오吳의 통치 구역은 침몰전의 야마타이(오키나와)와 양자강 하구였고, 영향지역은 타이완과 월남, 관심지역은 한반도 남단의 가야伽倻, 남해의 섬 임나任那와[153] 산동 반도였다. 〈일본서기〉에 기술한 기원전 33년

152) 鹽, 고대 중국어 발음 "찌얀"참조 : Baxter-Sagart Old Chinese Reconstruction, Feb 2011 Version에는 闞語의 발음과 같이 추정하여 "[gr][o]m"으로 발음되었을 것으로 보고 있다. 최근 중국 고어 연구의 새기원을 마련한 鄭張尚芳(1933 ~ 2018)은"g-lam"이라고 주장한다. 송나라 이전의 중세 발음은 모두 "Jiem(n)"이다.

153) 〈왜인전〉에 彌奴国은 고대 중국어로 "m-nər nʰa 임나"로 발음된다. 〈일본서기〉 숭신 천황 65년에는 이 나라의 위치가 한반도 남해와 제주, 큐우슈우의 중간 지점임을 짐작케 하는 글이 있다. "65년(기원전 33년), 가을 7월에 임나국에서 소나갈지를 보내 조공했

임나의 위치는 현재 바다 한 가운데여서, 아마도 야마타이의 침몰시 함께 가라앉은 것으로 보인다. 이 또한 나라가 분열되고 영웅이 귀환했던 제주와 이어도의 전설을 상기시킨다. 야마타이가 침몰한 3세기까지 존재했을 임나국은 동아시아 최대 철鐵 산지였다. 섬은 온통 붉은 빛이었고 지금도 그 위치로 추정되는 해저에는 해저 화산(Submarine Volcano)이 붉은 재와 얽힌 화산석 해저 구릉이 있다. 제주 남단의 화순 만에서는 태풍시 마다 밀려온 다량의 산화철(Iron oxide) 부석을 볼 수 있다. 任那의 고대 중국어 발음은 "n[ə ə]m - nʕar 엄나"이고, 철의 나라(銕那)는 "ik- nʕar 잉나"이다.

오나라에 잡혀 온 손무는 여러 섬을 돌며 타오르는 화산과 용암을 보았을 것이다. 과연 그때가 오늘날 서구나 일본의 학자들이 일반적 의견으로 내놓은 야요이(彌生) 시대로 고립된 섬에서 조개나 캐 먹고 소라 목걸이를 장에 내다 파는 소박한 사람들이 사는 시대였을까? 장장본에 기재된 손무의 관찰에 섬들을 건너는 정황이 있다. 마지막 81편 "預示"에 "여러 나라의 산천을 건넜고, 구주와 사해를 돌아보아 천하의 백성과 사인들의 풍속, 사정을 알게 되었다. 盡涉列國之山川 察遊九州而觀四海 盡知天下之風土民情"에 보듯 광범위한 지역의 편력을 거쳤다. 백여 년 뒤에 손빈은 혼잡한 수류에서의 군사 운용 (죽간 十陣)을 기술하고 있다. 가야와 임나, 야마타이는 오나라의 주요 철 보급지였다. 그는 중원 지역보다 훨씬 세련된 철기구를 쓰는 오월의 군대가 왜 강력한지 이해한다. 중국 철기 문명의 기원은 오나라에 있었고, 나의 나라(吾國)는 중국 철기 문명의 중간 전파자였다.[154] 19대

___

다. 임나는 축자국에서 2천 여리 떨어진, 북쪽이 바다로 막혀있으며 신라의 서남쪽에 있다. 六十五年秋七月任那國遣蘇那曷叱知令朝貢也. 任那者去筑紫國二千餘里北阻海以在鷄林之西南"

154) 중국 철기 문명의 기원은 전국말에서 漢代로 알려졌으나, 1972년 河北省 石家莊市 가오청구(藁城区)와 1979년 북경시 平谷縣 劉家河 商(殷)墓에서는 기원전 14세기 것으로

수몽壽夢이 나라 이름을 구나狗邪에서 오吳로 바꾼 것은 해양 제국의 중국화를 의미한다. 이 무렵 동방 문자(漢字)에 쇠를 지칭하는 "철鋲"이 출현했다.[155] 은주 시대의 갑골과 금문金文에 안 보이는 쇠를 표현하는 단어가 뒤늦게 나타난 것은 이 특별한 광물이 해외에서 이입되었기 때문이었다. 그 수입처가 동이東夷였으니 철鋲은 "夷에서 온 金"이었다. 야마타이와 분리되기 전 吳는 제철 기술의 선진국 코나(句奴, こな)의 대륙 진출 변방이었다. 이러한 분석은 吳의 건국을 기원전 15세기경으로 추정한 〈오지기吳地記〉의 주장과 부합한다. 따라서 기원전 14세기 은나라의 묘에서 철날의 청동 도끼(鐵刃銅鉞)가 나올 수 있었다. 당시 신무기로 여겨지는 쇠뇌(弩)도 오나라에서 중국 내륙으로 전해졌다. 노弩는 정교한 금속 제련 기술의 산물이었다. 글자 역시 내 나라(奴)와 활(弓)을 모은 회의자會意字이다.

기원전 476년 주경왕周敬王이 붕어하자 손무는 〈장장본〉 입언의 해석에서 기술했듯이, 8년간의 질곡桎梏에서 풀려난다. 바야흐로 춘추 시대의 막이 내려지고 전국으로 가는 다급한 시기였다. 오나라는 분열을 거듭하여 혼란스러웠다. 그는 마침내 기원전 473년 11월 고소산에서 부차의 자살과 오의 멸망을 목격한다. 그 무렵 손무는 병법 82 (또는81)편을 축간 하도록 아들들에게 주문한다. 처음 지침은 구신자九神者로 분류된 9편으로 추정되나, 훗날 12편, 13편으로 재분류되었다. 중국 사적史籍에서 전하는 "姑蘇"가 과연 지금의 쑤저우(蘇州) 고소(Ko-Su)인지는 앞에 기술했듯이 많은 의문점이 있다. 오의 멸망 후 그 왕손이 야마타이에 분조分朝를 만들었을 것이라는 추정은 자연스럽다. 그 지역이 지금의 오키나와(沖繩)이고, 더 정확

추정되는 殷시대 鐵刃의 靑銅戰斧(鐵刃銅鉞)가 발견되어 동아시아의 철기문명이 중동(기원전 12세기) 보다 이른 것으로 보고되었다.

155) 〈강희자전康熙字典〉에 "鐵의 古語는 鋲"이라고 기술되어 있다.

히는 지금 물에 잠겨있는 카데나(嘉手納)의 남쪽에 위치한 차단(北谷町)이 Ko Su(九州)였는지도 모른다.[156] 기원전 5세기에 오월이 사용한 범선帆船은 〈왜인전〉 기록에 보이듯 수행水行 10일 거리 내에 야마타이국의 어디든 갈 수 있었다. 야마타이의 침몰 전이라면 대륙에서 섬까지의 항해 시간 장경은 훨씬 짧았다. 오나라의 舟師(해군)는 넓은 바다 광역 통제가 아닌, 협수로를 통제할 수 있는 지형적 이점을 이용할 수 있었다. 따라서 400 Km(천여 리)로 추산되는 이 구역은 고대 전쟁 작전 범위를 벗어나지 않고, 일정한 군수지원이 가능한 전구戰歐 내에 캠페인이 가능한 영역이었다. 이는 손무가 노예에서 풀려난 후에 궁륭산에 틀어박혀 있다가 태호의 경림으로 들어간 단순한 경험의 소유자가 아니라는 것을 말한다.

기원전 306년 월의 멸망 역시 漢 사관들의 이념적 집착과 와오誤된 추정에 불과하다. 월은 멸망하여 사라진 적이 없으며 그 문화와 민족적 특성은 越(viet)이라는 정체성을 갖고 광동, 광서, 북부 베트남에 그대로 남아있다. 사서에 기록된 민월閩越, 남월南越, 동월東越은 기원전 150년까지 존속하여 제국의 남방에 큰 위협이었다. 시황제, 한 무제는 군사를 일으켜 출병하지 않을 수 없었고, 이때 남중국 양자강 하구의 대규모 수군이 동원되었는데 이들은 모두 항해에 능한 오나라의 후예들이었다. 오와 월은 모두 중국 중원의 사람들과는 유전적으로 크게 다른 오스트로네시아인이었으며 서로 소통할 수 있는 유사한 언어를 사용했다. 따라서 오월을 원수지간으로 이간시키는 것은 한나라의 주요한 남방 정책이었다. 아직 정립되지 않았지만 오와 야마타이의 관계가 수면 위로 올라오면 월도 지금과는 다른 모습으

---

156) Nagoya University, "沖縄県 北谷沖의 海底構造物의 年代測定과 与那国 海底遺跡 年代의 再検討" 2007年 學會, 琉球大学 理学部 物質地球科学科, 名古屋大学 年代測定 総合研究センター

로 보일 것이다. 오와 월의 교체가 해양 제국의 대표 부족의 이름만 바꾼 것이라면, 앞에서 언급한 양자강 하구 주변의 지역명(鳩玆, 姑孰, 胡孰, 姑蘇, 姑胥) 또한 월의 일본어 훈독訓讀인 越す(こす, Ko Su)으로 읽을 수 있다.

오월 해양제국의 급격한 약화는 양자강 하류 유역의 점진적 침강과 간헐적 지진, 해수면의 상승이라는 자연재해에 의한 영토의 축소와 철 생산지의 상실이 원인이었다. 이 구역은 아직도 해저 지반이 "마요네즈처럼" 연약하다.[157] 중국 사서에는 오월 지역의 행정 구역 변화와 인구 조사에서 이를 추정케 하는 기록이 있다. 동중국해에 급격한 변화가 있었던 서기 2~3 세기는 서진西晉이 붕괴하고 팔왕의 난에 제멋대로 분봉한 사마씨들이 영토를 나누어 가졌다. 특히 오월 지역에 분봉 된 사마월司馬越은 동해왕으로 칭하며 12개 현을 다스렸는데, 그곳이 서주徐州와 건강建康에서 수로로 일천여 리 떨어진 곳(宋書 卷 35, 第 25 州郡志)이라는 기록이 정확하다면 지금은 바다 밑에 잠겨있어야 한다. 그렇다고 사마월이 동해왕에 걸맞게 바닷속 용궁에서 살았던 것은 아니었을 것이다. 서한 시대부터 서진까지 이 지역 행정 구역의 축소는 일부 통합된 탓도 있지만, 대부분 토지의 침강과 유실로 인한 것이었다. 서한 시대에는 38개 현(漢書 卷 28, 지리지 제8권)이 있었고 인구는 155만에 이르렀다. 新 나라에서는 26구역으로 이름을 바꾸어 재조정했고, 동한 시대에는 13현(後漢書, 111卷, 郡國志 3)에 인구 70만으로 대폭 감소하였다. 위, 서진에서는 12현, 일만여 가구(三國志, 2卷 魏書), 손은孫恩의 난을 겪은 이후 남조 유송劉宋 말에는 2개 현만 남아 인구는 1만 3천 정도였다. 상전벽해桑田碧海는 그야말로 이곳을 두고 한 말이다. 더구나 오월은 중국 최고의 흰 비단(帛錦)을 생산하는 곳으로 뽕나무밭이 운하를 경계

---

157) 미 해군 해양 지질조사팀 보고, 오키나와 후텐마 기지 이전에 따른 해저 조사

로 질서 정연히 가꾸어져 있었다. 이를 관장하는 백가帛家는 부를 축적하고 지역 컬트를 기반으로 안정된 사회구조를 이루고 있었다. 이들은 춘추 말에 산동에서 이주하거나 동해를 건너온 교성僑姓으로 후에 의관남도로 내려온 중원 사람들의 차별과 무시를 받는다.[158] 차별의 이유는 현지인의 로컬 컬트였다. 이는 귀도鬼道, 음사淫祀, 인귀교착人鬼交錯 등으로 표현되었는데 도홍경陶弘景의 〈진고真誥〉에 잘 나타나 있다. 〈진고〉에는 도가의 이주 과정과 현지 주민과의 갈등을 엿볼 수 있다. 그러나 내용이 모순되고 혼란하여 후세에 찬개竄改를 거듭한 책으로 보인다.

〈진고〉에 기재된 내용을 보면, 왕희지가 불노장생을 위한 채약採藥에 몰두했을 때 따라다니던 허매許邁는 사람의 피를 마시며 음사를 하는 집안의 자손이었다.[159] 이것이 본래 의미의 "백가지도帛家之道"였으나 후세에 비단 짜는 집 백가는 도가의 일파로 포섭되어 백화帛和를 종주로 세웠다.[160] 그러나 그 역시 모성을 숭배하는 무사巫師의 변화체였다. 이들은 음사를 비밀스러운 방법으로 지속해서 수행한다. 오월 지역의 제사장이 여성이었음은 야마타이의 히미코 여왕을 연상케 한다. 사상이 타락하면 종교가 된다는 생각은 신중국의 주류이지만, 구원은 사상에서 오는 것이 아니고, 오히려 고통을 체험하고 대응하는 행동에서 도교가 탄생했음을 알 수 있다. 오의 모습, 역사 유산이 희석된 것은 장강 상류에서 내려온 도가道家의 "정화 작용"

---

158) 3장. 孫恩의 반란

159) Anna Seidel edited, 〈Facets of Taoism〉, 2. Religious Taoism and Popular Religion from the Second to Seventh Centries by Rolf A. Stein, p 55 스타인은 〈진고〉의 "산 사람의 피를 마시는 것 血食生民"을 오류로 보고 〈포박자〉 내편의 예를 들고 있다. "In all the Demon religion (or cults)… animals are killed, and [the divinities] eat their fresh blood"諸妖道…. 皆煞生血食

160) 陶弘景〈真誥〉卷四說許邁：又汝本屬事帛家之道, 血食生民, 通愆宿責, 列在三官, 而越幸網脫, 奉隸真氣, 父子一家, 各事師主, 同生乖戾, 不共祭酒, 許邁家原來也信帛家道, 周子良의 祖母姓杜, 是大巫師, 也是東陵聖母의 姓氏, 或許不是偶然

때문이라고 보는 것은 무리가 아니다. 이들 상청파上清派 도교는 하류의 혼탁함을 비난하고 음사를 배척했으나, 합류하는 이질적 요소를 결국 수용하고 동해로 사라진 나라의 기억을 지운다.

　그러나 기억은 전설이 되었다. 궤네깃또가 제주로 돌아갈 무렵, 동해에는 여전히 뽕나무가 가득한 부상扶桑이라는 전설의 땅이 있었다. 부상은 또한 하늘을 받치는 나무여서 일본 가고시마(鹿兒島) 이야쿠섬(屋久島)의 거대한 삼나무 조오몽스기(繩文杉)인지 모른다. 나이가 7,200세라는 이 나무는 야마타이의 부정기적 침몰과 상전벽해의 증인으로 여전히 그 자리에 서 있다. 전설은 곧 도가道家의 손을 타기 시작했다. 곽박郭璞(서기 276~324)은 〈산해경〉을 주하며 扶桑을 "물속에 부침하는 나무 또는 해가 뜨는 곳 일본"을 암시했다. 완적阮籍(서기 210~263)의 〈영회시詠懷詩〉에 화려했던 부상을 그리는 애절한 한탄이 여러 구절 보인다. 모두 3세기에 출현한 감상과 회한이었다. 4세기 도잠(陶淵明, 서기 365~427) 이후 부상에 대한 시적 표현은 더욱 아름답고 은미해졌다.

"悲扶桑之舒光 奄滅景而藏明"

은은한 빛 부상의 슬픔이여! 사라진 풍경은 광명을 감추었네!

- 晉, 陶潛 〈閒情賦〉 부분

"扶桑飛上金畢逋 金畢逋, [161] 暗水流澌度空谷"

부상은 태양으로 날고, 어두운 물 흘러 빈 계곡에 들어차

- 明, 凌雲翰 〈關山雪霽圖〉 부분

---

161) 金畢逋, 金烏(三足烏) 태양, 畢逋는 烏의 合音이다.

〈莊子〉 제물론齊物論에는 오나라의 침몰을 염두에 둔다면 기존의 해석과는 완전히 다른 풀이가 가능한 문장이 있다.

"南郭子綦隱机而坐, 仰天而噓, 嗒焉似喪其耦 顔成子游立侍乎前, 曰,
"何居乎? 形固可使如槁木 而心固可使如死灰乎? 今之隱机者 非昔之隱机者也? 子綦曰, "偃, 不亦善乎 而問之也 今者吾喪我, 汝知之乎? 女聞人籟而未聞地籟, 女聞地籟而未聞天籟夫!" 子游曰, "敢問其方"

전통적 해석 : 남곽자기南郭子綦가[162] 책상에 기대어 앉아 하늘을 우러러보며 한숨을 내쉬는데, 멍한 모습이 마치 그 몸체를 잃은 것 같았다. 안성자유顔成子游가 그 앞에서 시중을 들며 말했다. "어찌 된 일입니까? 몸이란 본디 마른 나무와 같게 할 수가 있는 것이고, 마음이란 본디 타고 남은 재와 같게 할 수가 있는 것입니까? 지금 책상에 기대고 계신 분은 전에 책상에 기대고 계신 분이 아닌 것 같습니다."자기子綦가 말했다. "언偃아! 참으로 훌륭하구나! 네가 이런 질문을 하다니! 지금 나는 나를 잃었는데 너는 그것을 알겠느냐? 너는 사람의 소리는 들었으되 땅의 소리는 아직 못 들었을 것이다. 너는 땅의 소리는 들었으되 하늘의 소리는 듣지 못했을 것이다. 자유子游가 말했다. "감히 그 도리(方)를 묻는 것입니다."

위 문장에서 "吾喪我"는 경지에 도달하여 자아를 초극한 모습을 표현했다. 나를 버리고 새로운 나를 찾은 도가의 레토릭이다. 그러나"吾喪我"를

---

162) 南郭子綦는 도를 체득한 가공의 인물이다. 신분이 비천하여 성의 외곽에 사나 공자의 제자인 子游가 시중 들도록 비꼬아 假設했다.

"지금 오나라를 잃어버리고 나를 찾았는데 사람들의 외침과 땅과 하늘의 울림(人籟, 地籟, 天籟)을 제대로 듣지 못한 정황이 담겨있다. 자유子游는 감히 그 땅(方)의 행방에 관해 물을 수 없다고 말한다. 吳의 지배하에 있던 중원 지역 사람들의 단편적 모습을 엿볼 수 있는 것은 무리일까?

九州는 공자가 가고 싶어 한 동해 밖에 있는 이상의 나라였다.[163] 그는 무도한 중원을 떠나 "뗏목을 타고 바다에 떠 있고 싶다. 亦乘桴浮海之意"[164]고 말하기도 한다. 기원전 6세기 공자는 魯를 떠나 제후국들을 유랑하고 있었다. 아들이 아비를 죽이고 신하가 군주를 시해하는 예붕락괴禮崩樂乖의 시대였다. 사람을 죽여 장젓을 담그고, 인육을 전투식량으로, 인피를 화살 전대箭袋로 사용했다. 남방에서 올라 온 해양 문명은 달랐다. 그들은 비록 머리를 밀고 몸에 문신文身을 했으나 먹을 것이 풍요로웠고 마음은 너그러웠다. 손무는 장장본에서 오월의 "법이 가혹하지 않다고 말한다. 法不能過"그리고 이것이 그가 노예에서 풀려난 뒤에도 제나라로 복귀하지 않는 이유였다. 손무의 시대에 야마타이가 어떤 모습이며 그 영역의 크기가 얼마였는지 가늠할 수 없다. 그가 지칭한 "나의 나라 吾國"은 그를 주오민周吳民으로 화석화했다. 공자와 같은 시대를 살았던 손무에게 吳는 화려한 동경의 나라였다. "내 나라"는 변방의 식민지 魯 나라에 사는 공구孔丘나, 노예로 잡혀 온 손무孫武가 상상할 수 없는 문화적, 영토적 크기의 나라였다. 漢나라 사관들의 열등감이 집요하게 지속된 연유였다. 유사한 경험으로 현대인은 타이완(臺灣)의 중국화를 보고 있다.[165] 타이완 사람들은 오스트로네시안을 조상

---

163) 〈논어〉 자한편 子罕篇 "子欲居九夷"

164) 〈論語·公冶長〉: "子曰 '道不行, 乘桴浮於海'"

165) 뤼슈롄(呂秀蓮)著, 부자오치(卜昭麒)譯, 〈대만은 왜 중국에 맞서는가? 兩岸恩怨如何了?〉, 미디어워치(번역본) 2021 9.

2장. 장장본으로 풀리는 〈손자병법〉의 비밀　　205

으로 체내에는 중국인과는 다른 염기 서열을 지니고 있다. 타이완은 야마타이의 침몰로 오나라와 분리된 해양 제국의 중심에 있는 중국과는 완전히 다른 나라이다.

야마타이의 한반도 남부와 일본 이주를 이해할 수 있는 필요한 사료는 결여되어 있다. 일본인의 민족적 특성이 나타나는 야마토 정권의 3, 4세기 성립과 이를 도운 부정기적인 이민은 말레이와 서태평양에서 올라와 이미 정착한 초기 남방인(죠오몽, 繩文人), 몽골과 한반도를 거친 흔적이 있으나 경로를 알 수 없는 야요이인(彌生人), 그리고 보다 늦게 도착해 거대한 피라미드를 건설한 오스트로네시안으로 믿어지는 후기 남방인으로 이어졌다. 이들은 험악한 대립보다는 너그럽고 평화로운 융합의 흔적을 남겼다. 그러나 서기 6, 7세기에 도래한 한반도인들과는 심한 갈등이 있었던 것으로 보인다. John W. Hall의 〈日本史〉에는[166] 일본 언어권이 형성된 것은 서기 2, 3세기 경이며, 이 시기 오키나와 언어권에서 분리되어 서로 간의 접촉을 잃어버렸다고 "언어연대학 Glottochronology"을 인용한다. Hall은 야요이인의 기원을 밝혀줄 뚜렷한 증거는 없다고 하며 대체로 이들이 북방에서 알 수 없는 경로를 통해 섬에 들어 왔다고 추정한다. 야오이 인들은 수많은 지족 支族을 이룬 부족으로 서로 반목하고 있었다. 또한 과시와 권력 투쟁의 산물로 보이는 "고분시대古墳時代"를 열었다. 여기에서 더욱 실증적인 추측을 허용한다면 야마타이의 큐우슈우와 나라 이주 뒤에 나타난 야마토 정권의 실체를 그릴 수 있다. 이렇게 나라가 물에 잠긴 "몰라沒邪"를 아무도 몰

---

166) John W. Hall(1916 ~ 1997) 일본 교토에서 태어났다. 〈Japan, from prehistory to modern times.〉 New York, Delacorte Press, 1970

랐던 것일까? 이 무렵의 사건은 일본 신화의 천지개벽 이야기로 나타난다. 일본 열도는 "낚시로 끌어 올린 땅 조각"으로 묘사되고, 땅의 소멸을 두려워하여 인간을 도울 수 있는 "높은 하늘의 들 高天原, たかまのはら/たかあまのはら"을 갈망한다.[167]

이들의 소란을 잠재우고 통일한 것은 제사장 히미코卑彌呼였다. 서기 2, 3세기에 일본을 망원望遠하여 바라본 중국의 〈왜인전〉은 역사이지만, 실체를 몸으로 체득했을 일본인의 〈일본서기〉는 여전히 신화로 남아있다. 이 모순된 결과를 어떻게 해석해야 할까? 동아시아 지중해(동중국해)의 침몰은 부정기적으로 일어났으나 이를 구체적으로 기록한 사서는 여태 나타나지 않았다. 침몰한 땅 몰라(沒那)는 아무도 몰라야 했다. 한국과 일본의 고대사古代史 상실이 이렇게 특정 기간 집중된 무지에 의한 것은 세계사에 없는 일이다. 세상은 유구한 천장지구天長地久인데,[168] 漢의 사관들은 하루 아침 천하가 없어지는 변화는 참을 수 없었다. 이 지중해의 대제국 "내 나라, 奴國"은 서구의 그리스 - 로마 제국과 크기와 존속 기간이 유사하다. 이들은 당시 지구상에 유일한 철기 문명국이었다. 제국의 판도는 오키나와와 타이완을 중심으로 양자강 남북 안과 한반도 남부, 사라진 임나와 큐우슈우를 포괄하고 있었다. "남선경영南鮮經營"의 주체는 3세기까지 한반도에 영향을 준 바로 이 "내 나라"였다. 내 나라는 대륙에서 吳가 멸망한 기원전 473년 이후 혼란을 거듭했다. 야마타이와 한반도의 가야는 "내 나라"를 모국으로 하여 분리되어, 서기 2세기 운명의 어느 날 야마타이가 물속으로 사라지

167) 일본신화 〈日本書紀〉와 〈古事記〉 가운데 보이는, 아마데라스 오오가미(天照大神)가 거주하며 통치하는 장소
168) 天長地久, 〈노자〉 제 7장에 보이는 중국인의 세계관으로 천하는 변화의 객체이지 몰락의 주체는 아니다.

자 각자의 정치적 중심에 흡수되었다.

다. 가나 마타이 (가야와 야마타이)

"干勒所製十二曲, 一曰下加羅都, 二曰上加羅都, 三曰寶伎, 四曰達已, 五曰思勿,

六曰勿慧, 七曰下奇物, 八曰師子伎, 九曰居烈, 十曰沙八兮, 十一曰爾赦, 十二曰

上奇物"

- 〈삼국사기〉 권 32, 樂志

　　한국학에서는 〈삼국사기〉에 보이는 우륵의 12곡이 각 지역을 대표하는 음으로 해석한다. 그 영역은 한반도 남부에 국한하여 남원에서 지리산 주변, 고령, 김해로 이어지는 협소한 가야 영토에 숨 막히게 끼워져 있다. 위대한 해양 제국 가야는 우리가 지금 생각하는 그런 나라가 아니었다. 〈왜인전, 三國志 魏書 30卷, 倭人傳〉에 기술된 동해의 28개국을 다시 인용하면 우륵의 12곡이 상징하는 지역명 가운데 아홉 지역의 음이 상당히 유사함을 알 수 있다. 김부식이 〈삼국사기, 樂志〉에 인용하였다고 믿어지는 〈신라기〉에 서술한 우륵의 열두 곡 제명題名의 음이 송나라 이전과 같았는지는 알 수 없다. 그러나 현재 연구한 고대 중국어의 음운과 대조하면 놀랍게도 〈왜인전〉의 동해 지역 나라들의 음과 12곡의 지역명 음이 일치한다.

표 : 우륵 12곡과 〈왜인전〉의 동해 제국 대조

Boxter-Sagart 古代 中國語音				발음의 유사성	演變 및 추정 지역
倭人傳 記載		우륵 12곡			
狗奴	ə.kˤro nˤa	加羅 상가라도 하가라도	kˤraj rˤaj	코오나 : 카아라	해양 연합체 전체
對海	tˤəp-s mˤə				대마도
一大	it lˤat-s				큐유슈우 이키 壹岐 섬 추정
末盧	mˤat ra				마라도 해상
伊都 奴	ij tˤa nˤa	서기 4세기 이전 침몰 지역			
不彌	pə m-nər				전남, 나주 반남 추정
投馬	dˤo mˤra	담라			제주도
斯馬	se mˤra	思勿 사물	sə {*[s]ə} mut	써마 : 써무	일본 큐우슈우 시마보라島 原(しまぼら)
(己) 百支	(kə?)pˤrak ke	達已 달이, 달기(북한측 주장)	Cə.lˤat ɢə? :	커라커 : 커라거	현 일본 히와키 樋脇(ひわき) 추정
伊邪	ij ɢa	爾赦 이사, 니시(북한측 주장)	ne?{*ne(j)?} qʰak-s {*qʰ(r)Ak-s}	이아 : 늬악	이야쿠시마 屋久島
都支	tˤa ke				미상
彌奴	m-nər nˤa	서기 3세기 이전 침몰 지역			임나任那
好古(都)	qʰˤu kˤa? (tˤa)	下奇物 하기물	gˤra? kaj {*[k](r)aj} C.mut	퀘카 : 가카	일본 코오모토사키 高元崎 추정
		上奇物 상기물	Cə.daŋ? {*Cə.[d]aŋ?} kaj {*[k](r)aj} C.mut		

Boxter-Sagart 古代 中國語音				발음의 유사성	演變 및 추정 지역
倭人傳 記載		우륵 12곡			
不呼	pə qʰˤa	寶伎 보기	pˤuʔ greʔ {*[g]reʔ}	푸게 : 퍼가	일본 쓰와노세지마 諏訪之瀬島 추정
姐奴 對蘇 蘇奴 呼邑 華奴蘇 奴 鬼 爲吾 鬼奴	dza nˤa tˤəp-s s.ŋˤa s.ŋˤa nˤa qʰˤa qəp N-q ra nˤa s.ŋˤa nˤa k- uj uj nˤa	서기 1 세기 이전 침몰 지역			큐우슈우와 오키나와 사이 해상
邪馬(台)	k- uj nˤa	야마타이			오키나와 沖繩
躬臣 巴利 支惟	ɢa mˤra lə ə.lak-s Gin pˤra rit-s	기원전 5 세기 이전 침몰 지역			
烏奴	Ke ij , qˤa nˤa	居烈 거열	ka {*k(r)a} rat {*[r]at} 카라	카나 : 카라	현 일본 온나 恩納 추정

　〈왜인전〉을 기초로 하여 해양 지질학의 근거를 댄 기무라 마사아키(木村政昭)의 주장과 비교하면 우륵의 12개국 가운데 7개국은 현재의 일본에 위치한다. 그러나 실제로 고대 중국어의 음과 비교하면 그 위치는 미궁이다. 가라加羅는 이들 전체의 제국을 다스린 한반도 남부 지역에 있었을 것이다. "가라"역시 4세기 이전 "나의 나라"에서 분리된 흔적을 보인다. 奴가 那, 羅, 馬로 음이 유사하여 후세에 음차 되어 가차자로 사용 연변 했다면

"가라도"는 가야와 야마타이를 합친 신성한(또) 대제국의 중심 지역이었을 것이다. 애석하게도 勿慧(mut ɢʷet-s {*[ɢ]ʷe[t]-s} : 무에), 師子伎(srij tsəʔ {*[ts]əʔ} greʔ {*[g]reʔ} 시이쩌게), 沙八兮(s'raj {*[s]'raj} pˤret gˤe 사폐에)는 <왜인전>의 지명과 유사한 곳을 발견할 수 없으나 "에, 게" 등의 장소를 지정하는 음으로 보아 비교적 외곽의 먼 지역이었을 것이다. 도都는 제주 신화 궤네깃또에서 보듯"또"는 신이나 신성을 뜻한다. 물(勿, 物)은 다물多勿과같이[169] 회복한 영토나 땅이다.

일본에서 역사 왜곡이 최고조에 이른 쇼와(昭和) 3년(1928년)에 발간한 <模範最新世界年表>[170]에는 당시 동아시아 여러 나라의 상황을 비교한 도표가 있다. 이른바 "왜국 대란"을 시작으로 진구 왕후(14대 神功 천황 : 히미코)를 섭정에 앉혀 텍스트는 날조되었으나, 여성 천황을 참을 수 없는 광기狂氣의 쇼와 군국주의자들에게 천황의 만세 대계가 끊겨서는 안 되었다. 그러나 이 자료는 <일본서기>, <古事記>, <삼국사기>, <후한서> 등을 한눈에 볼 수 있는 조견도照見圖를 제공하여 오히려 독자가 왜곡을 파악할 수 있도록 감춰놓은 흔적이 있다.

---

169) 多勿, <삼국사기> 고구려 본기, 동명성왕편 "二年, 夏六月, 松讓以國来降, 以其地爲多勿都, 封松讓爲主. 麗語謂復舊土爲多勿, 故以名焉."2년) 여름 6월에 송양이 나라 전체를 이끌고 항복해, 그 땅을 다물도多勿都로 삼고 송양을 봉하여 임금을 삼았다. 고구려말에서 옛 땅을 회복하는 것을 다물이라하므로 그렇게 지칭했다.

170) 三省堂, <모범최신세계연표>, 東京, 1928 p 95 ~ p 105, 이 연표는 다이쇼오(大正)시대에 완성된 것으로, 이른바 황국 사관을 끼워 넣어 비판 받으나, 현재 국내에서는 볼 수 없는 풍부한 사료 데이터를 담고 이다.

연도	중국	동중국해	가야	百濟	新羅	일본
기원전	춘추전국	奴國(나의 나라)/ 加羅		百濟	新羅	倭國 내에 서로 공격하길 거듭 更相攻伐
		야마타이(부분 침몰)				
?	後漢 三國 西晉 (吳越)	임나(침몰) 倭 야마타이 분리	가야 12개국			
167	桓帝 10년	成務天皇(13대) 3년	가야 12개국	肖古王 2년	阿達羅王 14년	
174	야마타이 대부분 침몰 분조 큐유슈우에 상륙 히미코 출생(추정)			肖古王 9년	阿達羅王 21년	172년 왜국 사신 신라 아달라조에 입조
184	靈帝(中平 1년)	成務 54년		肖古王 19년	伐休王 1년	
201	獻帝 6년	神功 왕후 섭정 1년 야마토 정권 수립 북큐우슈우		肖古王 36년	奈解王 6년	히미코 역사에 등장
203	獻帝 8년	神功 3년 히미코의 야마토 磐余(いわれ, 지금의 奈良盆地)에 도읍		肖古王 38년	奈解王 8년	초고왕 48년 재위 백제의 전성기
269	西晉 武帝 5년	神功왕후 95세 4월 崩御		古爾王 36년	味鄒王 8년	
304	惠帝 永興 元年	應神天皇(15대) 35년		比流王 즉위 (재위 304 ~ 343)	基臨王 7년	비류 백제 시작

연도	중국	동중국해	한반도		일본
346	東晉 穆帝 永和 2년	仁德天皇(16대) 34년	近肖古王 즉위	訖解王 37년	백제의 부흥기 야마토와 국교 복원, 왜왕에 七支刀하사

백제 초고왕은 반세기에 가까운 통치 기간을 통해 야마타이의 침몰, "몰라沒那"의 혼란을 수습했다. 〈후한서〉에 기재된 서기 167년의 "왜국 대란" 뒤에 히미코의 등장(서기 201)은 한 세대의 간극이 있고, 어린 야마토 정권의 취약한 시기였다. 백제와 가야가 이 시기에 왜국의 정치적 중심에 응집력을 부단히 준 것은 힘의 흐름의 방향을 여실히 보여준다. 당시 이 혼돈의 섬에 어떤 정치력이 있어 이른바 남선 경영을 할 수 있었을까? 실증 역사의 관점에서 불가능하다. 백제 초고왕(5대)과 고이왕(7대)은 3대 개루왕蓋婁王의 배다른 아들로 보인다. 서기 304년 분서왕汾西王(9대)이 대방 지역漢 군현과의 싸움에서 전사하자, 비류는 쿠데타로 고이왕계를 몰아내고 즉위했다. 그의 다음 후계는 고이왕계인 계왕契王(11대)의 2년간 짧고 힘없는 기간을 거쳐 다시 비류의 아들 근초고왕(12대)에게 넘어가 백제의 부흥기를 맞는다. 백제 31대 세계世系의 이해는 큰 수수께끼이며 방대한 연구 영역이다. 특히 21대 문주왕文周王(서기 475년) 이후 중국화 된 왕명王名의 변화는 주목할 만하다. 오호십육국五胡十六國 (서기 300~430)의 혼란을 거치며 강남인의 한반도 상륙에 관한 실증적 데이터는 많다.[171] 참고로 초고왕

---

171) 공주 백제 무덤 29호분 근처에서 "이것을 만든 것은 건업 사람이다. 造此是建業人也"

肖古王의 고대 중국어 발음은 "肖sew-s [*[s]ew-s] 古kʰa, 슈우카"이고 히미코는 "卑pe 彌m-nər 呼qʰa, 페나카"즉, "那國(임나 또는 야마타이)에 보낸 왕의 딸(왕녀)"이다. [172]

사마천은 역사를 이야기할 때 그 기원의 정확성이나, 절대적 출발점에 몰두했다. 역시 그의 후손답게 지금의 신중국은 2000년에 "하상주 단대 공정"을 통해 하상주夏商周의 연표를 정식 공표했다. 최고最古라는 편집증을 가진 사관들이 이런 "기원起源이라는 우상偶像"을 세우는 것은 매우 유혹적이라고 마르끄 블로크(Marc Bloch)는[173] 말한다. 역사는 과거와 현재가 나누어진 것이 아니며 끊임없이 변화한다. 한국인들은 "기원"을 이야기할 때 습관적으로 북방을 바라본다. 중앙아시아에서 말을 달린 조상을 상상한다. 그러나 게놈(Genome) 연구와 인류학에서 한국인의 DNA는 7할 이상, 또는 대부분이 남방에서 왔고, 약간의 몽골 북방인 것과 혼합되었음을 보고하고 있다. 한국인은 말(馬) 보다는 태평양을 횡단한 폴리네시아인의 호클레어 카누의[174] 기억이 잠재의식 속에 있을지 모른다. 이들은 해도海圖 없이 광대한 바다를 대담하게 항해했다. 조류와 바람과 밤하늘의 별이 방향을 만들어

라는 명문에 새겨진 벽돌이 발견되었다. 建業(지금의 난징)은 4세기 동진의 수도가 되면서 서기 307년 司馬睿에 의해 建康으로 개칭된다. 5세기 중국 남조의 여러 왕조의 수도였다. 문화재청 국립 부여 문화재 연구소 2022. 1. 27 발표

172) 한국 학계 일부 학자는 히미코가 不彌國(지금의 나주 반남 고분 일대) 출신이라고 주장한다.

173) Marc Leo Bloch(1886~1944) 프랑스의 사학자, 레지스탕스에 참여하다 리용의 게스타포에 잡혀 1944년 총살당했다. 〈역사를 위한 변명 Apologie pour l'histoire ou Métier d'historien〉은 사후 1949년 출간되었다. 영어본은 〈The Historian's Craft〉로 1953년 뉴욕에서 출간되었다. "The Idol of Origins"는 Chapter I : History, Men and Time에 들어있다.

174) 호클레어(Hokuleʻa)는 하와이어로 "기쁨의 별"이라는 뜻이다. Hoku는 별, Leʻa는 기쁨을 의미한다. 오스트로네시안의 항해에 기준이 되는 별이었다. 호클레어 카누는 대개 두 개의 몸체로 네 개의 조각 돛을 달고 있어 사방의 바람을 조정하고, 큰 배는 60여 명의 인원을 태울 수 있다.

주었다. 조류潮流 - 물속의 강-을 따라간 여러 기록이 전해져, 1770년대 태평양을 항해한 쿡(Cook) 선장은 타히티의 추장 투파이아(Tupaia)의 지도에 장장 천 오백만 제곱마일의 바다에 74개의 섬이 표시되어 있었다고 그의 일기에 기록했다.[175] 한국인의 역사의식은 '기마 민족 도래설'에 길들어 있다. 어떻게 이스터섬에서 타이완, 오키나와 그리고 한반도까지 오스트로네시안이 이동하며 별자리와 조류, 바람의 미세한 오류를 수정하며 여행하였는지 우리는 지금 알 수 없다. 한국인이 이들의 후예라면, 아마도 역사를 보정補正할 수 있는 능력도 핏속에 남아 있을 것이다. 사나워 보이는 문신文身 아래 숨겨져 있는 섬세하고 너그러우며, 용서하고 잘 융합하는 남방 문화는 북방에서 온 일시적 침공을 잘 수용하고, 굴욕을 참아 더욱 화려한 모습으로 나타나곤 했다. 역사는 힘의 원점을 살피는 자의 눈보다 약자의 눈에 더 선명하다.[176] 이것이 역사를 공부하는 이의 감수성이다.

> "죽은 이의 주머니를 뒤져 얻은 유물을 전시관에 진열하는 행위를 떠나 '역사적 감수성'으로 탐구해야 한다."
>
> - Marc Bloch, 역사를 위한 변명
>
> ⟨Apologie pour l'histoire ou Métier d'historien⟩

라. 오왕광검吳王光劍, 중국 역사의 물화 현장

신중국의 유물사관唯物史觀은 역사에서 물적 근거를 찾는 사회과학이었

---

175) Judi Thompson and Alan Taylor, ⟨Polynesian Canoes and Navigation⟩ The Institute for Polynesian Studies Brigham Young University—Hawaii Campus Laie, Hawaii, 1980

176) 李昌善, ⟨누구에게 역사인가⟩ 지식산업사, 2021

다. 시대를 가리키는 물질의 유무가 역사의 토대이면, 역사 조작은 손쉬워지고 눈에 보이지 않는 "가치증거"는 외면된다. 1960년대부터 70년대 중반까지, 중국 고적 발굴의 광풍은 문화재 보호의 각성과 섞여 "인민의 이익"이 되는 애국주의 바람과 합세해 휩쓸아쳤다. 1920년대 중반[177] "구출"한다며 양귀자洋鬼子(Foreign Devils)들이 마구 뜯어가던 기억의 역풍이 불고 있었다. 19세기 말에서 20세기 초에 걸쳐 유럽과 일본의 문화재 도적들이 훔쳐간 빈자리를 보며[178] 분노한 학자들이, 서구의 진보한 발굴 기법을 거부하며 "자주적"으로 찾아낸 중화 문명의 보물들은 복원 기술이 낙후하여 아쉽게도 온실을 나온 꽃처럼 시들어 버렸다.

1972년 4월 문화혁명의 와중에 산동 은작산 한묘에서 죽간을 발견할 무렵, 같은 해 초여름 안후이성 남능현의 옛 오나라 궁터라고 주장하는 곳에서 청동검 한 자루가 출토되었다. 1974년에는 서안에서 진시황의 병마용갱兵馬俑坑이 발견되면서 중국 고고학계는 고적 탐사 열풍으로 달아올랐다. 주은래周恩來가 잠시 유물 발굴을 정지시키면서 분위기는 급히 식어 들었으나, 발굴 유물에 대한 가치의 재조정과 깊이 있는 연구가 진행되었다. 무엇보다도 고문자 해독이 급했다. 그러나 상당수의 고문학자가 지식 반동분자로 하방 되어 중국 지성계는 고사 상태였다. 중국의 철기 문명 기원조차 학자마다 의견이 달라 역사의 분기점이 모호한 상태였다. 1978년 남능현 문화 박물관에서 세 조각 청동 조각이 칼날로 붙여져 어느 정도 복원되고, 1984년 칼날에서 12자의 금으로 새긴 명문銘文이 발견되었다고 중국 문화

---

177) 돈황의 벽화는 건조한 기후에서 벽에 바른 회반죽이 빠르게 말라, 지중해 연안의 프레스코 기법 벽화와는 다른 퇴색하면 복원이 어려운 세코(Secco) 기법으로 평가한다.

178) Peter Hopkirk, 〈Foreign Devils on the Silk Road〉 Oxford Univ. Press Ltd 1984 ; 한국어 번역본, 김영종 역 〈실크로드의 악마들〉, 2000년, 사계절

재 당국은 발표한다. 이듬해 은작산 죽간정리소조가 죽간 한예체의 해독을 끝내고 죽편을 정리 보고한 정황간개情況簡介를 발표했다.

그런데 이른바 "오왕광검"은 이미 1964년 산시성山西省 원평현原平縣에서 최장 길이인 77.3cm의 동검이 출토된 이래 중국의 여기저기에서 발견되었다. 1985년 중국 손자학회의 죽간정리소조가 은작산 서한 죽간 손자의 한예체를 해독할 무렵, 검에 전자篆字로 음각되어 새겨진 명문들은 다음과 같이 해독되었다. 대부분 6자 2행의 12자 또는 8자 2행의 16자였다.

"攻吾王光自作用劍恒余以至克战多功"
"攻吾王光自作 用劍以戰戍人"

명문銘文의 해석은 "오나라 왕 광光이 칼을 사용토록 만들어 그대는 항상 전쟁에 이겨 공을 많이 세우라" 또는 "나의 왕 광光이 스스로 만들었으니 칼을 사용하여 적으로부터 지키라"인데, 오왕 합려의 성姓은 주 왕조에서 분봉하여 하사한 희姬이고 이름은 광光이므로 이 칼은 오왕 합려와 관계있다고 여겨졌다. 또한 발견된 장소는 오왕 궁터로 당연히 인식되었다. 그러나 산시성 원평은 전국 시대 조趙 나라 지역으로 오의 고소성에서 일 천여 Km 떨어져 있다. 오에 의한 천하 통일이 있지 않고서야 오의 궁성이 들어서기 불가능한 곳이다. 위 명문의 해석에서 광光은 합려의 이름이

라기보다는 "오직"으로 중국어에 흔하지 않은 관형사(부사) 형식으로 쓰였다. 光은 칼의 제작을 독점하는 라이센스와 같은 의미이다. 그러므로 다시 해석하면,

> "나의 왕이 오직(光) 스스로 만들었으니 칼을 사용하여 적으로부터 지키라
>
> 攻吾王光自作 用劍以戰戍人"

공攻은 工의 가차자이지만 본래 옥玉을 다듬는데 쓰는 말이었다.[179] 한 문장은 공세적이고 다른 문장은 방어적이다. 합려는 도대체 칼만 만든 왕이었던가? 위 문장의 해석에서 중국 학자들은 손무의 오나라 복무에 "근무 증명서"를 발부하는데, 이것은 후한 이후에 조조를 비롯한 11 가주에서 언급하는 〈손자병법〉 실허편의 다음 문장의 해석 때문이었다.

> "以吾度之, 越人之兵雖多, 亦奚益於勝哉"
>
> 전통적 해석 : 오나라에서 헤아려보건대, 월나라 병력이 비록 많다고 해도 어찌
>
> 승리에 도움이 되겠는가?
>
> 재해석 : 이로써 내가 헤아려보건대 병력이 비록 과다해도 어찌 승리에 도움이
>
> 되겠는가!"
>
> — 〈손자병법 13편〉 實虛篇

---

179) 〈주례周禮〉에 공목攻木, 공피攻皮, 공금攻金과 같이 나무, 피혁, 금속을 다루는 장인의 구성을 논하며 공攻을 가공加工의 의미로 표현했다. ref:周禮 冬官 考工記 "凡攻木之工七, 攻金之工六, 攻皮之工五, 設色之工五, 刮摩之工五, 搏埴之工二. 攻木之工輪, 輿, 弓, 廬, 匠, 車, 梓"

조조曹操나 장예張預는[180] 오픔자가 오뭇자의 잘못임을 확신했고, 〈사기〉를 근거하면 손자는 오나라 왕을 위해 복무했으므로 손자가 말하는 "나(픔)"는 "우리 오(吳) 나라"로 보아야 한다는 것이다. 그러나 고대 중국어 음연구가 발전한 최근에 학자들은 吳(Wu)의 언어체계와 음운은 중원과 크게 달라 서로 통역이 필요했음은 주지하는 사실로 여긴다. 글자 역시 하북 지역, 주 왕실과 혈연이 얽힌 제후국들과 확연히 달랐다. 진의 통일 이후에 오월의 글자는 완전히 배제되어 사료에서 사라졌다. 조충서鳥蟲書가 오월의 글자와 유사했을 거라는 것은 추측일 뿐이다. 고대 중국어(송대 이전)에서 오픔는 *ŋa(나)로 발음되어 뜻과 음이 한국어와 같았다. 월어로는 여전히 我와 픔를 "내 또는 나"로 발음한다. 그러므로 두 글자 吳, 픔가 통가자로 혼용되었을지 의심스럽다.[181] 은작산 죽간 손자의 해독 작업 기간 불쑥 출현한 오왕광검은 〈손자병법〉의 저자와 해석에 도움과 증거가 되지 않는다.

13편에 기술된 오픔는 그저 단순히 "나"로 봄이 적절하다. 손자가 경림에 숨어 82편을 다듬고 후세에 13편으로 축간하도록 당부한 시기, 오왕吳王 합려闔閭는 초를 평정하고, 그의 아들 부차는 더 북방인 제를 정벌할 준비에 광분할 때였다. 그때, 더 남방에 있는 월越은 오나라의 적이 아니었다. 그 무렵의 월越은 초楚 나라에 속한 대부의 속국인 양 보였지만, 실상은 서태평양의 함선이 정박하는 작은 성읍 국가였고, 오와의 관계는 "오월동주"로 알려진 것처럼 원수가 아닌 교역과 혈연으로 맺어 있었다. 사서에는 모두 사라졌지만, 필시 "오, 월, 왜"라는 해양 세력의 느슨한 동맹체가 형성된 것으로 보인다. 기원전 20세기 무렵 타이항산(太行山) 대지진으로 바뀐 물

180) 장예張預, 남송 冀州 東光 출신, 손자 11가주의 한사람
181) Baxter-Sagart Old Chinese by MC initial, final, and tone, 2011: page 104 吳 고대 ngu 중세, Michigan Unv.

줄기의 치수에 성공한 우禹가 하왕조를 세우고 운하를 파 남방으로 통로가 만들어졌다. 지각 변동으로 한국의 이어도 남쪽 전설의 섬들은 모두 가라앉았다. 동중국해 바닷물의 수위가 점차 높아져 제주 - 큐우슈우 - 오키나와의 삼각 지대에 있던 영토가 줄어든 해양 제국의[182] 주된 관심은 북방 중원으로의 진출이었다. 애릉의 전투 전후, 오월 연합군이 산동 지역에 상륙한 것으로 보아 오월은 끈끈한 혈맹 관계였다. 병법에 월越을 적대하여 쓴 문장이 나타날 수 없는 조건이었다.

그러므로 훗날 13편이 오 왕에게 바쳐진 것이라도 "越人之兵雖多"를 "월 나라 사람의 군대가 비록 많다 하나"로 해석할 수 없다. 뒤에 이어지는 문장 월인越人은 월나라가 아니라, 초과超過 또는 월과越過로 적이든 아군이든 수적인 균형을 넘어선 상황의 군사 운용을 말한다. 손빈에 이르리는 특히 군사 운용의 상대적 우세를 강조하여 피아간 병력이 많고 적음으로 승리를 예측하지 않았다. 오왕검은 중국 전역에서 출토하여 고대 청동검 수집가들이 소장하고 있다. 칼이 오나라 궁터나 해자의 물구덩이에서 발견되었더라도, 오왕은 오나라 왕이 아니라 칼을 만든 장인이 "자기의 왕"에 대한 충성과 전쟁 물자의 책임 소재를 위해 새겨넣은 것이다. 한때 오나라의 수도였던 태호 북만北彎에 위치한 지금의 우시시(無錫市)의 無錫는 월어粵語 발음으로 조어된 글자로 "청동검의 합금인 주석"과는 상관없다. 無는 "마/모", 錫은 "쎅"으로 발음되었다면 "마쎅"은 한국어의 사람이 모인 마을을 뜻하는 고대어 "마즐, 마△ㅣㄱ"과 유사해 흥미롭다. 오월의 언어가 중원과는 확연히 다른 체계였다는 것을[183] 상기하면, 칼에 새긴 글자를 증거로 손자병

---

182) 전설로 남아 있는 서태평양의 "무:우 대륙"은 음이 Wu와 같이 오월을 연상케한다.
183) Baxter-Sagart Old Chinese, 越yu, 중세hjwot (h- + -jwot D), 고대 *ɢʷat {*[ɢ]ʷat} ; 粵yu, 중세hjwot (h- + -jwot D), 고대 *ɢʷat {*[ɢ]ʷat}

법의 유물론적 해석이 가져온 오해를 이해할 수 있
다. 오나라의 정치적 중심이 의심된다면, 구주九州
에 흩어진 수많은 "마을"들을 검토해 보아야 한다.
사마천이 절충折衷하고 봉합縫合한 오나라 25세
대 왕들은, 앞에서 살펴보았듯 왕명王名의 지역적
음색은 다섯 그룹으로 나뉜다. 전해진 사서를 취합
하여 기술한 〈송사 예문지 宋史·藝文志〉는 오왕
세계世系가 "근 1,390년이지, 1,895년이 아니다. 僅
一千三百九十年 實非一千八百九十五年"라고 부정
하고, 사마천을 옹호하며 오나라를 중화 중심에서
변방으로 자리매김했다. 그러나 실상은 〈오지기
吳地記〉의 기술대로 철기 문명의 선도국인 "나의
나라"는 기원전 15세기에 나타난 당시 세계 최강 제국이었다.

역사가 물화되어 눈에 보여야 믿을 수 있다면, 진실은 큰 어려움에 봉착
하게 된다. 오월을 원수로 만들고 분리한 것은 한나라의 사관들이었다. 후
세들은 물증을 찾는데 게으르지 않았다. 어디 칼이 오나라에서만 만들라는
법 있는가! 월나라에서도 천하 명검이 나왔으니, 1965년 12월 후베이성(湖
北省) 강릉현江陵縣 망산望山 1호 초나라 묘에서 이른바 "월왕구천검越王
勾踐劍"이 발견되었다. 전혀 녹이 슬지 않아 허베이성(河北省) 박물관이 국
가 보물로 소장하고 있다. 춘추 중기 이후에 남중국 일대에서 유행한 조충
서鳥蟲書(鳥篆)로 써진 월왕검의 명문銘文은 "월왕구천戉王鳩淺""자작용
검自乍用鐱"으로 해독되었다. 다른 의견도 많았지만 경학자經學者 당란唐
蘭(1901~1979)은 "越王勾踐, 自作用劍"의 가체자로 "월왕 구천이 스스로 만

들어 사용한 검"으로 해석했다. 써진 글자인 이른바 "조충서"는 청초의 금석
학자들이 대거 목록을 만들어 놓아 해독이 어렵지는 않았으나, 청동 합금으
로 된 칼날의 아주 작은 공간에 저토록 정밀하게 새길 수 있는 기술이 춘추
말에 있었는지 의심스럽다. 청의 단옥재段玉裁(1735~1815)는 그의 〈설문해
자 注〉에서 조충서의 글씨들이 의미의 기록이나 전달이 아닌 상징화된 암
호라고 말한다.[184] 도교 경전에도 조충서와 유사한 글자가 흔하게 발견된다.

조충서의 기원은 아직 미지의 영역이다. 해독이 불가능한 사라진 음의
글자들이 태평양의 여러 구역에 남아 있다. 조충서는 오스트로네시안의 귀
중한 유산으로 앞으로의 연구 진행에 따라 역사의 흐름을 바꿀 수도 있다.
이스터섬의 롱고롱고(Rongorongo) 태블릿에 보이는 글자는 조충서를 많
이 닮았다.[185] 이 글자들은 18세기에 스페인 항해자들과 문서 계약을 위해
급히 만들어졌다고 하나, 사물과 사건을 글자로 상형하고 표기한 것은 아주
오래전 부터 전승한 것이었다. 특히 권력의 계승과 후계 관계를 나타내는
기록은 잘 남길 필요가 있었다. 글자가 되기 전의 상형은 글자와 그림, 신탁
으로 얻은 부적이나 경고 또는 장식으로 쓰였다. 서태평양 주민들의 타투를
연상케하는 조충서는 단옥재가 주장하듯 "기록용"은 아니었던 글자였다.
상징과 깃발, 장식용으로 돛에 그리거나 몸에 문신을 한 풍속은 기원전 이
천 년 이전부터 일만 년 전으로 추산되는 해양 제국에서 발원하여 지금까
지 유행하고 있다. 새와 물고기를 상형화하여 지도처럼 몸에 새긴 것은 새
로운 항로를 개척한 세력의 효과적인 항법 장치였다. 조충서와 타투에는 상

---

184) 단옥재의 조충서 해설, "번幡이란 기치를 쓴 것이고, 信신은 부절을 쓴 것을 말한다.
幡謂書旗幟 書信謂書符節"
185) Shawn McLaughlin, Rapa Nui Journal Vol. 18(2) October 2004, "Rongorongo
and the Rock art of Easter Island.

당한 공통점이 발견되는데, 물결의 높이와 진동, 바람의 방향 등의 상형이다. 또한 부족의 세계世系를 상징하거나 선박의 건조와 항법 지식의 전문가를 나타낸다.[186] 오월검에 보이는 부자父子 관계의 표시나 검을 제작한 사람의 이름을 새긴 것도, 해양 문명의 변두리에 있던 남중국에 준 영향이었다.

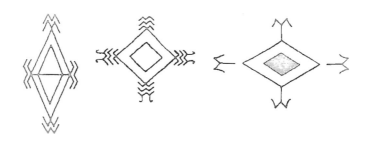

<월절서>에는 "구야자歐冶子가 구천을 위해 검 다섯 자루를 주조"했다고[187] 적어 수집가들이 이를 찾고 <월절서>를 고증할게 뻔해 보인다. "구야자"는 글자 그대로 "구천의 대장장이"이다. 명검이 돈 많은 중국인들의 비밀 경매장에서 어디로 돌던 이 책의 관심사가 아니다. 칼에 묻었던 피의 주인들이 여전히 유령으로 남아 있고, 칼자루를 잡았던 손이 쓴 글은 신뢰하기 어렵다. 해양 제국들을 바다에서 분리한 <오월춘추>의 가치는 한 제국의 통합에 기여한 것이지만, 오히려 중국의 남북문제 갈등을 노정하고 있다. 진秦 제국처럼 특징은 남겨두고 통일하는 자신감이 한대漢代에는 없었던 것 같다.

---

186) Firth, R. "Tattooing in Tikopia." Man 36: 173~177.

187) 별도로 발견된 다른 월왕검(국가 박물관 소장)의 명문인"越王者旨於賜劍"의 "者旨於賜"은 구천의 아들 이름으로 판단하고 있으나 해석은 구구하다. 1965년 후베이성 강릉 초나라 무덤에서 출토 녹이 슬지 않아 천하명검으로 평가하며, 수집가들은 <월절서>에 보이는 다른 월 오검五劍 "거궐巨闕, 어장魚腸, 승사勝邪, 순균純鈞, 담로湛卢"의 출현을 기대하고 있다.

장장본과 은작산 죽간과의 관계로 나타난 손빈병법의 허구성

가. 사서에 언급된 손빈孫臏

손빈이 위의 장군이 되었다는 사실을 가장 시공적으로 가까이서 기록할 수 있는 사서史書는 위魏 나라의 〈죽서기년〉이다. 그러나 거기에 손빈의 이름이 없다. 위와 제의 싸움인 마릉의 전투에도 그의 이름이 안 보인다. 〈죽서기년〉은 기원전 341년 제齊와 위衛의 연합군 침공을 기록했는데, "제군이 군대를 두 갈래로 나눠 하나는 宋나라의 경선景毃에 이르고, 다른 하나는 衛나라의 공손창公孫倉이 이끄는 부대와 연합하여 우리나라(魏)의 양릉襄陵(지금의 하남성 睢縣)을 포위했다."[188] 이 사건은 〈사기〉에 껴맞춰 졌다. 사마천은 한 갈래 군을 전기田忌를 장군으로 하고 손빈을 군사로 했다고 연출시킨다. 중국 사서에서 그의 이름이 등장하는 것은 〈사기〉 제65권 "손자오기열전孫子吳起列傳"에서 처음이다. 그 후로 〈사기〉의 수많은 다른 세가世家에 그의 이름이 줄줄이 등장한다. 〈전국책〉이나 〈한서〉에 등장하는 손빈의 이름은 모두 양한 시대에 만들어졌다. 〈전국책〉의 원모는 기원전 476~전 222까지 기간의 전국 시대 12개 제후국의 외교문서였다. 이 외교 사례와 유세가의 활동을 사마천이 사서에 옮기며 그의 독특한 창의성을 발휘한다. 현재에 보는 〈전국책〉은 한, 당, 송을 거치며 정리한 것이다.[189] 동한에 이르러 반고는 〈한서, 예문지〉에 "오손자병법은 82편, 제손자는 89편"이라고 기록한다. 이 말은 두 가지로 해석된다. "손자의 세계를 통해 병법의 학통을 이어 82편에 조금 는 89편이 되었다."와 "오손

---

188) 〈古本竹書紀年 魏紀〉, "梁惠成王十七年, 宋景毃, 衛公孫倉會齊師, 圍我襄陵"
189) 미야자키 이치사다 (宮崎市定, 1901 ~ 1995), 〈史記를 말하다〉 중국사 실증주의 연구 선구자 미야자키는 "史記의 허구성"을 주장하여 동아시아 사학계에 충격을 주었다.

자와 제손자가 각각 다른 병법을 지었다."는 것으로 해석이 갈라진다. 듣는 이의 선입견에 따라 주장을 달리할 수 있다. 그런데 7편 더 많은 제손자 병법은 왜 장장본 손무병법 82편과 그리도 유사한가! 이것은 한신이 "제안성간齊安城簡"이라고 칭한 죽간이다. 장장본과 "손빈병법"의 편제 배열이 불안정하여 확실하지는 않지만 대개 손빈병법에는 장장본에 없는 편이 모두 열 개인데, 편명이 없는 두 편과 추가된 "오교법"을 제외하면 딱 7편이다. 그렇다면 13편은 손빈에 의해서 재편집된 것이 아니다. 손빈은 손무의 82편에 그의 경험을 더해 * 7편을 추가했다. 이 일곱 편을 추려내어 손무와 관련 없는 독특한 손빈의 경험인지는 뒤에 살펴본다.

손빈의 말년과 종말은 미스테리하다. 그는 마릉의 전투 이후 공성신퇴功成身退의 미덕을 발휘 연기처럼 사라진다. 전쟁에 승리해 제의 위왕威王을 중원의 왕이라 칭하게 한 하늘을 깁고 해를 목욕시킨 공훈이 그를 위협했다고 글쟁이(史)들은 말한다. 그는 백령伯靈이 되어 아부하는 다른 제후들의 시선을 피해 은둔한다. 백령의 뜻은 심상치 않다. 혈통이 없이 태어난 영혼이다. 일설에는 "백령조伯靈鳥"를 의미하며 수시로 깃털의 색깔을 바꾼다고 한다. 구지에강(顧頡剛)은 그가 전기田忌를 따라 다시 초나라로 망명했는데, 그곳을 오의 영토였던 경림으로 추정한다.

사마천은 공자에서 맹자에 이르는 유학의 발전을 관찰하며, 전쟁 학파에도 손무에서 손빈에 이르는 학통이 있지 않겠나 고심한 흔적을 남겼다. 사마천에게 손빈은 伯靈이었다. 손무와 손빈을 사승師承 관계로 엮는 것은 쉬운 일이 아니고, 역시 역사적 봉합이 필요했다. 우리의 태사공은 공자에서 맹자, 자사에 이르는 유학이나, 노자에서 장자로 맥이 흐르는 도가처럼 역사 백화점 〈사기〉에 더 많은 다양한 상품을 진열하고 싶었을 것이고, 그의 역사물 인벤토리 가운데 열전 시리즈는 베스트 셀러가 되었다. 오늘날 중국인이 중국의 문화 상품을 대량으로 제조한 사마천을 어찌 존경하지 않을 수 있겠나! 역시 병가에도 병성兵聖 손무에 후계인 아병성亞兵聖의 손빈이 필요했다. 그렇다고 손무의 입으로 "I am the School"이라고 말하게 할 수는 없었다. 자파의 교조가 한 말 "子曰"을 써줄 사람이 필요했고 그는 무대 뒤에 있어야 했다. 비슷한 이유에서 손빈 역시 맹자와 같이 실체적 생활인의 모습이 안개 속에 가려져 있다. 중국뿐만 아니라 세계 사상사에서 자파의 특징에 보이듯, 사상의 창시자를 잇는 서열 2위는 필수 불가결하다. 예수에 바울이, 불타에 용수, 소크라테스에 플라톤과 같이 학통을 잇는 사승 관계가 없으면 제3의 증언자를 얻기 힘들고 그런 사상은 고인물처럼 증발해 버린다. 특히 중국인에게 사승이 없으면 학설 성립이 불가능하다.[190] 손빈은 사마천에게 절실했다. 한의 유자들은 귀중한 군사 사상가들이 만세에 전해지길 원했으나, 한편 무폭을 경멸한 사관들이 포진한 낙양 태사공의 작업실에는 논쟁과 갈등이 있었던 것 같다.

그것은 처음에는 작은 균열이었다. 유자들이 마음속에는 폭력에 대한 경멸이 늘 내재했다. (좌전 孫子無戴論 참조) 더구나 무폭武暴 설계자들의 학통을 체계화하는 것이 옳은 일인가 고민한 흔적이 있다. 군대에 대한 환멸의 그림자가 장락궁 주변 서고인 난대蘭臺에 드리워져 있었다. 두뇌가 명석한 환관들이 사마부 군인들을 함부로 멸시하지 않게 적절한 중간 지점에 시선이 닿아야 했다. 생각 끝에 태사공은 손무의 세계世系를 뒤져 보았다. 한 제국은 유력 가문이 자신의 성씨를 만들기 시작한 개종開宗의 시대였다. 이런 혼란과 질서 속에서, 제후국을 오가며 성을 바꾼 손 씨의 행적은 의심적

---

190) 柏楊, 〈醜陋的中國人〉, 추악한 중국인, 人民文學出版社 1985

고 혼란스러웠다. 후계자를 종보에서 찾는 것은 전례에 없는 일이었다. 누군가 새롭게 병성의 뒤를 이어야 하는데, 가장 적합한 병법의 천재 한신은 결격 사유가 있었다. 장량도 생각해 보았다. 자방子房은 정치가이지 군인이 아니었다. 그는 공신 반열에 올라 楚의 패현沛縣을 봉지로 받았으나, 후에, 개국 공신들을 하나씩 제거하는 유방에 대한 환멸과 위기감에서 신선술에 취해 촉蜀이나 장가계張家界로 갔다는 소문이 퍼지며 사라졌다. 장량은 병법의 전술적 운용은 몰라도 정치 정략적 측면에 해석이 뛰어났다. 한신과 함께 "서차병법"을 지어 군축의 초안을 마련하면서 82편을 도가의 영역으로 끌어들인 것은 바로 그였다. 병법 13편을 옹호하는 태사공이 여기서 선을 긋고, 눈에 보이는 82편을 모두 태워 버렸을 의심이 가는 부분이다. 중국 역사의 분서焚書는 화전火田과 같아서 다른 서적의 성장을 돕기 마련이었다. 82편의 씨앗은 다른 곳으로 날아갔다. 장자방의 8대손인 오두미도의 창시자 장릉張陵에게 왜 전수되지 않았겠는가! 사마천은 낙양의 북망산을 바라보며 유령 한 분은 초대해야 하겠다고 마음을 굳혔다.

나. 손빈병법은 왜 전승되지 않았나?

훗날 양자강 하구 유역인 강동江東을 배경으로 일어선 패권 경쟁자들은 죽간 병법을 가슴에 품은 "변사辯士"라고 불리는 책사들을 주변에 두었다. 초한 전쟁(기원전 206~전 202)으로 천하가 양분되자 항우項羽는 범증范增을, 유방劉邦은 장량張良을, 한신韓信은 괴철蒯徹을 두고 전략 전술을 구했다. 장량은 "太公謀 82편"의 전수자였고, 괴철은 한신에게 "82책(또는 81편)"을 준 모호한 기록이 있다.[191] 한신은 "경림간"이라 부른 죽간을 바탕으로 손

---

191) 〈한서, 예문지〉 294항에는 종횡가縱橫家로 분류된 〈蒯子五篇〉의 제목만 전한다. 사

무병법 82편의 한신비주를 썼다. 400년 후 삼국시대 역시 오나라 손권은 강동 출신 다수의 책사를 거느렸고, 유비를 도운 제갈량은 태호에서 가까운 북쪽 산동의 임기 출신이다. 임기臨沂는 어떤 곳인가? 한무제漢武帝 초년(기원전 156년)에 만들어진 한묘가 있는 곳이다. 문화 혁명이 끝날 무렵 여기에서 "손빈병법"이라 이름 지은 죽간이 발굴되었다. 가히 병법의 요람이라 할 수 있는 곳이다. 그런데 이들 한대 이후의 산동 출신 책사들은 왜 누구도 한 번 "손빈(기원전 382~전 316)"을 언급하지 않은 것일까? "빈臏"은 사마천에 의해 "슬개골"이 잘린 자로 처음 묘사된다. 이후의 사서들은 이를 근거로 주注와 소疏를 길게 달았다. 臏이 휠체어에 앉아 전장을 지휘했기에 적국의 세작들이 그를 몰라본 것일까?

"13편의 손자"* 이외에 〈손빈병법〉으로 알려진 산동 은작산 죽간이 죽간정리소조에 의해 발표되어, 손빈은 갑자기 역사 속에서 대나무에 써진 물화된 모습으로 세상에 나타났다.[192] 고문古文 연구자들이 글자 하나하나의 해독에 심혈을 기울였으나 문혁 때에 하방 되어 돌아오지 못한 전문가가 많아 애를 먹었다. 십어 년이 지나 죽간에"금방연禽龐涓", "진기문루陳忌問壘" 등이 보이면서 위魏와 제齊의 싸움인 마릉馬陵 전투(현 郯城縣 마릉산)의[193] 실체가 밝혀졌다. 더구나 진기문루 편을 통해 장군 전기(진기)가 마릉의 전

마천은 〈史記·田儋列傳〉에 "태사공은 말한다. 심하도다. 괴통의 계략은! 제나라를 어지럽히고 한신을 교만케 하여 전횡田橫과 한신 두 사람을 죽게 했다. 괴통은 장단설에 능하여 전국시대 권모를 논한 81수를 만들었다. 太史公曰 甚矣蒯通之謀, 亂齊驕淮陰, 其卒亡此兩人! 蒯通者, 善為長短說, 論戰國之權變, 為八十一首"라고 썼다.

192) 손자병법 죽간본(竹簡本) 銀雀山 漢墓 출토〈竹簡孫子兵法〉,〈銀雀山漢墓竹簡 情況簡介〉北京 문물출판사 1985, 9

193) 마릉의 위치는 학자마다 주장이 다르다. 전통적으로 두예가 쓴 〈춘추경전집해〉에 "마릉은 衛나라 땅이며, 陽平 원성현 동남쪽이다."으로 알려졌고, 〈사기〉의 여러 주에는 元城과 濮州 郵城 일대로 기록되어있다. 현 중국의 행정구역으로는 河南과 山東의 경계인 濮陽市 일대이다.

투에 참여하지 않았다는 정황이 나타나 전기田忌를 주인공으로 묘사한 여러 사서에 빨간 줄이 쳐졌다. 전국시대 강국이었던 魏나라를 이류 국가로 몰락시킨 주요 전투에서 승리한 사령탑의 이름이 불명확한 것은 이상한 일이다. 당시 제齊나라의 장군은 위魏나라에서 써진 〈죽서기년〉에 의하면 "齊의 장군 전분田盼이 마릉에서 싸웠다."는 것으로 보아 제나라의 출병 책임은 전분이 맡았던 것으로 정리하고 있다. 〈자치통감〉과 〈전국책〉에 전분의 이름이 등장하나 여러 부장의 하나로 간단히 소개되어있다. 전분은 누구인가? 그의 군사가 손빈이었다면 손빈병법에 왜 전분이 한 번도 언급되지 않는 것일까? 역사 인물을 무대에 연출하는데 혼선이 생긴 것은 왜일까? 단순히 기록자의 실수나 농간이라고 보기 보다는 다른 유사한 이름으로 인한 혼동으로 보인다.

"전분"(생몰 미상)은 수많은 다른 이름이 있다. 전분田盼, 전분田頒, 진분陳盼 외에도 제분자齊盼子와 같은 다른 별명이 있다. 상상해 보면 손빈의 조부 손기가 제나라로 역이민하고 다시 이름을 전 씨로 환원했다면, 손빈은 전빈이란 다른 이름으로 불릴 수도 있다. 제의 왕가 종친의 성씨를 갖는 유리 점을 생각하지 않을 수 없었다. 그렇다면 전분과 손빈은 동일 인물일 수 있다. 빈臏과 분盼, 분頒, 진분陳盼은 한국어 발음으로 구분이 되나, 고대 중국어 음운에는 臏 *pin [*pi[n]}, 盼 *pən [*pə[n]으로 유사하여 음운 식별의 혼동이 있을 수 있다. 또한 기원전에 산동 지역에서 쓰였을 민어閩語의 발음이 臏pin, 盼fun 이니 발음상의 연관성이 있다. 손무의 후손이지만 뒤에 발꿈치가 잘려 손빈孫臏으로 명명된 그의 본래 이름은 알 수 없다. 유명 인사라면 누구나 가진 어린 시절 부른 자字 도 없고, 일설에는 "백령伯靈"이라는 이상한 이름으로 불린다. 대만의 더 진보적 손자 연구가들은 그가 월나라 사람이었다고 근거를 대고 있다.[194] 1972년 은작산 죽간의 발견 후 손빈의 정체에 대한 서구의 연구는 1979년 Balmforth를 시작으로, 1995년 Ralph D. Sawyer, 2000년 이후 Rodger Ames의 손빈 죽간 번역과 연구가 대표적이나 내용은 유감스럽게도 기존 사서에서 맥락을 찾거나, 모두 북경 당국의 발표 범주 안에 들어 있다. 또한 내용의 왜곡은 죽간에 써진 한예체漢隷體를 잘못 해독한 중국 손자학회에 일차적 책임이 있다. 더욱 혼란스러운 것은 "손빈"과 "손무"의 죽간 경계가 여전히 모호한 데 있다. 아마 이것의 명료한 구분은 불가능하겠지만, 중국 당국의 "손자 13편"의 순정성을 보호하기 위한 의도가 엿보인다.

손빈의 정체성 주변에는 극적인 구성이 장치되어 있다. 특히, 방연과의 전투에서 자신을 숨길 필요가 있었음은 여러 사서에 보인다. 그러나 그가 과연 알려진 대로 "손빈병법"의 저자였을까? 그는 선조로부터 전승한 병법의 소장자이며 어떤 편권篇卷은 비밀스럽게 간직하고 있었다. 주변의 야심가들이 비책과 모략을 알고 싶어 그의 주변을 맴돌았다. 손무에 비하면 그의 역사 궤적은 뚜렷하다. 마릉의 전투에서 아주 구체적으로 그가 주도한 작전 지도指導가 여러 문헌에 보이고, 위魏와 제齊군의 전투편성, 지형의 이점, 피아의 정치 상황, 천시를 잘 파악하여 대장군과 왕에게 제언했다. 특히 마릉의 전투에서 전투 서열과 작전 기동 템포를 조정하고 실시한 것은 전국 시대의 주요 전투에서 보이지 않는 전투 작전 보고서 이다. 방연은 늘 조상이 내려준 전투 교범을 가진 손빈을 부러워하고 질시했다. 손빈은 권력 가문인 전 씨 집안인 전기田忌에 선을 대고 있었다. 그런데 같은 전 씨인 제

---

194) 鄆城系氏族譜(淸 順治 년간)의 기록으로 진위를 알 수 없다. 葉原宏(Ethan Yet, 자유 중국의 손자 연구가, 朔雪寒과의 공저 〈손자병법과 전쟁론〉이 있다.)에 의하면 손빈은 越나라 사람 蒙으로 字는 子臧이라고 주장한다.

의 위왕이 사마법의 편찬을 명할 때, 손빈이 자리에 없었던 것은 이상하다. 의문은 은작산 출토 죽간에 견위왕見威王이 있는데 어떻게 〈사마법〉과 무관했을까이다. 위왕 말년에 정치적으로 몰락한 전기와 잠시 잠적했기 때문일까? 사실, "견위왕"은 실제 편명이 있는 것이 아니라, 내용이 손빈이 위왕威王을 만난 정황이므로 죽간정리소조가 손무의 "견오왕見吳王"을 본떠 이름 지었다. 그의 인생 여정은 의문투성이고 실증 역사의 시각에 많이 벗어나 있다. 그의 말년 행방도 묘연하다. 뒷날 전기가 정치적으로 몰락하자 그와 함께 오와 초의 중복 강역인 태호의 서쪽 지역으로 망명했다는 기록에서 그의 인생은 끝난다.

1972년 4월 산동성 임기의 은작산1호묘에서 출토된 죽간 잔편殘片의 수는 4,942매枚였다.[195] 1975년 7월 죽간정리소조의 보고 손자병법(吳問, 四變, 黃帝伐赤帝, 地形 二, 見吳王 등 포함)은 총 196매로 이 가운데 완전한 죽간은 11매, 부분 토막은 122매, 잔 조각은 63편이고, 글자 수는 총 3,160자 였다. 그러나 정밀한 조사와 연구가 진행되면서 1985년 보고된 정황간개에는 총 513개의 죽편에 완전한 죽간은 8매로 재조정하고 죽간 번호를 1~233번까지 부여하였다. 전래한 손자 12편에 해당하는 부분은 1~153번까지이고 글자 수는 2,500여 자이다. 아울러 발견된 일실逸失했던 것으로 알려진 〈손빈병법〉은 큰 관심이었다. 1974년 죽간정리소조의 〈文物〉 잡지 보고에는 손빈 관련 죽간은 총 232매였으나, 1975년에는 440매, 글자 수는 11,000여 자로 대폭 늘려 정정 보고하였다. 이 현황은 그해 여름을 넘기며

---

195) Translate, Lau, D. C. and Roger T. Ames, 〈SUN BIN〉, State University of New York Press, 2003 "Introduction, The Excavation at Yinquesshan"은작산 죽간정리소조의 1974년 최초 보고는 1985년 다시 수정 보고 되었으나, 연구가 진행됨에 따라 발표된 죽편의 부분 토막에 죽간의 수는 다소 차이가 있다.

다시 소폭 줄어든다. 현재까지 손빈의 것으로 여겨진 죽간의 매수는 여전히 확실하지 않다.

〈한서, 예문지漢書藝文志〉에는 손빈병법이 89편으로 구성되어 있다고 기록하고있다. 그 후에 한당漢唐을 거치며 사라졌고, 뒤에 〈손빈병법〉의 실존 여부를 의심하다가, 은작산에서 발견되었다. 발견된 죽간 "손빈병법"에는 죽간竹簡이 440매(또는 364매), 상하 15편씩 모두 30편으로 구성되었다고 여겼으나, 1985년 9월에 출간한 정황간개에는 하편 15편을 모두 삭제하고 상편에 장장본에는 나타나지 않은 "오교법五敎法"편을 추가하여 모두 16편으로 조정했다. 그러나 다음에 다시 30편으로 복귀하는 혼란을 겪는다. - 이것은 중국 역사 학회의 내부 문제라 거론하기 어렵다.- 발견된 원문에는 21편의 편명이 남았고, 나머지 9편의 편명은 알 수 없다. 〈한서〉의 기록대로 89편이라면, 나머지 59편은 아직 발견되지 않아 내용을 알 수 없다. 이런 이유에서 2003년 손빈 죽간을 영역한 Lau, Din-cheuk(劉殿爵, 1921~2010)과 Rodger T. Ames의 〈SUN BIN, The Art of Warfare〉에는 손빈의 것으로 발표된 죽간들이 어쩌면 13편에 보이지 않는 손무의 잃어버린 죽간일 가능성이 있다고 조심스레 말하고 있다.[196] 한편, 앞서 북경에서는 죽간 손빈의 해석을 두고 치열한 논쟁이 있었다. 죽간의 정리와 해독은 중국 인민 해방군 군사과학원에서 지정한 여러 학자의 손을 거쳐 오늘에 이르렀다.[197]

"손빈병법"에 대한 서구의 의심을 대표하는 사람은 아마도 Edmund

---

196) D. C. Lau and Rodger T. Ames, 〈SUN BIN, The Art of Warfare〉 SUNY Press, 2003, Introduction p 18 ~ p 19

197) 張震澤,Zhang Zhenze 〈孫臏兵法校理Sun Bin bing fa jiao li〉 1983, 1984, 劉新建 Liu Xinjian 1989, 趙逵夫Zhao Kuifu, 1994 〈孫臏兵法校補, 簡牘學硏究 2002〉

Balmforth인데, 그는 서구 학자들이 북경의 관제 연구(군사과학원, 손자학회, 죽간정리소조)가 던져준 자료로만 손자를 연구한다고 한탄하여, 특히 손빈에 대해서 그 고유성과 사상적 응집력의 결여, 틀거지가 없는 진부한 전개를 지적하며 그의 생애 또한 도착지가 뻔한 "예정된 포물선 같은 소묘(Parabolic Sketch)"라고 불평한다.[198] 이런 점은 은작산 발굴 과정 실수나 불투명성과 함께 중국 손자학회에 대한 불신을 증폭시키고 있다. 이에 반하여 Rodger Ames는 북경을 옹호하며, 서구의 학자들이 중국 군사사상의 "True Face of mountain Lu 여산진면목廬山眞面目"을 모르기 때문이며, 이런 문제는 중국 문화의 면면綿綿함과 "문화적 거만함"에 숨어있으므로 중국인이 아니면 이해하기 어렵다고 말한다. 서구 연구가들은 대체로 "손빈 군사사상의 역사적 실체성"에는 주목한다. 또한 손무와 다른 전국시대의 사상적 특성의 한 흐름을 발려내어 독자를 설득하고 있다. 그러면서 "꺼림칙한 손빈"이 "어떤 사람"이었다고 하기보다는, 손빈이 출현하는 모든 텍스트에서 "전달자로서 고립된 존재"를 묘사함에 맥락에서 벗어난(Decontextualized)"무엇을 했던 사람"이라는 중국적 표현으로 이해했다.

은작산 죽간에 대한 서구의 흥분과 야심이 불변하는 서구적 로고스보다 항상 변화하는 중국적 모델에서 "고전적 근거(Locus Classicus)"를 찾으려는 각성으로 바뀌던 차에, 장장본의 등장으로 이 "손빈병법"은 무너질 위기에 처했다. 장장본 〈손무병법 82편〉에 상당 부분이 손빈병법과 일치할 뿐만 아니라, 편제명은 한신비주에 언급하는 "제안성간齊安城簡"과 같다. 지금까지 발견으로는 제안성간이 손빈의 89편일 가능성은 높다. 이로써 끊어

---

198) Balmforth, Edmund Elliott, 〈A chinese military strategist of the warring states, Sun Pin〉 Rutgers University Dept. of History, 1979

진 고리가 연결되어 오히려 병법 역사의 무게 중심이 옮겨질 판이었다. 중국 손자학회가 인정하지 않고 있고, 비록 장장본의 서술이 부분적으로 찬개되고, 가필, 연변 하여 학문적으로 인정된 권위가 없어도, 외생적 충격에 견딜 수 있는 것은 부인할 수 없는 내용의 진실성 때문이다.

손빈병법 상권　　　　　　　　　　　　　　장장본 손무병법 82편
1. 금방연擒龐涓 Capture of P'ang Juan [199]
2. 견위왕見威王(편명 없음) Audience with King Wei
3. 위왕문威王問 The Questions of King Wei
4. 진기문루陳忌問壘 Ch'en Chi Inquires About Fortifications
5. 찬졸篡卒 Selecting the Troops　　　　- - - -　　찬졸篡卒(편제 배열 미상)
6. 월전月戰 Lunar Warfare(the Moon and Warfare) - 월전月戰(편제 배열 미상)
7. 팔진八陣 Eight Formations - - - - - - - - - - -67편 팔진八陣
8. 지보地葆 Treasures of Terrain
9. 세비勢備 Preparation of Strategic Power - - - - - -26편 사비四備
10. 병정兵情(편명 없음) Nature of the Army - - - - -　5편 화동和同, 兵之情
11. 행찬行篡 Implementing Selection- - - - - - - - -행찬行篡(편제 배열 미상)
12. 살사殺士 Killing Officers(Sacrifice in Battle)
13. 연기延氣 Expanding "Chi" - - - - - - - - - - - -연기延氣(편제 배열 미상)
14. 관일官一 Offices, I - - - - - - - - - - - - - -25편 관일官一
15. 강병强兵(편명 없음) Strengthening the Army
(추가) 오교법 五敎法 Five Instructions

손빈병법 하권
1. 십진十陣 Ten Deployments
2. 십문十問 Ten Questions
3. 약갑略甲 Regulating Mailed Troops - - - - 69편 약갑略甲
4. 객주인분客主人分 Distinction Between Guest and Host(The Positions of Invader
　　and Defender - - - - - - - - - - - - 기피기피彼(편제 배열 미상)
5. 선자善者 Those Who Excel- - - - - - - - -52편 사오四五
6. 오명오공五明五恭 Five Names, Five Respects - - 공명恭名(편제 배열 미상)
7. 병실兵失 The Army's Losses- - - - - - - - - -35편 린봉麟鳳

---

199) 〈손빈병법〉의 영역본은 Ralph D. Sawyer, 〈SUN PIN, Military Methods〉
Westview Press, 1995 와 D. C. Lau and Rodger T. Ames, 〈SUN BIN, The Art of
Warfare〉 SUNY Press, 2003가 있다. 편명에서의 두 번역은 상당한 차이를 보인다.

8. 장의將義 The General's Righteousness --- 47편 일장一將
9. 장덕將德 The General's Virtue ----- -- 린봉2 麟鳳二(편제 배열 미상)
10. 장패將敗 The General's Defeats ----- - 50편 장패將敗
11. 장실將失 The General's Losses --- --- 50편 장패將敗
12. 웅빈성雄牝城 Male and Female Cities --- 37편 군격 1 軍擊一
13. 오도구탈五度九奪 Five Criteria, Nine Seizings - - 39편 구탈九奪
14. 적소積疏 The Dense and Diffuse ------ -- - 40편 육승六勝
15. 기정奇正 Unorthodox and Orthodox- --- --- 45편 기정奇正

편외
민지정民之情 ---------- 16편 민정民情
십관 十官 ------------ - 19편 십관十官
육거 六擧 ----------- - 20 편 육거六擧
사변 四變 ---------- -- -51편 구변2 九變二
지형2 地形二 ---------- -53편 구지2 九地二
칠세七勢 ---------- -- -58편 구세 九勢
기도起道 ---------- -- -계도啟道(편제 배열 미상)
지도止道 ---------- -- -지도止道(편제 배열 미상)

손빈 30편 가운데 11편이 장장본과 편제명이 일치한다. 편제명이 다르더라도 내용이 유사한 것은 손빈 30편 가운데 10편이니, 손빈병법 30편 중 21편이 장장본과 같다고 보아야 한다. 그 외에 손빈병법의 30편에 들지 못했으나 은작산 죽간에 고립된 편명으로 장장본과 내용 또는 편제명이 같은 것이 8편이다. 그렇다면 이것은 아무리 보아도 "손빈병법"이 아니라 본래 "손무의 병법 82편"이거나 제손자 병법 89편으로 추정되는 "제안성간"이 아닐수가 없다. 사서에 보이는 손빈의 병법과의 연관성을 부정할 수는 없다. 그의 역할은 "손빈병법"을 만든 것이 아니라 증조부 또는 아무개 조상인 손무의 작품을 다듬고 발전시켜 13편으로 가는 기틀을 마련한 것이다. 제손자 89편은 여러 병서의 저본底本이 된다. 은작산 죽간 출토를 근거로 "손자 13편"과 "손빈병법"이 별도라고 못 박기 전에, 손빈병법이 한당漢唐을 거치며 실전失傳한 이유를 찾아야 한다.

　"손빈병법"이 또 다른 저자의 독특한 군사사상으로 성립되었다면, 한 제국의 병법가들이 각별히 관리했을 것이다. 은작산 한묘에서 나온 죽간이나 대통大通 손가채孫家寨의 한간漢簡으로는 13편의 기원에 대해 완전한 해답을 찾을 수 없다. 전국 시대 죽간을 증거로 13편을 고증할 수 있는 자료는 아직 없다. 전쟁이라는 긴박하고 엄중한 상황, 정변과 반란에 대처하기 위한 묘책을 구하기 위해 시대마다 위정자들은 심혈을 기울였다. 군대가 통치의 수단이 되어서는 안 되는 유학儒學의 가르침은 군유軍儒로, 무학을 천시하고 병법을 경멸한 도학자들 역시 음살陰殺의 가르침으로 비밀을 전수했다. 장장본의 입언과 예시가 암시한 세전본과 가전본은 이런 틀거지 안에서 전승되고, 놀랍게도 천하의 미래를 전망한 모습에 감탄하게 된다. 평화를 사랑하는 약자의 마음과 동시에, 힘과 폭력의 세계를 추구하는 인간의 이중성이 문장의 도처에 녹아들어 있다. 위의 손빈의 이름으로 나온 30편의 내용은 문장구조가 단순하고 전국시대의 문리를 담고 있다. 가전한 장장본 손무병법 82편은 여기에 살이 붙고 연변 하여 문구가 다소 허술하고 문리에 맞지 않는다. 내용을 보면 "손빈병법"은 손자 13편의 원형으로 단순하며 문장 구절이 먼저 성립되었음을 알 수 있다. 이게 무슨 말인가? 사마천에 의하면 손빈은 손무의 후손인데 그들의 작품은 거꾸로 된 것인가? 무라야마 마코토(村山 孚, 1920~2011)는 손빈의 글은 손무 보다 후대의 것임에도 불구하고 내용의 해독이 더 어렵고 문장은 더 오래된 것 같다고 지적한다.[200]

　이로써 우리는 장장본에 쓰인, 후에 성립을 예고한"축간"이라는 말의 뜻

---

200)　무라야마 마코토(村山 孚), 〈승리를 위한 철학, 손자의 말씀 勝つための哲学 孫子の言葉〉 p 223 ~ p 238. 第 14 章 孫臏兵法 PHP 研究所, 2006

을 이해하게 된다. 축간 과정은 오랜 시간을 통과해야 했다. 한 사람의 손이 아니라 춘추 말부터 시작하여 전국의 참혹한 전란을 거치고, 진의 통일 작업에 글자가 바뀌고, 초한 전쟁의 경험이 스며들고, 한 제국의 관념론자 손에 사변화 되었으며, 삼국 시대 조조의 산책刪冊을 겪어야 했다. 82편은 오행五行의 다이어트로 몸집을 줄이고, 삼재三才를 본받아 음살의 기운을 통제하여 마침내 세련된 군사 철학과 민지고民之故의 경험을 담아 13편이 되었다. 예언대로 13편은 세상에 퍼져 권력에 복무하고, 저본底本인 82편은 도인의 비술로 여겨 집안 깊숙이 숨겨졌다. 장장본 82편과 〈죽간손자〉, 〈죽간손빈〉은 문서 가설도(D. H)로 도식이 가능하다. 약간의 가설을 더 하면 부록의 도표와 같은 알고리즘이 만들어진다. (부록 도표: Documentary hypothesis of SUNTZU, Art of War)

다. 마릉 전투의 설계자, 다시 孫氏에서 田氏로

손빈孫臏과 방연龐涓, 이들은 귀곡자鬼谷子 사관학교의 선후배 관계이다. 무협지의 협객처럼 주막에서 만났지만, 두 사람의 출신 배경은 다르다. 두 사람의 운명이 복수극으로 끝난다는 복선이 이미 귀곡자의[201] 예언을 통해 깔린다. 사물의 변화와 역사의 변천을 음양의 문제로 보아야 하는 가르침에, 물려받은 병법 죽간 배면背面에 注를 달기 시작했다. 늘 사태의 양면성을 보는 오늘날 중국인 사고의 전형은 귀곡자에서 출발한다. 형과 무형, 유위와 무위, 열림과 닫힘(捭闔)을 알아 종횡으로 經을 엮어나갔다. 천문산天門山이 갈라져 초강楚江이 열리고 장강으로 이어지며 강동으로 가는 길

---

201) 鬼谷子(기원전 3세기경) 왕후王珝, 왕허王栩, 왕선王禪 등으로 불린다. 도가와 병가를 결합한 저서 〈귀곡자〉를 남겼다. 淸初에 吳門嘯客이 지었다는 야사인 〈孫龐鬪志演義〉에는 손빈과 방연, 縱橫家인 蘇秦과 張儀, 도사 茅濛 등이 그의 제자였다고 전한다.

목 어디에 귀곡이 있다. 귀곡자의 출신, 거주, 생몰은 모두 미궁이다. 도교에서는 도인의 죽음 "滅"을 표기하지 않는다. 그냥 더 깊이 들어가 으스스한 귀곡에서 학이나 신선이 되거나, 겨드랑이에 날개가 돋아 우화羽化했다고 한다. 전란을 피해 은거한다는 의미의 귀곡은 지식인이 혼돈의 시대를 사는 방법이었다.

무대에는 전국시대의 위선자를 대표한 두 명이 보인다. 두 사람은 선악의 피안이었던 귀곡을 나와 속세에서 양면성의 운명적 적수가 된다. 손자 13편이 세전 되면서 사태의 양단을 항상 보도록 하는 관점이 생긴 것은 음양가인 귀곡자의 영향이었다. 두 사람은 은원恩寃 관계가 서로 방통하여, 만나면 칭찬하여 부추기고(飛而箝之), 헤어지면 유인하여 협박했다.(鉤箝之語)[202] 음덕과 음흉이 내재한 숨은 사람(孫)과 어수선한 사람(龐)으로 성격 지워진 드라마가 마릉의 전투이다.

"손빈병법"에는 손빈과 齊 위왕의 문답에 마릉 전투의 정황이 담겨있다. 위왕威王(田氏, 이름 因齊, 재위기간, 기원전 356~320)은 전제田齊 군주 가운데 37 년간 안정되이 통치했고 국력은 강성해졌다. 처음에는 주색에 탐닉하여 정사를 소홀히 했으나, 재색을 겸비한 첩 우희虞姬의 말을 경청하여 간신인 아대부阿大夫를 팽살烹殺하고 현명한 묵대부墨大夫를[203] 중용했다.[204] 나라가 잘 다스려 지는 가운데 유능한 재상 추기鄒忌(騶忌子, 기원전 385~319)와 장군 전기田忌의 보좌를 받아 중원의 왕으로 군림한다. 추기와

---

202) 〈귀곡자〉 5장 "비겸飛箝"
203) 卽墨大夫;齊의 즉묵 지역(지금의 산동 칭다오 일대)을 다스리는 관리, 阿大夫;아 지역(지금의 산동 聊城市 東阿縣)을 다스리는 관리, 아첨(阿)과 침묵(墨)을 대비시켜 관리의 품격을 비유하나, 泰山을 동서로 하는 지역적 특색이 다른 세력의 갈등으로 보인다.
204)

전기는 점차 반목하게 되어 전기는 후에 초나라로 망명한다.[205]

　앞에 언급한대로 위왕은 전양저의 군사사상을 모은 〈사마법〉의 저술을 명한 사람이다. 전제田齊 군주의 세계世系를 다시 살피면, 기원전 485년(애릉의 전투1 년 전) 전희자 걸乞이 죽고 위왕까지 164년간 손무에서 손빈까지의 변화를 추정할 수 있다.

　　田僖子乞(전485년) → 田成子恒(常) → 田襄子盘 → 田莊子白 →　太公(田和, 전 384년) → 侯剡 → 桓公 → 威王(전 320년)

　항간의 야사인 〈손방투지연의孫龐鬪志演義〉에는 손빈이 방연龐涓과 함께 귀곡자의 제자였고 후에 방연에 이어 위魏나라에 등용되었다고 〈사기〉보다 자세히 기록하고 있다. 당시 위 혜왕(惠王, 기원전 400~전 319)은 유세가 만나기를 좋아하는 사람이었다. 맹자와 묵자 등 전국 자파의 수장들이 그의 궁정에 드나들었다. 그러나 손빈은 방연의 질시와 모함으로 얼굴에 먹물이 새겨지고 다리 슬개골(臏)을 잘려 불구가 되었다. 그는 거짓 미친 채(佯狂)하며 숨어 살다 齊나라로 도망갔다. 그전의 행적은 알 수 없고, 다시 대장군 전기田忌의 추천으로 군사軍師가 된 기원전 341년이 그의 인생 중심 기년이 된다. 〈사기 전경중완세가 史記 田敬仲完世家〉 제선왕齊宣王 2년, 마릉 전투의 전투 지도부 구성에 사람들이 손빈으로 여기는 "손자"가 등장한다.

---

205) 〈史記 孟嘗君列傳〉 成侯(추기)與田忌爭寵 成侯賣田忌. 田忌懼 襲齊之邊邑, 不勝 亡走 : 이는 威王 때의 일로 위왕이 죽고 선왕宣王이 서자 전기가 모함 받은 사실을 알고 그를 불러 마릉의 전투 직전 재등용한다. 전기의 초나라 망명은 그 이후이다.

"제나라는 거병하여 전기田忌를 사령관, 전영田嬰을 장군, 손자를 군사로 삼아 魏를 공격 韓과 趙를 구했다. 齊因起兵 使田忌 田嬰將 孫子為帥(師) 救韓趙以擊魏"

위 문장은 〈사기〉의 세가와 후대의 사서에 단골로 등장하는데, 전기는 유명한 제의 대장군, 전영 역시 제 위왕의 막내 아들이고 제 선왕宣王과는 서제庶弟간이다. 그 유명한 맹상군孟嘗君 전문田文의 아버지이다. 그런데 군사軍師는 손빈이라 하지 않고 왜"손자"로 서술 되어있을까? 벌써 손자라는 전쟁학파, 병가의 시조가 된 것일까? 이것은 서지학적으로 후대에 가필하지 않고는 생기지 않는 현상이다. 齊와 魏 양국의 전투서열이 분명했는데 위나라 세작들이 혹 "전빈田臏"일지 모르는 적 수장의 정체를 몰랐다는 것은 이상하다. 전분田盼은 가게무샤(影武士) 같이 어자御者들의 호위를 받으며 제의 진영 깊은 곳에 보일 듯 말 듯 있었다. 어떻게 적장을 모르고 전투를 할 수 있었을까? "적의 장수를 모르면 군을 앞세울 수 없다. 不明于敵人之將 不先軍也"는 관중管仲의 충고를 듣지 못했던가? 어수선한 방연이 집요한 복수 의지에 불타는 손빈의 행적을 걱정하지 않았을까? 사실, 은근히 호감이 가고 신뢰할 수 있는 사서는 〈죽서기년〉이다. 전분의 이름이 여러 부장이 아닌 주인공으로 등장하는 가장 오래된 유일한 사료이고, 〈전국책〉과 〈자치통감〉은 전해 들은 이야기를 적었다. 〈죽서기년〉이 써진 시기는 대체로 위魏 양왕(襄王, ? ~ 기원전 296년) 때로 여겨진다. 그런데 계릉과 마릉에서 사직의 사활을 두고 두 번이나 전투를 벌인 적군 군사軍師의 이름을 모를 수 있을까? 양왕은 마릉 전투에서 패한 위 혜왕의 아들이다. 〈죽서기년〉의 필자는 아무리 늦어도 45년 전인 마릉의 패전을 생생히 기억해야 한다. 그런데 그의 기억에 주인공이라는 손빈은 없었다.

손빈이 자신의 정체성을 밝힌 중요 문구가 갱묘에서 나온 "손빈병법"
〈진기문루陳忌問壘〉에 보인다. 진기陳忌(田忌)가 군사 방어진지(壘)에서
피아 전술과 축성법을 묻고 답하는 가운데 비록, 문구들이 잔멸殘滅되어 뜻
이 혼란하지만 손빈의 과거를 추측게 하는 말이 있다.

> "(나는) 오월의 정세에 밝고, 제나라 말을 할 줄 압니다. 이르길, 손 씨의 도란
>
> 것은 세상 (이치)에 필히 부합해야 하는 것입니다. 明之吳越 言之於齊 曰 智(知)
>
> 孫氏之道者 必合於天地 孫氏者......"
>
> － 〈진기문루陳忌問壘〉, 1972년 산동 은작산 출토

이 말이 미스테리하다고 느끼는 독자라면, 다음과 같은 의문이 생긴다.
왜 손빈이 자기의 세습 가문인 손 씨를 타자화하여 말한 것일까? 어쩌면 그
는 사마천의 말대로 손무의 후대인 것은 명확하나 신원이 불명한 손씨 병
가의 한 일원이 아니었을까? 손무가 노예에서 풀려나 오초吳楚의 경림에서
살 때 취한 월나라 여인의 후손이었을까?[206] "손 아무개"는 병법을 따로 쓴 것
이 아니라 물려받은 교범을 말하고 있었다. 그의 손에는 82편이 그리고 그
의 계릉桂陵과 마릉馬陵의 전투 경험을 추가하여 89편이 들려 있었다. 동한
에 이르러 여러 한적이 그를 초나라 사람이며 제나라 신하가 되었다(楚人,
爲齊臣)고 기록한다.[207] 전국에 들어서며 오는 월에, 월은 초에 멸망했으므
로 그의 출신이 오월이라면, 손빈이 제나라 출생이라는 이야기는 막장에 이

---

206) Ethan Yet, 위의 주

207) 〈潛夫論〉, 賢難 "孫臏修能於楚 龐涓自魏變色 誘以刖之" 〈呂氏春秋〉不二, 高誘
註 "孫臏 楚人 爲齊臣 作謀八十九篇 權之勢也"

르게 된다. 여러 정황으로 보아 그는 전제田齊 군주가君主家 와는 친척 관계가 아닌 것 같다. 따라서 마릉 전투에서 위나라가 파악한 제의 장수는 공자인 전분田盼이었고 미천한 그가 세작의 눈에 보일 리 없었다. 손빈은 손씨 가문에서 먼 곁가지였을까? 13세 어린 나이에 부모를 잃고 초의 귀곡자에게 의탁하여 공부하고 공명을 이룬 후 다시 족보에 넣어준 것일까?

한편, 손빈의 아버지 손기孫沂는 제나라가 전 씨 천하가 된 391년(太公田和 즉위) 이후에 오나라에서 제의 임기 변두리로 돌아왔다. 다시 성을 손씨에서 전 씨로 바꾸고 싶은 마음이 왜 없었겠나! <사기>에는 그가 "제나라 사람이고 아阿와 견鄄 사이에서 태어났다. 臏生阿鄄之間"고 막연히 적고 있다. 손무로부터 140여 년이 4세대 만에 급히 지났으니, 세대 간에 첫째 아들을 늦어도 40대 이후에 낳아야 연대가 맞는다. (이 점은 앞에서 언급했듯이 <사기> 옹호자들의 <신당서> 공격 논지다.) 손무의 2세대 가족들은 오가 월에 멸망하자 제나라로 돌아갈 생각이었다. 어머니가 오월 여인이라면, 가족 형제간에 분열이 생겨 경림 지역이나 소주의 부춘에 그대로 남아 분파가 생겼을 수 있다.

손빈의 세계世系에 관한 사료의 논란은 앞에서 논했으니 연도의 정확성은 차치하고, 중국 학자들이 대체로 추정하는 손빈이 빈형臏刑과 검면黥面을 당한 때가 위 혜왕 9년(기원전 361년)이면, 5년의 양광佯狂 기간을 지나 제나라로 탈출하여 위왕을 만난 때는 왕이 즉위한 기원전 356년에서 341년 사이로 판단된다. "손빈병법"의 모두冒頭에 "금방연禽龐涓 -방연을 사로잡음"篇이 있으니 이 문장은 마릉馬陵의 전투에서 위의 장군 방연을 자살케 하고 원수를 갚은 기원전 341년 가을 이후에 써졌다. 사서에서 고증할 수 있는 것은 여기까지이다. 그런데 장장본과 이른바 손빈병법 사이에는 비밀스러운 내연관계가 보인다.

한 세기 반 전에 성립한 82편에는 위왕, 전기, 방연의 행적은 물론 나타날 수 없다. 사서에서 명멸된 〈손빈병법〉이 완전히 사라진 것은 12편의 저본이었기 때문이었다. 따라서 서한 초기까지는 병가에 통행 되었으나 동한 이후에 병가에서 "폐기처분"되었다면 수수께끼가 풀린다. 처음부터 손빈병법은 없었기에 축간縮簡 과정에서 사라지고, 손빈의 전투 경험은 경전에 반영된다. 〈사기〉는 손빈의 명성과 산동과 양자강 하구 사이에 광범위하게 퍼져 있었던 병법에 능한 사람을 발탁하여 병가로 분류한다. 이른바 손자학파(School of Art of War)로 자파의 반열에 아병성亞兵聖의 위치에 올려놓았다. 이 작업은 양한兩漢 시대를 거치며 꾸준히 이루어져 자파의 완전한 성립은 동한 말에 이르러서였다.

장량張良이 몸을 숨길 때 82편은 같이 은닉 가전 되어 난세마다 언뜻 사람들의 눈에 보였다. 서기 215년 한중漢中에서 오두미도의 장로張魯가 조조曹操에게 항복하며 병법은 도가와 병가의 하이브리드로 의미를 심화해 갔다. 이 사건은 병법을 〈노자〉처럼 보고 〈노자〉를 병법처럼 볼 수 있는 중요한 관망대를 제공했다. 어지러운 남북조 시대(304~439)가 오자 의관 남도 사태 가운데, 서기 399년 경림이 있는 태호를 기점으로 중원에서 양자강 하구로 이주한 오두미도 도교의 반란이 일어났다. 손자의 후손을 자처한 손은孫恩이 병법 "음살"을 손에 들고 동진의 부패한 정권에 타격을 가할 비책을 민중들에게 설파했다. 뜻밖에도 집안에 감춰졌던 많은 82편이 나타났다. 손 씨, 장 씨, 공손 씨, 왕손 씨 등이 가전 죽간을 부적처럼 풀며 선동하자 분노한 민중이 "노자 81편"과 "병법 81책"*을 호신부로 필사하여 나누어 가졌다.

실상, 이들에게 노자는 귀도鬼道였고 병법은 주문에 불과했다. 오월 지역에 바다를 건너와 정착한 이들은 여전히 다른 귀신을 섬기고(淫祀他鬼神) 있었다. 장장본 82편은 동해에 정박한 수많은 선박에 모신 신주의 옆자리에 놓였다. 습한 기후에 죽간은 종이에 필사되지 않은 채, 운하를 오가는 조방선漕舫船으로 가장한 전투함 누선樓船의 2층 비여飛廬의 상석인 합려閤廬에 숨겨져 있었다. 관편官編 한적이 가진 권위와는 동떨어진 "산자이山寨"로 가짜 취급을 받았지만, 하늘에 마땅히 부합한 병법으로 민중에 위안을 주고 승리의 비전을 펼쳐 보였다. 장장본에 대한 중국 군사과학원 손자학회와 대륙 중화권 학자들의 가혹한 폄하는 물론 이미 전래한 〈손자병법 13편〉의 순정적純正的 탄생 근거를 옹호하고 이미 자리매김하여있는 춘추시대의 손무라는 혁혁한 이름을 불후로 남기기 위함이었다. 더구나 〈사기史記〉의 열전과 〈오월춘추〉, 〈전당서〉 등에 기록된 손무의 행적과 병가의 최고 자파를 이룬 〈손자병법〉의 경經의 지위를 불온하게 타격하고, 이런 역사서를 위증으로 몰아갈 위험과, 찬란한 화하華夏문명의 한적들 신뢰에 연쇄적 부도를 일으킬 가능성이 있다. 게다가 20세기 신중국의 고고학적 업적인 "손빈병법"의 발견과 복원은 물거품이 된다. 중국 역사서의 일원성一元性을 인질로 잡고 있는 사마천의 〈사기〉가 서한 시대의 죽간으로 발견되기까지는 전래한 〈사기〉의 판각 시기가 종이로 옮겨진 3세기 이후 수당 시대에 이루어 진 것이므로, 〈사기〉를 증거로 제출할 수 없는 중요한 쟁점이다. 이런 서지학적 혼란은 후세에 과거의 정보가 규합되고 서로 교섭하여 창조적 작술作述로 나타난 많은 고전에 보이는 흔한 현상이다.

라. 13편에 보이는 손빈의 흔적들

장장본이 위서라면 "손빈병법"으로 변조된 30편의 대부분 문구가 일치하는 것은 불가능한 일이다. 1928년에 세상을 떠난 장루이지가 1972년에 발견된 죽간을 보고 베꼈을 리도 없다. 오히려 손빈병법의 잔멸된 죽간의 부분을 채울 수 있는 문리와 문맥에 맞는 단어를 장장본에서 손쉽게 찾을 수 있고, 한예체漢隸體로 써진 죽간의 현대적 해석과 오류가 없다면, 손무 〈손자병법〉의 주요 문장과 사색의 연원이 장장본에 있음을 알게 된다. "손빈병법"이 재조再造되고 편수 번호가 주어진 상권 8편 "지보地葆", 12편 살사 殺士, 하권 1편 십진十陣, 2편 십문十問을 제외하고는 모두 장장본에 들어 있다. 장장본에 없는 이 편수는 아마도 한신에 의해 정리된 "제안성간 89편"에 속했을 가능성이 있다. 다르게 표현하면 이 4편은 유실한 82편의 어느 편수에 해당하거나 〈제안성간〉의 부분으로 볼 수 있다. 이 네 편 모두 문장은 다르지만 13편의 군사사상에 영향을 주었다.

13편에는 숨겨진 손빈의 일생과 관련된 흔적들이 있다. 그의 발자국을 따라가면 역경을 이겨낸 고단한 행로와 험준한 카르마가 담긴 메모들, 그리고 더는 접근할 수 없어 멈추면 멀리 안개 속에 흐릿한 귀곡자가 보인다. 전쟁에서 진영에 충실해야 할 책사가 양면성을 끌어내기는 쉽지 않다. 勝과 不勝에 음양의 조화가 어떤 모습으로 나타나야 하는지 예견하고 그의 진언이 권력자의 분노를 피할 수 있어야 했다. 그는 문장에 전례 없는 표현을 사용했는데, 이 책에서는 "Dual 객주화客主化"라는 신조어를 만들 수밖에 없었다. 이 말은 사태를 묘사함에 주관과 객관이 혼합되고 피아의 구분이 없는 구절을 말한다. 혹자는 전국시대의 문장 용법이 대체로 그렇다고 주장하나, 유독 손자병법에는 문장의 주어가 적인지 아군인지 의도적으로 피한 표현법이 상당하다. 이것은 인간 속에서 자연적 질서를 취하라고 가르친 귀곡자의 영향이었다. 이런 생각은 그의 제자 손빈에 의해 병법에 녹아들었다. 손빈의 실체는 그의 "아이디어"로도 충분한 역사적 존재이다. 〈귀곡자〉 "오합忤合"편에 보이는 두 왕조의 창업 공신인 상商 나라 이윤伊尹과 주周 나라 여상呂尙의 이야기는 13편 용간편을 매듭지으며 옮겨 적었는데, 오합이란 대세에 거스르거나(忤), 어울리는(合) 변화의 적응을 말한다.

> "그러므로 이윤은 다섯은 상(殷)의 탕湯에게 걸치고 다섯은 하의 걸桀에게 걸쳐, 입장을 분명히 밝히지 않은 연후에 탕과 연합했다; 여상은 세 차례 주의 문왕文王에 나아가고 다른 셋은 상(은)나라에 걸쳐, 입장을 분명히 밝히지 않은 연후에 문왕과 연합했다 故伊尹五就湯, 五就桀, 而不能有所明, 然後合於湯; 呂尙三就文王, 三入殷, 而不能有所明, 然後合於文王"
>
> 〈귀곡자〉 忤合

> "은나라가 일어선 것은 하나라에 이지가 있었기 때문이고, 주나라가 일어선 것은 은나라에 여아가 있었기 때문이다. (미상 잔멸)은 솔사비가 형隥 땅에 있었기 때문이고, 연나라가 흥한 것은 제나라에 소진이 있어서이다. 殷之興也, 伊摯在夏; 周之興也, 呂牙在殷; (미상 잔멸)彳率宁師比在隥 燕之興也, 蘇秦在齊"
>
> 〈죽간 손자병법 12편〉 용간편

"소진蘇秦(? ~ 기원전 284년)"의 존재는 춘추시대의 손무가 알 수 없었을 것이므로 이 부분을 귀곡자와 연결하여 유추하면 손빈이 찬개했다고 여길 수 있다. "솔사비와 소진"은 죽간 12편에는 있으나 전래하여 현재 통행하는

13편에는 보이지 않는다. 〈한서, 예문지〉에 〈귀곡자〉가 보이지 않아 이런 가설이 모두 무용할 수도 있다. 이로써 우리들 가슴에는 漢 시대 이후 사마천의 권위에 도전하는 모든 "잡설"은 삭제를 면치 못했을 아쉬움과 우수가 남았다.

"지보地葆"는 13편에서 세, 실허, 행군, 구지편을 통해 지형의 이점, 방어와 공격의 기동 편성을 논하며 지형 묘사의 독특한 용어를 그대로 전수했다. 더불어 지형 극복의 어려움을 "五地之殺日 天井 天宛 天離(羅) 天[土[乂/尤]](隙) 天招(陷) 다섯 가지 죽음의 땅은 자연 우물이 있거나, 지형이 감옥같이 막힌 곳, 한 번 들어가면 돌아 나오기 어려운 곳, 틈이 벌어진 동굴 지대, 천연 늪지이다."와 같이 행군편에 그대로 표현했다. 다섯 가지 천연 지형 "五天"은 뒤에 도교나 술사의 영향으로 "六害天"으로 연변 한다. 특히 도사인 이전李筌의 注 이후에는 전래본 13편에 "六害"를 관용어화 하고, 〈무경총요武經總要, 制度九, 土俗〉에는 인간과 하늘이 땅에 구속된 모습으로 표현했다.[208] 六은 음의 수이고 장장본에는 제목만 전하나, 20편 "육거六擧"가 있다. 육거는 여섯 악이 일어남을 말한 것으로 추정되고 적대적 모습으로 묘사되는 문구에 언제나 六이 따라붙는다. 4세기 도교 모산파茅山派를 중흥한 2대 문주 양희楊羲는 당대를 사악한 시대로 규정하며 육천六天이라 명했다.

생각건데, 지보는 13편의 지형편과 연결되는 것이 상식이다. 그런데 지형편에는 지보의 문구나 단어가 나타나지 않는다. 더구나 13편의 지형편은 지형 분석이나 IPB(Intelligence Preperation for Battle Field 전장정보분석)를 연상해야 할 구절은 보이지 않고, 상당히 지형적이지 않은 문장들, 모공謀

---

208) 兵法曰：絕澗, 天井, 天牢, 天羅, 天陷, 天郤六者, 謂之六害

攷이나 형形에서 볼 수 있는 문구들로 채워져 있다. 무슨 말인가? 13편의 지형편은 그 어두운 은작산 갱묘를 아무리 뒤져도 나오지 않을 것이다. 늦은 서한이나 동한 이후에 편집되었기 때문이다.

12편 "살사殺士"는 장장본에는 편명이 없으나 41편 습중拾中에 무모한 작전에 의한 결과로 나타난 병사의 죽임"殺士"가 주요 문구로 보인다. 살사는 전통적인 해석에서 "죽음을 무릅쓰고 싸우는 정예병"이나 "희생으로 사용하는 장수"로 미화되어 있다.[209] "습중"편은 장장본 가운데 터무니없는 말과 찬개한 흔적이 가장 많은 편이지만, 한당漢唐으로 이어지는 군사사상의 부분적 가교 구실을 하고 있다. 살사는 의미가 분산되어 13편에는 특별한 문장을 만들고 있지 않다. 士가 노예를 다루는 십부장이었던 본래의 의미를 환원하면, 아마도 노예의 상벌 규정에 대한 불공정으로 일어난 반란으로 士가 죽은 뜻이 된다. 잔멸되어 문장을 온전히 이해할 수 없으나, 노예 관리의 성패를 연상하는 "상벌을 바르게 하고 明賞罰", "아래 사람을 교만하게 대하는 橋而下之"문구들은 손무가 노예 생활을 경험하고 관찰을 기록한 장장본과 관련되었음을 추측하게 한다.

"明爵祿而……士死。明賞罰□……士死。立□………必審而行之，士死……死。橋而下之，士死□…之，士死．□而傳………勉之歡，或死州□…………之親，或死賈(墳墓……之[言鳥]，或死歠(飮)食……□處之安，或死疾疢之間，或死…… 작위와 봉록을 명확히 해야…… 죽음을 무릅쓰고 싸우고, 상벌이 명확

---

209) "殺士"는 북송 시대 무경칠서에 끼어든 〈尉繚子,兵令下〉에 의해 전통적 해석이 "죽음을 무릅쓰고 싸우는 병사"였다. 그러나 전국 시대 죽간의 본래 의미는 의문이다.

해야 죽음을 무릅쓰고 (싸운다.) 신중히 살피고 행동에 옮겨야 …… □이 서고, 아랫사람을 교만히 함부로 대하면…… 士를 죽여 □할 수 있고…… □을 전해 사기를 진작하되, 혹 전사하면 □ 고향 부모에게 보수(州)를 주고…… (장례를 잘 치루어 준다)…… "

- 은작산 죽간, 12편 殺士

하권 1편 십진十陣은 13편의 모공, 구변, 행군으로 용병법이 흩어졌다. 특히 13편에는 보이지 않는 수상전水上戰의 진형과 공격 방법, 전차와 선박이 혼전한 상황의 교전법은 애릉 전투의 모습을 떠올리게 한다. 수전水戰에서 적 선박의 기함지(津, Harbor)를 목표로 공격하도록 병력을 편성해야 함을 비롯, 10가지 전투 플랫폼의 목적을 기술한 것은 다른 병서에 보이지 않는 독창적이고, 현대 전장에도 응용할 수 있는 야전 교범(FM)의 가치가 있다. 그런데 이런 문구가 왜 13편으로 전해지지 않았는지 의문이다. 다만 오나라가 초, 제와 싸운 두 번의 수륙 양면 전투(柏擧之戰과 艾陵之戰)의 교훈을 담은 82편을 양한 시대 이후 육상 전투와 기병전을 위주로 경험한 편자編者들이 13편의 축간 과정을 주도하며 삭제했을 것으로 추정하여 이해할 수 있다. 따라서 "십진"은 잔멸殘滅한 장장본 죽간의 어느 편수엔가 들어 있었다. 십진十陣은 뛰어난 전장 감각으로 기술되었는데, 장장본에는 67편 팔진八陣 만이 보이고 내용은 민병대의 유격전을 연상케 한다. "황제가 정전제를 두어 팔진이 세웠으니 黃帝置井田 立八陣"는 문장이 도교적 사색으로 연연衍演한 후에 써진 것으로 보인다. 십진보다는 팔진에 익숙한 귀를 가진 이라면 그는 서기 3세기 이후에 살았던 사람이었다.

하권 2편 십문十問에는 13편의 "軍爭"으로 연변 한 구절이 있다. 이해하기 힘들고 논란이 많으며 역사상 11 가주에서 모호한 결론뿐 답이 없는 문구는 "交和而舍"이다. 그런데 이 문구가 十問에 열 가지 논제로 등장한다. 3세기 조조는 그의 〈손자약해孫子略解〉나 그의 註라고 후세에 수없이 판각된 11 가주의 하나인 〈위무제손자주魏武帝孫子註〉"에 "교화이사"를 자신 있게 풀어 놓았는데, 이것은 13편 군쟁편에서 "손자 이르길, 무릇 용병법에, 장수가 임금으로부터 명을 받아, 병사를 모아 부대를 합하고, (유리한 작전 구역과 정예병을 얻으려 경쟁하는 大夫들이 한 장소에서 서로 사귀고 화목해야 하는데 : 교화이사),[210] 군쟁보다 어려운 것은 없다 孫子曰 凡用兵之法 將受命於君 合軍聚衆 交和而舍 莫難於軍爭"와 같이하여 전통적으로 해석해 왔다. 이것은 군쟁을 기동성 증대의 방편으로 보거나, 군대의 불온한 기운을 어떻게 관리해야 하는 가를 고민하는 통치자의 생각을 반영했다.

"십문"의 주요 문구가 어떻게 군쟁편에 소속되었는지 알 수는 없다. 실상, "교화이사"는 은작산 죽간 13편(*12편)의 군쟁軍爭에는 보이지 않는다. 죽간의 잔멸殘滅 때문인지 본래 없었는지도 알 수 없다. 이 문구는 장장본의 "行空"을 대신하여 후한 시대 유학자들이 만들었을 것이다. "손빈 죽간"에 열 가지 타격 방법을 논의하는 전술 명제가 각론을 삭제하고 군쟁편의 한 문구로 축간 되었다는 것은 병법의 논의가 하급 부대의 전술에서 층위가 높은 작전과 전략, 정치로 옮겨 간 것을 시사하고 있다. 이는 82편이 군의 하부 구조에서 나와 13편으로 축간하며 상부의 권력자에게 인입되는 과정으

---

210) 交和而舍. 영어권 번역은 "The two ammies have drawn their battle lines and are ready for contest"로 "軍爭 Armies for contest"를 함유하고 있어 이해의 한계가 있다. 교화이사는 장장본42편 "行空"의 개념이 조조가 漢中을 공격하며 겪은 경험을 토대로 13편 군쟁편의 우직지계로 발전한다.

로 설명할 수 있다. 십문에서 볼 수 있는 교화이사交和而舍는 진영 내의 전술 모의 훈련이었고, War-Game, 지휘관 참모 판단이었다. 〈설문해자〉에는 "사舍는 낯선 사람이 모인 시장의 집합소 市居曰舍 .... 来往客人的候馆所"로, 갑골문에는 풀이 자라 위로 올라가는 하의상달이 이루어지는 곳으로 풀이한다. "교화이사"의 토의 안제는 피아의 상황을 나열하며, 적 기동, 적 상황, 적 능력, 적 지휘관 의도 등을 두고 아군이 불리한 상황에서 월등한 적을 이길 수 있는 계획을 모색한다. 교화이사의 핵심 논제는 기습에 의한 상대적 우위 달성이다. 소수의 Strike 부대를 TF로 편조하여, 지형적 열세나 중과부적으로 포위된 상황에서 적장을 죽일 수 있는 대담한 계획이 거론된다. "십문"에 보이는 적 관찰 방법과 기만책欺瞞策은 상당 부분 13편의 행군편에 같은 개념으로 실려있다.

이제 반고의 말 "89편"을 정리할 필요가 있다. "82편"에서 추가된 일곱 편을 추정하면, 장장본에 안 보이는 금방연擒龐涓, 견위왕見威王(편명 없음), 위왕문威王問, 진기문루陳忌問壘, 강병强兵(편명없음) 등 다섯 편은 위왕이 등장하므로 손빈의 시대 문구이다. 강병은 제나라의 군사적 성공 사례를 상기하며 부득이한 전쟁을 설하는 손빈답지 않다. "살사殺士"는 손자왈이라는 개두문이 있고 노예의 경험을 기술해 손무의 것이다. "지보地葆"와 "오교법五敎法(후에 추가)는 손자왈 개두문이 있으므로 제외하면 "십진十陣", "십문十問"을 합해 손빈 고유, 이른바 제손자齊孫子 89편이 된다. 앞에서 한신비주를 논하여 장장본 26편 "사비四備"에서 한신이 제나라 안성간安城簡을 "손빈병법 89편"으로 여기게 한 구절이 있다. 아마도 그것이 후세에 반고의 글을 보고 찬개竄改한 것일지라도, 82편과 89편의 관계를 충분히 설명할 수 있는 근거가 된다.

그렇다면 손빈의 고유 일곱 편이 포함된 "제안성간"은 왜 전승되지 않았을까? 은작산 한묘에서 나오기 전까지 사료에 전혀 보이지 않았던 것은 왜일까? 물론 생각의 DNA는 무경칠서를 비롯한 후세의 병법의 여기저기에 퍼져 있다. 일곱 편에서 뽑을 수 있는 병학적 사료史料는 다음과 같다.

> 금방연擒龐涓 ; 마릉의 전투에 전기田忌가 참여하지 않음
>
> 견위왕見威王 ; 의로운 전쟁을 하되 신중히 할 것
>
> 위왕문威王問 ; 작전의 준비 템포와 공격 템포의 인식
>
> 진기문루陳忌問壘 ; 정보의 중요성과 손빈의 출신 비밀
>
> 강병強兵 ; 적은 수의 정예병 육성, 국가 자원을 부국富國에 투자
>
> 십진十陣 ; 수륙 양면에서의 열 가지 전투 플랫폼
>
> 십문十問 ; 위-게임, 지휘관 참모 판단 절차

다시 한신 비주의 말을 상기하면, 그는 제손자 손빈의 병법을 "참고할 여지가 없다. 不考不參也"라고 하거나, "제와 진의 죽간은 매우 혼란하고 크게 틀렸다. 齊, 秦兩簡大亂大悖也"라고 혹평했다. 한신의 〈서차병법〉은 전하지 않지만, 그가 제나라 점령시 안성安城은 제의 수도 임치 공격을 위한 기동 축선상에 있었다. 또한 위魏와 조趙로 통하는 길목을 차단 할 수 있는 곳이었다. 제의 수도인 임치로부터 황하를 따라 60여 킬로 서쪽에 있는 제의 중요한 군사 도시였고, 과거 손빈의 위나라 공격 거점이었다. 그의 나이 29세인 기원전 202년 12월까지 4년간 한신은 위魏를 격파하고, 대代를 치고, 조趙를 평정하고, 제齊를 취하고, 연燕을 고립시킨 후 마침내 초楚의 항우를 멸했다. 기원전 203년 제나라 점령 후 한신은 안성간을 얻은 것으로 보

인다. 그것이 괴통의 82책일 가능성도 있으나, 그는 종횡가縱橫家에 속한 사람이었으니 병법과는 거리가 있다.

제나라는 풍요하고 사치한 나라였고 춘추 전국의 오랜 기간 전통을 가진 패권국이었다. 다시 기술하지만, 제의 기원은 주나라 초에 태공망 여상이 은(상)의 봉토를 그대로 이은 것으로 원래 동이족의 터전이었다. 기원전 20세기에 벌써 산동 지역은 황하의 치수가 이루어져 물길을 잡았다. 하구의 습지는 비옥한 초원지대가 되었고 목양牧羊과 양마養馬가 가능해 북방의 유목민이 이주해 왔다. 이민족이 섞여 멜팅 팟이 되며, 서로 다른 것에 대한 이해와 다양성을 존중하는 문화가 생겨났다. 그러나 산과 강으로 나뉜 지역색이 엄연하여, 해안에는 한반도와 요동에서 건너온 정복 세력과 태산 서쪽으로는 황하 상류에서 이주한 중원 사람과의 갈등과 전쟁으로 일찍이 병법이 만들어지고, 기원전 10세기에는 더 먼 지역을 탐색하는 시도에서 도시 국가 간에 정복 제국의 성격을 보이기 시작했다. 전국 시대에 이르러 산동 지역은 방대한 농토에 인구가 급격히 늘어 환황해環黃海 벨트의 문명 중심지가 되고 남방의 해양 제국과 충돌하게 된다. 제나라의 운명은 그 화려한 문화 소프트웨어 안에 들어 있는 사치와 방종, 문란한 사회 풍습과 군사적 하드웨어인 양질의 전마, 뛰어난 전차 제작을 하는 윤편輪扁을[211] 가짐으로써 장엄한 비극으로 점철된다. 제나라에 들어서면 마차 바퀴 자국이 일사불란一絲不亂한 것을 보고 첩자들은 감탄했다. 바퀴의 곡穀이[212] 지극히 정밀하여 고속으로 질주하면 회전축에 진공이 생겨 마찰이 전혀 없었다. 제나라 전차 경주는 너무 유명해 먼 중원의 도박꾼 귀족들이 모여들어 내기 걸기

---

211) 輪扁, 바퀴의 축을 깎는 장인, 〈장자〉 天道, 13장
212) 穀, 바퀴의 중앙에 간극을 두어 마찰을 줄이는 회전축

일쑤였다. 궁정에는 끊임없는 시해 사건이 일어나고 왕과 대부의 처첩들은 서로 통간하여 자식의 이름은 태생지나 어머니의 성을 따르는 것이 편했다.

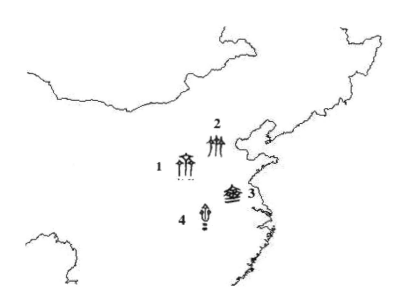

齊는 서쪽의 주 왕실에서 보기에 전차가 가지런히 도열한 동방의 화려한 제후국이었다. "齊"자의 상형은 갑골이나 서주西周 금문에는 도열한 마차 세 대를 상형화한 것이었으나, (1) 춘추 말 초나라 전서篆書에는 두 개의 하천 너머에 보이는 사열 받는 전투용 마차의 모양이다. (3, 4) 전국시대 연燕의 침공으로 잠시 세력이 줄어든 시기 금문에 표현한 제나라는 역시 세 대의 마차이지만, 연의 산동 진출에 큰 하천은 없으므로 글자는 춘추시대와 유사하다. (2) 그러나 제의 오초와의 갈등 후에 나타난 글자의 연변은 상당히 중요한 사실을 알려준다. 중국 남방 사람들에게 제나라는 물(水)로서 간

격이 생겨 만들어진 나라였다. 오와 초의 초전楚篆에는 두 개의 강을 그렸는데, 회수淮水와 황하黃河이다. (3) 이는 중국의 남북 관계가 춘추 말에 발생하기 시작했고, 서주 시대 초기에 양자강 남쪽은 미지의 세계였음을 시사한다. 그러므로 〈춘추〉와 〈좌전〉에 오월의 주요 사건 기록이 없거나 무시되었다. 오월을 중화역사에 끌어들인 것은 漢 나라였다. "소설 〈오월춘추〉"가 이때 만들어졌다. 이들에게 제나라는 강 건너 나라였고, 전국 시대 제의 모습은 강력한 초나라 밀려 초라해 보인다. (4)

남방 출신인 한신의 제나라에 대한 혐오 또는 경계인으로 가진 열등감은 뒤에 언급하지만 "손빈병법"이 사라지게 된 하나의 요인일 수 있다. 괴통은 한신에게 제나라를 기반으로 천하를 3분 하라고 권했으나 그는 듣지 않았다. 한신의 "임시 제왕假齊王"에서 드러난 유방과의 갈등은 유방의 측근들의 탐욕에 기인한다. 결국 그는 초왕으로 옮겨지고 모반의 혐의를 씌워 다시 회음후로 강등된다. 한신의 제나라 혐오는 세련되었으나 음험하고, 쉽게 사귀나 신의가 없는 산동 지역의 기풍 때문이었다. 훗날 한의 사관들이나 임굉任宏과 유향劉向이 한신 서차병법에서 "안성간 손빈의 89편"을 산책删册하고 일부 없앤 것은 아마도 한신 비주 때문이었다. 〈손빈병법〉이 20세기에 편집된 허구라는 오언傲言을 세우려면, 더 고단한 증명이 필요하다. 그러나 아쉽게도 이 "죽간 조각 모둠 병법"은 장장본을 읽는 독자들에게 "손무병법 82편"의 물화된 모습으로 비칠뿐이다. 은작산 한묘 묘갱의 어둠과 진탕을 닦아내고 건져낸 죽간의 어려웠던 해독을 도와준 것은 장장본이다.

〈좌전〉에 없는 영웅의 의미

가. 〈좌전〉의 성격

흔히 〈좌전〉이라고 하는 〈춘추좌씨전〉은 〈춘추〉의 해설을 좌씨左氏(左丘明)가 전傳하며 독자의 이해를 도운 설명서이다. 좌전은 춘추시대 왕후장상과 이름을 날린 이들을 春夏秋冬으로 나누어 쓴 편년체 역사 기록이다. 그러므로 정치, 사회, 군사의 주요 사건이 명료하게 그려져 있다. 더구나 〈좌전〉은 제후들 간의 군사적 공방, 영토 문제들을 주요 사건으로 다루고 있어 병성兵聖으로 추앙받는 손자의 이름이 당연히 들어가야 한다. 그런데 〈좌전〉에 손자의 이름이 전혀 등장하지 않는다. 이런 중대한 의문점에 대해서 역사상 수많은 연구와 학설이 존재하나 모두 추측에 그치고 있다. 〈좌전〉은 비교적 사실의 기록을 作 하지 않고 述하고 있어 이른바 춘추필법에 충실하다. 좌전의 기본 텍스트인 춘추는 독자가 읽기에 무미건조하나 표폄과 무시, 삭제라는 행간의 의미를 담고 있어 추상같은 역사서의 면모를 지녔다. 좌전의 부연 설명이 없었다면 춘추의 상당한 구절이 미궁에 빠졌을 것이다. 후세에 유자들이 〈춘추 좌전〉을 존경한 것은, 그 역사 도통에 대한 엄중한 질문 때문이었다. 공자가 저술한 〈춘추〉를 해설함에 傳은 서로 혼잡 교착되어 사건이 흐려져 있기는 하지만, 임금을 시해하고 불륜과 불효가 만연한 춘추 말 禮가 무너지고 樂이 괴리되는 "예붕락괴"의 시대의 울분을 담고 있다.

공자는 이족夷族 구주九州의 예의禮義 질서를 동경했다. 앞에 기술한 대로 구주가 해양 제국 쿠슈(姑蘇)라면 공구孔丘의 열등의식을 이해할 수 있다. 춘추를 지은 노국魯國 사관은 깔끔한 안목을 지녔으나, 전국 시대에 나타난 〈좌전〉은 상당한 인종적 편견이 들어있다. 중원 여러 지역에 분포한 타민족들, 가령 중산국을 세운 백적白狄 선우 씨나, 묘족苗族, 해양 세력이 차지한 오월 지역의 여러 소수 민족의 사건 기록은 인색하다. 북방 민족의 중원 진입으로 일어난 의관남도 시기 전까지 중원 사족에게는 남방 문화를 경시하는[213] 풍조가 있었다. 송대에 이르러 이런 관점은 역전되어 과시를 거의 독점한 강남인들이 문화 권력으로 등장하면서 역사 속의 "전쟁 영웅"을 재평가하기 시작했다. 북방 민족의 군신의 격의隔意 없음과 사회 풍습의 질박함, 힘을 기초로 한 정치 질서와 의협적 기질은 외경의 감정과 함께 경계의 대상이었다. 점증하는 요와 금, 서하의 남하로 송 사회는 위기감에 차 있었고, 그런데도 문을 숭상하는 "정신 승리"는 북방 군벌인 隋의 중국 통일을 폄하하고 唐의 세계주의를 부인했다. 그들은 특히 "손자"를 홀대했는데, 무폭을 경멸하는 이유에서 〈좌전〉에 손자가 없는 까닭을 논증했다. 그 대표적인 사람이 남송南宋의 유학자 섭적葉適(1150~1223)이다.

나. 섭적葉適의 손자 좌전무대론

섭적이 지은 〈학습기언習學記言〉에는[214] 춘추 시대에 역사 국면을 바꾼 무인武人들을 근본을 알 수 없는 부랑자 깡패로 묘사한 구절이 있다. 〈학습기언〉은 주역周易의 논의를 시작으로 송대의 구양수와 소식까지 수많은 자파의 한적과 역사서를 논하고 있어 가히 중세 중국 철학서의 총화라 할 수 있다. 서기 1126년 카이펑(開封)이 金 나라 군대에 의해 불타며 주요 한적들이 사라졌다. (참조 : 立言에 숨겨진 비밀) 섭적은 "화하기록華夏記

---

213) 吳恩培, 〈左傳〉未戴孫武之原因探討, 2012 3 1, 2021 2월 9일 인터넷 접속
214) 中國哲學書電子化計劃, 인터넷 ctext.org

錄"의 재건에 무한 책임을 느꼈다. 강남의 임안부臨安府(지금의 항저우)에서 다시 찾아야 할 중국 문화의 총량은 감당하기 어려웠다. 중원을 잃고 터전을 바꾸어야 하는 잔산잉수殘山剩水의[215] 심정에서 이상하게도 그의 마음에는 무인武人에 대한 실망이 자리 잡았다. 피난 온 땅, 소항蘇杭 지역은 그 옛날 오월의 강역이고, 손무의 오나라 체취가 있는 곳이었다. 산이 무너지고 물은 넘쳤다. 군대도 무너지고 피난민은 넘쳤다. 초조한 그의 마음은 무폭에 대한 증오심으로 불타고 있었다.

> "영고숙,[216] 조귀,[217] 촉지무,[218] 전제와 같은 부류들은 비천하게도 잔폭함을 사용하는 자들이다. 좌씨전이 이들의 행적을 남기지 않은 것은, 무공으로 세운 이름 따위를 없애, (역사 속에) 비워버리기 위함이다. 潁考叔, 曹劌, 燭之武, 專諸之流, 微賤殘暴用事者, 左氏未嘗遺, 而武功名章灼若此, 乃更闕"
>
> - 〈習學記言〉券46 가운데

그러면서 그는 역사상 근본이 없는 손무 같은 사람이 지었다는 〈손자병법〉을 평하며 춘추 말 산림에 사는 야인들이나 하는 행위로, 소위 손무란 자는 "대개 변사의 요망한 모습을 보인 표지(皆辯士妄相標指)일 뿐 믿을 수 있는 것이 아니다"라고 말한다. 섭적의 후학인 남송의 목록학자目錄學

---

215) 殘山剩水. 산이 무너지고 물이 넘치는 심경은 남중국의 문인화, 이른바 남화南畵의 주요 주제였다.
216) 潁考叔,(? ~ 기원전 712년) 춘추시대 鄭나라 대부, 潁封人으로 불린다. 鄭 왕실의 불화를 위험을 감수하며 화해시켜 정나라의 전성기를 이룬 인물
217) 曹劌,(? ~ ?) 魯의 대부 齊의 침공을 막았다. 손자병법 구지편에는 궁지에서 용기를 내는 것을 전제專諸와 조귀曹劌의 용기라 기술했다.
218) 燭之武(? ~ ?), 鄭나라 사람, 외교술로 위기에 처한 정나라를 강국인 晉과 秦의 침공으로 부터 막아냈다.

者 진진손陳振孫(서기 1179~1262)은 섭적의 관점을 발전시켜, 손자의 오나라 합려와의 관계가 〈춘추전春秋傳〉에 안 보이는 것은 그가 어떤 인물인지 모르기 때문이라며 출생의 모호함을 근거로 손자를 부정했다.[219] 이렇게 집안 따지는 문벌류의 분위기와는 달리, 좀 더 고증학적인 측면으로 바라본 명청대明淸代에도 역시 섭적과 같은 관점의 의견이 있었다. 항주 출신의 요제항姚際恒(서기 1647~1715년 경)은 춘추 전국의 백가百家를 섭렵한 경전의 대가였다. 오랜 연구 기간 그는 청초의 가장 과감하고 급진적인 의고학자擬古學者가 된다. 그는 청의 국가적 사업인 〈사고전서四庫全書〉 편찬에 영향을 준 〈구경통론九經通論〉과 〈용언록庸言錄〉을 완성하며 말미에 〈고금위서고古今僞書考〉를 부록으로 썼는데, 손무가 혁혁한 공이 있었다면 좌 씨가 누락할 이유가 없고, 특히 〈좌전〉은 그 당시의 "오나라 사건을 아주 자세하게 기록"했는데[220] 손무의 이름이 없는 것은 그의 존재가 없었기 때문이라고 조심스레 말하고 있다.

〈좌전〉의 오나라 기록은 후세에 가필과 삭제가 있었다는 의심이 있다. 손자의 이름이 안 보이는 것은 그 시점에 어떤 의도가 작용한 것이 아닐까? 경림간을 오손자吳孫子의 것으로 강조하고 있는 것은 한신이었다. 한신비주에 보았듯이 그는 죽간의 비교와 내용을 평가함에 늘 오초의 경림간을 칭찬했다. 사마천의 국가 통합을 위한 노력은 앞에 언급했듯이 오월의 해양세력을 중화권에 끌어들여 춘추오패 자리의 하나를 오월에 내주었다. 〈좌전〉의 가필과 삭제는 그렇다면 한대에 이루어졌을 것이다. 〈좌전〉은 서한의 동중서董仲舒(기원전 176~전 104), 유향劉向(기원전 77~전 6년)과 유

---

219) 陳振孫, 〈直齋書錄解題〉
220) 이 문구는 실제 〈좌전〉을 漢代의 유향과 유흠이 재편집한 결과로 나타난 오나라의 기록이다.

흠劉歆(기원전 50~서기 23년) 부자父子를 거치며 손을 탔다. 모두 중화 중심주의(Sino-centrism)의 핵심 인물이고 유학을 왜곡한 존비론尊卑論으로 천지, 상하, 남녀의 차별상을 만든 사람들이다. 강남의 인물들은 관심 밖이었다.

섭적葉適은 〈손자병법〉의 '저열함'을 통렬히 비판했다. 그는 문장의 맥이 통하지 않는 많은 부분을 지적하면서 전국설사戰國說士란 저급한 무인의 글들로 소위 양유기養由基에게[221] 활쏘기를 가르치려는 수작일 뿐이라 깎아내렸다. 동중서의 제자인 사마천은 〈손자 오기열전〉을 기술하며 말미에, 태사공 왈"세상에 여러 군사軍師의 무리라 칭하는 자들 가운데 〈손자 13편〉과 〈오기병법〉을 많이 말한다. 世所稱師旅, 多道孫子十三篇吳起兵法"라고 기술했는데, 그는 다음 말로 손자를 높이 평가하지 않고 있다. "능히 말할 수 있는 자는 반드시 능히 행할 수 있는 것이 아니며, 능히 행할 수 있는 자는 반드시 능히 말할 수 있는 것이 아니다. 能行之者未必能言 能言之者未必能行"라고 적어 그가 행동으로 남긴 업적이 없음을 암시하고 있다. 이 문구는 사마천이 그를 "열전"에 올려 훗날 손자가 병성兵聖에 오를 수 있었던 평가와는 모순된다. 이것은 손자가 〈좌전〉에 보이지 않는 주요 이유일 수 있다. 또한 대체로 서한 시기에 팽배한 염군 사상은, 무력 사용을 지극히 절제하도록 하고, 유학을 국시로 전쟁학을 법가의 테두리에 잡아두려는 경향이 있었다. 초한 전쟁으로 인구가 크게 줄어든 마당에 정복 전쟁의 유혹에 황제가 끌리지 않도록 하려면 군축 논의가 필요했다. 한문제漢文帝부터 관자管子, 신자申子를[222] 비롯한 춘추 전국, 진, 한의 한비자 학파는

---

221) 양유기,(생몰미상) 춘추 초나라의 무장, 명궁,百發百中, 百步穿楊 고사의 주인공
222) 신자, 申不害(기원전 420~337) 전국시대 鄭나라 사람, 法家

크게 위축되고 동중서董仲舒, 유향劉向등에 의해 유학이 장려되고 병법은 이른바 "병유투쟁兵儒鬪爭"의 범위 안에서 논의되었다. 사마천은 동중서의 문하에서 공부했다. 효제, 성제 때에 임굉任宏은 차병서次兵書를 만들도록 명을 받고 새로운 군대를 효율적으로 줄이는 "국방 버전"을 구상했으나 곧 흐지부지되어버렸다. 전쟁이 거의 잊힌 서한 말이 되자 손자, 오자를 싫어한 양웅揚雄은[223] "군대가 뭐 필요하나? 不有司馬乎"라는 말을 공공연히 하는 지경에 이른다.

송대宋代의 반전反戰, 염군厭軍사상이 권력을 둘러싼 제도권 내에서 유행한 것은 문명을 자랑하는 송나라의 비극이었다. 평화를 사랑해서 金의 황족 종친인 완옌(完顏)씨에게, 은과 비단과 여자를 바쳤다. 섭적의 시대에 송의 국가 안보는 결과물의 관점이었고 평화는 매수해야 하는 거래의 대상이었다. 남송의 궁정에서 권력 투쟁은 늘 금풍金風이 작용했다. 강남의 평화를 보장하는 것은 북쪽 금나라의 약속이어서 무력 사용의 포기를 말하는 자가 정권을 잡았다. 간혹 화극금火克金의 오행五行 신념을 가진 책사들의 건의로 금에 대한 대규모 화공火攻을 수행했는데, 화약 제조의 급격한 발전이 있었다. 그러나 이로 인해 회수淮水의 방어선에 있는 서주徐州와 양주揚州 일대의 서고가 불에 타 수많은 죽간과 고대 서적이 사라졌다. 100여 년 동안 금의 도발과 송의 달래기는 폭력 앞에 무력한 문화인의 퇴폐한 모습만 보여 주었다. 마침내 섭적이 속한 화친당은 주전론자인 재상 한탁주(韓侂胄, 1152년~1207년)의 머리도 금에 바친다.

그럼에도 남송에 이르러 손자 13편에는 세련된 注가 달린다. 효종 연간 (서기 1127~1194)에 송간본 〈11가주 손자〉가 판각되어, 이른바 "회주본會

---

223) 양웅 (기원전 53~기원후18) 저서 〈方言〉

註本"이 탄생했다. 11 가주의 한 사람 장예張預(생몰 미상, 南宋代)는 실병 지휘 경험이 없는 손자 해석이었지만 과거의 전사戰史를 통한 교훈을 찾는 주를 달았다. 송간본의 특징 중 두드러진 것은 다수의 피휘자避諱字가 발생하고, 이를 위해 글자를 지우거나 바꾸고 개음改音된 현상들이다. 북송의 군벌 정권에서 남송의 문벌 권력으로 전이하는 質에서 文으로의 역사 발전은 필연이었다. 섭적의 손자 격하 운동은 그 시대의 학문적 성찰 보다는 정치적 의도가 깔려있다. 어쩌면 북송 시기에 병법들이 무경본으로 판각되고 경으로 숭상됨이 못마땅한 문인 학사들의 반발 같다. 섭적이 송간본 무경칠서를 보면서, 힘없이 무너진 사직과 개봉부 정권의 무기력을 보며, 임안부의 바닷가에서 상전벽해桑田碧海가 된 동중국해의 나라들을 회상했다면, 병법이 도대체 무슨 소용이 있었나 자괴감이 들었을 것이다.

다. 13편에 숨어있는 불편한 영웅들

〈손자병법〉에는 중국 한적에서 흔히 보이는 인물의 인용이 없다. 가능한 사람의 모습을 그리지 않으려 했던 것은 인생의 무상함에 도교적 성찰이 가해져 인간에 대한 천도무친天道無親의 자연법에 귀의했기 때문이었다. 형인形人, 사람을 보이는 문제는 늘 조심스러웠다. 13편이 오왕 합려에게 바쳐진 것이라면, 합려와 손자의 대화체로 문장을 끌어갔을 것이다. 그러나 13편은 분명 손무의 세계世系를 통해 써졌고, 그렇게 외부로 세전 되었다. 죽간으로 발견된 〈견오왕見吳王〉과 〈오문吳問〉에 보이는 오왕과의 문답이 13편에 들지 않은 것도, 후세에 병가에서 말씀을 취합한 〈손자〉가 되지 않은 것도, 일반적으로 자파가 형성된 제자諸子의 유산과는 다르다.

〈한서 형법지漢書, 刑法志〉에 의하면 손무는 오나라 멸망(기원전 473

년) 직후 고소성을 돌아본 정황을 기술하고 있다. 춘추 말 더는 도의의 세상이 아니었다. 무자비한 약육강식의 전국시대로 넘어가는 길목에서 오히려 참다운 사람의 모습이 그려졌다. 이러한 인문적 자각은 한 제국에서 유학이 일어나며 공자의 자취를 따라 발견하도록 계도 되었다. 바야흐로 덕으로 운명을 대신할 수 있는 이덕대점以德代占의 시대가 열렸다. 유혈이 낭자한 제후의 궁궐 문턱을 넘나드는 책사들의 운명을 손무는 내다보았다. 이미 기원전 5세기의 중국에는 18세기 유럽에서 괴테가 발견한, "도처에 유일한 자연이 있을 뿐이다."라는 말이 죽간에 써졌고, 이를 명제로 자파 간의 논쟁이 있었다. "도법자연道法自然, 도는 자연을 본받은 것"으로 노자가 설파하고, 장자가 수많은 인물을 창조하여 사회를 가차 없이 풍자하며 도교적 인간상을 만들어 갔으나, 손무에게는 인간의 모습에 영웅이 보이지 않았다. 전쟁학에서 인간의 실존적 의미가 形과 名으로 표현되었을 뿐 무가치했다. 영웅론에 있어서 손빈은 약간 생각이 달랐다. 손빈이 유학적 종주 주의자였다는 증거는 도처에 보인다. 그는 맹자가 설정한 의리의 범주 안에 병법 구절을 첨삭했는데, 장장본에 보이는 손무의 날카롭고 사나웠던 글자 "利"를 이익의 뜻으로 쓴 것은 손빈이었다. 위의 혜왕이 맹자에게 이익을 묻자,

"왕이시여! 하필 이익을 물으십니까? 오직 인의가 있을 뿐입니다. 王! 何必曰利
亦有仁義而已矣"

- 〈孟子〉, 양혜왕편

라며 핀잔했다. 위 혜왕은 양 혜왕이다. 이 대화는 아마도 東으로는 계릉桂陵의 전투에서 패하고, 西로는 혜왕에게 홀대 받고 秦으로 망명한 상앙

(公孫鞅)의 침공으로 魏는 나라라기 보다는 작은 성읍국가로 전락한 때였다. 수도를 동쪽인 대량大梁으로 옮겨 양 혜왕이 된다. 〈맹자〉의 기록은 애가 탄 혜왕이 급하게 유세가들을 모을 때 나온 말 같다. 손빈에 의해서 의전義戰 사상이 병법에 가미 된 것은, 맹자 이후에 13편이 한대의 유자들에게 편람 되면서 손이 갔기 때문이었다. 맹가孟軻(기원전 372~289)와 손빈孫臏이 혜왕의 궁전 회랑에서 서로 만났는지도 모른다. 모공謀攻과 형形 편에 맹자의 사상이 스며들었는데, 패권을 부정하고 재능있는 영웅의 작위作爲를 하찮게 생각한다.

〈맹자〉, 양혜왕편 : "나의 힘은 삼천 근을 충분히 들 수 있지만, 새털 하나를 들기에 부족하며, 나의 시력은 가을 터럭 가는 끝을 충분히 살필 수 있지만, 수레에 가득 실은 나무를 볼 수 없다. 吾力足以擧百鈞而不足以擧一羽, 明足以察秋毫之末而不見輿薪"

〈손자 13편〉, 形편(죽간본) : "이것은 가는 털을 든다고 힘이 세다고 하지 않으며, 해와 달을 본다고 눈이 밝다고 하지 않으며, 천둥소리를 듣는다고 귀가 밝다고 하지 않는 것과 같다. 擧秋毫不爲多力, 視日月不爲明目, 聞雷霆不爲聰耳"

손빈이 魏 혜왕의 궁전을 드나들었다면, 위 문구의 저작권은 그에게 있다. 손무가 알 수 있는 말은 아니기 때문이다. 〈손자병법〉의 "의로운 전쟁義戰"사상은 손빈에 의해 구축되었다. 힘의 잘못된 사용을 경계하는 위의 두 문구에서, 소위 영웅이라는 것들이 전쟁으로 백성을 위태로운 지경에 빠지게 하고 이웃 나라와 원수가 되는 화근임을 지적한다. 손무의 장장본에 보이는 "폭력으로 폭력을 제압 以暴制暴"하여 평화를 이루는 전쟁 철학과는 다르고, 한 걸음 더 신전론愼戰論에 가까워졌다.

기원전 470년경 손무가 월나라 사람들에 의해 주살誅殺 되었다는 〈한서, 형법지〉와 "큰 무덤이 무문巫門 밖에 있는데, 오왕의 객인 제나라 손무의 무덤이다."라는[224] 〈월절서 越絶書〉의 기록은 논란이 있다. "총塚"이란 주인을 알 수 없는 무덤을 말한다. 주인을 알았다면 "묘墓"로 기술했을 것이다. 〈월절서〉는 동한의 원강袁康(생몰 미상)이 지었다고 하나, 다른 근거를 찾을 수 없다. 선진先秦 시대에 소홀했던 남방 세력의 역사를 중화권으로 끌어넣으려는 사마천의 노력이 계속 이어진 것으로 보인다. 일본 역사학자들은 해양 세력인 오와 월의 기록 〈오월춘추〉에서 풍부한 고대사의 영감을 얻는다고 토로하고 있다.[225] 〈오월춘추〉 역시 동한 때 지어진 것으로 "월절"은 〈오월춘추〉를 모태로 월나라 부분에서 특히 구천勾踐의 활동 기간만 잘라 다시 편집했다.

오나라의 고소성은 나그네가 그 빼어난 풍광에 빠지면 헤어나기 어려웠다. 그곳에서 예술은 현실이 되고 현실은 예술이 되었다. 우아한 자태의 가마우지 목을 조이는 야비한 어부 같은 오나라 대부들의 얼굴은 잊고 싶었다. 손무 역시 고소성을 다시 돌아보고 싶은 생각이 있었는지 모른다. 〈월절서〉에 기록된 오나라 궁성은 亞자의 해자를 두고 둘레가 47리가 넘는 웅장한 모습으로 모두 오자서가 계획하고 축성했다고 전한다. 오나라 궁성은 방어에 유리한 기동로와 조세 운반과 무역이 원활하고 이관夷關과 패합捭

---

224) 〈월절서〉外傳記吳地傳, "巫門外大冢, 吳王客齊孫武冢也, 去縣十里 善為兵法"
225) 趙曄〈吳越春秋─呉越興亡の歷史物語〉佐藤武敏訳, 平凡社東洋文庫, 2016

闔이[226] 용이하게 설계되었다. 아울러 천체와 운하의 수면을 동시에 조망할 수 있는 몽환적 조경을 조성했다. 그 아름다움은 오늘날 수향水鄕의 모범이 되었다. 중국 고대 건축의 발상지는 吳라는 것이 오늘날 건축학자의 일반적 의견이다. 궁성의 건축은 궁륭산의 남쪽 기슭인 향산香山에 기거하는 대목과 소목 집단의 뛰어난 공법으로 만들어졌다. 고소성에 부차가 서시를 위해 지은 관왜궁館娃宮도 그들의 솜씨였다. 태호에서 향산에 이르는 일대에 사람들이 일거리를 찾아 모여들었다. 향산 장인은 당나라 이후에 결집하여 원명 시대 이후에는 향산방香山帮으로 불려 국가적 토목 사업을 관장하고 북경의 자금성도 주요 부분은 그들이 만들었다. 소항蘇杭 지역은 늪지와 대평원으로 큰 목재를 얻을 수 없었다. 태호의 기슭에는 선사 시대부터 홍수로 상류에서 떠내 온 나무들을 침목 시켜 건축 자재로 쓰는 기술이 전승되어 왔다. 그러나 최근 소항의 오월 궁터에서 발견되는 잔해에 서태평양에서 자라는 삼杉 나무가 있는 것은 오월 세력의 근본을 다시 상기시킨다.

〈월절서〉는 손무의 이름을 두 군데만 언급했다.[227] 오나라를 춘추오패에 올려놓은 그의 공적이 무색하다. 그의 이름이 한나라에서 골치 아픈 첨삭의 대상이어서일까? 이런 고민은 〈한서, 형법지〉에 한 부분 나타난다. 형법지에는 마치 판례법에 비춘 형벌을 나열하면서 한나라의 비전非戰 사상이 녹아들어 있다. 전쟁 자체가 범죄라는 인식이 팽배한 유생들이 무학武學을 천시하며 역사적 사건을 복시複視, 이중적 시각으로 보고 있다. 아래 기술한 기록은 손무가 태어나기 약간 전으로 추정되는 시기에 보빙사로 魯를 방문한 위衛 나라 손문자의 행적을 논한 것으로 〈좌전〉이 오독되어,

---

226) 夷闔, 관문을 없애는 것. 捭闔, 문을 열고 닫는 것 ; 이 용어들은 13편 "구지편"에 전쟁 준비나, 전쟁의 징후 표현에 사용된다.

227) 〈월절서〉 外傳記吳地傳, 外傳紀策考

〈한비자〉나 〈한서〉 등에 "손자가 모반의 죄를 짓고 뉘우치지도 않으며 다른 나라에서 다시 반역을 꾀한다."는 것으로 항간에 알려진다. 이렇게 와오訛誤된 것은 곧 바로잡아졌지만, 다른 야사에 "손자 모반설"의 근원지가 되고 말았다.

> 양공 7년, (衛)손자가 사직하고 망명했다. 숙손표叔孫豹(穆子)가 이르길 "손자는 필시 도망할 것입니다. 신하가 군주처럼 행동하고 과오를 뉘우치지 않는 것은 도망갈 생각이기 때문입니다." 양공 14년 손자는 그의 주군을 따라 외국에서 모반했다. 襄公 7년, 孫子辭 亦亡悛容 穆子曰 "孫子必亡 為臣而君 過而不悛 亡之本也" 十四年 孫子逐其君而外叛
>
> 〈한서〉 五行志 인용 〈춘추, 좌전 양공 7년 기록〉

춘추좌전 양공 7년(기원전 566년) 봄, 衛 손문자가 魯에 내방하여 담화를 나눈다. 두 나라 모두 도토리 키재기의 작은 소국이다. 노의 궁정 대신들 가운데, 이 망명한 위손자의 동태를 예측하며 목자(穆子)가 한 말이다. 11살의 어린 양공이 세 명의 집정執政에 둘러싸여 나눈 이야기인데, 목자(叔孫豹)는 위나라에서 온 손문자의 孫을 "도망친 자"로 지칭했다. 손문자는 위의 정공이나 그의 아들 헌공과 사이가 나빴고 야심이 있었다. 〈좌전〉에 보이는 "孫"은 상당수가 "어느 가문의 후예", 또는 "타국으로 망명한 자"를 뜻하기도 한다. 〈좌전〉은 공자公子들의 망명 기록이라 할 정도로, 권력의 승계 과정에서 파생하는 후계 싸움을 묘사한다. 수많은 도망자(孫者)를 생산한 전국시대에 보이는 손자 이름의 혼란은 후세 사관들의 난독증을 일으켰다.[228] 이는 망명객 손문자의 태도를 비난한 것으로, 〈좌전〉에서 孫은 둔遁과 음이 같아 "피하다, 숨는다"의 통가자通假字로 쓰였다. 더구나 공손公孫, 왕손王孫, 숙손叔孫 씨 등은 그들이 망명한 공자임을 나타내는 이중적 정체성의 성씨였다.

손무가 태어난 시기는 알 수 없으나 〈사기〉에 기록한 기원전 515년 오왕을 만났을 때 그의 나이 30세 전후로 보면 그의 생년은 기원전 540년대이다. 그러나 이것은 전에 기술했듯이 손무의 조상이 전서가 아닌 손서이거나 두 사람이 동일 인물일 경우이다. 탄생일은 미궁이지만 그의 졸년이 기원전 470년으로 추정되는 것은, 기원전 473년 이유를 알 수 없는 오나라 귀환 후 3년이 지나고, 밝혀지지 않은 특정 사건으로 주살되었다고 기술한 〈오월춘추〉와 〈한서〉 형법지 때문이다. 아래 구절은 〈좌전〉에 손무의 이름이 없는 이유를 암시하고 있다.

"城에서 싸워 죽은 사람이 성에 가득하고, 땅을 싸움터로 사람을 죽여 들판에 가득하게 한, 손자(武, 臏), 오기吳起, 상앙商鞅, 백기白起[229]와 같은 무리는 공을 이루기 전 주살되고, 행적은 후대에 모두 사라졌다. 인과응보의 힘이 각자의 무리에 이른 것은 당연한 도리이다. 爭城殺人盈城 爭地殺人滿野 孫 吳 商 白之徒 皆身誅戮於前 而功滅亡於後 報應之勢 各以類至 其道然矣"

- 〈한서〉 형법지

---

228) 한국 儒家에서 이 구절의 해석은 손문자가 외교 의전에서 무례를 법한 것으로 해석한다. 목자는 〈시경〉의 국풍, 소남, 고양羔羊의 시구의 "시경에 이르길, '조정에서 퇴근해 집에서 밥을 먹네. 그 모습 차분하고 침착하네.'이는 순종을 말한 것인데, 제멋대로 행한 자가 (우환을 걱정 않고) 차분 침착하니 필히 꺾인다. 詩曰 '退食自公 委蛇委蛇' 謂從者也 衡而委蛇必折"를 인용했다.

229) 白起,(? ~ 기원전 257) 전국시대 秦의 명장, 公孫起로도 불린다. 명장이지만 30여년 군을 지휘하며 백만명을 죽여 별명이 "人屠"이다.

죽은 날도 기록하지 않는 것은 큰 모욕이며 무시였다. 독자들은 그의 만년을 이렇게 그릴 수밖에 없다. 그는 애초에 권력과는 인연이 없는 사람이었다. 그는 전쟁 포로였고 노예였다. 출신은 소박한 돼기밭(畸)을 일구며 풀 뜯어 먹고 사는 "采薇人"이었다. 총명하였기에 병법을 익혔고 산동 지역 병가의 죽간을 수집했다. 전쟁이 좋아서가 아니라, 전쟁을 인문적 구조로 바라보며 싸움을 막기 위해서였다. 그러므로 그가 늙어서 고소성으로 귀환했을 리 없다. 탐욕스러운 패권주의자들이 명멸한 자리를 다시 보고 싶지 않았다. 손무가 한대의 역사 소설가들에게 다시 "광대화"되어 고소성에 나타났다면 무슨 일이 있었겠나? 이미 월나라의 천하가 된 고소성에서, 그리고 다시 초나라에 월이 멸망한 시점인지는 불명확하지만, 그가 "소란을 일으키는 무인"이나 "모반을 꾀하는 불령 주오민周吳民"으로 몰려 주살되는 충분한 이유를 한의 사관들은 댈 수 있었다.

그는 예언한다. 자신의 이름은 장장본에 남기고 13편 음살로 세전 할 것을 아들들에게 주문한다. 그 대신 유령 같은 "손자왈"로 권력에 복무할 13편에서 영웅은 지워질 것이고, 천명을 받아 새 왕조를 창업할 사람의 군 통수권도 제한된다. 정치가 군 작전에 관여해서도 안 되고, 군은 물론 당하에 부복하며 당상의 정치를 엿봐서는 안 된다. 손무는 세전 13편의 변화를 예측했다. 그가 바라본 병법의 끝은 전쟁 없는 세상이었다. 13편은 아직도 변화하고 있고, 시대마다 해석을 달리한다. 클라우제비츠나 나폴레옹 같은 서구의 전쟁광들이 꿈에도 생각하지 못했던 "해방전쟁"을 위해 그의 생각은 장장본으로 비밀리에 가전 된다. 이 이야기는 3장 "도가와 병가의 하이브리드"에서 나눈다. 손무는 어쩌면 만년에 살며시 눈을 피해 고소성을 방문했을지 모른다. 사라졌던 얼굴 문신이 피부가 노화하며 다시 검게 나타나자 알아 볼 수 있는 사람도 없었을 것이다. 비루먹은 노새를 타고 무너진 성곽을 돌아 나오는 늙고 힘없는 손무를 눈에 그릴 수 있는 독자라면, 비로소 장장본 <예시>의 말을 이해하게 된다. 그가 오왕 합려를 만났는지는 의문이지만 고소성에서 사공과 사마를 모아 행공을 논한 기록은 죽간 "견오왕見吳王"에 있다. 공작새들이 똥을 싸놓은 궁전 회랑에서 낭하에 부복한 군인들이 "싸우지 말라"는 그의 말을 듣고 희색이 된 것을 독자는 상상할 수 있다. 피비린내가 아직 가시지 않은 성문을 나와 해자垓子를 건너며, 전쟁의 참상을 회고하고 인간의 유위가 무모함을 금언으로 남긴다.

> "무릇, 행공行空으로 천지간에 협격하면 싸우지 않고 적을 굴복시키는 것이요,
> 이런 (싸우지 않고 방책을 계획하여 미리 계산해 보는 War-Game) 행공이야말
> 로 중대한 것이고, 하늘(기상과 시기)과 땅(지형)은 커서 (그 이치를 고려할 사항
> 이나), (인간의) 군사 운용은 사소한 것이다. 夫以空而取天地夾擊 不戰而屈人之
> 兵 此空大 天大 地大也 兵小也"
>
> - 장장본 〈손무병법 82, 예시〉

병가에서 "행공行空"이란 용어가 쓰인 것은 다른 병서에서 찾을 수 없다. 현대의 군사 학도들은 이 단어에 놀랄 수 있겠다. 특히 "공으로 천지가 협격하여 취하는 것 以空而取天地夾擊"이라는 말은 공중 기동을 이용한 현대전의 공지전투 Air-Land Battle 개념을 연상케 한다. 행공의 의미는 장장본에 혼잡하게 사용하여 뜻에 다른 물이 들었지만, 손무의 의도를 분명하게 볼 수 있는 문장이 "42편 行空"에 있다. 이편에서 독자는 모든 상황에서 병력을 움직이지 않는 전쟁연습을 뜻했음을 알수 있다. 전쟁에 인간을 사용치

말라는 것이고, 계획과 비교로 판단하여 승패를 미리 결정하고 그다음 외교적 노력을 하라는 말이었다. 영웅도 필요 없고, 희생도 무가치한 것이며, 오직 인간의 삶을 온전히 하는 것이 바로 "不戰而屈人之兵"이었다. 행공은 26편 사비四備에 뜻이 오인되어 어처구니없이 "항상 대비함에, 천병天兵이 공중을 날며 천하를 한 번 내려다보는 것 常備 和如天兵行空而一攬天下"로 허무맹랑하게 표현되었다. 이것은 후세의 도교도에 의해 가필 와오訛誤된 것이다.

行空이라는 용어가 13편에서 사라진 이유를 추정하기 어렵다. 위서론자들은 20세기에 만들어진 단어라고 비웃었다. 13편에는 "空"이 단 한 글자도 안 보인다. 유가에서 허무에 대한 혐오는, 아마도 인간의 사색이 빠지기 쉬운 유희나 체념으로 비울 수 있는 위로를 경계하기 위함이었다. 그러나 비어있는 문제를 더 이상 등한시할 수 없었는지 남송의 주희朱熹는 계실대허稽實待虛를[230] 논하며 노장과 불교의 공허에 맞섰다. 병가에서 空을 궁리窮理하는 것은 웃음거리였다. 장장본 〈예시〉에 해당하는 죽간의 "오왕을 뵙다. 見吳王"에 행공을 이해하게 하는 문장이 있다.

"손자가 사마와 사공을 초치하여 말하길 孫子乃召其司馬與輿司空而告之曰"

- 은작산 죽간, 見吳王

이 문장은 오왕의 궁전에서 그가 병법을 설파함에 사마(양병, 군대의 하드웨어)와 사공(용병, 군사 운용의 소프트웨어)을 부른 것을 말한다. 사마

---

230) 空에 대한 주자의 인식은 인간의 불변의 이성이 늘 변화하며 실체가 없는 우주(空)를 자각하는 것이다. 이것은 주자 易學의 動靜觀으로 "理定既實 事來尚虛 用應始有 體該本無 稽實待虛 存體應用 執古御今 以靜制動"과 같이 설명하며 理學 출발의 구조물이 되었다.

는 말을 관리하고 병장기를 챙기는 직책이고, 사공은 계획을 짜고 워-게임을 하는, 즉 행공하는 직책임을 알 수 있다.[231] 선진 시기에 관직의 명이 통일되기 전이므로, 秦의 금문金文에 司工으로 보이는 것은 관직 의미의 변화를 추정하게 한다. 그러므로 사공이 행공을 담당하는 계획 부서라면 죽간이나 장장본의 문장 해독이 수월하게 된다. 그러나 空을 工의 가차자로 본다면 이것은 방어 전투 기지의 축성을 담당하는 사람이 된다. 그러면 42편의 行空은 이상한 해석이 되고 만다. 司空은 시대마다 역할이 달랐다.[232]

공자 역시 魯 나라의 사공이었는데, 그는 토목 공사에 일가견이 있었던 것이 아니라 인간의 참모습을 찾는 도덕의 싸움 워-게임과 禮의 진영을 구성하는 데 관심이 있었다. 그는 사공의 주요 직무인 무덤이나 무너진 황성荒城에 자라는 쑥을 제거하는 운예耘艾를 백성들에게 요구하지 않았다. 실상 〈예기禮記〉에는 잊힌 무덤에 대한 벌초를 금하고 있다.

〈예시〉에는 장장본의 신뢰성을 무너뜨리는 터무니 없는 잡언 들이 들어있다. 〈예시〉에는 〈견오왕見吳王〉과 〈오문吳問〉에 보이는 궁녀 훈련의 소극笑劇이 그대로 옮겨져 있다. 이것은 서한 초기에 사마천 또는 태사공 사무실의 누군가가 만들어낸 이야기이다. 따라서 동한 이후의 역사가 들은 더 이상 이 이야기를 논하지 않았고 손자 13편에서 제외되었다. 의심스러운 영웅의 행적이 보이는 부분은 말미의 九地와 영웅이 아니라 궁지에 몰린 사람들이었다. 구지편에 보이는 조귀曹劌, 전제專諸는 한 번 쓰고 버리는 소모품 같은 존재였다. 이들은 사지에서 궁지로 가며 상황을 초월한

---

231) 〈주례〉에 의하면 사공은 수리 토목 공사를 관장하는 직책으로 司空은 司工의 통가자로 풀이한다.
232) 〈荀子 王制〉"修堤梁 通溝澮 行水潦 安水藏 以時決塞 歲雖凶敗使民有所耘艾 司空之事也"

다. 궁지는 13편 전래본에는 사라져 보이지 않았으나 은작산 죽간 12편에는 구지의 마지막에 궁지를 두어, 궁즉통, 궁하면 바로 통하는 순환의 길을 열어 두었다.

한나라 때에 벌어진 영웅의 숙청은 한신韓信을 시작으로 과거의 인물까지 소급하여 역사의 재적에서 말소시켰다. 13편은 조귀와 전제의 용기를 선양한 듯하나, 그들은 구지편에서 눈물바다가 된 병사들 틈에 있다. 실상은 불쏘시개였다. 이런 제사상에 올려진 이름들은 한나라에서 살아남았다. 마지막 용간편에는 정치적 급변에 전전긍긍하는 인간상을 올렸는데, 반간으로 이용한 상나라의 이지伊摯(이윤), 주나라의 여아呂牙(태공망 여상)가 그들이었다. 합려와 구천은 제적 처리되지 못하고 구지편에 살짝 흔적을 남기려고, 앞에서 기술한 闔과 踐의 문장 대구로 나타내 문식으로 위장되었다.

여기서 독자는 漢 나라의 무거운 학문적 억압을 느낀다. 가전한 장장본은 다른 모습을 취하고 있다. 잔멸한 편을 다 볼 수 없어 확실하진 않으나 입수된 사본에 보이는 사람의 이름은 모호하다. 사람을 나타냄(形人)에 조심스럽다. 권력으로부터 자유로운 장장본에 비로소 인명과 고유 명사들이 있다. 등장하는 것은 대부분 신화적 인물이다. 천황天皇(伏羲), 지황地皇(黃帝), 인황人皇(神農), 치우蚩尤, 예羿, 풍후風后, 우禹, 탕湯, 무武 등 이다. 한신은 31편 "軍擊一"의 비주에서 모호하지만 신화에서 역사로 드는 사람을 구신자九神者로 칭한다. 현대의 관점에서 여섯은 신화적 인물이고, 셋은 역사 인물이다. 이지와 여아는 보이지 않는다. 조귀와 전제 역시, 혹 잔멸된 편에 들었을지 모르나, 이들을 기념할 어떤 관련 문구도 없다. 82편과 13편은 漢 대를 거치며 서로 몰라보게 멀어져 버렸다는 생각이 든다. 이것은 이제 유가와 도가의 거리만큼 멀다. 3세기에 오두미도의 왕 장로張魯가 조조曹操에게 귀순하면서 현학玄學으로 이들이 가까이 모이거나 합쳐진 듯 보였으나, 유학과 도교가 족벌 가문의 권세에 복무한 4세기에 해양 세력과 연합한 오두미도 교도들의 반란과 함께 완전히 결별했다.

라. 손성연의 고민, 〈좌전〉에 없는 손무는 유령인가?

서기 1800년, 손성연孫星衍(1753~1818)이 그의 조상이라고 여긴 손자의 무덤을 찾아 배회하던 때, 그의 손에는 "巫門外大塚 吳王客齊孫武塚也 무문 밖 큰 무덤은[233] 오나라 왕의 빈객이었던 제나라 손무의 무덤이다."가 기록된 〈월절서〉가 들려 있었다. 대부분의 길목은 물길로 막혀 방향을 종잡을 수 없었다. 향도鄉導를 태워 배를 젓게 하고 빈濱이라는 여러 물가 마을의 촌노村老들을 찾아 다녔다. 어린 시절부터 듣고 자란 월어粵語는 귀를 즐겁게 했지만, 물방울 튀듯 방향을 알 수 없는 성조에 도저히 알아들을 수 없는 말도 있었다. 남방 언어는 풍랑처럼 장엄하고 썰물처럼 공허했다. 해 질 무렵 출발해 멀지도 가깝지도 않은 물안개 너머 보이는 고소성은 그윽하고 아름다웠다. 전쟁 시설로 지어진 성곽이 불멸의 미를 가진 것은, 절실한 인간 생존 노력의 총화가 모였기 때문이었다. 등 뒤로 사라진 황성荒城을 뒤로하고, 성연은 선두船頭에 서서 자기도 모르게 당시인唐詩人의 시 한 수를 읊조렸다.

달은 지고 서리 가득한 하늘에 새 소리月落烏啼霜滿天

강 단풍에 고깃배는 우수에 잠들어江楓漁火對愁眠

고소성 밖 한산사에 姑蘇城外寒山寺

---

233) 지금의 江苏省苏州市相城区

한밤중 종소리는 나그네 배에 다다르네 夜半鐘聲到客船

- 장계張繼의 〈풍교야박楓橋夜泊〉

역사는 우수에 잠들어 있었다. 장강長江은 소주蘇州에 이르러 더 흐르지 않는 듯했지만, 깜빡 잠든 한밤중 기억을 소생蘇生케 하는 것은 자정을 알리는 종소리였다. "姑蘇"는 본래 오자서가 설계하고 축성하여"고서姑胥"로 이름 지었으나 뒤에 그를 죽인 부차가 고소성으로 바꾸었다. 복잡한 수로는 외부인에게는 미로와 같아 절간의 종소리로 방향을 잡을 수밖에 없었다. 그는 손돈빈孫墩濱 촌으로 알려진 곳을 찾아내어 "무문방묘도巫門訪墓圖"를 그린다. 그에게는 믿는 자료가 있었다. 친구인 이명환李銘睆이 찬撰한 〈소주부지蘇州府志, 권 49 총묘塚墓1〉에 쓰여 있는 "장주현長州縣(지금의 강소성 오현吳縣)에 손무의 묘가 있다"는 말에 이상한 영감靈感이 따라왔다. 이 책은 손성연이 이명환으로부터 증여받은 것이었다. 주민들에게 탐문했을 때도 모두 한결같이 잣나무가 우거진 "손돈孫墩"에 손무의 묘가 있다고 말해주었다. 그는 감회에 사무쳐 시를 지었다.[234]

나의 가문 오나라 장군 고결한 순절 吾家吳將高絶倫

공을 이룬 패권국의 신하 되지 않았네 功成不作霸國臣

춘추삼전에 모두 그 이름 잃었지만 春秋三傳佚名姓

이름 모를 큰 무덤 오나라 동문에 있네 大塚卻在吳東門

……(중략)

묘를 방문해 옹창에 배를 묶고 訪墓雍倉一舟系

---

234) 楊善群, 〈孫子〉 1996

굽이져 도는 물길에 보이는 것은 늙은 잣나무 彎環惟見古柏存

　그래도 무문의 묘가 과연 손무의 것인지는 확신이 없었다. 다음 날 아침
일찍 향을 피우고 정오까지 주변을 배회했다. 그러면서 무문 밖에 주인을
모르는 큰 무덤을 보며 아쉬움과 한탄으로 말을 잇지 못했다. 그는 손자가
〈좌전〉에 이름이 실리지 않은 이유를 다시 생각한다. 그리고는 순진하게
다음과 같은 기록을 남긴다.

　　"손자는 초나라를 크게 이기고 초의 수도 郢에 입성했다. 제와 진을 위협하고,
　　공을 이루었으나 관직을 받지 않았다. 전공은 오자서에게 돌아갔다. 이것이
　　〈좌전〉에 그의 이름이 없는 이유이다. 孫子大破楚軍 入郢 威齊晉後 功成不受
　　官 戰功歸於伍子胥 所以左傳不載其名"

　　　　　　　　　　　　　　　　　　　- 손성연, 校理〈孫子十家注〉, 孫校本

　물어물어 손성연은 금정金庭이 있는 태호 부근을 돌아보았다. 손무가 여
생을 보낸 경림이다. 그는 명나라 시영도施永圖의 〈무비비서武備秘書〉에
[235] 따라 "태호는 옛날에는 진택震澤이었다."말에서 단서를 잡았다. 또 한편
에는 뱃길로 천 리를 가 용호산龍虎山(지금의 강서성 잉탄시鷹潭市) 정일
파正一派 도사에게 천금을 주고 얻은 책에서 중요한 구절을 보았다. 동한東

---

235)　명 시영도의 〈무비비서〉는 武備火水攻 一卷, 武備地利 四卷, 武備天文 一卷으로 구
　성되어있다. 청초인 1662 출간된 책이 전한다. 이 책의 성립은 대체로 1590년에 발간한 그
　의 저서 〈心略〉의 각론으로 〈心略武備火攻卷〉과 함께 천문, 지리를 논했다. 〈무비비서〉의
　주목적은 당시 점증하는 倭寇의 해안 침공 방어책으로 해상에서의 포격술을 논하기 위한
　것이었다. 만력 19년 (서기 1591년), 조선에 도입되어 이순신의 선상 포격에 큰 영향을 주었
　을 것이다.
　宋本十一家注孫子

漢의 음산인陰山人이라는 사람이 쓴 〈孫武兵法考行語·景林行〉이란 책으로 경림에 숨은 손무의 행적을 다음과 같이 묘사했다.

"경림 땅으로 가고 또 가면, 태양(태극)의 한가운데 있음을 깨닫는다. 슬프고 또 슬프다! 비석이 늘어선 길이 가리키는 형극의 삶이여! 각 편마다 쓴 명장의 글이 책으로 말아두어 양중적(81편 책)*이 되었다. 애석하고 애석해도 이 노래의 끝은 길하게 끝나리라! 한 건무 정미년(서기 47년) 가을, 진택의 경림에서 음장생. 之之景林地 悉悉陽中極 哀哉兮 哀哉! 碑首路荊棘 篇篇名將書 捲捲陽中籍 惜哉兮 惜哉 歌尾道終吉 漢建武丁未秋於震澤之景林 陰長生"

장생長生은 도교 도사들이 자신을 지칭할 때 쓰는 말이다. 뒤에 기술하지만, "장생"은 동진 시대에 도교 반란을 일으킨 손은孫恩이 자신과 동료 부하들을 지칭할 때 썼던 말로 "혁명동지"와 같은 의미이다. 음산인 이라는 사람은 동한 건무建武 시대(서기 25년~56년)의 도사로 보인다. 그가"진택震澤"을 "경림景林"으로 확인시켜 주었다. "양중적陽中籍"은 절묘한 의미를 담고 있다. 重陽인 九九(81)의 뜻과 함께 "음살"인 13편을 82편으로 되돌려 보게 하는 비밀을 푸는 주문 같다. 이로 보아 손무가 은퇴한 경림은 분명 태호 내에 있다. 태호에는 수십 개의 크고 작은 섬이 있는데, 東山 섬과 가장 큰 西山 섬이 있다. 이는 최근의 중국 손자 연구가들의 현지답사로 확인되고 있다.[236] 따라서 손무의 무덤이 무문巫門 부근에 있는 것은 이해하기 어렵다. 손성연 역시 확신이 선 것 같지는 않아 보인다. 우선 손무의 성품이 "정

---

236) 褚良才, 〈孙子兵法与当代商战〉浙江大学出版社, 쥬리앙차이(褚良才)는 태호를 답사하며 "태호의 서산섬에 도저渡渚, 금정金庭, 마촌馬村, 석공촌石公村 등지를 방문 살폈다. 그 결과 금정의 옛 명칭이 '경림'임을 알았다."며 그의 손자병법 연구에 기술하고 있다.

치질"과는 거리가 먼 은둔의 사람이라는 것이 13편이든 82편이든 문장 속에 스며들어 있다. 하찮은 이름 따위는 남기고 싶지 않았고, 종주주의자從周主義者인 그가 거대한 무덤에 갇혀 영생을 얻고 싶은 것은 더욱 아니었다. 그의 사람됨의 성실함은 권력자의 야욕을 참지 못했다. 그가 권력과 거리를 두고 관조했음에도 불구하고 "관편 사서"는 다시 그의 이름을 왕후장상의 반열에 끼워 넣는다.

　〈오월춘추, 부차내전吳越春秋, 夫差內傳〉에는 "신이 오 왕을 보건대 수많은 정벌 전쟁으로 군사가 쉬지 못하고 대신들이 사직하며 서로 비방하는 사람이 많았습니다. 臣觀吳王 爲數戰伐 士卒不息 大臣內引(引退) 讒人益眾"라는 말이 전한다. 뒤에 오나라는 월왕越王 구천句踐의 공격을 받아 멸망했고 월은 다시 일어선 초나라에 패권을 넘겼다. 그런데 473년 오나라가 망하자 손무는 수도였던 고소성姑蘇城으로 돌아왔다는 기록이 〈漢書, 刑法志〉에 있다. 그리고 얼마 지나지 않은 470년경 "孫武被誅戮之說 손무가 주살되었다는 설"을 기록하고 있다. 그가 주살되었다면 소주의 무문 밖 십리 지점에 큰 무덤으로 묻힐 수 있었을까? 혹, 이 무덤의 주인은 楚에서 晉으로 망명해 다시 吳 나라로 파견되어 楚를 압박하기 위해 진법과 전술을 가르친 신공무신申公巫臣의 묘가 아닐까? 주인을 알 수 없는 저 큰 무덤을 보며 손성연은 몸을 떨었다. 손자는 유령이었던 걸까? 손성연이 서산도 금정金庭의 뜰을 거닐었다는 기록은 없다. 어쩌면 존경하는 그의 조상 손무가 장군도, 군사軍師도 아니었다는 것을 알게 되고 망연자실했을 수 있다. 그래서 그는 더는 알고 있는 것을 말할 수 없었는지 모른다.

　청나라 손성연의 〈손자병법〉 손교본은 전 세계에서 가장 사랑과 신뢰를 받는 손자병법의 번역 저본이다. 그는 전래본이 왜곡하거나 와오 된 글자 상당수를 본래의 모습으로 환원하는 데 큰 공헌을 했다. 〈죽간본〉이 발견되기 200여 년 전에 그는 손자병법을 교감校勘하며 오늘날 죽간에서 보는 글자로 돌려놓았다. 사람들은 놀라워하며 아마도 그에게는 집안에 소장한 죽간이 있었으리라 추측한다. 손교본孫校本의 상당 내용이 죽간과 일치하는 것은 우연이 아니다. 아마도 손 씨 가계를 이어 전달된 죽간을 그가 직접 보았을 가능성이 있다. 아니면 방대한 고서와 죽간을 소장한 그의 선배이며 학우인 오인기吳人驥로부터 얻었을 수도 있다. 청나라 옹정雍正 연간(1722~1735)에 〈사고전서〉를 편찬하는 과정에 〈손자병법〉에 대한 고증이 있었다. 고서를 모으고 편집하는 동안 청초의 학자들의 큰 골칫거리는 사실, 그 공부의 밑절미를 이루는 경전에 관한 의심 때문이다. 많은 한적漢籍들이 위서僞書나, 이것저것 모아 붙힌 찬서篡書의 의심을 받고 있었다. 이런 사안은 이미 2천 년 전 한나라 때부터 유생들에게 논쟁거리였다. 흔히 고증학의 황금기라고 부르는 청나라 성세盛世(강희-옹정-건륭)에 의고擬古와 존고尊古를 둘러싸고 치열한 논쟁이 있었다. 이런 과정에 경학이 체제에 복무하도록 하는 청의 종친 통치는 은연중 사인들에게 외압으로 작용했다.

특히 중외 세력인 만주족의 중국 통치에 도움이 되고 청조가 중원의 역사 도통을 잇는 주요 자료를 찾는 것은 옹정제의 큰 관심이었고 국가적 사업이었다. 많은 강남 사인이 청조의 중화 정통을 부정하며 이에 비협조적이었으나 손성연은 일찍이 청조에 출사하여 관리가 되었다. 그는 21세인 1774년 난징(南京)의 종산서원鍾山書院에 강학하도록 초정되어 원매袁枚(1716~1797)등의 학자와 교류하고 1787년 과거에 합격 후 한림원편수翰林院編修, 산동 지역의 안찰사按察使와 포정사布政使를 역임하고, 1807년 산동의 서시정사署市政使를 마지막으로 은퇴하여 1818년 66세로 죽기까지 수많은 저서를 남겼다. 손성연이 원매의 영향을 받은 부분은 그의 도통道統에 대한 부정뿐만 아니라, 그로테스크한 데카당스 속에 감추어진 고전의 세계를 천착하는 것이었다. 특히 고전을 음운 체계적(phonological)으로 분석하고 어원을 따지는(etymological) 입장에서 편찬한 〈대남각총서岱南閣叢書〉는[237] 고대사를 실증적으로 해석하여 후학을 위한 충실한 자료로 남았다. 그가 역사 도통에서 청의 도통을 옹호한 원매의 제자였다면 "무릇 도에는 통이란 것이 없다. 夫道無統也"라는 그의 말에 영향을 받았을 것이다. 본래 원매의 학통은 아니었으나, 실증적 학문 연구를 중시하고 구태의연한 사인의 관념을 경멸했다. 손성연이 말년을 보낸 강소성江蘇省 양호현陽湖縣(현 창저우시常州市 무진구武進區)는 경림과 가까운 곳이다. 태호의 북쪽에 위치한 방무산芳茂山 기슭에 기거하며 죽기 전까지 손무의 행적을 추적했다. 태호와 장강 사이의 낮은 구릉인 방무산은 물이 넘치면 곧 무너질 언덕이었다. 20세기 초, 펄 벅(Peal S. Buck, 1892~1973)이 난징과 창저우(常州) 사이의 진강鎭江에서 18년 간 살면서 중국적 정서에 가깝게 접근할 수 있었던 것은 강남인의 독서 분위기에서, 기독교를 압도하는 도교적 영성을 이해하고 고귀한 휴머니즘을 찾았기 때문이었다.

孫星衍이 손자병법을 교정한 "손자십가주서록(孫子十家注敍錄)"에는 오

---

237) 岱南閣叢書, 모두 20册 163卷으로. 남송 때 산일散佚된 〈括地志〉를 수록하여 집본함으로써 고조선 영역을 표시한 주요 자료를 남겼다. 서한 무제 때 양복楊僕의 고조선 정벌 패전을 자세히 기술하고 있다. 이를 통해 고조선의 평양은 지금의 평양이 아닌 요동의 遙陽이었음이 명료히 들어났다. There are actually two versions of the collection available, one including 16 books published in two prints during the Qianlong(乾隆, 1736–1795) and Jiaqing(嘉慶, 1796–1820) reigns, and one including 4 books. The twenty books of the collectanea include writings by Sun Xingyan(孫星衍) himself as well as some books printed in an excellent quality and therefore with a reliable wording, like Ma Rong(馬融) and Zheng Xuan(鄭玄)'s commentaries to the old-text Shangshu(古文尚書) or Du Yu's 杜預 commentary Chunqiu shili(春秋釋例).

나라 왕 합려가 중지重地에서의 작전에 관해 손자에게 질문한 내용이 있다. 그는 대담하게 "중지에서는 약탈하라. 重地則掠"로 구지편의 문구를 수정한다. 그전에는 唐 이전李筌의 注 영향으로 송나라 간행본에는 모두 "약탈하지 말라."는 도의적 태도가 반영된 "중지무략重地毋掠"으로 전래하였었다.[238] 중지는 깊이 적지에 들어간 병력이 고립되어 보급을 거듭(重)해야 하는 상황이다. 이 점은 고증학의 입장에서는 용납되지 않았다. 손성연이 참고한 손무와 합려의 대화가 뒷날 은작산에서 발굴된 죽간 오문과 같은 것인지는 알 수 없다. 그의 "소스"는 어디서 왔을까? 후에 발견된 죽간과 일치한 그의 고증 문구는 집에 숨겨둔 죽간에서 온 것인가? 손성연은 옹방강翁方綱, 왕창王昶, 섭창치葉昌熾, 조지겸趙之謙 등 당대의 석학들과 함께 수집하고 조사한 금석에 관한 저록著錄을 남겼다. 비슷한 시기의 관료이며 학자인 필이순畢以珣(1757~1836)은[239] 〈손자서록孫子敍錄〉에서[240] "손무는 오왕 합려를 만나기 전 이미 13편을 저술했다. 합려와의 문답은 82편의 한 부분일 뿐이다."라고 기록했는데, 백여 년 후에 그의 책이 번역되면서 서구 세계에 큰 반향을 일으켰다.

다섯 해 손위인 손성연孫星衍이 필이순畢以珣과 어떤 교감을 했는지 궁금하다. 늦깎이로 향시에 응시해 오십이 넘어 관리가 된 필이순은 화려한 경력의 손성연에 가까이 갈 수 없었다. 또한 두 사이에는 〈손자병법〉에

---

238) 宋本十一家注孫子 下卷, 李筌의 注와 부언 "筌以掠字爲無掠字"

239) 필이순, 산동 文登人, 자 東美, 늦은 나이인 50세(1807년) 향시에 응시 거인擧人이 되었다. 80세까지 관직에 있으며 〈사고전서〉의 찬수관纂修官이 되어 대학자 대진戴震을 사숙하여 스승으로 삼았다. 〈淸史稿〉에는 그를 "한적의 고음古音에 정통하고 책에 뛰어난 식견이 있다 精漢人古訓之學, 尤長於書"고 쓰고 있다. 특히 〈孫子敍錄〉은 손자병법을 분석한 역작으로 전 세계에 알려져 있다.

240) 畢以珣, 商務印書館, 1937, Military art and science, 323 pages, the University of California, Digitized Nov 4 2010

대한 큰 견해 차이가 있었다. 청淸 함풍咸豊 3년(1853년) 관판官板으로 간행된 宋 나라 길천보吉天保 편집 〈손자 10 가주 13권〉과 부록인 서록 1권은 손성연이 오인기[241]와 같이 교감한 것인데, 여기에 필이순의 서록敍錄을 같이 수록하여 손성연과는 다른 의견을 수용하고 있다. 필이순은 〈손자병법〉을 연구하며 실증적이고 합리적인 추론을 바탕으로 손무의 행적을 밝히고 있다. 손성연이 손 씨 가계의 명예에 집착한 정황은 앞에 기술한 그의 감회 시에서 볼 수 있었다. 오인기는 부유한 재력을 바탕으로 고서와 서화, 죽간을 수장하고 있었으나 애석하게도 화재로 소실하고 말았다. 그 후 손성연은 상당한 텍스트 조각들, 가령 소전小篆 사전인 〈창힐편蒼頡篇〉이나, 진시황의 암살 모의 이야기인 〈연단자燕丹子〉 등의 죽간 조각을 모은 것으로 알려졌다.[242]

필이순은 손성연과는 달리 〈좌전〉과 두예杜預의 〈춘추석례春秋釋例〉를 비교 검토하고 실증적 입장에서 손무의 행적을 말하고 있다. 청의 고증학자들은 〈사기〉보다는 〈좌전〉을 신뢰할 수 있는 사서로 여겼다. 〈좌전〉은 무뚝뚝한 춘추를 해설하여 후대에 많은 사람으로 부터 사랑받았다. 춘추의 짧은 문장들을 傳하며 한 시대의 관념론이 담긴 유려한 문체에 소설처럼 재미도 있다. 〈좌전〉을 가공한 것은 유흠으로 여겨지지만, 그후 왕망의 찬탈 기간을 거치면서 동한 궁정은 무폭을 경멸하는 유학자들로 가득 차게 된다. "백거의 전투"를 두고 그 당시 손무가 오나라의 군사라고 기록한 〈사기〉와는 달리, 〈좌전〉에 꼭 있어야 할 주요 인물 손무가 없는 것은 그가 "전투에 참여하지 않았거나, 좌전의 기록을 지웠기 때문이다."라

---

241) 吳人驥, (생몰 미상) 청대 건륭 연간 과거 (1765)에 급제했다.
242) Xiao Yue 肖悅 2019, "淺析〈倉頡篇〉對後世蒙書的影響" 漢字文化, 2019

고 의심했다.

손빈 역시 마릉 전투의 기안자이고 제나라의 군사였는데, 상대국인 위나라의 〈죽서기년〉에 이름이 없다. 죽서기년은 시공적으로 가장 손빈에 가까이 있었던 사서였다. 생각해 보면 누군가 손 씨 세계를 조사하여 그의 이름을 표적 수사하고 말살한 정황이 있다. 중요한 것은 이름은 없으나 그들의 생각이 담긴 "Art"가 남았다. 사람은 지웠어도 정신은 지울 수 없었다. 이렇게 저자와 작품의 괴리 관계는 2천 년 동안 독자를 괴롭힌다. 작품과 인물이 동일시되는 중국 문헌에서 사마천 역시 "불후"라는 말을 남기며 도저히 없앨 수 없는 인간의 정신세계를 찬양했다. 그가 전국을 돌며 풍물을 익히고 죽간을 모은 것은 사마천의 자기소개서인 "자서"에 기록한 대로이다. 그는 한나라의 국시에 충실한 한 제국의 극우極右였다. 〈사기〉를 완성하고 그의 휘하 환관들은 낙양의 문서고 옆 "비문 소각장"에서 수많은 "불온 문서"들을 태웠을 것이다. 금서로 분류된 죽간을 소각하는 일이 죽간을 삶아 말리는 살청殺靑보다 더 고된 일이었다. 오래되고 마른 죽간이 타는 불길 속에 환관들은 〈좌전〉의 영웅들이 연기처럼 사라지리라 생각했다.

중국 현대사에서도 사마천의 후예들은 활약이 눈부셨다. 1959년 초여름 모택동은 여산廬山 기슭에서 "신선회神仙會"를 열었는데, 중앙 청치국 확대 회의의 사전 모임이었다.[243] 분위기는 "대약진 운동" 실패의 책임을 주제로 중국 공산당의 당내 투쟁으로 변질하고 이후 임표林彪(1907~1972)와 팽덕회彭德懷(1898~1974)의 몰락이 시작되었다. 임표와 팽덕회는 한국전쟁에 항미원조로 참전한 중국군을 지휘한 인물들이다. 당시 한국전에 개입한 중국의 전략 지도를 할 수 있는 인물은 모택동, 주은래, 임표였다. 그

---

243) 1959년 8월 여산에서 열린 중국 공산당 제 8기 중앙 위원회 8차 총회

중 한국전과 관련된 현장을 피부로 느꼈던 사람은 임표였다. 그러나 1971년 임표의 정치적 실각 후에 그가 PVA(인민의용군)의 최고사령관이었다는 기록은 모두 삭제되고 그 자리가 팽덕회로 대체된다. 중공군 참전을 다룬 1980년 이전의 책들은 임표가 4야전군 사령관이라고 기술하고 있다.[244] 지금의 중국 인민해방군 연보에는 물론 팽덕회가 50년 10월 8일 모택동으로부터 PVA의 사령관으로 임명되었다고 기록하고 있다. 그러나 한국전에 투입된 중공군의 대부분이 중남 군구에서 이동한 부대였으며 당시 중남 군구 사령원과 중남 군정위원회 주석은 임표였다. 누가 항미원조抗美援朝 전선의 최고 책임자였는지는 지금도 밝혀지지 않고 있지만, 군 내부의 전(專-professional, 팽덕회)과 홍(紅-political, 임표)을 대표하는 두 인물을 모택동은 절묘하게 이용했다. 그리고 두 사람의 역사 기록은 중국 공산당의 "좌전"에서 말소되었다.

---

244) 한국전 연감, Korean War Almanac, by H. G. Summers Jr.

3장.

도가와 병가의 하이브리드, 81편의 둔갑

立言(머릿말)에 숨겨진 비밀

장장본 입언立言은 손무의 맏아들 손치孫馳가 쓴 글이다. 손치의 자는 동동이고 그 외의 기록은 없다. 손씨孫氏의 세계世系에서 유일하게 손무의 세 아들을 말하고 있는 것은 〈갑산북만손씨종보서甲山北灣孫氏宗譜序〉이다. 서문에는 손치의 후계는 알 수 없고, 둘째 아들 손명孫明이 다시 제나라로 이주하여 자손이 이어졌다고 쓰여있다. 그러나 일부는 오월 지역에 남아 지금의 항주시杭州市 부양구富陽區의 한 구역에서 부춘손씨富春孫氏를 이었는데, 앞에 기술했듯이 손빈孫臏은 이들의 후손으로 보고 있다. 손빈을 월越 나라 사람으로 보는 주장은 여기에 근거한다. 관제 사서인 이른바 〈사기〉나 〈신당서〉 등의 정사正史라는 곳에 손자의 세계世系를 논하고 있으나, 손치의 이름은 보이지 않는다. 이들이 뿌리를 내린 회계 지역은 양자강 하구와 태호의 북동 호반을 포괄하는 광범위한 지역이었다. 일부 가계는 동중국해의 주산 군도까지 흩어져 있다. 손무의 자손은 가는 명맥을 유지하며 춘추 말부터 이곳에 살았고 삼국 시대에 오나라를 세운 유력 가문으로 성장한다. 그러나 3세기 이후 대부분의 손씨 가문은 의관남도 후 산동에서 강을 건너온 교성僑姓으로 현지 오성吳姓과 교류하며 혼맥으로 얽혀갔고, 때로는 상당 기간 현지인으로부터 차별을 받았다. 서기 4세기 말에 이르러 동진東晉 정권이 타락하고 사회 모순이 격화되면서 대규모 도교 반란인 손은孫恩의 난이 회계에서 일어난다.

입언은 아버지 손무의 유지를 기억한 메모랜덤이다. 입언이 써진 정확한 시점과 장소는 알 수 없다. 문장은 매우 상징적이고 도치되어 있으며, 모순으로 어긋난 곳도 있다. 서한西漢 시대에서 당대唐代에 이르는 오랜 시간을 통해 연변演變한 단어들을 도처에서 보게 된다. 상당한 문구가 4세기 이후의 분위기를 나타내고 도교 사상이 내재해 있다. 후세에 가필되고 연변 한 것은 분명하지만, 이익을 목적으로 위조한 것은 아니었다. 입언의 분석을 통해 알 수 있는 것은 불완전하지만 82편에서 13편으로의 축간 과정이다. 또한 병법의 도가적 분류로 볼 수 있는 구신자九神者를 언급하여 편명을 나눈 기준을 짐작게 한다.

가. 九神者

立言은 사본마다 약간씩 다르다. 무엇이 정본인지는 미궁이다. 내용의 상당 문구가 한송漢宋을 거쳐 만들어진 사유체계와 음양陰陽 명리命理를 표현한 단어(字)들이 보인다. 입언의 초두와 전개 부분 그리고 결언구들은 장 씨 부자가 위조했다고 믿어지기 어려운 글이 있다. 초두에는 4세기 남북조 시대에 도교의 일파인 황제 도교의 주문 같은 문구가, 전개 부분에는 천지인 3 재才를 이용하여 9 X 9개 방책(數) 재배치, 결언에는 손자 13편으로 압축하는 프로세스를 기술하고 있다. 도교의 주술적 용어가 혼합된 듯하지만 9개의 편책篇策이 9가지 수와 곱하여져 81개의 편수篇數로 나누어진다. "전쟁의 아홉 가지 불가사의는 謀, 明, 要, 算, 治, 變, 心, 聲(聖), 擊이 있다." 이 문장에서 "신요神要"는 은작산 한묘 출토 〈죽간손자병법〉 실허편의 마지막에 기술되어 있다. (죽간 67행 두 번째 조각)[245] 이 단어가 "실허實虛"를 뜻하는 지를 알게 된 것은 1980년대 중반을 지나서였다. "要"가 "구신자"의 하나였다면 13편이 되기 전 9편이 존재했음을 추정할 수 있다.

---

245) 1985년 중국 손자학회 죽간 정리 소조의 죽간 해독 정황간개 발표, 죽편 총 513개, 완전 죽간 8매, 죽간번호 부여 1~233번, 이 가운데 〈손자병법〉 죽간본은 1~153 까지이다. 참조 : 손자병법 演流 도표

五行无恒勝四時

常立日有短長月有死生·神要

Slip 67-2

앞에 언급했지만, 〈귀곡자〉는 손자병법에 지대한 영향을 미친 사상이다. 가장 핵심 언어의 하나인 "싸우지 않고 이기는 不戰而勝"은 "常戰於不爭不費, 전쟁하지 않고 싸워서 비용이 들지 않는"〈귀곡자〉摩篇(모편)의 말에서 왔다. 전쟁 비용의 무모함은 13편 작전편과 용간편에 잘 표현되어 있다. 모편에는 전쟁학의 은밀함을 경고하는 문구가 있다. 모술摩術은 천하가 그 이유를 모르게 하여 백성이 그 전쟁의 두려움조차 모르게(不知所以畏) 하는 것이었다. 이는 13편 計편에 "백성과 함께 상하가 뜻이 같아 함께 죽고 사는 것을 두려워하지 않는" 말로 뜻이 변질되어 연변 했다. 전쟁을 백성이 모르게 하라는 "심리적 국방"은 〈귀곡자〉가 더 정예롭다. 장장본의 "전쟁의 아홉 가지 불가사의 (九神者)"는 다음 말로 의문이 풀린다.

"성인은 陰에서 계획하여 이를 神이라 이르고, 陽에서 이루므로 이를 明이라한다. 聖人謀之於陰 故曰神, 成之於陽 故曰明"

－〈鬼谷子〉摩篇

사람들이 모르게 하므로, 천하가 이를 비유하여 신명神明이라 불렀다. 이 "신명"이 구신자의 하나인 신명과 같은 의미로 보기는 어렵지만, 13편의 군형軍形과 병세兵勢에 해당하므로 후세에 매우 사변적인 군사 용어 "형세"

를 만들어 냈다. 그렇다면 〈귀곡자〉 신명의 본래 의미에 잘 맞추어진 것이다. "형"은 하늘의 뜻이고 운명이어서 사람이 알 수 없는 것이었다. "세"는 형에 의해 인간에게 주어져 비로소 양陽의 기운에 의해 인간이 감지한다. 귀곡자는 손빈의 스승이다. 13편이 손빈의 손을 거쳤다면 그의 증조부 손무의 유훈인 "모르게 하는 음살陰殺"의 뜻을 병법에 담았을 것이다. 이 문제는 "손빈병법"의 허구성 비판에서 다뤘다. 불가사의(神)는 왕필王弼이 〈주역〉의 계사전을 注하면서[246] 독자의 이해에 활력을 주는 정의를 전해주고 있다. 즉, "음양으로 측정할 수 없는 것을 神이라 이르고 陰陽不測之謂神, 형形으로 맺을 수 없는 것 不可以形結"이었다.

九神者는 손무병법 81편(82 預示 제외)을 지도하고, 다시 13편으로 축간할 수 있는 지침이었다. 후세에 13편이 완전히 세전 되어 권력에 복무하면서 변침이 가해졌고, 81편은 가전 되어 비밀스럽게 산채山寨에 숨겨졌다. 그 분기점은 장량과 한신의 병법 서차에 의해서였다. 오늘날 중국에서 산자이(山寨)가 짝퉁의 의미가 되어 장장본에 외생적 압력이 가해진 것은 한탄할 일이다. 이 진위 분쟁은 장장본의 입언과 마지막에 추가된 82편 예시에 놀랍게도 예견되어 있다. 그러면서 난세에 81편의 출현을 예고한다. 81편은 권력으로부터 등을 돌려 도가적 민생에 관심을 두고, 체제에 항거한다. 그리하여 도탄에 빠진 가여운 백성들이 마음의 위로를 받고 의지할 것은 老子였다.

나. 노자와 손자의 초청 메타버스

---

246) 周易, 繫辭上傳 "陰陽不測之謂神" 王弼云 "神也者, 變化之極, 妙萬物而爲言, 不可以形詰"

위진 남북조 시대는 유학이 붕괴하고 불교와 도교가 대종을 이루며 사회
정치 구조가 양분되어 사회를 통합할 전통의 맥락을 찾기가 어려웠다. 특히
권력층에서 불교의 탈을 쓴 도교 신봉은 어려운 사회 현실을 외면하고 초월
적 타락에 안주했다. 거대한 상징을 세우고 자원을 낭비하여 백성의 현실과
경험(民之故)에는 관심이 없었다. 이렇게 권력의 후원으로 점증하는 불교
세력에 대항하기 위한 순수 도교(上淸派)의 조직화는 사회 불안과 함께 커
지며 사람들에게 중국 고유의 문헌을 제시하기 시작했는데, 전승되어온 경
전의 재해석이나 태초의 모습을 상기시키면서, 경전에 신비감과 능력을 주
는 주문의 모습으로 문장을 변화시켰다. 동한東漢 말에서 위진魏晉까지 이
를 실감하는 "메타버스 공간"에[247] 〈노자 변화경〉이라는 콘텐츠로 초빙되
었고, 한중과 촉한에 흩어진 장 씨 오두미도 가문내에서 병법과 융합하여
여러 차례 문장 변형이 이루어졌다.

서기 4세기인 서진 시대까지 중국인들에게 불교는 사실상 도교적 언어
에 수용되어 인도 고유의 본래 뜻과는 다르게 이해하고 있었다. 오늘날처럼
분리된 종교로써 불교와 도교가 나뉜 것은 동진 이후 쿠마라지바의 경전 재
번역에 의해서였다. 그러면서 사상은 융합되고 다른 언어로의 표현이 가능
함을 알게 되었다. 이런 경향은 이미 서한 시대에 병법 죽간들이 호신부처
럼 죽은 자의 무덤에 장묘藏墓된 것에서 알 수 있다. 천하가 하나가 아니니
(天下弗一), 편을 지어 시장 거리에서 잡배들이 붓다를 논하고, 동네 골목에
는 연약한 부녀자들이 믿음이 다르다고 서로 주먹다짐이었다. 통일성을 위
한 권위 있는 장노長老의 말씀이 필요했다. 그 가르침을 실천함에 승리의

---

247) "Metaverse"라는 가상세계는 손자와 노자를 가상 자아의 아바타로 초청한 것이다.
물론 4 세기에 메타버스의 수단은 급격히 사용량이 불어난 "종이"이다.

비책을 찾아야 했다. 결국 민중의 위계 조직에 〈손자〉라는 병법이 스며들 었다. 노자와 손자가 메타버스(Metaverse)에서 만나 대화를 나눈 기록처럼 보이는 장장본 입언의 초두 개구문開口文에 시대 상황을 엿볼 수 있다.

立言(초두 부분)

"察今天下, 天下弗一 ; 所以弗能一者 ; 反其天當也, 反天當者 ; 國荒度廢, 內外不 順, 引爭而來奪也 爭哉 ; 奪哉 ; 戰亂四起 ; 井地荒幾 ; 民離而失所也 ; 失其所者 ; 亡而弗亡 ; 生而弗生 ; 死而弗死 怒而之怨也, 故法禁爭奪, 正亂平逆 ; 除暴安民, 世之急者也

지금 천하를 보아, 천하가 하나가 아니다. 천하가 하나일 수 없는 이유는 하늘에 합당치 않아서이다. 하늘에 합당치 않아 나라는 황폐하고 법도는 무너졌다. 안 팎으로 순종치 않아 싸움과 약탈을 끌어들였다. 싸우고, 빼앗고 전란이 사방에 서 일어나 마을은 황폐하고 가까운 농지도 사라졌다. 백성은 터전을 잃고 떠나, 삶의 터전을 잃었으니 도망을 가도 도망이 아니요, 살아도 산 게 아니고, 죽어 도 죽은 게 아니었다. 분노는 원한이 되었다. 그러므로 싸움과 약탈을 법으로 금 하고, 난리를 바로잡고 반역을 평정해야 한다. 폭력을 없애 백성을 안전 캐 함이 이 세상에서 가장 급하다."

입언의 시작에 보이는 문장의 문리는 장장본이 춘추 말에 성립했다는 말 을 의심케 한다. 어느 정도 옛 구절을 되살리면서 가필, 수정되었다고 보는 것이 타당하다. 난세를 한탄하기야 어느 시대건 있었겠지만, 위 문장의 성 립 시기는 동한 말의 시대적 냄새가 난다. 특히 땅의 소유권 문제와 다툼은 동한 말에서 위진 까지 장원을 두고 귀족과 현지 토착 민중이 벌인 주요 사회 갈등이었다. 군대를 주둔시켜 식량을 자급하는 둔전을 처음 실시한 것으로 알려진 조조曹操는 땅의 문제를 힘의 분할로 보았으나, 땅은 누구이든 경작자의 것이었고, 전란으로 "마을이 황폐하고 가까운 농지도 사라져; 백성이 터전을 잃고 떠나면 井地荒幾; 民離而失所也"세상은 무도해진 것이었다. 그래서 싸움은 부득이했다. 싸움을 지지할 언어를 찾아야 했다. 백성의 귀에 들리는 언어는 복잡한 전쟁 이론의 책사策士의 것이 아닌 성인의 말씀으로 사람마다 달라지는 변화의 모습이었다.[248] 성인聖人이 전해준 책이 되기 위해서는 노자老子와 같은 말투가 되어야 했다. 노자의 비폭력 반전사상이 역설적으로 병서에 스며들기 시작했다. 도교의 군사적 합일체라고 여겨지는 태평도太平道가 하북과 하남 지역에 36개의 조직체(方)를 만들어 머리에 누런 두건을 쓰고 부패한 조정에 대항하면서 도병합일道兵合一의 문헌이 만들어졌다. 황제일파黃帝一派는 전국 말기에 잠시 등장했기에 묵자, 맹자, 관자, 순자에서 장자에 이르기까지 아무도 언급하지 않았다. 춘추시대의 손무는 알 수 없는 단어이다. 그러나 이것은 장장본의 진위를 가림에 다소 불리한 입장이긴 하나 도가의 결합체로 보이는 〈손자병법〉의 본색을 나타내는 중요한 연결 고리를 남겼다.

서기 184년 지도자 장각張角이 병사하고 그해 11월 황건의 난이 진압되자 사천 지역 장씨가張氏家에 태평도를 모태로 오두미도五斗米道 도교 국가가 들어선다. 창시자인 장릉張陵(? ~서기 156)은 유학자였으나, 자기 조상이 장량張良이라 주장하고 만년에 산에 들어 약초를 캐며 살았다. 그가 노자를 만나는 신비 체험은 사상(도가)에서 종교(도교)로 부화孵化하는 사

---

248) 〈老子變化經〉 1969,돈황 발견, 서기 612년 추정, 서기 185년에 처음 택스트 형성

건들에[249] 의해 경전화經典化 된다. 장릉은 123세까지 장수하면서 사람들, 특히 유력 가문의 주목을 받았다. 처음에는 병을 고치려는 사람들이 모여들어 교단을 이루었고, 교법이 만들어지면서 그의 아들 장형張衡과 손자 장로張魯(? ~ 216)에게 법통을 전수했다. 삼국의 어지러운 전란기였지만 동란을 피해 모인 백성의 산채山寨에 사상이 물처럼 고였다. 물이 머무는 곳은 본래 도시였다. 험준한 산 위에 물이 모인 것은 주역의 "택산澤山 함咸"괘卦로 민중이 서로 감응하고 인화人和의 수위가 오르면 기세를 얻게 된다는 믿음이 있었다. 특히 사천으로 통하는 한중漢中은 인기 있는 지역이었다. 장로는 그 지역 컬트(Cults)와 잘 결합한 도가적 상징을 내놓고, 노자의 권위를 빌어 진고眞誥를[250] 행하고 제주祭酒를 세웠다. 성품이 온화하고 선량한 장로는 주요 길목에 구호소인 의사義舍를 설치하여 무료로 숙식을 제공하고 아픈 사람을 치료했다. 이 소문은 삼국 전체에 빠르게 퍼져나가, 전란으로 유랑하는 백성과 전상자들이 치료를 위해 모여들었다. 더불어 오두미도의 교세도 급격히 확장되었다. 종이가 개량 되고 대량 생산할 수 있어 지면서 사상을 가볍게 전파할 매체가 생겼다. 도교는 동한 정치의 때 묻은 유학에서 차별되어 순결해 보였고, 위×진 시대에 혼란이 격화되면서 많은 도교 서적의 기원이 이 무렵 시작되었다. 〈문자文子, 東漢~晉 212~231〉, 〈문시진경文始眞經〉, 〈포박자抱朴子, 晉 300~343〉, 〈신선전神仙傳〉 등이 당대의 대표적 도교 서적이다. 이들은 수당 시대를 거치며 〈장단경長短經,

---

249) Rolf A. Stein, "Religious Taoism and Popular Religion from the Second to Seventh Centuries."〈Facets of Taoism〉 edited by Holmes Welch and Anna Seidel, Yale Univ Press, 1979

250) 眞誥, 악령이나 巫神에 의하지 않은 진실한 신성을 알아보는 시험과 그 결과의 선포를 말한다. 글로 기록하는 것을 금기했으나 陶弘景(서기 456~536)이 〈眞誥〉에 대해 "도교 상청과 要典 7券, 翼眞檢"에 글을 남겼다.

兵權〉, 〈李筌의[251] 태백음경太白陰經〉, 〈황제음부경黃帝陰符經〉 내의 병학兵學에 지대한 영향을 준다. 갈홍葛洪(284~363)의 〈포박자〉에는 동한 말의 시대적 모순이 신랄하게 기술되어있다. 〈포박자, 외편〉 심거審擧에 당시 어지러운 조정의 모습을 이렇게 그렸다.

> "수재라고 천거된 사람이 책을 모르고, 효도한다는 사람이 부모와 따로 살며, 빈
> 한하고 소박한 청백리인 줄 알았는데 진흙처럼 때가 묻었고, 지위가 높아 유능
> 한 장수란 것이 닭처럼 겁이 많았다. 擧秀才 不知書 察孝廉 父別居 寒素清白濁
> 如泥 高第良將怯如雞"
>
> - 〈포박자〉 審擧

후한 말 유학이 증발하고 피비린내 나는 삼국의 시대를 겪으며 사상의 변두리도 무너졌다. 왕필이 범 유학적(Pan Confucianism) 범주에서 도교를 보면서, 세상의 분화 상태를 부정하는 현학玄學이 공자와 노자의 하이브리드로 퍼져나갔다. 훗날 오두미도는 특히 자신을 정일도正一道라 부르며 "도생일道生一"[252] 에서 파생하는 천하의 분란을 관찰한다. "천하가 불일天下不一"하니 분화가 일어나 전란이 발생했다. 파악이 불가했던 현현玄玄한 하나의 모습에서 현재를 돌아보니 "하늘에 합당치 않아 天當에 反"했다. 천당天當은"파란 하늘(한나라)은 이미 죽었고 누런 하늘(황건)이 들어섰다. 蒼天已死黃天當立"에서 취의取意한 단어이다. 황건의 난에서 사용된 격문이었으나 천당은 보다 앞서 도교의 황허인 방사들이 서한 시대에 만들었다.

---

251) 이전(唐代 현종, 생몰 년대 미상), 손자 11家注의 한 사람, 도가의 입장에서 손자 13편에 주를 달았다. 손자 曹註本에 疏를 넣으며 주로 反戰 해석으로 조조를 비판했다.
252) 도덕경 제 42장

장장본의 "입언" 초두와 "제50편 장패將敗"에 보이는 "천당"은 장장본이 쓰였다고 주장한 춘추 말에는 없었던 단어이다. 현재까지 발견된 최고最古의 문헌으로는 전한 시대 마왕퇴에서 출토한 〈황제사경黃帝四經〉에 "천당天當"이 보인다. 전한의 황제들이 도교에 심취하여 영생을 꿈꾸던 때였다. 권력에 빌붙은 도교는 타락해 갔다.

도가의 모순은 더 거슬러 올라 서한 시대의 지배층에서 여실히 드러난다. 천하를 통일한 한나라는 비대한 군대의 처리에 고심했다. 군축 논의가 진행되고, 관심은 궁정 술사術士의 이적과 영생술로 모아졌다. 방사方士들이 황제와 가까와지면서 정치적 야심을 드러냈다. 타락 역시 초월적 근거를 가졌다는 초현실적 행각은 궁정의 문란한 가족 관계에서 골육상쟁으로 나타났다. 유학 통치 이념이 자리 잡고 인간 속에 천리天理를 발견하던 무제武帝 때에 뜻밖의 사건에 주목하지 않을 수 없다. 사조思潮의 변화일뿐 아니라 사회 심리의 한 표지이기 때문이다. 고대에 "고술蠱術"은 많은 풍파를 일으켰다. 고蠱는 주역의 산풍고山風蠱 괘卦에서 유래한 아주 오래된 글자로 갑골에도 보인다. 양식을 담은 항아리에 벌레가 생겼다. 마음속의 독 "蠱"는 시간이 지나며 인간 이성을 부식한다. 이 글자가 갑골에서 전국시대를 거쳐 진한지제에서 변화하는 과정은 흥미롭다.

甲骨   金文   小篆   隸書

글자의 모습이 처음에는 한 마리 전갈을 담은 그릇이었으나 청동기 사용의 제국이 일어나 전쟁으로 많은 노예가 발생하면서 금문에는 3마리의 공격적 벌레로 바뀐다. 전국 말의 소전에는 사람의 마음을 분열시키는 유혹자로 자리 잡는다.[253] "고"는 "벌레가 양식을 갉아 먹는 것"으로 여인이 가정일을 등한시할 때 나타난 상형이며 분열의 증표였다. 고혹蠱惑한 여성의 모습에서 점차 쇠락이나 죽음으로 가는 원인으로 주술과 저주에 사용되었다. 무제 때에 황자와 손자를 죽이는 무고지란巫蠱之亂이 일어나고 10만 명이 넘는 무고한 사람들이 연계하여 피살되었다. 그 후로 많은 왕조가 고술을 두려워하여 황궁에 퍼지지 못하게 했다. 민간에 전승한 고술은 기괴하고 그 진행 과정은 공포스러웠다. 무격巫覡을 멀리하는 유학에 의해 고술의 수수께끼가 하나씩 밝혀졌으나, 역사 기록에 보이는 신비한 과정은 사라지고 말았다. 고술은 모산도술茅山道術, 기문둔갑奇門遁甲, 점성술占星術과 함께 중국 역사상 4대 기적술의 하나로 여러 분파로 갈라져 전승되었고 한반도에는 오래전에 상륙하여 무격巫覡과 결합하여 있다.

무고지란에는 서한 말의 유학과 도교의 갈등이 내재해 있다. 동한에 이르러 화상석畵像石에 특별히 기념하여 새긴 "공자가 노자에게 예를 물었다.孔子問禮于老子"라는 사건은 많은 문헌에[254] 기재되어 있다. 최근에는 여러 자료를 동원해 공자가 무려 5차례나 노자를 만났다는 번쇄한 연구를 내놓았다. 두 성인이 자주 만난 것은 좋은 일이겠으나, 신화와 전설이 역사적 사실이 되어 사마천 같은 호사가가 기쁜 마음으로 쓰게 된 것은 그 당시 사회 분위기를 짐작게 한다. 유학을 국시國是로하는 한나라에서 특히 그 궁정

---

253) 리러이(李樂毅) 漢字演變五百例, 중국사회과학원 1995
254) 공자와 노자의 만남 기재 문헌 〈文子〉, 〈史記〉, 〈禮記〉, 〈莊子〉, 〈呂氏春秋〉, 〈孔子家語〉

의 중심에 도교가 자리 잡은 것을 유자들은 蠱로 표기했다. 고는 나태하고 탐욕스러운 여성성의 결과였기에 후궁과 환관이 국정을 농단할 때 음살陰殺의 모습으로 나타났다. 이를 반성하고 수습하고자 하는 유도儒道 회합의 전설이 이 무렵 생긴 것으로 보인다. 도교가 더 먼저였다는 선도후유先道後儒의 주장을 분쟁으로 몰아간 것은 후세에 잘못된 해석 때문이었다. 병학兵學을 두고 이 두 자파子派의 용어 사용은 후학들에게는 혼란이었으나 군사 사상의 변증법적 발전을 가져왔다. 병가의 道가 도교가 비난하는 도의 찌꺼기(殘道)였다면 후에 道에서 파생하는 천하 분란의 원인 역시 道로 돌릴 수 있었다.

동한 嘉祥洪家廟 "孔子見老子"畫像石 부분

동한 영제靈帝 건녕建寧 원년(서기 186년)으로 추정되는 "공자가 노자를 뵙다. 孔子見老子"화상석은 (위 그림) 1786년 청 건륭제 연간에 발견된 것으로 청대 고증학자 완원玩元은 그림의 해석에서 노자를 향해 허리를 굽힌 쪽이 공자이며 가운데에 시동이 가리키는 수레는 공자가 타고 온 것이라고 분석했다.[255] 이 그림 해석은 유가의 거센 반발을 불러왔다. 그림에 보이는 아이는 시동侍童이 아니라 춘추시대에 거국莒國의 전설적 신동인 항탁項橐을 가리키며 "배움에는 지위나 나이, 체면이 불필요하다."는 불치하문不恥下問의 가르침을 기념한 것으로 해석한다. 따라서 화상석을 보는 입장은 "군자는 어린아이에게도 예를 묻는 법"이며 더 나아가 "예라고 하는 번잡한 위선은 도의 찌꺼기일 뿐"이라고 냉소하는 도가를 향해 겸공謙恭을 가르친 것이라 주장한다. 실상 그림에서 공자의 관이 더 높고 화려하며, 장포長袍가 드리운 소매는 노자의 것보다 웅장하다.

유·도가의 갈등을 한나라 말기의 어지러운 시국에 잠들은 무덤 묘석에서만 볼 수 있는 것은 아니다. "싸움"에서 소문난 손자병법을 선점하면 상대를 압도할 수 있고 그러기 위해서는 문구를 바꾸거나 진영에 유리한 해석을 해야만 했다. 은밀히 가전家傳한 장장본과 세상에 널리 퍼진 세전본世傳本 손자병법은 균열하여 도가는 82편으로 유가는 13편으로 갈라져 갔다. 매체(죽간, 종이)의 순수함은 의심해도 생각이 전파된 문구와 동방 문자(한자)의 표의성, 상징성, 그리고 무시할 수 없는 그 시대의 표음 관계를 따지면서 독자는 장장본의 절대적 가치에 빠져들게 된다.

서기 364에서 370년 사이에 장강長江 하구의 모산茅山에서 계시받은 모산파 2대 문주 양희楊羲는 당대를 육천六天이 지배하는 사악한 시기로 규정했다. 육천이란 전쟁에 패해 죽은 귀신으로 양자강 유역의 백성으로부터 인신 공양을 받았다.[256] 六은 전국 칠웅의 제후국 가운데 진秦을 제외한 여섯 나라의 비극적 종말을 상징한다. 강동의 원주민들에게 그 시대의 해석에서

---

255) 완원 저, 〈山左金石志〉

256) Stein, "Religious Daoism and Popular Religion ; Kleeman, "Lucentious Cults and Bloody Victuals."

六은 陰의 수이고 <주역>에서 고통스러운 땅을 의미했다. 서한 말에 역사의 기록이 예언서로 둔갑하는 "숙명론"이 <초씨역림>에 보인다. 초공焦贛의[257] <焦氏易林>에는 六을 달래거나 六을 변화시켜 위안하는 수많은 괘사가 있다. <초씨역림>이 과연 易의 원리 내에 작용한 것인지는 의문이지만 <좌전>이나 <전국책>의 사건들을 무질서하게 나열하며 전쟁의 공포를 상기시키는데 좋은 서사임은 분명하다. 특히 주역의 땅의 원리인 六을 접두사처럼 쓰며 권력과 惡을 소환한다. 여섯 용이 하늘을 나는 권력의 최정점에는 늘 극한의 싸움이 있다. (坤之否) 등을 시작으로 귀신과 야수, 분노와 광기, 간통과 탐색, 질시, 기형을 나타내는 괘사卦辭 앞에 육이 따라붙는다. 원한에 사무치는 적을 죽이면 육시랄[六身割] 했다. 진, 제, 초와 같은 강국들 사이 충돌 지점인 서한의 작은 봉지封地 양나라 지역에 살았던 초연수는 전쟁의 참상, 제후의 욕망과 병법의 무모함을 <초씨역림>에 담담히 기술하고 있다. 전쟁은 여섯 마리 뱀(六蛇)의 탐욕일 뿐이었다.

흥미있는 관찰은 도교에서 六과의 싸움이 병법의 문구에 보이면서 벌어지는 사색의 전개 과정이다. 군사사상이란 대개 참전 기록과 교육, 실전 또는 훈련 후 평가AAR(After Action Review), 전투상보를 기초로 발전하나, 도가에서는 한가하게 철학적 사변을 토대로 방책의 참신한 역수逆數, 반전주의, 갈등 회피 등으로 경험보다는 전쟁의 연역적 결과를 돌아보게 한다. 그러나 역시 그 바탕에는 시대적 모순과 비극이 깔려 있었다. 북방에는 오랑캐가 남하하고, 동해에서는 침몰한 섬을 탈출한 난민이 결사적으로 땅을

---

257) 초공,(梁 敬王(재위 기원전 85~46) 시기 사람) 焦貢으로도 쓴다. 자는 延壽, 서한말 양국梁國 수양睢陽(현 河南 商丘) 출생, 易에 통달 경왕의 인정을 받아 小黃縣의 현령이 된다. 양국은 기원전 202년 한고조가 공신인 彭越을 양왕에 봉하면서 서한의 봉토였으나 전국시대 진과 초의 주요 싸움과 초한전쟁에서 수많은 전사자가 발생한 곳이다.

얻으려 현지인의 자비를 구하거나 갑자기 해적으로 돌변했다. 중원에서 내려와 장강 하구에 정착한 모산파는 피를 마시는 공시公尸를[258] 모신 제사를 거부하고 신성한 경전을 읽고 마음을 정화하여 악귀를 이기는 내단內丹의 방법을 제시한다. 입언에 보이듯,

"도망을 가도 도망이 아니요; 살아도 산 게 아니고; 죽어도 죽은 게 아니다. 亡而弗亡; 生而弗生; 死而弗死"

이것은 백성의 참상과 함께 복시複視로 보이는, 육천의 흡혈 공양을 받는 공시公尸와 좀비(行尸)의 모습이다. 생사를 초월한 것이 아니라 고통에 포섭되어 있다. 따라서 이에 대항하려 병법은 도교의 내단內丹의 방법으로 쓰인다. 그러면서 지역 컬트와 결합한 음사淫祀를 정화하기 위해 양희는 "하지 말아야 할 도계道戒"와 "해야 할 도과道科"를 지정한다. 그 후 타족他族이 타귀他鬼를 섬기는 것을 음사라 하였으나 "음사淫祀"는 글자 그대로 음란한 제사였다. 이는 4세기 초 모산파 일대 종사인 위화존魏華存의[259] 이름을 빌려 구체화 된 모습으로 전해졌다. 전쟁의 속성에 여성성이 자리 잡고 마침내 무저항과 비전非戰의 유연함을 양생술로 표현했다. 단지 단약을 굽는 것이 아니라 적의 형세를 묘사하여 고립화한다. 장장본은 六을 부적符籍처럼 상징화한 숫자로서 도처에 기록하고 매우 적대적 관계로 표현하고 있다.

---

258) 公尸는 본래 제사에 부복하는 혼령의 대리인을 말한다. 참조 : Carr, Michael "The Shi 'Corpse/Personator' Ceremony in Early China" Reflections on the Dawn of Consciousness: Julian Jaynes' Bicameral Mind Theory Revisited / www.julianjaynes.org.

259) 3장 손은의 반란, 다. 위화존魏華存(서기 252 ~ 334)

20편 육거六擧(여섯 악의 일어남), 26편 사비四備 한신주(定, 交, 攻, 分, 合, 變 六勢之備也), 37편 군격軍擊(亡者不屈, 此六者軍擊之崒也 不可攻有六), 40편 육승六勝, 43편 방면方面(六面), 47편 일장一將(六根合一), 51편 구변2九變二 (六曰軍變 孫武之六勝), 81편 36계三十六計

위 몇 문구의 예에서 보듯 군대가 적대할 환경과 적 형세의 변화에 대한 대응책이다. 26편 사비四備의 한신주는 적정敵情을 여섯으로 묘사한다. 적의 움직임을 "정지, 교대, 공격, 분리, 연합, 변형 定, 交, 攻, 分, 合, 變"과 같이 하여, 이런 정보를 토대로 피아 방책을 논한다. 교, 합, 변은 진시황의 문자 통일 후에 글자와 뜻이 연변 하여 한대에 정착한 단어이므로 한신주에 나타난 것은 타당하다. 주요 관찰은 장장본이 도교적 영향 아래 재진술되었다는 점이다. 그러므로 전래한 장장본은 전국과 진한지제의 가필을 통해 변화된 모습으로 파악해야 한다. 이 점은 한신비주의 성립 시점을 논하며 다른 각도에서 다시 조명 할 수 있다. 장장본의 군사 사상은 도교(오두미교)와 혼합된 DNA로 가전본 82편에 남고, 장차 손자 13편에 영향을 준다. 쌀 다섯 말(斗)을 바쳐 신자가 된 사람들이 오행五行의 원리를 실천해야 했기에 <손자병법>에는 수많은 다섯 가지 원칙이 제시된다. 더불어 황건의 군사 편제였던 3분위의 계층, 즉 장각의 리더쉽을 두 형제와 나누며, 장각張角은 천공장군天公將軍, 장보張寶는 지공장군地公將軍, 장량張梁은 인공장군人公將軍으로 임명해 천지인天地人의 삼재를 취했다. 삼재와 오행은 후에 <손자병법> 13편의 편순篇順을 규정하고, 일관된 문리文理를 펴며, 生의 순환과 克의 대척을 제어한다.[260] 앞으로 기술하게 될 <손자병법>의 장장본 흔적은 병법이

---

260) 제 4장 음양 오행설에 의한 재편집

마치 호신부처럼 만들어진 표지를 보며, 도교의 군사적 신앙을 따라 추적하게 된다. 부적의 기원 역시 군대 양병 체계의 바탕을 둔 다섯 가구를 묶는 부오符伍에서 왔다.[261] 고대에 다섯 가구는 같은 우물과 같은 농기구를 공유했다. 부적은 부오符伍와 명적名籍의 줄임말이다. 그러나 후대에 마치 퇴마사의 도구로 바뀌었다.

황건의 난이 평정되면서 장장본 손무병법은 태평도보다 약간 뒤늦게 일어난 일부 오두미도 가문에 비장秘藏되고 일반 사회에서는 사라졌다. 서기 211년 장로張魯는 한중漢中에 독립적으로 세력을 굳히며 제정일치의 종교 왕국을 세운다. 장로에 호감이 있던 조조는 한중 지역을 토벌한 후에도 장로를 극진히 대우해 그를 낭중후閬中侯로 삼고 식읍 만호를 주었다. 조조의 호의로 장장본이 그의 군중 막부에서 어떤 운명이었을지 짐작할 수 있다. 장생의 비술을 가진 장씨가에 비전한 손무병법 82편이 있었다면, 천하의 병법을 장악하고 인재를 탐내던 조조가 이를 알고 지대한 관심을 기울였을 것이다. 애석하게도 입증할 수 있는 사료는 없으나, 후세 전래한 손자병법 13편에 영향을 끼친 "조주본"의 성립 과정에 추정할 수 있는 장장본의 몇 가지 영향 문구가 군쟁편과 행군편 그리고 구지편에 나타나 있다.

조조曹操는 손자 13편에 주註를 달면서 장장본의 구절을 변경하거나 글자의 상징적 가치를 부정하는 註를 써넣었다. 산동 은작산 한묘 죽간의 손자 12편* 〈구지편九地篇〉에는 구지와는 달리 六地로만 기술되어 있었다. 위진魏晉 시대를 거치며 상수象數와 의리義理의 관계를 구명하며, 주역에 기초한 九(양)와 六(음)의 현란한 철학적 사색이 있었다. 한편의 중화권 학

---

261) 부적의 기원은 〈管子 七法〉에 "符籍不審 則奸民勝 刑法不審 則盜賊勝 각 가구에 호적을 매기지 않으면 나쁜 자들이 백성을 괴롭힌다. 형법을 시행치 않으면 도적이 날뛴다." 와 같이 보호라는 명목의 주민등록적 성격이 강하다.

자들은 같이 출토된 죽간의 목차와 같은 목독木牘에 "구지九地"라는 글자가 보이므로, 본래 "구지"이나 죽편 글자의 잔멸로 안 보이는 것이라 주장한다. 그러나 앞서 언급했듯 편제 목독은 제안성간인 손빈의 89편의 편제를 적은 것으로, 이는 장장본 53편 "구지 2"와 유사하다. 어쨌든 구지의 정확한 표현 과 주석은 輕, 爭, 交가 추가된 조주본(조조가 註한 13편, 일명 魏武帝孫子 註)에 처음 보인다.[262] 도교에 호감이 있는 조조는 자신이 六天의 하나가 되 는 것이 싫었을 것이다. 조조의 역사 도통은 남송에 이르러 부인되었지만, 그가 병적兵籍에 남긴 여러 흔적에서 스스로 천명을 받았다는 집요한 노력 이 보인다. 조조 이후에 병법 구절의 수많은 변화는 군사 문제의 정치화, 한 자의 연변에 따른 자음과 상형 조합의 와오訛誤를 자의적으로 해석하여 더 욱 호전적으로 된다.

〈손자〉의 반전 평화는 태생이 도교적 원리에서 온 장장본에서 연류했 다고 볼 수 있다. 손자 13편 〈행군편〉에 "凡四軍之利, 黃帝之所以勝四帝 也"라는 구절에 조조는 황제 이하를 삭제한다. 전통적 해석은 "네 가지 군사 적 이점을 안 것은 황제가 주변의 사제를 이긴 이유였다."이지만, 다르게는 중화 인문(황제)가 주변의 신화적 존재들을 물리친 것으로 풀이할 수 있다. 황제는 물론 황건적의 상징물이고 조조가 토벌한 대상이었다. 이 문구는 송 나라 태평어람에서 복원되어 현재 대다수 통행본에 기재되어 있다. "황제" 는 분명 장장본의 흔적이다. 장각의 태평도에서 창천蒼天이 천인 감응의 漢 나라이면, 황천黃天은 허황한 하늘이 아닌 누런 황토에 서 있는 백성의 나

---

262) 諸侯戰其地者, 為散 (조주본 추가: 入人之地而不深者, 為輕 我得則利 彼得亦利者, 為 爭 我可以往, 彼可以來者 為交) 諸侯之地三屬, 先至而得天下之者, 為衢 入人之地深, 背城 邑多者 為重 行山林, 險阻, 沮澤, 凡難行之道者, 為泛(㲼) 所由入者隘 所從歸者迂, 彼寡可以 擊吾衆者, 為圍 疾則存, 不疾則亡者, 為死

라였다. 도교가 인간 중심으로 변화하는 중요한 길목에서 병법으로 평화를 끌어내는 마중물을 남겼다.

立言(전개 부분)

"吾父以禁爲詣;"歷時八年, 嘔心瀝血, 九盡而功成也;功成兵法;以名定之, 數之而曰;九九;圖九卷;其法本, 數之形天, 數之勢地, 數之法人. 此三數者, 賢智用之;以誅不肯;以伐無道;所以可以正天下. 事不能反;反則不輾;法不能過" 過則有禍;故吾動諦;天機陰殺;去步圖;留大則;縮成簡;簡數十有三 (曰) 也, 十三者;陰之期也, 兵之主殺也

나의 아버지는[263] 다음을 주의하라 가르쳤다. "지난 8년 동안 심장을 토하고 피를 흘리며 최선(九盡 수많은 난관을 헤치고)을 다해 공을 이루고 병법을 지었다;병법을 지어 이름짓기를 방책의 수로 말하면 9에 9인 81책, 그림으로 9권이며, 그 근본을 따르기를 하늘의 형의 수, 지리의 세에 관한 수, 그리고 인간의 모습을 닮은 수였다. 이 세 가지 수란 것을 지혜롭고 현명하게 사용하여 불초한 자를 주벌하고, 무도한 자를 정벌하며, 천하를 바르게 할 수 있는 바였다. (노예로서) 상황은 반란을 기도할 수 없었고, 반란을 해 몸을 돌려 (제 나라로 귀환할) 수 없는 것은 (오나라의) 법이 지나치지 않았기 때문이었다." 지나치면 화가 있다고 하셨다. 그러므로 나 손동孫動은 읊기를, 하늘의 비밀을 "음살"에 담아 그림은 없애고 큰 원칙만 남겨 축약한 죽간을 만들어 죽간의 수는 13편이다. 13이란 음의 때이고 전쟁의 주요 살상책을 말한다."

---

263) 춘추시대 문장에는 대개 아버지를 내 아버지 "吾父"라 부르지 않는다. 한나라 이후 가족의 생활 단위에서 아버지를 "家父"라고 불렀고, 돌아가시면 "先父" 또는 "先考"라고 불렀다. 초나라 시인 굴원屈原(기원전 340? ~ 278)은 〈離騷〉에서 그의 작고한 아버지를 "황고皇考"라 불렀는데 부친에 대한 존경이 담겨 있다. 황고는 조상 전체를 의미한다는 다른 주장도 있다. 吾父는 필사 과정에 실수로 보이나 후세에 누군가 찬개한 흔적이다.

손자의 유언처럼 보이는 위 구절은 그의 맏아들 손치(字, 馳)가 부친의 유지를 받들어 완수하겠다는 결의가 담겨있다. 실제 있었는지 모르지만, 그의 오왕 합려에 대한 복무는 환멸이었다는 점이 드러나고 있다. 후세에(아마도 동한 이후로 추정) <82편 예시預示>에서 이 책의 탈고를 춘추시대의 "주 경왕 16년 (기원전 504년)으로 기록한다. 손자가 "공을 이룬 뒤 몸을 숨겨 경림(오늘날 강소성 태호 太湖 내의 서산섬 金庭)에 숨어 병법을 저술했다. 後功成身退 隱居景林 修著兵法"라 기술한 것은 <사기>가 후세에 편취한 기록에 따른 것이라는 의심이 있다. 입언의 위 전개 부분은 손자의 일생을 가늠하는 데 중요한 메시지를 포함하고 있어 앞으로 더 깊은 연구가 필요한 부분이다. 그의 노예 생활, 제와 오 사이의 준법적 갈등, 오 나라에 대한 호감과 은미한 위기감이 묘사되어 있다.

사서와 장장본의 말이 다르지만 손무孫武가 오나라에서 은퇴 후 저서 활동을 시작한 것은 춘추시대를 마감하는 주경왕이 죽은 476년 무렵이었다. 그러므로 손무의 병법 82편은 후에 한신이 언급한 경림간이고, 이는 아마도 기원전 476부터 그가 죽은 해로 추정되는 기원전 470까지의 기간 중 성립된 것으로 추정된다. 그는 기원전 484년 애릉의 전투 후 8년간 오나라의 전쟁 포로였다. 그런데 장장본 <손무병법 82편>의 처음 탈고 기록이 기원전 504년이니, 필이순畢以珣(1757~1836)의 주장대로 이미 제나라에 있을 시기부터 산동의 병법들을 모아 82편으로 집일輯佚한 것으로 보인다. 그 후 30여 년이 지나 손무가 아들 손치에게 13편으로 축간縮簡할 것을 유지로 남긴 정황이 위의 입언에 보인다. 손자의 장자라는 손치는 누구인가? 입언立言에는 갑자기 나타난 손자의 아들[孫馳, 子動]을[264] 통해 "구신자九神者"로

---

264) 손자의 후계에 대한 다른 기록은 없다. 장장본에는 마치 아들 삼 형제가 있는 것처럼

요약하여 아홉 가지 불가사의[神]를 말하고 있다. 어쨌든 장장본 손자의 저자가 손무이든 어떤 병법 책사이었든 간에 책을 쓴 시점으로 기록한 기원전 504년은 손무의 활동 기간이 아니고, 뒤에 예시預示에 기록된 기원전 506년 오나라의 초나라 출병 기간 전장에서 써진 병법 초안을 기억 속에 소환한 것인지도 알 수 없다. 과연 그가 실제로 군사가 되어 백거지전柏擧之戰(기원전 506년 가을)에 참가했는지는 앞에서 언급한 대로 의심스럽다.

입언의 전개 부분에는 천지인 3 재才를 이용하여 9 X 9개 방책(數)을 재구성한 이유를 기술한다. 손치는 아버지의 유지에 따라 병법에 담긴 전쟁의 공포를 무마하고 "13편으로 압축하여 음살陰殺의 천기天機를" 가둔다. 이 구절은 허무맹랑하여 위조설의 중요한 비판 대상이었다. "음살"은 손자 13편에는 보이지 않는 단어이다. 陰은 갑골에는 없고 비교적 후대인 진秦의 석고문石鼓文에 소전小篆으로 처음 보인다. 손자가 처음부터 음살이란 말을 쓰지는 않았을 것이다. 장장본이 한대의 죽간을 옮긴 것이라면 앞에 기술한 장량의 은둔과 무고지난 사이에 필사되었을 것이나 현재의 모습은 아니었다. 그렇다면 전승한 기억을 주합한 시기로 책의 성립을 보는 것이 옳다. 바로 천 × 지 × 인 삼재三才의 관념이 정립한 동한 시기이다. 음양술이 병가에 합쳐진 것은 이미 한무제漢武帝 이전이지만, 왕충王充(서기 27~97)의 〈논형論衡〉이 나올 무렵 인간은 더는 하늘의 제어를 받지 않는다. 인간이 神과 대등한 관계로 올라서며 우주의 신성인 천명을 인간의 마음속에 발견하려는 시도는 전국시대부터 부단히 이어지고 있었다.[265] 이런 배경에서

묘사되었다. "손자는 3명의 자식이 있다. 장자는 손치 자는 動이고 둘째는 손명 자는 靜이며 셋째는 손적 자는 化이다. 孫武共有三個兒子 長子孫馳 字動 二子孫明 字靜 三子孫敵 字化" 그러나 이것은 손자 13편의 성격을 "動靜變化"로 암시한 것이다.

265) Michael J. Puett, 〈To Become a God〉 cosmology, sacrifice, and Self-Divinization in Early China, Harvard-Yenching Institute Monograph Series 57,

"음살"을 이해할 수 있는 언어가 <태백음경>에서 출현했다.

당唐 건원乾元 2년 (서기 759년) 이전李筌은 <태백음경太白陰經 10권>을 숙종 황제에게 진표進表하며 "음살"을 음주살벌陰主殺伐의 의미로 전개한다. "신이 듣건대, 태백이 군사 운용을 주관할 때 대장군이 (자신의) 주군은 숨기고 (적은) 주벌하여 죽이는 것입니다. 臣聞 太白主兵 爲大將軍 陰主殺伐" 그러므로 음살이란 도교적 의미의 용병이다. 태백太白은 신화적 인물이고, 太伯 또는 泰伯으로 호칭한다. 시경, 대아 大明에는 주나라 시조인 고공단보古公亶父의 장남으로 족장의 지위를 막내에게 양보하고 양자강 하구로 도망한 것으로 기록한다. 그는 거칠고 용맹스러워 그 당시 서태평양 일대의 풍습대로 머리를 밀고 문신을 하며 남동 중국해 해적들의 수호자가 된다. 시경의 기록은 정권 투쟁에 실패한 사람을 미화했다. 마침내 사마천은 남방의 오월을 주 왕실과 혈연관계로 다듬어 놓는다.

해양 세력인 오월의 역사는 사마천이 중화권에 편입하기 위해 조작했다는 의심을 받고 있다. 태백太白은 도교적 주관자의 의미로 연연演衍하며 후세의 병서에서 그의 이름을 빌리고 있다. 13편의 해석에 도교적 注를 가한 이전李筌은 권력과 은둔에 양다리를 거친 모호한 인물이다. 명나라 <정통도장正統道藏>에 李筌은 잘 나가던 벼슬을 버리고 "입산하여 도인을 만나 그 끝을 알 수 없다. 入山訪道 不知所終"라고 전한다. 그는 또한 저자 미상, <황제음부경黃帝陰符經, 唐, 서기 700~750>을 소疏하면서 병법을 마치 몸 속에서 가공된 기忎처럼 설명하고 있다. 忎는 기氣와 달리 몸 속에서 오관으로 느끼는 것으로 소전小篆 이전에 애愛의 의미로 쓰였던 글자이다. 출토

Harvard University Press, 2004

한 죽간 손자 13편에는 기염로 추정되는 문장이 쓰인 흔적이 보인다.[266]

그는 노장老莊의 범주에서 병법을 버무려 〈음부경〉의 핵심 사상을 "하늘의 지극함은 사사로움이고, 이를 씀에 지극히 공정히 한다. 군 통수의 요체는 능히 운용을 은밀히 하여 시기와 방책을 엿보기 어렵게 한다. 天之至私 用之至公也 爲軍帥之體 能用以隱密 機數難窺"로 요약한다. 사적인 극한을 공적인 전쟁에 대입하기는 어렵다. 결국 道, 法, 術의 3 演(필연적 흐름)에 의해 병법의 지극히 공정함은 낮은 위치에 두어 숨기고 가두는 것이었다. 무력과 전쟁에 대한 혐오를 숨기지 않으면서 인생의 가치와 수양의 프로세스를 투쟁⇨평안⇨신선의 길로 안내한다. 음부경은 손자병법에 보이는 노장 철학의 뼈대가 보이는데, 역시 장장본에도 이를 읽은 이의 가필 흔적을 남긴다. 이전의 음부경 해석의 전개 방법은 천기天機를 감추기 위한 논리적 당위이다. 발설하면 재앙이 닥치는 은근한 경고문도 걸어 두었다. 음부경 삼백 자를 셋으로 나누어, 백 자는 연도演道(上有神仙抱一之道), 백 자는 연법演法(中有富國安人之法), 백 자는 연술演術(下有强兵戰勝之術)로 엄격히 나누어 설명한다. 이런 논법은 서한 시대부터 움트기 시작해 唐대에 크게 유행한 한당락부漢唐樂賦의 3 막극 노래에서조차[267] 보이는 漢 시대 관념론의 결과였다.

漢의 관념적 역사에는 사마천의 〈사기〉가, 관념적 지리에는 반고의 〈한서, 지리지〉가 자리 잡고 중화 중심의 밑절미가 되었다. 漢의 저널리즘은 조화로 미화된 자기 검열과 엄격한 국가 통제를 받았다. 아울러 재미있게 소설화한 인생 열전이 만들어져 자랑스러운 조상이 되었고, 실제 존재하

---

266) 죽간 손자병법 九地篇 "먼저 그 사랑하는 바를 탈취하고 先奪其所[炁](愛)"
267) 악부樂賦는 대체로 삼해(三解 or三股)로 나뉘어 가창되었다

지 않은 군현 또한 관념 속에 설치되어 통치자인 황제를 기쁘게 했다. 한 무제는 광대한 제국 영토 지도를 들여다보며 지리의 끝을 확인하고 싶었다. 서쪽으로는 장건張騫(? ~기원전 114년)을 파견하고 동쪽으로는 조선을 정벌하러 대군을 일으켜 양복楊僕을 보내지만 패배한다. 그러나 이미 그려진 지리지의 내용을 바꿀 수 없었다. 중앙 권력에 위협이 되는 머나먼 요서遼西의 군현과 하서회랑河西回廊 밖에 현령이 임명되었지만, 이들은 모두 낙양에 거주하는 유력자의 이름에 붙은 타이틀일 뿐이었다. 넓어진 제국과 오래된 역사의 빈 곳을 채운 것은 관념이었다. 관념이 시간과 공간을 왜곡하는 것은 중국인의 습관적인 연역적演繹的 사고 때문이었다. 주어진 전제로 결론을 이끄는 것은 문화적 자신감과 힘에 의하기 마련이다. 도가인 이전李筌이 병가의 서적에 주注와 소疏를 달면서, 어쨌든 그의 해석은 후세 도교와 병법에 큰 영향을 주었다. 立言의 전개 부분은 이런 도가적 특색이 여실히 드러나고 있다.

九九는 중국인에게는 무한의 수이다, 구양九陽은 양이 극極에 달해 변화하는 때이다. 그러므로 변화를 추구하되 천지인의 삼재三才로 나누어 술수術數가 과격하지 않도록 제어한다. 81 책에 한 가지 "삼십육계"를 더하여 모두 82편인 것은 삼십육계를 영책另册으로[268] 하고 다시 9로 나누어 아홉 가지 개념으로 13편을 구성한다. 마지막 82편 예시預示를 정식 편 수에 넣지 않으려는 의도로 보인다. 도교 모산파茅山派가 이른바 "13陰"을 양귀술養鬼術로 언급한 것은 훨씬 후대의 일이라 13편의 도교 영향은 모호하다. 갈홍의 동진 시대(서기 300~343)까지는 도교의 어느 분파에도 보이지 않으나 현대 모산파 도교에서 13음은 鬼를 키워 악귀惡鬼를 타격하는 삼청모산술

---

268) 另册. 별도의 책이나 篇. 성질이 다르거나 불온하여 분리시킨 책 또는 블랙리스트

三清茅山術로 나타난다. 병법이 도교와 상호 흡수 동화되는 과정은 장장본을 통해 수없이 목격된다.

立言(結言)

"故以定名〈孫子兵法〉典曰；靜而不移；動而不化；處而內方；擊而外圓；謂之神也. 兵之九神者 曰神謀, 曰神明, 曰神要, 曰神算, 曰神治, 曰神變, 曰神心, 曰神聲, 曰神擊. 疏於九神之終始, 軍亡國殃；此謂天下之明理也. 神者；易也；易者；變也；變者；通也 通者；理也；故明理者；知利知害也, 兵之九神者；至陰至陽, 理於十三之中也, 其立何也, 吾父作賦以定之, 詩曰；子動問兮；縮立何. 立十三兮；曲一詩. 計謀, 形勢, 變要, 算治, 心擊；聲；觀盡此法；兵曉大則. 四百一十七字. 周吳民；孫弛簡於景林.

그러므로 이름을 정해 〈손자병법〉으로 한다. 경전에 이르길, 고요하여 움직이지 않고 움직이나 변화하지 않아, 머무름에 안으로 方陣이 되고 공격 시에는 밖으로 圓陣이 되었다. 이를 일컬어 신묘함(알지 못함)이라 이른다. 전쟁의 아홉 가지 불가사의는 謀, 明, 要, 算, 治, 變, 心, 聲(聖), 擊이[269] 있다. 이 아홉 가지 불가사의의 시작과 끝을 알면 백성은 안전하고 나라는 번영할 것이요, 이 아홉 가지 불가사의의 시작과 끝을 모르면 군대는 망하고 나라는 재앙에 떨어진다. 이를 일컬어 천하의 名理라 한다. 불가사의[神]란 변하는 것이고, 변한다 함은 통하는 것이고, 통하면 이치에 맞는다. 그러므로 名理란 이로움과 해로움을 아는 것이니, 전쟁의 아홉 가지 불가사의는 음양이 지극하여 바뀌듯 13편의 가운데 들어있다. 立이란 무엇인가? 부친(孫武)은 시를 지어 정해 두었으니 "아들 動이 어찌 축간가(縮簡歌) 하나로 만들었나 물으니, 13 兮를 하나의 立言으로 줄여

---

269) 용간[神聲]과 화공[神擊]의 순서가 바뀐 것은 일본 櫻田本에도 보인다.

계모, 형세, 변요, 치산, 심성이다. 이 법을 다 관찰하면 전쟁을 깨닫는 대원칙을 알게 된다. 417자 주오민 손치 경림에서 죽간에 쓰다."

"이름을 정하여 〈손자병법〉으로한다. 定名 孫子兵法"는 분명 찬개竄改로 의심받는다. 이 문구는 뒤에 이어지는 후한 말기 도교의 주문[日神]이나 이전李筌의 〈태백음경〉 문구 재진술이 써진 같은 시기에 삽입되었을 것이다. "머무름에 안으로 방진方陣이 되고 공격 시에는 밖으로 원진圓陣이 되었다. 處而內方 擊而外圓"는 다음 〈태백음경 서문〉의 도움 없이는 완전한 해석이 불가능하다.

"그러므로 九군의 법을 변화시켜 육화진을 만들어, 세상 사람들이 이를 깨닫지 못하게 했다. 대저 8진이란 바로 九군을 말함인데, 九군은 방진이다. 육화진은 바로 七군이니, 七군이란 원진이다. 대개 진은 원형을 몸체로하는데 방어 진영 편성은 내부를 원진으로 하고 외곽은 방진으로 한다. (공격 진형)은 내외를 모두 원진으로 한다. 따라서 방진과 원진을 시험 훈련해보면, 8진이 하나로 포함되어 방어진이 되고 육화진이 하나로 포함되어 공격진이 된다. 이러한 九군 육화진이 진법의 요체이다. 故造六花陣以變九軍之法, 使世人不能曉之, 大抵八陣即九軍, 九軍者方陣也. 六花陣即七軍, 七軍者圓陣也. 蓋陣以圓爲體, 方陣者內圓而外方, 圓陣即內外俱圓矣. 故以方圓物驗之, 則方以八包一, 圓以六包一, 此九軍六花陣之大體也."

〈太白陰經〉八卷 (浙江範懋柱家天一閣藏本)

〈태백음경〉의 진법 논의는 제갈량의 "팔진도八陣圖"를 기초로 만들어진 듯하다. 팔진八陣은 물론 주나라에서 전해 온 정전제에서 유래한다. 우물을 중심으로 井자로 나눈 9구역에서 하나는 공전公田으로 조세를 취하고 남은 여덟 구역을 말한다. 8을 중심으로 하나를 더해 9군으로 방어하고, 8에 하나를 빼 7군으로 공격한다. 방어에서 "내부를 원진으로 하고 외곽을 방진 內圓而外方"으로 하여 방어 편성 내부에 기동성 있는 역습 부대를 두었다. 6, 7, 8, 9와 같은 數는 방책이면서 양병책이기도 했다. 방어에는 국가 총력 九의 역량이 드는 것이고 공격에는 아홉에서 칠만 쓰라는 메타포가 들어 있다. 그런데 13은 어디서 나온 것일까? 六과 七의 결합은 전쟁을 일으키는 공격적 수이다.

입언의 마지막 위 구절들은 13편과 82편의 관계에 중요한 단서를 제공한다. "兵之九神者, 아홉 가지 전쟁의 불가사의"란 아홉으로 분류된 전장의 아홉 상황으로 모두 81가지의 책략이라 여겨진다. 神이란 전국시대 이전에는 "알 수 없다"는 의미이고, 현대적 의미의 神(god)은 전국시대 용어로는 鬼였다. 神은 불가사의이며 손자의 문리에서는 왕필王弼의 말로 정의하면 "形으로 맺을 수 없는 것에 대해 알고 모르고의 차이"가 된다. 예를 들어 13편에서 실허實虛의 별칭이 신요神要인 것은 중요한 우선순위[要]의 알고 모름을 말함이니 이와 뜻이 통한다. 그러나 위 문장에는 중대한 시대적 사조의 불일치가 보인다. 神은 〈귀곡자〉에서 정의하듯이 "陰에서 계획하는 것"이다. 음이 수사修辭하는 아홉 가지는 陽의 자리에서 실천되는 양태이다.

> "神者 易也 易者 變也 變者 通也 通者 理也. 불가사의[神]란 변하는 것이고, 변한
>
> 다 함은 통하는 것이고, 통하면 이치에 맞는다."

이런 문구는 분명 위서 논쟁의 여지가 있다. 변통變通은 주역의 핵심 사상이지만 변화에서 성리로 가는 프로세스는 아마도 왕필王弼 이후, 역의 해석에 기초하여 송대에나 완성된 사색의 구조였다. 뒤에 이어진 변變과 모謀자는 진의 통일 후 소전에 처음 등장하는 글자이다. 명리名理 역시 名과 理라는 두 개의 단어가 하나의 뜻으로 나타난 것은 송대 理學 이후이다. 장장본의 필자는 당나라 진법을 아는 당대唐代 이후의 지식이 있었다. 나쁘게 말하면 찬개竄改의 전형이다. 그러나 대다수 한적漢籍의 전래본들이 가필하여 시대적 상황에 맞게 연변되었듯이 위 문구도 원형에서 연오衍誤하여 후세에 글자가 바뀐 것으로 생각할 수 있다. 아마도 3세기 이후에 종이의 보급이 일반화되며 죽간에서 종이로 옮겨지는 과정에서 나타난 그 시대의 문화 공기가 담긴 것이리라. 그런데 지금 논란의 장장본은 1920년대에 죽간에서 종이로 필사한 것이다. 이 문제를 어떻게 볼 것인가?

죽간에서 꼭 종이로 필사된 것은 아니었다. 즉 종이에서 죽간으로 퇴행적 필사가 있었다. 진한秦漢 시대부터 전승한 많은 죽간이 종이에 필사되지 않고 그대로 보관되어 있었다. 군사용 정보나, 부결, 채무 관계는 여전히 목죽간木竹簡에 기록되었다. 죽간은 악조건에서 종이보다 오래 보관할 수 있었고 망자를 기념하거나 사귀를 쫓는 주술적 병법이 무덤의 부장품으로도 재생산되었다. 그러므로 죽간과 종이의 내용은 서로 환류하여 경전에 점차 시대적 이해가 묻어 들었다. 북송의 시인이며 학자인 오도손은[270] 즐비櫛比하게 쌓인 죽간을 씻고 수리하는 일을 묘사하는 칠언고시를 지었다.[271] 이것

---

270) 오도손敖陶孫(서기1154~1227)자 器之, 호 臞翁 또는 臞庵 福州福淸 사람(지금의 福建省)

271) 洗竹簡諸公同賦의 부분 "舍東修竹密如櫛　一日洗淨淸風來 진원앙집의 수리할 죽간이 빗살처럼 빽빽해도, 매일 씻어 깨끗이 하니 맑은 바람 찾아와" 舍 : 竹主人陳元仰家의 房舍 이 시는 죽간을 동쪽 사택의 대나무 숲의 경관에 비유 찬양한 것으로 해석이 이중적이다.

은 단순한 예지만 金 나라가 북송의 수도 카이펑(開封)을 점령할 무렵, 지금의 국가급 도서관이라 할 수 있는 금요문金耀門 문서고文書庫가 카이펑의 도성 밖에 있었다. 唐 시대부터 내려온 고문서를 보관한 숭문원崇文院은 더욱 귀중히 여겨 도성 내에서 엄중히 관리되었다. 서기 1126년 가을 궁궐의 주요 시설이 보름에 걸쳐 불에 타는 동안 급하게 옮겨진 병서들은 습지인 양자강 하구의 임안부臨安府(지금의 항저우)로 수도를 옮기면서 종이에서 다시 죽간으로 필사되는 혼란이 있었다. 金 나라 군대의 남하를 저지하고 퇴로에 큰 타격을 가한 남송의 명장 한세충韓世忠(1088~1151)이 읽은 〈손자〉는 죽간이었다.[272] 가을 태풍과 폭우 속에서 죽간의 글자는 선명히 보였고 그에게 깊은 영감을 주었다. 군진에 남아있는 〈손자〉는 상당수가 죽간 형태였다. 야전에서 비에 젖어도 보존이 가능한 죽간 병법들은 급히 필사된 것들이라 오류가 있다. 상당수는 기억에 의해 재생된 것이기도 했다. 1128년 가을 금나라의 완엔 야쿠타(完顔 阿骨打)의 4남인 완엔 쫑삐(完顔 宗弼)의 산동 지역 공격 후 회하淮河를 건널 무렵 회하 수계水系 상의 지형적 이점을 이용 금군을 방어하려는 송나라 군대의 화공火攻으로 서주徐州와 양주揚州의 방어선 상에서 수많은 서적 죽간이 불에 탔다. 후송해야 할 많은 병서 가운데 긴요하다고 생각된 〈太平御覽, 兵部〉의 손자병법은[273] 다시 죽간으로 필사되었다. 한림원편수翰林院編修였던 손성연孫星衍이 집안에 비장秘藏하여 물려받은 죽간 병법도 이들 중 하나였을 것이다. 손성연이 주

---

272) 韓世忠은 전투 시에 대체로 〈손자〉보다 지금은 실전한 〈吳子論兵〉을 죽간으로 읽었다. 그는 만년에 蘇州 서쪽 궁륭산의 寧邦寺에 은거하며 손자병법을 읽기 시작했는데 모두 죽간이었다.

273) 현재 전승한 太平御覽, 兵部는 송대 李昉(서기 925~996)을 저자로 한 청대 편찬의 〈欽定四庫全書〉에 수록된 것이다. 병부에는 손자병법이 단행본으로 있는 것이 아니라 군사적 관심에 따라 다른 전래 병서나 역사 사례와 섞여 문구가 흩어져 있다.

注 한 〈손자병법〉 일명 손교본孫校本은 근세 200년간 손자병법의 정본으로 인식되어 전 세계에 퍼지고 주요 영문본의 번역 저본底本이 된다.

역사상 출토된 죽간들은 잔멸과 필사, 그리고 해석에 무수한 우여곡절을 겪는다. 대표적인 예가 현존 최고의 죽간 사본으로 알려진 〈죽서기년竹書紀年, 성립연대, 기원전 296년 이전〉이다. 처음 도굴되어 발견된 후 서진西晉 정권은 정부 차원의 조사를 했다. 위국魏國 문자와 통일 문자인 진秦 소전小篆의 커다란 차이가 있어 해독에 애를 먹였지만, 곧 이 죽간이 夏 나라로부터 전국 魏 나라에 이르는 편년사임을 알게 되었다. 이 역사서는 한대의 〈사기〉와 정반대의 사실들을 기록하고 있어 출토 후 서진西晉의 금서가 된다. 당황한 낙양의 조정에서 이에 대한 어떤 논의가 있었는지 전하는 기록은 없다. 사마씨司馬氏의 진은 한의 유학 정통을 이었다고 자부했다. 또한 종씨인[274] 서한의 역사 관념론자 사마천에 가해지는 타격을 막기 위해서였다. 〈죽서기년〉은 진晉 태강太康 2년(서기 281년) 또는 晉 함영咸寧 5년(서기 279년)에 하남성 급군汲郡의 전국시대 위총魏塚에서[275] 발굴된 75종의 죽간 서적 중 하나이다. 현재 남아있는 사본은 "발칙한 내용"에 분노한 송대의 광유狂儒들에 의해 불태워져 일실佚失한 것을 20세기초 왕국유王國維가 각고의 노력으로 복원한 〈고본죽서기년〉과 명대明代 위작본인 〈금본죽서기년〉이 있다.

〈竹書紀年〉이 주는 교훈은 지금 장장본의 운명을 가늠한다. 宋의 유학자들이 "죽서"를 불온하게 본 것은 국시인 유학에 반하는 내용뿐만이 아니

---

274) 晉의 사마씨는 사마천의 가계와는 다르다. 사마씨는 周대에 하관사마의 직을 맡은 程柏休父를 같은 조상으로 하나 전국 시대에 魏, 趙 , 秦으로 갈라져 다른 가계를 이룬다.
275) 무덤의 주인이 누구인지 확실치 않다. 위양왕魏襄王 또는 안리왕安釐王 두 가지 설이 있다.

라 역사 도통의 뿌리를 흔들어 놓았기 때문이었다. 요순시대의 미덕인 덕치주의에 의한 권력의 양위가 〈죽서기년〉을 통해 부정되고, 죽서에 기술한 폭력의 정변으로 무너지는 역사 도통을 참기 어려웠다. 더구나 남송에 이르러 삼국의 역사에서 위진魏晉의 정통성을 부인하고 유비의 촉한蜀漢에 도통이 있음을 주자朱子는 누누이 피력하고 있다. 죽서의 운명에 주자학의 이기론理氣論이 작용한 것과 장장본이 신중국의 역사 이익에 위해를 가한다는 주장은 유사하다. 시대의 사조에 의해 역사적 사실이 굴곡되면 "위서의 혐의"를 받게 된다. 〈죽서기년〉은 청나라 가경嘉慶 연간(1796~1820) 최술崔述에 의해 제시된 위작 증거로 사료에서 추방된다. 그러나 이것은 원본의 유실 때문에 발생한 오류였다. 명나라 위작본 "今本"이 가진 배열의 착오와 전국戰國의 사설邪說을 인용한 부분적 찬개는 인정되나 전체가 다 가짜는 아니었다.[276] 이런 이유가 장장본이 위조되지 않았다는 확실한 증거는 아니다. 우리가 고서를 애정의 시각으로 바라본다면, 아마도 고증학의 명언 "있다고 말하기는 쉬워도, 없다고 말하기는 어렵다. 說有易說无難"를 새겨들을 필요가 있다.

구신자九神者가 손자 13편의 별칭이라는 설은 중국의 재야 학자 가운데에도 꾸준히 제기되었다. 축간가縮簡歌는 13편으로 분류된 후에서, 아마도 음양오행 원리로 다시 편책篇册의 순서가 정해지기 전의 모습을 화석처럼 남기고 있다. 아울러 구신자는 81편의 유전자가 있다. 전쟁은 불가사의한 것이지만 억지할 수 있다는 희망은 있었다. 이를 회피한다고 평화가 오는 것도 아니었다.

---

276) Edward Shaughnessy, 〈On The Authenticity of the Bamboo Annals〉, Harvard Journal of Asiatic Studies, Vol. 46 No 1, 1986 pp 149~180

가전家傳과 세전世傳의 분계

가. 잔도棧道의 싸움

건안建安 20년(서기 215년) 11월 오두미도의 수장 장로張魯(? ~ 216)[277]는 한중漢中을 나와 조조曹操의 진영을 향했다. 그는 항표를 이마 위로 들고 따르는 시종도 뿌리치고 먼지 낀 길을 터벅터벅 걸었다. 백 보 앞에는 그가 곡명산鵠鳴山에서[278] 만나 〈변화경〉에[279] 묘사한 노자상을 앞의 혁차에 모셨다. 험준한 산악의 좁은 길을 지날 때는 그가 직접 어깨에 메고, 수레는 분해하여 이동했다. 한나절 지나가는 거리의 뒤에 수레에 실린 할아버지 장릉張陵의 위패가 그를 따랐다. 그는 파중巴中에 피신해 있다 조조가 입성한 한중의 남정南鄭으로 되돌아가는 중이었다. 지난 몇 년 그는 근심 걱정으로 잠을 자지 못했다. 조조 군에 잡혀 목이 잘리는 꿈을 꾸기도 하고, 노자가 현몽하여 여차여차 방책을 듣기도 했으나 깨어나면 모두 부질없었다. 형세가 점점 어려워지자 마침내 끊어 놓았던 잔도棧道를 이어 진창陳倉에서 파중으로 가는 지름길을 조조에게 내주었다.

하늘에서 천둥이 치며 번개가 잔도를 때려 갈 길은 지체되었다. 아침에는 서리가 깔려 길이 미끄러웠고 대낮에는 우박이 떨어졌다. 마차가 천 길 낭떠러지로 떨어지는 것을 보고 전초로 나와 있는 하후연夏侯淵의 조조 군

---

277) 장로의 생몰 연대는 사료마다 다르다. 태어난 해는 알 수 없고 그가 羽化(죽음)한 연도는 서기 216년 설과 245년, 259년 설이 있다. 장수가 미덕인 도가에서는 100세에 가까울 것을 추정하는 259년을 주장한다.

278) 鵠鳴山. 일명 鶴鳴山으로 四川省 崇慶縣 西北에 있다.

279) 〈老子變化經〉은 Anna Seidel 번역으로 서구에 알려져 있다. 1969년 돈황에서 발견된 것은 서기 612년 추정되는 사본이며, 서기 185년에 처음 텍스트가 형성된 것으로 판단하고 있다. 〈老子變化經〉은 〈老子化胡經〉, 〈三天內解經〉 等 早期天師道(오두미도)의 經典으로 주문은 반복적이고 유사하다.

들이 웃었다. 그러나 협곡은 원숭이들의 괴이한 울음소리와 메아리로 가득 차 있었다. 사람들은 그의 조상 장량(장자방)이 울 때 원숭이들이 따라 울어 그렇다고 수군댔다. 조조가 적벽에서 패하고(서기 208년, 건안 13년 11월) 7년이 지나 천하의 형세는 삼분으로 정립되었다. 조조는 적벽대전 3년 후인 건안 16년 한중의 장로를 공격하기로 다짐하며 소문을 퍼트려 성도에서 익주益州를 관할하고 있는 유장劉璋(? ~219)에게 겁을 주자 그는 조조와 유비 사이에서 고민하다 유비에게 속는다. 역사 도통을 유비에게 준 〈삼국지연의三國志演義〉에는 그가 마지못해 익주를 떠맡는 것으로 기술했으나, 유비의 익주 공략은 인간의 신의를 전략에 이용한 패륜적 행위였다. 그는 방통龐統의 의견에 따라 익주를 차지할 기만책을 수립한다. 기회를 엿보고 거짓 소문을 퍼트리고 유연한 책략으로 민심을 살피며 어물어물 구렁이 담 넘어가듯 형주를 떠나 경계를 넘었다. 이익을 위덕僞德으로 감추고, 욕망을 위선僞善으로 숨겼지만 결국 유장에게 마음을 들키고 만다. 그러자 유비는 노골적으로 제갈량을 불러 합세한 후 유장이 있는 성도를 포위 공격했다. 건안 19년 여름 유장이 항복했다. 유비가 익주를 차지하자 삼국의 눈이 한중에 쏠렸다. 익주의 예하 고을인 한중에 장로가 있는 것은 목구멍에 가시가 있는 것으로 촉한蜀漢의 존망이 걸린 문제가 된다. 이런 형세를 조조가 놓칠 리 없었다.

그해 가을 조조는 서안西安의 서쪽 관롱關隴을 평정하고 쉬고 싶었다. 그러나 형세는 관망할 수 없게 빠르게 진행되었다. 한 해 전인 건안 19년 2월 조조는 군사를 동원 형주를 견제하려고 맹진孟津에서 군을 재편했었다. 잦은 거병으로 민심이 동요할 수 있어 일 년간 지체하다 건안 20년 3월 진창陳倉으로 슬며시 넘어갔으나 저족氐族의 저항을 받았다. 도가에 귀의한 북방 오랑캐의 한 부족인 저족은 민족 차별을 하지 않는 오두미도의 장로에게 감화되어 깊은 유대 관계를 가졌다. 게다가 한수漢水를 타고 올라오는 강남의 농산물을 장악하고 있는 장씨 가문의 풍요로운 경제력에 의존했고 그들이 기른 축산물을 팔 수 있는 무역 상대였다. 저왕 두무竇茂는 만 명의 병력으로 끝까지 저항했으나 조조 군에 궤멸하고 만다. 그러자 한중 지역이 크게 동요했다. 조조의 첩자들이 침투하여 흉흉한 소문을 퍼트리며 부족들을 이간시켰다. 항복해서 한 황실에 복속하면 땅을 얻고 세금을 면한다는 선전문이 나돌았다. 그러나 한중의 장로에게는 10만의 정예로운 군대 "귀병鬼兵"과, 이 신정일치의 사회에서 "천사도天師道"는 절대 패하지 않는 군대라는 믿음이 있었다. 장로는 형세 판단에 현실적이었다. 병법 82편의 "이중성"을 이해하지 않고는 그의 다음 행동을 설명하기 어렵다. 그가 장장본을 비장秘藏했을 거라는 추론은 가능하나, 구체적 문구를 통해 어떤 사상으로 이해했는지 파악해야 한다. 아직 한적漢籍에 그가 병법을 언급한 부분은 발견되지 않아, 실제로 그가 장장본 82편을 접했다는 증거는 없다. 그러나 조조에게 복속되면서 그의 호의로 생각이 융합되었음이 13편과 82편을 교감하면 알 수 있다. 연결 고리가 발견되지 않아 마치 끊어진 잔도棧道의 양단 끝에서 가지는 못하고 바라만 보아야 하는 안타까움이 있다.

4월 조조는 대산관大散關(지금의 陝西省 寶鷄市)에서 머뭇거렸다. 뇌종양이 재발하여 견딜 수 없는 두통이 왔기 때문이었다. 그때부터 그는 진통제로 환각을 일으키는 약초를 사용한 것으로 보인다. 오두미도의 선약仙藥에 대한 기대도 있어 장로의 한중을 점령하여 빨리 치료받고 싶었다. 그는 도가의 노래인 "청각운淸角韻"[280]을 연주하며 머릿속 번뇌를 잊으려 했다.

---

280) 오음의 角에 해당하는 음에 맞춘 노래. 특히 가을에 악기로 연주해 "淸角吹寒"이란

²⁸¹⁾ 7월 조조가 양평관陽平關에 도달하자 장로는 항복하려 했다. 그가 혐오한 위선자 유비에게는 머리를 숙이기 싫었다. 그러자 그의 동생 장위張衛가 반대하며 지세가 험한 양평관에서 조조를 막기로 한다. "도술에 취한" 귀병들이 이상한 가면을 쓰고 조조 군의 앞에 나타났다 안개처럼 사라졌다. 좀비(行尸)들이 여기저기 출현한다는 소문이 돌았다. 장위가 험준한 지형의 애로에 석벽을 쌓아 공략이 어려워지자 좌절한 조조는 철군을 결심한다.

  "요술妖術이나 믿는 땅에 와서 쌀 도둑(米賊)들과 싸워 내가 무엇을 얻겠나?"

  조조는 철군 명을 내렸으나, 우연한 사태로 적이 동요하는 뜻밖의 행운이 그를 따랐다. 피아간 군영에서 이상한 소문이 돌았다. 조조 군에는 하늘을 나는 천병이 출현했다느니, 도사들이 거느린 귀병은 목이 잘려도 죽지 않는다는 둥 서로 속삭이며 자리를 지키지 못하고 무서워 몰려 다녔다. 장로의 진영에 역시 조조에 항복하면 땅과 여자를 얻는다는 전단이 하늘에서 내렸다. 피아간의 심리전이었다. 조조는 정보의 중요성을 다시 깨달으며 "요술"에 대한 독백의 의미로, 뒤에 손자 13편 조주본에 이렇게 註를 단다.

  "禁祥去疑 至死無所之, 曹操 曰 禁妖祥之言去疑感之計 '요행을 금하고 의심을 버리면 죽음에 이르러도 다른 곳을 가지 않는다.'라는 것은, 조조 이르길 요사한 말들을 금하고 의혹의 마음을 없애는 계략을 말한다."

                                             - 〈손자병법〉13편, 구지편 조주본

말이 생겼다.
281) 조조의 詩, 秋胡行의 부분, "作爲淸角韻 意中迷煩" 이 시는 건안 19년 가을 관롱에서 지은 것이다.

〈장장본 82편〉에는 편제 안에 들어 있는 "구지편"은 없고 편제 배열 미상 편인 "九地 三"에 편명이 있다. 죽간에는 "禁祥"이 "禁詳"으로 쓰여 있어 중화권에서는 음차한 통가자로 보고 있으나, 전체 문맥을 보면, 지형이 험악한 어려운 전장 상황에 예하 부대를 일일이 통제하기 어렵고, 또한 소신껏 작전에 임할 수 있게 "자세한 지시를 하지 않는 것"으로 풀이할 수 있다. 그러므로 "요행을 바라지 않는 것"은 조조에 의해 글자가 변형되었다. 그는 제갈량처럼 "깨알 지시"를 하는 사람은 아니었다. 그는 장로와의 싸움이 처음부터 심리전인 것을 알고 있었다. 유사한 문구가 37편 "군격 1"과 39편 "구탈", 47편 "일장", 52편 "사오"에 보이나, 문리文理가 부서져 요지를 이해하기 어렵다. 조조가 후퇴 의사를 표한 것은 기만책이었다. 조조 군이 후퇴하는 것을 본 장위는 경계를 풀었다. 이때를 이용 조조 군은 야습을 감행했다. 그러나 착잡한 지형에 우연히 길을 잃은 것이 습격 효과를 내어 장위의 군대를 혼란에 빠뜨린다. 공황恐慌에 빠진 귀병들이 흩어지고 장위는 가까스로 도망했다. 장로는 파중巴中으로 피신하며 "보물 창고를 그대로 두라. 본래 조정에 속한 것이다."라며[282] 은연중 이 말이 전달되길 바라며 조조에게 투항의 의사를 비친다. 현지 토착 세력인 파족巴族들 마저 모두 투항하고 조조에게 작위를 받자, 그는 식솔을 모두 이끌고 조조에게 갔다. 시대는 종이가 급속히 보급되어 장사치는 가짜 어음으로 물가를 교란하고, 돼지 치는 자도 글을 써서 여론을 조작했다. 유력 가문 들이 백성을 속여 권력을 찬탈하며 공재를 훔쳐 천하를 능멸하던 때였다. 공론公論은 편파적이었고 "의리" 같은 것은 없었다.

---

282) 〈삼국지〉魏書 八二. 張魯傳 "本欲歸命國家 而意未達 今之走 避銳鋒 非有惡意 寶貨倉庫 國家之有"

장로는 면닉법緬匿法으로[283] 몸을 숨길 수 있었다. 둔갑술의 일종으로 알려졌으나 이 비술은 아무도 모른다. 어쩌면 그 상징성에서 천극川劇으로 알려진 사천 경극의 변검變瞼이 유래했는지 모른다. 인물의 내심 세계와 그 변화의 다중성을 표현함에 노골적이면서 희극적이다. 위선이 판치는 삼국시대에 - 그 위선은 역사가들에 의한 것이지만 - 장로에게는 도탄에 빠진 인민에 대한 연민과 구체적으로 실천할 구호책이 있었다. 그는 유언劉焉, 유장劉璋 부자와 자신 어머니 노씨盧氏의 치정 관계를 성토하며 한편으로는 정치적으로 이를 이용했다. 미색이 뛰어난 노 씨는 유언의 집에 드나들었다. 그의 심적 변화는 남녀의 불륜을 비난하면서도, 인간 본성의 자연적 발로라고 미화한다. 강호의 시비를 가릴 것 없이 그저 혼돈은 혼돈으로 끝날 뿐이다. 그 시대 오두미도 내의 남녀 성 의식은 의외로 자유로워 한 여자가 여러 남자와 관계할 수 있었다. 태음太陰을 관장하는 것은 여성이었다. 음살이라는 세상에 주는 병법 역시 여성에서 나오는 것이라 여겼다. 초월超越이 여성성에 있었기에 목숨을 주는 것도 여성이요 빼앗는 것도 여성이었다.

　　이러한 예는 사람들의 입에 오르내리면서 신화가 된다. 〈역세진선체도통감 歷世眞仙體道通鑑〉이나 〈성도기成都記〉에 장로의 여동생 장옥란의 이야기는 여성이 남성보다 도에 가까이 있음을 시사한다. 이야기 속에는 익주, 한중, 청도의 세력 가문의 수장 유언劉焉(? ~서기 194)의 행적이 섞여 들어 있고, 장로가 무력을 포기한 정황이 녹아들어 있다.

---

283) 緬匿法, 동한 嘉平 연간(서기 172 ~ 178) 민란의 영수였던 駱曜가 황건 봉기의 시작 때에 민중에게 처음 가르쳤다고 전하나, 청의 袁枚는 〈随园随笔 裴松之 三國志 朴〉에서 "이는 이해 할 수 없고 혹 〈포박자〉에 나오는 '介象蔽形之術耶? 이미지 숨기는 술수인가?'며 냉소했다.

"張玉蘭, 張衡之女也 幼而潔素 不食葷血 年十七歲 夢朱光入口 因而有孕 父母責之 終不肯言 惟侍婢知之 一日謂侍婢曰 我死爾 當剖腹以明我心 其夕遂殁 父母不違其言 剖腹得一物 如蓮花初開 其中有白素金書十卷 乃本際經也 十餘日間有大風雨晦冥 遂失其經

장옥란은 장형의 딸이다. 어려서부터 정갈하고, 소박해 소찬을 좋아하고 향이 강한 채소와 고기를 먹지 않았다. 17세 때 꿈에서 주광(붉은 글씨)이 입 속에 들어 이로 인해 임신했다. 부모가 책망했지만 끝내 (아버지가 누구인지) 말하지 않았다. 옥란의 여종만이 알고 있었다. 어느 날 아침 여종에게 자신이 죽으면 배를 갈라 진실을 밝히도록 하라 하고, 그날 저녁에 죽었다. 부모는 딸의 뜻을 거스르고 싶지 않아 배를 가르자 연꽃 같은 것이 나왔다. 그 연꽃을 열어보니 흰 비단에 금으로 글씨가 써진 책(도경 본제경) 10권이 나왔다. 옥란이 죽은 지 10여 일이 지나 어둠이 깔리고 큰 비바람이 몰아쳤다. 끝내 책을 잃어 버렸다.

　　　　　　　　　　　　　　－〈歷世眞仙體道通鑑·後集·卷二·張玉蘭傳〉

"雲 天師云孫女無夫而孕 父疑之 欲殺焉 既産 有異光 乃一軸書 則本際經也 父以爲神 乃擲其刀 其後於敦信村登仙 即女郎觀也 今有聖女台 抛刀池 洗經池存焉 一云得素金書本際經十卷 素長二尺許 幅六七寸 文明甚妙 將非人工 乃傳寫其經而葬玉蘭 百餘日 大風雷雨 失經及玉蘭 墳壙自開 空棺而已 이르길, 천사(장릉)의 손녀가 남편이 없는데 임신했다. 아버지(장형)은 유언의 짓이라 의심하고 그를 죽이려 했다. 출산 할 때 이상한 빛이 돌며 한 두루마리의 책이 나왔다. 〈본제경〉이었다. 아비는 신명에 빌며 칼을 버리고 그 후 믿음이 깊어져 신선이 되었다. 그것이 바로 "여랑관"이다. 지금의 성녀대요, (장로가) 칼을 버린 포도지이다. 연못에 그 경전을 씻어 흰 비단에 금으로 쓴 책 〈본제경〉을 얻었

다. 책의 길이는 2척이고 폭은 67촌이다. 문장이 밝고 신묘해 사람의 솜씨가 아

니었다. 경전을 필사하여 전하며 옥란의 장례가 끝난 100여 일 후에 큰바람과

뇌우가 몰아쳐 옥란의 경전을 잃어버렸고, 무덤이 스스로 열리고 관은 이미 비

어 있었다."

－〈成都記〉

이상한 나라의 이상한 일을 전해 듣고 조조는 웃지 않을 수 없었다. 그래

도 그는 이상하게 환술로 세상을 희롱하는 장로가 마음에 들었다. 문장 가

운데 "欲殺焉"은 문맥으로는 임신한 그의 딸을 죽이는 것이나, 실은 焉(유

언)에 대한 복수심이 발동한 것이다. 특히 장로는 유언의 넷째 아들 유장劉

璋과는 사이가 좋지 않았다. 그는 익주 자사 유언의 부하로 한중을 관장하

는 독의사마督義司馬라는 벼슬을 했다. 유언이 죽은 후, 교만하고 아둔한

유장이 자리를 잇자 한중에서 자립하고는 그에게 불복했다. 그는 이미 서쪽

으로 파중巴中의 상당 부분까지 세력을 확장해 장악하고 있었다.[284] 유랑민

들이 식량과 지붕 밑 쉴 곳을 찾아 그의 휘하에 합류했다. 한중에는 28개의

오두미도 사원이 있었다. 신분을 가리지 않고 병들어 찾아오는 사람들을 무

료로 치료했다. 약초꾼들이 보라색 안개를 일으키고 나타나 처방전을 놓고

사라지니 소문이 빠르게 전국에 퍼졌다. 전장에서는 적과 아군을 가리지 않

고 치료해 주었다. 위의 설화는 아마도 유장이 임신한 장옥란에 책임이 있

고, 그녀가 가문 내에서 "명예 살해"당하자 서로 원한이 깊어진 정황을 그리

고 있다. 유장이 장로의 어머니 노 씨와 그의 식솔들을 모두 죽이는 작은 사

---

284) 〈三國志〉卷31, "劉焉死後 其子劉璋繼任 張魯不服從劉璋 劉璋大怒 盡殺張魯之母及
其家室 張魯於是反叛自立 並將勢力範圍擴展到巴西郡"

건은 삼국의 형세에 지대한 영향을 준다. 조조의 책사들은 이 문제를 심각하게 생각하여 형세가 급격히 변하는 九變의 때가 되었음을 조조에게 고한다. 유장은 분명 유비에 붙을 것이고, 장로는 조조에게 화해의 신호를 보낼 것으로 예견했고 그대로 되었다. 이로써 장장본 51편 九變 2의 한신주에 보이는 알 수 없는 말 "娜嬛(女郎)"의 풀이가 가능해졌다.

> "信觀盡天下之娜嬛 言變理之髓者 唯齊民武子也 나 한신이 지난 천하의 병법가들을 살펴보건대, 변화의 원리(九變의 理)의 정수를 말하고 있는 것은 오직 제나라 백성 손무뿐이다."
>
> - 51편 九變二, 한신비주

"여랑"은 장장본 위서론자에게는 웃음거리였다. 그러나 한신은 여랑은 다목적으로 쓰고 있다. 바로 "도가의 병서"이며 이를 잉태한 것은 장옥란이다. 옥란의 죽음은 삼국의 분열을 일으킨 극적인 사건일 수 있다. 여랑은 전국시대에 병법을 수련하는 학생들을 말한다. 마치 신라의 화랑花朗 같다. 한중, 익주, 형주라는 중간 지대가 위, 촉, 오로 넘어가며, 어느 한쪽도 둘을 합한 쪽을 이길 수 없는 정합이 이루어졌다. 장옥란 사건은 위×진 시대를 거치며 위화존魏華存 탄생의 밑절미가 된다.

나. 조조曹操와 장로張魯의 대화

이제 장로에게 현실의 정치력은 위나라에 빼앗기고 하늘의 힘만 남았다. 분신술分身術로 마음을 달래고, 어지러웠던 분리감을 독립시켜 각성에 도달하면 더는 지상의 나라들과 대립할 필요 없었다. 상반된 요소들이 점차

하나로 통일되었다. 조조의 진영에 다다르자 장로는 요기(Yogi)처럼 명상 자세로 지형을 관람하며 공중을 한 바퀴 돌았다고 한다. 조조는 물론 이런 요술을 믿지 않았다. 조조는 오두미도를 요적妖賊으로 불렀으나 마음속에는 도가를 경외하고 있었다. 현실은 차가웠으나 그는 시인이었고 몽상가였다. 위대한 〈도덕경〉의 구절을 매일 외우고 그 참 맛을 음미했다. 그는 항복하러 온 도사를 반갑고 따뜻하게 맞이했다. 사실 그의 군대는 파중으로 장로를 추격할 생각이 없었다. 군영의 전초가 있는 한수漢水의 서안인 남정南鄭에 와 전열을 정비하며 장로의 투항을 예견했기 때문이다. 따라서 주력은 한수漢水를 넘지 않고 한중의 도성에서 쉬게 했다. 두 사람은 나란히 한중의 도성으로 돌아가 장로의 궁궐에서 밤새 연회를 열었다. 도사들이 마술과 공중 부양의 묘기를 보이며 연회는 한 달간이나 계속되었다.[285]

조조는 장로를 진남장군鎭南將軍 낭중후閬中侯에 봉하고 한중의 주요 오두미도 촌락을 그대로 다스리게 했다. 물론 한중의 군권은 자신의 휘하 심복인 하후연에게 맡겼다. 12월 조조는 업성鄴城으로 돌아가기 전 장로와 몇 가지 대화를 나눈다. 가히 병가와 도가를 대리한 병담兵談을 필자는 다음과 같이 가설해 본다. 조조는 쟁지爭地였던 한중에서 큰 희생 없이 승리를 거둔 결과에 만족하며 "장천사張天師"에게 병법을 묻는다. 장로는 42편 행공을 말했으나 두 사람의 해석은 천양지차였다.

"故空能勝人 空能服人 空能治人 空能取人 凡兩國相惡 始者皆空相爭也 一曰爭

---

285) 이런 허황한 이야기는 "Esoteric biographies 內傳"을 통해 수없이 민간에 전래되었다. 4세기 〈신선전〉을 쓴 갈홍(서기 284 ～ 363)은 도교의 환술과 혼란, 현실과 다른 모순의 해결책으로 眞人을 세우고 "완전함"으로 초극에 이르는 길을 연다. 이어서 茅山 上清派 도교는 진인의 모습에 술주정뱅이나 광대, 거지, 부랑자의 외형을 빌려 불멸의 모습을 취해 귀족과 영웅을 비웃었다.

正大 二曰爭地 三曰爭民 凡兩軍相爭 始者皆以空而戰也 一曰平之方寸而紾 二
曰使間以分 三曰雲戰 此六爭謀攻用也 能以空而取者 不戰而屈人之兵也 善之善
者也"

- 42편 行空

장로 : 그러므로 (칼을 버리고 무장을 해제하여) 비워두어 능히 적을 이기고, 능
히 적을 복종케 하고, 능히 적을 다스리며, 능히 적을 잡는다. 무릇 두 나라가 서
로 증오함은 모두 비어있는 곳으로 서로 경쟁을 시작한다. 첫째는 정대함이란
명분으로, 둘째는 쟁지로, 셋째는 유랑민을 두고 다툰다. 무릇 양군의 군쟁에서
처음에는 모두 실제 싸우지 않고 계획과 형세를 평가하는 행공行空으로 싸운
다. 첫째는 (공으로) 비뚤어진 마음을 펴고, 둘째는 땅을 나누도록 서로 협상하
게 하고, 셋째는 "雲戰(云戰)"싸움을 언급한다. 이 여섯 가지에 다툼에 謀, 攻, 用
이 들어 있다. 행공으로 능히 적을 잡는 것이 싸우지 않고 적을 굴복시키는 것이
요, 최선이다."

조조 : 그러므로 功으로 능히 적을 이기고, 능히 적을 복종케 하고, 능히 적을 다
스리며, 능히 적을 잡는다. 무릇 두 나라가 서로 증오하면 대개 功을 두고 시작
된 군쟁을 하게 된다. 첫째는 정대함이란 명분으로, 둘째는 쟁지로, 셋째는 백성
을 두고 군쟁한다. 처음에는 모두 功을 두고 싸운다. 첫째는 (위협으로) 적의 (숨
겨져) 비틀린 방진을 펴고, 둘째는 간첩을 써서 분열시키고, 셋째는 전쟁을 언급
분위기를 조성한다. 이 여섯 가지에 군쟁과 모공과 화공, 용간책이 들어 있다.
功으로 능히 적을 잡는 것이 싸우지 않고 적을 굴복시키는 것이요, 최선이다."

구마라습의 공에 대한 개념이 중국에 전파되기 전이므로, 장로의 호은 순수한 도가적 표현이었다. 조조는 공호을 공功으로 음을 가차하여 읽었다. 조주본의 군쟁편에는 功으로 대부들의 군대를 경쟁시켜 기동력이 발생할 수 있다고 쓰고 있다. 42편 행공의 위 문장은 손자 13편 軍爭篇에 영향을 주었다. 중국의 서쪽 방면 군사 캠페인은 험준한 산악을 지나가야 하므로 우회나 지형 극복, 현지 주민 포섭 등의 문제가 노정된다. 이러한 경험의 결과 마침내 "우직지계 迂直之計"라는 정치와 전략, 작전의 토대가 되는 군사사상이 탄생했다. 우직이란 가까운 해결책을 두고 먼 수단을 사용하는 것, 가까운 지형을 돌아 멀리 우회하는 것, 목표와 수단을 다르게 보여 전략적 기만을 달성하는 것, 일부러 아군을 희생시켜 적이 알지 못하는 이익을 취하는 것 등 다양한 상황에 적용된다. 그러므로 "군쟁은 어려움으로 한다. 軍爭之難者"는 말이 13편에 등장하고, 조조는 죽간의 "軍爭爲利 軍爭爲危 고된 훈련으로 날카롭게 만들어, 위기에 대처하는 것"을 "軍爭爲利 衆爭爲危 장수는 이익으로 싸우게 하고, 병사는 위험에 빠뜨려 싸우게 하는"문구로 변형시킨다. 그의 한중 정벌에 의한 경험은 장장본 행공의 의미를 상당히 세련되게 변화시켰다. "길을 우회해서 가는 것은 멀어져 있음을 (적에게) 보여주는 것이다. 늦게 출발하여 먼저 도착한다는 것은 계획과 피아 방책 비교 판단에 밝아 형세의 원근을 먼저 알았기 때문이다. 迂其途者, 示之遠也. 後人發, 先人至者, 明於度數, 先知遠近之計也."라고 하여 군사 작전 기동 이전에 충실한 정보 수집과 형세의 변화를 예측한 체험을 적었다. 조조의 註를 보고 이전李筌은 도가와 병가의 융합점을 찾아 다음과 같이 소疏를 넣었다.

"그러므로 그 길을 우회하는 것은 전진 속도가 빠르지 않음을 적에게 보여 늦게 출발하지만 먼저 적보다 도착한다. 이와 같은 부대 운용이 근심을 이익으로 삼는 것이다. 故迂其途, 示不速進, 後人發, 先人至也. 用兵若此, 以患為利者"

형세를 먼저 앎으로써 행동을 모순으로 보이게 할 수 있었다. 조조의 실전 경험, 특히 유비와의 한중 쟁탈전에서 얻은 AAR(전투 경과 기록)은 13편 군쟁편軍爭篇에 영향을 준다. 더구나 "도가의 땅"인 한중漢中에서 벌어진 일이라 도가적 사색이 짙게 드리워져 있다. 이렇게 근심으로 이익을 삼는다는 것은 노자의 "貴大患若身, 우환을 내 몸처럼 귀하게 여기는"[286] 생각에서 출연出演했다. 행공편을 비교하여 두 사람의 해석을 가상으로 옮긴 것은 이를 통해 장장본과 13편의 근본적 성격을 드러내 독자의 이해를 돕기 위해서이다. 空을 해석하는 것은 허망하다. 그야말로 비워두어 이름하지 않는 것이 옳을 지도 모른다. 행공편의 위 문장은 "方寸而紗"을 이해할 때 올바른 해석이 가능하다. 방촌은 마음을 가리키나, 도가에서는 비워야 할 문제의 구석이며, 욕망의 샘이었다. 뇌腦는 신경의 집합체여서 形을 구성하여 지식과 기억을 관장하나, 심장은 생명의 한 부분을 空으로 두어 氣를 통제하는 것이 도가의 생각이었다.[287] 그러나 도가의 의서醫書라고 할 수 있는 〈황정경黃庭經〉에는 비장脾腸이 아주 깊은 곳에 숨어 감각을 제어하는 곳으로, 비장과 심장 사이에 마음이 있다고 기술하고 있다.[288] 장로가 조조의 두통을 진찰했는지는 기록이 없어 알 수 없으나, 조조와 장로의 대화에서 이해를

---

286) 〈노자帛書〉 13장

287) 方寸, 아마도 현대 의학에서는 Amygdala(뇌의 편도체)로 공포와 불안에 관한 기억을 담당하는 것으로 알려져 있다. 〈황제내경〉에는 마음(心)은 어느 한 곳에 있는 것이 아니라 심장과 비장 사이 경락의 순환으로 보고 있다.

288) 〈黃庭經〉, 제 13 脾部, "坐在金臺城九重 方圓一寸命門中"의 중의학 풀이 外指天地 內指人本身腦中 · 心中和脾中

돕는 에피소드가 〈열자列子·중니편仲尼篇〉에 있다.

"龍叔謂文摯曰, 子之術微矣 吾有疾 子能已乎？文摯曰 唯命所聽 然先言子所病
之證 龍叔曰 吾鄕譽不以爲榮 國毀不以爲辱 得而不喜 失而弗憂 視生如死 視富
如貧 視人如豕 視吾如人 處吾之家 如逆旅之舍；觀吾之鄕 如戎蠻之國 凡此衆
庶 爵賞不能勸 刑罰不能威 盛衰利害不能易 哀樂不能移 固不可事國君 交親友
御妻子 制僕隸 此奚疾哉 奚方能已之乎. 文摯乃命龍叔背明而立 文摯自後向明
而望之 既而曰 '嘻！吾見子之心矣 方寸之地虛矣 幾聖人也！ 子心六孔流通 一
孔不達 今以聖智爲疾者 或由此乎！ 非吾淺術所能已也'

용숙龍叔이 문지文摯에게 말했다.[289] '선생의 의술은 신묘합니다. 나에게 병이
있는데 선생께서 고칠 수 있으신지요?' 문지가 이르길, 무엇이든 말씀하시면 듣
겠습니다. 먼저 선생의 병의 증세를 말씀하십시오.'용숙이 이르길, '나는 고을에
서의 칭찬을 영광으로 생각하지 않고, 나라가 망해도 욕되게 생각하지 않습니
다. 얻어도 기뻐하지 않고, 잃어도 걱정하지 않습니다. 삶을 죽음으로 여기고,
부富를 가난으로 여기고, 사람을 돼지로 여기고, 나를 남처럼 봅니다. 내 집에
있을 때에도 여관으로 여깁니다; 내 고향도 오랑캐의 나라 같이 여깁니다. 이런
모든 병은 벼슬이나 상賞을 주는 것으로도 달랠 수 없고, 형벌로도 위협할 수 없
으며, 성쇠盛衰의 변화나 이해利害 타산으로도 바꿀 수 없으며, 슬픔과 즐거움
으로도 옮길 수 없습니다. 나는 본성이 군주를 섬기고, 친구와 사귀고 처자를 거
느리며 하인들을 부릴 수가 없습니다. 이게 무슨 병이지요? 어떤 처방으로 이
병을 고칠 수 있겠습니까?'문지는 곧 용숙에게 밝은 쪽을 등지고 서게 했다. 그
리고 문지는 자기 뒤로 돌아 밝은 쪽을 향해 서서 바라보며 말했다. '아! 제가 선

---

289) 龍叔은 가상의 인물이고 文摯(기원전 345 ~ 286)는 전국 시대 宋의 명의였다.

생의 심장心臟을 살펴보니 한 치 사방의 심장이 비어 있습니다. 거의 성인聖人과 같습니다! (성인의 심장에는 일곱 개의 구멍이 있는데,) 선생의 심장에는 여섯 개의 구멍이 흘러 통하고, 한 구멍만이 막혀 있습니다. 지금 성인과 같은 지혜로써 그것을 병이라고 생각하는 것은 혹 그 한 구멍 때문이 아니겠습니까! 나의 얕은 의술로는 고칠 수가 없습니다."

- 〈列子·仲尼篇〉

방촌方寸은 인간의 심장에 영혼이 깃든 곳이었다. 그것이 形인지 氣인지는 알 수 없고 생명의 한 작용일 뿐이었다. 생명은 육체와 정신의 통일성 속에 유지된다. 세상일에 사로잡히지 않고 계속 수양하여 비워간다면 통신通神의 경지에 도달한다. 雲戰이란 무엇일까? 구름(雲)은 하늘(空)의 변화무쌍한 표현 도구였다. 雲은 云을 음차하여 그냥 평범히 "전쟁을 언급함"으로 해석되나 다중적 의미가 섞여 들어있다. 조조는 전쟁 분위기인 전운이 감도는 것으로 이해했을 것이고, 장로는 "운전殞戰" 전쟁을 없애는 것으로 음차해서 은미한 의도를 나타냈다. 또는 글자 그대로 한중漢中으로 오는 잔도棧道의 구름 위에서 싸우는 것일 수 있다. 본의가 무엇인지 알 수 있는 사료는 없다. 장로의 생각은 위 〈열자〉의 에피소드의 용숙과 같다. 나라가 망해도 욕되게 생각할 필요가 없었다. 속으로는 "항복이 아니다. 싸우지 않고 이긴다."며 정신 승리를 고집했을 것이다. 실제로 그는 잃은 게 없다. 다스리던 땅을 봉토로 그대로 받았고, 몸을 보존하고 오두미도의 법통을 그대로 유지했다. 행공은 앞에서 기술했듯이 손무가 사마司馬와 사공司空을 모아 전쟁 계획을 검증하는 실전이 아닌 War-Game을 말한다. 도의와 땅과 백성으로 미리 계산하여 승패를 결정하고 싸움에 이르지 않게 했다. "쟁모공용

爭謀攻用"은 행공의 방법론으로 13편의 군쟁, 모공, 화공, 용간에 들어있음을 암시한다. 이는 13편과 82편이 서로 교차 융합된 정황을 보여주는 좋은 예이다. 입언과 예시에 보이는 "축립성간 - 죽간을 축약하여 13편을 이루는" 한 예로 볼 수 있다.

서기 216년 2월 62세의 조조는 두통과 피로를 느껴 위魏의 본거지인 업성鄴城으로 돌아갔다. 그러자 유비가 한중을 넘보며 양평관에서 조조 군의 하후연, 장합과 대치했다. 218년 7월 유비 군은 제갈량의 지시로 한중으로 통하는 양평관으로 직접 나아가지 않고 백수관白水關에서 마명각 잔도棧道를 따라 진창陳倉으로 가는 지름길을 차단하여 조조 군을 양분하려 했다. 마명각馬鳴閣[290] 잔도는 70여 Km에 이르는 아슬아슬한 벼랑길이다. 공중에 떠 있는 듯한 길이라 말들이 공포감에 떨며 울어 붙여진 이름이다. 양측 군이 비좁은 구름다리에서 대치하며 서로 죽이고 천 길 구름 속으로 추락하는 장면을 장장본의 기자記者가 경험했다면 42편 행공은 이렇게 다시 해석할 수 있다.

故空能勝人 空能服人 空能治人 空能取人 凡兩國相惡 始者皆空相爭也 一曰爭正大 二曰爭地 三曰爭民 凡兩軍相爭 始者皆以空而戰也 그러므로 (잔도를) 비워두어 능히 적을 이기고, 능히 적을 복종케 하고, 능히 적을 다스리며, 능히 적을 잡는다. 무릇 두 나라가 서로 증오하면 대개 먼저 (누가 잔도를 끊어 기동로)를 비어두냐로 경쟁을 시작해야 한다. 첫째는 정대함이란 명분으로, 둘째는 쟁지인 (한중)을 두고, 셋째는 (배고픈) 유랑민을 위해 다툰다. 처음부터 모두 끊고 비워두어 싸움이 없게 한다.

---

290) 지금의 쓰촨성 소화현 昭化縣에 있는 마명각 馬鳴閣 잔도

　　서기 219년 정월 면수沔水(漢水의 옛 명칭)를 건너 우회 기동한 유비 군을 막아 싸우다 하후연이 한중의 서남쪽 관문인 정군산定軍山에서 전사하고, 7월 유비가 한중을 차지했다. 얼마 후인 220년 정월 23일 조조가 병사했다. 도가를 공경했으나 불로장생을 믿지 않았고 무덤에 부장품을 넣지 않았다. 생전에 후궁들은 직업 훈련을 시키고 재가를 용인했다. 위대한 생애였다. 서기 216년 이후 장로의 행적은 역사에서 사라졌으나, 도가에는 그가 우화羽化한 해를 훨씬 늦은 245년 또는 259년으로 보고 있다. 훗날 왕부지王夫之는 〈통감론을 읽고 讀通鑑論〉에서 그가 "환술로 세상을 희롱"했다고 비판한다. 왕부지는 촉한을 한을 계승한 정통으로, 조조를 세상을 어지럽힌 간웅으로 여긴 송宋의 도통론의 맥락에서 "목숨을 부지하려고 덕을 버렸고 而卒以免於死亡 非其德之堪也" "귀신에게 정신과 혼을 빼앗긴 사람 鬼瞰之而奪其精魂"이라고 혹평했다. 그러나 그 시대에 가까웠던 역사가 진수陳壽(서기 233~297)는 "장로는 도둑 떼에서 벗어나 공신의 반열에 올랐다. 멸망의 위기를 없애 종묘사직을 지켰다. 魯舍群盜 列功臣 去危亡 保宗祀"[291]고 그의 생애를 긍정한다. 모택동毛澤東은 장로를 특별히 평가한 글을 남겼는데, "우리의 사회주의 유래는 오래된 것으로 한중의 장로라는 사람이 30여 년간 무료 급식을 하며 배고픈 인민을 도왔다."라고[292] 말하며 도교의 "인민성"을 강조했다.

　　장로가 죽은 후 그의 아들 장성張盛은 강서성 용호산龍虎山에 본산

---

291) 〈三國志〉卷八·魏書八·二公孫陶四張傳第八
292) 毛澤東, "漢中有個張魯, 他搞過吃飯不要錢, 凡是過路人, 在飯鋪吃飯吃肉都不要錢. 他搞了三十年, 人們都高興那個制度, 這有種社會主義的作風 我們的社會主義由來已久了."

을 두고 교법을 이어 나갔다. 용호산은 강서성江西省 잉탄(鷹潭) 시 경내에 있다. 용호산의 도교 행적은 당나라 회창會昌 연간(당 무종 시기, 서기 841~846)의 기록에 처음 보이므로 장성의 용호산 정착과 활동에 대한 정식 사서는 없다. 명나라 초기에 43대 천사天師 장우초張宇初가 장천사의 가계를 정립하려 시도하였으나 사방 흩어진 가계를 통일하기 어려웠다. 明 나라 정통正統(서기 1436~1449)에서 성화成化(서기 1465~1487) 연간에 황실 권력의 개입으로 장천사 가계 계승의 분쟁이 있었다. 명 초기인 홍무洪武 연간에는 사림士林의 반대를 무릅쓰고 도교의 종주인 장천사 집안과 공자의 후손(孔子子孫世襲衍聖公) 간의 혼인으로 명 조정의 문인 집단과 좋은 관계였으나, 성화 5년 (1469년) 46대 장원길張元吉(서기 1435~1475)이 사람을 함부로 죽이고 부녀자를 약탈하자 장천사 종문은 문관들의 탄핵을 받게 된다. 마침내 형부상서刑部尚書 육유陸瑜(서기 1409 ~ 1489) 등은 소疏를 올려"나라에 공도 없고, 세상에 도움도 주지 않는 無功於國 無補於世"이들은"자손이 불초하고, 세습을 다투기 일쑤이며, 서로 원수지간이 됨에 이르렀다. 子孫不肖 徃徃爭襲 致成讎隙"라고 비판하며 "쌀 도둑(米賊)"의 후손인 장천사교를 바로 잡기 위해서라도 그 "음봉蔭封"제도를 중단해야 한다고 주장했다. 그러나 장천사와 황실의 혈연관계로 비판은 숙어들었고, 이 문제는 거의 백 년이 지나 황실의 비호가 끊어진 융경隆慶(서기 1567 ~ 1572) 연간에 장천사의 세속적 품계는 정2품에서 정6품으로 강등된다.

가계의 분란으로 허물어진 족보를 중수重修할 필요에 따라 만력萬曆 (1607년) 연간, 장릉의 50대손 장국상張國祥(? ~1611)이 49대까지 교주 일대기인 <천사세가天師世家>를 지었다.[293] 명청明清 시대를 거치면서 장천

---

293) <天師世家>는 일반적으로 "漢天師世家"로 알려져 있다. 참고 : 曾龍生, <明代正一道

사는 여러 방파房派로 나뉘어 분란을 거듭한다. 청 말에 이르러는 장천사의 종보宗譜는 수습이 불가능하게 흩어져 버렸다. 이는 천사 권위에 의심과 도전을 불러왔다. 제62대 천사天師 장원욱張元旭은 1910년대에 서구의 여러 학자의 용호산 방문을 허락하고 면담했다.[294] 1949년 63대 천사天師 장은부張恩溥의 오두미도는 국민당에 협력하고[295] 국부천대國父遷臺(중화문명의 대만 이동)에 합류하여 64대 천사 장원선張源先(재위기간 1971~2008)까지 대만에서 정통을 유지했다. 그러나 제65대 천사의 계승 문제로 분쟁이 생겼는데, 장원선의 생전에 대륙에서 "장금도張金濤"라는 사람이 65대를 계승했다고 선언한 것이다. 이에 장원선은 즉각 이를 부인하는 공개문을 발표했다. "아니! 내가 아직 살아 있는데 65대 張天師라니! 어리석고 말이 안 된다."[296]

장금도는 장원선이 승계한 63대 장은부의 딸인 장도향張稻香의 남편으로 그는 노魯 씨였다. 따라서 그의 이름은 노금도魯金濤이다. 장 씨가 아니면 천사도를 계승할 수 없는 것이 규정이었다. 지금까지 부계父系로 계승한 전통에 사위인 그는 자격이 없었다. 이 전승 체계를 문란케 하는 처사는 용납할 수 없고 불쾌했다. 이에 장금도가 다시 응수했다. 국공내전 동란의 때에, 아무도 천사의 자리를 지정하는 중심이 없었고, 한나라 이래 용호산에서 묘당을 상속하여 지킨 주지(문주)는 자신뿐이었다고 주장한다. 따라서

張天師家族的演變〉, 廈文大學民間歷史文獻研究中心, 民國 107年(2018) 12月

294) David Ownby, Vincent Goossaert, and Ji Zhe 〈Making Saints in Modern China〉 2017 "Zhang Yuanxu : The Making and Unmaking of a Daoist Saint"에는 Carl Frederick Kupfer (1852~1925)의 용호산 방문 기록과 사진을 남겼다.

295) Holmes Welch, "The Chang Tien Shik and Taoism in China" Journal of oriental studies 4 (1957~1958), Hong Kong University Press, 1960

296) "我都還活著, 怎麼會有第六十五代張天師？太離譜了！"

선인의 도통을 온전히 계승하고 잘 물려 줄 수 있는 것은 자신이며, 동시에 도통의 현기玄機를 유지하기 위해 제4대 이후 장천사는 용호산을 떠나지 않았고 이것은 부인할 수 없는 사실이라고 논박했다. 장금도는 누구인가? 그는 강서성 용호사의 묘당 문주이면서, 중국 도교 협회 부회장이고 인민대회 대표인 상당히 정치적 인물이다.

이에 반해 대만의 장천사 승계는 사분오열하여 지리멸렬해졌다. 장은부의 우화 후에 장씨 종가는 당질인 장혼정張欣政에게 천사를 계승하려 했으나 그의 부인이 천주교 신자여서 자격은 장은보의 주변에서 공부한 장원선에게 돌아갔다. 장원선은 당시 국민당의 육군 중위였다. 대륙 측에서 혈통을 따지는 그를 의심하는 것도 이런 정황 때문이다. 유물론적 사관에 투철한 대륙의 도가는 당의 지지를 받는 사람과 강서성 박물관에 보관하고 있다는 "집장고인執掌古印"과 "검"의 소유자에게 정통이 있다고 주장한다. 1,800년 전, 장형과 장로가 무력을 포기하는 상징으로 칼을 연못에 버린 포도지抛刀池의 기록이 있는데, 칼을 전승했다니 도가답지 않았으나 훗날, 검을 손에 쥔 천사天師는 지역색에 따라 다른 모습으로 나타난다. 장릉으로부터 63대를 내려왔다는 이 "검과 옥쇄"를 장씨가張氏家 누군가가 보관하고 있으나 강서 박물관은 공개를 불허하고 있다. 장원선은 이 옥쇄와 검을 평생 보지 못했다. 중화의 적통이 대만에 있음에도, 종권 계승의 본질이 법통에 있고 혈통에 있지 않음에도, 이를 망각한 중국 도교의 앞날이 우울하다. 2008년 10월 장원선이 대만의 난토우(南投)에서 우화했다. 그 후 65대 天師를 잇겠다는 사람이 다섯이나 출현하여 제각기 행보를 달리하고 있다.

대륙의 오두미도는 모택동의 평가와는 달리 문화혁명 기간 박해받고 교세가 크게 줄었었다. 장장본을 처음 접한 중국 학계는 그 소유자인 장씨 가

문의 혁명성을 의심했을 것이라
는 정황이 있다. 처음 발견한 장
루이지는 국민당에 협조한 사람
이었고 그의 아들 장리엔지아는
하방下放되어 본래의 교사직에
복귀하지 못했다. 이것이 대륙에
서 도교가 받은 대우였다. 도가
철학의 위대함과 심오한 인간성
은 세계인의 찬사를 받고, 수많
은 사람이 공부하고 있다. 궈뭐
뤄(郭末若)는 좌파적 시각에서
도교를 찬양하고 핍박받는 중국
인민의 사상적 보루였다고 여러
저서에 쓰고 있다. 중화권에서
도교의 부흥은 필연적이었다. 인

간의 본성을 탐구하고 우주의 실체를 알고 싶다면 누구나 도교를 돌아볼 수
밖에 없다. 근래 들어 대륙에서는 강서 용호산에 남은 도교도를 모아 "留侯
家廟"를 만들었으나 도통과 공능功能이 없어 그저 관광지로 전락해 있다.
도가의 도통은 어디에 있는가? 일찍이 淸의 원매袁枚는 道에는 統이 없다
고 하여 사람들로부터 비난과 찬사를 동시에 받았는데, 도통을 권력으로 보
아 군신이 주고받는 것을 비루하게 여겼기 때문이다.

대도大道와 잔도棧道에서의 행공

道에는 하늘로 통하는 길과 귀신이 나오는 좁은 벼랑길이 있었다. 호남성 장가계張家界의 천문산天門山은 이런 상징성을 담은 곳이다. 시인 이백李白은 초강(楚江, 양자강)의 시작이 천문산에서 시작했다고[297] 현대 지리학과는 다른 말을 했지만, 중화 문명의 중요한 흐름의 양단을 상징적으로 표현해 후세에 큰 영향을 끼쳤다. 어느 시대던 시인들은 중국의 주요 산과 하천을 주제로 아름다움과 장엄함을 묘사했다. 상상의 엑스터시는 더욱 근원적인 곳에서 음양과 모순이 합쳐지며 일어났다. 장강의 시원始源은 상상의 산 곤륜崑崙이고 이것이 형이하의 모습으로 나타나 자연 물상이 음양으로 나뉘는 곳이 천문산이었다. 천문산을 나가면 정치×외교는 종횡으로 나뉘고, 음양의 술사가 화복을 예견하며, 병가는 이미 정해진 승패를 계산했다.

大道는 두 개의 강이었다. 북에서 돌아 동으로 흐르는 河와 남에서 굽이쳐 수많은 지류를 합하는 江이 바로 道였다. 성인聖人의 카타르시스는 두 개의 인격(形)이 하나로 합쳐져야 한다. 이 두 개의 강을 이으려는 전국 시대 秦의 노력으로 잔도棧道가 만들어졌다. 두 개의 근원을 이으면 천하는 통일된다. 상류에서 대도를 이은 것이 잔도였기에, 그 갈등은 촉으로 향하는 시발점 한중漢中을 두고 수없이 생겨났다. 한신은 낮에 잔도를 보수하며 촉으로 가는 척 적을 속이고, 밤에 수도 함양의 공략 거점인 진창을 향했다. (明修棧道 暗渡陳倉) 道家의 관심은 잔도를 오가는 "행공"에 모일 수밖에 없었다. 천문산은 귀곡자가 종횡가를 길러낸 곳이다. 손빈이 병법을 공부했고 그 후로 병법에 음양 사상이 스며들었다. 귀곡자는 천문산 어디인지 알

---

297) 李白, "天門中斷楚江開"

수 없는 귀곡동鬼谷洞에서 그의 제자들이 천하를 어지럽힐까 걱정하며 大道와 棧道의 패합捭闔(열고 닫음)을 가르쳤다.

　도가의 필그림 들은 대개 소주의 고소성에서 시작하여 태호를 건너 모산茅山에 이르고 여산廬山을 거쳐 장강을 타고 용호산에서 "81 좌도관八十一座道觀"을 두루 돌며 전국의 도사들과 교류했다. 지금 도사는 모두 사라지고 공산당 간부가 지키는 천사부天師府 하나만 남아있다. 문을 나가지 않아도 능히 천하를 알 수 있는데, 그래도 꼭 천문산을 방문해 귀곡자에 경의를 표해야 한다. 모두 여기에서 순례를 마치나, 어떤 이들은 거기서 한수漢水를 거슬러 올라 한중을 거쳐 마명馬鳴 잔도를 지나 시끄러운 시안(西安)을 우회해 노자가 빠져나간 함곡관까지 이른다. 그리고 서쪽으로 사라져 돌아오지 않아 행불자로 처리된다. 노자가 떠난 서쪽은 어디였을까? 촉도蜀道였을까? 하서회랑河西回廊이었을까?

　그는 "멀리 갔기에 되돌아 온 자였다. 逝曰遠 遠曰返 逝者返"[298] 그렇다면 노자는 함곡관에서 잔도를 건너 서촉西蜀으로 간 것이다. 서방 세계로 가는 체하다 중원으로 되돌아왔다. (明出西關 韜晦棧道) 달빛 없는 그믐밤, 중화 문명의 변곡점이 그려졌다. 노자는 이후 수많은 모습으로 변화경에 나타난다. 황하에서 잔도를 건너 한수漢水로 건너뛰고, 결국은 장강을 따라 그의 제자들은 강남의 명산들로 퍼져 나아갔다. 촉은 도가의 요람이었고, 치유와 복원의 안심처였다. 그러나 촉으로 가는 길은 왜 그리 어려웠던 걸까?

　　磨牙吮血 殺人如麻 錦城雖云樂 不如早還家

　　이를 갈고 피를 빨아 마귀처럼 사람을 죽이니

---

298) 〈老子〉帛書 25장 有物混成

금성이 아무리 좋다고 해도 집에 일찍 돌아감만 못하네.

- 李白, 蜀道難 부분

금성은 촉의 수도 성도成都이다. 두보杜甫는 가까스로 성도에 도달해 비로소 몸과 마음의 치료를 받고 안식을 얻어 그곳을 금관성이라 높여 불렀다. 흔히 이백을 도가적이고 두보를 유학적이라고 하나, "금성"이라는 도가의 요람은 두 시인에게 역설적으로 표현되었다. 도술을 수련하는 이백에는 험한 잔도와 까마득한 강이 현실로 보이고, 사직과 안민安民을 걱정하는 유자儒者 두보에게 촉도는 구름에 덮여 몽환적이다. 그는 일찍이 치수에 성공한 꽃의 파라다이스 성도에 안주하고 싶어 한다.

野徑雲俱黑 江船火燭明 曉看紅濕處 花重錦官城

들길은 검은 구름 덮여 검고 강배의 등불은 밝아

아침에 본 붉게 젖은 곳은 물먹은 겹겹의 꽃 금관성

- 杜甫, 春夜喜雨 부분

두 시인의 감상은 중국적 양면성의 반대쪽을 비워두어 더욱 선명하다. 그러나 이 여백은 후세의 댓글로 조금 너저분해진다. 이백의 "촉도난蜀道難"이 최초에 실린 은번殷璠의 〈하악영령집河嶽英靈集〉[299]은 인간의 심성에 자리한 자연의 모습을 주로 모아 편집했다. 이 시집은 당 전성기의 통쾌함과 득의 한 인간의 심정을 가득 담았으나 마음속 깊은 심연은 가려져 있다. 이백에게 촉으로 가는 길은 구도의 길이었다. 그는 서역에서 태어나 신장 위구르 지역에서 성장한 후 촉으로 들어 왔다. 그가 잔도를 건너 장안에 나타나 하지장에게 최초로 보인 시가 "촉도난"이다.[300] 그의 도골선풍道骨仙風은 촉에서 왔다는 소문이 한몫했다. 그리고 이백의 인생 여정은 여타 도사들처럼 장강을 따라 이어졌다.

이 루트를 손무병법 원전原典 82편의 개찬改竄과 왜곡歪曲의 흐름에 맞추면, 해석이 용이한 "병법의 도교적 문법"을 발견하게 된다. 태호의 경림에서 쓰진 병법은 도사들의 손에서 두 강을 따라 순환한다. 오월 지역에서 손무는 전쟁의 무모함과 싸우지 않고 이기는 방법을 노예 해방과 전민의 괴로움에 빗대어 말한다. 모산茅山에서는 천하에 일어나는 여섯 악(六擧)을 응

---

299) 盛唐詩의 대표 모음집, 서기 753년 편찬, 殷璠, 〈河嶽英靈集〉唐人選唐詩新編, 陝西人民敎育出版社, 1996

300) 〈촉도난〉은 장구겸경章仇兼瓊(?~ 750 당현종 천보 초년 劍南의 節度使)을 풍자한 것으로 알려져 있다. 장구겸경은 秦의 장군 章邯의 후예로, 양귀비 양국충의 비호를 받고 출사했으나 촉을 잘 다스려 백성들이 그를 좋아했다. 악부 형식인 촉도난은 위진 시대 원적의 자유로운 표현 기법을 물려 받아 파격을 좋아한 이백이 애용한 시형이다.

시하고, 여산廬山에서는 도교 권력에 대한 도가의 반란이 논의되어 전쟁의 진면목은 알 수 없게 변화한다. 천문산에서 손빈은 속세와 선계仙界의 문지방에 앉아 승패의 피안을 바라본다. 음양과 객주가 섞이고 모든 것은 상대적으로 된다. 다시 촉으로 돌아가는 길(歸蜀道)의 잔도는 끊기고 이어지니 행공을 말하지 않을 수 없었다. 장장본 손무병법 82편 가운데 "행공"의 표현이 있는 곳은 26편 사비四備, 42편 행공行空 그리고 82편 예시預示 세 편이다. 空의 문제를 군사적 사변思辨으로 풀 수만은 없었다. 우리는 이제 병학이 우화羽化하는 지점에 도달해 있다.

그것은 우주의 고유 성품인 ethos를 체감하도록 언어로 나타났다. 글자 하나를 매우 숭상했고, 글자 하나를 몹시 기피했다. 병법이 군사학의 차원을 넘는 것은 국가 흥망의 문제가 달려서가 아니라, 피할 수 없는 변화의 당연함 때문이다. "노손老孫"의 하이브리드 역시 끊임없이 불완전한 현재화의 결과이다. 현재에 나타날 수 없다면 九變에 적응할 수 없다. 칼 야스퍼스(Karl Jaspers, 1883~1969)가 "도교 서적의 주문과 같은 반복적 문구들은 통일성을 위해 조직된 것이 아니라서 방법론을 발견할 수 없다. 전체성과 충격성이 있을 뿐이다."[301] 라고 말한 것은 아마도 동방 문자(漢字) 안에 들어있는 방법론을 몰랐기 때문이었다. 표현할 수 없는 것을 표현하는 것은 모순처럼 보이나, 세상 속에 소멸하여 버리므로 글자 안에 끊임없이 누적된 상형과 음운이 남겨진 것을 서구인이 파악하기란 불가능하다.

태초에 空이 있었다면, 그것은 빅뱅의 출발인 특이점으로 이해하는 현대

---

301) Karl Jaspers 〈The Great Philosophers〉 1962, New York, Harcourt, Brace & World Vol. 2 The Original Thinkers, Lao-Tzu 부분. 한국어 번역 李元燮 譯註 〈노자〉의 부록 수록 〈위대한 철인들〉. 야스퍼스는 Victor von Strauss의 〈Lao-tse's Tao te King: Aus dem chinesischen ins deutsche(Reprint) 1870년의 원본을 읽었다고 기술했는데, 19세기에 유럽에 소개된 도덕경은 81장이었다.

물리학보다는 더 확실한 비존재의 표현이었다. 공에는 대립성이 없으나 현실에는 대립이 보인다. 이는 병법兵法을 통해 정교하게 나타났다. 천하가 불일不一한 이후에 존재들이 자유롭지 않게 되고, 노자는 잔도를 통해 귀환하여 두 강 사이의 간격을 인식하게 한다. 이러한 귀일歸一의 문제는 전쟁의 목표가 되었다. 노자의 하나에로의 복귀에 보이는 선택지인 한중과 서측은 역설적으로 역사에서 피비린내 나는 쟁지爭地였다. 하나로 지탱할 수 있는 것이 없어지면서 두 개의 힘을 의존한 군사사상이 만들어졌다. 도가에서 가장 핵심적인 병법의 논의는 아마도 〈도덕경〉 57장에 있는 다음 구절이다.

"정正으로 나라를 다스리고 기奇로써 군사를 운용한다 以正治國 以奇用兵"

손자 13편에 "무릇 싸움이란 正으로 적을 맞이하고, 奇로써 승리한다. 凡戰者, 以正合, 以奇勝"라는 구절이 세편勢篇에 있다. 이 말은 노자의 정치 강론이 군사 외교의 각론으로 변한 좋은 예이다. 여기에 왕필王弼은 노자와 손자 사이의 중요한 다리를 놓는 주를 단다. 노자 57장 주註에 "나라가 도로 다스려지면 나라는 평화롭고, 나라가 바르게 다스려지면 기정의 (용병술)을 일으킬 수 있다. 以道治國則國平 以正治國則奇正起也"고 해석했다. 왕필의 말은 병법을 염두에 두고 한 말은 아니었다. 그러나 이는 획기적이고 참신한 군사사상으로 발전한다. 법이 공정하고 선택적 적용을 하지 않는 사회와 그런 변함없는 법치 국가만이 군사 전략에서 기奇로써 책략을 낼 수 있다. 그러나 정과 기는 고정된 자리에 있는 것이 아니라 서로 돌아 순환한다. 이것은 바로 기와 정이 서로 돌아 바꾸어 낳는(奇正還相生)다는 도가 사상의 영향 아래 사색한 병법적 진술이다. 奇는 유혹적이다. 신무기의 발명,

적국의 붕괴와 혼란, 팬데믹, 패권의 전환 등이 奇의 순간이다. 이때 균형이 깨져 비대칭이 생기고, 함부로 비대칭을 기奇의 개념으로 군사와 외교에 적용한다면, 그다음 노자의 경고를 듣게 된다.

> "체제 안에 사람을 속박하는 규제가 심해지고 백성은 더욱 가난해진다. 天下多
> 忌諱 而民彌貧"
>
> - 〈도덕경〉 57 장

노자가 예언한 빅데이터의 사회 통제는 기술이 발전할수록 정치가 타락하는 시끄러운 가짜 뉴스의 세상에서 출연된다. 데이터 기술로 대표자 없이 정견政見을 표현할 수 있는데, 대표자들은 자리를 내놓지 않고 똬리 틀고 앉아 있다. 그들은 잔도를 막고 정합正合을 비틀어 놓는다. 법을 해석함에 항상 다툼이 있다고 말한다. 결국, 정치의 타락으로 기병奇兵을 일으킬 수 없는 군사전략은 대량 살상 무기 사용의 유혹을 받는다. "凡戰者, 以正合, 以奇勝"은 죽간 13편*에는 보이지 않는다. 이 구절은 위×진 시대 왕필 이후에 만들어진 구절로 보인다. 왕필(서기 226~249)의[302] 시대는 암울했다. 유학이 붕괴하고, 도가는 산으로 숨었다. 삼국의 전쟁으로 백성의 삶은 피폐했고, 장원은 버려져 쑥과 가시풀이 무성했다. 조조(서기 155~220)가 죽

---

302) 왕필王弼. 자는 보사輔嗣. 형주 유표劉表의 외손자. 십대에 〈도덕경〉과 〈주역〉에 주를 단 천재였다. 그의 23세로 요절하였기에 왕필에 관한 연구는 그의 생애보다 독서 배경 평가에 집중해 있다. Knechtges, David R. 2010, "From the Eastern Han through the Western Jin (AD 25 – 317)". In Owen, Stephen (ed.), The Cambridge History of Chinese Literature, Volume 1: To 1375. Cambridge: Cambridge University Press. pp. 116 – 98. "close to 1,000 chapters of book, the important library of Ts'ai Yung(Cai Yong, 蔡邕; Cài yōng, 132 - 192), given to his father by the first emperor of the Wei Dynasty."

은 6년 후 태어난 왕필은 서로 대면한 적이 없다. 병법에 대한 그의 註가 없는 것은 그의 성정으로 보아 무학武學을 무시했을 수도 있으나 생애가 너무 짧았기 때문이었다. 천재인 그가 잘난체 하며 남을 비웃었기에(頗以所長笑人)[303] 주변에 적이 많아 결국 권력이 바뀌자 갑작스레 생을 마감한다.

왕필의 가계家系는 그 시대 학통이 모인 총화처럼 보인다. 형주의 유표에게 易을 가르쳤던 왕창王暢이 고조부였고, 증조부 왕찬王粲, 조부 왕개王凱 등은 모두 역학 연구에 몰두했다. 그의 아버지 왕업王業은 위문제魏文帝 조비曹丕의 명으로 동한의 학자 채옹蔡邕(서기 132~192)의 장서 천 여권을 하사 받아 왕필은 어려서부터 책 물림의 금수저였다. 채옹은 동탁에 출사하여 협조한 혐의로 왕윤王允(서기 137~192)에 의해 주살되고 집안은 멸문되었으나, 조조가 위왕魏王에 오르며 복권된다. 그의 문장과 학식, 글씨 등은 동한의 여러 유력 가문이 존경했다. 체옹이 정리한 방대한 서적은 죽간에서 처음 종이로 옮겨진 초기 필사본이었다. 그의 책은 위진魏晉의 지성계에 큰 영향을 주었다.[304] 이 시대는 정치는 혼란했으나, 북방에서 내려온 이민족으로부터 중화권에 새로운 수혈이 이루어지고, 종이로 필사하는 과정에 춘추전국의 제자백가 사상이 재평가되었었다. 양한 시대에 있었던 사상과 지식에 대한 가혹한 검열은 사라졌다. 따라서 진한지제秦漢之際에 벌어진 국가통제의 경직된 사상에서 해방된 르네상스 시대였다. 더구나 표현 매체인 글자의 모습이 해서楷書로 바뀌면서 보다 다양하고 다의적이며 아름다운 글씨와 문장이 출현했다.

---

303) 하소何劭(서기 235 ~ 301), 〈王弼傳〉
304) 위의 주; Knechtges, David R.

왕필이 돌아본 과거는 유교라는 이념 통치의 가물가물한 어두움(玄玄)에 가려 있었다. 끝내 유학적 틀거지에서 벗어날 수 없었지만, 젊은이에게 보이는 신사고의 끝단에 서 있었다. 때는 서지학적 대전환기여서, 종이책에서 디지털책으로 바뀌는 지금처럼 사상이 융합되고 어떤 규범에 맞는 통일성을 추구했다. 경험해 보지 못한 것이어서 심연深淵에서 올라오는 힘의 도움 없이 이것은 불가능했다. 그러나 멀리서 오는 도움을 방해하는 귀신의 작용을 약화하려고 저항하지 않아야 했다. 무위無爲는 더는 알 수 없는 밖의 범주에 있었다. 그것은 "위협" 아래 놓여 있는 천하의 모든 인간에게, 드러나지 않는 것이 그 외형과 결과를 주관한다는 위안을 주었다. 그러므로 왕필은 道의 안정성을 의심치 말라고 말한다.

"무릇 도란 그것이 이미 이루어지도록 (이름 없이 숨어서) 도움을 주는 것 夫唯
道 善貸且成"

- 〈도덕경(帛書 道德經, 四十一章)〉

"그것을 빌려준다는 것은 그 德이 부족할 때 한 번 채워 주는 것이 아니다. 한 번 그것을 빌려주면 그 덕스러움이 마쳐질 때까지, 오래도록 충족되게 한다. 그러므로 이르길, 잘 빌려준다고 한다. 그것을 이루는 데 있어 장인이 하듯이 마름질하지 않는다. 그 形을 갖지 못하거나 그 모양이 없는 사물은 없다. 그러므로 잘 이룬다고 한다. 貸之 非唯供其乏而已 一貸之則足以永終其德 故曰 善貸也. 成之不如機匠之裁 無物而不濟其形 故曰 善成.

- 王弼註

도는 일회성이며 동시에 영겁성이다. 도는 인간이 수사적으로 호소하여 파토스(Pathos)로 다듬어지는 것이 아니라 로고스(Logos)와 같은 완성체이다. 그것은 이미 공감을 넘어서 있다. 41장은 백서帛書에는 덕경德經에 해당한다.[305] 전국시대 이전에 덕의 의미가 오늘날의 德(Virtue)은 아니었다. 오히려 감화를 주는 힘(Power)을 뜻했고, 그것은 강제적이기도 하고 자발적이기도 했다. 德은 자형이 갑골에는 사거리(行) 안에 눈이 들어 있는 모습을 상형화하여 사방을 볼 수 있는 힘이나, 모든 사람에게 보이는 정직함을 뜻했다. 서주 시대의 금문에는 心이 추가되어 길을 바르게 가는 것, 또는 도덕을 뜻하게 된다. 왕필에 의하면 도는 덕에 의해 이렇게 일회의 완전성, 충만성이 있다. 도가 운명(Karma)이라면 덕은 인간의 노력이다. 그가 주를 단 〈도덕경〉의 저본은 1972~1974년 호남성湖南省 마왕퇴馬王堆에서 발견된 백서본帛書本과 같았을 것이

다. 기원전 168년 경(文帝 12년)으로 추정되는 3호 고분에서 나왔으므로 서한 시대 이전에 〈도덕경〉이 성립되었다고 보아야 하나 현재의 모습은 분명 아니었다. 현재 전승한 통행본 도덕경은 唐 시대에 성립되었다. 그러므로 〈도덕경〉은 노자에 의해 하룻밤 단숨에 오천여 자가 완성되어 함곡관函谷關 관문 지기에게 여관 비용으로 준 것이 아니라, 잔도를 건너온 낙양의 일급 인간이 처음 기술하고, 초강(양자강)을 따라 전파되면서 오랜 시간 수많은 사람의 손이 간 것이다.

"덕분德分의 문제"는 군사사상에 깊은 영향을 준다. 장장본 47편 一將에

---

305) 〈백서 도덕경〉은 1~37장은 道經, 38~ 81장은 德經으로 나뉘어 있다. 순서는 덕경이 전반부 도경이 후반부에 자리하여 "德道經"이라함이 옳다.

"덕이란 군대를 움직이는 손과 같다. 德者兵之手也"하여 행동이 관건임을 말한다. 장장본 장덕편將德篇이나 찬졸纂卒에는 "부대가 덕을 갖추면 군사적 저력이 두터워진다. 德行者, 兵之厚積也"로 표현하여 덕은 끊임없이 빌릴 힘(Power)임을 분명히 하고 있다. 위 문구들이 성립되는 순서는 왕필 이전에 써진 손자 13편의 죽간본 形篇을 보면 알 수 있다. 또한 손자 13편 전래본의 변형된 문구로 보아 전래본은 왕필 이후에 써진 것임을 이해하게 된다.

> "故其勝不貸 不貸者 其所錯勝 勝敗者也. 그러므로 그 싸움은 힘을 빌림없이 이김에, 그 싸움이 없는 것은 승리 여건이 이미 패한 적을 이기는 것이기 때문이다."
>
> - 죽간 손자 13편(*12편) 形篇

> "故其戰勝不忒 不忒者 其所措勝 勝已敗者也 그러므로 그런 싸움의 승리는 틀림이 없다. 틀림이 없는 것은 승리 여건이 이미 패한 적을 이기는 것이기 때문이다."
>
> - 전래본 손자 13편

왕필 이전에 "貸"는 병가에서 도덕적 우위에 의한 힘의 지원으로 이미 이긴 싸움을 하는 것이므로 싸움이 일어나지 말아야 함을 말한다. 손자를 연구하는 중국학자들은 전래본에 貸가 "틀림, 忒"으로 바뀐 것은 고대에는 대代 자가 대貸와 같아, 그 음으로 "위태하다"는 태台 자와 병용하여 썼고 음과 훈이 혼용 교차하여 사용함으로써 후대에 불특不忒, 또는 불태不殆로 되었다고 주장한다. 그렇다면 위 문장은 인위적인 노력 없이 드러나지 않게 승리하는 도가와 병가의 멋진 하이브리드 사상은 보이지 않게 되고, 틀림없이 이기는 호전성만이 나타나 문장의 격이 떨어지고 손자 사상의 전체 문리에서 멀어진다.

　왕필은 조조의 양아들인 이부상서 하안何晏에게 인정받아 그 덕분에 출사하여 정시正始 연간(240~249)에 상서랑으로 활동했다. 하안, 하후현 등과 함께 청담 기풍으로 정시지음正始之音이라 일컬어졌다. 같은 정시지음에 속한 완적阮籍(서기 210~263)이 영회 82수(詠懷八十二首)를 지은 것도 이 무렵이다. 서기 249년 사마의가 정변을 일으켜 조 씨를 숙청하자 왕필은 몰락했다. 왕필과 완적은 그 시대의 에토스(ethos)를 대표하는 인물이다. 그러나 두 사람 모두 요절, 비명횡사한 것은 그 에토스가 무위無爲라는 체험 불가한 영역에서 권력의 문지방을 넘었기 때문이었다. 훗날 위×진과 동진 시대는 실제 무위로서의 나태와 무능이 권력에서 실현되기도 한다. 문벌의 헤게머니를 고정화하고, 주어진 운명에 대한 순종과 체념으로 벌어진 사회의 양극단에서 사회는 九變의 상황으로 치닫는다. 이즈음 일어난 손은의 도교도 반란은 계급투쟁의 인민 혁명이었다.

손은孫恩의 반란

가. 여산廬山에서 태호太湖까지

　여산廬山 기슭에서 도연명陶淵明(서기 365~427)은 국화를 채집하다 다급한 말발굽 소리를 들었다. 불혹의 나이에 손은을 평정한 진군장군鎭軍將軍 유유劉裕(서기 363~422)의 막부에서 참군參軍으로 따라다니며 생긴 허기증(이질羸疾)이 다시 도졌다. 남쪽으로 누운 여산에 늘 먹구름이 머물러 있었다. 유유는 군사적 재능이 뛰어나 병력 운용과 상황 판단에 탁월했다. 그러나 잔인하고 과감하여 닥치는 대로 사람을 마구 죽이더니 드디어 유송劉宋을 창업하여 스스로 무제武帝가 되었다. 도연명이 들은 것은 처음의 기대를 저버리고 권력에 취해 양생을 구하는 그가 죽었다는 소식이었다. 서기 422년, 연명의 나이 이미 58세였다. 부끄러워 이름을 잠潛으로 바꾸어 잠수타며 살려 했다. 늙은 몸에 술병이 나 여기저기 아픈 데가 많았지만, 여산을 바라보면 몸이 바로 우주인지라 통증이 꼭 나의 것만은 아니었다. <주목왕전周穆王傳>[306]과 <산해경>을 읽고 들뜬 신화에서 깨어나 차분한 현실감에 13편의 시를 짓는다.

> 주나라 임금 이야기 읽고 산해경 그림 훑어본다. 泛覽周王傳 流觀山海圖
> 잠깐 사이 우주를 다 마치니 어찌 또 즐겁지 아니하랴! 俯仰終宇宙 不樂復何如！
>
> - 도연명, 讀山海經 13편, 其一

　도연명이 처음부터 자연과 정원에 심취했을까? 그는 상당히 오랜 기간 군진軍陣에서 기거했다. 그것은 배고픔 때문이었다. "오래전 굶주림에 시달려, 보습 내던지고 벼슬살이 나아갔다. 疇昔苦長飢 投耒去學仕, 飮酒 其十九"대로 책 향기 맡으며 자란 사인士人 집안에서조차 먹거리를 구하기 힘들었다면 일반 백성의 고통은 말할 필요 없었다. 밥을 먹을 수 있는 곳은 폭력적 군벌의 막하幕下에서였다. 그는 군사 운용에 관여하는 참군參軍이었음에도 일체 병법에 대해 언급 하지 않았다. 모두 흉사凶士들의 일로 바람에 먼지 같은 것이었다.

---

306) 晉. 武帝 咸寧 5년(서기 275년) 위 양왕 능에서 발굴된 <죽서기년>과 함께 죽간 "穆天子傳 5권"이 나왔다. 晉에서 금서였던 죽간 초본들을 도연명이 사본을 얻어 읽은 것은 晉宋 교체기여서 가능했던 것으로 보인다.

그래도 여산은 신성한 곳이었다. 연명은 해 질 무렵 여산廬山에서 하늘로 오르는 서기瑞氣를 보곤 했다. 여산은 본래 치유의 산이었다. 삼국시대에 도사 동봉董奉이 여산 반야봉般若峰 아래 터를 잡고 고매한 의술로 병든 백성을 치료했다. 그는 치료비를 받지 않고 그 대신 주변에 살구나무를 심게 했다. 중병을 치료하면 다섯 그루, 경증은 한 그루의 살구나무를 심어, 후세에 고명한 의술을 "예만행림譽滿杏林"으로 불렀다. 불온한 기운은 서편의 핏빛에 물든 낙양에 있었다.[307] 땅이 없어 떠도는 유랑민, 문벌의 출신 차별로 출사하지 못해 불운한 사인들이 동진東晉의 유불유儒佛 하이브리드 정권을 뒤집어엎을 이념을 도교에서 찾았다. 그러나 타락한 도사들이 낙양에 포진하여 이미 궁성을 장악한 상태였다. 도교 역시 적폐이고 개혁의 대상이었다. 도처에 환술이 난무하고, 권력의 비호를 받은 도사들은 낙양에 호화스러운 사원을 지었다. 이즈음 "장장본"은 세상에서 철수하여 사본들이 낙양의 양락산과 형산, 용호산 그리고 모산으로 흩어졌다. 태호의 금정(金庭, 경림)이 장장본의 고향인 것을 알게 되기에 더 많은 세월이 흘러야 했다.

장장본은 여산廬山 진면목이다. 숨긴 듯하나 드러나 있고, 드러난 듯 숨겨져 있다. 우매한 듯 말은 어눌하나 고매한 사상을 감추었다. 소외된 자들의 계급 해방 투쟁에는 숨겨진 병법 82편이 필요했다. 장장본에 3, 4세기의 언어들이 대거 스며든 것은 이런 이유에서였다. 하층민이 알아들을 수 있는 것은 군사 과학이 아니라 승리와 목숨을 보장하는 부적이었다. 이미 팔왕의

307) Miyakawa, Hisayuki(宮川尚志). 1979. "Local Cults around Mount Lu at the Time of Sun En's Rebellion." In Facets of Taoism: Essays in Chinese Religion. Edited by Holmes Welch and Anna Seidel. New Haven: Yale University Press, 83-101.

난으로[308] 천하는 피폐했다. 신의 로고스는 13편을 세전 한 인간에게는 사라졌고, 82편은 자연의 로고스에 남아 있었다. 서구적 시민 의식이 이미 탄생했으나 중국 문명사는 이를 알아보지 못하고 이 시기를 중화 문명의 암흑기로 보고 있다. 명말 청초의 왕부지는 특히 이 시대가 화이변별이 무너진 혼돈에서, 예의와 염치를 몰랐기에 역사마저 사라졌다고 분노하며, 전조前朝인 명의 망국을 설명할 이론을 찾았다. 그러나 이런 문화인의 선동은 행동으로 옮겨지기는 힘든 일이었다. 왕부지가 3세기의 타락한 유학에서 도저히 발견할 수 없었던 "행동"은 이미 종교적 구조를 가진 다른 "개혁 도교"에서 움트고 있었다.

3세기 말 서진西晉이 무너지고 중원의 귀족들이 강남으로 이주하면서 일부는 잔도棧道를 끊어 고립이 수월한 사천泗川에 남고, 대다수는 의관남도衣冠南渡[309] 유민을 따라 양자강 하구 유역에 자리 잡아, 남중국 도교의 중심인 모산파茅山派를 이루었다. 이들은 지역색이 강한 "Local Cults"와 융합하여 장강을 따라 일부는 여산으로 들어 도교의 교학적 발전을 이루고, 뒷날 손은의 천사도가 몰락하면서 남천사도南天師道의 종주가 된다. 여산파는 세속적 영달을 부정하지 않아 권력과 어느 정도 교류가 있었다. 그러나 도교의 민중적 흐름은 물과 같이 가장 낮은데 거했다. 그들은 장강 물의 흐름이 가장 낮고 고요한 "수심처 水心處"인 태호에서 멈추었다. 이들이 모산파다. 갈홍葛洪(284~363)의 〈포박자〉나 곽박(276~324)의 〈금낭경〉, 〈청오경주〉에 보이는 새로운 삶의 공간을 찾는 풍수가 이들 모산파의 경험을 토대로 이 무렵 나타났다. 북방 오호五胡의 침공으로 산은 무너지고

---

308) 서진, 사마씨 왕조는 종친으로 분열하여 멸망했다. 서진의 초대 황제 사마염은 周의 봉건제를 본떠 봉토를 종친 8 가구(아들 3, 삼촌 2, 조카 1, 육촌 2)로 나누어 통치케 했다.
309) 의관남도衣冠南渡 시기(서기 304 ~ 439)

물은 넘쳤다. (殘山剩水) 산 섥고 물 섥고 사람 낯선(山無親 水無親 人無親) 서러운 마음에 도교는 유랑인에게 큰 위안이었다. 이들 가운데 손은孫恩 (?~402)이 서진의 중서령中書令 손수孫秀의 후손으로 병법의 본산 산동성 임기臨沂에서 태어났다. 손수는 몽상가이며 교활했다. 처음 미관말직이었 으나 조왕趙王 사마륜司馬倫(240~301)의 모주謀主가 되어 황위 찬탈을 계 획, 입신을 꾀하고 무자비한 살상을 저지른다. 한편에는 피의 제사를 주관 하고 조정에 도교를 부식하려 애쓴다. 혼용昏庸한 군주 사마륜은 짧은 3개 월의 찬위 기간에 머물렀다. 그는 분노한 다른 사마 씨 종친의 반격으로 죽 으며 "손수가 나를 망쳤다. 孫秀誤我"며 절규했다. 손수와 사마륜의 관계에 서 궁정의 도교 행사가 음란한 "Satanic Ritual 악마 숭배" 같은 분위기를 풍기 는 것을 당나라 초년의 재상 방현령房玄齡(서기 579~648)은 〈진서晉書〉에 서 다음과 같이 전하고 있다.

"사마륜은 정말 용렬하고 보잘것없는 인간이었다. 손수가 속이는 것을 보면서, 미묘하게 마음속에는 다른 그림을 구상했다. 은밀히 인간의 간사한 성향을 선동했다. 바르고 선량한 사람을 원한으로 잔혹하게 만들고, 재상들을 주벌하여 죽였다. 궁정은 밝고 화창한 기운이 기울며 황실의 기강이 무너졌다. 드디어는 신하들의 관을 찢고 면류관을 훼손하며 옥새를 기에 매달아 누구나 옥쇄(九五 之尊)을 보게 했다. 무릇 신성한 기물을 누구나 탐하지 않았겠는가? 倫實庸瑣 見欺孫秀 潛構異圖 煽成姦慝 乃使元良遘怨酷 上宰陷誅夷 乾耀以之暫傾 皇綱 於焉中圮 遂裂冠毀冕；紲璽揚纛 窺九五之尊 夫神器焉可偷安"

- 〈晉書·卷五十九·列傳第二十九〉

야사野史에는 더 적나라하고 페티쉬 하게 묘사되어 있으나 방현령은 비교적 점잖게 기술했다. 책임은 귀신에게 있다. 사마륜은 신이 이 세상을 날조했으므로 이성의 파괴가 해방이라 여겼다. 그는 인간 심성의 어둠을 보는 데 능란했다. 잘못되면 바로 허상 속으로 도피할 수 있었다. 중정中正하여 양면성을 바라볼 줄 몰랐고, "구오九五"인 황제의 지위를 스스로 희롱했다. 외단의 극단을 수행함으로써 공중을 날 수 있다고 가르치는 거짓 도사들에게 사원을 지어주고 황금 지팡이를 만들어 주었다. 공중 부양술을 시험하다 환관과 호위 무사들이 궐탑闕塔에서 떨어져 죽었다. 이런 수작들의 왜곡된 표현이 장장본 26편 사비四備에 허황한 문장으로 보이고, 42편 행공行空에서는 워-게임이나 사전 시행 연습이 아닌, 공중을 나는 도술로 오인 되었다. 사마륜의 기괴하고 그로테스크한 행실은 사실 뒷날 당대唐代의 이하李賀와 같은 데카당 시인들에게 영향을 준다. 부적과 도술이 민중에 퍼져나가며, 이적異蹟을 보인다는 소문이 백성을 유혹하고 모여들게 했다.[310] 이후로 여산에서는 사람을 모으는 재주꾼들이 세상을 속이기도 했다. 현대사에서도 여산은 역사 변곡의 주요 무대였다. 산기슭에서 장제스(張介石)는 분열된 남부 군벌을 국민 혁명군으로 통합하고, 주요 작전회의를 열어 북벌을 승리로 이끌었다. 앞에서 기술했듯이 여산은 또한 모택동이 역사 왜곡의 논의를 일으킨 이념의 투쟁 마당이기도 했다.

나. 손은孫恩의 반란

사람들이 모이고 세력이 형성되자 이를 분수分數로 나누고 군사력으로

---

310) 王仲犖(1913 ~ 1986) 〈魏晉南北朝史〉 第三章 西瞀的暫時統一及其崩潰 , 第三節 人民的流徒與流民起義

재편한 것은 피난 내려온 사인仕人들이었다. 동한에서 당대唐代에 이르는 기간 중국의 사족士族 형성은 여러 연구에서 다른 쟁점이 있다. 서구학자들은 이들을 귀족(Aristocrats)으로 보기 어렵다는 의견에서 "Great Families"로 표현한다. 마치 일본 전국시대의 다이묘(大名) 같은 성격으로 파악한다. 음보陰補 특권과 정실로 얽혀 구성된 지배층에 대한 적절한 표현 같으나, 사족에 대한 적확한 번역은 아니다. 시대적 구분 또한 왕조(Dynasty)로 보기보다는 분열기(Age of Disunion) 또는 초기 중세(the Early Medieval period)로 표현하여 중국 학자들과 대립하고 있다.

소위 "江左的次等士族"이라는 출신 차별에 대한 분노가 도교 반란의 지도력을 형성했다. 이들은 신생 강남 좌파의 2등 사족이었고 피난 따라지였다. 이민족의 반란인 영가지난永嘉之亂(서기 311~서진 멸망 316) 후에 서진의 문벌들이 강동으로 이주했을 때 현지인과 사이에서 일어난 갈등은 다양한 모습의 파장을 일으켰다. 문화적으로 더욱 세련되었으나 뿌리가 없는 유랑 신세여서 이들을 "강좌사족"이라 불렀고, 이주 가문을 뜻하는 교성僑姓 들은 본래 강남 토착 한족인 오성吳姓과 대립하고 차별을 받았다.[311] 이것은 동진의 사회상에서 물밑으로 흐르는 근본적인 모순이었다. 이미 체념한 공정하지 않은 벼슬자리는 다시 일어서는 군벌에 의해 정상으로 돌려지는 듯했으나, 이미 전국戰國과 秦 시대에 있었던 능력주의(Meritocracy)의 기억은 없고, 종이 서적이 퍼져나감에 따라 관념화된 믿음, 정미情迷한 인간관계 그리고 광기狂氣가 현실을 장악했다.

손수의 후손이 산동 지역을 탈출 동해왕 사마월司馬越(? ~ 서기 311)에 합

---

311) 교성僑姓 ; 瑯琊王氏 陳郡謝氏 陳郡袁氏 蘭陵蕭氏 등 大姓, 오성吳姓 ; 吳郡朱氏 吳郡張氏 吳郡顧氏 吳郡陸氏 별칭 吳四姓

류하는 과정을 기록에 찾을 수 없다. 동해에서의 큰 변화 뒤에 싸움 잘하는 해양 군벌이 해안에 상륙해 있었다. 이들은 서진 정권과 어떤 형태이든 공존하려 했고 상류에서 흘러온 도사들은 이들을 포섭했다. 아마도 팔왕의 난 기간 사마월이 가장 유능하고 강력한 군대를 가졌던 것은 해안의 상륙 집단과 무관하지 않다. 4세기 말에 이르러 손수의 후손은 강남 좌파인 교성僑姓에도 들지 못하는 한미한 가문으로 전락해 있었다. 그 때문에 이들은 건강建康(동진의 수도, 지금의 난징)의 정권에서 벼슬을 구하지 않았다. 이상한 것은 손수의 가문이 이주자들이 아닌 오월에 토착한 해양 세력과 연결되어 있다는 점이다. 이들은 단속적으로 동해의 섬에서 육지로 올라와 강남땅을 잠식했다. 아직 도교와 관련된 도상학圖像學(Iconography) 연구가 미약하지만 장쑤(江蘇)의 공망산孔望山 마애摩崖 조각은 동해왕묘東海王廟의 성역이 오월 지역에 광범위하게 있었음을 나타낸다. 인물이나 사상의 아이콘을 나타내기를 꺼려왔던 도가는 3세기 후반부터 그림으로 표현하고, 산에는 도교적 이상을 조경하기 시작했다. 손은의 시대에는 이미 동해의 봉래산蓬萊山이 도가의 파라다이스로 이해되었고, 이를 축약한 박산향로博山香爐로 제작되어 백제와 일본으로 퍼져 나아갔다.[312] 손은孫恩이 태어난 장소는 산동 임기臨沂이나 날짜는 기록에 없다. 그는 도가의 내단內丹 방법으로 병법을 익혔는데 다른 도사들과 함께 82편에 많은 흔적을 남겼다. 손은은 자기 조상이 손자라고 믿었다. 이는 한 세기 전 삼국시대의 한 축을 이룬 오나라의 손견, 손권 가문의 주장과 같은 것으로 그 후 수많은 손 씨 세계의 혼잡한 한 부분을 이룬다. 손은의 가계家系는 그의 반란이 실패함에 따라 역사에서 지워졌

---

312) Seidel, Anna "Chronocle of Taoist Studies in the West 1950-1990"online PDF, V 8. Inconography of Taoist.

다. 설사 그의 혈통이 허위라고 해도 "법통"으로는 충분한 자격이 있다. 그의 집안은 대대로 오두미교를 신봉했고 가전家傳 손자병법을 전수했다. 손은은 오두미교도를 모아 399년 동진東晉의 어지러운 폭정에 항거하여 회계會稽에서 반란을 일으켰다. 반란의 도화선은 그의 숙부 손태孫泰의 억울한 피살이었다. 손은의 처음 생각은 숙부를 죽인 원수 사마도자司馬道子 부자父子를 조정에 아뢰어 주살하는 것이었으나, 조정은 허가하지 않았다. 마침내 이 불만은 계급 투쟁적인 농어민 전쟁으로 옮어간다.

손은을 깨우친 것은 그의 매제인 노순盧循(? ~411)이었다. 본래 도가에서 태어나 자랐으며, 공부가 깊어지면서 노순은 노장사상에 깊이 매료되어 있었다. 노순의 아버지 노하盧嘏(서기 334~411?)는 남으로 이주 시 여산에서 혜원慧遠(서기 334~416, 淨土宗의 창시자)과 함께 수학했다. 도불道佛의 수행에 차이를 두지 않는 혜원과 깊은 유대 관계가 있었다. 쿠마라지바 이전까지 중국 불교는 도교적 언어의 격의 안에 수용되었으므로, 불교는 도교의 방법 속에 이해되었다. [313] 둘은 알려지지 않은 스승 아래 여산 도가의 동문이었다. 노씨 가문의 학문적 과업은 유학의 현학적 전변轉變이었다. 〈신당서〉 권 73 재상세계표宰相世系表와 〈삼국지〉 위지魏志 〈노육전盧毓傳〉에는 그의 조상은 범양范陽 사람으로 자손은 강남 이주 후 강을 기준으로 남북으로 나뉘어 살았다고 전한다. 본래 유학을 숭상했으나 점차 가문 전체가 도교화 되었는데, 강남 이주 과정에 북방 호족과 혈연관계가 생긴 "호중자손胡中子孫"으로 다른 강좌사족과도 잘 어울리지 못했다. 도교가 문벌이 없는 소외된 계층을 포섭한 것은 전통과 습관인 "例"를 하찮게 여

313) Lu, Guizhen 盧桂珍, Huiyuan, Sengzhao shengren xue yanjiu 慧遠, 僧肇聖人學研究 Ph D diss. In Zhongguo fojiao xueshu lundian 中國佛教學術論典, vol 99, 1999

기는 가르침에 의해서였다. 그의 도술 활동은 손은의 도교 세습 배경을 일 깨워준다. 반란에 가담한 사족은 대부분 강좌 사족으로 문벌門閥 정치에 소 외된 사람들이었다. 위×진 시대를 연구하는 역사가들은 손은의 반란은 그 가 야심가였기 때문이며, 정의로운 농민 전쟁으로 보지 않는다.[314] 그러나 손은의 거병 시점의 정황에서 알 수 있는 것은 그가 무장 조직을 키우거나, 중앙을 위협할 수 있는 정치력이 없었다는 점이다. 그는 문벌의 모순을 사 람들에게 제시하고 공감을 얻었을 뿐이었다. 그가 쉽게 사람들을 매혹 시킨 것은 아마도, 그의 문학적 소양과 병법의 도교적 해석 때문으로 여겨진다. 그 결과 지주와 농민이 같이 반란에 참여했다. 더구나 가문 간 대척 관계에 있었던 강좌 사족이 아닌 강남 토착인 오성吳姓도 합류하게 된다. 그의 반 란은 광범위한 사회 모순에 기초한 것이었다. 손은을 따르는 오두미교도는 유사 군사 편제로 조직되어 있었다. 황건의 난과 약간 다른 점은 삼국 시대 의 경험이 반영되어 본래의 팔진과는 다른 제갈량의 팔진도를 신화화하여 사용한 흔적이 보인다.

> "옛날, 황제가 정전제를 설치 8진을 세웠다. 昔者, 黃帝置井田, 立八陣"
>
> - 장장본, 손무병법 82편, 67편 八陣

8진은 주나라의 정전제에서 유래했다. 땅을 井자로 나눈 아홉 구역 가운 데 우물을 중심으로 가장 비옥한 구역은 공전公田으로 하여 조세를 취하고 나머지 8구역은 백성이 경작하도록 나누었다. 주 천자가 전쟁을 일으킨 켐 페인 기간에는 사師를 세워 8구역에서 한 구역은 전사로 하고 나머지 7구역

---

314) 范文瀾〈中國通史簡編〉

에서는 전마와 군량, 전투근무지원 수단을 내어 이를 지원하도록 했다. 그러므로 싸우는 전사 "士"가 10만이면 예비 전력 "民"은 70만이 되었다. 주나라의 인문 체제가 "황제"로 대체된 것은 도가의 탓만은 아니다. 서한 시대부터 사관들은 황제를 역사에 끌어들여 기전紀傳의 인물로 삼았으니, 황제는 생생한 지도력이 있는 인물이 되었다. 8진을 여덟 구역의 군 양병養兵 조직이 아닌, 용병用兵의 8가지 "Veriaty 陣"으로 만든 것은 도교도 들이다. 이들의 진은 싸우기 위한 실전적 진영 설계로 만든 것이 아니라, 천군天軍의 도움이 오는 기도와 의식의 가상 전장이었다.

병법 용어는 황건이 사용한 구절과 유사하나, 편제를 나누는 분수分數의 중심을 땅이 아닌 하늘에 두었다. 장장본의 상당한 부분이 이 무렵 찬개되고 가필되었다. 경전은 물론 노자의 〈도덕경〉과 〈太平經〉이었다. 허무虛無는 이미 특이점으로 인식되고 있었다. 이에 따라 어떻게 만물이 탄생하는가를 사색하는 현학玄學이 한 세대 전에 중원에 자리 잡았다. 사회 모순이 커지면 현학은 할 말이 많아진다.[315] 인생人生과 인과因果, 사회관계가 무가치하게 되면 "하늘이 사람을 지푸라기처럼 다루는" 老子의 말이 평범해지면서, 손은이 적대 세력들을 없애는 수단은 무자비해졌다. 손은은 회계 점령 후 그곳을 재차 거병 거점으로 삼고 스스로 정동장군征東將軍이라 칭하며 그의 부하들을 "장생長生"이라 불렀다. 도교의 양생술을 배우는 학생을 뜻하는 장생은 혁명 동지의 의미로 쓰였다. 손자병법을 배우는 사람이면 궁금해했던 "경림"의 위치를 추적 가능케 한 사료를 남긴 이가 서기 1세기에 살았던 "음장생陰長生"이었다. 그러나 이 이름은 마치 가명으로 도가에 들

---

315) Kohn, Livia, 〈Xuanxue 玄學 Arcane Learning; Mysterious Learning; Profound Learning.〉 In The Routledge Encyclopedia of Taoism, ed. Fabrizio Pregadio, 2 vols. 1141. London and New York: Routledge, 2011

면 누구나 사용할 수 있는 보통 명사 같다. 신도들 간의 경칭으로 사용된 말은 사람들을 모두 익명 속에 숨겨 주었다.

지칭의 의미와는 다르게 반란 기간 이들은 모두 단명했다. 손은이 죽인 사람들은 상당수 같은 오두미교도였다. 그렇다고 이 사건이 도교 내의 계급투쟁으로 보이지는 않는다. 마르크스처럼 차별에 과민한 것도 아니었다. 한 시대의 지성인들이 문벌의 차별에 고통을 받아 허무주의가 광신과 결합하여 나타난 난동이었다. 반란에는 항상 노변奴變이 따라붙고, 객주客主가 바뀌면 사람은 잔인해진다. 장장본 "기피己彼 편"(편제 배열 미상, 본문 잔멸, 죽간은 客主人分)과 "44편 명암明暗"에서 병법 문구의 도교적 변형을 보게 된다. 죽간의 객주는 공자와 방자를 의미하지만, 장장본 82편은 "客主"가 보이지 않는다. 적과 나를 뜻하기도 하는 이 말을 강좌 사족들이 기피忌避했음을 알 수 있다. 그들이 강남객江南客으로 받은 차별은 엄연했고, 매화 한 가지로 세상에 봄을 알리는(一枝春) 중앙 정치에 선을 대는 일은 터무니없었다. 강남의 매화는 중앙에 후원자가 있는 이들이 환국의 때를 알리는 표현이기도 했다. 그러나 이런 배경도 없어 이미 소작농인 전객佃客으로 전락한 이들은 경계를 넘어 도망하기 시작했다.

도가 내에서 일어난 분리는 눈에 잘 뜨이지 않았으나, 중국 역사를 보는 중요한 관점이 형성되었다. 북방의 침공 세력으로 일어난 문질文質의 변화를 모든 사회적 관점에서 바라볼 수 있고, 특히 정신세계의 분열은 격렬하게 역사의 방향을 주도한다. 도교가 도가에서 우화羽化하기 시작했다. 사회가 양극화하면서 탈피脫皮한 자유민들은 오랑캐가 가져온 질적質的 성장에 참여하거나, 주류 사회에 분리되어 쓸쓸한 밥을 먹는 찬하인餐霞人이 되었다. 文化가 퇴행하면서 섭렵한 노장老莊은 음양의 형세에 따라 이성적 판단이 아닌, 가차 없는 행동이 먼저였다. 사회 전반에 예법을 무시하는 분위기가 만연했다. 남을 가볍게 여기고 스스로는 오만한 "간오簡傲"가 당연시되고 오히려 멋으로 생각했다. 글의 내용과 글씨를 남이 못 알아보게 쓰는 풍조를 청아하다고 여겼다. 무례를 초월적 행동으로 여기는 것은 도교의 가르침이 아니라 권문세가의 가풍이 타락했기 때문이었다.

황제인 안제安帝(서기 382~418)는 지적 장애자였고 상당수의 지방 목민관은 심신에 경증 장애가 있었다. 이 사실은 그 당시 사회 현상을 관망하는 중요한 포인트이다. 유의경劉義慶의 〈세설신어世說新語〉에는 동진의 정치 풍토가 청담에 기울어 실제 정사에는 힘쓰지 않은 사람들의 이야기를 담고 있다.[316] 출신 가문에 의해 이미 영달이 결정되어 있다면, 자칫 능력이 출중함이 드러나면 위험에 빠질 수 있었다. 관리들의 "심신 장애"는 양광佯狂은 아니더라도 적절한 바보짓으로 천수를 누릴 수 있었기에 당시의 유행병이었다. 관리들의 나태가 사회를 불안하게 한 것은 아니었다. 사회 계층이 견고하게 굳어지면서 숙명론이 자리 잡았다. 태어나 자신을 둘러보니 반노예 상태인 낙속樂屬이든, 사마 씨의 종친이든 체념으로 평온을 찾으려 했고 강남의 생산력은 풍요로웠다. 그러나 문제는 모욕감 속에 자라났다. 경박한 광대들과 때 묻은 인간들이 고관대작이 되어 벌이는 일들마다 백성을 괴롭혔다. 위정자를 백성이 경멸하게 되면 도교 내에 변이 유전자가 생긴다. "천지는 어질지 않고 만물을 풀로 엮은 개로 여긴다. 天地不仁 以萬物爲芻狗 (道德經 52장)"그러니 한순간에 풀무로 태워버리는 것도 대수가 아니다.

그 무렵 동진의 우인愚人 통치는 노장사상의 빗나간 실현처럼 보인다.

---

316) 〈세설신어世說新語〉, 政事篇, 簡傲篇 현재 전해진 세설신어는 梁의 유표劉標(서기 462~521)가 당대의 여러 서적을 참고로 주를 단 일부분이다.

꼭두각시를 세워놓고 실권을 장악한 내부자들이 위정자를 "무위無爲"의 위치에 두는 것은 미덕처럼 보였다. 황제는 쌀이 벼에서 나오는지도 알지 못했다. 가짜 도사들이 주변에 들끓었다. 이들이 오직 방중술房中術에만 여념이 없는 황제를 육림肉林에 가두고 지푸라기 같은 인간들이 내조內朝 (Deep State)를 만들어 위세와 복을 제멋대로 만들었다. 황제 시대부터 전해 내려왔다는 〈소녀경素女經〉의 실제 성립은 이 시대일 것으로 추정하고 있다.[317] 도사들이 방중술로 氣를 조정하면 영생을 얻는다고 황제를 꼬드기면, 여성을 원하는 대로 취할 수 있는 황제는 정사를 돌볼 겨를이 없었다. 손은은 이제 세상이 대장간이 되었다고 생각했다. 지푸라기 개들에게 자비를 베풀 것도 없었다. 장장본 마지막 82편 "예시"에 시국을 평가하는 보편적인 말이 보인다.

"고금의 천하는 백성의 천하다. 그러므로 백성이 크고 군주가 작은 것이 도이다. 군주가 크고 백성이 작다면 무도한 것이다. 다스리는 것은 이치가 바로 서야 백성이 편안하다. 그러므로 백성과 의리 관계가 크고 군주와 친소 관계가 작으면 잘 다스려진다. 군주의 친소 관계가 크고 백성과의 의리 관계가 작으면 다스려지지 않는다. 古今之天下者 民之天下也, 故民大君小有道也, 君大民小無道也, 治者正理安民也, 故義大親小善治也, 親大義小無治也"

- 장장본 82편 〈預示〉

---

317) 〈소녀경〉은 당나라 이후 일실되었으나 서기982년 일본의 의학자 단바노 야스노리 (丹波康賴)의 〈醫心方〉 30권 중 제 28권에 의해 기록이 전해졌다. 〈소녀경〉은 전국과 양한 시대를 거쳐 여러 경전(玄女經, 玉房秘決, 玉房指要, 洞玄子 등)을 위진 시대에 취합한 것이다.

이것이 꼭 손은의 말은 아닐 것이다. 문벌門閥에 의한 가깝고 먼 관계는 도교가 아닌 유학에서 경계하는 사회 현상이다. 도가의 천도무친天道無親, 하늘의 도는 아무하고도 친하지 않으므로 군주가 하늘이라면 아무하고도 친하지 말아야 했다. 儒와 道라는 사상 진영을 떠나 이치에 맞아야 했다. 동진 융안隆安 3년(서기 399년) 회계왕 사마도자와 그의 아들 양주 자사揚州刺史 사마원현司馬元顯은 자신들의 세력 확장을 위해 자의적으로 관노를 사노로 바꾸고, 이른바 "낙속樂屬"이라는 半자유민을 소작민인 "전객佃客"으로 만들어 수도로 보내 군역을 지게 했다. 경작해야 할 땅에 사람이 없었다. 강동 여러 지역 주민은 이로써 큰 고통을 받아 민심은 이반되었다. 낙속樂屬은 백성의 염원이 담긴 말이었다. [318] 그러나 마치 러시아 농노처럼[319] 성격이 변질되고 복잡해졌다. 지역을 이탈한 낙속들이 장강을 따라 배를 타고 빠르게 모여들었다. 건강에서 양주, 회계까지 순풍을 받으면 하루도 걸리지 않았다. 따르는 자들은 처음에는 오흥吳興에서 기병起兵하려 하였다. 그러나 여의찮아지자 바다가 가까운 회계로 옮겼는데, 손 씨의 조직이 그곳에서 굳건했기 때문이었다. 또한 해양 세력인 오월의 면면綿綿하고 깊은 뿌리가 있는 곳이었다. 낙속들이 군역으로 끌려가는 것을 피하려면 내륙에서 먼 해안 지역에 거점을 두는 것이 유리했다. 반란이 회계會稽, 오군吳郡, 오흥吳興 등 8개 군에서 동시 일어난 것으로 보아 사전 모의가 있었다. [320] 상당수의 지역 관리와 학자, 도사들이 그를 따라 보름 만에 10여만 명이 모여들

---

318) 〈시경〉魏風, 碩鼠三章에 "낙토, 낙국, 낙교"라는 표현은 큰 쥐(석서)인 지배층의 수탈에 저항하는 노래였다. 남북조 중국의 佃客, Tenant Farmer는 법적으로 계약직이었으나, 실상은 조선의 노비제와 같이 지배층의 사회 통제 수단으로 변질하였다.

319) 러시아 농노, 크레포스트노이(крепостной)

320) 〈宋書〉卷五三〈謝方明傳〉"從者, 本欲於吳興起兵, 事趣不果, 乃遷於會稽"

었다.

거병의 격문은 회계 땅의 회복으로 월나라의 영광을 찾는다는 것이었으나 실은, "신선이 산다는 섬으로 피신"하여 징병 기피의 기회를 제공하기 위해서였다. 그런데 왜 월나라였을까? 일단 손은의 조상이 산동 지역에 살았을 때는 손씨 가문과 "동해왕 월의 세력"의 역사 연원을 알지 못했다. 이것은 손은의 조상이 사마 씨 정권과 별다른 관계없음을 의미한다. 또한 동진의 건강建康에서 문벌에 의한 차별을 깊이 인식하지 못했다. 손은은 어린 시절부터 책을 좋아했다. 자라며 그는 군벌과 문벌의 어느 위치에도 있지 못한 애매한 처지를 자각한다. 서법을 사랑해서 거병하여 전투를 치르는 와중에도 왕희지의 글씨를 찾아 모았다. 손은은 회계의 지방 관서를 점령하고 지역 수령을 사로잡았다. 처음에는 존경하는 왕희지의 차남인 내사內史 왕응지王凝之(서기 344~399)를 죽이지 않으려 했다. 반란군의 점령지에서는 대규모 처형 지시가 내려져 있었다. 죽은 사람은 대부분 관헌과 지주였다. 먼저 죽이고 죄를 묻는(先殺後問) 일이 자행되고 유혈이 낭자한 그 자리에는 도교의 음산한 컬트 제사가 이어졌다. 마치 디오니소스 축제 같은 광란의 파티에 이은 난교 행위에 여염집 도교 신자 여인들이 동원되었다. 그루밍 된 사람들에게 신의 축복으로서의 "합기合氣"라는 다양한 형태의 성적 난행(Collectives sexual rites)들은 도교의 "곡신谷神"의 생산성을 기원하며 곡신불사谷神不死의 신념과 집단적 엑스터시를 주었다. 이런 풍속은 당나라 말기까지 이어졌고, "음사淫祀"라는 본래 의미의 용어가 민망해서인지 송나라에 이르러 "의례에 맞지 않는 제사"로 애써 주를 달았다. 음사는 도교의 방술의 한 방편으로 후세에 비밀스럽게 전해진다.[321]

---

321) Florian C. Reiter, ⟨the investigation commissioner of the Nine Heavens 九天⟩ and

왕응지도 좀 모자라는 인물이었다. 아니면 그 시대의 풍조에 따라 일부러 우인愚人 행세했는지 모른다. 그 역시 오두미도를 믿었으나 미혹한 부분에 빠져 있었다. 반란군이 쳐들어오자 군사적 방비는 하지 않고 하늘에 계신 상제에 기도만 하고 있었다. "나는 신명께 기도해서 천병天兵과 천장天將 수만 명을 빌려 지킬 것이다. 반란 도적들을 걱정하지 말라. 我已向神明借得数万天兵天將駐守 不用担心反賊" 라고 말해 후세에 웃음거리가 되었다. 왕응지의 처 사도온谢道韞(? 340~ 몰년 미상)은 문벌인 왕사씨王謝氏 간의 정략결혼으로 불행한 결혼 생활을 하고 있었다. 뛰어난 문장력에 노유老儒를 모두 섭렵했다. 반란군이 들이닥치자 그녀의 뒤로 숨고 도망가기 바쁜 남편을 막고 용감히 싸웠다. 잡히자 손은이 가상히 여겨 謝 씨들은 살리고 王 씨들은 모두 죽였다.[322] 그녀는 회계의 남쪽 항저우만으로 돌아가 홀로 살며 종신토록 재가하지 않고 홀로 천수를 다했다.

왕응지가 믿었던 "연합전력"인 "天兵"의 도래를 장장본은 여러 곳에 기술하고 있다. 장장본에 이 문구가 그때 가필된 것인지, 아니면 그전에 이미 도교적 영향에서 양한 시대에 있어서 전승한 것인지는 알 수 없다. 손무의 글은 충분히 다른 의미로 해석될 수 있었고, 간혹 82편의 원래 문구가 다른 의도로 연변 한 것으로 보인다. 원본을 추정한 해석과 비교하여 도교적 해독은 정렬한 군사사상을 판타지로 만들었다.

"常備, 和如天兵行空而一攬天下 故常備者 天兵也"

- 26편 四備

〈the Beginning of his cult in Northern Chiang-Hsi in 731 A.D.〉 Wuerzburg, Germany
322) 〈晉書〉, 列女傳, 王凝之妻谢氏

孫武 : "항상 대비하는 것은 마치 적시를 아는 군대(天兵, 天時之兵)가 천하 전장을 관찰하여 사전 모의 연습을 하는 것이요, 그러므로 상시 대비란 때를 아는 군사 운용이다."

道家 : "상시 수비는 하늘 군대가 공중을 날아 천하를 일람함과 같다. 그러므로 수비는 언제나 하늘 군대가 한다.

병법에서 天은 시간과 기상 그리고 이미 정해진 形의 보이지 않는 모습을 의미한다. 같은 오두미도 신도인 왕응지와 손은은 82편을 어떻게 해석했는지 짐작이 간다. 도대체 왜 이런 일이 벌어진 것일까? 귀한 집안의 자식 왕응지는 그저 병법을 모르는 선량한 사람이어서일까? 그는 천병과 혈맹 관계임을 굳게 믿었다. 천병이 붕새(鵬)처럼 하늘을 날아 적들을 위협하고 돌아가면 다음 날 방을 붙여 사실을 알렸다. 천병으로부터 항공 사진을 제공받고, 천당天堂 아래 전당錢塘(회계와 항주 지역) 사람들은 지상 방위비 분담으로 다섯 섬의 쌀을 잘 받치면 천군天軍의 보호받는 독실한 신자가 되었다.

"天勝地...... 天流民之隘也 兵之置也 故知九天之道 借九天之力"

- 32편 九天

孫武 : "천시가 지리를 앞선다...... 시간의 흐름으로 노예(전민)의 굴레를 벗겨 군사 운용에 쓴다. 그러므로 구천(변화의 시기)의 방도를 알아 구천(기상의 변화)의 힘을 빌린다."

道家 : "하늘이 땅을 이긴다...... 천사도의 유민이 이를 넘어서 군사 조직이 되니 하늘나라의 도를 알아야, 하늘나라의 힘을 빌린다."

구천九天은 전장 상황 변화의 한 부분이었다. 한신비주에는 구칭九稱의 한 부분으로 구천을 말하고 있다. 전국 시대에 각기 다른 편제 명을 비교하며 한신은 "제나라 안성간安城簡에서 구변을 구칭이라고 한다."라며 정의했다. 한신에 의하면 병법에서 구천은 구변의 기상학적 각론이다. 구천은 기상 상태를 아홉으로 나눈 것인데, 밤과 추위(陰), 낮과 더위(陽), 좋은 날씨(中), 안개(霧), 불(火), 물(水), 바람(風), 비(雨), 일식과 월식(殺)이다. 구천편은 죽간이 발견되지 않았고 장장본도 잔멸된 문구가 많아 해석이 불완전하다. 구천의 기본 군사 개념은 죽간한 13편에서 기상의 변화에 따른 화공火攻으로 기술된다. 문장 후미에 있는 "風天者 太陰在箕 壁 翼 軫也" 등 구절은 손자 13편의 화공에서 "날은 동풍이 부는 8월(箕), 북풍이 부는 11월(壁), 동풍이 부는 2월(參), 남동풍이 부는 5월(軫)이니; 이 4개의 달에 바람이 일어나는 날이 있다. 日者 月在箕 壁 翼(또는 參)[323] 軫也; 凡此四宿者風起之日也"로 유사하게 적혀있다. 태음太陰은 달(月)의 도교적 표현이다. 달을 별자리로 표현한 것은 〈예기〉의 월령月令에 특정 별자리에 해가 남중하는 때를 달로 정한 것이다. 장장본 82편 예시에 "진성을 가리키지 말라. 禁為指軫"는 춘추 전국 시대에 흔히 5월 춘궁기가 되면 전쟁을 시작했던 것을 비난한 뜻이었다.[324] 천문의 변화를 道家에서 못 읽었을 리는 없다. 별의 모습을 보고 큰 인물의 탄생과 죽음을 알기도 했다. 병법을 읽는 이해의 층위가 달랐기에 해석의 이중성을 총명한 손은은 알았다. 민중 혁명을 주도하면

---

323) 翼은 전래본에, 參은 죽간본에 추정되는 별자리이다. 중국의 28 宿(성좌)는 서양의 별자리와는 일치하지 않는다.

324) 〈예기, 월령〉에 "仲夏之月(5월) 日在東井"−井은 軫과 같은 남방 7宿 중 하나이다. 軫은 동지에 나타나 5(井),6(柳),7(翼)월에는 해와 같이 남중하여 보이지 않는다.

서, 가전한 병법(장장본)은 문벌의 오두미도와 반란의 오두미도로 갈라져 해석된다. 왕응지가 기다린 하늘의 구원군은 오지 않았고, 그 대신 야망에 불타는 군사적 천재 유유劉裕가 들이닥쳐 이른바 "부역자"를 죽였는데, 낙속樂屬을 가장 많이 소유하고 비교적 그들에게 너그러웠던 회계 지역의 오성吳姓이 큰 피해를 보았다. 이즈음 도연명이 유유의 참군參軍 직을 버리고 막부를 이탈했다.

"動於九天 藏於九地"

- 34편 十發

孫武 : "시기의 변화에 따라 움직이고(공격하고). 지형의 변화에 맞게 숨어라(수비 하라)."

道家 : "무한한 하늘의 九星을 따라 움직이고, 깊은 땅속 九宮에 숨어라."

병가는 九를 변화를 뜻하는 허수虛數로, 도가는 九를 관상觀像하는 구역을 나눈 실수實數나 무한無限으로 보는 경향이 있다. 도가의 미래 예측학이라고 할 수 있는 〈기문둔갑奇門遁甲〉에 우주의 모습을 셋으로 나누어 "상층에 아홉의 별로 하늘을 형상하고, 중층에는 여덟 문으로 인간을 그리고, 하층은 아홉 개 궁으로 지하세계를 나타낸다. 上層九星像天 中層八門像人 下層九宮像地"고 하여 천지인 삼재를 빌어 인간의 위치를 표현했다. 인간의 지위는 관념과 실존이 혼재했다. 삼원의 구조는[325] 과거, 현재, 미래를

---

325) "三垣"은 조선 천문학의 핵심 천문 구조이다. 고조선에서 부터 전승한 〈천상열차분야지도天象列次分野之圖〉에 우주의 얼개는 삼원三垣이라는 자미원紫微垣, 태미원太微垣, 천시원天市垣의 3개의 울타리로 흔미하게 나뉘어져 형이상形以上 밖에 있고, 밤 하늘을 보는 인간의 시야에 들어오는 형이하形以下 안의 별은 역시 사방 일곱 좌에 모두 28수로 그려졌다.

연결하는 인과가 있어 불가의 욕계, 색계, 무색계를 연상케 한다. 그런데 이런 세 가지 모습은 三世에 역시 三界가 있어 모두 아홉으로 나누어진다. 인간은 불안정하고 곧 사라지는 필멸의 존재이므로 九를 사용치 않고 八로 나누어 에너지(氣)의 형상으로 표현한다. 九가 되기 위해 하나(一)를 더한 통일의 안정성은 인간 자신의 수양과 선의의 노력에 달려있다. 어쩌면 손은의 난에서 저항하지 않고 운명에 순응한 왕응지가 현명했는지 모르겠다. 왕응지가 죽고 유학과 도교에 정통한 그의 부인 사도온謝道韞이 손은과 어느 정도 깊이 있는 대화를 나누었는지 알 수 있는 자료는 없다. 격투를 벌이고 부하를 여러 명 죽인 사씨를 고향 본가까지 온전하게 바래다준 것으로 보아 그를 매우 존경한 것 같다. 장장본의 해석을 통해 두 사람의 "노손병담"이 오고 갔다면, 이는 후세에 "九藏術"에 포함되었을 수 있다. 현대 중국에서 〈술장術藏〉은 사상의 전파 방법으로 주목받고 있다. 감추었는데 오히려 널리 퍼진 것은 장장본 역시 "술장 속의 술장"이었기 때문이다.

십발편에는 주나라 창업의 행동대장인 시커먼 얼굴의 무왕 씨발(姬發)이 병법 〈군정軍政〉을 썼으며, 상과 주에 양다리 걸쳐 기회를 본 산동지역 상나라 제후 태공망 여상(尙發)이 〈육도六韜〉를 만들었다는 문구가 있다. 이 문구는 후세에 찬개된 것으로 선진先秦 시대 문헌에 〈육도〉를 여상의 작품으로 말한 어떤 책도 발견되지 않고 있다. 그러나 십발十發에서 發의 병법적 의미가 선명해진다. 그것은 갑골에 상연된 것과 같이 "숨어서(藏) 쏘는" 것으로 "발"은 "장"에서 시작된다. 손무는 종주 주의자였으므로 주나라 창업자를 소홀히 일컫지는 않았을 것이다. 십발에는 활을 쏘는 것이 곧 전쟁을 개시하는 시기로 표현하고 축간한 손자 13편의 실허편에도 "적을 나의 영향에 두되 내가 적의 영향에 들지 않는 것 致人而不致於人"이라는 유명 문구가 포함되어 있다. "致"는 물론 갑골의 "至"에 온 글자로 화살이 도달한 지점을 가리킨다.

"兵至天而降者 有空當也"

- 42편 行空

孫武 : "군사 운용의 지극함은 천시에 임하는 것으로, 행공(워-게임)을 함은 당연하다."

道家 : "군대는 하늘에서 내려야 지극해져 하늘에 합당하다."

道의 공용空用은 노장의 중요한 담론이다. 도대체 싸우지 않는 전쟁을 이런 "말장난"으로 표현한 의도가 무엇이었을까? 장장본이 도가의 품에 있어 백성을 위로한 것은 천장天將인 손은의 기만책인가? 동한 말 황건의 난에서 장각張角은 천장天將, 장보張寶는 지장地將, 장량張梁은 인장人將이었다. "공당"은 황건이 사용한 "천당"의 다른 표현이다. 이 문구가 오두미도가 아닌 그들의 원조인 황건에 의해 쓰였다면"有空當也"가 아닌 "有天當也"로 표현했을 것이다. 하늘에서 내려온 군대로 묘사함은 뒤에 이어지는 문장에서 그 의도를 알 수 있다. "하늘에 합당하면 적을 압박한다. 압도적이면 두려울 것이고 두려운 마음에 겁을 먹으면 바로 도망간다. 空當者敵畏也 畏則懼 懼則心怯 心怯則必亡"

이런 문구는 심리전으로 해석하기 이전에 도가의 신념에 空이 자리 잡은 면적의 크기를 가늠케 한다. 허무에 기초한 병법을 탓하기에 앞서 발견된 것은 매우 대범한 역사 인식에 숨어있는 무서운 저항 의지이다. 폭력의 결과를 하찮게 여긴다면 무저항은 바로 적을 두렵게 하는 "공성책空城策"이다. 어느 시대에나 있는 왕조의 흥망이나, 성공 실패에 초연하다. 하늘은 漢

나라의 푸른 색(蒼天)도, 황건의 누른 색(黃天)도 아닌 그저 비어있을 뿐이다. "쏹"은 전국 소전小篆에 처음 보이므로 장장본이 써진 춘추 시기에는 없었던 글자이다. 진한지제에"工"으로 음차하여 사용하였고, 위의 문구에서 의도한 의미의 "공"은 훨씬 후대인 4세기 이후에 생겨났다.

서기 384년 카슈미르에서 경전 공부를 하고 돌아온 쉰 살이 넘은 쿠마라지바(鳩摩羅什, 꼬마 라지브, 서기 334?~413?)는 쿠차를 침공한 후량後涼의 약탈 군대에 포로로 잡혀 장안으로 끌려왔다. 사슬이 묶인 발을 끌면서 사막을 지나 화서회랑을 따라 걸었다. 그는 노예 생활하는 동안 수많은 참혹한 장면을 목도한다. 수 세기 전 곽거병이 저지른 대학살의 고란皐蘭(지금의 난주)을 지나며 중화 중심적 세계관을 가진 한족을 문명화해야 한다는 사명감을 느꼈다. 그는 18년에 가까운 굴욕의 기간을 참으며 경전 연구에 몰두한다. 쿠마라지바는 흉노와 북부 인도계의 혼혈이었고, 여러 민족이 잡거雜居하는 쿠차에서 나서 자랐다. 어머니가 흉노족이고 아버지는 인도 사람으로 알려졌지만, 쿠마(꼬마)는 몽골 투르크 사람에게 보이는 이름이다. 그의 중국 이름을 "동수童壽"로 의역한 것은 그가 "라지브(연꽃) 家의 아이"임을 말하고 있다. "壽"는 험난했던 그의 삶을 작은 연꽃에 의지한다는(一蓮托生), 함의含義를 담아 극락왕생의 연화좌連花座에 함께 동승하길 바람의 표현이었다.

꼬마 라지브는 카슈미르에서 산스크리트를 공부한 경력에, 장안에서 지내는 동안 여러 나라말을 아는 어학의 천재가 된다. 그는 중국어 불경의 번역 오류를 탄원하여, 401년 후진後秦 황제의 배려로 국사國師가 되어 경전 재번역을 주관하면서 동방 문자(漢字)의 축의성蓄意性을 이용해 많은 글자를 의미가 심오한 철학적 사색의 기반 위에 올려놓는다. 쿠마라지바의 "쏹"

은 도가의 "虛"와 유사하나, 출발의 특이점마저 존재하지 않는다. 그가 차용한 "業" 또한 "Karma"를 포괄하여 중국적 운명론이 스며있다. "色" 또한 허무적 실체에다 변화와 욕망을 더한 기가 막힌 단어로 발전시켜 중국 철학에 지대한 공헌을 하였다. 이러한 의미의 용어가 4세기에 만들어진 이상 장장본의 행공行空은 그 이후 해석에 큰 장애가 되었다.

　　"天地夾擊, 不戰而屈人之兵也"

- 편제 미상 兵策

　　孫武 : "시기와 지형을 같이 잘 알아 공격하는 것이, 싸우지 않고 적을 굴복시키는 군사 운용이다."

　　道家 : "天兵과 땅의 백성이 연합하여 같이 공격하면, 싸우지 않고 적군을 굴복시킬 수 있다."

　　위 문구의 앞에 있는 다음 구절은 손무의 말은 아닐 것이다. "백전백승은 적을 모두 죽여 굴복시키는 군사 운용이다. 화공과 수공을 동시에 함은 한 번에 적을 굴복시키는 군사 운용이다. 百戰百勝者 鏖戰而屈人之兵也 南北夾擊 一戰而屈人之兵也" 오전鏖戰, 오살鏖殺이란 한 사람도 남김없이 모조리 죽이는 것이다. 전쟁하면 인류가 멸망한다는 함의가 담겨있다. "鏖"는 한나라 때 생긴 단어로[326] 추정되지만 주로 도가에서 사용된 말이었다. 송宋 나라 황정견黃庭堅(서기 1045~1105, 號 山谷道人)의 詩에 "저잣거리 시끄러운 소리에도 낮잠을 자니, 마음은 달관하여 평온하기에 市聲鏖午枕, 常以此

---

326) 〈한서, 권 55, 곽거병전霍去病傳〉 "合短兵 鏖皋蘭 잔여병을 모아 쿠란(가오란)의 사람을 무두 죽였다" 皋蘭은 지금의 깐수성 란저우(蘭州)

心觀"[327]에서 보이듯 도가에서 시끄러운 세상을 경멸했기에 병법의 백전백승은 가소로운 것이었다.

남북 협격은 "38편 南北"에서 남(불)과 북(물), 즉 화공과 수공을 동시에 하는 것으로 오행五行의 언어로 표현했다. 이 터무니없는 말은 병법이 아닌 종말론적 공포감으로 시작하는 신화와 같다. 이로써 장장본이 도가에 내전內傳하면서 가필하고 변화한 내력을 알 수 있다. 따라서 장장본은 점차 주문처럼 변해갔다. 42 편 행공에는 9가지 자연 현상에 행공"Xing Kong (行空)"이라는 주문을 건다. 병법과 도교 주문의 하이브리드는 자연스럽게 음을 가차하여 다른 모습으로 둔갑한다. Xing Kong은 물론 도불道佛의 중요 관심인 자아와 우주의 관계인 "性空"이다.[328] 도학과 병학이 뒤섞여 나타난 이 현상은 단순한 웃음거리일 수 있으나 실은, 노자의 도덕경 역시 병가의 경험이 깊이 녹아들어 있음을 시사한다. 전쟁을 관찰함에 오래 누적된 성찰을 통해 사색의 결과물을 독단하지 않고, 유연한 양면성을 제시한 것은 인간과 사회에 대한 깊은 연민 때문이었다. 주문은 글자의 상형이나 뜻을 초월한다. 조선의 동학東學에서도 유사한 주문이 사용되었다. 위기감에서 상제를 뵙고 보호받기 위한 주문 수련에 天主가 환래한다. 주문을 통해 깨닫는 것은 "그가 곧 상제"이면 다른 사람도 상제로 대해야 한다. 초월로부터 귀환한 존재를 맞이하려면 주문과 몸이 일체가 되어야 했다. 兵法의 "천지 협격"은 道術로는 상제를 모시는 "侍天主"이다.

싸우지 않고 이기는 부전이승不戰而勝은 자연이 공空 이기 때문이다.

---

327) 〈平陰張澄居士隱處〉詩三首之一

328) Chun Shan(船山, 王夫之), 〈Major Aspects of Chinese Religion and Philosophy〉 Dao of Inner Saint and Outer King(內聖外王) "Emptiness in Cosmological Interdependence" (Yuanqi Xingkong), Springer; 2012 edition (2014-07-18) (January 1, 1656)

"Nature is empty. (xing kong)"이라는 주문의 반복으로 천지 연합군의 도래가 임박함을 알린다. 이로써 군사적 문제에서 도교의 외단과 내단의 경계가 허물어진다. 이해의 높이에 따라 행위가 결정되었다. 도병道兵이 하나가 되었지만, 여전히 군사적 관점에서 전술 작전을 도출할 수 있는 여지는 남아있다. 주문을 통해 신비를 체험하나 기적은 부정된다. 이 점은 동학의 창시자 최제우(1824~1864)의 경험에서나 아라비아 사막에서 이슬람이 일어난 사건과 닮았다. 1860년 봄 상제가 최제우에게 "읽어라 그리고 받아써라" 하여 〈궁을부도弓乙符圖〉를 만들게 하자, 수운은 다시 이를 태워서 냉수에 넣어 마셨다. 이것은 무하마드(Peace be upon Him)가 아랍의 사막 히라산의 동굴에서 알라로부터 "이크라(읽어라.)"라고 명령을 받자, 문맹인 그는 "작은 응혈에서 태어난 인간"이[329] 이미 기적인데 "기적은 무슨 기적"하며 삐쭉거린다. 신비 체험에 따라붙는 이적의 유혹을 물리친 것은 이슬람과 유사하다. 둘의 차이는 군사적 역량을 스스로 이룩하고 동맹 관계를 탁월하게 조정한 무하마드의 현실 감각이 더 조화로웠다는 점이다. 〈동경대전〉에 보이는 21자 주문에[330] 이 점을 구체적으로 기술한 것은 놀랍다.

"侍天主 造化定 상제를 내가 모셨으니 조화가 바르게 자리하게 하소서"

조화가 바른 자리에 앉지 않고는 어지러운 세상에 이적을 행하려는 악마를 이길 수 없다. 천지인이 일체가 되어 하나가 된 후에 체험하게 되는 행공

---

329) 〈꾸란〉 제 86장 따리끄(샛별)
330) 〈동경대전〉 21자 주문. 至氣今至 願爲大降 지극한 기운이 지금 나에게 내렸으니 원하건데 크게 내리소서 侍天主 造化定 상제를 내가 모셨으니 조화가 바르게 자리하게 하소서 永世不忘 萬事知 영원토록 잊지 않고 만사를 알게 하소서.

이[331] 군사 용어인 위계임(행공)에 빙의되었다. 세상이 시끄러워도 평온한 일상으로 되돌림이 주문으로 가능했을까? 부조화로 이해가 불가능한 기독교의 삼위일체는 중국에서 하늘을 지상으로 끌어내리지 못한 홍수전의 태평천국(1850~1864)으로 끝나고 말았다. 조화는 인간의 언어 속에 조화로워야 했다. 회계에서 왕응지가 반란군이 들이닥쳤을 때도 그의 오두미도 믿음은 굳건했었다. 그는 향불 단을 향해 막 칠성 계단을 올라 삼산부三山符를[332] 태우고 있었다. 공중에서 곧 귀병鬼兵들이 나타날 찰나였다. 그는 중요하다고 생각되는 전술 지점을 귀병들이 지키도록 일일이 주문을 외웠다. 그러나 귀병은 오지 않고 손은의 세력에 합세한 분노한 같은 오두미도 군중이 달려와 그를 토막 냈다.

天兵의 독트린 같은 장장본을 왕희지의 가련한 아들이 읽은 정황은 여기저기 보인다. 그러나 그 숨어있는 뜻을 알기에 그는 너무 순진했다. 반란 세력과 같은 오두미도였으나 왕씨 집안은 주사朱沙 연단과 음사에 몰두했다. [333] 손은의 난에는 오두미도의 종파적 갈등 기류도 보인다. 손은과 노순은 천사도의 교리를 신봉했다. 이들은 장장본 내부에서 병법의 모습을 파악했다. 사마 씨 궁정과 가까운 모산파 도교와 체제 모순을 바라보는 시각도 달랐다. 훗날 왕부지王夫之(1619~1692)는 손은을 해적으로 규탄하면서 그를 평정한 유유를 칭찬했는데, 역사의 변천을 이기理氣의 흐름

---

331) Kohn, Livia. "Sanyi 三一 Three Ones; Three-in-Ones." In The Routledge Encyclopedia of Taoism, ed. Fabrizio Pregadio, 2 vols. 854-856. London and New York: Routledge, 2011

332) "삼산부" 삼산부록三山符籙이라고도 한다. 도교의 3대 주종인 茅山上清派, 閤皂山靈寶派, 龍虎山 正一派(天師道)의 부적을 모았다. 3대 종파의 통합과 관리를 명한 것은 남송 理宗 때인 1239년이지만, 위진 시대에 이미 모산파의 주도하게 삼산부를 모셨다.

333) Anna, Seidel, 〈Facets of Taoism〉 p 55 "Pills of cinnabar have been found on the tomb of a woman of Wang Hsi-chih family, Wen-wu 文物 10:38 (1965)

3장. 도가와 병가의 하이브리드, 81편의 둔갑 375

으로 관찰한 그가 도교 내의 모순을 혼돈으로 보아 이를 비판하고 유교적 역사 정통을 세운다. 그의 시대에 만주족에 나라를 빼앗긴 한족의 한을 시대적 유사성에 빗대어 화이변별 이론을 발전시킨 데 인용한 역사 사례 안에서 손은을 본 것이다. 왕부지의 시각이나 그가 가진 빅데이터에 손은은 동중국해의 해적이고, 그렇다면 그는 주산 군도에서 당시 요서遼西에 진출해 있는 백제百濟와 왜倭의 무역 화물을 잔뜩 쌓아놓은 장사꾼 이족夷族이었다. 그가 인종적 차별상에 갇혀있었다고 보기는 어렵지만, 늘 사태의 근본을 보는 태도는 많은 이의 찬사를 받았다. 사실, 손은의 난을 평정하고 정권을 장악한 유유는 곧이어 호족에 빼앗긴 영토를 회복하려는 북벌을 감행한다. 이것은 조조가 이룩한 군사적 성공보다 더 광범위하고 중화역사에 막대한 영향을 주었으나 조조처럼 소설화되지 않아 사람들에게 알려지지 않았다.

회계를 점령한 손은은 왕희지王羲之(서기 303~361)와 그의 아들 왕헌지王獻之(서기 344~386)의 글씨를 대거 수집했다고 전해진다.[334] 왕희지의 글씨의 원본은 현재 모두 사라졌는데 아마도 손은의 마지막 해전이 있었던 양자강 하구의 섬들인 주산군도舟山群島에 남아 있을지 모른다. 틈이 나면 이들은 해적처럼 상륙해 관헌을 공격했다. 조류와 바람이 좋으면 양자강 깊숙히 들어와 건강建康을 위협하기도 했다. 불안한 안제는 야심가인 유유劉裕(후에 劉宋 건국)를 마지못해 불렀다. 왕희지의 아들이 손은에게 죽자 왕헌지의 사위인 안제는[335] 위협이 가까이 왔음을 비로소 느꼈다. 유능한 사람을 싫어했던 주변 사람들의 반대를 물리칠 수 있는 핑계도 되었다. 안제는 우

---

334) 張彦遠(唐), 〈法書要錄〉卷二의 〈論書表〉
335) 안제安帝의 황후는 왕헌지의 무남독녀인 王神愛이다.

선 유유를 주력으로 남쪽 건강으로 들어오는 장강 연안을 지키게 하고 북방으로는 형주荊州 자사刺史 환현桓玄에게 명해 유뢰지로 하여금 손은을 토벌케 했다. 유뢰지는 기괴한 장수였다. 보랏빛이 나는 검은 얼굴에 눈은 휘황하고 머리털은 불붙는 듯 붉었다. 그는 태원太元 8년(서기 383년) 비수淝水(淮水의 지류)에서 고작 8만의 병력으로 전진前秦의 20만 군대를 막아내어 큰 공을 세웠다. 그런데 그 싸움으로 기괴한 풍문이 돌고 있었다. 유뢰지가 도술을 사용해 귀병鬼兵들을 모은다는 것이었다. 이는 오두미도인 손은과 싸움에 그들이 요술을 부린다는 심리전에 대응하기 위한 것으로 보인다.[336] 시간이 지나며 풍문은 극화劇化되어 〈독이지獨異志〉, 〈습유기拾遺記〉[337] 등에 섞여 판타지 소설로 변화했다. 권태로운 귀족을 독자로 겨냥하여 허무맹랑한 이야기지만 역시 東쪽의 어지러운 사회상을 담고 있다. 손은의 난은 해양 세력과 북에서 남하한 의관남도 세력과의 충돌로 보인다. 오두미도의 동중국해에 거점은 작은 섬으로 보이지는 않는다. 〈태평어람, 병부〉에 손은이 살라미 전술을 펼치고, 유뢰지의 작전 기동 공간을 가늠할 수 있는 글이 보인다. "그 당시 동토는 크고 실했다. (時東土殷實)" 東土는 어디였을까?

"유뢰지[338] 등이 요적 손은을 토벌했다. 손은이 패해 도주하며 남녀 이십여 만을

---

336) 기담들은 입에서 입으로 옮겨져 마침내는 태평천국의 난에 진압군으로 끌어들인 영국인 조오지 고든(戈登, Charles Geopge Gordon, 1833~1885, 영국 육군 소장)이 이끄는 "상승군"이 15세기라는 시간을 초월하여 비수 부근의 洛澗에서 패퇴했다는 황무한 타임 슬립 이야기로 요즘 중국 항간에 퍼졌다. 근거로 〈獨異志〉, 〈拾遺記〉 등을 들고 있으나 실제 증거가 될 내용이 기재되어 있지 않다.

337) 後秦 출신으로 동진에서 관리가 된 王嘉가 찬한 괴기 잡설, "주워서 전한 기록"이란 뜻의 "습유기"는 그 시대의 대표적인 가짜 뉴스였다.

338) 劉牢之(? ~서기 402년) 동진의 北府軍 장군. 彭城(지금의 徐州) 사람. 서기 383년 淝水之戰에서 승리하여 前秦의 남하를 막았다. 서기 400년 손은의 난을 평정하여 오두미도

포로로 잡아, 일시 바다로 들어갔다. 관군의 추격이 두려워 길가에 자녀와 많은 보물을 버렸다. 그 당시 동토는 크고 풍요했다. 화려함이 눈에 가득했고 유뢰지 등은 이를 거두어들이기에 바빴다. 따라서 손은은 다시 바다로 도망할 수 있었다. 〈통전〉에 이르길 : "손은은 이 전술로 위기를 면할 수 있었다. 劉牢之等討妖賊孫恩 恩敗走 虜男女二十餘萬口 一時入海. 懼官軍之躡 乃緣道多棄寶物子女. 時東土殷實 粲麗盈目 牢之等遽收斂 故恩復得逃入海〈通典〉曰 : 孫恩用此術獲免也"

- 〈太平御覽, 兵部十七, 機略五〉

　　서기 401년 2월 손은의 3차 상륙이 장강 협구浹口 일대에 광범위하게 벌어졌으나 관군의 효과적인 방어로 다시 섬으로 철수한다. 3월에는 다시 방향을 바꾸어 항저우 남쪽 해염海鹽 지역을 공격하고 야간 작전을 시도했으나 이번에도 군사 작전에 능한 유유의 계책에 말려 패퇴하고 만다. 전투는 다음 날 아침까지 계속되었고, 전장 조명照明을 위해 유유군이 기름을 뿌린 바다는 해안 전체에 불의 파도를 만들었다. 손은의 전선은 유유군 궁수들의 집중 사격을 받았다. 상륙이 거부되자 해수로의 조류를 통제한 유유는 전선戰船을 미리 준비하여 손은을 추격했다.

　　이 무렵 노순은 병력을 나누어 광주廣州 지역으로 내려가 재집결하여 세를 불린 후 서기 411년까지 항쟁을 지속했다. 유유의 뛰어난 토벌 전략에 오두미도의 형세는 점차 약해졌다. 그래도 낙속들은 계속 모여들어 배를 만들고, 일부는 타이완과 큐우슈우 그리고 백제로 떠났다. 배에는 약탈한 재

를 동중국해로 몰아냈다. 402년 반란에 실패 자결했다.

화가 가득했으나 풍랑으로 가라앉았다. 간혹 물에 뜨도록 고안된 도교의 신물神物인 향로香爐들이 목숨을 건진 이들과 함께 해안에 표착했다. 또한 상당수가 말레이 해적과 합류하여 용아문龍牙門(오늘날 싱가포르 부근)을 근거로 수 세기에 걸쳐 해상 무역로를 장악했다. 용아문에서 얻은 전투용 코끼리가 광주廣州 지역에 상륙한 흔적이 있다. 이곳에 오두미도는 많은 도교 사원을 지어 지금의 남아시아 도교의 중심이 된다. 중국인 무역상들이 길들인 코끼리를 구할 때도 이곳에 들러 거래하고 남아시아와 아프리카 해상로를 개척했다. 14세기 元의 왕대연汪大淵(서기 1311~1350)은[339] 정크 선단을 이용한 두 번의 여행 기록인 〈도이지략島夷誌略〉을 남겼는데,[340] 그가 싱가포르 부근에 도착했을 때 이미 여러 곳에 "차이나타운"이 형성되어 있었다고 쓰고 있다.[341] 그는 거기서 힌두의 신들과 섞여 앉아 있는 상아로 조각한 노자상을 본다.

5세기 초, 남중국 도교도의 대거 남방 이동은 야오(瑤) 족族의 도불道佛 혼합체(Buddo-Taoist) 스타일의 그림에서 흔적을 발견할 수 있다. 태국 북부 지역과 라오스, 월남 산간에 거주하는 야오 소수 민족은 여전히 짙은 도교적 색채의 문화유산을 품고 있다. 동한에서 서진에 이르는 기간 도교 창업자의 복색과 시대 상황을 그린 이 그림들은, 바다를 건너온 고난의 기억과 이미 신이 되어버린 교조 장도릉張道陵과 그 후계의 얼굴을 볼 수 있어 인상적이다. "집장고인執掌古印"과 "검"을 손에 쥔 장천사 후계는 모두 신

---

339) 汪大淵, 字는 煥章, 南昌 출생 1330년에서 1339년까지 泉州를 출발하여 호주의 다아원과 뱅골만 지역, 북아프리카를 항해했다. 〈도이지략〉은 1339년 스리랑카에서 기술되었다. 왕대연의 항해는 정화鄭和(1371 ~ 1434) 보다 한 세기 앞서 있다.

340) Wang Dayuan, Yuan Dynasty,(元)汪大淵著Dao Yi Zhi Lue 〈島夷志略〉, Explanation by Su Jiqing蘇繼頤 校釋, Zhonghua Book Company 1981, 2000

341) Miksic, John N. Singapore and the silk road of the sea, 1300-1800. Singapore: NUS Press, 2013

화화되었지만, 중국 불교가 거의 변장한 도교라는 것을 확연히 깨닫게 해 준다. 한반도의 무격신앙에서 보이는 그림들 역시 불교 사원의 탱화와 연결 고리가 있어 보이나 실상은 모두 도교의 아이돌을 그렸다. 그 내면에 남은 전설은 고통스러웠다. 쿠우쑤우(姑蘇)의 늙은 할망 마고痲姑는 물에 빠져 죽은 제주의 설(선)문대 할망이었고, 단군과 대결하여 패배하자 한라산을 보며 살려달라 빈다.[342] 손은의 난 뒤 한반도로 건너간 도교는 백제百濟를 "구원의 수륙제水陸齊, salvation of all unshriven souls on water and on land."로 부르기 시작한다.

마지막까지 저항한 사람들은 대부분 여성이었다. 사서에는 창기娼妓들이 그를 따라 죽었다고 비하했으나 당시 회계 지역의 여성들이 협기俠氣가 있었던 것은 비단 사도온謝道韞의 예 뿐만 아니라, 동진 사회의 다른 면모를 보게 한다. 20세기에 상해를 중심으로 나타나 일본의 침략에 대항한 여걸女傑(女流氓)들은[343] 우연의 결과가 아니다. 여성이 재가무술在家武術을 익히고 험한 일을 하는 풍속은 지금도 복건과 민강閩江 하구 지역에, 오키나와와 제주에 남아 있다. 토벌군에 쫓긴 손은과 마지막 남은 백여 명의 오두미도는 주산군도舟山群島 주변에서 간헐적 해전을 벌이고 402년 3월 모두 바다에 뛰어들어 최후를 맞는다. 이때 손은을 따르던 오두미도의 상당수가 익사하거나 해안의 벼랑에 떨어져 죽었다. 그는 전설적 바다의 신선(水仙)이 된다.[344] 하이엔(海鹽)의 바닷가에 부적符籍과 〈황정경黃庭經〉의 흘

---

342) 장한철張漢喆, 〈표해록漂海錄〉 제주 출신 장한철은 1770년 12월 25일 과거에 응시하기 위하여 제주도를 출발 서울을 향했다. 도중 풍랑을 만나 표류하여 류우쿠우(琉球)에 표착한 뒤, 고생 끝에 1771년(영조 47년) 5월 초 귀향하여 〈표해록〉을 쓴다. 참고 〈표해록〉 범우사, 1979

343) 沈佩貞, 林桂生등은 난세에 여성의 무장 역량을 주장하고 외세에 적극적으로 저항하며 행동으로 옮겼다.

344) 葉國良, 陳寅恪〈天師道與濱海地域之關係〉食貨月刊, 1979

어진 낟장들이 파도에 쓸려 하얀 염전에 연꽃처럼 보였다. 부활은 여성을 통해 나타났는데 주산 군도의 연화양蓮花洋에는 68년 전 우화羽化한 위화존魏華存을 본 사람이 있었다. 그것은 중국 역사상 나타난 최고 치유의 모습이었다.

다. 위화존魏華存(서기 252~334)

그는 산동에서 난리를 피해 강남으로 이주한 두 아이의 어머니였다. 전란의 시작은 아주 평화로웠다. 북동쪽 산록에 양(角端牛)들이[345] 나타나 유유히 풀을 뜯는 목가적인 모습 사이로 가끔 기이하게 커다란 각궁을 든 목동이 보였다. 각단우의 뿔로 만든 활을 쓰는 그들은 늑대와 승냥이를 쫓는데 열중했을 뿐, 그저 나른한 목초지의 게으른 부랑자였다. 날씨가 추워져 초지를 찾아 조금씩 더 남으로 접근해 오면 산동 사람들은 그들에게 차와 음식을 대접했다. 연燕 땅과 인접한 범양范陽(지금의 베이징 남쪽 구역)에 가까운 산동의 현령들은 이목구비가 수려하고 얼굴인 흰 선비족 목동들과 야반에 도주하는 처녀들이 많아 걱정했지만, 혈연관계로 타민족과 섞이면 변방이 좀 조용해질 거라는 기대감도 있었다. 범양은 앞에 기술했듯이 괴통과 노순의 조상이 살았던 곳이고, 훗날 안녹산이 몽골 튀르크계의 용병을 모아 난을 일으키는 근거지가 된다.

산동 사람들이 초원의 풀 냄새에 익숙해지고, 비린 우유 냄새, 발효하는 치즈의 누린내가 가까이 올 무렵, 변방 군현의 관청 주변에는 선비족이 타고 온 말들로 가득 차고 언어는 통역이 필요 없게 뒤섞이고 연변 했다. 서진

---

345) 큰코영양, Saiga antelope 유라시아 초원에 널리 서식했다. 현재는 멸종 위기에 처한 보호종이다.

의 통치 세력은 선비족을 용병으로 국방을 대신했는데, 동북쪽의 몽골 튀르크계와 서북쪽의 티베탄 위구르족을 교차하여 배치해 낙양으로 들어 오는 주요 길목을 지키게 하여, 훗날 큰 화근이 된다. 더불어 사회 문화에도 문질文質의 변화가 일어났다. 문식文飾과 기질氣質이 적절한 시간 경과를 거치지 못하면서, 북방 민족은 한적漢籍을 통한 한문화의 충분한 이해 없이 관리가 되었고, 강남인들은 북방 인의 편리와 실질에 젖어 들었다. 점차 언어와 음식과 의복이 바뀌고, 음소音素의 간단한 결합으로 다른 의미를 표현하는 시베리아계 언어는 큰 인기였다. 해괴한 단어들이 만들어지고 사람들은 이를 즐겼다. 훗날 왕부지는 그때를 음식과 모습이 바뀌어 복희씨 이전의 혼돈이 되었다고 개탄했지만, 그 당시 실존인들에게는 예의보다는 먹고사는 일이 우선이었다. 바야흐로 유학이 붕괴하고 양한 시대에 숭상했던 禮는 억압이고 위선이 되었다.

왕필이 죽은 지 4년 후인, 서기 253년 봄, 산동山東 임성任城(지금의 지닝시濟寧市 徽山)의 고관집에서 여자아이가 태어났다. 아버지 위사魏舒(서기 209~290)는 조위曹魏 조정에 출사하여 당시 사마 씨로 이어지는 권력의 흐름을 잘 파악하고 처세에 능한 관리였다. 벼슬길은 순탄하여 처음에 광록대부光祿大夫 후에는 사도司徒에 이르고, 문강공文康公에 봉해졌다. 아버지는 딸의 총명함을 일찍이 알았지만, 여성으로 현모양처가 되기를 원해 이름을 짓지 않고 다만 자字를 현안賢安으로 불렀다. 다른 설에는 실제 그녀가 태어난 시점을 보면 아버지가 사마 씨 조정의 중신이었으므로 그녀는 수도인 낙양에서 출생했을 가능성이 있다고 주장한다. 그러나 대부분의 관리가 중앙에서 직책을 얻으면 고향에 처자식을 두고 수도에 별거하는 것이 상례여서 위화존의 낙양 출생은 신뢰할 수 없다.[346] 더구나 위사는 매우 청렴해 고향 사람이 집안을 드나들지 못하게 했다. 당시 실권자는 사마소司馬昭였다. 그는 용모가 수려하고 키가 팔 척이 넘는 위풍당당한 위사를 아주 좋아해서 늘 곁에 불러 대화를 나누었다.[347]

14살쯤 이 소녀는 이미 도가의 노자와 장자를 섭렵하고 제자백가의 서적을 읽었다. 아직도 많은 죽간이 종이로 필사되고 있었다. 전승된 서적이 여성들의 손에 의해 유려한 필체로 다시 써졌다. 그녀는 특히 도교 양생술에 깊은 관심을 가졌다. 초경이 있고 부모가 결혼을 권유하자 이를 거부하며 여성이 왜 꼭 결혼해야 하는지 논박하여 집안사람들을 당황케 했다. 그러나 결국 강요에 못 이겨 남양南陽 열양涅陽(今河南鎮平)의 태보太保 직책을 맡은 유우劉又(字幼彦)에게 시집갔다. 결혼해서도 침실을 따로 쓰고 손에 책을 놓지 않았으니 부부 사이가 좋았다고는 볼 수 없다. 밤을 새워 책을 다 읽고는, 깊은 상념에 빠져 혼이 나간 듯 했다. 서기 290년 아버지와 남편이 연이어 타계하자 생활이 어려워졌다. 생계를 위해 가정 교사가 되어 아이들을 가르치거나, 조금 여유가 생기면 난민을 구제했다. 이어 서기 300년 "팔왕지난"의 참혹한 내전을 겪는다. 그는 서진의 운이 다했음을 예감했다.

서기 307년, 산동 북쪽의 강력한 선비족이 서서히 남하하고 있었다. 가장 세력이 큰 부족은 무룽(慕容), 두안(段), 유웬(宇文) 그리고 투어바(拓跋)였

---

346) 위화존의 출생지는 최근 산동 지역으로 확인되었다. 그녀의 저작인 〈황정경, 내경〉의 어문학적 검증으로는 문장의 대부분이 당시 산동에서 쓰였던 민어閩語인 임성任城 방언方言과 일치一致한다. 참조: 2010年, 國際炎黃文化出版社出版 溫州魏氏宗親會編〈蒼南魏氏志〉의 〈黃庭經〉의 語言文字와 저장(浙江) 方言의 대조에서 "浙南 閩南話有許多字與詞的音義與〈黃庭經〉의 작자 魏華存의 家鄉 任城 方言 一致"한다고 밝혔다.

347) 〈晉書·卷四十一·列傳第十一〉身長八尺二寸 姿望秀偉 飲酒石餘 而遲鈍質樸 不為鄉親所重 從叔父吏部郎衡 有名當世 亦不之知 使守水碓 每歎曰 "舒堪數百戶長, 我願畢矣" 舒亦不以介意

다. 무룽의 족장은 서기 238년 사마의司馬懿가 공손연公孫淵을 공격할 때 이를 도와 솔의왕率義王의 작위를 받았다. 그의 후예인 무룽훼이(慕容廆)는 사마염司馬炎(晉武帝, 재위기간 265-289)이 서진을 세우자 자진하여 서진의 제후국을 자처했다. 무룽 선비족의 한 갈래는 서쪽으로 이주하여 칭하이 지역에 자리 잡았다. 이들은 얼마 후 강족羌族인 탕구탄(Tangutan) 부족과 통합하여 투유훈(吐谷渾) 제국을 세운다. 두안 선비 역시 서진으로부터 제후로 봉해져 요서군공遼西郡公의 작위를 받는다. 유웬(宇文) 선비는 유원강(지금의 루안허灤河)과 유성柳城(지금의 요녕성 朝陽) 사이에 자리 잡고, 보다 목초가 많은 요하의 서쪽을 자주 침범해 들어 왔다. 이들 부족 가운데 투어바 선비의 부족장 뤼웨이(力微)는 가장 서쪽으로 진출하여 쉥러(盛樂, 지금의 내몽고 허링커얼和林格爾)에서 세력이 강성해져 지역의 다른 부족들을 통합해 갔다. 뤼웨이는 한족 문화를 동경해 그의 아들 샤모칸(沙漠汗)을 낙양洛陽에 보내 공부시켰다. 샤모칸은 인물이 출중하여 앞날을 걱정한 서진의 대신 위관衛瓘의 술책으로 277년 살해된다. 뒷날 샤모칸의 죽음은 투어바 선비족 내의 서진에 대한 깊은 원한으로 자리 잡는다. 이 사건 후 선비족은 자질이 부족한 자제들을 낙양에 보내며 표면적으로 선린 관계를 유지했다.[348] 진회제晉懷帝(재위 기간, 서기 306~312)까지도 선우의 자식들은 극진히 대우받았으나 사실상 인질로 잡힌 것이었다. 그러나 보다 야심이 많은 투어바 선비족 부족장 이루(猗盧, ? ~316)가 대선우大單于의 자리에 오르자 서진 정권은 급히 그를 대국공代國公에 봉했다. 이어서 이간책과 화친 공작이 뒤따랐다. 투어바 선비는 분별없는 한화漢化 정책으로 사

---

348) Gao Wende 高文德, ed. (1995). Zhongguo shaoshu minzu shi da cidian 中國少數民族史大辭典 (Changchun: Jilin jiaoyu chubanshe)

치와 안락을 추구하며 점차 강인한 기질을 잃어갔다. 조상이 같았던 주변 부족과의 문화 언어적 장벽이 생기며 형세의 변화가 급해지기 시작했다. 결국 대국代國은 서쪽 티베탄 용병의 후손(氐族)이 세운 전진前秦에 의해 멸망하고 오호십육국五胡十六國 (서기 300~430)이 시작되었다. 전진의 제3대 황제 부견符堅(서기 337~385)은 국제 관계에 탁월한 안목이 있었다. 그는 고구려에 불교 승려를 파견하고 관계를 좋게 하여 고구려로 하여금 무롱씨 선비인 전연前燕을 압박하게 했다.[349] 전진前秦의 남하를 막아낸 것은 앞에 기술했듯이 훗날 손은을 토벌한 동진東晉의 장군 유뢰지劉牢之였다. 그의 얼굴은 도교도의 공포의 대상인 육천의 악귀의 모습으로 나타난다. 한반도의 불교 전래는 401년 후진後秦의 국사國師가 된 쿠마라지바 이전 이어서 아마도 완전한 한역 경전을 고구려인들이 받아 보지는 못했을 것이다.

위화존의 강남 이주는 서기 290년 남편과 부친의 사별 후, 서기 300년 팔왕의 난 사이로 보인다. 사료상에 나와 있는 그녀의 행적과 지명의 동선을 통해 이해할 수 있는 것은 도교의 주요 파벌의 흐름이다. 그것은 책략을 초월한 힘의 월등한 우위에 대한 비대칭적 대응이었다. 무폭의 천하 정복이라는 시대적 상황에서 산으로 도피하여 약초를 캐며, 살아 온 터전을 잃고 다친 사람들을 위로하던 도교도들은 여성, 부드러움, 연약함의 힘이 무엇인지 사색하게 된다. 이런 것들은 이미 〈도덕경〉에서 지지하고 있던 것이었지만 새삼스러웠다. 상상하지 못했던 스피드와 전술적 템포로 산 아래 도로와 하천, 평야는 오랑캐의 영역이 되었다. 더 무서운 것은 그들이 옮겨온 전염병이었다. 갈 수 있는 곳은 산뿐이었고 치유의 손길은 여성이 있는 곳이었

---

349) 김부식, 〈삼국사기〉 본기 권 18 소수림왕 "二年 夏六月 秦王苻堅遣使及浮屠順道 送佛像經文"

다. 그러나 적인 오랑캐의 모습도 이상하게 "여성적"이었다. 밀려들어 온 북방 민족은 상하 남녀의 격의가 없었고, 실질을 중시하는 질박한 습성은 중원에 자리 잡았던 구태의연한 "예의"를 무너뜨렸다. 불을 둘러싸고 춤을 추며 노래하는 북적北狄들에게서 오히려 道의 시원적始源的 모습을 설명하기 쉬웠다.

禮를 다시 세운 것은 도교였다. 비록 예가 도의 분화分化로 발생한 "도의 찌꺼기"였으나, 문식을 제거하니 또 다른 모습의 예가 보였다. 외상을 입은 백성들과 내상이 깊은 지도층이 산속에서 만나며 개혁 도교의 탄생은 의학을 기반으로 일어났다. 그것은 번거로운 禮가 아니고 경험과 기술을 바탕으로 분화된 자선 행동 "현호제세懸壺濟世"[350]였다. 한 세기 전 장릉이 한중에 들어와 약초 지식을 바탕으로 아픈 사람을 고쳤던 본래의 모습으로 돌아가게 한 것은 위화존이었다. 위화존의 흔적은 〈황정경〉에 남아 기존 오두미교가 병법을 기반으로 이론이 전개된 것에 비하여 좋은 대조를 이룬다. 한중에서 정치 세력체였던 장로는 조위曹魏에 흡수되면서 도교는 지리멸렬해졌다. 민중 주체의 모습은 사라지고 백성의 고통(民之故)은 외면되었다. 도가의 외연이 권력화하며 왕필과 같은 책 물림들이 현학으로 발전시켜 유학과의 랑데부가 진행되면서 위×진 시대의 도가는 그야말로 공허한 도사들의 요술 놀이로 전락하고 말았다.

서기 317년 서진이 멸망하자, 건강建康(남경)에 소외되었던 사마예司馬

---

350) "懸壺濟世, 호리병을 걸어두고 세상을 구제한다." 〈후한서〉에 전설로 기록된 호리병 노인의 이야기는 무료로 병을 치료하는 일화를 기초로 고대 도가의 상징적 의료 행위를 뜻하게 된다. 그러나 조롱박을 걸어 놓아 의사 행세를 하면서, 실제의 내용을 숨기는 돈벌이 의료 행위를 풍자하기도 한다. 호리병은 약물을 담아 두기 좋아 약재의 그릇으로 사용되었다. 〈詩經·豳風·七月〉 가운데, "七月食瓜, 八月斷壺"라는 말은 병환이 도는 겨울을 대비 음력 8월인 가을에 조롱박을 따 약물 용기를 마련한다는 뜻이다.

睿가 晉의 정통을 이었다고 주장하며 동진의 초대 황제 원제元帝가 된다. 중원을 포기한 낙양의 귀족들은 모두 건강에 모여 짐을 풀고 땅을 무상으로 불하받았다. 당연히 현지 주민과의 갈등이 점차 증폭되었고, 불공정한 땅의 분배 과정에 불만이 쌓여갔다. 당시 선대에 산동에서 이주하여 점차 강남의 토호가 된 王 씨와 謝 씨가 사마예의 신장개업을 도왔으므로 새로 온 이주민들은 이들에 선을 대는 것이 급선무였다. 왕사王謝 가문은 방대한 장원을 토대로 문벌이 되어 건강의 진회하秦淮河 오의항烏衣巷에 저택을 이루며 살았다. 뒤에 갈등이 깊어지며 손은의 난에 이들은 하층민의 주요 공격 표적이 된다. 생선은 머리부터 썩기 마련이다. 황제와 귀족들은 신선이 되어 허튼소리를 일삼았고 "졸정拙政"이 잘하는 정치인 양 도가의 가르침이 주문으로 뇌까려지자, 퇴락한 상류(上濁)를 일신하고 깨끗한 교리를 세울 인물이 나타나야 했다.

오두미도의 회합에는 늘 위가 깨끗해야 하는 上淸의 논리가 주된 화제였다. 상청은 동서 양진兩晉 귀족 사회의 청담을 나누는 계급적 지위뿐 아니라 권력과 결탁하여 타락한 도가를 정화해야 하는 이중적 의미를 가진다. 그리고 그것은 허황한 다른 세계가 아닌 현실과 지상에서 구현되어야 했다. 현실은 엄중하고 북방을 점거한 오랑캐는 에너지로 충만해 있었다. 그 힘은 사막과 해로를 통해 끊임없이 물질을 운반해 왔다. 빈곤한 하층민은 기질氣質의 힘에 금세 동참하기 마련이다. 사회는 양극화되어 계급적 모순에 진영이 갈라져, 상하上下의 청탁淸濁에 따라 서로 비난하며 분열을 거듭했다. 이런 형세는 뒤에 남송과 명말明末에 반복되어 나타난다. 북방이 위협과 사회의 불공정 위기는 강남의 물질적 풍요로 가려져 잘 보이지 않았고 사람들은 사치와 향락, 무폭의 혐오와 문화적 우월감에 기대 살았다. 그럴수록 위기는 여성에 의해 식별되고, 남성이 포기한 군사력은 재가 무술을 연마하는 여성의 힘으로 교체되어 서서히 자리 잡았다. 태극권의 탄생이었다.[351] 동작이 격렬하지 않은 태극권은 북방의 빠른 움직임과 기동력에 맞서는 도교적 아이디어가 함의되어 있다. 태극권의 기본 개념은 〈황정경黃庭經〉의 외경(외단)과 내경(내단)의 중간에서 자연과 몸의 조화를 찾는 동작과 마음가짐이다. 그렇다고 국방의 주제가 완전히 변주變奏 된 것은 아니었다. 이즈음 병법의 구절이 변했을 것으로 추정되는 문구가 있다. 손자 13편에는 군사 심리를 다스리는 "중심으로의 회귀"와 氣의 순환을 관찰하여 병사들의 전투 의지를 평가한 글이 보인다.

"故三軍(不)可奪氣, 將軍可奪心 是故, 朝氣銳, 晝氣惰, 暮氣歸. 善用兵者, 避其銳氣, 擊其惰歸, 此治氣者也 전 부대원의 사기를 뺏는 것은 (불)가하나, 장수 하나는 가능하여 (장차 적군의 단결을 와해 할 수 있다.) 그것은, 아침의 기운은 날카롭고, 대낮의 기운은 나태하고, 저녁의 기운은 쉬고 싶어 하기에, 용병을 잘하는 자는 적의 정예로운 기를 피하고, 나태하고 쉬고 싶을 때 치는 것이니, 이로써 기세를 다스린다."

- 손자 13편, 軍爭篇

사기를 빼앗는 탈기奪氣의 可와 不可는 13편 죽간과 전래본이 달라 논란

---

351) 太極拳의 군사적 적용은 明의 장군이었던 陳王廷(서기 1580~1660)에 의해 정립되었다고 보고 있다. 명의 멸망 후 고향에 은거한 그는 재가 무술의 보급을 위해 그의 군사 경험과 도가의 경락 이론을 접목했다. 그는 태극권의 이론적 토대가 황정경에 있었음을 말했다. "黃庭一卷隨身帶, 閑來時造拳, 忙來時耕田 〈황정경〉의 한 권은 몸의 형을 본떠 자연스러운 권법을 만들었는데, 한가한 때에는 권술을 익히고 농번기에는 밭을 갈았다."참고: Gaffney, David;, Davidine Siaw Voon Sim, 2001 〈Chen style Taijiquan〉, North Atlantic Books

이 있으나, 위 문구의 요지는 氣의 순환에 있다. 그것은 날카로움(銳)에서 나태함(惰)으로, 다시 되돌림(歸)으로 바뀌어 가는 氣의 움직임이다.[352] 〈황정경〉은 精을 氣의 질료로 보고 있다. 기는 土(道)를 제외한 木(將), 火(法), 金(天), 水(地)에서 순환하고 중화된다. 병사의 용기와 투지는 인체의 중앙에 있는 비장脾臟(土)에서 원초적으로 결정된다고 믿었다. 그 "배짱"은 중심에 숨겨져 있어 알 수 없으나, 음양의 변화, 아침과 저녁에 달라지어 그 시간에 포착된다. 신비한 일이다. 이것은 위화존이 설계한 〈황정경, 내경〉에 잘 표현되어 있다. 칠언운문七言韻文의 〈황정경〉은 〈내경옥경內景玉經〉과 〈외경옥경外景玉經〉 그리고 〈중경中經〉으로 구성되어 있다. 신화와 버무려진 외경의 실체를 인체의 형색形色으로 보인 것은 놀라울 뿐만 아니라, 그 이해의 어려움에도 많은 사람이 "영감"을 얻은 것은 더욱 경이롭다. 〈황정경〉은 인간의 몸을 자연계를 정립한 하나의 요약체로 보고 있다. 〈황정경〉은 노장老莊을 공부하는 이에게는 도술로 읽히고, 병가에서는 병법으로 읽을 수 있으며, 의학도는 의서로, 무예를 연마하는 이에게는 무술 비법으로 읽힐 수 있다.

한 세대가 지나자, 왕희지王羲之의 〈황정경〉 필사를 필두로 당송 시대를 거치면서 〈황정경〉은 시인 묵객들로부터 찬사를 받았다. 왕희지는 "서예를 하는 사람이 〈황정경〉을 써보지 못한다면 어찌 글씨에 신령이 있다 할 수 있나? 書家不寫 黃庭經 筆中豈能有神靈?"라고 했고, 시인 육유陸遊는 "늙어 양생의 묘수를 깨닫기 시작한 것은 〈황정경〉 두 권의 책을 읽었기 때문 白頭始悟頤生妙, 盡在黃庭兩卷中"이라고 극찬한다. 왕희지가 〈황정경〉을 필사하고 싶어 빌려 달라고 애원하자, 도사는 그 대가로 그에게 흰

---

352) 〈氣功〉雜志 연재, 劉化冬〈黃庭經與氣功〉1987年, 浙江出版社出版

거위(白鵝)를 주며, 당시 도사들이 갖고 싶은 명품인 거위 털 부채를 만들어 달라고 요구했는지 모른다. 〈진서〉 왕희지전에 "산음에 도사가 있어 거위를 잘 길러 왕희지가 도덕경을 써 주었다. 山陰有道士 養好鵝 義之爲寫道德經"라고 했어도, "역사"는 텍스트와는 다른 해석을 할 수 있다. 실증할 수 있는 것은 왕희지의 유명한 서예 물이 아니라, 그 전에 그가 〈황정경〉을 얻으려 애썼다는 정황이다. 이 이야기는 중국 항간과 조선까지 "왕희지의 글씨"을 얻고 싶어 하는 도사의 탐욕으로 거꾸로 알려진다. 그 이후 이백이 이런 풍설을 부채질하여 더욱 산음山陰의[353] 그 도사는 놀림거리가 된다.

"산음의 도사와 만난다면, 응당 황정경을 써서 흰 거위와 바꾸지 山陰道士如相 見 應寫黃庭換白鵝"

  - 李白, 하지장이 월땅으로 돌아가는 것을 전송하며 送賀賓客歸越 부분

썩은 사인士人들이나 돈 많은 상인들이 이름자나 있다는 사람에게 아첨하며 아무렇게나 써 갈긴 글씨를 보물처럼 받아 가는 세태였다. 비루한 세상에서 명인名人의 처세는 더욱 어렵다. 북송의 소식蘇軾(서기 1037~1101)은 어느 날 우울한 심정을 달래며 술에 취해 개발새발 글씨를 쓰고 있었다. 그 시절 소식은 "굶은 쥐처럼 가난하여, 긴 밤 입맛만 다시고 있는 我貧如飢鼠 長夜空齞齸"형편이었다. 왕안석의 신법 개혁에 반대하여 귀양길을 오락가락하던 때였다. 어려운 시절 소주 지역의 유지인 손신로孫莘老(孫覺, 서기 1028~1090)의 도움을 받던 그는 고마운 마음을 서첩으로 만들어 전하려 했다. 아마도 고대 吳 나라의 조충서鳥蟲書를 공부하고 있었던 모양이다.

---

353) 山陰은 山淸으로도 불렸다. 지금의 저장(浙江) 소흥현紹興縣

"맑은 날 창가에서 벼루를 씻고 앉아 뱀, 지렁이가 서린 글씨를 쓰고 있는데, 호

사가들이 문 두드리며 찾아와 술 취해 그린 서첩을 좋다고 가져갔다. 晴窓洗研

坐 蛇蚓稍蟠結 便有好事人 敲門求醉帖"

- 蘇軾, 5言 古詩, 孫莘老寄墨, 欽定 四庫全書 禦定佩文齋詠物詩選 卷

一百八十 부분 발췌[354]

여기저기 내버린 습작을 가져가는 사람의 마음은 무엇일까? 사회가 타락

하면 물화된 문화의 자리가 높아진다. 소동파 역시 <황정경>의 가치를 알

고 있었다. 그는 뒤늦게 황정경을 읽고, 과거를 보러 가는 손각孫覺 일행을

"수재秀才"라고 치켜세우고 다음과 같이 시를 써 보냈다.

"(황정경이라는) 새로운 시에 만물의 사정을 모두 말해, 경황지에 작은 글씨로

<황정경>을 썼네. 新詩說盡萬物情, 硬黃小字臨黃庭"

- 蘇軾의 詩 (서기 1078년), 잘 아는 진관 수재 손신로 와 이공택이 과거 응시차

도성으로 가는 길에 주는 시를 차운하며 次韻秦觀秀才見贈, 秦與孫莘老, 李公

擇甚熟, 將入京應擧 부분

당시 과거 시험의 답안을 규제한 것은 왕안석의 <팔고문八股文>이었

다. 그런데, 소동파가 작은 글씨로 황정경의 내용을 족집게 답안지로 써 준

것은, 송대 문인들에 파고든 <황정경>의 위력을 가늠케 해 준다. 산동의

---

354) 蘇軾(北宋), <孫莘老寄墨>, 其三, 我貧如飢鼠 長夜空齡齧 瓦池研灶煤 葦管書柿葉
近者唐夫子 遂致烏玉玦 先生又繼之 圭璧爛箱篋 晴窓洗硯坐 蛇蚓稍蟠結 便有好事人 敲
門求醉帖

한 피난민 여인이 어떻게 이런 위대한 책을 남길 수 있었을까? 내용은 다른 사람의 손을 타지 않게 7言詩 속에 갇혀있고,[355] 예민한 자체 경보 체계를 갖추었다. 다시 말해 문장이 가감되면 의미가 무너져 사라지게 구성되었다. 위화존은 가히 중국 양생학의 창시자라 할 수 있다. 추정컨대, 뤄양의 도서관장이었던 노자, 양한 시대의 죽간에서 종이로 필사한 초사본을 물려받은 왕필과 위화존 모두 체제 내에서 관리된 장서를 접한 책 물림들이었다. 독서인들이 역사 도통道統을 찾을 수 없었고 시대는 오랑캐가 대부분의 공간 역을 차지한 치도불합일治道不合一의 세상이었다. 이런 때에 지식 세계에서 일어나는 흔한 인지 부조화는 깊은 산 속의 도사들에게 더는 해석이 필요 없는 대상이었다. 철학적 틀거지의 변화에도 식상해 있었다. 인간 세상은 사리사욕으로 어지러워 똥걸레 냄새가 났다. "人間紛紛臭帤如"〈황정경〉 제24, 隱影章

위화존의 이주 경로는 문헌마다 달라 정확히 알 수 없다. 대체로 그녀가 38세에 남편과 사별 후 산동 제녕의 휘산으로 돌아와 가산을 정리하고 다시 낙양, 양락산, 상강, 형산, 남악 등의 동선이 기록에 보인다. 또한 낙양 북쪽의 양락산陽洛山의 이선동二仙洞에서 수양 후, 회천懷川(지금의 河南 焦作)에 이르러 태극권을 창시했다는 다른 동선도 보인다. 공통점은 모두 수로를 따라 연결되었다는 것이다. 합리적 추론은 고향인 휘산薇山 호수에서 배를 타면 바로 강남의 입구 서주徐州에 닿을 수 있고, 이곳에서 뱃길은 사방으로 연결되어 바람이 좋으면 천 리를 하루에 갈 수 있었다. 전란으로 주인을 잃은 배들(不繫之舟)이 휘산 만곡彎曲에 모여 배는 누구나 쉽게 구할

---

355) 七言詩의 성립이 위화존이 살았던 3~4세기는 아니므로, 아마도 현재 〈황정경〉의 모습은 수당 시대 이후에 찬개된 것일 수 있다. 위화존이 羽化하고 한 세기 뒤에 왕희지가 필사했다는 〈황정경〉은 사라졌으나, 당 태종 이세민이 자신의 무덤에 소장했다는 전설이 있다.

수 있었다. 어떤 유랑민들은 아예 북방 기마병들의 약탈을 피해 선상 가옥을 짓고 생활했다.

위화존이 양락산陽洛山(天壇山, 지금의 河南省 濟源市 城區 西北 30여 Km 지점)에 이르렀을 때 그녀는 여러 신선에 둘러싸여 비술을 전수 받는다. 그리고 사람들을 치료하고 임상에서 얻은 비법을 기록했다. 그 신통한 소문이 강호에 퍼지자 사람들이 빈 호리병을 들고 모여들었다. 약을 담아 떠나면 다시 더 많은 사람이 나타나 치료와 안식을 구했다. 그리고는 마침내 경림景林에서 진인眞人으로부터 〈황정경黃庭經〉을 전수 한다. 〈외경〉을 받아 〈내경〉으로 발전시켰는지, 아니면 그녀가 별도로 〈내경〉을 기술했는지 모호하다. 참혹하고 보호받지 못하는 외부의 세계에 대항하여 여성적 위로와 보살핌이 있는, 내면의 세계가 간절한 시대적 요청이 있었다. 경림진인이 누구였을까? 중화 문명의 위기 때마다 나타나는 "진인眞人"들은 재림이나 부활(Incarnation)의 공통점이 있다. "참사람"과의 만남에 시간의 문제는 무시된다. 시간의 초월로 과거와 미래의 진인들이 현현顯現하여 "인도와 순종"을 요구한다. 세계의 유력 종교들은 언제나 치유의 힘을 거친다. 위화존은 280여 년 전에 살았던 왕포王褒를 만나고 그로부터 신선술과 〈황정경, 외경〉을 전수 받았다는 것은 상청파上清派 도교의 창시創始설에 있다.[356] 그 시점은 기원전 36년이고 왕포는 주로 蜀에서 활동했으므로 두 사람의 사제 관계는 시공을 초월해 있다. 이렇게 영원히 죽지 않는 불멸의 "Diva"위부인魏夫人은 다시 서기 366년경 양희楊義(서기 330~ ?)에게 강림하여 〈상청경上清經〉을 물려주고 모산파의 1대 조사가 된다. 도사이

---

356) 魏華存撰,〈清虛真人王君內傳〉에 이르길 : "華存師清虛真人君 諱褒字子登 范陽襄平人也 安國侯七世之孫 君以漢元帝 建昭 三年 九月二十七日誕焉"

며 의학자인 도홍경陶弘景(서기 456 ~ 536)도 모산파의 9 대 종사였다. 도홍경과 양희 사이에 역시 모산에서 도를 닦은 〈신선전〉을 지은 갈홍(서기 283~343)이 있다. 위화존은 손은의 난 때 주산 군도 연화양에서 연꽃 속에 다시 나타난다. 위화존의 출현은 전란으로 어려운 시국에 더욱 빈번했지만 때로는 "섹스 심볼"이기도 했다.

> "신선 찾아 남악을 향한다면 응당 위화존을 만날 수 있겠지. 尋仙向南岳 應見魏
>
> 夫人"
>
> - 李白 詩 〈江上送女道士褚三清游南岳〉 부분

서기 749년 시인 이백은 남악에서 놀며 여도사인 저삼청褚三清을 만나 정을 통하고 양대운陽臺雲의 감정을[357] 노래했다. 그의 시에서 여도사들은 모두 위화존의 현현이었다. 오히려 현실 감각에 투철했던 두보杜甫는 갑갑한 현실을 벗어나 비상飛翔의 꿈을 꾼다.

> "삼가 위화존 이야기 들으니, 신선들 틈에서 같이 나래를 펼치네 恭聞魏夫人
>
> 群仙夾翱翔"
>
> - 杜甫 詩(서기 747년), 남악을 바라보며 望嶽 부분

〈황정경〉의 탄생은 음살이 가득한 세상에 철저한 무저항과 비전非戰 사상에 의해서였다. 천하는 훼손되었고 상처투성이였다. 이민족이 도입한

---

357) 양대陽臺는 사천성四川省 夔州에 있는 무산巫山의 지명. 송옥宋玉의 고당부高唐賦에 서 유래한 "陽臺不歸之雲"은 "한 번 인연을 맺고 다시 만나지 못하는 경우"를 가리킨다. 雲 雨之情은 물론 남녀의 성적 희열이다.

물질의 팽창에 중국의 하층 지식인 阿Q가 당해야 할 실질實質의 착취는 표현이 어렵게 고통스러웠다. 남은 것은 "정신 승리"뿐이었다. 평화는 패배주의에서 온 것이 아니라, 적의 생성을 부단히 관찰한 결과에서 마침내 필연적으로 적이 사라지는 "시간"이 평화였다. 그리하여 손자병법은 마침내 "져주는 능력"을 말하게 되었는데, 아쉽게도 후세에 "패전과 평화"의 문구들은 병법에서 용납되지 않았다. 병법에 "승패의 레토릭"은 "勝"의 반대말이 敗가 아니라 "不勝"으로 쓰이게 된다. 손자 13편 실허편實虛篇에서 위×진 시대를 통한 문장의 의도적인 변화를 보게 된다.

죽간본(서한~위진) : 兵无成埶, 無恒刑, 能與敵化之胃神 군사력은 고정된 勢가 없고, 지속적인 形이 없으며, 능히 적(敵)으로 하여금 적(適)이 아니게 만드니 이는 알 수 없는 것[神]이다.

전래본(당송 이후) : 故兵無常勢, 水無常形, 能因敵變化而取勝者, 謂之神 그러므로 군사력에는 일정한 勢가 없고, 물도 일정한 形이 없으니, 능히 적의 변화에 맞게 승리를 얻는 자, 이를 신이라 일컫는다.

능여적화能與敵化, 능히 적성이 없어지는 것은 "恒"이라는[358] 시간성에 달려있었다. 이 문장은 당송을 거치며 능인적변화能因敵變化로 바뀌어 "변화"라는 송대 이후의 언어가 추가되면서 군사적 상황의 변화로 의미가 바뀌게 된다. 전쟁을 보다 포괄적 안목으로 보는 도가의 사상이 어떻게 지워졌

---

358) "恒"은 죽간본에 시간의 문제로 표현되었으나 전래본에는 漢文帝 劉恒의 이름을 避諱하여 "常"으로 개작되어 의미가 손상된다.

는지 짐작할 수 있다. 평화와 비전非戰의 의미가 찬개되었지만 "水無常形", 일정한 형세가 없는 물의 모습을 추가하여 약간의 흔적은 남겨두었다. 그러나 도교는 이미 중국의 모든 사회적 갈등에 자리 잡았다. 차별 상이 존재하는 곳이면 어디서든 위화존이 나타났다.

서기 621년 진왕秦王 이세민李世民(훗날 당 태종, 재위 기간 626~649)은 멸망한 隋나라의 잔여 할거 세력인 낙양의 왕세충王世充(? ~서기 621)을 공격했는데, 왕세충은 도교의 예언을 믿어 자신이 왕조를 창업하리라 꿈꾸고 있었다. 주변에 아부하는 자들이 〈장자莊子〉 인간세人間世와 덕충부德充符의 편명을 교묘히 끌어와 "세충"이 수나라 양楊씨의 뒤를 잇는다고 꼬드겼다. 그는 낙양 북쪽 양락산에 있는 위화존의 사당인 위부인사魏夫人祠 [359]에서 재齋를 올리고 천장天將과 귀병鬼兵이 강림하리라 소원한다. 이를 전해 들은 이세민은 먼저 양락산을 포위해 사당을 고립시키고, 자신이 독실한 도교 신자임을 내세워 위화존과 면담했다고 소문을 퍼트렸다. 그리고는 위화존으로부터 꿈에 병법을 전수 받았는데 이름하여 〈몽수병법夢授兵法〉이라고 떠벌려, 왕세충의 도교 군사들의 사기를 꺾었다. 결국 왕세충과 연대했던 농민 출신 군벌 두건덕竇建德(자칭 하왕夏王, 서기 573~621)이 참패하여 장안으로 압송되어 목이 잘리자 왕세충은 항복하고 독살되었다. 이세민은 혼자 중얼거렸다.

"꿈이 거짓말이란 걸 모르나 보지."

---

359) 위부인사魏夫人祠는 당唐 시대에 "자허원군궁紫虛元君宮"이라고 개칭하고, 다시 사람들은 "정응묘靜應廟"라고 불렀다. 鼎盛에 분향이 그치지 않고 천 여년을 이어 왔으나, 애석하게도 1938年 일본군에 의해 불태워졌다.

병가의 심리전에 꿈은 자주 인용된다. 〈몽수병법〉에 무슨 특별한 비책이 있었을 것 같지는 않다. 꿈에 신인神人이 나타나면 형세는 우리 편이 된다. 심리적 우세에서 형세가 결정되면, 싸움은 일어나지 않고 적의 모습은 사라진다. (敵化) 이순신은 명량 해전을 앞두고 노심초사했다. 그의 간절한 마음은 꿈으로 나타난다. 〈난중일기〉 계묘년(1597년) 10월 25일 일기에는 "是夜神人夢 告曰 如此 卽 大捷 如此 卽 取敗云 그날 밤 꿈에 신인이 나타나 '이리하면 크게 이기고 이리하면 진다.'라고 말했다." 다름 아닌 이순신의 〈몽수병법〉이다. 그가 부하 제장들에게 꿈 이야기를 하지 않았겠나! 비록 13대 300의 중과부적이지만 사기가 오를 것은 당연하다. 신인의 "어차여차 如此如此하면"이란 이미 하늘의 명령으로 하달된 결정된 운명이었다. 매우 구체적인 것 같다. 기밀 사항이라 일기에도 적지 않았다. 병법에는 이런 승산 없는 싸움은 하지 말라고 경고한다.

뒤에 이세민은 승산 없는 싸움을 자주 범하며 두려운 마음이 생겼다. 황제로 즉위한 후에는 위부인사魏夫人祠의 중심 묘당을 자허원군궁紫虛元君宮으로 개명하고 크게 증축한다. 그리고는 고구려 원정 계획에 착수하며 휘하 장수들과 병법을 논의했는데, 주로 손자 13편에서 당태종이 이해 안 가는 부분을 장군 이정李靖이 해석해 주는 병법 대담對談이었다. 이를 송대宋代에 엮은 〈당이문대唐李問對〉에는 다음과 같은 말이 있다.

"다수 사람을 쓰는 데는 마음이 하나이어야 하며, 하나의 마음은 요행을 금하고 의심을 버리는 데서 생긴다. 用眾在乎一心, 一心在乎禁祥去疑"

- 唐李問對, 卷下

이 문구는 조조가 한중을 정벌하며 얻은 교훈에서 13편 구지편을 註한 것을 이정이 다시 해석해 준 것이다. 당 태종의 생각은 이중적이다. 일반 백성을 미몽迷夢에 가두고, 통치자만 병법에 깨어있어 이 모순된 현실에 대처한다. 중국의 역대 황제가 그렇듯 사상은 통치 도구일 뿐이었다. 이세민은 고구려 캠페인을 시작하면서 그의 집권 2년 전인 서기 624년, 사전에 대규모 도사단道士團을 사신으로 파견했는데, 역시 고구려의 저항 의식을 약화하고 기만하기 위함이었다. 일연의 〈삼국유사〉에 "오두미도 패거리"로 묘사되고 있는 이들 도교 집단은 당의 고구려에 대한 위장 평화 공세를 짐작게 한다. 〈당이문대〉의 마지막 문구는 다음과 같이 끝을 맺는다.

> "당태종이 이르길 : 도가는 3대에 걸쳐 장수가 나오는 것을 꺼리니, (이 병법을) 망령되이 전하지 말아야 하나. 또한 전하지 않을 수도 없으니, 경들은 이를 삼가하라. 太宗曰 : 道家忌三世爲將者, 不可妄傳也, 不可不傳也 卿其愼之"

즉, 병법이 권력에만 복무해야 한다는 것이다. 이세민은 고구려 원정에 패배하고, 말갈 고구려 연합 기마병에 쫓겨 양주揚州까지 패주했는데 회수淮水에서 가까스로 방어선을 구축하고, 운하를 이용 급히 황하를 거슬러 올라 삼문협三門峽에서 내려 잠시 숨을 가다듬고, 장안으로 돌아오는 길에 낙양 위화존의 사당에서 비전非戰의 의미를 되새기며 통곡한다. 그리고는 죽는 날까지 〈황정경〉을 읽고 읽으며 전사자의 원혼을 달랬다.

전쟁 기록의 모음 〈도덕경〉

도는 어떻게 잃어버리나? 道는 세勢를 늘리려 형形을 과장하면 덕을 잃고 위태하게 되면서 세상이 기울어 물처럼 낮은 곳으로 가버린다. 그렇다고 분화分化되어 사라진 것은 아니다. 이런 가르침은 위진 남북조를 거치며 현실에서 깨닫게 되었다. 당唐의 이전李筌은 〈태백음경〉을 주하며 兵法과 道法의 이중성에 깊이 고민했다. 같은 시기 그의 손이 닿았다는 정체 모를 〈황제음부경〉 소疏는 앞에서 설명했듯이 장장본 입언立言을 이해하는데 기초가 된다. 손자 13편을 注한 이전이 산으로 들어가 도사가 되기 전에 〈손무병법 82편〉을 보았는지는 알 수 없다. 그의 저술과 정황으로 보아 이전은 13편과 82편을 양손에 들고 있는 인물이었다. 도가에 비전秘傳한 서적은 언급하지 않는 것이 불문율이었고 자칫하면 천기누설의 화를 입을 수 있었다. 그는 스스로 음살陰殺이라 말하며 비밀을 다짐했다. 특히 권력이 열람하는 병법은 목숨이 위태로운 아슬아슬한 줄다리기였다. 싸우지 말라고 타이르는 은미한 구절을 왕들과 장군들이 이해하기 어려웠다.

81편과 13편 사이 어디엔가에 후세의 주석가들은 태도를 정했으나, 흔적을 아예 지워버린 도가의 세계에서 "장장본"은 지리멸렬 해졌다. 한신 비주 이후에 장자방(張良)의 후손인 오두미도의 장천사張天師들 손에서 주술처럼 변해버린 병법에 더 이상 주를 다는 사람은 없었다. 한신은 멸문당했고, 장량은 산으로 숨었다. 漢의 유자들에 편집된 병법은 그 후로 체제에 복무하며 얌전히 "장군들의 필독서"가 되었다. 도가에서 81이라는 數를 참절하는 것은 불온했다. 인간의 업적이란 하룻밤 사이에 처진 거미줄 같은 것인데, 영원한 九九를 사용하면 참람僭濫했다. 따라서 하나의 장을 인위로 만들어 82편으로 하며 마치 황제의 이름을 피하듯 피휘避諱 했다. 〈황제내경黃帝内徑>이 소문素問 81편과 영추靈樞 81편으로 구성된 것을 예외로 대부분의 책은 81을 지나쳐 중양重陽(9X9)의 권위를 범하지 않았다. 그 권위는 마오(毛)를 중양절에 죽게 한 그런 세속적 권위는 아니다. 유물사관에서 사실은 역사가 아니기 때문이다. 역사를 만드는 사실은 곧 미래를 걱정하는 중국 특유의 역사관에서 비롯되고 사마천이 그 중심에 있다. 그러므로 그 "왜곡"이 오히려 진실이고 굽은 것이 곧은 것(曲卽全)이라는 자가당착에 도달하기도 한다. 극한의 현실성과 현실 즉응을 요구하는 전장戰場에서 전해진 말은, 도가의 해석에 따라 전후가 도치된다. 다시 말해, 오히려 병가의 경험이 도가에 영향을 주고 도덕경의 해석을 달리하게 한 경우도 있다. 더욱이 병서에서 이탈하여 성립한 것이 〈도덕경〉이 아닌가 하는 의심이 드는 문장을 여러 곳에서 발견할 수 있다.

전래본 〈도덕경〉 79장 : 전통적 해석, "執左契而不責於人 좌결을 잡은 (채무자처럼 자세를 낮추어) 처신하며 다른 사람을 탓하지 않는다."

백서본 〈도덕경〉 79장, 天道无親 : 통행 해석, "執右契(介/芥)而不責又人 우결을 잡고 있어도 다른 사람을 탓하지 않는다. 재해석, "(성인은) 싸움에 보낸 인간을 토개와 같이 여겨 적(人)을 탓하지 않는다.

죽간 〈손자 13편〉 勢篇 : "故善戰者 求之於執 弗責於民 그러므로 싸움을 잘하는 자는 승리를 세에서 구하지, 싸우는 노예에게 책임을 묻지 않는다."

집좌결이란 오징吳澄의[360] 주注에 "고대에 돈을 빌릴 때 나무에 글로 조

---

360) 오징吳澄(서기 1249 ~ 1333), 字는 幼淸, 남송 말기에 태어나 원조에 출사해 황제의 경연經筵에 나아갔으나 사직하고 초가집에서 가난하게 살며 일생 〈노자〉 〈장자〉의 주에 몰두했다.

각한 것을 둘로 쪼개 표로 삼았다. 우결右契은 채권자가 좌결左契은 채무자가 지녔다."라고 풀이한다. 그러나 이 말은 <사기>에 "右契을 잡고 일을 책망한다. 操右契以責事"문구에서 보듯, 전장에서 좌군의 후퇴와 패전을 탓하는 것이다. 공격은 우군, 방어와 후퇴 지연전은 좌군이 맡아 하고, 전투의 결과에 전진하여 땅을 늘린 장수는 우결을 받고 후퇴하여 지역을 빼앗긴 장수는 좌결을 받았다. 그러므로 "집좌결執左契"을 다시 해석하면, "패배하여 후퇴하는 군대에서 사람을 책망하지 않는다."가 되고, 이는 죽간 손자 13편*(12편) 세편勢篇의 "故善戰者 求之於埶 弗責於民 그러므로 싸움을 잘하는 자는 승리를 세에서 구하지, 싸우는 노예에게 책임을 묻지 않는다."라는 문구와 잘 연결된다. 79장은 병가에서 흔히 일어나는 패전의 결과와 부상자의 치유, 그리고 트라우마를 다루는 문장으로 연변 했다. 백서본 79장의 본래 의도는 하늘은 아무하고도 친하지 않은(天道无親)을 설명하기 위해 지푸라기 인형(土芥)을 등장시킨 것이다. 이후 나무쪼가리인 介는 契로 연오演誤했다. 도덕경 백서본의 우결이 좌결로 바뀌어 전래한 것은 도가에 의한 것이라 볼 수 있다. 도가에서는 좌가 양陽의 자리이고 상위여서 그럴 수 있으나, 오징의 주는 백서본이 발견되기 전이므로 무리한 풀이였다. 이 문구는 다시 <도덕경> 31장을 통해 좌우의 의미가 분명해진다.

"夫(佳)兵者, 不祥之器也。物或惡之, 故有欲(道)者弗居。君子居則貴左, 用兵則貴右, 故兵者非君子之器也；兵者不祥之器也, 不得已而用之, 恬淡為上, 勿美也；若美之, 是樂殺人也。夫樂殺人, 不可以得志於天下矣。是以吉事上左, 喪事上右。是以偏將軍左, 上將軍居右。言以喪禮居之也。殺人眾, 以悲哀泣之。戰勝, 以喪禮處之。무릇 무기란(군대를 멋있게 여기는 것은) 상서롭지 못한 도

구이다. 모두 싫어하니 (공명의) 욕심이 난다 해도 군대에 가지 않는다. 군자는 왼쪽을 귀하게 여겨 자리하고, 군사 운용에서는 오른쪽을 귀히 여긴다. 그러므로 무기는 군자의 도구가 아니다. 무기는 상서롭지 못한 것이니, 부득이한 경우 사용하고 과도히 하지 않는 것이 상책이니, 너무 잘 되어서도 안 되고, 잘 되었다고 하면, 살인을 즐거워하는 것이다. 대저 살인을 즐긴다면 천하에서 뜻을 얻지 못한다. 이로써 길한 일은 왼쪽에 높여두고, 슬픈 일은 오른쪽에 높여둔다. 이로써 편장군은 왼 쪽에 상장군을 오른 쪽에 위치한다. 이는 장례의 위치를 따라 정한 것이니, 사람을 많이 죽여 비애의 눈물을 흘린다. 군대의 陣은 상례의 자리를 따라 정한 것이다."

- 백서본 도덕경 31장 *(전래본)

이는 분명 도가에서 병가를 풍자하고 비꼰 것이다. 그러나 문장의 골격은 병법에서 왔다. 전래본 도덕경은 "夫兵者, 무릇 무기란"을 "夫佳兵者, 무릇 군대를 멋있게 여기는"으로 표현을 바꾸었다. "欲"을 "道"로 바꾼 것도 실수가 아니라 의도적이다. "戰勝"은 싸움에서 이긴 것이 아니라 "군대의 진"을 말하는 병가의 용어이다. 〈예기禮記, 聘義〉에 보이는 "故勇敢強有力者 天下無事則用之於禮義 天下有事則用之於戰勝 그러므로 굳세고 용기 있는 자는 천하가 무사할 때 예의에 쓰고, 천하에 일이 있으면 이를 전투 진용에 쓴다."라는 문구를 정주鄭注에 "승은 때로 진의 뜻으로 쓴다. 勝 或作陳"이라고 풀이하고 있다.

죽간본손자 13편 : "兵之情主數也 전쟁의 상황은 술책(數)에 달려 있다."

전래본손자 13편 : "兵之情主速 전투의 상황을 신속하게 전개하여"

수數가 속速으로 바뀐 것은 정주鄭注에[361] "삭數을 속速으로 읽는다. 數讀爲速"이라고 하여 음이 통가자로 사용되어 뒤에 속速으로 연변한 것으로 이해되나, 이에 따라 〈도덕경〉 5장에 보이는 "多言數窮 말이 많으면 빨리 궁해진다."는 것으로 해석이 와오訛誤되었다. 이 문구는 적이 말이 많으면(多言) 방책이 궁하기 때문(數窮)으로 무경武經의 여러 곳에서 보이는 정보 판단 방법이다. 더구나 백서본 〈도덕경〉에는 "多聞數窮 많이 들으면 수가 막힌다."는 것으로 본래의 의미가 병법에 더 가까웠음을 알 수 있다. 전래한 〈도덕경〉은 "말이 많은 것은 헤아림이 궁하다." 또는 "너무 많이 알면 헤아림이 막힌다."로 노자의 파라독스가 섞여 들었다. 계속해서 도덕경 4, 5장의 왕필 주에서 그가 병서를 읽지 않아 생긴 중대한 착오를 보게 된다.

백서본 〈도덕경〉 4장 : "道盅(沖) 而用之又弗盈也 淵呵 似萬物之宗 挫其銳 解其紛 和其光 同其塵 湛呵似或存 吾不知其誰之子也 象帝之先 도는 비어 있지만 작용하니, 차지 않는 듯하다. 깊으면서 고요하니 만물의 근본인 듯하다. 날카로움을 꺾고 분란을 풀어주며, 빛을 부드럽게 하고 더러움과도 섞인다. 깊어 안 보이나 맑게 존재하는 듯하다. 그러나 나는 그것이 누가 낳은 것인지 모르니, 帝보다 앞서 있는 듯 보인다."

왕필주 : "夫執一家之量者, 不能全家, 執一國之量者, 不能成國, 窮力擧重, 不能爲用. 한 집안을 다스릴 수 있는 역량만 있는 자는 그 집안을 온전히 다스릴 수

---

361) 〈예기(禮記, 曾子問)〉의 "그치는 것이 늦는지 빠른지 알지 못한다. 不知其已之遲數."라는 문구에서 鄭注는 數를 速으로 하여 국내에서는 "삭"으로 읽는다.

는 없다. 한 나라를 다스릴 수 있는 역량만 있는 자는 그 나라를 온전히 이룩할

수도 없다. 있는 힘을 다해야 무거운 것을 든다는 것은 결코 쓰임이 될 수가 없

다.(부분)"

위는 道의 공용‧空用에 관한 유명한 문장(道用)으로 후세에 많은 사람이 애독한 부분이다. 도는 절대 채워지지 않고 채워져서도 안 된다. 완전함이란 두려운 것이어서 어딘지 모자람을 동반해야 했다. 비어있는 물 그릇(盅 백서본)에서 물이 흘러넘치는(沖 전래본) 것으로 연변 한 것은 도의 모습을 좀 더 동태적으로 파악한 위×진 이후이니 도는 움직여 살아있지 않으면 안 되었다. "挫其銳 解其紛 和其光 同其塵"은 모두 병법에서 온 문구들이다. 적의 날카로움을 무디게 하거나 또는 오래 진을 치어 병력의 예기가 꺾이는 것과, 공격진인 원진으로 말을 달려 먼지가 분분한 모습에서 관용적으로 쓰인 말들이다. 특히 장장본 5편 和同은 군 부대 내의 서로 다른 모습과 생각을 일치시키는 단결의 뜻으로 쓰였다. 왕필이 백서본의 위 문장과 똑같은 글을 보고 주한 것인지는 의심이 간다. 그의 註는 無의 공용성이 아니라 완전함의 피로감을 걱정하는 것이기 때문이다. 더구나 "窮力擧重, 不能爲用"을 "있는 힘을 다해야 무거운 것을 든다는 것은 결코 쓰임이 될 수가 없다."는 것으로 풀이하는 것은 도무지 요령부득하다. 어찌 보면 충분한 여유를 가져야 쓰임이 될 수 있다는 평이한 해석일 수 있다. 그러나 이 구절은 병법에서는 "중지重地에서 일어나려 힘을 다하지만, 소용에 닿지 않는다."로 원만히 해석된다. 중지는 우군의 영향에서 멀리 떨어진 적진 깊숙한 곳이어서 늘 재보급(重)을 걱정해야 하는 九地의 하나이다. 그래서 손자 13편 九地篇에서는 "重地則掠, 중지에서는 약탈하라"라는 구절이 등장한다.

"重"은 고문古文에는 대체로 멀리 떨어져 있는 곳으로 계속 무엇을 가해서 쌓는 의미였다. 그러므로 거듭되는 보급이 필요한 지역을 중지重地라했다. 원래 자형은 갑골에는 마차에 거듭 싣는 것이었으나 서주 시대 금문에는 노예가 운반하는 등짐을 상형화했다. 한대 이후에 중은 관심 지역, 그래서 귀한 곳, 중요한 곳으로 의미가 바뀐다. 더불어 무겁다는 뜻으로 輕의 반대 의미로 쓰인다. 경은 마차에 가  벼운 짐을 싣고 쉽게 도달하는 국경의 가까운 곳을 말해 경지輕地는 병력이 깊이 들어가지 않은 보급이 원활한 국경 지대를 의미했다. 왕필이 본래의 의미를 모르고 "무거운 것"으로 사용했을까? 이 점은 미궁이다. 병법 일반에는 전후 협상이나 작전 계획에 전쟁 목표의 반을 얻으려면 전부를 요구하라는 말이 있다. 이런 생각은 완전함이란 처음부터 없다는 도가 사상에 영향을 주었다. 전투에서 적을 완전히 섬멸하는 잔인무도한 일들을 수없이 경험하면서 깨달은 것이다. 그러나 때로는 이런 현상이 일어나는 것을 자연의 악의적 섭리로 그리기도 한다.

백서본 〈도덕경〉 5장: "天地不仁 以萬物為芻狗 ; 聖人不仁 以百姓為芻狗 天地之間 其猶橐籥輿 虛而不屈 動而愈出 多聞數窮 不若守於中 천지는 어질지 않아 만물을 지푸라기로 만든 개처럼 여긴다; 성인도 인자하지 않아 백성을 지푸라기 개처럼 여긴다. 이 세상천지는 풀무나 피리 같은 것으로 비우면 오그라들지 않고, 움직일수록 바람이 나온다. 많이 알면 헤아림이 막히니 중간을 지켜 머뭇거림만 못하다.

왕필주: "天地任自然 無為無造 萬物自相治理 故不仁也 仁者必造立施化 有恩有

為 造立施化則物失其真 有恩有為 列物不具存 物不具存 則不足以備載矣 地不
為獸生芻 而獸食芻；不為人生狗 而人食狗 無為於萬物而萬物各適其所用 則莫
不贍矣 若慧由己樹 未足任也 聖人與天地合其德 以百姓比芻狗也 橐 排橐也 籥
樂籥也 橐籥之中 空洞無情 無為故虛 而不得窮 屈動而不可竭盡也 天地之中 蕩
然任自然 故不可得而窮 猶若橐籥也 愈為之則愈失之矣 物樹其惡 事錯其言 不
濟不言 不理必窮之數也 橐籥而守數中 則無窮盡 棄己任物 則莫不理 若橐籥有
意於為聲也 則不足以共吹者之求也. 천지가 저절로 그러함에 아무것도 만들지
않고 행위를 하지 않았다. 만물이 저절로 다스려졌기에 不仁(사람과 공감하지
않는) 것이다. 仁으로 필히 만들어 베풀고 감화하려 한다면, 행위로 은혜가 생기
고, 조작하여 세운 만물은 그 참됨을 잃게 되어, 사물은 동시에 나열되어 존재하
지 못하고, 같이 존재치 못하면 서로 대비하여 보듬지 못하게 된다. 땅은 짐승을
위해 풀을 자라게 하지 않지만, 짐승은 풀을 먹고; 사람을 위해 개가 생긴 것이
아니나, 사람은 개를 먹는다. 만물은 무위로 만물 각자가 그 쓰임에 맞게 되고,
넉넉하지 않음이 없다. 만약 인위적으로 꾀를 내어 나무를 심어도 충분치 않은
것은 이 때문이다. 성인은 이처럼 천지의 덕과 부합하니 백성을 지푸라기 개로
본다. 탁橐은 풀무의 바람 주머니이다. 약籥은 음악 하는 피리이다. 풀무와 피
리 가운데골과 구멍이 있는 것은 그 가운데가 비어 감정이 없고 무위로 공허하
여 끝이 없으니 오그라들고 펴지는 움직임에 다함이 없다. 천지 가운데, 자연은
광대하여 막힘이 없고 마치 풀무와 피리 같다. 술수를 더 부리면 그 술수를 잃게
된다. 사물들은 이런 행위를 싫어하여 말과 일이 어긋나도 그를 바로잡으려 하
지 않는다. 이치에 맞지 않아 궁한 꾀를 낸 것이다. 풀무와 피리처럼 수(본성)를
지키는 가운데, 자기를 버리고 사물에 맞으면 궁하여 다하는 일이 없다. 만약 풀
무와 피리가 의도된 행위로 소리를 낸다면, 같이 불어 줄 자를 구해도 만족스럽

지 않다."

　"不若守於中"은 병법에서 군사력의 중요 지점과 중심重心을 지키지 않고 밖으로 나아가 먼 곳을 공격할 때 쓰는 말이다. 중심이란 종묘사직이나 이익이 모여있는 곳이다. 4장의 문맥이 맞지 않는 왕필 주의 "窮力擧重, 不能爲用"은 미스테리하게도 이 문구와 맥이 닿는다. 중심(COG, Center of Gravity)은 물이 모이는 메타포가 있다. 군사 운용의 중요한 사상 "병형상수兵形象水"를 이해하는 연결점이다. 그런데 인간은 정말 "지푸라기"처럼 하찮은 것일까? "不仁"은 어질지 않다는 것보다 여기에서는 "공감하지 않는다"는 의미가 강하다. 그 중심이 천지나 성인에 있지 않고 인간에 있다. 약육강식의 잔인한 자연계에서 인간을 소외시키고 인식이 서로 공감함을 식별하게 하는 위대한 문장이다. 인간은 내던져져 궁지에 서 있는 실존적 존재이다. 성인은 지푸라기 같은 백성을 전장에 보내고 풀무 속에 넣어 태워버린다. 위 문구들은 모두 욕망으로 인한 군사적 실책을 도가의 언어로 다시 표현 했다. 손자 13편 구지편과 장장본 35편 인봉麟鳳, 그리고 이에 해당하는 죽간 병실兵失과 장덕將德에 "지푸라기 인형"의 운명이 그려져 있다.

　……赤子, 愛之若狡童, 敬之若嚴師, 用之若土芥, ……(장수가 병사를 대할 때) 갓난아이를 바라보듯이, 버릇없는 아이를 사랑하듯이 (하다가도) 엄한 스승처럼 존경하게 하고, 전투에 씀에 토개土芥처럼 한다.

　　　　　　　　　　　　　　- 장장본 〈將德〉 해당 죽간(齊安城簡)

　〈도덕경〉 55장에도 적자赤子는 덕을 두텁게 체득하고 있는 사람이다.

(合德之厚) 그러나 어린아이같이 원초적 욕망에 인간을 가지고 놀던 장난감 인형처럼 버리기도 한다. 장수가 덕이 두터울 때도 이와 같으니 손자 13편 地形篇에는 이리하여 같이 따라 죽을 수 있는 자식으로 병사를 몰아간다.

> "視卒如嬰兒, 故可與之赴 深谿; 視卒如愛子, 故可與之俱死 휘하 병사 보기를 어린아이같이 한다. 그러면 함께 깊은 골짜기도 갈 수 있을 것이다; 휘하 병사 보기를 사랑하는 자식같이 한다. 그러면 함께 죽을 수 있을 것이다."
>
> ─ 손자 13편 전래본, 지형편

 죽간 손자 12편에는 "지형편"이 없으므로 아마도 위 문구는 삼국 시대나 위×진 이후에 만들어졌을 것이다. 장장본과 도덕경이 합쳐진 듯한 사색의 연류가 어디에서 시작했는지는 알 수 없으나, 어린아이와 죽음의 문제를 왜곡했다. 이것은 텍스트를 단장취의斷章取意하여 병가에서 도가로 그리고 다시 병가로 환원하는 과정을 보여준다.

> 백서본 〈도덕경〉 8장: 上善似水 水善利萬物而有靜 ; 居衆人之所惡 故几于道 矣 居善地 心善淵 予善信 政善治 事善能 動善時 夫唯不爭 故無尤。최고의 선은 물과 같다. 물은 만물에 혜택을 주며 (그 공을 자랑하지 않고) 고요히 있다. 남들이 싫어하는 자리에 거한다. 그러므로 도에 가깝다. 땅에 바르게 자리 잡고 그 중심은 깊어진다. 사귐은 믿음으로 하고, 다스림은 올바르면 좋다. 일은 유능한 것이 좋고 움직임은 때에 맞아야 좋다. (이처럼 물은) 다투지 않아 허물이 없다.
> 전래본 〈도덕경〉 8장: 上善若水 水善利萬物而不爭 ; 居衆人之所惡 故幾于道 居善地 心善淵 與善仁 言善信 政善治 事善能 動善時 夫唯不爭 故無尤。최고의

선은 물과 같다. 물은 만물에 혜택을 주며 남과 지위를 다투지 않는다. 남들이 싫어하는 (낮은) 자리에 거한다. 그러므로 도에 가깝다. 땅에 바르게 자리 잡고 그 중심은 깊어진다. 사귀는 것은 어진 사람이 좋고, 말은 신의 있는 것이 좋고, 다스림은 올바르면 좋다. 일은 유능한 것이 좋고, 움직임은 때에 맞아야 좋다. (이처럼 물은) 다투지 않아 허물이 없다.

손자 12편 죽간본 : 夫兵刑象水 水行, 辟高而走下; 兵勝, 辟實擊虛. 故水因地而制行 兵因敵而制勝

손자 13편 전래본 : 夫兵形象水 水之形, 避高而趨下; 兵之形, 避實而擊虛. 水因地而制流, 兵因敵而制勝

무릇 군사 운용의 모습은 물과 같으니, 물의 운행이 높은 곳을 피해 낮은 곳으로 흐르듯, 군진을 편성함에 적의 실한 곳을 피해 허한 곳을 치는 것이다. 그러므로 물은 땅의 형태에 따라 흐름을 바꾸니, 군사 운용도 필적匹敵하는 적에 따라 군진을 바꾸어 간다.

- 손자 13편 實虛篇

다투지 않는 "不爭의 사상"이 군사로 옮겨감에 물은 병가와 도가 각자의 편리한 모습을 취하고 있다. 물은 겸손한 듯 교활하고, 고요한 듯 폭력적이다. 양보하면서 빼앗고, 저지대를 차지하여 높은 곳을 고립시킨다. 도가의 민중화에 큰 공헌을 한 문구이다. 거대한 두 개의 강에서 물은 싸우지 않는 不爭으로 표현되고 백서본은 고요히 적서나가는 "有靜"으로 표기되어 더 아름답다. 노자는 물의 관찰을 뤄양의 도서관 우물에서 했겠지만, 손무는 하류에서 높아진 해수면을 타고 쳐들어온 오월 연합군의 기세에서 보았다, 노자의 물은 고요히 낮은 곳으로 고이고, 손자의 물은 격랑 하며 땅을 침식한다. 노자는 황하의 상류에서 맑은 지류들이 합하는 조화의 소리를 듣고, 손자는 황하 하류에서 홍수로 물길이 바뀌는 성난 소용돌이를 듣는다. 그런데 하류에 있는 제나라의 장사꾼이며 공자의 제자인 자공子貢은 위의 말을 도가의 잠꼬대 같이 여기며 일갈한다.

> "子貢曰 '紂之不善 不如是之甚也 是以君子惡居下流 天下之惡皆歸焉.' 자공이 말했다. '주왕의 선하지 못한 점이 그 정도로 심한 것은 아니었다. 그렇기에 군자는 하류에 머무는 것을 싫어하니, 세상의 악한 것들은 모두 그리로 몰려가기 때문이다."
>
> - 〈논어〉 자장

유가와 도가가 물을 보는 관점은 流의 해석에서 달라진다. 망령되이 흘러가 버려 돌아오지 않는 流와 다투지 않고 낮은 곳으로 흐르는 流가 있다. 그런데 사마천은 자공이 양자강 하류의 오월과 황하 하류의 제나라에서 눈부신 외교 활동을 했다고 〈사기〉 중니제자열전에 쓰고 있다. 유로流路는 항상 변하는 것이어서 모든 惡의 귀환 통로는 다양하다. 자공의 말은 하류에서 일어난 "병법"의 근본적 성격을 지적하기도 한다. 그러므로 고귀한 인간은 병법을 입에 올리지 말아야 했다. 그러나 도가의 통합성은 惡을 수용한다. 악은 근거를 경험하는 "중간항中間項"이기 때문이다. 이것이 초월을 향한 길목에 있음은 당연하고 어쩔 수 없다. 모순 관계에서의 초월은 적당히 존재하는 중간항 때문이다. 하류는 폭이 넓어 강을 건너기 어렵다. 반대가 극대화된 전쟁에서 도가는 병법이라는 중간항에서 초월과 귀환 그리고 반전反戰의 역수에 도달한다.

백서본 〈도덕경〉 69장: 用兵有言曰 吾不敢爲主而爲客 吾不敢進寸而退尺 是
謂行無行(形) 攘無臂 執無兵 乃無敵矣 禍莫大於無敵 無敵近亡吾寶矣 故稱兵相
若則哀者勝矣 용병에 있는 말에 이르길, '나는 감히 주(방자)가 되지 않고 객(공
자)가 되겠다. 나는 감히 한 자를 후퇴하려고 한 촌을 나아가지 않는다.' 이를 일
러 (군을) 형세 없이 운용하는 것이고, 없는 팔을 걷어붙이는 것이고, 안 보이는
무기를 잡는 것이다. 적이 없다고 보는것 보다 더 큰 화는 없다. 적이 가까이 없
으면 자신의 소중한 것을 잃게 되니, 그러므로 양측의 군대를 비교하면, 슬퍼하
는 쪽이 이긴다.

전래본 〈도덕경〉 69장: 用兵有言 吾不敢爲主而爲客 不敢進寸而退尺 是謂行
無行 攘無臂 扔無敵 執無兵 禍莫大於輕敵 輕敵幾喪吾寶 故抗兵相加 哀者勝矣
용병에 이런 말이 있다. '나는 감히 주(방자)가 되지 않고 객(공자)가 되겠다. 감
히 한 자를 후퇴하려고 한 촌을 나아가지 않을 것이다.' 이를 일러 (군대를) 움직
이지 않으며 움직인다는 것이고, 없는 적을 꺾으려고 없는 팔을 걷어붙이는 것
이고, 안 보이는 무기를 잡는 것이다. 적을 가볍게 보는 것처럼 더 큰 화는 없다.
적을 가벼이 보면 자신의 소중한 것을 이미 잃게 되니, 그러므로 무기를 들어 서
로 싸우게 되면, 슬퍼하는 쪽이 이긴다.

　위 문장에서 도덕경의 독자들은 해석의 어지러움을 느낀다. 용병의 문구
가 아니라 전쟁을 냉소한 것이다. 방어하지 않고 공격하겠다는 것은 노자
적이지 않다. 문장은 상징적이고 파라독스로 가득하다. 특히 객주의 해석
에서 왕필은 용병의 지식이 없음을 드러내고 있다. 그러나 그가 객주客主의
의미를 몰랐거나, 백서본을 저본으로 읽지 않았다는 것은 아니다. 위 문구
에 왕필은 "저항 의사를 보이지 않아, 적의 의도대로 다가와 머물지 못하게

함 無有與之抗也, 彼遂不止"으로 주를 달았다. 그러나 행을 "진을 치는 것으로 行, 謂行陳也"으로 해석한 것은 "행무행行無行"이 앞서 기술한 "兵刑象水 水行(形)"에서 보듯이 형세를 적에게 보이지 않는다는 "行無形"이라는 병법 용어를 이해하지 못했기 때문이다. 무형無形으로 적의 형세를 보는 것은 손자 12편 죽간본에 기묘한 도가적 형태로 기술되어 있다.

죽간본 〈손자 12편〉: 形人而無形, 則我槫而適分 적의 형세를 보이게 하되 무

형으로 보아, 아군을 뭉치게 하고 적은 분산시킨다.

전래본 〈손자 13편〉: 形人而我無形, 則我專而敵分 적의 형세는 보이게 하고

아군의 형세는 무형으로 하면, 아군은 뭉치고 적은 분산된다.

- 13편 실허편

손자병법이 어딘지 도덕경의 용어와 가깝고, 오히려 더 먼저 성립되었다고 느끼게 하는 위 문구는 "무형無形"을 탄생시킨 배경이 꼭 도가의 사색에 의한 것이 아니라는 의심을 하게 한다. 공자는 〈주역〉의 계사전繫辭傳을 쓰면서 유형, 무형으로 하지 않고 형이상形而上, 형이하形而下로 하여, 본래 道와 器가 하나인 것이 분리되지 않도록 배려했다. 그러므로 무형을 공허로 보는 것은 착오이며, 도가 유리한 형세를 만든다는 논리가 성립된다. 장장본 45편 기정奇正을 보면 "형으로써 형에 대응함이 정이요; 형이 없어 형을 만들어 가는 것이 기이다(形以應形, 正也; 無形而制形, 奇也)"라고 하여 무형이 전장을 관찰한 사색에서 온 것임을 말하고 있다. 심오한 군사적 사색을 태동시킨 장장본의 奇正은 은작산 발굴 죽간과 문장이 거의 일치하여 장장본이 위서라는 중국 손자학회를 당황케 했다. 결국 중국 손자학회는 슬그머니 이른바 "손빈병법"을 재편집했는데, 1985년 9월에 발표한 정황간

개에는 "기정편"이 속한 하편 15편을 모두 삭제한다. 이 무슨 해괴한 장난인가! 이제 도덕경의 위대한 첫 장의 문장을 병법으로 해석해 보자.

> "道可道 非常(恒)道 名可名 非常(恒)名
>
> 군사 운용의 도라 하는 것은 항상 똑같은 것이 아니며,
>
> 이름있는 군대는 항상 그 명성을 유지할 수 있는 것이 아니다."

　사람의 참된 모습은 약고 똑똑한 태도에서 나오지 않고, 전쟁의 모습도 승리가 다가 아니었다. 대도를 坦坦이 거닌다고 도인이 아니고, 잔도를 두려움으로 머뭇거리며 건넌다고 하급 인간이 아니었다. 어눌하게 말한다고 참됨이 없는 것이 아니고, 잘 쓰인 병법은 세상을 어지럽혔다. 노예로 끌려온 전민戰民에게 실존의 문제는 죽지 않는 것이었다. 왕과 대신들이 거창한 부국강병을 말할 때 손무는 고개를 돌렸다. 그 후, 슬프게도 요사스러운 신귀神鬼는 대도大道로 버젓이 다녔고, 통천通天한 도인은 그믐밤 길을 더듬으며 잔도栈道를 건넜다.

부록
|||||||||||||||||||||

1. 〈손자병법〉 문서 가설도

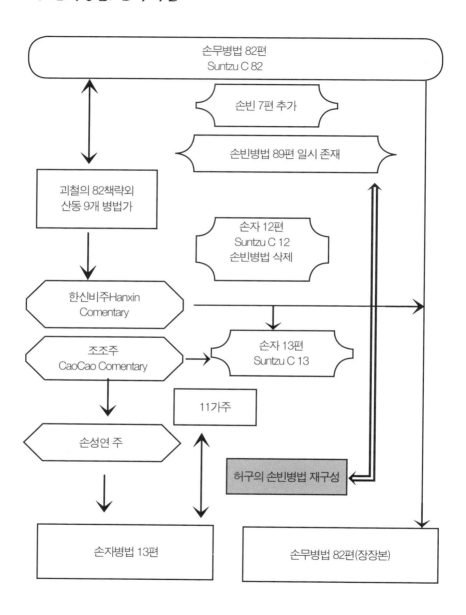

2. 장장본 초본발문抄本跋文

원문	번역

<孫武兵法>者, 乃春秋 "兵聖" 孫武所撰. 孫子武者, 齊人, 姓田, 名開, 字子疆, 乃陳無宇長子也. <甲山北灣孫氏宗譜序> 雲: "開, 字子疆, 謚武子. 齊大夫, 食采樂安. 適吳, 更姓孫, 為吳將. 著武經八十二篇. 生子明 明, 字景浩. 以父功食採於富春, 是為富春孫氏. 生子沂, 沂生子臏. 臏, 字嘉謀, 仕魏為將軍. 後仕齊為軍師. 生字勝." <泗安孫氏家乘· 孫氏族譜序> 亦云: "開, 字長卿, 為齊大夫, 食採於樂安. 是時, 因僖子乞與鮑牧等圖危社稷, 武子遂奔吳, 更姓孫, 以兵法十三篇幹吳王, 用以為將,"

伍圓薦之於吳王闔閭, 遂以為客卿. "西破強楚, 入郢, 北威齊晉, 顯名諸侯, 孫子與有力焉." <史記·孫子吳起列傳> 後功成身退, 隱居景林(今金庭), 修著兵法. 東漢班固<漢書>之<藝文志>於 "兵權謀十三家" 中著錄: "<吳孫子兵法>八十二篇, 圖九卷." <東方朔傳>雲: "十九學<孫>, <吳>兵法, 戰陣之具, 鉦鼓之教, 亦誦二十二萬言." 由此觀之, <孫武兵法> 實非傳世本之十三篇也.
餘以為, 去其法而立大則, 神貫終

<손자병법>이란 춘추이래 "병성"으로 (추앙된) 손무가 지었다. 손자는 무인武人으로 齊나라 사람이고 성은 전田, 이름은 개開, 자는 자강子疆이며 진무우陳無宇의 장자이다. <갑산 북만 손 씨 족보의 서문>에 말하길, "개는 자가 자강, 시호는 무자이다. 제나라 대부였고 낙안에서(1) 나물을 캐 먹으로 청빈하게 살았다. 오나라로 망명해서는 성을 손孫으로 바꾸었다. 오나라 장수가 되어서는 무경 82편을 지었다. 자식에는 명이 있고 명은 자가 경호이다. 부춘에서(2) 역시 아버지를 따라 나물을 캐며 살았다. 이로써 부춘 손 씨를 이루었다. 그의 아들은 기인데 그 기의 아들이 빈이다. 빈은 자가 가모嘉謀이고 위나라의 장군이 되고 후에 위나라의 군사가 되었다. 승이라는 아들을 낳았다." <사안 손 씨 가승 손 씨 족보의 서문>에는 역시 말하길, "개는 자가 장경이고, 제의 대부로 낙안에서 나물을 캐며 살았다. 그 무렵 田乞과 鮑牧의 정변으로(3) 무자는 오나라로 도망쳤다. 성을 손 씨로 바꾸고 병법 13편을 지어 오왕에게 바쳐 장수가 되었다.

오자서는 그를 오왕 합려에게 천거했다. 이어서 그는 오왕의 빈객 신하가 되었다. "서쪽으로 강국인 초나라를 무너뜨리고 그 수도 영에 입성했다. 북으로는 제와 진을 위협했고 제후 간에 이름을 날렸다. 손자는 오나라의 유력한 사람이었다. <사기, 오자 오기열전>에는 공을 이룬 후 몸을 숨겨 경림에(4) 은거했다. 병법을 지었으니 동한의 반고 <한서, 예문지>에는 "군사 권모에 능한 13가 가운데 그의 저서는 <오손자병법 82편과 도록 9권"라 기록되어 있다. <동방삭전>에는, "19 學 손오병법은 전투 진영의 도구이

始, 正則要法, 此<孫子>之長也 ; 盡
其法而圓大則, 法則終始, 至神至精,
此<孫武>之妙也.

며, 북과 징으로 군의 통수를 가르치는데,
2십 2만 자로 쓰여있다."라고 말한다. 이런
런 연유로 보건대, <손무병법>은 실로
세상에 전해진 13편은 아니다. 이에 덧붙
이면, 큰 원칙을 세워 여러 방법은 없애
고, 시종일관 신묘하여 원칙 바르게 방법
을 요약했다. 이것이 <손자>의 장점이
라면, 사소한 방법을 없애 원만한 대원칙
을 세워 병법이 시종 같고, 정예롭고 신묘
한 것은, 그것은 <손무>의 묘수이다.

一言一蔽之, 本立不一而同也. 此張
藏周書漢簡抄本<孫武兵法>, 乃經
張良, 韓信, 楊樸, 任宏, 劉向, 劉歆等
人序次, 捃摭, 校理而成, 共一十四
萬一千七百零九字, 實乃一部罕見之
大型古兵書

일언이폐지하고, 이 책은 모두 같은 하나
가 아니다. 이 장장주서 한간 초본 <손자
병법>은 장량, 한신, 양복, 임굉, 유향, 유
흠 등에 의해 정리되어 손을 탔으며, 서로
교감하여 만들어졌다. 모두 141,709자이
며, 실로 드물게 보이는 대형 고대 병서라
할 수 있다.

然有學者以為此書乃今人偽託之作,
為典型之學術造假, 實大謬大誤也.
張本内涵, 兵之精通, 理之深刻, 思
之嚴密, 辭之精美, 非大賢大智不可
為之也, 況於數万言哉?! 由此觀之,
其書可寶也. 重慶 吳松霖 記於○五
年十一月 修訂於○八年七月

그런 연유에서 강단 학자들은 이 서적이
현 시대인이 조작한 위서라고 하는데, 이
는 진정 권력형 학술 날조의 전형이며 실
로 큰 오류라 아니할 수 없다. 장장본 내
부에 함의성은 군사학 정신에 통달하고,
이치는 심각하며, 생각은 엄밀하고, 문장
은 정교하고 아름다워 현명하고 지혜롭
지 못하면 이를 이해할 수 없다. 어찌 수
없이 많은 말이 필요하겠나! 이런 이유로
보건대, 이 책은 진정 보물이다. 중경에
서 오송림
2005년 11월 쓰고, 2008년 7월 다시 수정
하다.

역자주

1. 낙안樂安 : 제나라 수도 임치의 한 구역으로 지금의 산동성 濱州市 동부와 淄博市 서북부 지
역이다. 서한 말까지는 지역의 이름이 정하여지지 않고 동한 화제和帝 때 樂安國의 이름을 얻
었다. 손자 생존 시의 지명은 千乘縣으로 縣治所在地는 唐坊鎭孫家集村南에 있었다.

2. 부춘富春 : 秦王 26년(기원전 221년) 현으로 설치되었다. 현 杭州市 富陽區이다. 삼국시대 동
오의 손견, 손책, 손권의 출신 지역이며 富春孫氏로 불리지만 손빈의 후손인지는 증명되지 않

고 있다. 1995년 말 吳縣 衡山島에서 발견한 <갑산북만손씨종보서 甲山北灣孫氏宗譜序>의 기록은 : "開, 字子彊, 諡武子. 齊大夫. 食采樂安. 適吳, 更姓孫, 爲吳將. 著武經八十二篇. 生子明 明, 字景浩. 以父功食採於富春, 是爲富春孫氏. 生子沂, 沂生子臏. 臏, 字嘉謀, 仕魏爲將軍. 後仕齊爲軍師. 生字勝."이고, <사안 손 씨 가승 손 씨 족보서 泗安孫氏家乘 · 孫氏族譜序>에 역시 : "開, 字長卿, 爲齊大夫, 食採於樂安."로 기록했다. 여기서 대략 손무(기원전 544~470, 496?)의 정체성 틀거지가 그려지나, 이 책의 논지와는 다르다. 그가 "8년간 장군 오자서를 도와 오나라 왕 합려에게 복무하며 吳楚 전쟁에서 승리(助吳稱霸)"했지만, 전쟁의 환멸과 후회가 보인다. 그가 그 전투에 참여했는지는 앞에 기술했듯이 의문이다. "기원전 515년 손무는 오 왕 요僚를 시해하고 왕위에 오른 합려闔閭의 초청으로 군사軍師가 되고, 군대의 사용을 신중히 할 것을 건의한다." 이것은 모두 한 나라 이후 사관들의 역사 공정으로 써진 이야기(Pseudohistoria)이다. "기원전 506년 초가 오와 사이에 있는 오의 보호국 채蔡를 공격 점령하자 이를 빌미로 합려闔閭는 오자서伍子胥를 장군으로 병력 3만을 동원하여 기습 공격 초楚의 도읍인 영郢(지금의 후베이 성 장링 현)을 점령했다." 역시 중국 남부가 중화권에 포함되며 부각된 사료를 근거로 한다. 추정하건대 기원전 496년 합려가 더 이상 "손무의 충고를 듣지 않고" 전쟁을 일삼자 손무는 역사의 무대에서 사라진다. 손무가 죽은 연대는 정확하지 않다. 496년 이후의 활동은 안 보이나, 기원전 482년 합려의 아들 부차가 황지(黃池:지금의 허난성河南省 펑추현封邱縣)에서 제후들과 회맹會盟하여 패자가 될 무렵 손무는 경림에 있었다는 정황이 있다. 손무의 생애를 재조정하여, 그가 기원전 484년 애릉의 전투 이후 노예가 되었다면, 앞의 이야기는 모두 허위가 된다.

3. 因僖子乞與鮑牧等圖危社稷 : 鮑牧의 정변

4. 경림景林 : 현 江苏省苏州市吴中区金庭路 주변, 태호 내 서산도에 있다

3. 장씨가전수초본張氏家傳手抄本 원본 및 해석

출처	원문	번역

1편 缺文 2편 缺文 3편 缺文 4편 缺文

5편 和同
天下萬物之興，而能興之道，和也。天下萬生之興，而能興之道，同也。故能富國安民而興天下者，善知和同之道也。國之情者，在內根也。內根者，民也、臣也、君也。若欲知國之情善者，內根和同也。和天地之道，重九疇麟鳳，同萬民之利而從國，親聰明之政，不作亡國之舉，以為百姓而善益者也，此君之之正道也

천하 만물이 흥하고 능히 흥하는 방법은 화합에 있다. 천하의 모든 생명이 흥하고 또한 능히 흥하는 방법은 단결에 있다. 그러므로 능히 부국 안민으로 천하가 흥하려면 조화롭게 단결하는 방도를 잘 알아야 한다. 나라의 정세는 그 내부 근본에 있으니 내부의 근본이란, 백성, 신하. 군주이다. 만약 나라의 정세를 알고자 하면 그 내부 근본의 화합과 단결을 보아야 한다. 천지의 조화로운 道는 온 세상의 인재를 중히 쓰고, 나라를 온 백성의 이익과 같이하여 따르게 하면 백성과 친밀한 슬기로운 정치로 망국적 작태를 하지 않게 되어 이로써 백성의 이익이 최선이 되면 이것이 군주의 바른 도이다.

장장장본

和君之之善應，盡臣之之忠節，同民之之利而從事，勤聰明之智，不作貪覬之舉，以為國之而善富者也，此臣之之正道也。和陰陽之道，應四時之順，同贊恪丼而納畝稅工，作聰明之民，不作越刑之舉，以與上同意者也。此民之之正道。故知內根其道者，國富而民强。一朝有舉，內根和同，上下從事，戮力弗詭。民可與之生，可與之死，而不畏危也。

군주가 화합하여 바르게 응하고 신하가 충절을 다하여 백성의 이익에 맞추어 봉사하고, 슬기롭고 근면하고 지혜로와 탐학을 꾀하지 않으면 이로써 나라는 부유해지니 이것이 신하의 바른 도이다. 음양의 도와 화합하고, 사시에 순하게 응하여 각 고을의 세금을 공평히 하고 백성을 슬기롭게 가르치면 형벌을 받을 죄를 짓지 않아 이로써 위아래가 뜻을 같이하게 된다. 이것이 백성의 바른 도이다. 그러므로 내부 근본의 도를 아는 것으로 백성은 강하고 나라는 부유해진다. 하루아침 사변이 생겨도 내부 근본이 화합 단결해 있다면 위아래가 일에 종사함에 힘을 합치고 거짓이 없다. 백성은 가히 죽든 살든 위험한 일도 두려워하지 않게 된다.

兵之情者, 在內根也. 內根者 : 卒也, 將也, 主也 若欲知兵之情善

군대의 사정도 내부 근본에 있다. 내부 근본이란, 병사와 장수와 임금이다. 만

者, 弩矢其發也. 矢者, 卒也 ; 弩者, 將也 ; 發者, 主也 矢, 金在前, 羽在後, 故犀而善走. 若治卒則前重而後輕, 戰之辯者也. 前重後輕以爲之擊勢在者也 ;

약 군대 내부의 사정을 잘 알려고 한다면, 활과 화살과 그 발사로 알 수 있다. 화살은 병사이고 활은 장수이며 궁수는 임금이다. 화살은 금속이 앞에 깃털이 뒤에 있다. 그러므로 날카롭게 능히 잘 나아간다. 만약 병력 운용을 앞에 집중하고 후방을 가볍게 한 것을 (책사가)(1) 판단하여 말한다면, 앞에 집중하고 후방을 가볍게 한 것은 공세적 운용을 하기 위함이다 ;

若趣之敵則不聽者, 主治卒發矢也 ; 若趣之敵則聽者, 主治卒不發矢也. 弩張, 柄不正, 偏强偏弱而不知, 偏上偏下而不中, 偏左偏右而不同, 其兩浹[夾]之送矢也不一, 矢雖輕重得而前後敵, 猶不中招也. 所以不中招者, 不知戮力和同以量也. 此將之過也, 將之用心不合於發, 亦不同於矢者也.

만약 적정을 모르면 임금이 병사에게 (권한을 주어) 화살을 발사시키나 ; 적정을 알면 (권한을 주지 않고) 임금이 (현장의) 병사에게 화살을 발사케 하지 않는다. 활을 당겨, 활자루가 바르지 않으면, 강약의 치우침을 모르기 때문이다. 상하로 치우쳐 중심을 모르고, 좌우로 치우쳐 (조준이 같지) 않고, (지형의) 고저가 평탄치 않으면 (표적과) 일치하지 않는다. 화살은 결국 경중에 따라 명중치 못하고 적의 전후에 떨어진다. 명중치 않은 연유는 화합과 단결이 주는 살생 역량을 모르기 때문이다. 이는 장수의 과오로, 활을 발사시 그가 주의해야 할 것과 부합하지 않았기 때문이고 또한 화살과 일체가 되지 않았기 때문이다.

發者, 主也. 主者, 元事者也. 弩張柄正, 强弱和而上下左右同, 其送矢也一, 矢雖輕重得, 然前後不敵, 發之不權也, 猶不勝敵也. 矢輕重得, 前後敵, 弩張柄正而上下左右同, 其送矢也一, 發者非也, 猶不中招也. 所以不中招者, 强弱不和力也.

활을 발사하는 주체처럼 일을 도모하는 것은 임금이다. 임금은 일의 주모자이다. 활이 긴장되어 활자루가 바르면 상하좌우가 같아 강약이 조화를 이룬다. 이런 것으로 한 번 화살을 날리면, 화살이 가볍고 무거워 당연히 적의 전후에 닿지 않아 쏘는 사람이 주도권을 못 얻고 결국 적을 이기지 못한다. 화살이 무겁고 가벼워 적을 벗어나 전후에 닿은 건, 활이 긴장되어 활자루가 바르고 상하좌우가 같았어도, 화살을 한 번 쏘아 발사자가 바르지 않으면 명중하지 못한다. 명중치 못한 연유는 그 힘의 강약이 조화롭지 않아서이다.

卒輕重得, 前後敵, 弩張柄正而上下左右和, 其送矢也一, 而主與將兵上下左右不同心

병사들에 비유해도 경중을 따질 수 있으니 적의 전후에, 활이 긴장되고 활잡이가 바르고 상하좌우가 조화로우면, 활을 한

者，猶不勝敵也。故曰：矢之
中量，合於二；弩之中彀，合
於四；發之中集，合於四。兵
有功矣！故兵之內根和同者，
主曰：上和天地，下同將卒。
將曰：上和主謀，下同眾心。
卒曰：上和將命，下同卒心。
三者合一，所以循以成道也。

방향으로 쏘듯이, 임금과 장수, 병사가 상
하좌우 마음이 같지 않으면 적을 이길 수
없다. 그러므로 이르길; 화살의 경중에
맞은 것은 두 요소가 합쳤기 때문이고; 활
의 중심이 맞은 것은 네 요소가 합쳤기 때
문이고; 사격을 집중할 수 있던 것도 네
요소가 합쳤기 때문이다. 전쟁은 이렇게
공을 세운다! 그러므로 군대의 내부 근원
의 화합과 단결은, 임금으로 말하면; 위로
는 천지와 화합하고 아래로 장졸이 단결
한 것이고, 장수로 말하면; 위로는 임금의
계획에 따르고 아래로 부대원의 마음이
단결한 것이고, 병사로 말하면; 위로는 장
수의 명령에 따르고 아래로 병사의 마음
이 단결해서이다. 이 세 가지가 하나 되
면 道가 이루어져, 이로써 (만물 이치가)
순환한다.

猶不異於發弩矢於之中招也。
和同者，此兵之勝道也。知其
道者，主有名，將有功，卒有
利，兵勝敵也。圖，第一卷
第五圖：兵理和同對應圖。
七百七十八

이는 화살의 발사에 초래하는 時中의 연
유와 다르지 않다. 和同이란 군사적 승리
의 도이다. 그 도를 안다는 것은, 임금이
이름이 있고, 장수가 공이 있으며, 병사
들이 날카롭게 단련되어 있음을 아는 것으
로, 그런 군대는 적을 이긴다. 그림, 제
1권 그림 5 : 화동의 군사 원리, 글자 수
778

此篇簡名皆曰《和同》。齊安
城、秦宮郿鄔二簡又為縮立
簡。縮去國璋，立取兵璋，半
璋也。《軍政》之《同行》
曰："立於不敗之政者，國之
和同。立於不敗之地者，三軍
和同。和同行，行應曰：天下
無有勝於得道之軍也。"此言
申道也。

이번 편의 죽간 명은 대개 〈화동〉이라
이름한다. 제나라 안성, 진나라 미오령
(2) 에서 얻은 두 벌의 죽간인데, 역시 사
라진 나라의 문장으로 축소 요약되어 있
다. 병법을 다룬 글이 그 반이다. 〈군정
〉의 〈동행〉에 이르길: "패하지 않는 정
책을 세우는 것이 나라의 화동이다. 패하
지 않는 처지를 세우려면, 전군이 화합 단
결해야 한다. 화합 단결의 시행에서 그
시행에 응한 것은 이른바: 도가 있는 군대
가 陣을(3) 치지 않는 천하를 말한다." 이
말에 道가 있다.

信以為，國不和，民不同者，
兵不勝也。故縮立簡半去半
取，實大謬大誤也。簡上半璋

나, 한신은 이로써(알 수 있는 것이), 나라
가 불화하고 백성이 단결치 않으면 군대
는 승리하지 못한다. 그러므로 죽간을 줄

談兵，有方而無圓，不可取也。故信不考不參也。今獨依景林簡，車子正其元容。

여 반은 없애고 반만 취한 것은 실로 큰 오류였다. 죽간 문장의 반 이상은 병법에 관한 것인데, 원진은 없고 방진만 있으니 취할 수 없다, 그러므로 나 한신은 이를 참고하지 않는다. 지금은 오직 경림 죽간만 원모가 완전할 뿐이다. (4)

信考柏舉之戰，五戰五勝。吳入楚郢，齊民武子之功也。其功者，三軍和同而勝也。吳於楚郢，兵不戒而施暴。楚包胥子器捄於秦，秦哀公賦《無衣》而舉兵捄楚，敗吳於沂。吳兵敗而還，前功盡棄。此吳王闔閭之過，齊民武子之失也。

내가 백거의 전투를 고찰해 볼 때 오전 오승이었다. 과거 오나라(합려)가 초의 수도 영郢을 점령한 것은, 제나라 사람 孫武의 공이었다. 그 공이란 전군을 화합 단결시켜 승리한 것이다. 오는 초나라 수도 영에서 전쟁을 삼가지 않고 계속 군사를 일으켰다. 초나라는 포서를(5) 보내 진의 도움을 받았다. 진 애공이 읊은 詩賦 〈무의〉에는(6) 군대를 일으켜 오 나라 군대를 기수沂水에서 패배시키고 초를 구했다 전한다. 오나라 군대는 패하여 돌아갔다. 앞에서 이룬 공은 허사가 되었다. 이것은 오왕 합려의 과오이며 제나라 손무의 실책이었다.

한신주

信以為所以失者，雖知其內根和同，而不知其外根和同，以修其功也。《中平兵典》曰：“天地尚尚，陰陽易易。內根外根，和同祥祥。”信擇承之，國勝以恆，兵勝以橫，勝於內外之根也。揣摩《中平兵典》，啟哲兵勝之道，信以為內根和同，可勝也；外根和同，咸勝也；兩根和同，恆勝也。

나, 한신은 이로써 이런 실패한 이유가 비록 그 내적 근본이 화동임을 알아도, 외부 근본 화동을 모른다면 수공修功을(7) 해야 하기 때문이다. 〈중평병전〉에 이르기를：“천지는 상존하나 음양은 늘 변화한다. 내외 근본에 화동이야말로 상서롭다.” 나 한신은 이를 이어받아, 나라의 군사력이 항존 하도록, 군진을 (차별 없이) 고르게 운용하여 내외 근본을 얻었다. 〈중평병전〉에(8) 비추어보아, 승리하는 군대의 밝은 도는, 나 한신의 생각에 내부 근본이 화동하면 승전이 가능하고 외적 근본이 화동하면 어렵게 이기고 내외의 근본이 모두 화동하면 항상 승리한다.

恆勝之兵，不可當也。秦，二世而亂。天下紛爭，群雄並起。漢王斬白蛇而舉事。所過郡縣，秋毫無犯。野塗武關而入咸陽，為民廢秦苛法，為政約法三章，為安而發九殺令。君臣民和同以為國用。以用示

늘 승리하는 군대는 당하지 못한다. 진나라 이세 황제의 난정으로 천하에 분쟁이 일고 군웅이 일어섰다. 한 왕 유방이 봉기할 때 흰 뱀을 죽였다. 여러 고을을 지날 때 추호도 백성을 범하지 않았다. 들길과 관문을 지나 함양에 입성해서는 백성을 위해 진의 가혹한 법을 폐했다. 정

應: 和同以恆, 勝之以恆; 剝
離以非, 敗之以更. 剝離者,
項王所以失天下也; 和同者,
漢王所以滅強楚而一統天下
也. 故曰: 安民勝敵之道者,
上下和同也. 漢楚王韓信於漢
五年二月 四百六十七

사를 위해 3장의 간략한 법을 만들고, 백성의 안정을 위해 九殺令을 발표했다. 군주와 신하와 백성이 화합 단결하여 나라의 쓰임이 되었다. 응당 보여 사용한 것이 : 항시 단결 화합한 것은 항시 승리했기 때문이고, 그렇지 않아 떨어져 분리된 것은 잘못을 바꾸지 않아 패했기 때문이었다. 떨어져 분리된 것은 항우가 천하를 잃은 이유였다. 화동은 한의 유방이 강력했던 초를 멸한 이유였다. 그러므로 이르길, 백성을 안전케 하고 적을 이기는 방법은 상하의 화동에 의한다. 한 고조 5년 2월 한 초왕 한신 씀. 467자

【兵情】(9)

孫子曰: 若欲知兵之請(情),弩
矢其法也. 矢,卒也. 弩,將也. 發
者,主也. 矢,金在前,羽在後,故
犀而善走. 前【重而】後輕,故
正而聽人. 今治卒則後重而前輕,
陳(陣)之則辨(辦)趣之適(敵)則
不聽人,治卒不法矢也. 弩者,將
也. 弩張棟(柄)不正,偏強偏弱而
不和,其兩洋之送矢也不壹, 矢
唯(雖)輕重得,前後適,猷(猶)不
中【招也】…… □□□將之
用心不和……得, 猶不勝適(敵)
也.

손자 이르길: 군 내부의 사정을 알고 싶으면, 활과 화살로 비유될 수 있다. 화살은 병사이다. 활은 장수다. 활을 쏘는 자는 임금이다. 화살은 금속이 앞에 있고 뒤에는 깃털이 있다. 그러므로 날카롭게 능히 잘 나아간다. 앞에 집중하고 뒤를 가볍게 한 것은 적의 정보를 알기 때문이다. (10) 지금 병력 운영에 뒤에 집중하고 앞을 적게 한 것은 적정을 몰라 적의 움직임에 따라 진을 친 것이다. 병력 운용은 화살과 같지는 않다. 활은 장수와 같다. 활을 당겨 활자루가 바르지 않고 강약에 치우쳐 조화롭지 않고 화살의 표적 조준이 일치하지 않으면 화살에 비록 경중이 있어도 적의 전후에 떨어져 명중치 못한다. .....□□□ 장수가 불화하여 단결과 조화를 못이뤄 ....과 일치하지 않아 적을 이기지 못한다.

矢輕重得, 前【後】適, 而弩張
正, 其送矢壹, 發者非也, 猶不中
昭(招)也. 卒輕重得, 前後適, 而
將唯於…… 兵□□□□□□□
猶不勝適(敵)也. 故曰,弩之中穀
(穀)合於四, 兵有功 …… 將也,
卒也, □也. 故曰, 兵勝適(敵)也,

화살의 경중을 알아 적의 전후를 향해 활을 바르게 당겨 한 번 쏘아 (맞지 않았어도) 궁수의 잘못이 아니라 적시를 놓쳤기 때문이다. 병력 운용에 중점과 가벼움이 있는 것은 .... □□□□□□□ (임금과 장수, 병사가 상하좌우 마음이 같지 않으면) 적을 이길 수 없다. 그러므로 이르길, 활이 명중한 것은 네 요소가 맞았기 때문이니, 전쟁의 공은......장수와 병사와 (임금의)……에 있다. 그러므로 이르길, 적

不異於弩之中召(招)也. 此兵之
道也.

을 이기는 것은 활을 시중에 맞게 쏘는 것
과 다르지 않고, 이것이 병력 운용 방법이
다. (11)

역자 주

1. "戰之辯者也"는 아래 이어지는 구절인 "前重後輕以為擊之勢者也"와 밀접 관계한다. "辯者"
란 고대에 변사辯士를 의미하고, 뒤에 이어진 "也"는 "曰"의 뜻이 있다. 泱은 坱의 오필이다.
앙坱은 지형의 고저가 평탄치 않은 것이다. 화동의 처음 도입부는 후세에 찬개한 것으로 보인
다. 兵之情(군사적 상황)과 정보에 따라 군의 운용에서 권한의 위임 정도를 논했다.

2. 미오령, 서한 고조(유방) 5년 유방은 秦의 함양현을 폐하고 현재의 시안시 남교에 장안현
을 두었다. 미오령은 함양의 아방궁으로 오르는 언덕으로 추정된다. Ref:옹정 〈陝西通志〉

3. 勝은 軍陣을 뜻한다.(勝作陣)

4. 한신이 언급한 경림간은 늦어도 서한 이전에 형성되었고, 은작산 한묘 죽간은 아마도 전국
시대 말까지의 군사 경험이 집합되어 진한지제를 거치며 도교와 결합한 세련된 군사사상인
〈손자병법〉으로 연류演流했다. 5편 화동에서는 한신비주에 화동에 대한 제안성간의 편명을
밝히지 않고 있다. 화동에서는 죽간 병정兵情의 문구를 다수 볼 수 있다. 이는 〈손자병법〉 형
形, 세勢, 실허實虛, 지형地形으로 발전한다. 지형편에는 "느슨한 것, 유이자有弛者"와 같은
생각을 기술했는데, 해이함(弛)은 병사는 강한데 지휘자가 약한(卒强吏弱) 결과로 표현한다.
은작산 한묘 발견 죽간 손자병법에는 지형편이 발견되지 않았다. 이점은 13편의 형성이 서한
말이나 동한에 걸쳐 이루어졌음을 뜻한다.

5. 신포서申包胥, 초나라의 대부, 진애공의 궁전에서 통곡하며 구원을 청했다.

6. 〈無衣〉는 신포서가 진애공에게 구원을 청하며 진의 朝堂에서 7일 밤, 7일 낮을 울었던 사
건을 〈시경〉 秦風, 無衣를 빌어 기술했다. 이 詩는 진양공秦襄公 7年 （周幽王 11年, 기원전
771年） 융족戎族의 침입으로 周 영토의 대부분이 유린당하자 같은 옷(겉옷袍, 속옷澤, 하의
裳)을 입은 동족의 단결을 호소한 데 유래한다. 〈무의〉는 춘추시대 주나라 봉국의 혈연관계
에 중요한 시사점을 제공한다. 吳는 戎과 같은 이민족인데 吳의 世系를 주 왕실에 봉합한 사
마천의 위증을 증거할 실증적 사료이다.

7. 수공修功, 타공隋功이라고도 한다. 점령지의 평정과 안정을 기하거나 전리품을 공평히 나
누는 것, 손자병법 〈화공편〉에 문구가 있다.

8. 병법을 설한 〈鬼谷子〉의 어록으로 알려져 있으나 정확지 않다. "平有三平 日中平 日大平
日小平;根平基平;命日中平;本平行平 命日小平;声平息平 命日大平 中平善 小平吉 大平凶. 物

以希贵之 人以和同之 君以德隨之 国以正治之 希和德政者 命日道明 道明民随而从之"

9. "兵情"은 은작산 발굴 죽간에는 편명이 없고 죽간정리소조에 의해 명명되었다. 1994년 출토 죽간 해독 토의에서 趙逵夫등은 이편이 "勢備(장장본 26편 四備)"의 후반부에 속했을 것으로 판단했다. 그러나 병정의 전체 주제는 국가와 군대의 화합과 단결을 강조한 和同에 속한다. 따라서 별도의 篇으로 보아야 한다.

10. 聽이란 적에 대한 정보를 말한다. 손자병법 용간편에 용간이성用間以聖, 사간이인使間以仁의 정보 용어에 聽(聖)이 사용되었다. 聽과 聖은 고대 가차자이다.

11. 제5편은 죽간의 대부분이 장장본에 있다. 그러나 문맥으로 보아 장장본이 죽간 이후에 생긴 것임을 알 수 있다. 장장본은 죽간을 첨삭하여 군사사상을 발전시켰는데 죽간에 없는 "상하가 같은 마음을 가지면 이긴다."(상하동욕자승上下同欲者勝, 손자병법 모공편謀攻篇)의 사색의 원류가 보인다. "화동"은 이미 춘추전국 시대의 중요한 화두였다. 제 경공 때, 안자는 천대 遄臺(산동 임치)에서 사냥중인 경공을 모셨다. 자유子猶(양구거梁丘據)가 수레를 몰아 왔다. 경공 이르길, "오로지 거만 나와 화합하는구나!" 안자 대답하길, 양구거 역시 同일 뿐 어찌 和라 말할 수 있겠습니까?" "화와 동이 다르단 말인가?" 경공이 묻자, "다릅니다. 예를 들면 화는 국을 끓이는 것과 같습니다. 물과 불, 식초, 육장, 소금, 매실장 등으로 어육을 삶고, 땔감으로 불을 지펴 끓이며 요리사 宰夫가 간을 맞춰 조화로운(和) 맛을 올바르게 내는데, 모자라면 더하고 과하면 덜어냅니다. 군자는 간을 맞춘 국을 먹으며 마음을 평안히 합니다. 군주와 신하 역시 이와 같습니다. 군주가 비록 옳다고 말하는 것에도 그릇된 것이 있으므로 신하는 그 바르지 못한 것을 간언하여 잘못을 없앱니다. 이 때문에 정치는 평화로워지고 법도를 벗어나지 않으며 백성에게 다투는 마음이 없어집니다. 그래서 詩에 '간 맞은 국(和羹)이 있으니 이미 재료를 살펴 맛을 이루네. 국을 올리니 탓하는 말씀 없으시고 다툼이 없네'라는 노래가 있는 것입니다. 선왕은 다섯 가지 맛을 더하고 다섯 가지 음을 조화시켜 그 마음을 평안하게 하여 훌륭한 정치를 성취했습니다."

3. 장씨가전수초본張氏家傳手抄本

출처	원문	번역
장장본	6편 缺文, 7편 缺文, 8편 缺文, 9편 缺文, 10편 缺文	
	11편 興理 缺文	
	12편 持盈 缺文	
	13편 缺文, 14편 缺文, 15편 缺文	
	16편 民情 缺文	
한신주	없음	

| 죽간 | 【民之情】(1)
傳曰, 用眾無得於八者, 而欲徒以刑罰威之, 難以用眾……而國力專, 國力摶而民出於為上, 民出於為上可與堅戰固守, 民之情也。……勝民盡力致死, 民之情也。 | 병전에 이르길, 많은 병력을 운용해도 얻지 못하는 여덟 가지가 있으니, 형벌의 위엄으로 형벌을 주려 해도 어려운 것은 …… 윗사람을 위하여 굳세게 싸움을 고수하는 백성이 나오는 것은 백성의 사정이 그러하기 때문이다. …… 전민으로 진을 치고 죽음으로 힘을 다하는 것도 백성의 사정이 그러하기 때문이다. (이하 번역 불가) |
| | ……士卒共甘苦, 赴艱難, 冒白刃, 蒙矢石, 民難敝。民之情也。
……所輕重之分, 而俗高賢, 俗高賢而民志, 民志可與犯難, 民之情也。
……民死分, 民之情也。
……三曰, 鄉大夫、官吏士民, 敬節高其義佴其…………民之情也。 | |

……俗，民之情也。
……□□其官民知分，民知分
死，誼……
四曰，卿大夫、官吏士民之守
職也，固……
五曰，知……
八曰賞罰信，功貴勞利，所以
致顯榮逸樂之途狹，民勸賞畏
罰，民之情也。
……行其……

역자 주

1. "民之情"죽간정리소조에 의해 손빈에서 제외되었다. 노예의 사정(民情)을 기록한 것으로 손무의 경험이다. (참고 : 2장 "손무는 어디 있었나?") "민지정"이란 民之故이며, 백성의 시국론이고, 그 국가의 사정이다. 마지막 82편 예시에 손자는 "민지정에 의해 몸을 숨긴다." 말하고 있다. 전쟁의 승패는 백성이 어떤 시국관을 가졌는지에 따라 이미 결정된다. 여덟 가지 각론으로 병력의 수가 아닌 그 내부 분위기로 승패를 파악한다.

출처	원문	번역

17편 缺文, 18편 缺文,

장장본

19편 十官 缺文

한신주

없음

죽간

〈十官〉(1)

十官能爲主內謀安國存社稷
者, 爲一官, 能明君□……十
官, 以聞敢直議名曰輔拂臣,
此固社稷者, 爲一……
……官罪, 各事其官, 事其
善, 百……
……有存此十官中者,
……出十官中, 國……
……□主用者, 爲一, ……
非其官事……
……稷者□, ……
……一官, 能……
……而言它, 官罪各事……
……非其官事而……

20편 六擧(죽간) 缺文, 21편 缺文,
22편 缺文,
23편 缺文, 24편 缺文

십관은 사직을 보존하고 국가의 안전을
위해 모사謀事하여 주군을 능히 보위해
야 한다. 한 사람의 좋은 관리가. 능히 밝
은 군주 □……, 들은 것을 군주에게 직
언하고 조정의 논의 명제로 하는 신하
가 국가의 대들보이고, 사직을 건고히 한
다……

(이하 번역 불가)

역자 주

1. 十官은 장장본 19편으로 내용은 잔멸해서 알 수 없다. 죽간에는 편제 외로 분류되어 있다.

25편 官一 缺文

없음

<官一>

孫子曰: 凡處卒利陳 (陣) 體 甲兵者, 立官則以身宜,

손자 이르길 : 유리한 진지에 부대를 주 둔하고, 갑병으로 무장하며 직책에 맞는 장수를 적재적소에 임명해야 한다.

賤(踐)令以采章, 乘削以倫 物, 序行以【□】□, 制卒以 周 (州) 閭, 授正以鄕曲, 辯 (辨) 疑以旌輿,

명을 실천함에 (장수는) 여러 가지 다른 깃발로 명령을 내리며, 또한【□】□로 전 투 서열을 구분한다. 지방의 행정 법제에 따라 병력을 편성하고, 행정 구역에 맞추 어 군정관을 임명하며, 부대기와 신호기 로 명을 분별한다.

申令以金鼓, 齊兵以從速 (迹), 庵結以人雄, 邀軍以 索陳 (陣), 菱肄以因逆, 陳 師以危(僞)□[陣], 射戰以雲陳 (陣), 圍 (御) 裏以羸渭, 取喙以闔燧, 卽敗以包□[陣], 奔救以皮傅, 燥戰以錯行。

징(후퇴)과 북(전진)으로 신호하여 속도 를 일정하게 하여 대오를 가지런히 하고, 용맹한 자로 호위케 한다. 색(적의 머리 를 매어 묶을 새끼줄)을(1) 진영에 나부 끼게 하고, 수역진(포로를 앞세운 진)으 로 적을 피로하게 하고, 위진(기만 진지) 을 벌여 적과 대치시키며, 적과 사격전을 할 경우에는 운진(소산된 사격 방열진)으 로 진을 친다. 또 리위진으로 적의 포위 공격을 막고, 합수진(적의 예봉을 끌어들 여 본대와 차단하는 진)으로 적군의 선봉 을 잡고, 섬멸할 것이며, 패퇴하는 적은 포진(포획진)으로 잡는다. 피부진(아군 구출 진법)을 전개하여 곤경에 처한 아군 을 구원한다. 착행진(화공의 발사 지점을 속이는 진)으로 적을 속이고 화공을 가한 다.

用 □ 以正 □ [用 輕 以 正 (征) 散], 攻兼用行城, □地□□用

산지의 공격은 경량화 부대로 한다. (2) 성을 공격할 때 행성을 사용하며, □地는

方，迎陵而陳（陣）用封，險
□□□用圜，交易武退用兵，
□□陳臨用方翼，泛戰接厝用
喙逢，囚險解谷以□遠，草駔
沙茶以陽削，戰勝而陳（陣）
以奮國，而……為畏以山肢，
秦怫以委施（逶迤），

□□방진方陣을 사용한다. 높은 언덕을 바라보며 진을 칠 경우에 규진封陣(封封陣, 창칼을 쌓아 장애물을 만든 진)을 사용하고, 험한□□□는 원진圜陣을 쓴다. 엇갈리기(3) 쉽고 퇴각할 수 없는 곳의 병력 운용은 방진의 양익을 사용하여 철수를 엄호하는 □□진법으로 임한다. 범지(개활지)에서 적과 부딪칠 때는 선봉 부대에 권한을 위임해 상황을 주도하고, 포위 봉쇄의 위험이 있는 험지는 포로로 개척하도록 하되 멀리 나아가지 않도록 한다. 잡초가 무성한 사막 길을 행군할 때는 시야가 트인 통로를 열어야 한다. 전투에서 승리하면 진을 재편하고 명성을 나라에 떨친다... 산 등성 굽은 곳에서는 산거진山肢陣(은폐 엄폐되고 사방 관측이 용이한 진)을 치고, 가시나무와 잡초가 무성한 지형에서는 위시委施(보급 창고)를 세운다.

便罷以囡（雁）行，險厄以雜
管，還退以蓬錯，繞山林以曲
次，襲國邑以水則，辯（辨）
夜退以明簡，夜敬（警）以傳
節，厝入內寇以棺士，遇短
兵以必興，火輪積以車，陳
（陣）刃以錐行，陳（陣）少
卒以合雜。

천라의 지형은(4) 안행진(기러기의 비행 대형과 같은 진)을 사용하며, 험난한 지형에서는 잡관진을 치고, 철수할 때는 봉착진을 사용하며, 산을 통과할 경우에는 곡차진을(5) 사용한다. 적의 수도나 성읍을 공격할 때는 물이 흐르듯 한 형세로 한다. 야간 철수는 (명령과 실시가) 간단명료해야 한다. 야간 경계는 부절(암구호)로 통행을 확인하고, 잠입한 적은 棺士(내곽 경계병)로 막는다. 적과 근접 전투에는 전차를 밀집하여 배치하며, 적이 수레를 사용 수송 물자를 불태울 때는 날카로운 진형으로 적을 돌파하고 적은 병력으로 합쳐 나눈다.

合雜，所以圍（御）裏也。修
行連削，所以結陳（陣）也。
雲折重雜，所權趏也。焱凡振
陳，所以乘疑也。隱匿謀囡
（詐），所以釣戰也。龍隋陳
伏，所以山鬭也。

병력을 합치고 나눔이란, 내부를 방어하고 진을 재편하여 깃발을 가지런히 하여 결집하기 위함이다. 구름같이 많은 병력이 겹겹이 군세를 떨치는 것은 바로 돌격하기 위해서이다. 질풍같이 빠른 속도로 행진하여 공격하는 것은 적의 의혹을 틈타 쳐부수기 위해서이다. 아군의 의도를 숨겨 적을 유인하는 계책은 적에게 일부러 약점을 보여 산악의 (매복 지점)에서 싸우기 위함이다.

□□乖舉，所以厭（壓）津
也。□□□卒，所以□□也。
不意侍卒，所以昧戰也。遏溝
□陳，所以合少也。疏削明
旗，所以疑適（敵）也。囚
（剽）陳（陣)囚車，所以從遣
也。椎下移師，所以備強也。

(배나 전차) 등 탈 것들을 부수어□□ 하
고 도하지점을 통제한다. 예상치 못한 곳
에 기습 병력을 두어 전투를 깨닫지 못하
게 한다. 좁은 개울을 막아 □陳을 쳐 적
은 병력으로 적과 교전한다. 허수아비와
가짜 병기를 드문드문 배치하고 깃발을
늘어놓아 적을 현혹한다. 전차 표풍진(飆
車로 구성된 기동 전차진)으로 퇴각하는
적을 추격한다. 즉시 부대 병력을 이동시
켜 다른 강한 적의 기습에 대비한다.

浮沮而翼，所以燧鬬也。禪
囚括囚避，所以莠囚也。澗
（簡）練囚（剽）便，所以逆
喙也。堅陳（陣）敦□，所以
攻槫也。囚（揆）囚（斷）藩
薄，所以囚（眩）疑也。

정면은 가볍게 저항하고 양익의 옆을 증
강하여 애로를 통과하는 적을 포위한다.
무장을 풀고 나태한 행동을 보여 일부러
적에게 약점을 노출하며 후퇴하여 적을
유인 추격도록 하고 역습을 가한다. 진지
를 강화하고 두텁게 하여 견고한 진형으
로 병력을 집중 적의 주력 부대를 공격한
다. S초목으로 된 S 울타리 장애물을 철거
하는 것은 적군을 유인하여 S위해서이다.

偽遣小亡，所以聭（餌）敵
也。重害，所以葵【□】也。
順明到聲，所以夜軍也。佰奉
離積，所以利勝也。

약간의 보급 물자를 미끼로 흘려 버리
고 거짓 도망하며 적군을 유인한다. 여러
번 재차 적을 곤경에 빠뜨려 적을 피로하
게 한다. 낮에 시각 신호로 따르고 밤에
소리로 바꾸어 야간에 작전한다. 충분한
보급을 유지하고, 물자를 분산하여 일부
남김으로써 승리하면 수공 修功을 이룬
다.(6)

剛者，所以囧（御）劫也。更
者，所以過□也。□者，所以
囧（御）□也。□【者，所
以】□□【也。序】者，所以
厭門也。胡退□入，所以解困
也。……□令以金…… ……雲
陳（陣），囧（御）裏【以羸
洞，取喙】以闔……
……茶以陽削，戰…… ……
畏以山肬，秦囚以委施（逶
迤），便罷以囚（雁）……
…… 夜退以明簡，夜敬
（警）…… ……興，火輪積以
車，陳（陣）…… ……龍隋

剛이란 위협에 굴하지 않고 잘 막아내는
것이다. 更이란 (유연한 군사 운용으로)
다시 과오를 (반복)하지 않는 것이다. (이
하 번역 불가)

(이하 번역 불가)

陣…… ……也。澗（簡）練
□便，所以逆喙也…… ……
囡（斷）藩薄，所以囡（眩）
【疑也。伪遺小亡】，所以魄
（餌）敵也。重害，所以……
……奉離積，所以利…… ……
所以圍（御）□【也。□者，
所以□□】也。序者，所以
厭……

역자주

1. 색索은 약約과 같아 새끼줄이다. 〈설문해자〉 "索，草有莖葉可作繩索" 〈좌전 애공 11년〉에 "人尋約 吳髮短 사람마다 8척의 새끼줄을 지녀라. 오인吳人들은 두발이 짧다."는 적의 머리를 베어 묶을 끈을 말한다. 이처럼 색을 내건 것은 전투 의지를 다독이는 심리전이다. 張震澤은 "遣軍以索陣" 진형의 하나로 분류하여 영어권에는 "Braided Formation"으로 번역되었는데, 병사들을 꽉 짜여 엮은 형태로 묶어 제1진에 두는 것으로 해석한다. 이는 노예군(民)을 운용하는 진법이나 뒤의 문구에 보이는 囚逆陣(Hemming in and waylaying Formation), (危)偽陣(Menacing or Deception Formation), 雲陣(Cloud Formation) 와 연결이 어색하고 囚逆陣과는 중복된다.

2. 손자 13편 구지에 "散地는 경량화 부대로 싸운다"가 있다. 산지란 국경 너머에 흩어져 싸우는 적 비정규 부대와의 전투 상황을 말한다.

3. 交는 전국 시대에는 길이 어긋나 꼬인 뜻이었다. 후에 만나 합치는 의미로 글자가 연변 했다.

4. 天羅는 손자 13편 행군편에 보이는 다섯 가지 천연지형인 五天의 하나로 한 번 들어가면 다시 나오기 어려운 지형을 말한다.

5.잡관진, 봉착진, 곡차진은 진형을 알 수 없다. Rodger Ames는 그의 영문 번역 〈SUN BIN〉에서 이 부분을 Zhang Zhenze(張震澤, 孫臏兵法校理, 1984) 해석(Reconstruction)에 의존했다고 기술한다. 張은 羅를 陣形으로 해석했다. 영문 번역은 雜管(Snaking formation), 蓬錯(Concentrated siege formation), 曲次(Turning and twisting progress)인데, 문리와 문맥이 맞지 않는다.

6.수공, 전승으로 얻은 이익을 나누어 공을 다스리는 것, 이 문구는 손자 13편 화공편의 군사 사상에 영향을 주었다.

출처	원문	번역

26편 四備 (1)
用兵安民之道，備也。故國之道曰四：一曰備固，二曰備荒，三曰備亂，四曰備戰。

백성을 안전케 하는 용병법은 준비하여 지키는 것이다. 그런데 이런 국가적 방책은 네 가지가 있는데: 첫째는 국가의 (사직)을 공고히 지키는 것, 둘째는 경제 난국에 대비하는 것, 셋째는 반란에 대비하는 것, 넷째는 전쟁을 준비하는 것이다.

備固者，得纂賢能也。備荒者，得存糧貨也。備亂者，得養死士也。備戰者，得習士卒也。故得四者生，失四者死。

사직을 공고히 지키기 위해서는 현명하고 유능한 사람을 뽑아야 한다. 경제 난국에 대비하려면 식량과 재화를 모아 두어야 한다. 반란에 대비하기 위해서는 죽음을 무릅쓰고 싸우는 전사를 키워 놓아야 한다. 전쟁 준비는 병사를 잘 훈련 시켜야 한다. 그러므로 이 네 가지를 얻으면 살 것이고, 잃으면 죽을 것이다.

夫有荒而亂，有亂而變，有變而戰，有戰而勝者，所以有備也；夫有荒而亂，有亂而變，有變而戰，有戰而敗者，所以無備也。故有備者勝；無備者敗，敗則亡矣。

무릇 기근과 가난으로 혼란이 오면, 혼란은 변화로 치닫고, 변화로 인해 전쟁이 나고, 전쟁으로 승자가 가려지는 것은 이른바 대비함에 달려 있다; 무릇 기근과 가난으로 혼란이 오면 혼란은 변화로, 변화는 전쟁으로, 그리고 전쟁에 패하는 것은 준비하지 않았기 때문이다. 그러므로 준비하는 자가 이기고; 준비하지 않은 자는 패망한다.

何以安之易乎？常備也。常備，和如天兵行空而一攬天下。

어떻게 안전을 쉽게 얻을 수 있나? 항상 천병과(2) 함께 행공行空으로(3) (계획을 실천할 수 있게 연습하고) 천하를 일람하여 대비하는 것이다.

故常備者，天兵也。夫陷齒戴角，前蚤後鋸，喜而合，怒而鬥，天兵之道也。不可止也。

그러므로 항상 대비하는 것이 天理에 맞는 군사 운용(천병)이다. 무릇, 동물들은 날카로운 이빨, 단단한 뿔, 날카로운 앞다리와 윗다리의 발톱이 있어, 기분이 좋으면 가만히 있지만, 화나면 이를 무기로 삼아 싸우는데, 이것이 천리에 맞는 군사 운용의 방법이고, 아무도 그것을 말릴 수 없다.

故無天兵者，自為備。自備者，聖人之作事也。昔者，黃帝作劍，以陣象之。羿作弓弩，以勢象之。禹作舟車，以變象之。湯武作長兵，以權象之。

그러므로, 이러한 하늘이 준 무기가 없는 인간은 자신을 방어할 무기를 만들어야 했고, 이것이 성인의 일이었다. 옛날, 황제는 진법을 본떠 검을 만들고, 예는 형세를 본떠 활을 만들었다. 또한 우는 용병의 기동성 변화를 위해 배와 수레를 만들었고, 탕과 무는 장창으로 무장시켜 군권을 위임했다.

凡此四者，兵之用也。何以知劍之為陣也？且暮服之，未必用也，不用備之，亦有應之。故曰：陣而不戰，劍之為陣也。劍無鋒，雖孟賁之勇不敢將而進者，無迎阻之兵也。陣無鋒，非孟賁之勇也。敢將而進者，無阻兵之至也。劍無首鋋，雖巧士不能將而進陣者，無迎陣之兵也。陣無後，非巧士也敢將而進者，深知陣之情也。

무릇, 이 네 가지로 군사를 운용한다. 어떻게 검이 진법의 상징임을 알 수 있나? 검은 아침저녁으로 몸에 차고 있지만 반드시 사용하는 것은 아니다. 그러므로 이르길, 군대도 항상 진을 쳐야 하지만 반드시 전투에 참여하고 있을 때만 그러는 것은 아니다. 이것이 검과 진법의 같은 점이다. 검이 예리하지 않다면 비록 맹분과 같은 용맹한 장수라도 감히 (적과 싸우려 하지 않을 것이다.) 검의 예리한 칼날 같은 선봉 부대를 진에 두지 않는다면 (맹분의 용기로도) 감히 나아가지 못할 것이고, 정세에 맞는 용병법을 모르는 것이다.

故劍有鋒有後，相信不動，敵人必走。陣有鋒有後，相信不動，敵人必走。故劍無鋒無後，甲卷不道，敵處我走。

그러므로 칼에 앞에 날이 있고 뒤에 손잡이가 있다면, 서로 믿고 흔들리지 않아 적은 필히 도망할 것이다. 진에 선봉이 있고 후속하는 부대가 있으면 서로 믿고 흔들리지 않아 적은 필히 도망할 것이다. 그러므로 칼에 앞에 날이 없고 뒤에 손잡이가 없는 것은 권갑을 말아두어(4) 방책을 말하지 않는 것이므로 적이 당도하면 아군은 패주하게 된다.

陣無鋒無後，陣甲無道，敵處我走。凡劍之有鋒有後之進者，選陣謹也，爵勢決三而圓陣之鋒後，以迎進攻之敵，陣必不動，敵必走矣。此陣備之道也。圖，第三卷第五圖：兵理劍陣克敵圖。

진에 선봉이 없고 후속하는 부대가 없다면 귀갑을 펴도(5)(무장하여 진을 쳐도) 방책이 없는 것이므로 적이 당도하면 아군은 패주한다. 무릇 칼에 칼날이 있고 뒤에 손잡이가 있어 나아 갈 수 있는 것처럼 진을 잘 선별하여 치면, 앞의 날카로움과 후속하는 부대의 원진으로 세 방향에서 결정적 형세로 협격할 수 있고 나아가 맞이하여 적을 공격할 수 있어, 진은 필시 흔들림이 없고 적은 반드시 도망할 것이다. 이것이 진을 준비하는 방책이다.
그림, 제3권 제5도 : 병리검진극적도

何以知弓弩之為勢也？戢目以
同，同視招，柄正兩相，相而
和，發於肩應之間，殺人百步
之外，不識其道所至也。故
曰：勢而不見，弓弩之為勢
也。弓弩有翕張。弩翕，勢之
有也。弩張，勢之備也。勢有
一立，立有戢力以同。中招
者，勢之備也。

어떻게 활로 병세를 비유해 알 수 있는
가? 한 눈으로 같이 모아서 몸과 눈이 하
나이면 자루를 바로 잡아 둘을 서로 일치
시키고, 활은 가슴과 어깨 사이로 발사해
백 보 밖에 있는 적을 죽인다. 그러나 적
은 화살이 어디서 날아왔는지 알지 못한
다. 그러므로 이르길, 형세는 보이지 않
지만 활을 상징하여 아는 것이다. 활과
쇠뇌는 당기면 긴장한다. 활이 휘어져 일
면, 힘이 일어난다. 활이 긴장하듯이 형
세가 준비된다. 세는 하나로 서서 (활 쏘
는 자의) 몸과 일체가 된다. 중정하여 과
녁에 명중하는 것은 세가 준비되어 있었
기 때문이다.

故勢有能有不能，距遠而鈞力
大者，勢能也。距中而鈞力中
者，勢能也。

그러므로 세가 능히 있고 없고는 멀리 떨
어진 거리에서 균등이 (영향을 미치는)
힘이 크다면 세에 능한 것이다. 먼 거리
가운데에서 거리에 균형된 힘으로 명중
하는 것은 세에 능한 것이다.

距近而鈞力小者，勢能也。故
距遠而鈞力小者，勢不備也。
距近而鈞力大者，過勢者也。
是故善戰者，其勢備，其勢
險，其招中，其節短，勢如曠
弩，節如發機。故以此勢而迎
敵者，敵必懼矣。懼必敗矣。
此勢備之道也。

가까운 거리에서 그에 맞는 균형된 힘이
적으면 역시 세에 능한 것이다. 그러나
먼 거리에서 균형된 힘이 적으면 세가 준
비되지 않은 것이다. 근거리에서 그에 맞
는 균형된 힘이 크다면 역시 세가 지나
친 것이다. 이처럼, 잘 싸우는 것이란 세
를 잘 준비하고, 세를 잘 시험하여 그 시
중時中에 맞고, 그 단계에 맞추어 활을 당
기고, 때에 맞게 발사하는 것이다. 그러
므로 이런 형세로 적을 맞이 한다면, 적은
필히 두려워할 것이다. 두려우면 반드시
패한다. 이것이 세를 준비하는 방법이다.
그림, 제3권 제6도 : 병리궁노세비도

圖，第三卷第六圖：兵理弓弩
勢備圖。
何以知舟車之為變也？高則善
監之，下則善藏之，行者善載
之，動則善通之，靜則善固
之。故進則利四，退則利四，

어떻게 배와 전차로 기동성의 변화를 상
징하는가? 높은 곳은 전장을 감제하기 좋
고, 낮은 곳은 숨기 좋으며, 가려면 타기
좋고, 움직이려면 통하기 좋아야 (형세
가) 고요하고 군건해진다. 그러므로 나아
감에 사로四路에(6) 유리하고, 후퇴해도

攻則利四，守則利四，靜處則利四，

사로에 유리하며, 공격과 방어에도 사로에 유리하고 조용히 주둔해도 사로에 유리하다.

故曰：變而爲利，舟車之爲變也。舟車可高可下，高則監其遠，下則察其近。故知遠近之情者，變之備也。舟車可行可處，行則載其重，處則盟其固。

그러므로 이르길, 상황변화를 승리로 하기 위해, 선박과 전차로 기동성을 변화시킨다. 선박과 전차가 높은 곳이든 낮은 곳이든 높으면 멀리 감제 할 수 있고 낮으면 가까이 살필 수 있다. 그러므로 원근의 상황을 알 수 있으면 변화에 대비할 수 있다. 선박과 수레가 갈 수 있고 정박, 정차가 가능하고, 오가며 치중품을 실을 수 있으면 그곳은 확고히 잡아두어야 한다.

何載何盟？變之備也。舟車可動可靜，動則致遠以通，靜則致固以封。弗通弗封？變之備也。舟車可進可退，進則如風而至，退則望塵不及。

어떻게 싣고, 어떻게 잡아, 맺어두는가? 상황 변화에 준비해야 한다. 선박과 전차가 움직이고 멈출 때, 움직이면 멀리 도달하여 통하고, 멈추면 확고히 경계 안에 둔다. 적의 통행을 막고 적이 차지하지 못하게 하려면 역시 상황 변화에 준비해야 한다. 선박과 전차는 나아갈 수 있고 퇴각할 수 있다. 나아감에 바람같이 빠르게 도달하고, 퇴각함에 먼지를 일으켜 따라오지 못하게 한다.

進退自法者，變之備也。舟車可攻可守，攻則威其殺，守則固其舍。能威能固者，變之備也。故高下得其厄者，行處得其生者，動靜得其理者，進退得其法者，攻守得其道者，此變備之道也。
圖，第三卷第七圖：兵理舟車變備圖。

전진과 후퇴를 자발적 방법으로 하는 것은 변화에 준비가 되었기 때문이다. 선박과 전차는 공격과 수비가 가능하다. 공격하면 그 살벌한 위세가 있고 수비 하면 견고하고 안정된다. 위세와 견고함에 능한 것은 변화에 준비가 되었기 때문이다. 그러므로 지형의 높고 낮음에 그 좁은 공간을 이용할 수 있고, 가고 멈출 수 있어 살아남고, 움직이고 고요할 수 있어 그 원리에 맞아 전진과 퇴각의 방책을 얻게 되므로, 이런 공수의 대비책이 상황 변화에 준비된 방법이다.
그림, 제3권 제7도 : 병리주거변비도

何以知長兵之爲權也？擊飛高下，非重弗輕，重則碎顱毀肩，輕則手殘足折。擊飛前後，非重弗輕，重則碎顱毀肩，輕則手殘足折。擊飛進

어찌하여 장창으로 군권의 위임을 상징하는지 알게 되는가? 공격함에 위아래를 가리지 않기 때문이다. 경중을 가리지 않고, 심하게는 적의 머리와 어깨를 부숴 훼손하고 가볍게는 손과 다리가 잘린다. 날

退，非重弗輕，重則碎顱毀肩，輕則手殘足折。

듯이 배와 등을 때린다. 심하고 가벼움을 가리지 않고 심하게는 머리를 부수고 어깨를 훼손하고, 가볍게는 손발을 자른다. 날듯이 전진하고 퇴각하며 때린다. 경중을 가리지 않고 심하게는 머리를 부수고 어깨를 훼손하고, 가볍게는 손발을 자른다.

故曰：權擊重輕，長兵之為權也。凡此四擊，殺敵之權也。權者，有遠近，有重輕；權者，有動靜；權者，有視聞。故視之遠，中之近，飛距不達也，權者不備也。視之近，中之遠，飛距過達也，權之越也，權者過備也。

그러므로 이르길, 권한이 위임되면, 경중을 가리지 않고 때리는 것이다. 이것이 장창으로 상징할 수 있는 군권의 위임이다. 이 네 가지는 적을 거리낌 없이 죽이는 권한이다. 권한에는 멀고 가까움과 가볍고 무거움이 있다. 권한은 움직임과 고요함이 있고, 권한에는 보는 것과 듣는 것이 있다. 그러므로 멀리 보이는 것을 향해 (창을 던져) 가까운 곳에 떨어지는 것은 도달 못하는 거리에 (창을) 날리는 것이니 권한의 위임이 준비되지 않은 것이다. 가까운 것을 보고 멀리 던져 맞추는 것은 창을 날려 거리를 지나친 것이니, 권한의 위임을 넘어선 것이고, 권한이 과도히 위임된 것이다.

視之中，中之中，飛距中，權之中也，權者備也。視之動，中之動，飛距有量也，距量者，權之備也。視之靜，中之靜，飛距無量也，無距量者，權之備也。進之近，退之遠，飛距中，近遠者，權之備也。

중간 거리를 보고 중간에 명중한 것은 중간 거리를 향해 날린 것이니 권한이 적절하여 권한 위임이 준비된 것이다. 보고 움직이며, 움직여 명중시킨다면 창을 날린 거리를 정확히 측정한 것이니, 거리를 잰 것은 권한의 위임이 준비된 것이다. 고요히 보고, 고요히 명중시키며, 창을 날리는 거리를 재지 않은 것도 권한의 위임이 준비된 것이다. 가까이 전진하고 멀리 퇴각하며 창을 날려 명중시키는 원근의 조정을 잘하는 자도 원한의 위임이 준비된 것이다.

故視之生，中之死，飛距有量也，重量者，權之備也。視之生，中之傷，飛距有量也，輕重者，權之半備也。視之見，聽之聞，見聞者，權之備也。故晝多旗，夜多鼓，所以送敵也。

또한, 양지에서 바라보고 음지에 명중시키는 것은, 창을 날리는 거리를 잘 측정하고 거듭 잰 것이니, 거리에 맞는 무게로 (권한의 위임이) 준비된 것이다. 양지에서 바라보며 명중하여 부상시킨 것은 창을 날리는 거리를 잘 측정한 것이다. 경중이란 권한의 위임에 반만 준비된 것이다. 보여진 것을 보고 들리는 것을 듣는 견문을 갖는 것은 권한의 위임이 준비된 것이다. 그러므로 주간에는 깃발을 자주 사용하고 야간에는 북을 주로 쓴다. 이것이 적을 쫓아 보내는 이유이다.

凡此四者, 兵之用也。人皆以為用, 而莫徹其道者, 徒勞而無功也。此權備之道也。

이 네 가지로 군사를 운용한다. 적도 이것을 이용할 것이다. 이 방도를 명철하지 못하면 공은 없고 노력은 허사가 된다. 이것이 권한을 위임하여 준비시키는 방책이다.

그림, 제3권 제8도 : 병리장병권비도

圖, 第三卷第八圖: 兵理長兵權備圖。

무릇 국가적 환란 대비 방책에는 네 가지가 있다 : 확고한 대비, 기근과 공황 대책, 반란 대비, 전쟁 준비이다.

凡國之道曰四: 曰備固, 曰備荒, 曰備亂, 曰備戰。

凡兵之道曰四: 曰陣備, 曰勢備, 曰變備, 曰權備。徹其二四者, 所以善治國、善安民也; 所以破強敵、取猛將也。
一千三百四十二

무릇 군사 운용 대비 방책의 네 가지는 이르길, 진, 세, 변, 권이다. 이 네 가지를 밝게 관철하면, 이른바 나라를 잘 다스리는 것이고 백성의 안전에 최선이며, 이른바 강한 적을 격파하며, 용맹한 적장을 잡을 수 있다.
1,342 자

한신주

此篇三簡名: 齊安城簡曰《勢備》, 縮立簡也, 何人縮立, 不考不參也。秦宮郿鄔簡曰《事備》。景林簡曰《四備》。

이편에 관한 세 가지 죽간 편명에 : 제나라 안성간은 〈세비〉라 부르며 간단히 축소한 죽간인데 누가 축약했는지 참고할 수 없다. 진궁 미오간은 〈사비〉라 이르고, 〈경림간〉은 이르길 〈사비〉이다.

孫臏兵法八十九篇圖四卷有《勢備》篇, 言: 定、交、攻、分、合、變六勢之備也。

손빈병법 89편(7) 그림 4권에 〈세비〉편이 있고 이르길: 정, 교, 공, 분, 합, 변을 여섯 가지 세비로 했다.

《軍政》二十七行有《事備行》, 論: 根、格、推、奪、盤、刑、習、貨、陰、陽、內、外十二事之備也。信參而曰, 齊、秦二簡名實不妥也, 乃傳之謬誤也。二四相

〈군정〉 27행에는 〈사비행〉으로 논하길 : 근, 격, 추, 탈, 반, 형, 습, 화, 음, 양, 내, 외 등 12가지로 사태를 대비한다. 나 한신은 이를 참고하여 말하건대, 제와 진의 두 죽간은 유명무실하고 타당치 않다. 전해진 내용에 오류가 있다. 이 24가지가

生，二四相通，解備而不離其
旨者，信以爲景林簡名符以其
旨也。故定名《四備》。

서로 낳고, 이 24가지가 서로 통해야(8),
대비에 대한 이해가 복잡하지 않고 논지
를 갖게 되는데, 나 한신은 경림간에서 이
름 그대로 부합된 논지를 알 수 있다. 그
러므로 이름을 정하길 <사비>이다.

備固、備荒、備亂、備戰者，
國恆民安之道也。陣備、勢
備、變備、權備者，兵勝敵之
道也。此二四之徹者，逸其前
賢之妙也，非齊民而不可爲
也。 漢楚王韓信於漢五年二月
二百二十五

국가의 (사직)을 공고히 지키는 것, 경제
난국에 대비하는 것, 반란에 대비하는 것,
전쟁을 준비하는 것 등은 나라를 항존케
하고 백성의 안위를 지키는 도이다. 군
진으로 대비하고, 형세로 대비하고, 변화
에 대비하고, 군권을 위임하여 대비하는
것은 군사 운용에서 적을 이기는 도이다.
이 24가지를 명철히 알아야 과거 현인의
현묘한 도에 이를 수 있다. 제민(손무)가
아니면 할 수 없는 것이다. 한 초왕 한신,
한 나라 5년 2월
225자

埶（勢）備(9)

죽간 孫子曰：夫陷(含)齒戴角，前
蚤(爪)後鉅，喜而合，怒而囵
（鬭），

손자 이르길: 동물들은 날카로운 이빨, 단
단한 뿔, 날카로운 앞다리와 윗다리의 발
톱이 있어, 기분이 좋으면 가만히 있지만,
화나면 이를 무기로 삼아 싸운다.

天之道也，不可止也。故無天
兵者自爲備，聖人之事也。黃
帝作劍，以陳（陣）象之。笄
（羿）作弓弩，以埶（勢）象
之。禹作舟車，以變象之。
湯、武作長兵，以權象之。

이는 천지의 道이므로 아무도 그것을 말
릴 수 없다. 그러나 이런 하늘이 준 무기
가 없는 인간은 자신을 방어할 무기를 만
들어야 했다. 이것이 성인의 일이었다.
황제는 진법을 본떠 검을 만들고, 예는 형
세를 본떠 활을 만들었다. 또한 우는 용
병의 기동성 변화를 위해 배와 수레를 만
들었고, 탕과 무는 장창으로 무장시켜 군
권을 위임했다.

凡此四者，兵之用也。何以
知劍之爲陳（陣）也？且莫
（暮）服之，未必用也。故
曰，陳（陣）而不戰，劍之爲
陳（陣）也。劍無封（鋒），
唯（雖）孟賁【之勇】，不
敢□□□。陳（陣）無蜂
（鋒），非孟賁之勇也敢將而
進者，不知兵之請（情）也。

무릇 이 네 가지로 군사를 운용한다. 어
떻게 검이 진법의 상징임을 알 수 있니?
검은 아침저녁으로 몸에 차고 있지만 반
드시 사용하는 것은 아니다. 그러므로 이
르길, 군대도 항상 진을 쳐야 하지만 반드
시 전투에 참여하고 있을 때만 그러는 것
은 아니다. 이것이 검과 진법의 같은 점
이다. 검이 예리하지 않다면 비록 맹분과
같은 용맹한 장수라도(10) 감히 (적과 싸

우려 하지 않을 것이다.) 검의 예리한 칼날에 같은 선봉 부대를 진에 두지 않는다면 맹분의 용기로도 감히 나아가지 못할 것이고, 정세에 맞는 용병법을 모르는 것이다.

劍無首鋌, 唯 (雖) 巧士不能進【□】□。陳 (陣) 無後, 非巧士敢將而進者, 不知兵之請 (情) 者。故有蜂 (鋒) 有後, 相信不動, 適 (敵) 人必走。無蜂 (鋒) 無後……□券不道。

칼에 손잡이가 없다면 비록 뛰어난 전사라도 나아가 적과 싸우려 하지 않을 것이다. □□ 진에 후속 배비가 없다면 적으로 나아가려는 뛰어난 무사는 없을 것이며, 전장의 정세를 모르는 것이다. 그러므로 칼이 예리하고 뒤에 손잡이가 있어야 쓸 수 있는 것처럼 서로 믿어 흔들림이 없으면 적은 필히 도망갈 것이다. 선봉부대와 후속 부대를 편성해 두지 않는다면…… □를 말할 수 없다.

何以知弓奴 (弩) 之為執 (勢) 也? 發於肩應 (膺) 之間, 殺人百步之外, 不識其所道至。故曰, 弓弩執 (勢) 也。

어떻게 활로 병세를 비유할 수 있는가? 활은 가슴과 어깨 사이로 발사해 먼 곳에 있는 적을 쓰러뜨린다. 그러나 적은 화살이 어디서 날아왔는지 알지 못한다. 그러므로 이르길, 병세는 활을 상징하여 아는 것이다.

何以【知舟車】之為變也? 高則……何以知長兵之權也? 図 (擊) 非高下非……□盧毁肩。故曰, 長兵權也。凡此四……所循以成道也。知其道者, 兵有功, 主有名。□用而不知其道者, 【兵】無功。凡兵之道四: 曰陳 (陣), 曰執 (勢), 曰變, 曰權。察此四者, 所以破強適 (敵), 取孟 (猛) 將也。

어떻게 배와 전차로 기동성의 변화를 상징하는가? 높은 곳……. 어찌하여 장창으로 군권의 위임을 상징하는 가? 공격을 함에 위아래를 가리지 않기 때문이다. 적의 머리와 어깨를 가리지 않고 훼손한다. 그러므로 이르길 군권을 위임했다고 할 수 있다. 이 네 가지는…… 서로 유기적으로 순환하며 도를 이룬다. 그 도를 아는 것으로 싸움에 공이 있고 군주는 이름을 얻는다. 그 도를 모르고 □을 사용하는 자는 싸움의 공을 이루지 못한다. 무릇 군사 운용의 도 네 가지는 이르길, 진, 세, 변, 권이다. (11) 이 네 가지를 살펴 행하면, 강한 적을 이길 수 있고, 용맹한 적장을 잡을 수 있다.

……執 (勢) 者, 攻無備, 出不意……中之近……也, 視之近, 中之遠。權者, 晝多旗, 夜多鼓, 所以送戰也。凡此四

....병세는 준비되지 않은 적을 공격하고, 뜻하지 않은 곳에 나타나 달성된다…… * (번역 불가).... 주도권은 낮에 많은 깃발과 밤에 요란한 북소리로 전기를 세워 얻

者，兵之用也。□皆以為用，而莫囜　　는 것이다.
（徹）其道。
……□得四者生，失四者死，　　무릇 이 네 가지가 군사 운용의 도를 얻으
□□□□……　　면 살고 잃으면 죽는다....

역자 주

1. 세비(사비)는 손자 13편의 병세편과 유사하나, 일부는 13편 計편에 "攻其無備, 出其不意. 此兵家之勝"과 같은 문구로 나타난다.

2. 天兵은 "天理에 맞는 군사 운용"으로 풀이하나, 장장본에는 도가의 주술적 색체가 짙다. 황건이나, 손은의 난 등에서 가담자들은 자신을 천병으로 지칭했다. 난의 지도 세력은 天將, 그 이하 조직은 天兵, 鬼兵으로 불렀다.

3. 行空은 "사공司空(工)"을 불러 계획의 시행 타당성을 검토하는 War-Game이다. 도가에서는 천병과 함께 하늘을 날아 천하를 일람하는 황당한 해석으로 백성을 위안했지만, 역시 "병법의 하이브리드적 풀이"를 하여 실전에 적용했다.

4. 甲卷不道, 귀갑을 말아두어 (점친 것)을 말하지 않는 것, 고대에는 거북을 구워 균열한 선을 보고 점을 치고 군의 진퇴를 결정했다. 卷甲은 후대에 갑옷을 말아 두어 몸을 가볍게 하거나, 빠른 속도의 이동을 뜻하는 용어로 연변 한다. 더불어 "계획 없이 급히 서두르는"뜻의 다중적 의미를 포함하고 있다.

5. 陣甲無道, 귀갑을 펼쳤으나 방책이 없는 것, 장장본의 이런 표현은 앞의 卷甲에 대구로 사용하여 문장을 아름답게 했다. 무장하여 진을 쳤으나 대책이 없는 것으로 상징화되었다.

6. 四路는 "四路五動" 52편 四五 "군 작전 운용에는 네 가지의 접근로와 다섯 가지 기동이 있다."

7. 한신이 "손빈병법 89편"이라는 언급은 의심의 여지가 있다. 그러나 그가 이 말을 한 것이 사실이라면 중대한 시사점을 제공한다. 손빈은 "사비"를 "세비"로 편명했고, 이는 제 안성 죽간의 "세비"와 같은 것이다. 그렇다면 손무의 경림간은 손빈의 89편과는 다른 것이고, 이 책에서 손빈 고유의 것으로 분류한 7편(금방연擒龐涓, 견위왕見威王, 위왕문威王問, 진기문루陳忌問壘, 강병強兵, 십진十陣, 십문十問)을 합한 "제 안성간"이 바로 손빈의 89편이라는 것을 알 수 있다. 이로써 경림간은 오나라 손무의 82편이 거의 확실해진다. 또한 한신의 손빈에 대한 평가는 높지 않은 것을 알 수 있다.

8. 24가지는 사비(備固, 備荒, 備亂, 備戰)에 한신이 손빈을 인용해 말한 여섯 상황인 육세지비六勢之備(定, 交, 攻, 分, 合, 變)를 배합한(4×6) 것으로 추정된다. 다소 혼란스러우나 한신은 〈군정〉에 보이는 열두 가지 사태 대비를 같이 설명하여, 그가 말한 열두 가지를 짐작케 한다.

9. 죽간 埶(勢)備에는 손빈의 사상이 빛나는 전술 금언이 들어있다. 특히 후세의 용병 사상에는 陣, 勢, 變, 權을 四變의 플랫폼으로 보아 형세의 중심(COG, Center of Gravity)을 판단한다. 은작산 죽간의 四變(途, 軍, 城, 地)은 손무의 것으로 분류하여 손빈의 사변과는 개념이 다르다. (참고 : 장장본 51편 〈九變 2〉 은작산 출토 죽간 〈四變〉 279자)

10. 孟賁, 전국시대 衛 나라 사람으로 알려졌으나 정확지 않다. 여러 사적에 출현하여 대체로 용맹한 사람을 뜻하는 관용어로 쓰였다. 맹분이 전국 시대 이후의 용어라면 손빈 고유의 것이고 손무

가 지은 사비편에 기술된 것은 모순이다. 그러나 맹분이 서한 시대에 등장하는 虎賁(왕을 호위하는 직속 부대)을 관용어로 한 사관들에 의해 재진술된 것이면 언어 가공의 정도가 미숙한 말뭉치(Text Corpora)에서 언어 수행상의 오류로 볼 수 있다.

11. "權"의 영어 번역과 해독에 학자마다 쟁점이 있다. 리우신지안劉新建(1989), 자오쿠이푸趙逵夫 (1994) 등은 "권"을 "저울추로 잰 균형, Weighing with the lever scales"으로 해석하여 피아 방책의 비교 판단으로 보았고 Sawyer(1995)나 Ames(2003) 등은 그대로 번역했다. 이는 "威王問"에서 손빈이 田忌와의 대화를 통해 權을 상대적 우세를 위한 부대의 준비 템포로 설명한 것에 기인한다. 그러나 四變의 전체 문리는 상황의 변화에 관한 것으로 군사 운용의 즉응성을 강조하고 있다. 따라서 문맥과 맞으려면 權의 의미가 예하 장수에 맡긴 임무형 분권화(Auftrastaktik)로 봄이 타당하고, 권한의 위임인 "分權"을 함유하고 있다. 전쟁 상황의 전개는 뒤에 〈손자병법 13편〉에 진(軍形) 세(兵勢) 변 (九變) 권(行軍, 九地)으로 발전한다.

출처	원문	번역
	27편 缺文	
장장본	28편 天地一 ……自圓非方，以九稱閣在天中……	…… (하늘은) 스스로 둥글며 사각이 아니다. 구칭(구변)으로 (1) 하늘의 때가 열리는……
한신주	없음	
죽간	없음	

역자 주

1. 九稱은 장장본 51편 구변 2에서 혼동하여 사용되어 "하늘의 변화", "날씨의 변화", "형세의 변화"로 다의적이다. 한신은 제나라 안성 죽간에서 九變을 구칭九稱이라 언급했다.

출처	원문	번역
	29편 陰紀 缺文, 30편 夏紀 缺文, 31편 九變一 缺文	
장장본	32편 九天 (1) 天之經者，陰陽之合也，大以九稱，而變以九稱。一曰陰，二曰陽，三曰中，四曰霧，五曰火，六曰水，七曰風，八曰雨，九曰殺……此太陰九天不可不知也，	하늘 씨날의(2) 비교와 운용은 음양의 합에서이고 변화로써 크게 이루어지며, 구칭이 그 변화를 말한다. 첫째는 음, 둘째는 양, 셋째는 중, 넷째는 안개, 다섯째는 불, 여섯째는 물, 일곱째는 바람, 여덟째는 비, 아홉째는 살이다(3)…… 이 태음구천을(4) 모르면 안 된다.
	天勝地, 地勝人, 人勝萬物, 萬物興天, 天流民之隃也, 兵之置也, 故知九天之道, 借九天之力,	兵家의 해석 : 천시가 지리를 이긴다. 지리는 인간을 이긴다. 인간은 만물을 이기며, 만물은 하늘이 준 것이다. 시간(天)의 흐름으로 노예(전민)의 굴레를 벗겨 군사 운용에 쓴다. 그러므로 구천(변화의 시기)의 방도를 알아 구천(기상의 변화)의 힘을 빌린다. 道家의 해석 : 하늘이 땅을 이긴다…… 천사도의 유민이 이를 넘어서 군사 조직이 되니 하늘나라의 도를 알아야, 하늘나라의 힘을 빌린다.
	……戡天下之叛, 坐(挫)天下之權。	…… 깨우쳐 사나운 노예의 어지러운 천하를 평정하고, 천하 권세를 꺾었다. (5)
	…… 昔盤古氏, □□善觀天象, 察校十載, 而略九天。……	…… 옛날, 반고 씨는 하늘의 모습을 잘 관찰하여 열 가지 사안을 올여놓아 비교하고 살펴 구천의 공략법을 만들었다……
	……風天者, 太陰在箕、壁、翼、軫也…	…… 바람이 부는 날이란, 달이 기, 벽, 익, 진의 성좌 자리에 있는 날이다……. (6)
	… 兵理太陰九天圖。	……. 그림, 병리태음구천도
한신주	없음	
죽간	없음	

역자 주

1. 28편 天地一과 36편 天地二, 32편 九天은 잔결殘缺이 많아 내용을 알 수 없다. 九天이라는 道家의 철학적 思辨의 문구는 초나라 굴원의 시 〈楚辭〉 "하늘에 묻노니 天問"에서 처음 보인다. 九는 노양老陽이므로 변화하지 않을 수 없다. 공자 이후 儒家에서는 인간이 하늘을 제어하게 된다. 운명을 하늘에 묻지 않고 인간의 德에서 찾았다. 장장본에는 전국시대 포스트 공자의 사조가 스며들어 있다. 결국 인간은 하늘의 모습을 점점 닮아가고, 마침내 피비린내 나는 전쟁의 어리석음을 성찰하며 인간이 곧 하늘임을 자각하게 된다.

2. "經"은 19세기 이후에 서구에 번역되면서 경영의 뜻으로 해석되었으나, 병가에서의 본래 의미는 씨줄과 날줄을 엮어가는 "비교 프로세스"였다. 13편 計篇의 "經之以五"는 다섯 가지 비교 Matrix의 아주 정확한 표현이었으나 "경영"으로 訛誤되었다.

3. 九天을 아홉 가지 기상 변화로 보아 殺은 일식이나 월식을 말하는 단어이지만, 문맥상 뒤에 이어지는 太陰인 달(月)을 수식하고 있어 문식이 아름답다. 결국 陰殺을 말한 것이다. 그러나 九는 변화하지 않을 수 없는 陽이 극에 달한 상황이다.

4. "太陰九天"은 음살인 달에 비유한 병법의 무한한 변화를 은밀히 도가적으로 표현했다.

5. 坐는 挫의 통가자, "구천"은 운명과 형세의 변화에 대한 염원을 담고 있다. 문구는 평범하지 않고 비장하며, 손무의 전쟁 노예 상태 심정이 나타나 있다. 많은 구절이 잔결殘缺되어 맥을 이루지 못하지만, "감천하지민戡天下之敃"과 같은 문구는 글자의 상형에 중요한 단서를 남겼다. "敃"은 노예를 회초리로 때려 깨우쳐 가르치고 강인하게 만드는 두 가지 상형이 모인 회의자이다. 노예가 일으킨 소요를 평정하거나, 노예 스스로 깨우쳐 천하를 혁명하는 운명의 변화 (九天)를 주제로 했다. 이편은 비록 짧고 (잔멸이 많아 문장의 크기를 알 수 없으나), 신화에서 인문의 세계로 진입하는 흔적을 남겼다. 뒤에 따라붙는 문구인 "而略九天"은 상황의 변화에 맞는 책략이나, 이는 하늘에서 주어진 운명을 개척하는 "대천 전쟁의 공략법"으로 해석할 수 있다.

6. 箕, 壁, 翼, 軫의 동서남북의 각 방위별로 일곱 개씩 나눈 28수宿(4 X 7)의 대표 별자리이다. 손자 13편 火攻篇에 같은 문구가 있다.

출처	원문		번역
장장본	33편 九地一 地者⊠⊠有九，以九稱合，而 在天中，似圓非方也……		땅이란, ⊠⊠ 아홉이 있고, 구칭을 합하 여 하늘에 있으니 둥그런 원을 닮았고 반 듯한 것이 아니다……
한신주	없음		
죽간	없음		

34편 十發
察而算，算而備，備而發，發
而誓，誓而戰，戰而變，變而
利，利而勝，兵之生道也……
此十發之用，變□□，不可不
察也。

살펴서 계산하고, 계산하여 대비하며, 대
비하여 시작하고, 시작할 때 뜻을 모아
맺고, 모인 뜻으로 싸우며, 싸움으로 형
세를 변화시켜, 변화로 유리함을 얻고,
이겨서 이익을 취하니, 이것이 군사 운용
을 만드는 도이다…… …… 이렇게 열
가지 "시작점"을 사용하면 □□이 변하니
살피지 않을 수 없다.

本朝發祥之時，昌發《軍
政》，生髮《軍志》，尚發
《六韜》，□□發施令，纛不
倒者，兵不亡，明惡叫戰，一
發而屈商之兵於牧野，實乃本
朝善謀善發者也。

주 왕조의 개국 시에 무왕 창발이〈군정
〉을, 주공 생발이〈군지〉를, 태공망 상
발이〈육도〉를 만들어, □□을 발령하
여 시행하니, 왕의 깃발은 쓰러지지 않았
고, 군대는 패망한 적이 없었으며, 적의
사악함을 밝혀 전쟁을 외쳐 군을 한 번
일으켜 목야의 전투에서 은상의 군대를
굴복시켰다. 참으로 본 왕조는 좋은 계획
으로 잘 시작했다.

故善謀者九州為上，破關次
之，善發者，不發則已，一發
而屈人之兵，故善用兵者，必
以九州爭高下而善謀善發。

그러므로 좋은 계획이 구주 천하제일이
고, 그다음은 적의 군사 요새를 부수는
것이니, 처음 시작을 잘하면, (싸움을) 일
으키지 않을 수 있고, 한 번 일으키면 적
을 굴복시키니, 군사 운용을 잘하는 것이
란 필시 세상의 고하를 막론하고 잘 계획
하고 잘 시작하는 것이다.

……致人而不致於人……
……動於九天，藏於九地……
……利用天塹、天井、天牢、
天羅、天陷、天隱擊敵也……

…… 적을 나의 영향 내에 들게 하고, 내
가 적의 영향권에 들지 않는다…… (1)
……… 하늘의 변화에 따라 움직이고, 험
한 지형에 숨는다………
……… (五天, 다섯 가지 천연지형의) 이
용에는 자연 구덩이(塹), 천연 우물(井),
감옥처럼 막힌 곳(牢), 한 번 들어가면 나
오기 어려운 곳(羅), 천연 늪지(陷)가 있
어, 이런 자연은 이용 은폐하고 적을 공
격한다…… (2)

한신주	없음
죽간	없음

역자 주

1.손자 13편 虛實篇에 동일한 문구가 있다. 〈귀곡자鬼谷子〉, 中經에 "치인이불치어인이란 즉, 적이 (나의 영향권)에 이르는 것이고, 적이 내가 (적의 영향권)에 들지 않는 것이다(致人而 不致於人 即 使人自至而不讓人使己至)."라는 구절이 있으나 이 문구 성립의 선후를 따지기는 어렵다. 대체로 귀곡자의 사상이 손빈에 의해 병법에 녹아들었다고 보면, 손무가 쓴 것은 아 닐 것이다.

2. 五天은 손자 13편 行軍篇에 있다. 十發과는 문리가 맞지 않고 죽간보다는 전래본에 가까운 글자로 후세에 가필된 것으로 보인다.

35편 麟鳳(1)
熙天地之理，行仁義道德，則天地興也，萬民樂也。能興天地而樂萬民，富國強兵而牛紉以敵者，麟鳳之才也。

천지의 이치를 밝게 비추고, 인의와 도덕을 행하면, 바로 천지는 흥하고 만물은 기뻐한다. 능히 천지와 함께 만민이 즐거운 것이다. 부국강병으로 적의 고삐를 조이려면 재능있는 인물을 발굴해야 한다.

欲以敵國之民之所不安，正俗所兵，不能藉天地之力而難敵國兵之所長者，耗兵也。欲強多國之所寡，以應敵國之所多，速屈之兵也。

적국 백성의 소요와 불안을 틈타, 이를 정벌코자 하여, 천지에 의지함이 없이 적군의 우세한 곳을 공격하는 것은 무모한 일이다. 오래 지나지 않아 자원이 소모되어 전투력을 상실하고 만다. 적은 병력의 나라가 강한 군대로 적국의 많은 병력에 대항하여 싸우려면, 전투를 빨리 끝내 졸속의 군사 운영을 해야 한다. (2)

備固，不能難敵之器用，陵兵也。器用不利，敵之備固，挫兵也。

아군의 방어가 견고하다고 해도 적군의 우수한 공격 무기나 군사 장비를 막을 수 없다면 결국, 아군은 멸시받는 군대가 된다. 아군 장비가 열세하고 적의 대비가 견고하면 아군은 (공격은) 좌절된다

兵不能見敵難服而多費，不固，兵不達明者也。善陣，知背向，知地形，而兵數困，不明於國勝、兵勝者也。

군대가 재정이 많이 들고, 적을 굴복시키기 어렵다는 것을 예견치 못하면, (군 자체의 존립)이 확고할 수 없고 전쟁의 목적도 불명하게 된다. 진을 잘 치고 주둔지의 배향을 잘 정하고, 지형의 이점을 잘 알지만, 오히려 곤경에 빠지게 되는 것은 아군의 국가 전략적 승리와 군사 전투적 승리가 명확하지 못하기 때문이다.

民心固，合天地，而兵不能昌大功，不知會也。兵失民，不知過者也。兵用力多而功少，不知天時者也。

백성의 단결이 견고하고 천지에 합당해도 군대가 큰 공을 이루지 못하는 까닭은 회전會戰의 때를 잘 몰랐기 때문이다. 군이 백성의 지지를 받지 못하고 민심을 잃는 것은 군이 자신의 과오를 모르고 반성하지 않았기 때문이다. 군사 운용에 큰 노력이 들었지만 전공이 적은 것은 그 운용의 때를 몰랐기 때문이다.

兵不能勝大患，不能合民心者

군대가 큰 고난과 우환을 극복하지 못하

也。兵多悔，信疑者也。

면, 민심을 얻지 못한다. 군대의 잦은 패배는 의심스러운 정보를 믿었기 때문이다.

兵不能見福禍於未形，不知備者也。敵以分吾，吾以一一拒之，內疲之兵也。多費，不固，不知天地之力也。

형세가 정해지지 않은 채, 전쟁의 승패의 화복을 예견할 수 없다면, 이는 전쟁 전에 면밀한 계획과 준비를 하지 못했기 때문이다. 적군이 아군을 분열시켜, 아군이 각개로 적을 방어하면 부대 내에 피로가 쌓인다. 전비가 많이 들면 (군의 지위)가 확고할 수 없으니, 세상천지의 도움을 모르게 된다.

故兵見善而怠，時至而疑，去非而弗能居，止道也。貪廉，龍而敬，弱而強，柔而正，啟道也。行止道者，天地弗能興也。行啟道者，天地興也。

그러므로, 군대가 (전승의) 호기를 보고도 잡지 못하거나, 시기가 왔는데도 의심하며 결단을 내리지 못하고, 잘못을 버리고 유능하지 못한 것은 멸망의 길, "지도"이다. 가난하면서도 청렴하고, 총애받고 있으면서도 공손함은 잃지 않으며, 연약한 듯하지만 당당하고, 부드러우면서도 바른 자세라면, 성공하는 길, 즉 "기도"라고(3) 한다. 멸망에 이르는 길인 지도를 행하면 절대로 융성할 수 없으며, 성공하는 길인 기도를 행하면, 천지가 흥하게 된다.

能與天地同興者，麟鳳之將、王霸之兵也。欲以國之民之所安，用麟鳳之將、王霸之兵，借天地之力，精兵要政，橫兵千里而不傷者，牛絅而擊也。見敵難服，兵尚淫天地而動，水火實而一也。三百九十

능히 천지와 함께하는 것은 뛰어난 재능의 장수이며, 왕도의 패권 군대가 된다. 국가와 백성을 편안케 하려면, 유능한 장수를 써야 한다. 왕도 패권의 군대는 천지의 힘을 빌리며 정예한 군대로 정벌하여 부대를 천 리에 전개해도 다치는 사람이 없는 것은, (적을 이미 얽어매어) 공격하기 때문이다. 굴복하기 어렵게 보이니, 이는 군사 운용을 천지간 은밀히 모르게 움직였기 때문이며, 음양을(4) 조화롭게 하나로 한 결실이다. 390자

한신주 此篇簡名皆曰《麟鳳》。以表而言，行逆兵客。實而究之，應順兵容。向人順之，麟鳳之才。

이편의 죽간명은 모두(제 안성간과 진 미오령간) 이름이 〈인봉〉이다. 말로 표현되었지만, 군사를 운용하는 책사들에게는 실제 행하기에 반하는 것들이 있다. 실제를 탐구하고 군의 실정에 따라 맞아야 한다. 사람의 모습과 도리에 대해 순

응하는 것이 인봉의 재능(인재를 알아보고 뽑는)이다.

富國強兵，善哉善哉！牛紖而擊，兵無殃災。以信究之，麟鳳簡名者，名符其旨也，故定名《麟鳳》。今依三簡之長，車子重修元容。

부국강병, 좋고 좋은 말이다! 그러나 적을 꼼짝 못 하게 하고 공격해야 부대에 재앙이 없다! 나, 한신이 탐구하건대, "인봉"이라고 한 죽간의 편명은 그 요지에 이름이 잘 맞는다. 그러므로 이름을 정하길 〈인봉〉이다. 지금 세 편의 죽간의 장점에 의해, 이것의 원래 모습을 거듭 정리한다.

《軍政》之《道行》曰："止道之災曰五：曰耗，曰屈，曰陵(凌)，曰挫，曰疲。有災而視原，行應之原曰九：曰不知明，曰不知勝，曰不知會，曰不知心，曰不知殃，曰不知備，曰不知借。止道行，行必不災也。"

〈군정〉의 〈도행〉에 이르길, "도가 끊기는 재앙이 다섯 가지 있으니, 耗(소모전), 屈(싸우지도 않고 항복), 凌(적을 얕잡아 보는), 挫(실패와 좌절로 사기가 꺾인 것), 疲(전투를 오래 끌어 장병이 피로한 것)이다. 이런 재앙은 그 조짐을 볼 수 있는데, 이런 것의 원인으로 다음과 같은 아홉 가지가 행동이 있다. 첫째 (피아 상황을) 명확히 모르는 것이고, 둘째 승리할 방법을 모른 것이고, 셋째 적과의 회전의 날을 모른 것이고, 넷째 단결의 구심점을 모른 것이고, 다섯째 전투로 인한 재앙을 모르는 것이고, 여섯째 대비할 줄을 모르는 것이고, 일곱째 도움을 받는 방법을 모르는 것이다. (6) 이런 것과 같은 행동을 그치면, 항상 재난은 없다. (7)

信觀天下，天下敗者，皆行止道也。止道者，逆行也。逆行者，逆天而行，逆地而行，逆人而行，逆法而行；天下勝者，皆行啟道也。啟道者，順行也。順行者，順天而行，順地而行，順人而行，順法而行。故而道行者，知順知逆，兵勝也。啟道止道，順逆之道。麟鳳之將，王霸之道。
漢楚王韓信於漢五年二月
二百五十一

나 한신이 천하를 보건대, 세상에서 패배란 대개 도를 그친 행동 때문이었다. 도를 그치는 것은 순리에 역행하는 것이다. 역행은 하늘에 거역하여 행동하는 것이고, 땅에 거역하여 행동하는 것이고, 인간에 거역하여 행동하는 것이며, 법에 거역하여 행동하는 것이나; 세상에서 승리하는 것은 대개 도를 열어 행동하는 것이니, 도를 여는 것은 순리를 따른 행동이다. 순리를 따른 행동은, 하늘에 순응한 행동이고, 땅에 순응한 행동이며, 인간에 순응하고 법에 순응한 행동이다. 그러므로 도를 행하는 자는 순역을 알아 전쟁에 승리한다. 도를 열고 도를 그침이 바로 순역의 도이다. 인봉이라는 뛰어난 재능의 장

＜兵失＞

<죽간>

欲以敵國之民之所不安, 正俗
所……難敵國兵之所長, 耗
(耗) 兵也。

적국 백성의 소요와 불안을 틈타 이를 정
벌코자 하여 적군의 우세한 곳을 공격하
는 것은 무모한 일이다. 오래 지나지 않
아 자원이 소모되어 전투력을 상실하고
만다.

欲強多國之所寡, 以應敵國之
所多, 速詘 (屈) 之兵也。備
固, 不能難敵之器用, 陵兵
也。器用不利, 敵之備固, 莝
(挫) 兵也。

적은 병력의 나라가 강한 군대로 적국의
많은 병력에 대항하여 싸우려면, 전투를
빨리 끝내 졸속의 군사 운영을 해야 한
다.* 아군의 방어가 견고하다고 해도 적
군의 우수한 공격 무기나 군사 장비를 막
을 수 없다면 결국, 아군은 멸시받는 군
대가 된다. 아군 장비가 열세하고 적군이
견고한 방어 시설을 갖추고 있다면 아군
의 (공격은) 좌절된다.

兵 不 …… □ 者 也 。 善 陳
(陣) , 知人倍 (背) 鄉
(向) , 知地刑 (形) , 而兵
數困, 不明于國勝、兵勝也。

군대가 □하지 않지만…… 진을 잘 치고
주둔지의 배향을 잘 정하고, 지형의 이점
을 잘 알지만, 오히려 곤경에 빠지게 되는
것은 아군의 국가 전략적 승리와 군사 전
투적 승리가 명확하지 못하기 때문이다.

民□……兵不能昌大功, 不知
會者也。兵失民, 不知過也.
兵用力多功少, 不知時者也

백성의 단결이 견고하고(5) (천지에 합당
해도) 군대가 큰 공을 이루지 못하는 까
닭은 회전會戰의 때를 잘 몰랐기 때문이
다. 군이 백성의 지지를 받지 못하고 민
심을 잃는 것은 군이 자신의 과오를 모르
고 반성하지 않았기 때문이다. 군대운용
에 큰 노력이 들었지만 전공이 적은 것은
그 운용의 때를 몰랐기 때문이다.

兵不能勝大患, 不能合民心者
也。兵多悔, 信疑者也。

군대가 큰 고난과 우환을 극복하지 못하
면, 민심을 얻지 못한다. 군대의 잦은 패
배는 의심스러운 정보를 믿었기 때문이
다.

兵不能見福禍于未刑 (形) 不
知備者也. 兵見善而怠 時至而疑
去非而弗能居 止道也.貪而廉龍
而敬弱而強 柔而□ 起道也 行止
道者 天地弗能興也. 行起道者,
天地……

형세가 정해지지 않은 채, 전쟁의 승패를
예견할 수 없다면, 이는 전쟁 전에 면밀한
계획과 준비를 하지 못했기 때문이다. 군
대가 (전승의) 호기를 보고도 잡지 못하
거나, 시기가 왔는데도 의심하며 결단을
내리지 못하고, 잘못을 버리고 유능하지

못한 것은 멸망의 길, 즉 "지도"라고 한다. 가난하면서도 청렴하고, 총애받고 있으면서도 공손함은 잃지 않으며, 연약한 듯하지만 당당하고, 부드러우면서도 □이 있는 자세를 성공하는 길, 즉 "기도"라고 한다. 멸망에 이르는 길인 지도를 행하면 절대로 융성할 수 없으며, 성공하는 길인 기도를 행하면, 천지에........

(이하 번역 불가)

……之兵也。欲以國……
……□內罷（疲）之兵也, 多費不固……
……見商（敵）難服<, 兵尙淫天地……
……而兵强國□□□……
……□兵不能……

역자 주

1. 麟鳳은 획린獲麟의 고사에서 왔다. 〈노사魯史〉에 실려 있다. 〈노사〉는 魯 은공隱公 원년인 기원전 722년에 시작하여 기린을 잡던 해인 노 애공 14년(기원전 481년)까지의 242년 동안의 기록으로 공자가 〈노사〉를 산책刪冊하여 〈춘추春秋〉로 이름 지었다. 춘추에 보이는 "노 나라가 기린을 죽이다."에서 기린은 인재를 말하며 또는 인재의 손실을 의미한다. 기린에 관한 〈노사〉의 기록은 다음과 같다. "다음 해인 주 경왕 39년에 애공은 大野澤에 사냥을 나갔다. 애공을 따라간 숙손 씨의 가신 서상鉏商이 짐승 한 마리를 잡았다. 몸은 노루와 같이 생겼고 꼬리는 소와 같았으며, 뿔에는 살이 붙어 있었다. 괴이하게 여긴 서상이 짐승을 죽여 사체를 도성으로 가져와서 공자에게 물었다. 공자가 죽은 짐승을 살펴보고 말했다. '이것은 기린麒麟이라는 짐승이다.' 공자가 기린의 뿔을 살펴보니 붉은 끈이 여전히 매어져 있었다. 그것은 옛날 공자의 모친 안징재가 공자를 낳았을 때 매달아 놓았던 끈이었다. 공자가 보고 한탄했다. '나의 도는 결국은 끝이 났는가!' 공자가 제자들에게 명하여 기린의 사체를 거두어 묻도록 했다. 공자가 거문고를 가져오게 하여 노래를 지어 불렀다. '밝은 임금이 계실 때나 기린과 봉황이 세상에 나와 노니는 법인데 明王作兮麟鳳游……'

따라서 인봉의 구절은 대체로 인재 등용의 실패에 대한 비관적 견해를 담고 있다. 죽간에 "兵失"로 표현된 것도 그 때문이다. 인간의 어리석음을 전제로, 난세에 쓸만한 사람이 모두 숨어버린 상황에서 전쟁이 어떤 자들에게 이끌리는지를 비유한 것이다.

2. 손자 13편 병세편에 "병문졸속兵聞拙速 전쟁은 졸속으로 빨리 끝내야 한다."로 연변 했다.

3. 啟道는 起道의 음차, 起道와 止道는 장장본이나 은작산 죽간에서 편제 배열 미상이나 편외로 분류되어 있다.

4. 水 火는 음양 협격, 또는 수공과 화공의 협격을 의미하나, 장장본의 의도는 병법을 은밀히 운용하는 음살陰殺의 뜻을 담고 있다.

5. 民□는 장장본 인본의 民心固로 추정된다.

6. 아홉 가지 중 두 가지는 문장이 빠졌다.

7. 행行은 항으로 읽혀 恒의 뜻으로 음을 가차했다.

36편 天地二 缺文

37편 軍擊一(1)

昔之善戰者。國示軍不宣。出
其無意，攻其無備。故攻人於
無形之中，殺人於無影之地
者，避正伏擊也。或前或後，
或左或右，伏人於一面者，曰
衝擊。

예부터 잘 싸우는 자는, 군대를 우선하지
않는 것을 국시로 했다. (그러나 전쟁을
시작함에는) 의도하지 않은 곳으로 나아
가고, 수비 하지 않은 곳을 공격했다. 따
라서 공자는 형세를 보이지 않았고, 땅에
흔적 없이 사람을 죽이되, 정공을 피하고
숨어서 공격했다. 때때로 전후좌우에 한
면만 보이니 이를 일러 기습적 공격이라
했다.

衝擊者，一方武者在旌旗，一
方武者實人卒，兩方靜者遺亡
闕，殺其亂也，擊其亡去，亡
者不屈。十去其一、二。

기습 공격이란, 한쪽에서는 부대 정기를
들어 (거짓 주력)으로 보이고, 다른 한쪽
에서 실 병력이 갑자기 나타나는 것이다.
양쪽 모두 조용히 (적이) 도주할 곳은 터
준다. 어지러움을 없애고 다시 도주자를
공격한다. 도망자는 더 추격지 않는다.
이것이 열에 첫째와 둘째이다.

伏人於前後者，曰前後夾擊，
前後夾擊者，左方武者在旌
旗，右方靜者遺亡闕。殺卒焚
貨，擊其亡去，亡者不屈。十
去其二、三。伏人於左右者，
曰左右夾擊。左右夾擊者，前
方武者旌旗實人卒，後方靜者
遺亡闕。

앞뒤로 매복하는 것을 일러, 좌우 협격이
라 하는데, 좌측의 무사들이 부대기를 들
고, 우측 공격 부대는 도망갈 길을 터 준
다. 적을 죽이고 물자를 불태우며 도망자
를 공격한다. 도망자는 복종치 않으므로
더는 추격지 아니한다. 이것이 열에 둘과
셋이다. 좌우에 매복하는 것을 일러 좌우
협격이라 한다. 전방의 무사는 부대기를
들고 실 병력이 기습 한다. 후방에 적이
도망갈 길을 터준다.

殺中刓頭，擊其亡去，亡者不
屈。十去其三、四。伏人於三
面者，曰爵三夾擊。爵三夾擊
者，前後左右武者篇在旌旗實
人卒。遺闕或有或無，以力而
為之。一聲鼓響，三軍吶喊助
威，有名有實。

머리를 베어 죽이고 도망자를 공격하되
더 추격지는 않는다. 열에 셋과 넷이다.
삼면에 매복하는 것을 일러 세 면 동시
협격이라 한다. 세 면 동시 협격은 전후
좌우의 한편에서 부대기를 들고 다른 실
병력으로 기습하는 것이다. 적이 도망갈
길을 터주기도 하고 막기도 한다. 이를
위해 힘을 다한다. 한 번에 북을 크게 울

殺頭劓中，奪貨取卒。(殺者亡去，亡者不屈)。十去其四、五。伏人於前後左右者，曰四方夾擊。四方夾擊者，以靜爲理。客至，鼓聲助之，喊聲威之，闕勿遺之。擊軍五分，四擊一收。殺將取貨，取卒收降。亡者不屈。十去其五、六。

머리를 베어 군중에 보이고 물자를 탈취하고 적병을 잡는다. 열에 넷과 다섯이다. 전후좌우에 매복하는 것을 일러 사방 협격이라 한다. 사방 협격은 조용히 질서 있게 한다. 적이 공격하면 북으로 알리고 함성으로 위세를 보인다. 도망갈 길을 터 주지 않고 공격 부대를 다섯으로 나누어 한 번에 네 곳을 공격한다. 적장을 죽이고 물자를 빼앗고 적병을 잡아, 항복을 받는다. 도망자는 추격지 않는다. 열에 다섯과 여섯이다.

伏人於厄道者，曰形面伏擊。形面伏擊者,高陽武者,遍在旌旗實人卒。以佚待勢,以寡伏之。客至,卒凶旗抏，鼓聲唬勢。以高擊下，以生擊死。亡者不屈。十去其六、七。凡此六者，軍擊之岬也。用者，算定而篡也。故軍擊有時，軍擊有地。因天而擊，因地而擊，因人而擊，因利而擊，因變而擊，因勝而擊。

협소한 지형에 매복하는 것을 일러 "형면 복격-입체적 동시 공격"이라 한다. 형면복격이란 사기 충만한 무사들이 한 쪽에 부대기를 들고 다른 곳에 실 병으로 기습하는 것이다. 적이 피로하고 나태하다면 적은 병력으로 매복한다. 적이 나타나면 갑자기 깃발을 흔들고 북을 울리고 함성을 지른다. 고지에서 낮은 곳을 향하여 공격하고, 양지에서 (해를 등지고) 음지 쪽으로 타격한다. 도망자는 추격지 않는다. 열에 여섯과 일곱이다. 무릇 이 여섯 가지는 부대의 공격 규칙이다. 이를 이용하여 계획을 정하고 병력을 뽑는다. 따라서 공격에는 때가 있고, 공격에는 적당한 장소가 있다. 천시에 맞춰 공격하고 지리에 맞게 공격하며, 적 상황에 따라 공격한다. 이익을 얻을 수 있는 공격을 하고, 상황 변화에 맞추어 공격하며 승리할 수 있는 공격을 한다.

故不可攻有六，可擊有七。軍在城中，城在湃澤之中，無亢山名谷，而有阜丘於其四方者，雄城雄軍也，不可攻也。

따라서 공격할 수 없는 여섯 가지가 있고, 공격 가능한 일곱 가지가 있다. 적군이 성안에 있고, 성이 해자와 택지로 둘러싸여 있고, (2) 부근에 높은 산이나 깊은 계곡이 없어도, 사방에 언덕이 이어져 있는 성은 견고한 웅성이며 공격하기 어렵다

軍在城中，城，前名谷背亢山

적군이 성안에 있고 성 앞에는 깊은 계곡

者，雄城雄軍也，不可攻也。
軍在城中，城，中高外下者，
雄城雄軍也，不可攻也。軍在
城中，城中多有阜丘者，雄城
雄軍也，不可攻也。

이 있고 뒤에 험한 산 있으면 웅성의 강한
군대이니 공격하지 말라. 적군이 성안에
있고 성의 가운데가 높고 외곽이 낮으면
웅성의 강한 군대이니 공격하지 말라. 적
군이 성안에 있고 성 내에 산과 언덕이 이
어져 있으면 웅성의 강군이니 공격하지
말라.

軍在亢山之上，軍食流水，生
水也，雄山雄軍也，不可攻
也。軍在屾林中，草木榮榮，
山霧侵於四方者，雄山雄林雄
軍也，不可攻也。軍在城中，
城背名谷，無亢山於其左右
者，虛城牝軍也，可擊也。

적군이 높은 산 위에 있고, 흐르는 물을
식수로 사용하면 (원활한) 생수를 얻고
있어 웅산의 강군이니 공격하지 말라. 적
군이 깊은 산림에 있고 초목이 울창하고
산안개에 사방이 가려 있으면 험한 산림
에 강한 군대이니 공격하지 말라. 적군이
성안에 있고 성의 뒤가 깊은 계곡이고 좌
우에 막아 주는 산이 없으면 허약한 성의
약한 군대이니 공격할 수 있다.

軍在城中，城在發澤中，無名
山阜丘者，牝城牝軍也，可擊
也。軍在城中，城在亢山間，
無名谷付丘者，綴城牝軍也，
可擊也。軍在城中，城前亢
山，背名谷前高後下者，綴城
牝軍也，可擊也。

적군이 성안에 있고, 성이 작은 늪과 연못
으로 둘러싸여 있다. 부근에 높은 산이나
깊은 계곡이 없으니 빈성(약한 성)이요
적군은 약체다. 공격해도 좋다. 적이 성
안에 있고 성은 막힌 산 사이에 있다. 계
곡은 깊지 않고 언덕은 나지막하다. 뚫을
수 있는 성에 약한 군대이니 공격해도 좋
다. 적군이 성안에 있고 성 앞은 산이 막
혔다. 성 뒤로는 깊은 계곡이 있고, 앞에
는 높고 뒤는 낮아 성을 뚫을 수 있고 공
격해도 좋다.

營軍趣捨毋回名水，傷氣弱
志，可擊也。㷔盡燒者，地死
壞也，可擊也。軍食泛水者，
死水也，可擊也。凡此六七，
貴在餂機，図會而図，紉胘以
奇，覘為善擊也。

적이 숙영한 곳이 둘러싼 큰 강이나 하천
이 없고, 병사들이 지치고 사기가 떨어져
있으면 이를 공격하라. 적이 농작물이 없
는 토지, 즉 죽은 땅에 주둔하고 있으면,
쉽게 격파할 수 있다. 적이 고여 있는 물
을 식수로 사용하면 불결한 죽은 물에 의
존하고 있는 것이다. 이런 적은 공격 가
능하다. 무릇 이러한 여섯 가지 불공不攻
과 일곱 가지 가공可攻은 얻을 기회가 적
고図図하니 기책으로 적을 성안에 묶어
두고, 기회를 엿보아 바르게 공격한다.

《三墳》曰：“天皇十修，目
擊其天。修陰道，開九天。地

〈삼분〉에 (3) 이르길: "천황(복희씨)은
열 번을 노려 때에 맞게 공격했다. 어두

皇十修, 目擊其地。修地道, 開九地。人皇十修, 目擊其人。修人道, 開九人。"

운 음살의 도를 닦아 구천을 열었다. 지황(황제씨)은 열 번을 노려 지형에 맞게 공격했고 지리의 도를 닦아 구지를 열었다. 인황(신농씨)은 열 번을 노려 사람으로 요연하게 공격하고 인도를 닦아 九人을 열었다."

故神農十修, 目擊其理。修理道, 開九理。黃帝八修, 目擊其才。修才道, 開九才。風後八修, 目擊其擊。握奇經, 開九擊。故三軍可奪險, 三軍可奪食, 將軍可奪志, 將軍可奪心, 士卒可奪氣, 士卒可奪利。

그러므로 신농(인황)도 열 번을 노려 이치에 맞게 요연하게 공격했고, 이치의 도를 닦아 九理를 열었다. 황제(지황)는 여덟 번 노려 그 재능을 요연히 하여 공격했고 그 재능의 도를 닦아 九才를 열었다. 풍후는 열덟 번 노려, 그 공격 기동을 일목요연히 공격했다. 기책으로 기동로를 장악하고 九擊을 열었다. 그러므로 전군이 험지라도 점령할 수 있었고 전군이 그 군량을 앗을 수 있었으며, 장군의 의지를 빼앗고, 군의 단결을 빼앗으며, 병사들의 사기를 빼앗아 그 병사들의 이익을 빼앗을 수 있었다.

是故, 朝氣銳, 晝氣隋, 暮氣歸。是故, 圍地謀, 死地戰, 爭地奪。是故, 甲兵避, 利陣魁, 糧隊刊。故善握奇者, 避其銳氣, 擊其晝暮; 避其圍死, 擊其爭重; 避其甲兵利陣, 擊其糧役草隊。

그러므로, 아침에는 그 사기가 정예로워도, 낮에는 나태해지고, 저녁에는 사기는 사라지니, 모략으로 적을 포위하고, 사지에서는 싸우며, 쟁지는 빼앗는다. 그러니 무장병은 피하고, 날카로운 진은 무디게 하고, 군량 보급 부대는 약탈한다. 기책을 잘 쓰는 것은 정예로운 적은 피하고, 오후와 저녁에 공격하며, 사지에서 포위되지 않도록 하고, 쟁지와 재보급 지역을 타격하고, 정예 무장병의 날카로운 진을 피하고, 군량과 마초 보급 부대를 공격하는 것이다.

勿擊雄城雄軍, 勿擊雄山雄軍, 勿擊惡林雄軍, 勿擊正正之旗, 勿擊堂堂之陣。此兵家之擊, 擊, 不可先傳也。或知六, 明六七, 構三五者, 軍擊之道也, 擊無不勝也, 將軍必知也。一千零零六

견고한 성의 정예군은 공격하지 말라. 험준한 산의 정예군도 공격하지 말라. 울창한 숲의 정예군을 공격하지 말며, 정규 군대의 당당한 진영을 공격하지 말라. 이러한 병가의 공격 방법을 미리 전할 수 없다. 혹 여섯 가지를 알고, 여섯 가지와 일곱 가지에 다 밝아 삼오를 다 짜내어 꾸미는 것이 군대의 공격 방법이다. 이기지 못하는 것이 없는 공격을 하는 것이 장군이 필히 알아야 할 일이다. 1006 자

此篇簡名皆曰《軍擊一》。齊、秦兩簡大亂大悞也。故獨依景林簡，車子正其元容。

이번 편 죽간의 이름은 〈군격 1〉이다. 제나라 안성간과 진나라 미오령 죽간은 크게 혼란하고 잘못되었다, 오직 하나 경림간에서 정확한 원래의 모습을 알 수 있다.

《兵典》曰："靜而不移，動而不化。處而內方，擊而外圍，謂之神也。兵之九神者：曰神謀。曰神明。曰神要。曰神算。曰神治。曰神變。曰神心。曰神聲。曰神擊。厥於九神之終始，民安國昌；不厥於九神之終始，軍亡國殃。"

〈병전〉에 이르길："고요하되 움직이지 않고, 움직이되 변화하지 않는다. 주둔하면 안으로 방진을 취하고 공격하면 밖으로 원진이 된다. 이를 일러 신묘하다 한다. 군사 운용의 구신자란 이르되, 모, 명, 요, 산, 치, 변, 심, 성, 격이다. (4) 구신자의 시종을 모두 모으면, 백성은 편안하고 나라는 창성한다. 구신자의 시종을 모으지 못하면 군대는 망하고 나라는 재앙에 떨어진다."

此謂天下之名理也。是而言之，此九神之《神要》篇也。信觀上同之道，戰者，伐之原也。伐者，逆之根也。逆者，擊之神也。擊者，奇之本也。神擊神擊兮，參天度秘，審地影蹟。奇擊奇擊兮，順其已彼，囗定格局。

이를 일러 천하의 명리라 이른다. 이 말은 바로 이 구신자의 〈신요〉 편에 있다. 나 한신이 이를 보건대 상하의 도가 같으면, 전쟁은 (잘못을 바로잡으려는) 정벌에 근거한다. 정벌은 그 전쟁의 원인인 (반역을) 역으로 쓰는 것이고, 역수逆數로 신묘한 공격을 한다. 공격은 기책을 근본으로 한다. (모르게 하는 공격) 바로 신격이다. 하늘을 보고 비법을 재어보며, 지형을 조사하고 그 그림자를 올려 보라! 기책으로 공격하라! 적과 나의 상황에 따르고, 囗 을 정하고 (융통성 있는) 상황 국면에 맞춘다.

當擊不擊兮，緩失而遺。當擊則擊兮，致盡定釐。故擊之六法：曰衝擊。曰前後夾擊。曰左右夾擊。曰爵三夾擊。曰四方夾擊。曰形面夾擊。

공격할 때와 안 할 때를 (판단, 상황을) 느슨히 풀어 (융통의 여지를) 남겨둔다. 마땅히 공격할 때 바로 공격하고, 이치의 궁리를 다 하여 가치를 잰다. 그러므로 공격에 여섯 가지 방법은：충격, 전후 협격, 좌우 협격, 삼중 협격, 사방 협격, 입체적 협격이 있다.

故不可攻有六，可擊有七：軍在城中，城在洴澤之中，無亢山名谷，而有阜丘於其四方者，雄城雄軍也，不可攻也。

또한 공격할 수 없는 여섯과 공격 가능한 일곱은：적군이 성안에 있을 때, 성이 택지와 해자로 둘러싸여 있을 때, 막힌 산과 깊은 계곡이 없을 때, 사방에 이어진 구릉지가 있다면 그것은 웅성이며 강한 적이다. 공격지 말아야 한다.

軍在城中，城，前名谷背亢山者，雄城雄軍也，不可攻也。軍在城中，城，中高外下者，雄城雄軍也，不可攻也。軍在城中，城中多有阜丘者，雄城雄軍也，不可攻也。軍在亢山之上，軍食流水，生水也，雄山雄軍也，不可攻也。

적군이 성안에 있고, 성의 앞은 깊은 계곡, 뒤에는 막힌 산이 있다면, 웅성에 강한 적군이니, 공격해서는 안 된다. 적군이 성안에 있고, 성의 가운데가 높고 둘레 외곽이 낮으면 웅성에 강한 적군이니 공격해서는 안 된다. 적군이 성안에 있고 성의 가운데 연이은 구릉지가 있으면 웅성에 강한 적이니 공격하지 말라. 적군이 막힌 산 위에 있고 흐르는 물을 마시면 급수 보급이 좋아 웅성에 강한 적이니 공격하지 말라.

軍在山山林中，草木榮榮，山霧侵於四方者，雄山雄林雄軍也，不可攻也。此五中一上，不可攻也。所以不可攻者，地不利也，敵能以一擊吾十也，欲擊者，分而外圍也。軍在城中，城背名谷，無亢山於其左右者，虛城牝軍也，可擊也。

적군이 깊은 산 산림 속에 있고 초목이 울창하며, 산안개로 사방이 가려져 있으면 험한 산, 거친 숲속의 강인한 적이다. 공격하지 말라. 이 다섯 가지 가운데 하나가 있다면 공격하지 말라. 공격할 수 없는 이유는 지형이 불리하고 적의 능력이 하나로 아군 열을 공격 할 수 있기 때문이다. 공격하고자 하면, (적을 끌어내어) 작전 구역 밖에서 분리해야 한다. 적군이 성안에 있고, 성 뒤에 깊은 계곡이 있으며, 좌우에 막힌 산이 없다면 약한 성에 약한 적이니 공격할 수 있다.

軍在城中，城在發澤中，無名山阜丘者，牝城牝軍也，可擊也。軍在城中，城在亢山間，無名谷付丘者，綴城牝軍也，可擊也。軍在城中，城前亢山背名谷，前高後下者，綴城牝軍也，可擊也。營軍趣捨，毋回名水，傷氣弱志，可擊也。

적군이 성안에 있고, 성이 택지 가운데 있으며, 큰 산과 이어진 구릉이 없으면 약한 성에 약한 적이니 공격할 수 있다. 적군이 성안에 있고 성이 막힌 산 사이에 있으며, 깊은 계곡이나 이어진 구릉이 없으면 성을 뚫을 수 있는 약한 적이다. 공격 가능하다. 적군이 성안에 있고 성 앞에 막힌 산과 뒤에 깊은 계곡이 있으며 앞이 높고 뒤가 낮으면 성을 뚫을 수 있고 약한 적이다. 공격 가능하다. 적군의 숙영지를 큰 강이 휘돌아 있지 않고 사기도 없으면 전투 의지도 약하니 공격할 수 있다.

暵盡燒者，地死壤也，可擊也。軍食泛水者，死水也，可擊也。此四中二水一地，可擊也。所以可擊者，地利志利

적이 농작물이 없는 토지, 즉 죽은 땅에 주둔하고 있으면, 쉽게 격파할 수 있다. 적이 고여 있는 물을 식수로 사용하면 불결한 죽은 물에 의존하고 있는 것이다.

也，吾能以一擊其十也。當擊
不擊，反定勝局。

이런 적은 공격 가능하다. 이 네 가지 중에 물과 땅에 문제가 있다면 공격 가능하다. 공격 가능한 이유는 지형의 이점과 전투 의지의 이점이 있기 때문이다. 아군은 하나로 적 열을 칠 수 있다. 마땅히 공격해야 할 때 하지 않으면, 승리의 국면이 바뀔 수 있다.

故兵有三避三擊：曰避其銳
氣，擊其晝暮。曰避其圍死，
擊其爭重。曰避其甲兵利陣，擊
其糧役草隊。三避三擊，避實
擊虛。

그러므로 군사 운용에 세 가지 피할 때와 세 가지 공격할 때가 있으니 : 적이 정예롭고 사기가 높으면 피하고, 오후와 저녁에 공격하라. 사지에 포위당하면 피하고, 쟁지가 되어 재보급하게 되면 공격하라. 적의 무장병에 날카로운 진지는 피하고, 적의 군량 마초 보급대는 공격하라. 셋을 피하고 셋은 공격하는 것이 바로 적의 실한 곳을 피하고 적의 허점을 공격하는 것이다.

故兵有五勿：一曰，勿擊雄城
雄軍。二曰，勿擊雄山雄軍。
三曰，勿擊惡林雄軍。四曰，
勿擊正正之旗。五曰，勿擊堂
堂之陣。審明五勿，變實虛分
合，知強知弱。(審明五勿，知
雄牝強弱)，以強擊弱。

그러므로 군사 운용에서 다섯 가지 하지 말 것은 : 하나는 적의 웅성과 강한 적을 공격지 말고, 둘은 험한 산의 적과 강한 적을 공격지 말고, 셋은 깊은 산림의 강한 적을 공격지 말고, 넷은 정연한 정규 부대를 공격지 말고, 다섯은 위풍당당한 진을 공격지 않는 것이다. 이 다섯 가지 금기를 명확히 알고 상황의 변화에 따라 허실로 나누고 합하며, 피아 강함과 약점을 알고, 강점으로 적의 약점을 공격해야 한다.

故知六，明六七，構三五者，
軍擊之道也，擊無不勝也，將
軍必知也。 漢楚王韓信於漢五
年二月。 七百二十五。

따라서 여섯 가지와 예닐곱에 (5) 밝으며 삼오를 엮어 계획하는 것이 군사 운용에서 공격의 방도이다. 승리치 못할 것이 없는 공격을 장군은 필히 알아야 한다.
한 초왕 한신 한 나라 5년 2월 725자

<雄牝城>
죽
간

城在泹澤之中，無亢山名穀，
而有付丘於其四方者，雄城
也，不可攻也。軍食溜（流）
水，【生水也，不可攻】也。

〈웅빈성〉 (6)
성이 작은 늪과 연못으로 둘러싸여 있고 부근에 높은 산이나 깊은 계곡이 없어도, 사방에 언덕이 이어져 있는 성은 견고한 웅성이며 공격하기 어렵다. 흐르는 물을 식수로 사용하면 진을 친 부대는 (원활한) 생수를 얻고 있으니 공격하지 말라.

城前名谷，倍（背）亢山，雄城也，不可攻也。城中高外下者，雄城也，不可攻也。城中有付丘者，雄城也，不可攻也。

성 앞에 깊은 골짜기가 있고 뒤로 높은 산이 있으면 견고한 웅성이므로 공략하기 어렵다. 성안의 지세가 높고 성 밖의 사방이 낮은 지세로 되어 있으면 공략하기 어려운 웅성이므로 공격하지 말라. 성안에 언덕이 이어져 있는 성은 웅성이니 공격하지 말라.

營軍取捨，毋回名水，傷氣弱志，可擊也。城倍（背）名穀，無亢山其左右，虛城也，可擊也。

큰 강이 둘러싸지 않은 적 숙영지나 하천이 없고, 병사들이 지치고 사기가 떨어져 있으면 이를 공격하라. 성 뒤로 깊은 계곡이 있고 좌우에 높은 산이 없다면, 이런 성은 허약한 빈성이므로 공격할 수 있다.

【□】盡燒者，死裏（壤）也，可擊也。軍食氾水者，死水也，可擊也。

【□】적이 농작물이 없는 토지, 즉 죽은 땅에 주둔하고 있으면, 쉽게 격파할 수 있다. 적이 고여 있는 물을 식수로 사용하면 불결한 죽은 물에 의존하고 있는 것이다. 이런 적은 공격 가능하다.

城在發澤中，無名谷付丘者，牝城也，可擊也。城前亢山，倍（背）名谷，前高後下者，牝城也，可擊也。

성이 큰 호수와 늪에 가운데 (4) 있지만 의지할만한 깊은 골짜기가 없고 언덕이 이어지지 않았다면, 이는 빈성이니 공격해도 좋다. 성이 앞의 높은 산 사이에 있고, 뒤로 깊은 계곡과 언덕이 없는 것은 빈성이니 공격해도 좋다.

麟鳳之才。

역자 주

1. 軍擊1은 편제 배열 미상인 군격 2와 내용과 성격이 다르다. 장장본 위서론자들은 죽간 雄牝城의 표절로 보고 있다. 군격의 내용은 진부하고 군사사상이나 전술적 기교가 보이지 않는다. 이편의 특징으로 한신의 주가 길고, 병서에 드물게 많은 인물의 이름이 보인다. 등장하는 것은 신화적 인물이다. 장장본 전체에 보이는 인물은 삼황인 천황天皇(복희), 지황地皇(황제), 인황人皇(신농)이 다시 황제黃帝, 신농神農 등으로 뒤섞여 기술하여 혼란스럽다. 의고 학파는 이를 역사성이 부정되고 종교적 영향으로 꾸며진 신화로 비판하나, 최근 중국의 역사 공정에는 이들이 실존했던 역사에 상징성 있는 인물로 다시 소환하고 있다.

2. "發澤中"은 〈주역〉의 "風澤中孚"괘에서 취한 것으로, 전투 전에 점을 치던 흔적이 연연演沇했다. "큰물을 건너도 이로운 것은, 나무에 타고 마음이 빈 배 같기 때문 利涉大川 乘木舟虛也"이라는 해석이 나오므로 공격해도 좋다는 문구가 이어졌다.

3. 〈三墳〉은 〈좌전〉에는 초 나라의 책으로 알려져 있다. 〈서경〉의 孫安國 敍에 伏羲, 神農, 黃帝의 책을 〈삼분〉이라 했다. 〈한서 예문지〉에는 墳은 傳의 옛말로 풀이하며, 복희(天皇)가 지은 것은 〈山墳〉으로 夏 나라 역인 "連山易"을 설하고 있고, 신농(人皇)이 지은 것은 〈氣墳〉으로 殷 나라 역인 "歸藏易"을 설하며, 헌원(軒轅, 地皇)이 지은 〈形墳〉은 周 나라 "乾坤易"을 설한다고 전한다. 헌원은 황제의 다른 이름이다.

4. 한신은 위의 9명, 신화에서 역사로 드는 사람을 구신자로 칭한다. 지금의 관점에서 여섯은 신화적 인물이고, 셋은 역사 인물이다. 특히 九神者의 하나인 "神擊"을 논해, 적이 모르는 기습 공격을 강조하고 뒤에 13편으로 전개되는 알고리즘이 있다.

5. 예닐곱; 不可攻有六, 可擊有七

6. 웅빈성은 회남자淮南子 추형훈墜形訓에 "凡地形 東西為緯 南北為經 山為積德 川為積刑 高者為生 下者為死 丘陵為牡 溪穀為牝 무릇 지형은 동서를 씨(緯)로 남북을 날(經)로 나눈다. 덕을 쌓아 산이 되고, 죄가 쌓이면 하천이 되니, 높은 곳에 삶이 있고 낮은 곳에 죽음이 있다. 언덕을 수컷으로 하고 계곡은 암컷으로 한다."와 같은 도가적 지형 안목을 가지고 있다. 그러나 잡가雜家인 〈회남자〉는 모빈牡牝이 방통하여 도가에서 숭배하는 여성성의 계곡을 낮은 곳인 死地로 보며 서한 시대의 분위기인 유가적 차별상을 드러낸다. 이는 兵家의 용어에 좌, 우와 상, 하 우열의 혼란을 가져왔다. (참고: 제3장, 전쟁 기록의 모름 〈도덕경〉)

출처	원문	번역

38편 南北(1)

天地之理者，天有定數也，地有定位也。火水之理者，火有定勢也，水有向也。故東方甲乙木，西方庚辛金，南方丙丁火，北方壬癸水。

천지의 이치란 하늘의 책략(數)이고, 땅의 지위를 정한 것이다. 화수의 이치는 불에 정해 있는 형세와 물에 있는 향방이다. 그러므로 (오행에) 동쪽과 갑을은 목, 서쪽과 경신은 금, 남쪽과 병정은 화, 북쪽과 임계는 수이다.

장장0본

故人理東西，兵理南北。故火水夾擊者，《軍志》命曰：“南北夾擊。”圖第五卷第一圖，兵理南北夾擊圖。南北夾擊，有名有實，有時有地，有火有水，天算定備週矣。

그러므로 인간의 도리는 동서(목, 금)에 군사의 도리는 남북(火, 水)에 있다. 그러므로 남북이란 수공과 화공의 동시 협격을 말한다. 〈군지〉에 명하여 이르길, "남북 협격"이라 한다. 그림 제5권 도면 제1은 군사적 이론의 남북 협격도 이다. 남북 협격은 명실이 상부하고, 때와 장소가 있으며, 불과 물을 사용하여 천기를 계산하고 이를 맞아 대비한다.

……可⊠者，情備勢備，上下協力，火水夾擊也。……右軍二分，火隊發火，火器備之，⊠車助之。……水隊發水，夜行罩於名水泅⊠之處，挖河道三三，事備，風夜寅時，火隊暗伏山⊠，發火箭萬弩於客營之中。

…… ⊠, 이런 상황과 형세에 대비하려면, 하늘과 땅의 이치로 협력하고 불과 물로 공격한다…… 우군을 둘로 나누어 화공 부대는 불을 발사하고, 화기를 준비하며, ⊠차가 이를 돕는다. …. 수공 부대는 물을 사용함에 밤에 물막이 그물(조罩)을 큰 물가에 설치하고 물길을 긁어 다듬는다. 전투 준비는 바람 부는 밤 새벽에 화공 부대를 산⊠에 매복시켜 적 진영 가운데를 향하여 다량의 쇠뇌와 불화살을 발사한다.

……火起，退於阜丘之上，縱火燒林，以絶客亡。待火漂惑⊠⊠之時，客已恟恟矣。……昔者，湯伐夏桀，伊尹巧布南北於鳴條，一戰而絶夏之兵矣。得成湯六百績業。勝後，尹在山上曰：“吾發水火，勝之水火。上承天命，中通地理，下順民心。亡之不追，降之不戮，死之以葬。九

….. 불이 일어나면, 이어진 구릉 위로 퇴각하여 종으로 불을 놓아 수풀을 태우며, 적의 도망을 차단한다. 사방에 불이 일어나고 물에 쓸려 (사람이) 떠내려가면, 적은 두려움에 떨 것이다. …. 옛날에 탕왕이 하나라의 걸을 주벌할 때, 이윤이 "風不鳴條"의 (2) 남북 협격을 교묘히 펼쳐 한 번의 싸움으로 하나라 군대를 절멸시켰다. 은나라 탕의 육백 년 대업을 열었다. 승리 후 이윤이 산 위에서 말하길

州可得，四海可平，九民可
恭，天下図宏。”南北夾擊，
善之善 者也，用之者名也。
四百四十六

: "나는 수공과 화공으로 협격하여, 물과 불의 승리를 얻었다. 위로 하늘의 명을 받들고, 그 가운데 지리에 통했고, 아래로 민심에 순응했다. 적이 도망하면 추격하지 않고, 항복하면 죽이지 않으며, 전사자는 장례를 치러 주었다. 천하 구주를 가히 얻고, 사해를 평정하고, 만백성이 공경하니 가히 천하의 큰 図이었다." 남북 협격은 최선의 군사 운용이고 이를 잘 사용한 자는 명성을 얻는다. 446자

역자 주

1.火攻과 水攻의 동시 사용을 "남북 협격"으로 표현했다. 종전을 이유로 대량 살상 무기나 신무기의 사용 유혹을 정당화할 수 있다. 전쟁을 빨리 끝내고 희생을 줄이려고 적을 모조리 죽이는 "오살鏖殺"을 경계했지만, 그렇다고 무도한 적과의 협상을 통한 終戰도 부정한다.

2. 風不鳴條 바람이 불어도 나뭇가지에 소리가 나지 않는 것. 성인의 통치가 도래함을 말한 성어

39편 九奪
古之善用兵者，分定而後戰。
戰而喬，喬而變。各張其主，
各唯其令，各備其用，各居其
方，各擋其面。存德度力，不
以相救以為量矣。救者至，又
重敗之。

장장본

옛날 용병을 잘하는 것이란, 分數(작전구
역과 편제)를 정한 후에 싸우는 것이었
다. 싸움은 속임수로 하고, 속임수는 늘
바꾸어야 한다. 주군의 의도를 자기 상황
에 맞춰 펼치고, 추정된 과업의 영을 내
리며, 싸울 수단을 각자 준비하고, 방어
에는 각자 위치를 정해 그 방면의 적을
막아낸다. 힘(德)과 군율(度)과 사기(力)
를 유지해 적이 서로 상호지원을 받지 않
도록 하면 (적의) 재차 지원이 오더라도
다시 격퇴할 수 있다.

故兵之大數, 五十里不相救也.
況近者百里 遠者數百里 此程兵
之極也. 故 <兵>曰 "積弗如, 勿
與持久; 眾弗如, 勿與接合； 徑
弗如, 勿與救戰; 佚弗如, 勿與戰
長；習弗如, 勿當其所長" 五度
既明, 兵乃橫行. 故兵橫行千里
而無所阻者, 量也.

그러므로 군사 운용의 큰 방책은 오십 리
의 거리를 두어 서로 지원치 못하게 하
는 것이다. 하물며 가까운 부대가 백 리
에 있다면 먼 부대는 수백 리니, 이것은
작전 운용의 한도를 넘은 것이다. 따라서
<병서>에 이르길, 전투 물자가 여의치
않으면 지구전을 하지 말고, 병력의 수가
여의치 않으면 적과 대치하지 말고, 기동
보급로가 여의치 않으면 (고립한 우군)을
구원해선 안 된다. (부대원)이 충분히 쉬
지 못했다면 전투를 오래 끌지 말고, 훈
련이 미비해 적보다 못하면 대응하지 말
라. (1) 이 다섯 원칙에 밝으면 군대는 무
적이며, 천 리에 당할 적이 없게 하는 것
은 잘 헤아려 (비교 분석) 하는 것이다.

量積以為行, 量重以為用, 量數
以為擊, 量習以為戰, 量智以為
變, 量謀以為會取.

작전을 수행함에 물자를 헤아리고, 그 물
자 사용이 거듭되는지 헤아리고, 공격 시
방책을 헤아리고, 전투함에 훈련을 헤아
리고, 상황변화에 대비한 지략을 헤아리
며, 이를 모두 모아 취할 계획을 헤아려
야 한다.

九取而趨敵數：一曰取糧, 二曰
取水, 三曰取津, 四曰取途, 五曰
取險, 六曰取易, 七曰取爭, 八曰
取重, 九曰取其獨貴. 凡六量九
奪, 所以趨敵也. 二百四十

다음 아홉 가지를 탈취함에 적을 쫓을 수
있는데, 첫째 식량을 빼앗고, 둘째 급수
원을 빼앗고, 셋째 도하지점을 빼앗고,
넷째 도로를 빼앗고, 다섯째 험난한 지형
을 앗고, 여섯째 평탄한 지형을 앗

고, 일곱째 전략 요충지인 쟁지爭地를 빼앗고, 여덟째 적이 깊이 들어 온 중지重地를 앗고, 아홉째 적이 귀중히 여기는 것은 빼앗는다. 무릇 여섯 가지 헤아림과 아홉 가지 목표 탈취로 적을 패퇴시킬 수 있다. 240자

한신주

<孫武兵法> 第三十九篇九奪, 韓信序次語:五度六量九奪智取 趨敵而過兵者, 若無災, 多有獨 當一面之才. 漢楚王韓信於漢五 年二月。 三十六

손무병법 39편은 아홉 가지 (적으로부터) 탈취 목표이다. 한신 서차에 : 오도五度, 육량六量, 구탈九奪을 잘 수행하고 적을 패퇴할 지혜를 가진 것이란 아무런 재앙 없이 그것은 다양한 독단으로 일을 수행하는 재능을 말한다.
한 초왕 한신, 한 5년 2월, 36자

죽간

<五度九奪>
……□矣。救者至, 有 (又) 重敗之。故兵之大數, 五十 裡不相救也。 皇 (況) 近 【□□□□□】數百里, 此程 兵之極也。

……□ (적의) 구원병이 와 도와도 거듭 패배하고 만다. 따라서 용병과 작전의 중요 원칙으로 보아 군진 사이의 간격이 오십 리 이상 떨어져 있다면 서로 구원하지 못한다. 아군이 몇 리 밖 가까운 곳에 있는 경우도 있지만, 수백 리 밖 먼 곳에 있는 경우도 적지 않다. 이것은 군사 행동의 지원 여부를 결정하는 거리상의 한계이다.

故兵曰: 積弗如, 勿與持久。 眾弗如, 勿與棧 (接) 和。 【□弗如, 勿與□□。□弗 如, 勿】與□長。習弗如, 毋 當其所長。五度曁 (既) 明, 兵乃衡 (橫) 行。

그러므로 <병전>에 이르길 : "물자의 비축이 적군보다 열세라면 지구전을 하지 말라. 병력이 적보다 부족할 때는 적과 정면으로 대치하지 마라. 적보다 □이 못할 때는 적과□을 하지 말라. 또한 적보다 □이 못할 때는 □을 하지 말라. 병사의 훈련이 적보다 못할 때는 적의 정예와 정면 대결하지 말라"라고 했다. 이상의 다섯 가지 사항에 밝아 군사 운용에 충실하면 지휘하는 부대는 행동의 자유를 얻는다.

故兵……趨適 (敵) 數。一曰 取糧, 二曰取水, 三曰取津<, 四曰取塗 (途) , 五曰取險, 六曰取易, 七曰【取□, 八曰 取□, 九】曰取其所讀 (獨) 貴。凡九奪, 所以趨適 (敵)

따라서, …… 전투에서 적에게 탈취해야 계책은 첫째, 적군의 식량을 빼앗고 둘째, 적군의 급수원을 빼앗고, 셋째, 도하 지점을 빼앗고, 넷째, 중요한 통로를 빼앗고, 다섯째, 지세가 험악한 곳을 먼저 빼앗고, 여섯째, 평탄한 곳을 빼앗고, 일곱째, □

也。 ・四百二字

(전략 요충 쟁지)를 빼앗아라. 여덟째 □ (적이 깊이 들어 온 중지)를 빼앗고, (2) 아홉째 적군이 중히 여기고 아끼는 지역을 빼앗아라. 무릇 이 아홉 가지를 탈취하여 적을 물리친다. 402자

역자 주

1,2. 九奪은 장장본을 통해 은작산 죽간의 잔멸된 구절을 보완 해석할 수 있는 중요한 단서를 제공한다. 그러나 손자 13편에 형성된 爭地와 重地의 개념이 완전하지 않다. 죽간에 없는 육량六量은 후세에 가필된 것으로 보인다.

40편 六勝 (1)
《中平兵典》九法：一曰天，二曰地，三曰人，四曰度，五曰量，六曰奪，七曰數，八曰稱，九曰勝。天生地，地生人，人生度，度生量，量生奪，奪生數，數生稱，稱生勝。

장장본

〈중평병전〉에 九法은 다음과 같다 :
첫째 하늘이요, 둘째 땅이고, 셋째 사람이고, 넷째 도, 다섯째 양, 여섯째 탈, 일곱 수, 여덟째 칭, 아홉째 승이다. 땅은 하늘에서 생기고, 사람은 땅에서 생기며, 정도를 아는 것은 사람에서 생기고, 물량의 크기는 계측 정도로 생기고, 탈취함은 그 양으로 알고, 책략은 탈취할 때 생기고, 비교는 책략에서 생기고, 승리는 이런 비교 판단에서 나온다.

九法之凶，皆以道而滕之。故兵出以道，決以天、地、人，謀以度、量、奪，變以數、稱、勝。故善戰者，立於不敗之政，而不失敵之所敗也。是故勝兵先勝而後求戰，敗兵先戰而後求勝。故先勝者，積勝疏，盈勝虛，徑勝行，疾勝徐，眾勝寡，佚勝勞。

아홉 가지 방법의 凶은, 이 아홉 가지를 늘어놓아 비교하며 두루 알게 된다. 그러므로 이 방법으로 군대를 출병하고, 천지인의 삼재로 (승패가) 결정된다. 도, 량, 탈로 계획하고, 수, 칭, 승으로 변화에 응한다. 그러므로 잘 싸우는 자는 지지 않는 공격을 세우고, 적이 패배할 연유를 잃어버리지 않는다. 이것이 바로 먼저 이겨놓고 싸움을 구하는 것이다. 지는 군대는 먼저 싸우고 승리를 구한다. 따라서 먼저 이기는 것이란, 집중이 분산을 이기고, 차 있는 것은 비어 있는 것을 이기며, 지름길은 우회로를 이기고, 빠른 것은 느린 것을 이기며, 다수는 소수를 이기고, 잘 쉰 병사는 피로한 적을 이긴다.

積故積之，疏故疏之；盈故盈之，虛故虛之；徑故徑之，行故行之；疾故疾之，徐故徐之；眾故眾之，寡故寡之；佚故佚之，勞故勞之。

집중해야 할 곳에 집중하고, 분산해야 할 곳은 분산한다. 채워야 할 것은 채워야 하며, 비워야 할 것은 비운다. 지름길로 가야 할 곳은 지름길로 가고, 우회할 것은 우회한다. 많아야 할 때는 많게, 적어야 할 때는 적게 한다. 휴식이 필요할 때는 쉬고, 수고해야 할 때는 노고를 아끼지 않는다.

積疏相為變，盈虛相為變，徑行相為變，疾徐相為變，眾寡相為變，佚勞相為變。

집중과 분산, 허와 실, 지름길과 우회 길, 신속함과 서행은 서로 바뀌어 변환될 수 있다. 많음과 적음, 휴식과 노고도 서로 바뀌어 변환될 수 있다.

毋以積擋積，毋以疏擋疏；毋以盈擋盈，毋以虛擋虛；毋以徑擋徑，毋以行擋行；毋以疾擋疾，毋以徐擋徐；毋以眾擋眾，毋以寡擋寡；毋以佚擋佚，毋以勞擋勞。

집중은 집중으로 대항하지 말고, 분산은 분산으로 대항하지 말라. 실은 실로 허는 허로 대응하지 말고, 빠름은 빠름으로 대응하지 말고, 느림도 느림으로 대응치 않는다. 다수를 다수로 대응치 않고, 소수를 소수로 대응치 않고, 휴식을 휴식으로 대응치 말고, 노고에 노고로 대응하지 않는다.

積疏相擋，盈虛相擋，徑行相擋，疾徐相擋，眾寡相擋，佚勞相擋。敵積故可疏，敵盈故可虛，敵徑故可行，敵疾故可徐，敵眾故可寡，敵佚故可勞。

집중과 분산은 상대적이고, 실과 허도 상대적이며, 길을 가는 것도 상대적이며, 빠름과 느림도 상대적이다. 많고 적은 것도 상대적이며, 휴식과 노고도 상대적이다. 적이 병력을 집중하면 분산으로 대응하고, 적이 실로 나오면 허로 대하고, 적이 지름길로 오면 아군은 우회로를 취한다. 적의 행동이 급하다면 아군은 서서히 대적하고, 적의 병력이 많아도 아군은 적은 병력으로 대적할 수 있고, 적이 쉬고 있다면 아군이 수고롭게 움직일 때이다.

吾積故可疏，吾虛故可盈，吾行故可徑，吾徐故可疾，吾寡故可眾，吾勞故可佚。此六數、六稱、六勝也。三六已明，將立不敗之地，然後求戰，戰無不勝矣。三百九十四

(반대로) 아군이 집중하면 적은 소산할 수 있고, 아군이 허를 세우면 적은 실로 대응할 수 있다. 아군이 우회하면 적은 지름길로 올 수 있고, 아군이 느리게 움직이면 적은 빠르게 움직일 수 있다. 아군의 병력이 적으면 적은 많은 병력으로 대응할 수 있고, 아군이 고단하면 적은 충분히 쉬었을 수 있다. 이것이 여섯 가지 책략, 여섯 가지 피아 방책 비교, 여섯 가지 승산이다. 여섯과 여섯을 조합하여 36가지 상황에 밝으면 장수는 불패의 지위에 서고, 이긴 이후 싸움을 구하며, 싸우지 않고 이긴다. 390자

한신주	없음

| 죽간 | <積疏> (2)
……【積】勝疏，盈勝虛，徑勝行，疾勝徐，眾勝寡，佚勝 | 집중이 분산보다 낮고, 차 있는 것은 비어 있는 것보다 나으며, 지름길은 우회로보다 낮고, 빠른 것은 느린 것보다 나으며, |

勞。

다수는 소수보다 낫고, 잘 쉰 병사는 피로한 적을 이긴다.

積故積之，疏故疏之，盈故盈之，虛【故虛之，徑故徑】之，行故行之，疾故疾之，【徐故徐之，眾故眾】之，寡故寡之，佚故佚之，勞故勞之。

집중해야 할 곳에 집중하고, 분산해야 할 곳은 분산한다. 채워야 할 것은 채워야 하며, 비워야 할 것은 비운다. 지름길로 가야 할 곳은 지름길로 가고, 우회할 것은 우회한다. 많아야 할 때는 많게, 적어야 할 때는 적게 한다. 휴식이 필요할 때는 쉬고, 수고해야 할 때는 노고를 아끼지 않는다.

積疏相為變，盈虛【相為變，徑行相為】變，疾徐相為變，眾寡相【為變，佚勞相】為變。毋以積當積，毋以疏當疏，毋以盈當盈，毋以虛當虛，毋以疾當疾，毋以徐當徐，毋以眾當眾，毋以寡當寡，毋以佚當佚，毋以勞當勞。

집중과 분산, 허와 실, 지름길과 우회 길, 신속함과 서행은 서로 바뀌어 변환될 수 있다. 많음과 적음, 휴식과 노고도 서로 바뀌어 변환될 수 있다. 집중은 집중으로 대항하지 말고, 분산은 분산으로 대항하지 말라. 실은 실로 허는 허로 대응하지 말고, 빠름은 빠름으로 대응하지 말고, 느림도 느림으로 대응치 않는다. 다수를 다수로 대응치 않고, 소수를 소수로 대응치 않고, 휴식을 휴식으로 대응치 말고, 노고에 노고로 대응하지 않는다.

積疏相當，盈虛相【當，徑行相當，疾徐相當，眾寡】相當，佚勞相當。敵積故可疏，盈故可虛，徑故可行，疾【故可徐，眾故可寡，佚故可勞】。……

집중과 분산은 상대적이고, 실과 허도 상대적이며, 길을 가는 것도 상대적이며, 빠름과 느림도 상대적이다. 많고 적은 것도 상대적이며, 휴식과 노고도 상대적이다. 적이 병력을 집중하면 분산으로 대응하고, 적이 실로 나오면 허로 대하고, 적이 지름길로 오면 아군은 우회로를 취한다. 적의 행동이 급하다면 아군은 서서히 대적하고, 적의 병력이 많아도 아군은 적은 병력으로 대적할 수 있고, 적이 쉬고 있다면 아군이 수고롭게 움직일 때이다.

역자 주

1. 장장본의 육승은 度, 量, 奪, 數, 稱, 勝이다. 실전한 〈중평병전〉에는 天, 地, 人을 더하여 모두 九法을 제시하고 있다. 이것이 손자 13편 形篇의 5법(度, 量, 數, 稱, 勝)으로 변화한 것은

五行 사상 때문이었다. 결국 "地生度, 度生量, 量生數, 數生稱, 稱生勝"과 같이 순환과 생성의 원리로 재구성한다. 그런데 장장본 육승의 구법은 천지감응天地感應의 사색을 담고 있는데, 六(음)과 九(양)의 대비를 통해 삼재(천지인)로 승패를 결정하고, 度, 量, 奪로 계획하며, 數, 稱, 勝으로 변화에 응한다고 말한다. 이는 병법이라기보다는 도가의 주문으로 보인다. 병가와 도가의 하이브리드인 장장본의 특색이 잘 나타나 있다.

2. 죽간의 적소는 집중과 분산을 의미한다. 은작산 죽간 정리 소조(1975)는 초기 분석에서 적소를 雄牝城의 후반부로 여겼다.

41편 拾中(1)

兵之生道者，以中為蕘。中之
蕘者，國之浮也。中興則民
富，民富則國實，國實則兵
強，兵強則恆立於天地之中。

군사 운용에서 나타난 道란, 중용(중심)
을 구축하는 것이고, 나라의 융성을 일으
키는 근원이다. 나라의 중흥은 백성을 부
유케 하고, 백성이 부유하면 나라는 실력
을 갖춘다. 나라에 실력이 있으면 군대가
강하고, 강한 군대는 천지의 중심에 항상
서 있게 된다.

장장0본

昔者黃帝問道，偭於崆峒洞
中，苦心孤詣，三載而《中
商》理道，《中平》理兵。
《中平》恗萬民之心，而伐蜀
祿，以擒蚩尤，立中國図天
下。故道有中者，《中平》之
道。

옛날 황제가 도를 물으며 높은 산 동굴
안에서 수양할 때, 홀로 고심하여 알게
된 것 세 가지가 〈중상〉의 理道, 〈중평
〉 理兵에 실려 있다. 〈중평〉은 만민의
마음을 헤아려 蜀祿을 정벌하고, 치우蚩
尤를(2) 사로 잡아 중국을 図천하에 세운
기록이다. 그러므로 도는 中에 있는 것이
요, 〈중평〉의 도이다.

天時有中者，中春、中夏、中
秋、中冬是也；地有中者，侹
迤之地。人有中者，人中麟
鳳；數有中者，二、三、四、
五也；方圓有中者，中極點
也；貨取有中者，日中有市；
《五典》有中者，《中平兵
典》；明暗有中者，一威一詭
也；天地有中者，空也。

하늘의 때(계절)는 中에 있으니, 한봄, 한
여름, 한가을, 한겨울이 그것이다. 땅의
중심으로 평탄하고 비스듬한(侹迤) 땅이
있고, 사람의 중심에 인재인 麟鳳이 있
다. 수의 중심은 2, 3, 4, 5이니; 사각과 원
의 중심에는 극점이 있어 물질을 가운데
모은다. 한낮에 시장이 있는 것과 같다.
〈오전〉에서 말하는 中이란 〈중평병전
〉에 명암에도 중심이 있어 한 번 환하고,
한 번 흐려진다. 천지에도 중심이 있으니
쏘이 그것이다.

此拾中之憚國威兵用也。故善
用兵者，恗萬民而合天地，傃
十中而通《五典》。計於廟堂
之中，善發於國中，詭行於道
中，軍出以律而威於明中，察
天地於野中，擊敵於暗中，善
戰於一十六中。

이러한 십중(중심을 잡는)으로 국위를 선
양하고 군사 운용을 한다. 그러므로 군사
운용을 잘하는 것은, 만백성을 믿고 천지
에 합하는 것으로 십중을 지켜 〈오전〉
과 통하게 된다. 묘당 가운데 계획을 세
우며, (3) 나라 가운데 잘 알린다. 도의 가
운데에서 작전을 알지 못하게 시행한다.
군대가 나아감에 군율과 위엄을 밝은 가
운데 두고, 야전 가운데에서 천지(기상과
지형)를 관찰한다. 은밀한 어둠 속에 적

을 치고, 16가지의 상황 가운데에서 잘 싸운다.

一曰空中，二曰城中，三曰陣中，四曰營中，五曰水中，六曰火中，七曰山中，八曰名谷中，九曰林中，十曰沙中，十一曰霧中，十二曰雨中，十三曰風中，十四曰雪中，十五曰洞中，十六曰宮廷中。

공중, 성중, 진중, 병영중, 수중, 화중, 산중, 깊은 계곡중, 숲속 중, 사막중, 안개중, 우중, 풍중, 설중, 동굴속 중, 궁정중 등 16 가지 상황이다.

空中之戰，始戰也。敵我均衡而兩懼，各居數高，図而齊射，實誂攻也。城中之戰，火三兵三，羃騎泆而開路，步卒相迄。

공중의 싸움이란 전투 시작 전에 워게임을 하는 것이다. 피아간에 대등하여 균형을 이루고 각기 서로 두려워한다. (4) 각기 높은 곳을 빨리 선점한다. 図에 일제 화살을 쏜다. 실 병으로 유인하여 공격한다. 성안의 싸움에서 세 가지 화공을 쓰고 병력을 셋으로 나눈다. 강한 기병으로 물이 넘치듯 기동로를 튼다. 보병이 이를 따라 후속한다.

分則角三，多為略甲，陝陝慓悍，居高張纛，商亡中極，敵可屈也，城可破也。

삼등분한 병력으로 적 무장병을 주로 공격하고, 급히 담을 높이 쌓아 높이 올라기를 휘날린다. 중원의 끝 모두를 차지하여 은(상)이 망한 것처럼 적은 가히 굴복하고 성을 부술 수 있다.

陣中之戰，人厄多弩，居陽威陣，軍三分，左右後也，一斗二收，車騎並舉，將戰中局，兵戰格局，居生擊死。

진중에서의 싸움은 병력 간격을 좁히고 활을 다수 사용한다. 해를 등지고 진의 위세를 보이며 군을 삼분하여, 좌와 우 후방에 배치한다. 삼분지일은 접전하고 삼분지이는 뒤로 빠져 전차와 기병을 나란히 대기시키고 장차 전투가 한창 국면에 이르면 전투 결과를 알 수 있는 상황이 되면 해를 등지고 공격하라.

營中之戰，有陰陽之分，多為陰戰，吾坐守刓，勿驚人忲，勿恂以淨，勿出以鬥，多為強弓，多伏鉤繩，喊殺不攻，居暗擊明，吾攻則傢喊，吾軍三分，二斗，一收，一騎。一短騎，擊短阻騎，內短外分，騎分左右，一焚，二殺，放逾殺

숙영지 가운데 싸움은 음양(주간과 야간)으로 나뉨이 있는데, 대부분 야간에 일어난다. 아군의 수비가 무너져도 놀라지 않도록 조심한다. 조용히 하고 두려워 말라. 숙영지 문밖에 나가지 말고, 강궁을 사용한다. 갈고리와 밧줄을 숨겨두고 큰 함성으로 응하되 공격하지 말라. 어둠 속에서 밝은 쪽을 공격하며 그 공격은 거센

睨，霍然決之，威加於敵。

함성과 같이한다. 아군을 셋으로 나누어 삼분지이는 싸우고 삼분지일은 수비 하며, 삼분지일의 기병을 운용한다. 단기병으로 적의 단기병을 차단하고, 진내에는 근접전을 진영 밖에서는 나눈 편제 부대로 싸운다. 기병은 좌와 우로 나누어 부대의 삼분지일은 불태우는 일을 하고 삼분지이는 적을 죽인다. 진영을 넘어가 숨은 적을 찾아 죽이고 빠르게 승부를 가려 적에게 위협을 가한다.

水中之戰，敵我皆難，中極四方，角五澑鬥。沉氣並力，相互爲忬，速出水中，居生擊死。擊水者，令半以圖，以雲射而擊，敵可絶也。

물에서의 싸움은, 피아간에 모두 어렵다. 중앙이 없이 사방으로 통하고 수중을 포함한 다섯 군데 방면에 싸워야 하니, 가라앉는 사기를 합쳐서 서로 믿음으로 의지하고 물에서 속히 나와, 양지에서 음지쪽으로 공격한다. 물에 있는 적의 공격은 계획된 명령에 의한 다량의 활 공격으로 차단할 수 있다.

火中之戰，我傸敵背，以角五爲陣，以水灒身，居生擊死，湢火而戰。山中之戰，多爲輕騎，輕甲多備，輕弩多崩，囚石生灰，一居一備，一戰一收，居高擊下，以少擊多。

불 속의 싸움인 화공은 적을 등지고 아군을 향해 다섯 방면의 진을 만들어 물꼬를 낸다. 양지에 위치하고 음지쪽으로 공격하며 도랑처럼 불길을 내어 싸운다. 산중의 싸움은 경기병을 자주 쓰고 경무장 병력으로 수비 한다. 짧은 활로 다량으로 사격하여, 囚돌로 회를 만들고, 부대를 나누어 하나는 주둔하고 하나는 수비하며, 하나는 싸우고 하나는 대기시킨다. 높은 곳에서 낮은 곳으로 공격하고 소수 병력으로 수시로 교란 공격한다.

谷中之戰，死地之戰，視爲不活，輕騎在前，死戰奪生，甲兵恬中，角三會敵，輕車居後，刓恬伏居兵左右，各一云隊，侍强弩射忟陣角，速出名谷，居生地也。

계곡에서의 싸움은, 사지에서의 싸움이다. 결사의 각오를 보이고 경기병을 앞에 배치한다. 죽기로 싸워 살아서 무장병은 침착하게 적을 배치하고 좌우의 병력을 매복하여 적을 벤다. 각개 병사가 하나의 부대가 되어 적의 강궁 화살에 대비하여 임시 진을 만들고 신속히 깊은 계곡을 빠져나가 양지쪽에 다시 집결한다.

林中之戰，殺地之戰也，火擊爲訏，謥火擊以爲訏。多爲武

삼림에서의 싸움은 살육전이다. 과장한 화공을 시행하며, 기만적인 불로 적을 두

者旌旗，以空而慉敵也；戰則多甲兵輕騎於林外為僾，多鉤繩，分眾為角三，中極四方，而憺敵。

렵게 한다. 다수의 부대 깃발을 흔들어 거짓으로 적의 심리를 압박한다. 싸울 때 다수의 무장병과 경기병으로 숲 밖을 막고 갈고리와 밧줄을 준비 병력을 세 방면으로 나누어 사방을 차단하여 중심을 잡으니 적은 참담할 것이다.

沙中之戰，鬥慓悍也，多為輕騎，多崩強弓硬弩，皆待令而動。三軍三分，輕騎在先，中極於冈，略甲叫誂，甲兵居中。車騎在後，強弓硬弩於其上，四方匒匌不亂，殺敵亡去者勝。

사막에서의 싸움은, 급하고 날랜 전투이다. 경기병을 많이 쓰고, 궁노 부대는 여럿으로 나누어 소산하여, 명령에 의해 일제히 부대를 움직이도록 한다. 전군을 셋으로 나누어 경비병을 선두에 중앙에는 冈을, 무장 공격부대는 함성을 질러 유인하고, 무장병을 중앙에 배치한다. 전차와 기병을 후방에 배치하고, 그 위로 강궁과 쇠뇌 부대를 두어 사방면에 빽빽이 겹치게 배치 일사불란하게 하여 적을 죽이고 쫓아내어 승리한다.

霧中之戰，惛戰也。惛而不亂者，申令以鉦鼓也。陣中高地，左週右週。殺士在惕，略甲於中，長兵在後，居生叕中。能攻能戰能守。勝而不追，敗而不亡。

안개속의 싸움은 혼전이다. 그러나 시야가 흐릿하여도 어지럽지 않을 수 있게 부대의 신호 북으로 명을 전한다. 진은 높은 곳에 치고 좌우를 좁혀 배치한다. 결사대로 경계를 세우고, 무장 공격대를 중앙에 두고, 장창병을 후방에 배치하고 부대 중앙이 양지에서 닿도록 해야 싸움에서 공격과 수비가 능란해진다. 이겨도 추격지 말며, 패해도 도망하지 말라.

雨中之戰，輕車為陣，各戰其所。遍在中極園方。敵退於高、下者，不可進也；敵退於平川者，輕騎可擊也。

빗속에서의 싸움은 경차로 진을 만들어 각기 책임 구역에서 싸운다. 부대 중심을 치우치게 해서 원진과 방진을 쉽게 이루게 한다. 적이 위아래로 퇴각해도 전진하지 않는다. 적이 평탄한 하천으로 퇴각하면 경기병으로 공격할 수 있다.

風中之戰，恟戰也。順風居生則戰，逆風居死則守。遇死敵，死戰死退也。死退者，殺士死戰，輕騎略甲出，積車居中，甲兵斷後，速移山陰。

바람 가운데 싸움은 모질고 무섭게 해야 한다. 양지에 주둔하고 순풍이면 바로 싸워라. 음지에 주둔하고 역풍이면 수비 해야 한다. 결사적인 적과 만나면, 죽기로 싸우고 죽기로 퇴각한다. 결사적으로 퇴각하는 것은 적의 결사대가 죽기로 싸우기 때문이다. 경기병과 무장 공격병을 보내 (이를 구원한다.) 이동 간 적재 차량을 따르는 후방의 무장병이 차단되었다면 신속히 산의 음지로 이동하라.

雪中之戰，車上鍊釘，馬上掌
釘，卒上鞋釘，卒上松油。居
生而擊。雲射而不追，奔救以
輕騎。中極四方不離。

눈 속에서의 싸움은 차의 바퀴에 쇠못을 박고, 말에는 말굽 침을, 병사들은 쇠못 침의 군화를 신고(5) 솔기름을 바른다. 양지에서 공격하고 적의 집중 화살이 날아 오면 추격하지 않는다. 경기병은 풀어 놓고 가운데를 중심으로 사방이 떨어지지 않게 한다.

洞中之戰，墓戰也。暗中汋
兵，待機而取。暗居勿佻，不
得意則戰。戰者，居暗擊明，
以死相鬥，甲兵三、一而列，
起圍兩半，敵可亡也。

동굴 속에서의 싸움은 무덤 속 전쟁과 같다. 어둠 속에 병사를 숨겨 기회를 보아 적을 죽인다. 어둠 속에서 긴장을 풀지 말고 부득이할 때 싸워라. 싸울 때, 어둠 속에서 밝은 쪽으로 공격하며 결사적으로 싸운다. 무장병을 삼행 일렬로 하여 서로 도우면 적은 도망갈 것이다.

宮中之戰，僚戰也。先居廡
起，圍抈敵旗，冈庠殺士，甲
兵撝各閑，以取讀貴，許禽不
許焚，許生不許亡，勝而則定
矣！此十六中之戰，皆因情勢
而變，無定理也。唯十中之
道，弄於詭詭之中，不可不明
察也。一千一百三十九

궁정에서의 싸움은 강한 적과의 싸움이다. 먼저 회랑을 점령하여 기동하고, 적의 깃발을 꺾어 내린다. 冈 각 방의 결사대는 (서로 보이게) 격창과 벽을 부수고 귀중품을 세어 탈취한다. 궁중의 사람들을 가두는 것은 허락하되 불 지르지 못하게 한다. 살려는 두고 도망가지 못하게 한다. 승리는 이렇게 정해진다! 이 16가지 상황의 전투는 대개 정세에 따라 변할 수 있고 그 이치가 확정된 것은 아니다. 오직 이 십중의 방도는 속임수 속에 또 숨겨져 있으니 명찰하지 않으면 안 된다. 1139자

한신주	없음
죽간	없음

역자 주

1. 십중拾中, 중심을 잡는 사상에는 중화 중심주의(Sino-centralism)의 태도를 바탕으로한 세계관을 토대로 병법을 설명한다.

2. 촉록蜀祿, 서쪽 오랑캐 蜀鹿이라고도 한다. 〈見威王〉 "昔者, 神戎戰斧遂, 黃帝戰蜀祿, 堯伐共工 옛날, 신농은 부수를 정벌했고 황제는 촉록과 싸웠다. 요임금은 공공을 정벌했다." 촉록은 다른 한적에 보이지 않고 은작산 죽간 〈견위왕〉에 유일하게 있어 장장본의 고유성을 돋보이게 한 단어이다.

치우蚩尤는 동쪽 오랑캐인 동이족의 조상신이다.

3. "計於廟堂之中"은 13편 九地에 보이는 "厲於廊廟之"종묘 위 살생을 주관하는 여귀厲鬼에게 전쟁을 고하고 주벌을 책임을 돌리는 것으로 출병전의 제식행위이다. 여귀는 후사없이 죽은 제후를 말한다.

4. "均衡而兩懼"는 13편 軍爭의 "交和而舍"로 연변 하여 전투 전 피아 방책을 분석하고 지휘관 참모 판단과 활동을 하는 상황 설정의 문구가 된다.

5. "雪中之戰, 車上鍊釘, 馬上掌釘, 卒上鞋釘"라는 문구는 후세에 찬개한 것으로 보인다. 청동기 시대에 마구와 전차에 금속이 사용되었으나, 손무가 살았던 춘추 말에 이미 오 나라에서는 쇠(鋊)가 광범위하게 사용되고 있었다. 못(丁)을 釘으로 표기된 것은 漢代 이후 개필한 것이다.

42편 行空(1)
天地之理, 以萬物行空而存,
以萬象行空而稱, 以五行行空
而論。

천지의 이치는 만물이 공성空性을 행하
므로 존재하는 것이다. 온갖 모습으로 행
공하여 비교 판단하고, 오행을 행공하여
논한다. (병법의 5事로 전장의 승패를 비
교 검토한다.)

天地夸者, 空也, 空之奆者,
恟恟戱耳。萬物聚於空, 而行
於空者, 以空帖之萬象, 彌於
空而圍於空者, 以空敲之, 萬
物萬象爽而不亂者, 空有節
也。

천지 자랑은 공이지만, 공을 자랑하면 흉
한 웃음거리이다. 만물은 공에서 모이고,
공을 행하는 것이란 공첩으로 그린 만상
으로 한다. 비어서 가득하고 비어서 채워
지며, 다시 비어서 기울어진다. 만물만상
이 어지럽지 않고 상쾌한 것은 공으로 절
제하기 때문이다.

陰陽五行悟而不終者, 相蟲相
勝而不敔, 行空也, 故陽行空
則剛, 陰行空則柔, 星行空則
媆, 風行空則漢, 雲行空則
霝, 雨行空則豐, 雪行空則
寒, 雷電行空則殺。

음양오행을 깨달아 끝나지 않은 것은, 서
로 대치하고 서로 도와 기울어지지 않기
때문이며, 이것이 공을 행하는 것이다.
그러므로 행공을 선양하면 강해지고, 행
공으로 음덕을 키우면 부드러워진다. "씽
콩[이하 주문]" (2) 별의 행공은 추성媆星
을 만들고 (3) 바람은 행공하여 세상을 말
린다. 구름은 행공하여 각가지 모양을 만
들고, 비는 행공하여 풍년을 만든다. 눈
은 행공하여 추위를, 뇌전은 행공하여 살
상(일식과 월식)이 생긴다.

智者行空則計, 謀者行空則
全。兵者行空則取。故行空而
生, 無行而亡。物至空而下
者, 勢之增也, 不可擋也, 兵
至天而降者, 有空當也, 空當
者敵奰也, 奰則懼, 懼則心
怯, 心怯則必亡。

지혜로운 자는 행공을 계획하고, 모략은
행공으로 완전해진다. 군사 작전에 행공
은 승리를 얻는다. 그러므로 행공으로 살
게 되고, 하지 않으면 망한다. 사물은 지
극한 공으로 아래에 자리 잡아, 하늘과
합당함이 있다. 하늘에 합당하면 적을 압
박할 수 있다. 압박하면 두려울 것이요,
두려우면 마음에 겁을 먹고, 마음에 겁을
먹으면 필히 도망한다.

昔者, 堯人比葵, 奇空能進而
勝梁人。黃帝談道, 執談柄而
觀盡媆嬛, 以空能大而怗天

옛날에, 요는 돌무(葵)에 비유해, 쇠뇌로
행공하여 능히 나아가 양 나라 사람을 이
겼다. 황제는 도의 담박함을 말하길, 담

下。文命治水，以空能下，而通九州；成湯奪心，以空行兵，而亡夏禁。

박함을 가지면 내면에는 오히려 선명한 아름다움을 보는 것이니 공으로써 능히 크게 천하를 따른 것이다. 문왕이 치수를 명함에 공으로써 능히 내렸고, 구주 세상에 통했다; 탕왕은 백성의 마음을 사로잡아 공으로 행하여 군사를 움직여 하 나라를 멸망시켰다.

故空能勝人，空能服人，空能治人，空能取人，凡兩國相惡，始者皆空相爭也。一曰爭正大，二曰爭地，三曰爭民。凡兩軍相爭，始者皆以空而戰也。一曰平之方寸而紗，二曰使間以分，三曰雲戰。此六爭謀攻用也。能以空而取者，不戰而屈人之兵也，善之善者也。

그러므로 공은 능히 적을 이기고, 능히 적을 복종케 하고, 능히 적을 다스리며, 능히 적을 잡는다. 무릇 두 나라가 서로 증오하면 대개 공을 두고 시작된 상쟁을 하게 된다. 첫째는 정대함으로, 둘째는 쟁지를 두고, 셋째는 노예 백성을 위해 싸운다. 첫째는 (공으로) 비뚤어진 마음을 펴는 것이고, 둘째는 땅을 나누도록 서로 협상하게 하는 것이고, 셋째는 전쟁 분위기를 조성하는 것이다. 이 여섯 가지에 군쟁과 모공과 화공, 용간책이 들어 있다. (4) 행공으로 능히 적을 잡는 것이 싸우지 않고 적을 굴복시키는 것이요, 최선이다.

한신주	없음
죽간	없음

역자 주

1. 행공은 실전이 아닌 War- Game을 말한다. 도의와 땅과 백성으로 미리 계산하여 승패를 결정하여 싸움에 이르지 않게 하는 것이다.

2. 42편의 "행공"은 Xing Kong(性空)으로 음을 가차하여 도가의 주술적 의미를 함의한다. 따라서 병법이라고 보기 어려운 문구가 산재해 있다.

3. 추성, 婑甡라고도 한다. 중국 고대 천체의 28수의 하나, 태양의 길 황도에 자리잡아 위치의 변화로 계절을 알려준다.

4. 爭謀攻用은 행공의 방법론이 13편의 군쟁, 모공, 화공, 용간에 들어있음을 암시한다. 이는 13편과 82편이 서로 교차 융합된 정황을 보여주는 좋은 예이다.

출처	원문	번역

43편 方面(1)

兵者，不可無極也。極者，四□而無量□也。中極者，中點六面八方也，何為中點？方之正中，之交點也。《兵典》命曰："起圓。"何為六面？曰：前後左右，上下面也。何為八方？曰：正東，正西，正南，正北，東南，西南，東北，西北方也。

전쟁은, 끝이 없어서는 안 된다. 끝이 없는 것은 □ 사방이 무한하게 □이다. "중심의 극"은 육면 팔방의 가운데 기점이다. 중점(Center of Gravity)은 (2) 무엇인가? 位가 바르고 중심이 반듯하여 교차하여 만나는 지점이다. 〈병전〉에 명하여 이르길 : "원진(공격진)을 일으키는 것"이고, 육면을 이루는 것은 이르길 : 전후좌우와 상하면을 말한다. 팔방이란 이르길 : 동서남북 정방향과 동남, 서남, 동북, 서북방이다.

中極生太極，太極生萬物。太極者，□面各方。……何為形面？曰：道形一面，空行一面，謀形一面，計形一面，詭行一面，形形一面，勢形一面，變形一面，天形一面，地形一面，陰形一面，陽形一面，明形一面，暗形一面，水形一面，火形一面，雷形一面，風形一面，雨形一面，氣形一面。

극의 중심으로 수렴하여 태극이 탄생했다. 태극에서 만물이 생겨난다. 태극은 □ 면과 각 방면을 가졌다....... 각면 형상의 차원은 어떻게 만들어지는가?
이르길 : 도의 차원에서 계획과 위게임을 (3)
　　謀計의 차원에서 기만과 속임수를
　　形勢의 차원, 변화와 지형의 차원
(4)
　　九變의 차원, 천지형의 차원
　　음양의 차원, 추위와 더위, 밤과 낮의 차원, 화공과 수공, 뇌풍우 등 기상의 차원으로 (전쟁 상황이 조성된다.)

……方面者，軍擊兵伐之胃□也，故善用兵者，方方俱足，面面俱到，檮杌之物，八之所全。

..... 방면에는 군이 공격하고 전쟁으로 주벌하는 것을 □으로 이르는 말이다. 그러므로 군사 운용을 잘하는 것은 이런 모든 차원의 검토를 충족해야 하고, 각 면의 상황을 도두 산정해야 하는 "도올檮杌"(5)같은 괴물이니, 팔방으로 완전을 기해야 한다.

……故方位者,兵之肯綮也,方面者,軍擊兵伏之肯腰也。……
……故善用兵者，善理各方各面也。善卦敵於各方各面也。……

……. 따라서 각 방면 차원을 바르게 정립하고, 무기를 옳게 정리하여 깊이 넣어둔다. 방면이란 군의 공격 작전과 전쟁 상황의 중요한 검토 요체이다.......
…… 그러므로 군사 운용을 잘하는 것은

각 상황과 그 차원을 잘 이해하는 것이다. 각기 상황과 각기 차원으로 적을 잘 아는 것이다......

한신주 없음

죽간 없음

역자 주

1. 方面은 태극도설을 도교 주문으로 찬개 한 듯 보인다. 공간과 상황이 혼잡한 고대인의 사유가 무질서하게 나열되어 있다.

2. 현대전에서 重心(COG, Center of Gravity)으로 표현할 수 있는 문구이다. 방면편에서 탁월한 군사사상을 도출할 수 있는 것은 세력의 균형과 중심을 수학과 병학을 혼합하여 표현한 메타포가 있기 때문이다.

3. 行과 形은 음차로 쓰였을 것이나 의도적으로 구분한 것으로 보인다.

4. 形이 천형과 지형으로 분리된 것은 동한 이후부터이다. 즉, 전한까지 이른바 13편의 "군형"과 "지형"은 정립되지 않았고 따라서 은작산 한묘 죽간에서 "지형편"이 발견되지 않은 이유이다. 이 문구에서 形의 사변화思辨化가 진행된 추이를 알 수 있다.

5. 도올, 고대 중국 신화에 보이는 네 가지 흉괴의 하나

44편 明暗

兵者, 詭道也。詭道者, 明爭暗鬥也。明爭天地, 暗鬥變擊。知明暗之理者, 明見萬里而暗見秋毫, 明見全勝而暗察一眚, 故先見者先明也; 後見者後明也; 不見者暗也。

전쟁은 속임수이다. 속임수란 보이는 곳에서 다투며 경쟁하고 보이지 않는 곳에서 전쟁하는 것이다. 보이는 곳에서는 천지의 도를 경쟁하고 보이지 않는 곳에서 상황 변화에 따라 때린다. 보일 것은 만리에 명백히 보이고, 가는 터럭도 은밀히 본다. 겉으로 밝게 보아 승리를 완전히 하고 안으로 어두운 곳의 조그만 과실도 살핀다. (1) 그러므로 미리 보는 것은 미리 아는 것이요; 늦게 보면 늦게 알게 된다. 보지 못하면 깜깜히 아무것도 알지 못한다.

先明者先動也; 後明者後動也; 不明者背動也。先動者, 勝。後動者, 守。背動者, 亡。故明暗者六: 一曰明道暗習, 二曰明算暗察, 三曰明天暗地, 四曰明使暗間, 五曰明政暗奇, 六曰明惡暗擊。

먼저 안 자는 먼저 움직이고; 뒤에 알게 된 자는 뒤늦게 움직인다. 알지 못한 자는 움직이도 못한다. 먼저 움직인 자가 이긴다. 뒤늦게 움직인 자는 수비 한다. 움직임을 알지 못한 자는 망한다. 그러므로 알고(明) 모름(暗)에는 여섯 가지가 있으니, 첫째, 도는 밝히고 실행은 모르게 하고, 둘째, 속셈을 명확히 하되 그 시행을 은밀히 관찰하고, 셋째, 시기는 밝히되 지형 배비는 모르게 하고, 넷째, 외교 사절은 밝게 운용하되 간첩 활동은 은밀히 한다. 다섯째, 적과의 대치는 보이게 하되 기책은 모르게 한다. 여섯째, (싸움이) 싫은 체하다 갑자기 모르게 공격한다.

明道暗習者, 明道以為明政, 明政以為富國; 暗習以為強兵, 強兵以為全勝而無大眚。明算暗察者, 明算以為善計, 善計以為善發; 暗察以為知己彼, 知己彼以為會。

도를 밝히고 시행을 모르게 하는 것은, 말을 정확히 밝혀 적과 정합을(2) 이루기 위함이다. 정사를 밝게 해야 나라가 부강해진다. ; 은밀히 훈련하는 것은 강병을 키우기 위함이고, 강한 군대의 완전한 승리로 큰 과실이 없게 된다. 계획을 명확히 하고 은밀히 관찰하는 것은, 명확한 속셈이 좋은 계획을 만들기 때문이다. 계획이 좋아야 시작이 좋다. 몰래 살피는 것은 적과 나를 알기 위함이고, 적과 나를 알아야 만나서 싸울 (시기와 장소를 주도한다.)

明天暗地者，明天以為知戰日，知戰日以為避天算；暗地以為知戰地，知戰地以為軍擊之所用。明使暗間者，明使以為神紀，神紀以為軍之政事；暗間以為索情，索情以為變之囚論。明政暗奇者，明政以為形表，形表以為囚威；暗奇以為形裡，形里以為治本。

시기는 밝히되 지형 배비를 모르게 하는 것은, 싸울 날짜를 알아 천기(시간과 날씨)에 밝은 것이고, 싸울 날짜를 알아 (기상, 기후 등에 예상된 불리한 점을) 피할 수 있다. 지형에 (배비를) 어둡게 하라는 것은 싸울 지형을 알아 군의 공격에 이용해야 하기 때문이다. 외교 사절은 밝게 운용하되 간첩 활동은 은밀히 하라는 것은, 사신의 밝은 운용은 신묘한 것이고, 신묘함으로 군이 다스려진다. (사신으로 정세를 드러냄으로써 군이 적과 正合을 이룬다.) 은밀한 간첩으로 적의 정보를 살피고, 살핀 정보는 상황변화 [囚을 논할 수 있다. 적과의 대치는 보이게 하되 기책은 모르게 한다는 것은, 형세를 드러내어 적과 정합을 이루기 위함이요, 드러낸 형세로 위세를 과장하고, 그 형세 속에서 은밀한 기책을 하기 위함이다. 이런 형세와 원리가 군의 다스림의 기본이다.

明惡暗擊者，明惡以為作氣，作氣以為張膽；暗擊以為使敵無備，使敵無備以為以寡勝眾。

(싸움이) 싫은 체하다 갑자기 모르게 공격한다는 것은, 싸움을 싫어함을 보여 (지지 세력)의 기세를 만들고, 기세가 만들어지면 담력이 커진다. (이런 평화공세로) 적이 방비하지 못하게 하고 은밀히 기습 공격하는 것이다. 적이 방비하지 못하면 소수의 병력으로 대병력을 이길 수 있다.

凡國之所欲富者，兵之所欲強者，計之所欲善者，情之所欲察者，天之所欲得者，地之所欲利者，神所欲全者，間之所欲用者，奇正所欲開者，城之所欲攻者，人之所欲殺者，軍之所欲擊者，必先盡知明暗之理也。四百二十四

무릇 부유한 나라가 되고 싶고, 강한 군대를 원하며, 좋은 계획을 갖고 싶고, 알고 싶은 정세를 볼 수 있으며, 때를 얻고, 지형의 이점을 얻고, 완전한 승리를 기원하며, 간첩의 운용을 원하고, 정합으로 기책을 열고자 하며, 성을 공격하고 싶고, 적을 죽이고 싶으며, 군대로 타격하고자 원한다면, 필히 먼저 "명암의 이치"를 알아야 한다. 424자

한신주	없음
죽간	없음

역자 주

1.明暗은 13편의 用間과 연계된 사상이 있다. 정보에 밝고 어둠을 논하고 수집 수단에서 White 요원을 明, Black 요원을 暗으로 표현했다.

2. 政은 正의 통가자, 문장에 政을 정치의 뜻으로 쓴 것은 뒤에 가필한 것으로 보인다.

45편 奇正(1)
天地之理，至則反，盈則敗，
陰陽是也。代興代廢，四時是
也。有勝有不勝，五行是也。
有生有死，萬物是也。有能有
不能，萬生是也。有所有餘，
有所不足，形勢是也。

장장본

천지간의 이치에 모든 사물은 번영이 지극하면 쇠퇴하고 가득 차면 곧 이지러지니 이는 음양의 원리이다. 흥성함과 쇠퇴함도 사계의 변화에서 드러난다. 이기는가 하면, 이기지 못하기도 한다. 이는 오행으로 나타난다. 삶이 있으면 죽음이 있다. 모든 만물이 다 그러하다. 세상의 만물은 할 수 있는 것이 있는 것이 있고, 할 수 없는 것도 있다. 이는 세상의 만물에 다 그렇게 나타난다. 어떠한 때에서 넉넉하고, 어떠한 때에는 부족하다. 이것은 형세의 차이가 있어 보이는 것이다.

故有形之徒，莫不可名。有名
之徒，莫不可勝。故聖人以萬
物之勝勝萬物，故其勝不屈。
戰者，以形相勝者也。形莫不
可勝，而莫知其所以勝之形。
形勝之變，與天地相敝而不
窮。

그러므로 유형의 무리는 이름을 붙일 수가 있고, 이름을 붙일 수 있다면 제압할 수 있다. 성인은 만물이 지닌 각각의 우수한 장점을 이용해 다른 사물을 제압함으로써 만물을 장악한다. 그러므로 성인은(이런 이치에 맞지 않으면) 불복하고 승리한다. 전쟁이란 형세 간의 싸움이다. 형세로 승리하지 않을 수 없는 것이, 승리의 형세를 몰라도 이기기 때문이다. (그러나 어떻게 해서 이기는가 하는 승리의 요소에 대해 사람들은 알지 못한다.) 형세가 서로 이기며 변화하는 이치는 천지처럼 영원하고 변화는 무궁하다.

形勝，以楚越之竹書而不足。
形者，皆以其勝而勝者也。以
一形之勝而勝萬形，不可。所
以製形一也，所以勝不可一
也。故善戰者，見敵之所長，
則知其所短；見敵之所不足，
則知其所有餘。見勝如見日
月，其錯勝也，如以水勝火。

형세로 이기는 이치는, 초 나라 월 나라 의 죽간 모두를 엮어도 쓰기에 부족하다. 형세는 각각의 장점으로 다른 사태를 이긴다. 특정한 하나의 형세로 다른 모든 사태를 이길 수는 없다. 왜냐하면 하나의 형세로 통제하여 정형화하면 (변형에 대응할 수 없어) 이길 수 없기 때문이다. 따라서 군사 운용을 잘하는 것은 적의 장점이 보이면 동시에 바로 그 단점을 파악하는 지혜를 가진 것이다. 또한 적의 부족함을 발견하면 동시에 이를 미루어 그들의 여유도 판단한다. 이로써 승리를 예측하는 것이 해와 달을 바라보는 것처럼 분명해진다. 그러나 이것은 복합적이고 상대적으로 뒤섞인 것이고 마치 물로 불을 끄는 것과 같다.

形以應形，正也；無形而製形，奇也；奇正無窮，分也。分之以奇數，制之以五形，鬥之以方圓。分定，則有形矣；形定，則有名矣。

보이는 형으로 적의 형세에 응하는 것이 正合이고, "무형의 형"으로 적을 제어하는 것을 奇勝이라한다. (2) 기와 정의 변화는 무궁하며 (서로 상황에 따라) 아군을 나눈다. 군의 조직과 편성은 기책으로 하는 "분수"로 하고, 이를 오행으로 통제하고, 싸움에 방진(방어진)과 원진(공격진)을 이룬다. 분수(조직과 편성)가 정해지면 형세가 있게 되며, 형세를 가짐으로써 이름이 있게 된다.*

五行相勝而方圓不同，不足以相勝也，故以異為奇。是以靜為動奇，佚為勞奇，飽為飢奇，治為亂奇，眾為寡奇。發而為正，其未發者，奇也。奇發而不報，則勝矣。有餘奇者，過勝者也。故一節痛，百節不用，同體也。前敗而後不用，同形也。

오행으로 서로 이긴 방진과 원진을 같은 방법으로 쓰면 승리에 부족하다. 그러므로 奇로써 다르게 해야 한다. 이것은 고요하게 적의 움직임에 기책으로 대하고, 편안하게 적의 노고로움에 기책으로 대하고, 잘 먹인 아군으로 굶주린 적에 기책으로 대하고, 잘 다스린 아군으로 혼란한 적군에 기책으로 대하며, 다수의 병력으로 소수의 적에 기책으로 대하는 것이다. 정합으로 내보이며, 은밀한 군사행동은 기로 한다. 기책은 적이 예상하여 대응치 못하게 하는 것이니 바로 승리할 수 있다. 기책의 여유로움이 있다면 이미 이긴 것이다. (사람의 몸에 비유하면) 하나의 관절이 아프면 다른 모든 관절은 사용치 못한다. 모두 같은 신체이기 때문이다. 전방 부대가 패배하면 후방의 부대도 쓸 수 없다. 같은 형세 안에 속했기 때문이다.

故戰勢，太陣不斷，小陣不解。後不得乘前，前不得然後。進者有道出，退者有道入。

그러므로 전투의 기세를 얻으려면 큰 진은 차단되지 않게 하고, 작은 진은 해체되지 않게 한다. 후방 부대가 부득이 전방으로 나아가면, 전방 부대는 부득이 자연스레 후속 부대가 된다. 나아갈 기동로는 확보되어야 하고, 후퇴 부대는 진입할 도로가 있어야 한다.

賞未行，罰未用，而民聽其令

상벌을 시행치 않고 벌을 주지 않아도 병

者，其令、民之所能行也。賞
高罰下，而民不聽其令者，其
令、民之所不能行也。使民雖
不利，進死而不旋踵，孟賁之
所難也，而責之於民，是使水
逆流也。

사들이 명령에 복종할 수 있는 것은 그 명령이 병사들이 충분히 해낼 수 있는 명령이기 때문이다. 상이 많고 벌이 적어도 병사들이 여전히 명령에 복종하지 않는 것은 병사들로서는 수행할 수 없는 명령이기 때문이다. 불리한 상황에서 뻔히 질 줄 알면서도 죽음을 무릅쓰고 나아가라고 요구하는 것은 맹분孟賁 이라고 할지라도 하기 어려운 것인데, 이로 병사를 책망하는 것은 흐르는 물을 역류시키는 일이다.

故戰勢，勝者益之，敗者代
之，勞者息之，飢者食之。故
民見益人而未見死，蹈白刃而
不旋踵。故行水得其理，漂石
折舟，民得其性，則令行如
流。故兵不能奇正，敵難伏
矣，民難用矣。五百二十八

따라서 전세라는 것은 승자에게 유리함이 더해지기 마련이니, 패배하면 즉시 교대해야 하며, 피로하면 쉬게 하고, 굶주리면 먹여야 한다. 그래야 병사들은 늘어나는 적을 보아도 죽음을 생각지 않고 싸울 것이며, 날카로운 칼날을 밟고 죽을지라도 물러서지 않을 것이다. 이는 물이 이치에 맞게 위에서 아래로 흘러 (가파른 곳에 세가 형성되면) 큰 돌을 떠밀고 배도 침몰시키는 것과 같다. 병력을 운용함에 그들의 생리를 잘 활용하면, 명령은 흐르는 물처럼 이행될 것이다. 그러므로 기와 정의 사용을 능히 할 수 없는 군대는 적을 굴복시키기 어렵고, 군사를 운용하기 어렵다. 528자

한신주　없음

죽간　<奇正>
天地之理，至則反，盈則敗，
□□是也。代興代廢，四時是
也。有勝有不勝，五行是也。
有生有死，萬物是也。有能有
不能，萬生是也。有所有餘，
有所不足，刑（形）埶（勢）
是也。

천지간의 이치에 모든 사물은 번영이 지극하면 쇠퇴하고 가득 차면 곧 이지러지니 이는 음양의 원리이다. 흥성함과 쇠퇴함도 사계의 변화에서 드러난다. 이기는가 하면, 이기지 못하기도 한다. 이는 오행으로 나타난다. 삶이 있으면 죽음이 있다. 모든 만물이 다 그러하다. 세상의 만물은 할 수 있는 것이 있는 것이 있고, 할 수 없는 것도 있다. 이는 세상의 만물에 다 그렇게 나타난다. 어떠한 때에서 넉

넉하고, 어떠한 때에는 부족하다. 이것은 형세의 차이가 있어 보이는 것이다.

故有刑（形）之徒，莫不可名。有名之徒，莫不可勝。故聖人以萬物之勝勝萬物，故其勝不屈。戰者，以刑（形）相勝者也。

모든 형체를 지닌 사물은 전부 이름을 붙일 수가 있으며, 이름을 붙일 수 있는 사물은 모두 제압할 수 없는 것은 없다. 성인은 만물이 지닌 각각의 장점으로 다른 사물을 제압함으로써 만물로 만물을 차지한다. 그러므로 성인은(이런 이치에 맞지 않으면) 굽히지 않고 마침내 승리한다. 전쟁이란 형세 간의 싸움이다.

刑（形）莫不可以勝，而莫智（知）其所以勝之刑（形）。刑（形）勝之變，與天地相敝而不窮。刑（形）勝，以楚、越之竹書之而不足。刑（形）者，皆以共勝勝者也。以一刑（形）之勝勝萬刑（形），不可。所以制刑（形）壹也，所以勝不可壹也。

형세로 승리하지 않을 수 없는 것이, 승리의 형세를 몰라도 이기기 때문이다. (그러나 어떻게 해서 이기는가 하는 승리의 요소에 대해 사람들은 알지 못한다.) 형세가 서로 이기며 변화하는 이치는 천지처럼 영원하고 변화는 무궁하다. 형세로 이기는 이치는, 초 나라나 월 나라의 죽간을 모두 엮어도 쓰기에 부족하다. 형세는 각각의 장점으로 다른 사태를 이긴다. 특정한 하나의 형세로 다른 모든 사태를 이길 수는 없다. 왜냐하면 하나의 형세로 통제하여 정형화하면 (변형에 대응할 수 없어) 이길 수 없기 때문이다.

故善戰者，見敵之所長，則智（知）其所短；見敵之所不足，則智（知）其所有餘。見勝如見日月。其錯勝也，如以水勝火。

따라서 군사 운용을 잘하는 것은 적의 장점이 보이면 동시에 바로 그 단점을 파악하는 지혜를 가진 것이다. 또한 적의 부족함을 발견하면 동시에 이를 미루어 그들의 여유도 판단한다. 이로써 승리를 예측하는 것이 해와 달을 바라보는 것처럼 분명해진다. 그러나 이것은 복합적이고 상대적으로 뒤섞인 것이고 마치 물로 불을 끄는 것과 같다.

刑（形）以應刑（形），正也；無刑（形）而裝（制）刑（形），奇也。奇正無窮，分也。分之以奇數，裝（制）之以五行，鬪之以□□。分定則有刑（形）矣，刑（形）定則有名【矣】。

보이는 형으로 적의 형세에 응하는 것은 正合이고, "무형의 형"으로 적을 제어하는 것을 奇勝이라한다. (2) 기와 정의 변화는 무궁하며 (서로 상황에 따라) 군을 나눈다. 군의 조직과 편성은 기책의 "분수"로 하고, 이를 오행으로 통제한다. 분수(조직과 편성)가 정해지면 형세가 있게 되며, 형세를 가짐으로써 이름이 있게 된

다. (3)

□□□□□□, 同不足以相勝
也, 故以異為奇<。是以靜為動
奇, 失（佚）為勞奇, 飽為饑
奇, 治為亂奇, 眾為寡奇。發
而為正, 其未發者奇也。奇發
而不報, 則勝矣。有餘奇者,
過勝者也。故一節痛, 百節不
用, 同禮（體）也。前敗而後
不用, 同刑（形）也。

□□□□□□, (전에 사용한) 같은 방법으로는 승리할 수 없다. 그러므로 奇로써 다르게 해야 한다. 이것은 고요하게 적의 움직임에 기책으로 대하고, 편안하게 적의 노고로움에 기책으로 대하고, 잘 먹인 아군으로 굶주린 적에 기책으로 대하고, 잘 다스린 아군으로 혼란한 적군에 기책으로 대하며, 다수의 병력으로 소수의 적에 기책으로 대하는 것이다. 정합으로 내보이며, 은밀한 군사행동은 기로 한다. 기책은 적이 예상하여 대응치 못하게 하는 것이니 바로 승리할 수 있다. 기책의 여유로움이 있다면 이미 이긴 것이다. (사람의 몸에 비유하면) 하나의 관절이 아프면 다른 모든 관절은 사용치 못한다. 모두 같은 신체이기 때문이다. 전방 부대가 패배하면 후방의 부대도 쓸 수 없다. 같은 형세 안에 속했기 때문이다.

故戰埶（勢）, 大陳（陣）□
斷, 小陳（陣）□解。後不得
乘前, 前不得然後。進者有道
出, 退者有道入。

그러므로 전세는 큰 진은 차단 □을 하고, 작은 진은 해체 □을 얻어진다. (장장본 참조 보완: 그러므로 전투의 기세를 얻으려면 큰 진은 차단되지 않게 하고, 작은 진은 해체되지 않게 한다.) 후방 부대가 부득이 전방으로 나아가면, 전방 부대는 부득이 자연스레 후속 부대가 된다. 나아갈 기동로는 확보되어야 하고, 후퇴 부대는 진입할 도로가 있어야 한다.

賞未行, 罰未用, 而民聽令
者, 其令, 民之所能行也。賞
高罰下, 而民不聽其令者, 其
令, 民之所不能行也。使民
唯（雖）不利, 進死而不筍
（旋）踵, 孟賁之所難也, 而
責之民, 是使水逆留（流）
也。

상벌을 시행치 않고 벌을 주지 않아도 병사들이 명령에 복종할 수 있는 것은 그 명령이 병사들이 충분히 해낼 수 있는 명령이기 때문이다. 상이 많고 벌이 적어도 병사들이 여전히 명령에 복종하지 않는 것은 병사들로서는 수행할 수 없는 명령이기 때문이다. 불리한 상황에서 뻔히 질 줄 알면서도 죽음을 무릅쓰고 나아가라고 요구하는 것은 맹분孟賁 이라고 할지라도 하기 어려운 것인데, 이로 병사를 책망하는 것은 흐르는 물을 역류시키는 일이다.

故戰埶（勢），勝者益之，敗
者代之，勞者息之，饑者食
之。故民見□人而未見死<，道
（蹈）白刃而不笱（旋）踵。
故行水得其理，飄（漂）石折
舟；用民得其生（性），則令
行如留（流）。四百八十七

따라서 전세라는 것은 승자에게 유리함
이 더해지기 마련이니, 패배하면 즉시 교
대해야 하며, 피로하면 쉬게 하고, 굶주리
면 먹여야 한다. 그래야 병사들은 □ 적
을 보아도 죽음을 생각지 않고 싸울 것이
며, 날카로운 칼날을 밟고 죽을지라도 물
러서지 않을 것이다. 이는 물이 이치에
맞게 위에서 아래로 흘러 (가파른 곳에
세가 형성되면) 큰 돌을 떠밀고 배도 침
몰시키는 것과 같다. 병력을 운용함에 그
들의 생리를 잘 활용하면, 명령은 흐르는
물처럼 이행될 것이다.
487 자

역자 주

1. 奇正은 〈老子〉 57장 "정正으로 나라를 다스리고 기奇로써 군사를 운용한다 以正治國 以奇
用兵"에서 유래했다는 것이 일반적인 견해이나, 실상 노자의 문구는 兵家에서 잉태한 것이다.
(참고 : 3장, 전쟁 기록의 모음 〈도덕경〉) 서한 시대에 성립된 〈淮南子〉 15권 兵略訓에는 奇
正에 대해 다음과 같이 쉽게 설명하고 있다. "同莫足以相治也, 故以異爲奇 兩爵相與鬥, 未
有死者也 ; 鷓鷹至, 則爲之解, 以其異類也 故靜爲躁奇, 治爲亂奇, 飽爲饑奇, 佚爲勞奇 奇正
之相應, 若水火金木之代爲雌雄也 같은 것끼리는 족히 사로 다스리지 못하여 다른 것으로
奇를 삼는다. 두 마리 참새가 서로 싸우면 죽는 것이 없으나 수리나 매가 이르면 싸움은 쪼개
진다. 서로 종류가 다르기 때문이다. 그러므로 고요는 시끄러움의 奇이고, 다스림은 어지러움
의 奇이며, 배부름은 주린 것의 奇이고, 편안한 것은 수고로움의 奇가 된다. 奇와 正이 상응하
는 것은 물과 불, 쇠와 나무가 번갈아 자웅이 되는 것과 같다. 장장본의 奇正은 은작산 발굴 죽
간과 문장이 거의 일치하여 놀랍다. 중국 손자학회에서 이른바 "손빈병법"을 재구성을 하며
1985년 9월에 출간한 정황간개에는 "기정편"이 속한 하편 15편을 모두 삭제하여 기정편이
사라지는 혼란을 겪는다. 이편으로 독자는 장장본이 은작산 죽간 발굴전에 존재한 다른 죽간
을 필사한 것이되 약간의 가필이 있었음을 알 수 있다

2. 以正合 以奇勝, 손자 13편 勢편과 實虛편의 주요 논제이다. 이 명제들은 장장본 또는 은작
산 죽간의 "形以應形 正也 ; 無形而制形 奇也 형세로 형세에 대응하는 것은 正이요, 무형으로
형세를 제어하는 것은 奇이다"라는 심오한 군사사상에서 비롯했다. 따라서 形을 서구적 관념
의 "Disposition"만으로 볼 수 없는 것이 거기에는 끊임없이 변화하는 시간적 템포(天形)와 공

간성의 배비(地形)가 함께하기 때문이다.

3. 形과 名은 후세에 동한 초기에 형명학으로 발전하여 명성과 실제, 업적이 일치하는가를 따지게 된다. 동한 말에는 사회 계층의 부패와 무능을 비판하는 이론이 된다.

46편 缺文

47편 一將

欲以安國而平天下者，多有中
正謀事之才；欲以安軍而使敵
必敗者，多有獨當一面之將。
一將者，和上而同下，內根三
元，外根三畯。故六根合一而
咸事者，《軍政》命曰：一將
也。

나라를 안정시키고 천하를 평정하려면,
중정(균형 있고 지위가 바른) 모사가 많
아야 한다. 군대를 안정시켜 적을 반드시
물리치려면, 한 사람으로 많은 적을 당할
수 있는 장수가 많아야 한다. 그런 유일
의 장수는 상하를 서로 화합시키고, 안으
로 삼원의 근본이 있고, 밖으로는 삼준의
근본이 있다. (1) 그러므로 이 여섯 가지
근본을 합하여 일을 함양하는 것을 <군
정>에는 명하여 이르길 ; "일장"이라 한
다.

將者，不可不義。不義則不
嚴，不嚴則軍不威，軍不威則
卒弗死。故義者，兵之首也。

장수는 의롭지 않으면 안 된다. 의롭지
않다면 (명령이나 상벌을 공정하고) 엄하
게 시행할 수 없고, 시행이 엄격하지 않
으면 권위를 세울 수 없다. 권위가 없다
면, 병사들은 죽음을 감수하려 하지 않을
것이다. 따라서 義는 사람의 머리에 해당
한다.

將者，不可不忠。不忠則韋
軍，韋軍則中不正，中不正則
卒相亂。故忠者，兵之心也。

장수는 충성스럽지 않으면 안 된다. 불충
한 장수는 군을 어기고, 군을 어기는 것
은 균형감과 지위가 바르지 않아서이다.
장수가 바른 자리를 찾지 못하면 군은 문
란하게 된다. 그러므로 忠이란 군대의 단
결(心)이다.

將者，不可不仁。不仁則不
克，不克則軍不取，軍不取則
將無功。故仁者，兵之腹也。

장수는 仁을 갖추지 않으면 안 된다. 어
진 자질을 갖추지 못하면 적과 싸워 승리
할 수 없고, 적과 싸워 이기지 못한다면
아무런 공도 없다. 따라서 仁은 사람의
배에 비유할 수 있다.

將者，不可無德。無德則無
力，無力則軍不擊，軍不擊則
三軍利不得。故德者，兵之手

장수는 德을 갖추지 않으면 안 된다. 장
수에게 덕이 없다면 부대는 전투력이 없
으며, 전투력을 발휘할 수 없다면 그 군

也。

대는 전군으로 적과 싸워도 승리할 수 없다. 그러므로 德은 군대의 손과 같다. (2)

將者，不可不信。不信則令不行，令不行則軍不專，軍不專則主無名。故信者，兵之足也。

장수는 信이 없으면 안 된다. 믿음이 없으면 군령이 시행되지 않는다. 군대의 명령과 시행으로 군이 장악되지 않으면, 지휘 계통이 통일되지 않아 그 부대는 명성을 얻지 못한다. 따라서 信은 사람의 두 다리에 비유된다.

將者，不可不智。不智則事不明，事不明則無計，無計則軍無決。故智決者，兵之尾也。

장수는 智를 갖추지 않으면 안 된다. 장수가 지혜롭지 못하다면 사리에 밝을 수 없고, 사리에 밝지 못하면 장수는 계획을 세울 수 없다. 따라서 장수 결단하는 지혜는 군에 있어서 끝의 꼬리와 같은 맺음을 의미한다.

凡此六者，集將一身，集軍一服。故曰：三元三凶，元凶一位。陣前而會，望而生畏。

무릇 이 여섯 가지를, 장수 된 자는 하나로 몸에 모으고, 군을 하나로 묶어 복종시킨다. 그러므로 이르길 : 삼원삼凶. 원凶 일위. (적의 침공을 보고) 진영 앞에 모여 바라보아 두려움이 생겼다. (3)

故善用兵者，譬如衛然。衛然者，恆地之蛇也。蛇者，四合為一。擊其首則尾至，擊其尾則首至，擊其心腹則首尾俱至。敢問軍可使若衛然乎？曰：可。敢問將可使若衛然乎？曰：可。若軍若衛然，六根而合一而用，名利可全，三軍可安。

그러므로 군사 운용을 잘하는 것이란, 위연에 비유한다. (4) 위연이란 항산의 뱀이다. 이 뱀은 넷을 하나로 한다. 머리를 치면 꼬리가 이르고, 꼬리를 치면 머리가 이른다. 가운데를 치면 머리와 꼬리가 동시에 이른다. 감히 묻건대, 군이 이처럼 위연과 같이 할 수 있는가? 가로되 : 할 수 있다. 감히 묻건대 장수로 하여금 위연과 같이 할 수 있게 할 수 있는가? 가로되 : 할 수 있다. 만약 군이 위연과 같다면, 여섯 근본이 하나로 사용된 것으로 승리와 명성을 완전히 하고, 전군은 안전할 것이다.

若將若衛然，六根而合一而戰，用戰功成，天下可平。圖，第六卷第二圖：兵理奇爵相應圖。四百二十

만약 장수가 위연과 같다면, 여섯 근본을 하나로 합친 일전으로 전투에서 공을 이룰 것이요, 천하는 태평할 수 있다. 그림, 제6권 제2도 : 병리기작상응도. 420자

此篇三簡名：齊安城簡曰《義將》，秦宮郿鄔簡曰《將

여기 세 가지 죽간의 이름은 : 제나라 안성간에는 〈의장〉, 진궁 미오간에는 〈

一》，景林簡曰《一將》。

장일〉, 경림간에는 〈일장〉으로 되어있다.

한신주

《軍政》之《將行》曰："一軍一將，六根合一。立伐犄角，存亡囙依。順化內外，陰陽易運。智決三元，能奇三畯。軍行將行，行而應曰：安軍一將也。"

〈군정〉의 〈장행〉에 이르길 : "하나의 군에 하나의 장수로 하여, 여섯 근본을 하나로 하고, 기각지세犄角之勢로 적을 친다. 군의 존망은 장수에 달렸다. 내외의 근본은 순응함에 음양이 교대하여 운행함과 같다. 결전을 치러 승리할 지계智計는 삼원에, 능한 기책은 삼준에 있다.*
군의 움직임은 장수의 움직임이니, 시행에 응하는 것을 이르길 : 하나의 장수로 군을 장악 안정시키는 것이다."

此應何也？齊民武子開篇解曰："欲以安國而平天下者，多有中正謀事之才。欲以安軍而使敵必敗者，多有獨當一面之將。一將者，和上而同下，內根三元，外根三畯。

이렇게 군이 응한다는 것은 무엇인가? 제나라 손무 開(손무의 字)는 그의 손자병법 편에 풀어 말하길 "나라를 안정시키고 천하를 평정하길 바라면, 중정한 모략을 할 수 있는 인재가 많아야 한다. 군을 안정시키고 적을 반드시 이기려면, 홀로 적을 당할 수 있는 장수가 많아야한다. 하나의 장수란, 상하가 같이 화목하고, 안에 삼원의 근본 자질이, 밖으로는 삼준이라는 믿음의 뿌리가 있어야 한다.

故六根合而咸事者，《軍政》命曰：一將也。"切乎，切乎！旨合名乎！此解正所謂，元於前賢，丞於前賢，發於前賢，而又妙於前賢。

그러므로 여섯 가지 근본이 합하여 함양하는 일은 〈군정〉에 명하여 이르길 : "하나의 장수"라 한다. 절묘하고 절묘하도다! 단결 통합하여 이름이 있도다! 이를 바로 풀이함에 소위, 앞선 현인의 자질이요, 그 현인을 계승한 것이요, 그 앞선 현인의 뜻을 발현한 것이니 이 또한 앞의 현인처럼 절묘한 것이다.

齊民武子實乃兵之奇才也。信以為齊、秦簡名者，皆不妥也。景林簡者，善簡也。故定名《一將》。

제나라 손무는 진정 병법의 귀재였다. 나 한신이 제와 진의 죽간 편명을 보건대 모두 타당치 않고, 경림간 만이 바로 된 죽간이다. 그러므로 바른 이름은 〈일장〉이다.

何為將之六根？曰義，曰忠，曰仁，內根也；曰德，曰信，曰智，外根也。凡此六者，將

장수의 여섯 가지 근본은 무엇인가? 義, 忠, 仁이 내적 근본이고, 德, 信, 智는 외적 근본이다. 무릇 이 여섯 가지를 장수

之俱備, 獨當一面者, 此為一
將也。故六根不全, 不能獨當
一面者, 此不為將也。

가 구비하면, 홀로 한 방면의 적을 당할 수 있고, 이것이 "일장"의 의미이다. 그러므로 이 여섯 근본이 불완전하면, 한 방면의 적을 홀로 당할 수 없으니 장수로 쓸 수 없다.

何為軍之六根? 曰首, 曰心,
曰腹, 內根也; 曰手, 曰足,
曰尾, 外根也。凡此六者, 軍
之俱備, 相為犄角而救應, 可
安可勝者, 此為一軍也。

군대의 여섯 가지 근본은 무엇인가? 머리, 심장, 배가 내적 근본이고; 손, 발, 꼬리가 외적 근본이다. 무릇 이 여섯 가지를 군이 모두 구비하면, 서로 연합 합동하여 구원에 응할 수 있고 안정된 승리가 가능하다. 이로써 하나의 단결된 군대를 이룬다.

故六根不全, 不為犄角而自
立, 可危可敗者, 此不為軍
也。何為犄角對應? 對應者:
義為兵首, 忠為兵心, 仁為兵
腹, 德為兵手, 信為兵足, 智
為兵尾。犄角者, △角也。犄
角對應者, 兩角六點六面對應
也。此雖分雖險, 然, 相為對
應, 實為一也。所謂行險而順
者, 一將衛蛇之道也。行此道
者, 三軍可安, 天下可平。
漢楚王韓信於漢五年二月
四百五十二

따라서 여섯 사지 근본이 불완전하면 스스로 연합 합동을 할 수 없어 위험에 처해 패할 수 있어 싸울 수 있는 군대를 이룰 수 없다. 기작犄角으로 응한다는 것은 무엇인가? 적에 대응함에, 군의 수뇌가 의롭고, 병사의 마음이 충성스러우며, 병영 내의 분위기가 어질고, 수하의 움직임에 힘이 있으며, 믿음은 두 다리같이 군건하여, 결단의 지혜로 끝을 내는 것이다. △ 기작이란 "犄角之勢"를 말한다. (5) 기작으로 대응하는 것이란 양측방, 여섯 지점과 여섯 방면에 대응하는 것이다. 이것에 전투력 분산의 위험이 있는 것은 당연하다. 서로 합동하여 대응하면, 실로 하나의 단결력을 이룰 수 있다. 소위 말해 순리를 찾아 험한 시행을 하는 것이다. 이것이 하나의 장수가 위연의 뱀처럼 하는 방법이다. 이 방법을 행하여 전군은 안전을 안전케 하고 천하를 태평케 한다.
한 초왕 한신 한 나라 5년 2월 452자

<將義> (6)

將者不可以不義, 不義則不
嚴, 不嚴則不威, 不威則卒弗
死。故義者, 兵之首也。

장수는 의롭지 않으면 안 된다. 의롭지 않다면 (명령이나 상벌을 공정하고) 엄하게 시행할 수 없고, 시행이 엄격하지 않으면 권위를 세울 수 없다. 권위가 없다면, 병사들은 죽음을 감수하려 하지 않을 것이다. 따라서 義는 군을 (지휘하는) 머리에 해당한다.

將者不可以不仁，不仁則軍不克，軍不克無功。故仁者，兵之腹也。

장수는 仁을 갖추지 않으면 안 된다. 어진 자질을 갖추지 못하면 적과 싸워 승리할 수 없고, 적과 싸워 이기지 못한다면 아무런 공도 없다. 따라서 仁은 사람의 배(심장)에 비유할 수 있다.

將者不可以無德，無德則無力，無力則三軍之利不得。故德者，兵之手也。

장수는 德을 갖추지 않으면 안 된다. 장수에게 덕이 없다면 부대는 전투력이 없으며, 전투력을 발휘할 수 없다면 그 군대는 적과 싸워 승리할 수 없다. 그러므로 德은 군대의 손과 같다.

將者不可以不信，不信則令不行，令不行則軍不專，軍不專則無名。故信者，兵之足也。將者不可以不智勝，不智勝……則軍無□。故決者，兵之尾也。

장수는 信이 없으면 안 된다. 믿음이 없으면 군령이 시행되지 않는다. 군대의 명령과 시행으로 군이 장악되지 않으면, 지휘 계통이 통일되지 않아 그 부대는 명성을 얻지 못한다. 따라서 信은 사람의 두 다리에 비유된다. 장수는 (승리를 예측하는) 智를 갖추지 않으면 안 된다. 장수가 지혜롭지 못하다면...... 장수가 智가 없으면 □.... 따라서 장수의 결단력은 군에 있어서 끝의 꼬리와 같은 맺음을 의미한다.

역자 주

1. 三元, 三畯 : 장수의 六根(여섯 기질), 韓信은 이를 內根과 外根으로 나눈다.

2. 글자의 어원 형성에 보이는 본래의 뜻에 따라 仁은 "민감함", 德은 "영향을 끼치는 힘"으로 재해석할 수 있다.

3. "陣前而會，望而生畏"는 〈左傳〉 양공 18년(襄公十八年) 기록을 당의 이전李筌이 손자병법의 주를 달며 인용했는데, "연기와 먼지를 일으키며 진晉 나라의 군대가 제齊 나라를 칠 때 땔나무를 끌고 이를 따랐다. 제 나라 사람들이 산에 올라 바라보며 그 무리가 많은 것에 두려워해 밤새 달아났다.煙塵之候, 晉師伐齊, 曳柴從之 齊人登山, 望而畏其衆, 乃夜遁."라는 문구에서 단장취의 된 것으로 보인다. 전후 문장의 잔멸로 해석이 완전치 않다.

4. 위연은 솔연이다. 죽간에는 현재 없는 글자인 "彳率亍"로 되어 있다. 죽간에서 필사 과정에 와오되었을 것으로 추정하면 장장본을 신뢰할 수 있는 또 다른 증거가 된다. (참고 : 李昌善, 竹簡孫子論變, 2015, "이 뱀의 이름은 죽간의 해독 과정에서 와오訛誤되었는데, 솔率의 고자古字 솔(彳率亍)을 위衛로 읽어 솔연과 "위연"의 정체에 혼선을 빚어왔다."

5. 기각지세犄角之勢, 앞뒤에서 적을 압박하는 양면 작전, 달아나는 사슴을 잡을 때 뒷발과 뿔을 함께 잡는 것에서 유래

6. 죽간(將義)의 장수의 자질 義, 仁, 德, 信, 智는 〈손자 13편〉計篇에 보이는 5事(道天地將法)에서 장수의 미덕을 智, 信, 仁, 勇, 嚴으로 정한 것과는 차이가 있다. 장장본(一將)을 논한 한신은 義, 忠, 仁을 내적 근본으로, 德, 信, 智는 외적 근본으로 나누어 장수의 자질을 六根에서 비롯하였다고 풀이한다. 六은 역시 도가적 입장에서 六天의 영향을 받은 땅이며 惡이었다. 한신이 안성간(제손자 병법 89편)에서 "義將"으로, 경림간(오손자 병법 82편)에서 "一將"으로 기술했다고 증언한 것은 중요 시사점을 준다. 편명의 주제에 맞게 장수를 중심으로 단결하여 지휘권의 일원화(一將)를 설명한 장장본에 솔연(위연)이라는 뱀 이야기가 들어 있는 것은 이 때문이다.

48편 缺文, 49편 缺文

50편 將敗(1)

장장아본

內不方而外不圓者，將之敗也。故將有二十敗：一曰自能，二曰驕狂，三曰貪位，四曰貪財，五曰貪色，六曰輕敵，七曰凶困，八曰寡勇，九曰勇弱，十曰寡信，十一曰不走，十二曰無鋒，十三曰寡從，十四曰寡決，十五曰緩失，十六曰怠時，十七曰祈旬，十八曰疏賊，十九曰自私，二十曰自亂。

안으로 방정하지 않고 밖으로 원만하지 않은 것이 장수의 패착이다. (2) 따라서 장수의 20가지 패착은：
일. 재능이 없는데도 스스로 능력 있다고 뽐낸다.
이. 교만하여 자랑한다.
삼. 지위를 탐낸다.
사. 재물을 탐한다.
오. 여색을 탐한다.
육. 적을 가볍게 여긴다.
칠. 凶困
팔. 용기가 부족하다.
구. 약한데 용기가 있다.
십. 신의가 없다.
십일. (비만하여) 빠르게 움직이지 못한다.
십이. 선두에 서지 않는다
십삼. 잘 따르지 않는다.
십사. 우유부단하고 결단력이 부족하다.
십오. 사고와 행동이 느리다.
십육. 언제나 게으르다.
십칠. 신에게 빌어 기도에 의지한다.
십팔. 잔인하고 난폭하다.
십구. 이기적이고 사적인 행동을 한다.
이십. 스스로 규율을 어겨 문란케 한다.

自能者：將者不能不服，遇敵懟而自戰，無應無收者，毆而崩也。此不能而自能者也，必敗也。

재능이 없는데도 스스로 능력 있다고 뽐내는 것은, 장수가 무능하며 복종치 않고 적을 만나면 싸우지는 않고 성만 내며 전투에 임하지 않는 것으로, 때리면 바로 무너진다. 이것은 무능하면서 자만한 자이니 반드시 패한다.

驕狂者：將者驕而恃強，構戰

교만하여 자랑하는 것은, 장수가 강함을

狂而不鬻。瀕囂人中上九，實
為無能之輩。此驕而狂者也，
必敗也。

믿고 거만하여 대비하지 않고 날뛰며 전
투에 임하는 것으로, 위험한 적에 들어가
후회하게 된다. 실로 무능한 패거리이다.
교만하여 날뛰는 자는 반드시 패한다.

貪位者：將者戰而以為功，功
而以為位。所以小功大報，無
功謊報也。此貪於位者也，必
敗也。

지위를 탐하는 것은, 장수가 공을 위해 전
투 하려는 것이니, 공으로 자리를 얻으려
한다. 이른바, 작은 공로로 큰 보답을 바
라는 것이고, 공이 없는데도, 이를 조작
하여 혜택을 받으려 한다. 지위를 탐내는
자는 반드시 패한다.

貪財者：將者賤士而貴貝，因
利而亡於命者也。所以因戰而
唯利，因利而是圖也，此貪於
財者也，必敗也。

재물을 탐하는 것은, 장수가 휘하 병사를
소홀히 하고 금품을 챙기는 것이고, 명령
을 잊고 이익을 추구하는 것이다. 이른
바, 싸움으로 이익을 구한다. 이익이 그
의 본심이라면, 이런 재물을 탐하는 자는
반드시 패한다.

貪色者：將者因色而荒於事
也，所以色而奪心，色而遺
情，色而亡法也，此貪於色者
也，必敗也。

여색을 탐하는 것은, 장수가 색을 밝혀 일
을 망치는 것이고, 이른바 남, 여색에 마
음을 빼앗겨 거기에 몰두하여 법도를 망
각한 것이다. 이런 탐색자는 반드시 패한
다.

輕敵者：將者輕舉而妄動也。
預戰而不備，所以動而囚工
也。此輕敵者也，必敗也。

육. 적을 가볍게 여긴다는 것은, 장수가
경거망동하는 것이다. 싸움을 앞두고 준
비하지 않고, 이른바, (囚, 계획 평가) 없
이 움직이는 것이니, 적을 가볍게 여기면
반드시 패한다. (3)

囚困者：將者，當決不決，當
擊不擊，所至囚坐而困，以囚
困之軍而又戰，必敗也。

囚困이란, 장수가 마땅히 결전을 치를 때
결전하지 않고, 공격할 때 공격하지 않아,
따라서 공격 탬포를 놓쳐 곤란에 빠진 군
으로 다시 전투에 임하니 반드시 패한다.

寡勇者：將卒皆強，猛而無
離，弗識智取，權一力敵也。
此寡勇者也，必敗也。

용기가 부족한 것은, 장수와 병사들이 모
두 강하고 용맹하지만, 서로 떨어져 싸우
지 못하는 것으로 적과 접전을 망설여 죽
이지 못하고 모두 모였을 때 적을 공격하
려는 것이다. 이는 (기회를 살려 독단하
는) 용기가 부족한 것이니, 반드시 패한
다.

勇弱者: 將強卒弱。交合，將勇而前，卒弱而後。所以各陷一方也。此勇而弱者也，必敗也。

약한데 용기가 있다는 것이란, 장수는 강하고 병사가 약한 것이다. 적과 맞서 교전하면 장수는 용감히 앞서는데 병사는 약해 뒤에 빠지면, 이른바 한 방향에서 각개 함정에 빠진다. 이는 용감하지만 약한 것이니 반드시 패한다.

寡信者: 將者，不能料敵之變，信私寡見而弗正者，以無正之見而動者。此寡信者也，必敗也。

신의가 없는 것이란, 장수가, 적 상황의 변화를 이해하지 못하고 스스로만 믿고 잘못을 보지 못해, 잘못된 견해로 움직이는 것이다. 이런 신뢰 할 수 없는 장수는 반드시 패한다.

不走者: 勢鈞，敵依地利，以一擊吾之十，不可戰也，走為上也，此不走者，必敗也。

퇴각할 줄 모르는 것이란, 쌍방의 세력이 균등하고 적이 지형의 유리 점을 갖고 있어, 적이 하나로 아군의 열을 공격할 수 있는 상황일 때 싸우지 말아야 하고 퇴각하는 것이 상책이다. 이럴 때 퇴각할 줄 모른다면 반드시 패한다.

無鋒者: 將不能料敵，不能以少合眾者，不能以弱擊強者，兵陣無鋒也。以無鋒之兵陣而戰者，背也，必敗也。

기습할 줄 모른다는 것은, 장수가 적을 이해하지 못하고, 적은 병력으로 다수의 적을 상대할 줄 모르는 것이며, 약한 병력으로 강한 적을 공격할 줄 몰라 부대의 정예함이 없는 것이다. 이런 날카로운 정예병이 없는 부대가 싸우면, 모두 등을 돌리니 반드시 패한다.

寡從者: 卒強將弱，將令不行，法訓俱弛，將寡而從眾者，此寡從者也，必敗也。

잘 따르지 않는다는 것은, 병사는 강한데 장수가 약해 장수의 명령이 시행되지 않고 규범과 훈령이 느슨하여 장수를 따르는 병사가 적은 것이다. 반드시 패한다.

寡決者: 將者大事不明，兵情不報，四路不知何至，五動不知所置，決勝不知其道不可一，每戰寡其一而不知從返者，此寡決者也，必敗也。

우유부단하고 결단력이 부족하다는 것은, 장수가 전투의 큰 그림을 이해하지 못하고 군사 정보를 받지 못하고, 사방의 기동 공간이 어떻게 이르는지 알지 못해, 군의 배치 기동을 하지 못하고 하나로 집중된 노력으로 결전의 방법을 모르고 전투의 반전 상황을 놓쳐, 전투마다 집중할 수 없어서이니, 이렇게 결단력이 부족하면 반드시 패한다.

緩失者: 兵不能亟入敵之開

사고와 행동이 느리다는 것은, 군사 운용

闔，不能先奪其愛，不能阻敵
之進退，此因緩而致失者也，
必敗也。

에서 적의 열리고 닫힌 기회를 포착하지
못해 적이 아끼는 곳을 탈취하지 못하고,
적의 진퇴를 차단하지 못하는 것이다. 이
러한 느린 사고와 행동은 실패에 이르러
반드시 패한다.

怠時者: 將者不知陰陽之周復
相止，相於機而不可失，止於
時而不可再。故失天時而遺
者，此怠時者也，必敗也。

언제나 게으르다는 것은, 장수가 음양이
두루 돌아와 (전세의 변화가 왔는데) 서
로 이르는 때를 몰라 놓치지 말아야 할
(반전의) 기회를 놓치는 것이다. 그러므
로 천시를 놓쳐 머무르는 것이니, 이렇게
때를 모르는 태만으로 반드시 패한다.

祈匃者: 將弱而不能盡其力，
遇戰不察不算，而祈於鬼神，
逢敵不謀不計，而匃於下卒。
此祈匃者也，必敗也。

신에게 빌어 기도에 의지한다는 것은, 장
수가 약하여 최선의 노력을 다하지 못하
고, 전투에 임해 통찰과 계획을 세우지 못
해 귀신에게 기도만 하는 것이니, 적을 만
나 지모도 계획도 없어 부하 장졸에 기도
만 하게 하니, 이러한 신에게 빌기만 하는
자는 반드시 패한다.

虣賊者: 將者無視禁令，因敗
而怒，因怒而虣，因虣而刻卒
害民。此虣賊者也，必敗也。

잔인하고 난폭하다는 것은, 장수가 금지
한 명령을 무시하고, 한 번 졌다고 분노하
여 잔학해지는 것이니, 그의 잔혹함은 병
사들이 백성을 해치게 하고, 이런 잔인 난
폭한 자는 반드시 패한다.

自私者: 將者親大義小，不為
三軍安危而搏。每戰功而自
得，貝而自存，利而自有。此
自私者也，必敗也。

이기적이고 사적인 행동을 한다는 것은,
장수가 가까운 인간관계를 중시하고 의
리를 작게 여기는 것이니, 이런 자에게 전
군의 위험을 맡겨서는 안 된다. 전투마다
세운 공을 자기에게 돌릴 것이요, 패하면
자기만 살려 할 것이니, 이익을 자신에게
만 취한다. 이런 이기적이고 사적인 자는
반드시 패한다.

自亂者: 將弱不嚴，令數図
環，五教不明，動而不屏，處
陣縱橫。此不戰而自亂者也。
必敗也。

스스로 규율을 어겨 문란케 한다는 것은,
장수가 약하고 엄하지 않아, 명령과 계획
이 図 회람되지 않고, 다섯 교리가 불명
확하여, 연합하여 나란히 움직이지 않고,
진영이 종횡으로 흩어진 것이니, 이렇게
싸우지 않고도 스스로 문란한 것은 반드
시 패한다.

此二十敗，將之過也。多敗者多失也。力不足而計不籌者，將之失也。

이러한 스무 가지 패착은 장수의 과오이다. 자주 패하는 것은 자주 실수해서이다. 능력이 부족하고 계획이 주밀하지 못한 것은 장수의 실책이다.

故將有三十二失。
一曰：失所往來。失所往來者，致使進退無路，應者斷之。故孤軍而作戰者，可敗也。

그러므로 장수가 범하기 쉬운 서른두 가지 실책이(4) 있으니 :
일. 병력을 목적 없이 움직이면 패배한다. 정처 없이 움직인다는 것은, 진퇴의 통로가 없고 적이 이를 차단 한 것이다. 그러므로 고립된 군으로 작전하니 패할 수 있다.

二曰：收亂民還用之，止北卒還鬥之。虛有而實無者，可敗也。

이. 길들이지 못한 노예를 받아 훈련도 시키지 못하고 전민으로 사용하며, 패한 병력을 재기할 기간을 두지 않고 전투에 투입하는 것은, 싸울 자격이 없는 자들을 자격이 있다 여긴 것이니 패할 수 있다.

三曰：是非爭，曲直論。謀事辯訟，兵鋒止鈍。故當決不決，四趄五趑，可敗也。

삼. 부대 내에서 사소한 시비로 싸우고, 직언을 왜곡하며 서로 모함하고 소송을 벌이면, 전투력의 예기가 꺾인다. 따라서 당연한 결전을 하지 못하고 지리멸렬해 패할 수 있다.

四曰：令不行，禁不止，法不嚴，眾不次。故各行其図者，可敗也。

사. 군령이 서지 않고, 금한 것을 멈추지 않고 병력이 서열이 없어, 따라서 병력이 따로 놀면 패할 수 있다.

五曰：上不正一，下不服一，言不聽一，計不從一。故眾不為用者，可敗也。

오. 상관이 바르지 않고, 휘하 부대가 명령에 복종하지 않고, 말을 듣지 않으며, 계획을 시행치 않으면, 따라서 병사들을 사용할 수 없어 패할 수 있다.

六曰：兵不戒，卒行暴，毀井田，返其道。故民苦其師者，可敗也。

육. 신중하지 않게 함부로 군사를 일으켜 병력이 오래 야전에 있으면, 일궈야 할 농토가 훼손되니 도에 반하는 것이다. 따라서 백성들이 징병을 고통스러워하니, 패할 수 있다.

七曰：久戰野迴，三軍氣盡。師老，可敗也。

칠. 전투를 오래 하여 야전을 맴돌면 전군의 사기가 다 한다. 징병한 부대원이 오래되어 피로하고, 장비가 낡으면 패할 수 있다.

八曰: 久戰外凶, 三軍思鄉。師懷, 可敗也。

팔. 전투를 오래 하여 밖으로 凶하면, 징병한 병사들이 고향을 그리워하여 패할 수 있다.

九曰: 久戰不勝, 三軍大傷, 遇敵畏而自避。師遁, 可敗也。

구. 전투를 오래 해도 이기지 못하고, 전군에 부상자가 많으면, 적을 만나 두려워 피하게 되고 병사들이 탈영하여 도망하니 패배할 수 있다.

十曰: 兵形不法, 兵勢不達, 兵戰不變, 權戰不拿。故兵道不一, 可敗也。

십. 전쟁의 형세는 정해진 형세가 없다. 군사적 기세를 타지 못하고, 전세에 변화가 없으면, 주도권을 장악하지 못하니, 따라서 도가 하나가 되지 못해 패할 수 있다. (5)

十一曰: 時恐懼, 常不安, 軍數警, 可敗也。

십일. 두려운 분위기가 확산하여 있고, 군이 자주 놀라고, 평시에 불안하면 패할 수 있다.

十二曰: 篡塗不良, 兵道足陷, 眾苦於行, 可敗也。

십이. 계획한 기동로가 양호하지 않고, 도로에 발이 빠지면 병사들이 지쳐 패할 수 있다.

十三曰: 修固距險, 溝深壘高。眾勞者, 可敗也。

십삼. 진지의 수리가 힘들고 장애물의 구축이 너무 깊고 망루가 높으면 군대의 일이 험하여 고되 병사들이 지쳐 패할 수 있다.

十四曰: 長兵不足, 短甲不具, 車器無易, 非器不利。故兵甲無備者, 可敗也。

십사. 장창부대가 부족하고, 근접 전력을 빌릴 수 없으며, 전차와 수레의 사용이 쉽지 않아 무기에서 불리하면, 전투 장비가 준비되지 않아 패할 수 있다

十五曰: 日暮路遠, 三軍勞頓。故眾有至氣者, 可敗也。

십오. 해는 저물었는데 갈 길이 멀면, 군이 고단하여 병사의 사기가 다 해 패할 수 있다.

十六曰: 軍未動, 情先變, 失圖者, 可敗也。

십육. 군을 아직 움직이지 않았는데 정세가 먼저 변하게 되면 의도한 바가 사라져 패배 할 수 있다.

十七曰: 眾夜呼, 夢凶叫。眾恐者, 可敗也。

십칠. 병사들이 밤에 소리 지르고 꿈 이야기로 凶하는 것은, 병사들이 두려워하고 있는 것이니, 패할 수 있다.

十八曰: 令數變，期復陷。眾偸者，可敗也。

심팔. 명령을 자주 바꿔 병사들은 이를 듣는 둥 마는 둥 하면 패할 수 있다.

十九曰: 軍湛戰，卒散陷。眾不能衛其將吏。可敗也。

십구. 군대내에 전투에 의구심이 있고 병사들이 흩어져 구석에 있고 장수와 간부들을 믿지 못한다면 패할 수 있다.

二十曰: 將多孚，卒多幸。眾怠者，可敗也。

이십. 장수가 미신에 빠지고 병사들이 요행을 바라고 나태하면 패할 수 있다.

二十一曰: 將多疑，眾多疑。多悔者可敗也。

이십일. 장수가 의심이 많으면 병사들은 역시 의구심을 가져 후회하면 패할 수 있다.

二十二曰: 惡聞其過，好大喜功者，可敗也。

이십이. 장수가 자신의 과오를 들으려 하지 않고, 좋기만 바라며 공에 기뻐하면 패할 수 있다.

二十三曰: 事舉不能。失任者，可敗也。

이십삼. 할 수 없는 임무를 부여하면 패배한다.

二十四曰: 塗遇伏，路遇擾，死其多，傷其重。故暴路傷志而又戰者，可敗也。

이십사. 도중에 복병을 만나고, 행군로 주변에 소요가 있고, 죽은 자가 많고 부상이 심하고, 군이 동원되어 장기간 주둔 노숙하면 사기가 저하되어 패할 수 있다.

二十五曰: 期戰心分，勝志擾紛。一而二者，可敗也。

이십오. 전쟁의 때가 정해졌는데, 병사의 마음이 나뉘어 있고, 승리의 확신이 흔들려 분분하여 하나로 합하지 못하고 둘로 나뉘면 패할 수 있다.

二十六曰: 恃人之傷氣。返激者，可敗也

이십육. 적군의 사기가 저하되기만 기다리고 반격하지 않으면 패할 수 있다.

二十七曰: 事傷人，恃伏詐。返和同者，可敗也。

이십칠. 군내에 남을 중상하고 사술을 꾸미면 패배한다.

二十八曰: 軍興無圖，失其元者，可敗也

이십팔. 군을 일으킨 의도를 모르고 그 원인을 모르면 패할 수 있다.

二十九曰: 降罪下卒，眾之心惡。獻上欺下者，可敗也。

이십구. 함부로 병사들을 하대해 벌을 내리면 병사들의 마음에 불만과 증오가 생기고, 상관에 아부하고 부하를 속여 패할 수 있다.

506　老孫兵談

三十曰：不能所以成陣，不能所以成陣者出於夾道，又逢名水險川，陣弗成之，時遇擊，可敗也。

삼십. 진형을 갖추지 못하고, 진을 갖추지 못한 채 협곡을 통과하려고 하며, 또한 깊은 산과 험한 개울에서 진을 이루지 못하면, 때때로 습격을 만나 패할 수 있다.

三十一曰：兵之前行後行之兵卒，不參齊於陣前。故兵陣不威者，無勢也。無陣勢者，可敗也。

삼십일. 선두 부대와 후속부대가 진형을 가지런히 갖추지 못하면, 진형의 위엄이 없고 형세가 없게 된다. 진이 없어 형세가 없으면 패할 수 있다.

三十二曰：戰而實前者後虛，實後者前虛，實左者右虛，實右者左虛。故戰而有憂者，可敗也。

삼십이. 전투에서 앞에 중점을 두고 뒤가 허술하거나, 뒤에 중점을 두어 앞이 허술해지거나, 좌측에 중점을 두어 우측이 허술해지거나, 우측에 중점을 두면 좌측이 허술해진다. 전투에서 (전력을 집중하지 못하고) 우려할 장소가 많으면 패배한다.

此三十二失，將之遺也。多失者，多敗也。《兵典》曰：兵順三，曰天當，曰地爽，曰人悅。悅之悅之，敗之小矣，失之少矣。將能悅者，易敗為勝也，易失為得也。一千六百

이러한 서른두 가지가 장수의 실책이다. 실수가 잦으면 매번 패하게 된다. 〈병전〉에 이르길 : 군대는 세 가지에 순응해야 하니, 하늘에 합당하고, 땅에 흡족하며, 사람의 사정에 맞아야 한다. 흐리고 흐릿하도다! 지는 것고 사소하고, 잃는 것도 사소하도다! 장수가 능히 이 모호함을 이해에 능한다면 패배를 승리로 바꾸고, 잃는 것을 얻는 것으로 바꿀 것이다.
1600자

한신주

井井有條兮，將敗二十條。悅其多敗兮，內外可調。調其順兮，善似江珧。江珧易兮，勝之嶢嶢。田田有數兮，將失三十二條。失而翊兮，兩爻可調。調其當兮，可比僬嶢。僬嶢離兮，得之矯矯。

대대로 잘 짜인 군율 조항에 장수의 패착 20조가 있다. 군대가 황당이 자주 패하는 데는, 장수의 내적, 외적 이유 때문이다. 마치 물속의 키조개와 유사하다. (아름다운 貝玉인) 키 조개처럼 승리의 공을 이루기도 하지만 처지가 쉽게 변해, (스스로 교만하여 딱딱 소리로 자신을 알리니 잡히고 만다.) 다른 해석 : "마치 강 위에 솟아오른 (오만한) 봉우리 같으나, 강과 봉우리는 처지가 바뀔 수 있다" (6) 따라서 여전히 가슴을 치는 (7) 실수의 사례가 발생한다. 장수가 조심할 將失 32조가 그것이다. 실수는 조심할 수 있고, 양효(패착과 실수) 두 가지는 조절하여 바로 잡을 수 있다. 당연히 바로잡는다. 이는 멀리 보고 명찰 할 수 있으니, 멀리 높이 명찰하지 못하면 교만하게 된다.

此篇簡名皆曰《將敗》。其容一條一數一也。齊秦兩簡又為縮立簡也。各條後有人號也，是為約也。其後有約去數。加之，合於一也。

이 죽간의 편명은 (제안성간, 진미오간) 모두 〈장패〉로 되어 있다. 각 한 구절에 하나의 조항과 하나의 책략이 있다. 제와 진의 죽간은 역시 줄여서 간략하다. 각 조항에 사람의 예를 들어 축약했다. 그 뒤로 책략을 없애고 요약한 것이다. 이에 더해서 하나로 했다.

此秦之今元之後之習也，此墜習也，不可長也。多敗者，多失也。多失者，多敗也。反正論之，敗失一體也，不可分也。《兵典》曰："敗者，勝之原也；失者，得之原也。敗者，勝之始；失者，得之開。敗者，可𠙽也；失者，可𠙽也。"

이 진나라 죽간은 전부터 배웠는데, 지금은 버렸다. 장점이 없다. 자주 패배하는 것은 실수가 잦아서이다. 실수가 잦으면 계속 패하게 된다. 이 논지를 뒤집어 보면, 패착과 실수는 하나이고 나누어질 수 없다. 〈병전〉에 이르길 : "패배는 승리의 어머니이다; 실수로 원인을 얻어 깨닫는다. 패배함으로써 승리가 시작되고; 실수하여 잘못을 개선한다. 패배는 凶이고; 실수는 凶이다."

此古之名理也。信以為：為將者，不可不知也,不可不察也，不可不戒也，不可不修也。漢楚王韓信於漢五年二月。
二百二十七

이는 오래되고 잘 아는 이치이다. 나 한신은 : 장수를 정하여 사용함에 (그의 장수 됨)을 몰라서는 안 되니, 잘 살피지 않으면 안 되고, 경계하지 않을 수 없고, (장수 됨을 잘 알도록) 공부하지 않으면 안 된다.
한 초왕 한신 한 나라 5년 2월 227 자

죽간

〈將敗〉
將敗：
一曰不能而自能

二曰驕
三曰貪於位
四曰貪於財
五曰□】
六曰輕
七曰遲
八曰寡勇
九曰勇而弱
十曰寡信

장수의 패착 :
　　일. 재능이 없는데도 멋대로 자신이 능력이 있다고 뽐낸다.
　　이. 교만하다.
　　삼. 지위를 탐낸다.
　　사. 재물을 탐한다.
　　오. □
　　육. 말과 행동이 경솔하다.
　　칠. 망설이며 결단을 내리지 못한다.
　　팔. 용기가 부족하다.
　　구. 약한데 용기가 있다.
　　십. 신의가 없다.

十一【曰】……

十四曰寡決
十五曰緩
十六曰怠
十七曰□
十八曰賊
十九曰自私
廿曰自亂。
多敗者多失。

<將失>
將失：
一曰，失所以往來，可敗也

二曰，收亂民而還用之，止北
卒而還鬪之，無資而有資，可
敗也

三曰，是非爭，謀事辯訟，可
敗也。
四曰，令不行，眾不壹，可敗
也。
五曰，下不服，眾不為用，可
敗也
六曰，民苦其師，可敗也

七曰，師老，可敗也

八曰，師懷，可敗也。

九曰，兵遁，可敗也<。

十曰，兵□不□，可敗也
十一曰，軍數驚，可敗也
十二曰，兵道足陷，眾苦，可
敗也
十三曰，軍事險固，眾勞，可

십일.
십이.
십삼.
십사. 우유부단하고 결단력이 부족하
다.
십오. 사고와 행동이 느리다.
십육. 게으르다.
십칠. □
십팔. 잔인하고 난폭하다.
십구. 이기적이고 사적인 행동을 한
다.
이십. 스스로 규율을 어겨 문란케 한
다. 이렇게 자주 패배하는 장수에게
는 많은 결점이 있다.

장수의 실수 :

일. 병력을 목적 없이 움직이면 패배한
다.
이. 길들이지 못한 노예를 훈련도 시키지
못하고 전민으로 사용하며, 패한 병력을
재기할 기간을 두지 않고 전투에 투입하
는 것은, 싸울 자격이 없는 자들을 자격이
있다고 여긴 것이니 패배한다.
삼. 부대 내에서 사소한 시비로 싸우고,
서로 모함하고 소송을 벌이면 패배한다.
사. 군령이 서지 않고, 병력이 일치단결
되어 있지 않으면 패배한다.
오. 휘하 부대가 명령에 복종하지 않고
병사들이 명을 시행치 않으면 패배한다.
육. 백성들이 징병을 고통스러워하면 패
배한다.
칠. 지휘하는 軍師가 너무 늙고(징병한
부대원이 오래되어 피로하고, 장비가 낡
으면 패배한다.
팔. 징병한 병사들이 고향을 그리워하면
패배한다.
구. 병사들이 탈영하고 도망하면 패배한
다.
십. 병사들이 □ □ 않으면 패배한다.
십일. 군이 자주 놀라면 패배한다.
십이. 기동로에 발이 빠지면 병사들이 지
쳐 패배한다.
십삼. 군대의 일이 험하고 고되면 병사들

敗也
十四【曰，□□】□備，可敗
也<。
十五曰，日莫（暮）路遠，眾
有至氣，可敗也。
十六曰……可敗也。
十七【曰】……眾恐，可敗也

十八曰，令數變，眾偷，可敗
也
十九曰，軍淮，眾不能其將
吏，可敗

廿曰，多幸，眾怠，可敗也

廿一曰，多疑，眾疑，可敗
也。
廿二曰，惡聞其過，可敗也。

廿三曰，與不能，可敗也。

廿四曰，暴路（露）傷志，可
敗也
廿五曰，期戰心分，可敗

廿六曰，恃人之傷氣，可敗也

廿七曰，事傷人，恃伏詐，可
敗也
廿八曰，軍輿無□，【可敗
也。
廿九曰，□】下卒，眾之心
惡，可敗也。
卅曰，不能以成陳（陣），出
於夾道，可敗也。
卅一曰，兵之前行後行之兵，
不參齊於陳（陣）前，可敗也
卅二曰，戰而憂前者後虛，憂
後者前虛；憂左者右虛，憂右
者左虛。戰而有憂，可敗也。

이 지쳐 패배한다.
십사. □□하면 패배한다.

십오. 해는 저물었는데 갈 길이 멀면 병
사의 사기가 다 해 패배한다.
십육. .....하면 패배한다.
십칠. .....많은 병사들이 두려워하면 패
배한다.
십팔. 명령을 자주 바꿔 병사들은 이를
듣는 둥 마는 둥 하면 패배한다.
십구. 군대 내에 의구심이 있고 병사들이
장수와 간부들을 믿지 못한다면 패배한
다.
이십. 장수가 요행을 바라고 나태하면 패
배한다.
이십일. 장수가 의심이 많으면 병사들은
역시 의구심을 가져 패배한다.
이십이. 장수가 자신의 과오를 들으려 하
지 않으면 패배한다.
이십삼. 할 수 없는 임무를 부여하면 패
배한다.
이십사. 군이 동원되어 장기간 주둔 노숙
하면 사기가 저하되어 패배한다.
이십오. 전쟁의 때가 정해졌는데, 병사의
마음이 나뉘어 있으면 패배한다.
이십육. 적군의 사기가 저하되기만 기다
리면 패배한다.
이십칠. 군내에 남을 중상하고 사술을 꾸
미면 패배한다.
이십팔. □하면 패배한다.

이십구. □ 병사들을 무시하면 병사들의
마음에 불만과 증오가 생겨 패배한다.
삼십. 진형을 갖추지 못하고 협곡을 통과
하려고 하면 패배한다.
삼십일. 선두 부대와 후속부대가 진형을
가지런히 갖추지 못하면 패배한다.
삼십이. 전투에서 전방을 걱정하면 후방
이 허술해지고, 후방을 걱정하면 전방이
허술해진다. 좌측을 걱정하면 우측이 허
술해지고, 우측을 걱정하면 좌측이 허술
해진다. 전투에서 (전력을 집중하지 못하
고) 우려할 장소가 많으면 패배한다.

역자 주

1. 장장본 將敗는 낮은 단계의 도덕 계율을 나열하여 군사사상으로의 가치는 떨어진다. 장수의 실책과 패배 원인의 연구와 사색은 뒷날 〈손자 13편〉 九變篇에 보다 차원 높은 "장유오위 將有五危"로 압축되어 나타난다. "장수의 위험한 태도 다섯 가지"는 구변지리九變之利를 모르는 융통성 없는 성품을 경계하고, 잘 학습된 교리주의자나 원칙주의자의 위험성도 경고하고 있다. 이편의 문리文理에서 손빈 보다 세대가 앞선 손무의 글 (13편)이 손빈 (89편)의 것보다 세련되고 정제된 것은 모순이다. 따라서 13편의 성립이 서한 시대이지만, 이는 춘추 전국시대의 글들(82편과 89편)을 저본底本으로 했음을 확인할 수 있다.

2. "內不方而外不圓者"는 수비인 방진과 공격인 원진을 인용하여 장수의 성격을 묘사했다. 天圓地方은 우주와 인간의 기본적인 모습이다.

3. "輕敵者"에 "動而囨工也" 문구는 "行空- 계획 평가, 워게임"을 하지 않고 가볍게 움직이는 것으로 추정된다. 工이 空의 음차로 쓰였다.

4. 장장본은 장패에 장실을 포함하고 있다. 죽간에서 장실의 편제명이 분명했는지는 논쟁의 여지가 있다. 한신 비주는 "敗失一體也, 不可分也 장수의 패착과 실수는 하나여서 나눌 수 없다"고 말한 근거로 보아 죽간에 편제를 나눈 것은 오류이다.

5. 장장본 문장에 자주 보이는 "道不一"은 주술적 문구이다. 천하가 不一하다는 도가의 전쟁론 서두에 시작하는 관용어이다.

6. "善似江珧 江珧易兮"는 다양한 풀이가 가능하다. "강요江珧"의 珧는 서한 예전隸篆에 처음 등장한다. 珧는 커다란 키조개로 번역되나 한신 시대에는 키조개가 아닌 패옥佩玉으로 사용하거나 교환 화폐인 진주조개였다. 키조개는 잡은 돼지를 해체하는 割猪刀로 쓰였고 명도전明刀錢을 닮았다. 저장(浙江) 대학의 쭈리앙차이(褚良才)는 "장야오江珧"는 또한 "江鰩"나 "江瑤"로 표기하며 맛 좋은 海鮮의 뜻이지만, 북송北宋 시대에의 詩詞에 보이는 "憔嶢"나 "嶕嶤"의 오류라고 주장한다. 근거로 <한서漢書ㆍ양웅전하揚雄傳下>에 보이는 "泰山之高不嶕嶢"을 唐의 안사고주顏師古注 "嶕嶢 高貌也"를 인용한다. 따라서 褚良才는 장장본 한신의 글(韓信序次語)을 宋 나라 이후에 써진 글로 추정한다. 그의 주장대로라면 "善似江珧 江珧易兮"의 해석은 "마치 강 위에 솟아오른 봉우리 같으나, (교만하면) 강과 봉우리는 처지가 바뀔 수 있다"가 된다. (참고: 褚良才, 本刊專稿, 1999年 4月 (報刊之友 99 No. 4) China Academic Journal Electronic Publishing House. www.cnki.net)

이 문구가 한신 고유의 것이고 그 원래 의미가 무엇인지는 지금으로서는 미궁이다. 중국어 표기의 음운적 모호성에 일차적 책임이 있으나, 장수의 패착을 "장야오"에 비유한 것은 여러 메타포를 품고 있고, 뒤 문장에서 "차오야오憔嶢"갸오갸오矯矯(驕)"와 대구를 이루어 아름답다.

7. 田田, "선명하게 푸른"의 형용사이다. 또는 비통하여 가슴을 치는 의성어로 쓰인다.

51편 九變 2 (1)
用變之法, 以權為道, 以道設謀, 以謀達變, 以變取勝。故兵稱有九變: 一曰天變, 二曰地變, 三曰人變, 四曰國變, 五曰城變, 六曰軍變, 七曰途變, 八曰卒變, 九曰君令變。

변화를 이용하는 방법은, 분권하여 권한을 위임하고 주도권을 잡도록 하는 것이다. 도에 맞게 계획을 세우고, 모략을 세움에 변화에 통하도록 하여 변화로써 승리를 취한다. 그러므로 이르길 "九變"이라 한다: 하나는 천변이요, 둘은 지변, 셋은 인변, 넷은 국변, 다섯은 성변, 여섯은 군변, 일곱은 도변, 여덟은 졸변, 아홉은 군령변이다.

장장이본

天變者, 天有所不忌也。地變者, 地有所不爭也。人變者, 人有所不用也。國變者, 國有所不破也。城變者, 城有所不攻也。軍變者, 軍有所不擊也。途變者, 途有所不由也。卒變者, 卒有所不戒也。君令變者, 君令有所不行也。

하늘의 변화(천변)이란, 하늘의 뜻(기상과 시간)에 꺼릴 것이 없는 것이다. 지리의 변화(지변)이란, 땅을 두고 싸울 일 없는 것이다. 인간의 변화(인변)이란, 사람을 쓸 일이 없는 것이다. 나라가 변한 것(국변)이란, 나라를 무너뜨릴 일이 없는 것이다. 도시가 변한 것(성변)이란, 성을 공격할 일이 없는 것이다. 군대가 변한 것(군변)이란, 군대를 공격할 일이 없는 것이다. 길이 변한 것(도변)이란, 길을 사용할 일이 없는 것이다. 병사가 변한 것(졸변)이란, 병사를 계율할 필요가 없는 것이다. 임금의 영이 변한(군령변)이란, 임금의 명령도 시행치 않아야 할 일이 있는 것이다.

天有所不忌者, 曰: 若忌天則失要情, 失要情則失天調; 若忌天則失愛機, 失愛機則失貴勝; 若忌天則阻行日, 阻行日則失先人之利。如此三者, 天雖可忌, 弗忌也。

하늘의 뜻에 꺼릴 것이 없는 것은 이르길: 만약 하늘의 뜻에 꺼리게 되면 필요한 정황을 잃은 것이고, 중요 정황을 잃었다면 천망(하늘의 법칙)을 잃은 것이다. 아꼈던 기회를 잃었다면 귀중한 승리를 잃은 것이다: 만약, 하늘이 꺼려서 시행의 때가 막혔다면, 앞선 사람이 얻었던 승리를 잃었기 때문이니, 이 세 가지와 같이 하늘이 비록 꺼렸으나 (행동에) 거리낌이 없었다.

地有所不爭者, 曰: 山谷水澤, 野、林、回、邊, 無能生

땅을 두고 싸울 일이 없는 것이란 이르길: 산과 계곡, 물과 호수, 들판, 수풀, 동굴

者，雖得之而無益。故得之者
備，備人者虛。如此者，弗爭
也。

과 해변같이 능히 살 수 없는 곳으로 비록
얻더라도 아무런 이익이 없는 것이다. 그
러므로 이를 얻어 수비 하더라도 그 수비
하는 사람은 허술하고 이런 것은 싸울 필
요가 없다.

人有所不用者，曰：牾逆無教
者，安能忠於君主。不忠於君
主，安能以死而報國哉？貪
位、貪財、貪色於一身者，安
能同心同德？不能同心同德，
安能殺身而成仁哉？心懷叵賊
者，安能和道一志？不能和道
一志，安能共存共亡哉？如此
三類者，雖有智勇，遂事弗用
也。

사람을 쓸 일이 없는 것이란, 이르길 : 나
에게 가르침을 주는 것이 없고, 군주에게
충성하지도 않고, 군주에 불충해 나라에
죽음으로 보답지 않는 (사람들) 때문이
다. 지위와 재산을 탐하고 일신의 여색을
탐하는 것은 마음과 덕을 같이 하지 않은
것이다. 마음과 덕이 같지 않은 것은 살
신성인이 아니지 않은가? 도적의 마음을
품고, 뜻을 하나로 모아 화합할 수 있겠
나? 하나의 뜻으로 화합할 수 없다면, 같
이 살고 같이 죽을 수 없지 않은가? 이런
세 가지 부류는 비록 용기와 지혜가 있다
고 해도 하는 일이 해괴해 쓰임이 되지 못
한다.

國有所不破者，曰：兩鄰不和
而逐，計吾力可以破其國，據
其地，服其民。遠計之，強敵
虎視，不如與其結盟，共伐不
宵。如此者，國雖可破，弗破
也。

나라를 무너뜨릴 일이 없는 것이란, 이르
길 : 두 이웃 나라가 화목치 못해 서로 쫓
는다면, 나의 계산으로는 그 나라를 가히
부수고 땅을 차지하며 그 백성을 복속시
킬 수 있다. 멀리 생각하면, 비록 적이 호
시탐탐 노려도 (나라를 지킴에) 동맹을
맺어 함께 싸우는 만 못하다. 이런 경우,
국가는 비록 무너져도 (인민과 개인의
삶)은 무너지지 않는다.

城有所不攻者，曰：計吾之
力，足以拔之，拔之而不及利
於前，得之而後弗能守。
若力守之，則重城不取，及於
前，利得而城自降，利不得而
不為害於後。如此者，城雖可
攻，弗攻也。

(공격할 수 있는) 성이 있어도 공격지 않
는다는 것은, 이르길 : 아군의 능력으로
계획하고, 충분히 성을 점령할 수 있으나,
점령 뒤에 확보할 능력이 없고 이익을 생
각해 성을 얻은 후 수비가 불가능하기 때
문이다. 수비할 능력이 있다면, 거듭 다
시 성을 뺏으려 하지 않고, 성 앞에 이르
러 성이 스스로 항복하여 승리를 얻도록
하고, 뒤에 해가 되지 않게 성을 취하지
않는 게 이익이다. 이런 것과 같이 비록
성을 공격할 수 있으나 공격하지 않는다.

軍有所不擊者，曰：兩軍交合

적군을 공격할 일이 없는 것이란, 이르길

而捨，計吾力足以破其軍，獲其將，降其卒。遠計之，有奇勢巧權與之，而其軍對吾則無力攻之。為保實而奪重，故避其守軍，留其將卒。如此者，軍雖可擊，弗擊也。

: 양군이 서로 대치하고 피아 방책을 논하는 작전회의를(2) 함에 나의 계획과 힘으로 적을 충분히 격파하고, 그 장수를 잡고 적병의 항복을 받을 수 있다는 (결론 때문이다.) 멀리 보아 계획하여 형세를 기병으로 운용하고 주도권을 가질 여지가 있다면, 그 적군은 아군을 칠 힘이 없다. 실리를 지키고 重地를 빼앗음에 적군의 수비를 피하고 장수와 병사를 남긴다. 이런 것과 같이, 비록 적군을 격파할 수 있으나 공격하지 않는다.

塗有所不由者，曰：淺入則前事不訊，深入則後事不接。動則不利，立則囚。如此者，弗由也。

길이 있어도 가지 않는 것은, 이르길 : 파고 들어가면 전방 부대와 끊기고, 깊이 들어가면 후속 부대와 접하지 못하기 때문이다. 기동하면 불리하고 머물면 포위된다. 이와 같은 곳은 가지 않는다.

卒有所不戒者，曰：亟進亟退者，速而求時，行千里而於無人之地者，自專不亡。如此兩者，卒雖可戒，弗戒也。

병사를 계율 할 필요가 없는 것이란, 이르길 : 급속 진격과 급속 후퇴에 속도가 요구될 때, 천 리의 무인지경을 가더라도 스스로 단결되어 이탈하지 않기 때문이다. 이런 두 가지 상황에서 병사들에 계율은 불필요하다.

君令有所不行者，曰：君令有反是變之勝道者，弗行也。

임금의 명을 받아도 시행치 않는 바가 있다는 것이란, 이르길 : 임금의 명이 승리할 수 있는 전장 상황의 변화에 반하기 때문이니 시행치 않는다.

此九變之道也。九變之道，用戰終始，變以終始。故變害為九利，變誤為九害。故變中有變，善中有善。善以盡變，變以盡善，此九變之術也。

이것이 아홉 가지 변화의 도이다. 九變의 道는* 전쟁의 시작에서 끝까지 작용하며, 시작과 끝에서 역시 변화한다. 그러므로 아홉 가지 이익에 변화의 해로움이 있고, 아홉 가지 해로움에는 변화를 잘못 인식했기 때문이다. 따라서, 변화 가운데 또 변화가 있고, 잘하는 가운데 더욱 잘함이 있다. 변화가 다 하여 지선至善에 이르고 선함이 다하여 변화에 이른다. 이것이 구변의 술수이다.

故將通於九變之利害者，知用兵矣；將不通於九變之利害者，雖知形勢，不能得形勢之

그러므로 장수가 九變의 이해에(3) 통달하면, 용병을 아는 것이요; 장수가 九變의 이해를 통달하지 못하면, 비록 그 형세를

用也。用兵不知九變之術，雖
知四治五利，不能得天地人之
用矣。

安다고 해도 그 형세를 이용할 수 없다.
용병에서 구변의 술수를 모른다면 어떻
게 네 가지 다스림과 다섯 가지 승리를 알
수 있고, 천지인의 사용을 할 수 없다.

是故，智者之慮，必雜於利
害。雜於利，故務可信；雜於
害，故患可解。

그러하니, 아는 자가 고려함에, 이익과 해
로움은 필시 난제이다. 이익을 얻으려는
어려움에도, 맡은 일을 펼칠 수 있고 (4);
이로운 일이라도 해로운 점을 생각함으
로써 우환을 풀 수 있다.*

是故屈諸侯者以害，役諸侯者
以業，趨諸侯者以利。故用兵
之法，無恃其不來，恃吾有
以待之也；無恃其不攻，恃
吾有所不可攻也。故覆軍殺
將，必以九變之利害而計之。
此稱之九變，不可不察也。
八百六十一

그러므로 해로움으로 제후를 굴복시키
고, 일거리를 주어 제후들에 힘든 짐을 지
우고, 이익으로 제후들을 좇게 한다. 따
라서 용병법에서, 그 오지 않음을 믿지 말
고, 나의 대비함을 믿으라는 것은; 그 공
격이 없다는 것을 믿지 말고, 내가 그를
대비 할 수 있음을 믿는다. 그러므로 군
이 뒤집히고 장수가 죽는 것은 필시 구변
의 이해로 된 계획 때문이다. 이를 칭함
에 구변이라 하니, 살피지 않을 수 없다.
861 자

한신주 此篇三簡名：齊安城簡曰《九
稱》；秦宮郿鄔簡曰《勝
變》；景林簡曰《九變二》。
統觀之，信認為《九變二》益
之，故定名《九變二》。

이 세 죽간의 이름은 : 제나라 안성의 죽
간에는 〈구칭九稱〉, 진나라 궁전 미오
간(鄔簡)의 죽간에는 〈승변勝變〉이다
; 경림간은 구변2〈九變二〉로 표현되었
다. 전반적으로 볼 때 나 한신은 〈구변
2〉가 낫다고 생각한다. 그러므로 정식
편명을 〈구변2〉로 한다.

《孫武》之《六勝》曰：“兵
出以道，決以天、地、人，謀
以度、量、奪，變以數、稱、
勝。”因是而定，九變分三：
曰數道，曰稱道，曰勝道。數
道者，兵容之變也。稱道者，
利害之變也。勝道者，勢地之
變也。

〈손무〉의 〈육승六勝〉에 이르길 : "무
릇 출병의 道(전쟁함에)는 천(시간과 기
상), 지(지형과 지리), 인(인화와 장수)에
달려있고, 전쟁을 계획함에 度(법제), 量
(지역과 병력의 크기, 자원의 양), 奪(전
쟁 목표), 變以數(군사의 수, 작전계획의
변수), 秤(비교), 勝(진지 또는 승패여부)
을 고려한다."라고 말하는데, 이에 기인
하여, 구변은 셋으로 나눈다. 道를 헤아
린다고 이르고, 도를 비교한다 이르고, 승
패여부를 안다 이른다. 도를 헤아리는 것
은 전장의 모습이 수시로 변하기 때문이

다. 도를 비교한다는 것은 이익과 손해가 변하기 때문이다. 승패여부를 안다는 것은 피아간 입장에서 형세의 변화가 있기 때문이다. (5)

觀齊秦兩簡, 大亂大誤也. 所以亂而誤者, 數稱勝之變, 封而不分也. 故不可參也. 今獨以景林簡, 車子正其元容.

제나라와 진나라의 죽간을 보건대, 많이 착란되어 있고 크게 잘못되었다. 착란과 잘못이란, 수數, 칭秤, 승勝의 변화인데 뭉뚱그려 구분해 놓지 않았다. 따라서 참고할 수 없다. 경림 죽간만이 지금 유일하다. 이것만이(6) 그 본래 모습이 바르다.

《孫子》十三篇, 亦立此篇, 簡名《變》. 《變》與《九變二》, 同而一也. 究而可見, 《九變一》篇末, 數發稱之利害, 而未論其所以然, 故《九變二》理其道也. 信觀盡天下之娜嬽, 言變理之髓者, 唯齊民武子也.
漢楚王韓信於漢五年二月.
二百三十五

축간할 〈손자 13편〉(7) 역시 〈變〉으로 편명을 정한다. 〈變〉과 〈九變 2〉는 같은 것이다. 자세히 연구하면 보이는데, 〈九變 1〉 편 말미에, (정세 또는 군사력)의 유불리 비교 판단은 그 이유를 논하지 않았다. 그런데 〈九變 2〉에는 합리적 이유(道)가 있다. 나 한신이 지난 천하의 병법가들을(8) 살펴보건대, 변화 원리(變理)의 정수를 말하고 있는 것은 오직 제나라 백성 손무뿐이다.
한초왕 한신 한나라 5년 2월, 235 자

<죽간>

<四變>(9)

…… 【徐(途) 有所不由, 軍有所不擊】, 城有所不攻, 地有所不爭, 君令有【所不行】. .

길은 가지 않아야 할 바가 있고, 적군은 치지 않아야 할 바가 있고, 성은 공격지 않아야 할 바가 있고, 땅은 싸우지 않아야 할 바가 있고, 임금의 명령은 시행치 말아야 할 바가 있다.

徐(途) 之所不由者, 曰: 淺入則前事不信, 深入則後利不棱(接). 動則不利, 立則囚. 如此者, 弗由也. .

길이 있어도 가지 않는 것은, 이르길 : 파고 들어가면 전방 부대와 끊기고, 깊이 들어가면 후속 부대와 접하지 못하기 때문이다. 기동하면 불리하고 머물면 포위된다. 이와 같은 곳은 가지 않는다.

軍之所不擊者, 曰: 兩軍交和而舍, 計吾力足以破其軍, 獲其將. 遠計之, 有奇埶(勢)巧權於它, 而軍……□將. 如此者, 軍唯(雖) 可擊, 弗擊也. .

적군을 공격할 일이 없는 것은, 이르길 : 양군이 서로 대치하고 피아 방책을 논하는 작전회의를* 함에 나의 계획과 힘으로 적을 충분히 격파하고, 그 장수를 잡을 수 있다는 (결론 때문이다.) 멀리 보아 계획하여 형세를 奇로써 운용하고 주도권을 가질 여지가 있다면, 그 적군 .... □ 이런 것과 같이, 비록 적군을 격파할 수 있으나 공격하지 않는다.

城之所不攻者，曰：計吾力足
以拔之，拔之而不及利於前，
得之而後弗能守。若力【不】
足，城必不取。及於前，利得
而城自降，利不得而不為害於
後。若此者，城唯（雖）可
攻，弗攻也。.

성을 공격할 수 있어도 공격지 않는다는 것은, 이르길 : 아군의 능력으로 계획하고, 충분히 성을 점령할 수 있으나, 점령 뒤에 확보할 능력이 없고 이익을 생각해 성을 얻은 후 수비가 불가능하기 때문이다. 힘이 부족하다면, 성을 뺏지 않는다. 성 앞에 이르러 성이 스스로 항복하여 승리를 얻도록 하고, 뒤에 해가 되지 않게 성을 취하지 않는 게 이익이다. 이런 것과 같이 비록 성을 공격할 수 있으나 공격하지 않는다.

地之所不爭者，曰：山谷水□
無能生者，□□□而□□……
虛。如此者，弗爭也。.

땅을 두고 싸울 바가 없다는 것은, 일러 : 산, 계곡, 물, □등 사람이 살 수 없는 □ □□而□□…… 곳이다. 이런 곳에서는 같이 싸우지 않는다.

君令有所不行者，君令有
反此四變者，則弗行也。
□□□□□□□□□行也。
事……變者，則智（知）用兵
矣。

임금의 명을 받아도 시행치 않는 바가 있다는 것이란, 임금의 명이 승리할 수 있는 전장 상황의 변화에 반하기 때문이니, 바로 시행치 않는다. □□□□□□□□□ 행한다. ......의 변화에 ....(맞는) 일을 한 것은 바로 용병을 알았기 때문이다.

역자 주

1. 51편 "九變 2"는 상당한 문구가 찬개竄改되거나 위조되어 장장본 위서를 주장하는 진영의 주요 증거였다. 문장의 전개 부분에 "不爭", "不用"등의 용어를 사용하여 시니컬한 도교적 사색이 들어 있다. (참고: 제3장, 張魯와 曹操의 대화) 하지만 한신 비주에는 장장본에서 손자 13편으로 축간 산책刪冊하는 과정에 증거가 되는 구절이 들어 있어 큰 반향을 일으키었다. 문장의 내용은 13편 軍爭篇을 연상케 하나, 군쟁의 원모라기보다는 군쟁을 해설한 文理여서 후세에 만들어졌다. 장장본과 문구가 유사한 "四變"이 경림간(오손자 82편)인지 안성간(제손자 89편)인지 확실하지 않다. 1985년 발표된 〈銀雀山漢墓竹簡情況簡介〉는 한 묘 2호에서 같이 출토된 죽간들의 무질서한 배열을 기존 漢籍에 맞추어 재조정한 것이므로 기존재 한 경

전의 귀납적 결과로 성립된 것으로 의심할 수 있다.

2. 交合而捨는 交和而舍와 같다. 피아 방책을 비교하는 작전회의나 워게임

3. 징장본의 九變은 9가지 변화 상황을 말하나, 병법에서 九變은 상황이 극에 달해 변하지 않을 수 없는 국면을 말한다. 九는 아홉이 아니라 무한이거나, 사태가 극에 달한 것이다.

4. 故務可信 ; 雜於害는 손자 13편 九變으로 연연했다.

5. 은작산 죽간 손자 13편 〈形〉에는 法, 一曰度, 二曰量, 三曰數, 四曰稱, 五曰勝. 地生度, 度生量, 量生數, 數生稱, 稱生勝 으로 발전한다. 도교의 영향으로 상호 동화된 후 나타난 현상으로 병가와 도가의 연결 고리를 잇고 군사사상을 사변화했다.

6. 한신주의 車는 저這의 가차자로 고대 음차이다.

7. 한신이 〈손자 13편〉을 언급한 현존하는 장장본 자료는 51편 구변 2와 64편 화공에 있다. "孫子十三篇 亦立此篇 簡名變"라는 구절은 병법 序次에서 축간함에 13편의 편명을 정하면서 立을 현재 진행형 동사로 사용했다. 장장본 한신비주를 통해 손자 13편이 한나라 건국 무렵까지 성립되지 않았다는 증거가 된다.

8. 嬝嬛은 女郎의 음차이다. <成都記>에는 여러 사람이라는 뜻으로 쓰였는데, 道家의 관용어였다. "雲 天師云孫女無夫而孕 父疑之 欲殺焉 既產 有異光 乃一軸書 則本際經也 父以爲神 乃擲其刀 其後於敦信村登仙 即女郎觀也." 女郎은 다른 사본에는 보이지 않는다. 장장본을 웃음거리로 여기는 사람들에게 좋은 단어로 회자하고 있다. 근래에"여랑"은 일본 유곽에서 일하는 여자를 말하나, 필자의 생각으로는 신라의 "화랑花朗"과 같이 병법 또는 무술을 연무하는 사람을 말한 것일 수 있다. 상형 조합에 머물러 한자의 표음적 기능을 무시한다면 조롱거리이지만, 女가 후에 너(汝)의 가차자로 쓰였다면 뜻은 분명히 "천하에 병법을 연구하는 너희 가운데"가 된다.

9. 죽간의 四變은 병가에 途, 軍, 城, 地의 형세 변화를 뜻했으나, 은작산 죽간에 〈四變〉이 한 篇으로 출토되어 새로운 개념이 부여되었다. 그 전의 전통적 개념은 조조曹操, 가림賈林 등이 九變의 부분으로 五變 (途:糧充 軍:兵銳, 城:將智, 地:地勢 君:臣忠, 不測之變而不攻)을 다루고 五事, 五利와 연계한 해석을 내놓아 후에 태평어람(太平御覽 兵部三 將帥上, "治人不知五變 雖知五利 不能得人用之矣")이나, 길천보(吉天保 校曰 "九變 一云五變")에 五變이 격식화하는 오류가 발생한다.

52편 四五 (1)
古之善用兵者，敵之軍怯人眾，能使分離而不相救也；敵之軍怯甲強，能使受擊而不相知也。

전쟁을 잘하는 것이란, 적이 더 많은 병력을 믿고 대항해도 상대를 분산시켜, 적이 서로 구원하지 못하게 하는 것이고, 적이 그 무장력의 강함을 믿어 대항하지만, 서로 알 수 없어 공격받는 상황을 모르게 한다.

故溝深壘高而不得以為固者，車堅兵利而不得以為威者，士有勇力而不得以為強者，兵不知四五也。

그러므로 적이 아무리 해자를 깊이 파고, 망루를 높이 쌓아도 진영은 확고해지지 않고, 아무리 전차 부대가 견실하고 병기가 날카로워도 그 위세를 만들지 못하며, 병사들이 용맹하더라도 강한 부대가 될 수 없는 것은 군사 운용의 四五*를 모르기 때문이다.

故善知四五者，制險而量阻，敦三軍而合誂信。敵之人眾能使寡，積糧盈軍能使飢，安處不動能使勞，得天之時能使怠，得地之利能使離，三軍和同能使囚。

따라서 "사오"를 잘 아는 것이란, 전장의 지형을 살펴 험준한 지형을 잘 활용하며, 전군을 독려해 작전 구역에 따라 부대를 넓게 또는 좁게 전개한다. 적이 아군보다 많아도 능히 적은 병력만 사용할 수밖에 없게 한다. 적의 군량이 충분해도 그 군량을 제대로 사용하지 못해 굶주리게 한다. 적이 편한 곳에 주둔하고 움직이지 않아도 능히 적을 지치게 한다. 적이 천시를 얻었어도 이를 깨닫지 못하게 한다. 적이 지리의 이점을 얻었어도 능히 사용이 어렵게 한다. 적이 화합하여 단결하여 있어도, 능히 囚하게 한다.

故兵有四路五動。何以為四路？曰進路也，曰退路也，曰左路也，曰右路也。何以為五動？曰進動也，曰退動也，曰左動也，曰右動也，曰墨踐而處，迁動也。

그러므로 군 작전 운용에는 네 가지의 접근로와 다섯 가지 기동이 있다. 네 가지 접근로란 무엇인가? 전후좌우의 네 방향이다. 다섯 가지 기동은 무엇인가? 앞으로 전진, 후퇴, 왼쪽으로 나가고, 오른쪽으로 나가는 것과 조용히 정지하여 머물러 있거나 우회 이동하는 것이다.

故善知四五者，四路必徹，五動必工。進而不可迎於前，退

그러므로 사오를 잘 아는 것은, 이 네 가지 접근로에 밝아, 다섯 가지 기동을 사

而不可絕於後, 左右不可陷於粗, 壘踐迂處 而荒加於敵之人。

전에 연습(행공)해 보는 것이다. (5) 앞으로 나가면 적이 막을 수 없고, 뒤로 철수할 때에도 퇴로가 막히는 법이 없다. 왼쪽이나 오른쪽으로 움직여도 적군에게 쫓겨 불리한 지형에 몰리지 않고, 조용히 머물러 있거나 우회 기동하여 적을 놀라고 당황하게 한다.

故善知四五者, 使敵四路必窮, 五動必憂, 進則傅于前, 退則絕於後, 左右則陷於阻, 壘踐直處而軍不免於患。

또한 사오를 잘 아는 것은, (반대로) 적의 네 가지 접근을 막히게 방해하고, 그들의 다섯 가지 기동을 염려케 만들 수 있으니, 적이 전진하면 앞에서 압박하고, 적이 물러서면 퇴로를 차단하며, 좌우로 움직이면 불리한 지형으로 내몰며, 조용히 머물러 있어도 교란하여 불안케 한다.

故善用兵者, 能使敵卷甲趨遠, 倍道而兼行, 倦病而不得息, 飢渴而不得食。故敵以此而薄戰, 戰必不勝矣。我飽而待其飢也, 安處而待其勞也, 正靜而待其動也。故卒見進而不見退, 道有白刃而不還踵, 身居絕境而不還生。故知四五者, 王霸之兵也, 善者也。
三百九十

그러므로 용병을 잘하면 적이 무장을 벗고 먼 거리를 급히 가게 하고, (2) 평소보다 배가 되는 거리를 움직이게 만든다. 지치고 병들어도 쉬지 못하게 하고, 굶주림과 갈증에도 먹을 수 없게 한다. 이렇게 약해진 적은 싸워도 필히 이길 수 없다. 아군은 잘 먹고 쉬며 굶주린 적을 기다린다. 편한 곳에서 고단한 적을 기다리며, 진영을 바르게 하고 고요히 적의 움직임을 기다린다. 그러므로 병사들은 나아감을 보이며 물러서는 것을 보이지 않을 것이다. 적의 번쩍이는 칼날에 되돌아서지 않을 것이니, 비록 살아 돌아오지 못하는 고립된 상황에서도 버틸 것이다. 그러므로 사오를 아는 것은 패업을 이룬 왕도의 군대이며(3) 전투를 잘하는 것이다."
390 자

한신주

此篇三簡名: 齊安城簡曰《善者》, 秦宮郿鄔簡曰《六能》, 景林簡曰《四五》。觀其旨, 信以為《四五》益之。

이편의 세 죽간명은 : 제나라 안성 죽간에는 〈선자〉, 진궁 미오 죽간에는 〈육능〉, 경림간에는 이르기를 〈사오〉로 되어있다. 살펴보건대, 나 한신은 〈사오〉로 함이 타당하다고 본다.

傳世簡《孫子兵法》之《九地篇》有曰: 四五者, 一不知, 不可也, 非王霸之兵也。正相

세상에 전해진(4) 〈손자병법〉의 구지편에 있는 : "사오에서 하나라도 모르면 패업을 이룬 왕도의 군내가 아니다."라는

合也，故定名《四五》篇。

말은 서로 잘 들어 맞는다. 따라서 바른 명칭은 〈사오〉편이라 해야 한다.

用我之四路以必徹，發我之五路以必工，致敵之四路以必窮，擊敵之五動以必憂。此四路五動之旨要也，實王霸之兵也。漢楚王韓信於漢五年二月一百二十一

아군이 네 가지 접근로에 밝고, 다섯 가지 기동을 사전에 연습(행공)하고 시행하면, 역시 적의 네 가지 접근을 막히게 방해하고, 그들의 다섯 가지 기동을 염려케 만들 수 있다. 이것이 사로오동의 요체이며, 실로 패업을 이룬 왕도의 군대이다.
한 초왕 한신, 한 나라 5년 2월, 121자

<善者>
善者，適（敵）人軍□人眾，能使分離而不相救也，受敵而不相知也。

전쟁을 잘하는 것이란, 적이 더 많더라도 상대를 분산시켜, 적이 서로 구원하지 못하게 하는 것이고, 적을 공격해도 분산되어 적이 서로 알 수 없도록 하여 자신들이 공격받는 상황을 모르게 한다.

故溝深壘高不得以為固，車堅兵利不得以為威，士有勇力而不得以為強。

그러므로 적이 아무리 해자를 깊이 파고, 망루를 높이 쌓아도 진영은 확고해지지 않고, 아무리 전차 부대가 견실하고 병기가 날카로워도 그 위세를 만들지 못하며, 병사들이 용맹하더라도 강한 부대가 될 수 없다.

故善者制險量相（阻），敦三軍，利詘（屈）信（伸），敵人眾能使寡，積糧盈軍能使饑，安處不動能使勞，得天下能使離，三軍和能使柴。

따라서 용병에 능하면 전장의 지형을 살펴 험준한 지형을 잘 활용하며, 전군을 독려해 작전 구역에 따라 부대를 넓게 또는 좁게 전개한다. 그러므로 적이 아군보다 많아도 능히 적은 병력을 사용할 수 있다. 적의 군량이 충분해도 그 군량을 제대로 사용하지 못해 굶주리게 한다. 적이 편한 곳에 주둔하고 움직이지 않아도 능히 적을 지치게 한다. 적이 천하를 얻었어도 (그 천하의 자원을) 사용하기 어렵게 한다. 적이 화합하여 단결하여 있어도, 능히 분열하여 갈라지게 한다.

故兵有四路，五動：進，路也；退，路也；左，路也；右，路也。進，動也；退，動也；左，動也；右，動也；墨（默）然而處，亦動也。

그러므로 군 작전 운용에는 네 가지의 접근로와 다섯 가지 기동이 있다. 네 가지 접근로란 전후좌우의 네 방향이고, 다섯 가지 기동은 앞으로 전진, 후퇴, 왼쪽으로 나가고, 오른쪽으로 나가는 것과 정지하여 머물러 있는 것이다.

善者,四路必□(徹),五動必工.故進不可迎於前,退不可絕於後。左右不可陷於粗(阻),墨(默)【然而處】,□□於敵之人。故使敵四路必窮,五動必憂。進則傅於前,退則絕於後,左右則陷於阻,墨然而處,軍不免於患。

용병을 잘하는 것은 이 네 가지 접근로에 밝아, 다섯 가지 기동을 사전에 연습(행공)해 보는 것이다. (5) 따라서 앞으로 나가면 적군이 막을 수 없고, 뒤로 철수할 때도 퇴로가 막히는 법이 없다. 왼쪽이나 오른쪽으로 움직여도 적군에게 쫓겨 불리한 지형에 몰리지 않고, 조용히 머물러 있어도 적군에게 □□ [포위되지 않는다.] 이런 움직임에 통달하면, (반대로) 적의 네 가지 접근을 방해하고 다섯 가지 기동을 어렵게 만들 수 있다. 적이 전진하면 앞에서 압박하고, 적이 물러서면 퇴로를 차단하며, 좌우로 움직이면 불리한 지형으로 내몰며, 머물러 있으면 교란하여 불안케 한다.

善者能使敵卷甲趨遠,倍道兼行,卷病而不得息,饑渴而不得食。以此薄敵,戰必不勝矣。

용병을 잘하면 적이 무장을 벗고 먼 거리를 급히 가게 하고, 평소보다 배가 되는 거리를 움직이게 만든다. 지치고 병들어 쉬지 못하게 하고, 굶주림과 갈증에도 먹을 수 없게 한다. 이렇게 약해진 적은 싸워도 필히 이길 수 없다.

我飽食而佁其饑也,安處以佁其勞也,正靜以佁其動也。故民見進而不見退,道(蹈)白刃而不還踵(踵)。
二百□□□

아군은 잘 먹고 쉬며 굶주린 적을 기다린다. 편한 곳에서 고단한 적을 기다리며, 진영을 바르게 하고 고요히 적의 움직임을 기다린다. 그러므로 군사들(전민)은 나아감을 보이며 물러서는 것을 보이지 않을 것이다. 적의 번쩍이는 칼날에 되돌아서지 않을 것이다. 2백여□□□

역자 주

1. 四五는 九라는 허수를 의미하여 13편의 九地에 다른 형태의 문구로 표현되었다. 손빈은 善者에서 "사오"를 접근로와 기동성(四路五動)으로 표현한다.
2. 권갑추원卷甲趨遠은 비늘 갑옷을 벗어 말아두고 먼 거리를 빠르게 가는 것으로 13편 軍爭에 卷甲而趨가 보인다. 이는 작전 기동 공간을 예상보다 빠르게 벗어나는 것으로 쓰였다. "卷甲"은 아주 오래된 병가의 표현이었는데, 본래 의미는 점을 치는 卜甲을 말아 두는 것으로 계획도 없는 갑작스러운 전투나 충동적 행동을 말한다.

3. 왕패지병王⊠之兵의 문구로 보아 이편은 장장본이 죽간 보다 늦게 써졌다는 것을 알 수 있다. (참고 : 제2장, 바. 王道와 覇道의 이해로 본 〈82편의 성립 시기〉) 죽간의 짧은 글을 부연 설명한 것도 역시 성립 시기의 차이를 보여준다. 사오편은 상당수의 문구가 손자 13편 九地에서 발견된다.

4. 한신주의 "傳世簡"은 한 나라 이후에 기록된 것으로 판단하는 장장본 82편 〈예시〉나 〈입언〉의 생각을 논한 것이어서 한신이 말한 것은 의심스럽다. 손무가 자식들에게 82편을 축간하여 13편으로 하라는 유훈에서 82편을 家傳, 13편을 世傳으로 일컫고 있다.

5. "四路必□徹, 五動必工"徹은 죽간(善者)에는 한무제 유철劉徹을 피휘하여 缺字했으나 장장본(四五)에는 그대로 사용했다. 인간세를 가볍게 보는 도가의 전서傳書답다. 工은 空의 본래 자이나 뒷날 음차로 쓰였다. 工은 사공司空이 관장하는 계획의 검토와 시행(行空)을 의미한다. (참고 : 勢備, 見吳王)

조조본

53편 九地二
……之地者，天固其六。三軍出陳，不問朝夕，只計明暗。右負丘陵，左前水澤，順者生之，逆者死之，隘地也。……

..... 지형에는 하늘(천시와 기상)과 연관한 확고한 여섯 가지가 있다. 전군이 나아가 진을 치고, 아침저녁을 가리지 않고 세운 명암(기만책과 정보 운용)의 계획이 이미 있다. 우측에 구릉을 의지하고 좌측 앞에는 물과 호수가 있어도 (이런 지형에) 따라 의지하면 살고, 이런 지형을 거역하면 죽는다. 이것이 좁은 협곡 애로이다. .....

한신주

없음

죽간

\<地刑（形）二\>(1)

凡地刑（形）東方為左，西方為【右】……
……首，地平用左，軍……
……地也。交□水□……
…… 者，死地也。產草者□……
…… 地剛者，毋□□□也□……
……【天】離、天井、天宛□……(2)
……是胃（謂）重利。前之，是胃（謂）厭守。右之，是胃（謂）天國。左之，是胃（謂）……
…… 所居高曰建堂，□曰□……
……□遂，左水曰利，右水曰積……
…… □五月度□地，七月□……
……三軍出陳（陣），不間朝夕，右負丘陵，左前水澤，順者……

무릇 지형에서는 동방을 우로 하고, 서방을 좌로 한다. (2)
(이하 번역 불가)

……九地之法，人請（情）之
理，不可不□……

역자 주

1. 은작산 발굴 죽간 손자 13(12) 편에는 "지형편"이 없다. 중국 손자 학회는 지형편이 본래 있었으나 잔멸한 것으로 판단하여 손자 13편이 온전하게 서한 이전에 성립한 것으로 주장한다. 그 근거로 같이 출토한 편제명 목독을 제시했다. 그러나 위에서 알 듯 죽간 "지형 2"의 "【天】離, 天井, 天宛□"과 같은 문구들은 13편 지형에 등장하지 않고 주로 行軍篇에 보인다. 13편의 지형편은 동한 이후, 더 늦게는 삼국 시대에 성립한 것으로 판단된다. 그 과정에 지형으로 수렴한 용어들이 있는 구지九地1, 2, 3, 지보地葆, 地形1, 2에서 변화가 일어난다. 九地는 손무가 장장본에서 축간 과정의 고려 사항으로 제시한 구신자九神者의 신심神心에 속한다. 지보와 구지 2, 지형 2는 아마도 신치神治, 신변神變의 지형적이지 않은 편수로 차입되어 13편의 구변, 행군, 구지 등에 문구가 나타난다.

2. 지형을 평가 할 때 지도의 정치定置는 동쪽이 우, 서쪽이 좌, 북쪽이 상, 남쪽이 하이다. 병가에서 흔히 우는 전방 좌는 후방, 우는 공격부대, 좌는 방어와 철수 엄호부대로 논한다.

출처	원문	번역
장장본	54편 缺文, 55편 缺文, 56편 缺文, 57편 缺文 58편 九勢 (1)	
한신주	없음	
죽간	<七勢> ……勢者，志上鄙以謀……(2) □□之用，故善戰者，有擇人之勢…… ……□國勢有得其安者，有…… ……地有一利，勢有不守，可使 ……勢□得…… ……勢得……	세란, 물러나 은거하며 뜻을 세우는 계획이라도…… □□의 사용이다. 그러므로 군사 운용을 잘하는 것은 사람의 세…. 따라 사람을 뽑아 쓰며…. (이하 번역 불가)

역자 주

1. 구세九勢란 아홉 가지 세가 아니라, 형세의 변화를 의미한다. 따라서 비록 내용이 殘滅하여 알 수 없으나 구세는 九變에 가깝고, 죽간의 칠세七勢는 13편 兵勢로 구절들이 옮겨졌다. 은작산 목독에 보이는 七勢는 제 안성간 89편에 속했을 것으로 추정된다. (참고 : 제2장, 차. 과연 처음부터 13편이었나?)

2. 鄙以謀는 <좌전> 소공 20년 기록에 오의 공자 光(후에 합려)의 오자서와의 대화에서 오 왕 僚를 암살할 계획에 "鄙以待之"가 보인다. "도성 밖에서 때를 기다린다"의 성어이지만 세를 키운다는 의미로 沇演했다.

59편 缺文, 60편 缺文, 61편 缺文,
62편 缺文, 63편 缺文

64편 火攻 (1)

見敵難服，動火也。故火攻有
五：一曰火人，二曰火積，三
曰火輜，四曰火庫，五曰火
隊。火人者，火擊敵之軍營
也。火付凶頑，滅其生力，拔
其營盤。故無生力者，敵之勢
坂必亡也。火積者，火擊敵之
後軍糧營也。故無糧草者，敵
之不戰自亡也。

적이 항복하지 않을 것으로 보이면, 불을 사용한다. 화공의 표적에는 다섯 가지가 있으니 : 첫째 적 병력, 둘째 적 물자, 셋째 적 치중대, 넷째 적의 보급소, 다섯째 적 부대이다. 火人은 적의 군영을 불로 공격하는 것이다. 불로 잔인하고 철저히 그 유생역량을 멸하며, 그 진영의 기반을 제거하는 것이다. 그러므로 전투력이 없어 적의 병세는 기울어 필히 소멸한다. 火積이란, 적 후방의 식량 적재소를 불로 공격하는 것이다. 그러므로 군량과 마초가 없으면 적은 싸울 수 없어 도망할 것이다.

火輜者，火擊敵之革車也。故
無輜重者，敵之不戰自退也。
火庫者，火擊敵之藏庫也。故
無委貨者，敵之不戰自亂也。
火隊者，火擊敵之卒隊也。

火輜란 적의 보급 수레를 불로 공격하는 것이다. 그러므로 수송 수단이 없는 적은 싸울 수 없어 퇴각할 것이다. 火庫란 적의 숨겨 놓은 보급 창고를 불로 공격하는 것이다. 그러므로 보급 물자가 없으므로 적은 싸울 수 없어 자중지란에 빠질 것이다. 火隊는 적의 집결한 부대를 불로 공격하는 것이다. (2)

降滅士卒，敵之不戰自弱也。
火擊營盤者，擊軍五分，兩焚
兩收一待變。先外後內，外發
內放，盡力焚之，趁亂擊之，
握勢拔之。亡者不屈，降者不
殺，此火人之法也。

적병의 항복을 받거나 멸하면, 적은 싸울 수 없게 약해진다. 적 근거 진영을 불로 공격할 때는 공격부대를 다섯으로 나눈다. 둘은 불을 지르고 둘은 노획품을 거두고 하나는 상황변화에 대기한다. 먼저 외곽이 불을 지르고 내부는 후에 한다. 외곽에 불이 내고 진영의 내부에서 방화한다. 불이 다해 타버리면, 혼란한 적을 쫓아 격멸하고, 적의 기세를 눌러 무너뜨린다. 도망자는 놓아두고 항복한 자는 죽이지 않는 것이 이 火人의 공격법이다.

火擊糧營者，擊軍五分，一焚
兩收，一伏一待。焚擇外內，
因地為之。處高內之，處下外
之。伏者必死阻，收者必速
決，待者必速從，焚者必盡
之，此火積之法也。

적의 군량 보급을 불로 공격할 때는, 화공 부대를 다섯으로 나누어, 하나는 불을 지르고 둘은 노획하며, 하나는 매복한다. 안팎에 불을 지르되 지형에 따라 정한다. 진 내에 불을 놓을 때는 높은 곳에 위치하고, 진 외곽에 불을 지를 때는 낮은 곳에 위치한다. 매복 부대는 필사적으로 적을 차단하고, 적 물품의 노획은 신속히 한다. 예비 대기 부대는 상황 변화에 신속히 따른다. 불을 놓는 부대는 완전히 끝내는 것이 火積의 공격법이다.

火擊輜重者，擊軍四分，一迎
一刜，一焚一收。以速為理，
迎者以甲兵綪，刜者以略甲
盯。迎刜者，膠之而戰，使敵
不得救後也；焚收分而中刜，
殺散士卒，劉收戰馬。得而得
之，不得而盡焚之，此火輜之
法也。

적의 수송 치중대를 불로 공격할 때는, 화공 부대를 넷으로 나누어, 하나는 길을 차단하고, 하나는 적을 분할하고, 하나는 불을 지르며, 하나는 적 보급을 노획한다. 신속함을 기본 원리로, 길을 차단하는 부대는 무장병으로 적을 얽고, 적을 분할하는 부대는 적의 무장병을 치중에서 분리한다. 차단 분할 부대가 이들을 살육하고 적이 후방을 구원치 못하게 한다; 적 보급을 소각하고 노획하면서 적병을 죽여 흩어지게 하고, 적의 말은 나누어 노획한다. 얻을 수 있는 것은 얻고, 부득이 한 것은 태워버린다. 이것이 火輜 공격법이다.

火擊藏庫者，使間入城，覷賕
庫吏，擊收內士，外內以應，
伺機焚之。密而用之，用而成
之；不密而敗之，敗而死之，
此火庫之法也。

적의 치장 장비 보급 창고를 불로 공격하기 위해, 먼저 첩자를 성에 들여보낸다. 기회를 엿봐 창고지기를 매수하고, 다른 감시병을 포박하고 외부의 아군과 연결해 불 지를 곳을 살핀다. 은밀히 하여야 첩자 운용에 성공할 수 있고, 비밀이 새면 실패하고, 실패 시 죽게 된다. 이것이 적의 창고에 불을 내는 방법이다.

火擊卒隊者，擊軍四分，兩焚
兩收。焚分左右，收分前後，
吾伏高之，敵入下之。左右弩
火發之，亂而攻之，前後夾
之，一舉滅之。亡者不屈，降
者不殺，此火隊之法也。

적 부대에 대한 화공은 대열을 넷으로 나누고, 둘은 불 지르고 둘은 노획한다. 불 지르는 부대는 좌우로 나누고, 노획 부대는 전후로 나누어, 아군은 높은 곳에 매복하고 적이 그 아래로 오게 한다. 좌우의 불화살을 발사해, 혼란을 틈타 공격하고, 전후의 노획 부대는 서로 협력하여 일거에 적을 섬멸한다. 도망자는 놓아두고, 항복한 자는 죽이지 않는다. 이것이 火隊

의 공격 방법이다.

此五火之利，成湯之所以勝夏
桀也。五火既明，以服難服之
敵。故行火有因，因必素具。
故發火有時，起火有日。

이 다섯 가지 화공의 이점은, 주 나라 성
탕이 하 나라 걸에 승리한 이유였다. 다
섯 가지 화공에 밝으면, 복종키 어려운 적
도 복종시킬 수 있다. 그러므로 불을 사
용함에 발화 기구가 있어야 하고, 발화 도
구는 깨끗이 준비한다. 발화에는 때가 있
으니 불을 잘 일으키는 날이 있다.

時者，天之躁也。日者，陰在
箕、壁、翼、軫也。此四者，
風起之天也。故發火有先後，
先後分外內。火發於外，則應
收伏之於外，毋待於內，以時
發之。積其火殃，靜而觀之，
亂而攻之，能拔則拔之，不能
則止之。

그때란, 날씨가 건조한 날이다. 그날은
달이 기, 벽, 익, 진의 별자리에 있는 날
이다. 이 네 개의 날에 바람이 하늘에 일
어난다. 그러므로 발화의 선후가 있는데,
선후는 각 내외로 나눈다. 외곽의 발화는
바로 외부의 복병이 응하고, 내부에서는
대응치 않는다. 때에 맞추어 발화하고,
물자 시설에 불길이 고조되면, 조용히 관
측하고, 적이 혼란에 빠지면 공격하며, 적
을 제거할 수 있으면 제거하고, 할 수 없
으며 그친다.

火發於內，則應收伏之於外，
積其火殃，靜而觀之，亂而攻
之，有能而從之，不能而止
之。火發外內，先外後內，則
應收伏之於外，毋待於內，以
時發之，靜而觀之，亂而四面
攻之，志在必拔。

적 내부에 불이 일어나면 외곽에 매복한
병력은 즉시 대응하며, 시설에 불길이 고
조하면 조용히 관측하고, 적이 혼란에 빠
지면 공격하며, 가능하면 적을 고, 할
수 없다면 그친다. 불이 내부와 외곽에
일어나면 외곽을 먼저 대응하고 내부는
나중에 한다. 외곽에 매복한 병력으로 즉
시 응하되 내부에서는 대응하지 않는다.
때에 맞추어 불을 발사하고 조용히 관측
하여 적이 혼란에 빠지면 사면에서 공격
하고, 뜻대로 되면 적을 제거한다.

故火擊有上下，上下有迎背。
火擊上風，毋攻下風。晝風
久，夜風止，故火擊者，握時
也。火中之戰，吾迎而勿背，
使敵背而勿迎，故火戰者，握
向也。故兵必知有五火之變，
以五數而守之。兵之用火攻
者，不得已而為之也。將軍必
謹察也。七百三十六

그러므로, 화공에는 상풍(순풍)과 하풍
(역풍)이 있어, 바람을 맞거나 등에 진다.
화공은 상풍에서 공격하고, 하풍에는 공
격지 않는다. 주간에는 바람이 많으면 야
간에 그친다. 그러므로 불로 공격하는 것
은 때에 맞아야 한다. 불 가운데서의 싸
움은, 바람을 맞이하고 등지지 말고, 적이
바람을 맞고 등지지 못하게 해야 한다.
그러므로 火戰은 유리한 방향을 장악해
야 한다. 전쟁에서 화공의 다섯 가지 변

화를 필히 알아야, 다섯 계책으로 수비 할 수 있다. 전쟁에 화공의 사용은 부득이한 경우에 사용한다. 장수는 필히 삼가하여 살펴야 한다.

736자

此篇三簡名, 齊安城簡曰《火隊》, 秦宮鄑鄁簡曰《五火》, 景林簡曰《火攻》。前後參之, 左右究之, 信以為《火攻》益之, 故定名《火攻》。三簡異而一之, 皆有所之。今取其長, 車子集善而重定之。《孫子》十三篇, 亦立此篇, 簡名《火攻》。

이 편명의 세 개 죽간 이름은, 제나라 안성간은 〈화대〉, 진궁 미오간은 이르길 〈오화〉, 경림간은 〈화공〉이다. 전후를 참고하고 좌우를 연구하니, 나 한신은 이를 〈화공〉이라 함이 좋다고 여긴다. 그러므로 이름을 정하여 〈화공〉이다. 세 가지 죽간의 다른 것을 하나로 해서 모두 포괄할 수 있는 편명이기 때문이다. 지금 보니 꽤 문장이 길고, 이편은 중요한 것을 잘 정리해 놓았다. 〈손자〉 13편으로 (축간함에), 역시 이 편명을 정함에 〈화공〉으로 한다. (3)

引觀兩者, 信以為去其法而立大則, 神貫終始, 正則要法, 此《孫子》之長也; 盡其法而圓大則, 法則終始, 至神至精, 此《孫武》之妙也。一言一蔽之曰: 本立不一而同也。

양편을 자세히 보니, 나 한신은 여러 방법은 없애고, 큰 원칙만 세워두었다. 신묘하게 처음과 끝을 관철하고, 규칙을 바르게 하고 방법을 요약했다. 이것은 〈손자〉의 장점이다; 그 방법을 다하여 큰 원칙을 원만히 해서, 방법에 시작과 끝이 있어 신묘하고 정렬하다. 이것이 〈손무〉의 묘책이다. 일언이폐지하고 말한다면 : 하나가 아니었던 본래의 것을 모두 같아지게 한 것이다.

《道典》曰: 兵道六常: 曰形天, 曰勢地, 曰法人, 曰軍爭, 曰兵戰, 曰心變。此六者, 命曰常節; 兵道三過: 曰動火, 曰動水, 曰動者。此三者, 命曰過極。信以為, 常節勝, 勝之有幸; 過極勝, 勝之有殃, 戒之戒之, 上天好生, 不可過極。故火人火隊者, 不可輕發, 不得已而為之也。實而一也。
漢楚王韓信於漢五年二月。
二百五十四

〈도전〉에 이르길, 전쟁의 道에는 여섯 가지가 상존한다. 하늘의 모습이요, 땅의 기세요, 인간을 따르는 것이요, 군이 서로 다투는 것이요, 전쟁함이요, 민심(단결과 사기)의 변화이다. 이 여섯 가지는 절제하여 사용하는데, 군사 운용의 세 가지 과오는 불을 쓰는 것, 물을 쓰는 것, 증오를 즐기는 것이다. 이 세 가지로 운용하면 과오가 지나친다. 나 한신은 이로써 항상 승리함을 절제하여 행운으로 여기고, 지나친 승리는 재앙이 있으니 꺼리고 또 꺼린다. 위 하늘은 생명을 좋아하시니 지나치지 말아야 한다. 그러므로 사람과 부대에 불을 지르는 것은 가볍게 해서는 안 된다. 부득이한 경우에만 할 수 있다. 이것이 하나의 실체적 현실이다.
한 초왕 한신, 한 나라 5년 2월, 254자

죽간 없음

역자 주

1. 火攻이 장장본(경림간, 오손자 82편)에 있었는지는 의문이다. 38편 남북협격南北夾擊에 화공과 수공을 오살麌殺로 경계하는 문구가 있다. 안성간인 제손자 89편(이른바 손빈병법)에는 화공을 언급한 죽간은 발견되지 않았다. 손자 13편의 화공은 전국 말에 개념이 정립되어 서한西漢 초기 오행을 기초로 써진 것으로 보인다. 漢의 개국 공신인 장량과 한신으로 상징되는 병법의 분기점이 여기에 보인다. 한신이 경림간을 서차序次 산책刪冊했다면, 아마도 남북협격의 화공과 수공이 뒤에 13편의 주요 문구로 옮겨졌을 것이다. 13편의 화공편은 "종전終戰"과 전후 점령 지역 관리인 "수공修功", "비류費留"라는 새로운 군정軍政 사상이 포함되었는데, 시기적으로 한나라 건국 무렵으로 군축을 고민한 것들이었다.

2. 火隊는 앞 구절에서 사람과 물자에 대한 화공을 이미 언급해 문리에 맞지 않고 화공의 표적으로 적절하지 않아 본래 글자가 무엇인지 중국 손자 연구가들의 주요 논쟁거리였다. 발굴된 죽간에는 隊자가 잔멸되어 보이지 않고 다른 서한 이전 죽간에서도 발견되지 않았다. "대隊"는 "수豕"가 연변한 것으로 생각할 수 있다. "무리에 휩쓸려 따라가는 수遂"와 통가자이므로 역시 갑자기 나타난 표적에 따라 사격하는 임기표적에 대한 공격으로 풀이할 수도 있다. 또한, 수豕에는 "더듬어 거슬러 올라가 찾아내어"라는 함의성이 있어 전투요소에서 분리된 멀리 떨어진 근거지를 뜻한다면 화공의 군사표적에 대한 타당한 나열이 될 수 있다.

3. 한신의 손자 13편 언급은 13편이 이미 존재했기 때문보다는 축간의 과정에서 논한 편제명이다. "孫子十三篇 亦立此篇 簡名火攻"와 같이 "편명을 정함(立此篇)에 화공으로 한다."는 13편이 한신 때에 아직 성립되지 않았음을 의미한다.

65편 缺文, 66편 缺文

67편 八陣(1)
……善用兵者, 智不足, 將兵自恃天時也。勇不足, 將兵自廣地利也。數戰不足, 將兵自元人和也。故不知道者, 將兵安能倖存也。

…… 군사 운용을 잘하는 것이란, 그 부족함을 알고, 장수와 병사가 천시를 믿는 것이다. 용기가 부족하다면, 장수와 병사는 지형의 이점을 스스로 넓혀야 한다. 전투의 경험이 부족하면, 장수와 병사는 먼저 인화에 힘써야 한다. 이렇게 부족함을 아는 도리야말로, 장수와 병사가 안전과 생존을 지키는 것이다.

夫安萬乘國, 廣萬乘王, 權萬乘之民命者, 唯有知道者也。知道者, 上知天之時, 下知地之理, 內得其民之心, 外知敵之情, 陣則知八陣之經。故見勝而戰, 弗見諍毋戰, 此王霸之將也。

무릇 만 승의 전차를 가진 나라에서, 국력을 확장하고 임금을 드높이며, 만승국의 백성을 호령하는 권한은 오직 그 도를 아는 것이다. 도를 아는 것은, 위로는 천시를 알고, 아래로는 지리를 아는 것이고, 나라 안에 민심을 얻는 것이며, 밖으로는 적국의 정세를 아는 것이다. 진을 칠 때는 여덟 가지 진법을 알아 비교 판단하고, 따라서 싸움의 승리를 미리 보여, 적에게 승산이 없음을 알게 하여 싸우지 않는 것이다. 이것이 왕도의 군대의 장수이다.

……用八陣戰者, 因地之利, 爲陣之宜。若守, 用方陣也。用陣三分, 誨陣有鋒, 誨鋒有後, 一令而動。鬥一守二, 鬥者戰之, 守者應之。犄爵之勢, 敵必亡矣。

……… 팔진八陣의 운용은, 유리한 지형에 맞게 적절히 진을 치는 것이다. 만약 수비 시에는 방진을 운용한다. 진을 칠 때는, 부대를 셋으로 나눠서 진형을 짜며, 진영마다 돌격대를 두고 돌격대마다 후속 부대를 두어 의명 움직이도록 한다. 부대의 하나는 맞아 싸우고, 둘은 수비하다 전투가 벌어지면 수비대는 이에 응한다. 양측이 협공으로 세를 얻으면 (犄爵之勢), 적은 필히 도망갈 것이다.

若攻, 用圓陣也。以一侵敵, 以二收, 侵者猛之, 收者速之。敵弱以亂, 先其上卒以乘之, 後其本卒以收之; 敵強以

공격 작전에서는 원진을 운용한다. 하나의 부대로 적진을 침범하고, 두 부대는 약탈하고 노획한다. 적진에 파고든 부대는 맹렬히 싸우고 후속하는 노획 부대는

治，先其下卒以誘之，後其本卒以收之。有應勢者，敵必亡矣。車騎與戰者，分一為三，犄爵攻之，兩面向之。一在於右，一在於左，一在於後，爵三以應，敵必亡矣。故用八陣戰者，因地而為，易則多其車，險則多其騎，厄則多其弩。

신속히 이를 따른다. 적의 전투력이 약하고 진영이 혼란스러울 때는 먼저 정예병으로 기세를 타고 공략한다. 후속하는 본대는 적의 물자를 노획하고 포로를 잡는다. 적의 전투력이 강하고 잘 다스려져 있다면, 약한 부대를 보내서 적군을 유인하고 후속하는 본대로 물자를 노획하고 포로를 잡는다. 형세에 잘 응하면 적은 필히 도망할 것이다. 전차와 기병이 싸울 때, 셋으로 나누어 협공하여 양면에서 적을 향한다. 그 하나는 오른쪽에, 다른 하나는 왼쪽에, 나머지 하나는 후방에 배치하여 세 부대가 함께 응하도록 하면 적은 필히 도망할 것이다. 그러므로 팔진을 운용하여 싸우는 것은 지형에 따라 하는데, 지형이 평탄한 곳에서는 전차를 많이 쓰고, 지세가 험한 곳은 기병을 주로 사용하며, 좁은 지형에는 쇠뇌를 주로 사용한다.

故善知險易死生者，以險擊易也，以生擊死也。此八陣宜地之法也。……

그러므로 평탄한 지형과 험한 지형, 양지와 음지쪽을 잘 알아 험지에서 평탄한 곳으로 공격하고 양지에서 해를 등지고 음지 방향으로 공격한다. (2) 이것이 팔진을 지형에 맞게 운용하는 법이다……

……昔者，黃帝置井田，立八陣。其形者，一統八五，全盤應之。……八百六十四

……… 옛날에, 황제가 정전을 설치하고 팔진을 세웠다. 그 형세는 팔진의 오열을 하나로 통일하고, 모두 합세하여 응하는 것이다.……
864자

此篇簡名皆曰《八陣》，齊秦二簡又為縮立簡，縮去八陣之經，立取八陣之地要。以信之觀之，既稱八陣，只聞其名，未見其實，此縮立之之謬誤也，非兵家之所為也。信以為不可參也。今獨依景林簡，車子正其元容。

…………

이편 죽간의 이름은 모두 〈팔진〉이라 이른다. 제 나라와 진 나라의 두 개 죽간은 축약하여 만들어, 팔진의 비교와 방책을 줄여 없애고, 팔진의 지형적 요체만 취했다. 나 한신이 이를 보건대, 일반적으로 팔진이라 칭함은, 그 이름은 이미 들었으나, 그 실체는 보지 못했다. 이처럼 죽간을 축소 요약한 것은 오류이고, 병가에서 해서는 안 된다. 나 한신은 두 가지 죽간(제안성간, 진미오간)은 참고하지 않고, 지금은 오직 경림간에 의하여 이 (팔진)의 바른 원래의 모습을 본다......

《兵典》曰：井田方圓，八五相應。囚囚堂堂，立險立生。⋯⋯ ⋯⋯天時不得，不可用也。地利不宜，不可立也。衆心不一，不可鬪也。敵情不知，不可變也。無鋒無後，不可勝也。⋯⋯ 漢楚王韓信於漢五年二月。

〈병전〉에 이르길 : 정전제의 농지 구획에는 방진과 원진의 (잠재적 역량)이 있다. 팔진의 대오가 서로 상응하면, 당당하게 囚囚, 험지와 양지에 주둔....... 천시를 얻지 못하면 운용할 수 없다. 지리에 맞지 않아도 진을 설치할 수 없다. 병사들의 마음이 하나가 안 되면 싸울 수 없다. 적정을 모르면, (형세) 변화의 (응용이) 불가하고, 전방 정예와 후속 부대가 없으면 승리할 수 없다......
한 초왕 한신, 한 나라 5년 2월

죽간 <八陳 (陣) >

孫子曰：知（智），不足將兵，自恃（恃）也。勇，不足將兵，自廣也。不知道，數戰，不足將兵，幸也。

손자 이르길 : "지혜란, 그것이 부족하면 장수와 병사가 자만감에 빠진다. 용기란, 그것이 부족하면 장수와 병사가 허세만 부리게 된다. 용병의 도를 모르고, 전투 경험이 부족한 장병은 요행만을 바라게 된다.

夫安萬乘國，廣萬乘王，全萬乘之民命者，唯知道。知道者，上知天之道，下知地之理，内得其民之心，外知敵之請（情），陳（陣）則知八陳（陣）之經，見勝而戰，弗見而静。此王者之將也。

비록 전차 만 대를 거느린 나라가 세력을 확장하고 왕을 높여도, 온 백성의 생명과 재산을 안전하게 보호하려면, 먼저 그 이치와 도를 알고, 위로는 하늘의 도를 알고, 아래로는 지리를 알아 나라 안의 민심을 얻고, 밖으로는 적국의 정세를 알아야 한다. 진을 칠 때는 여덟 가지 진법을 알아 비교 판단하고, 싸움의 승리를 미리 보여, 적에게 승산이 없음을 알게 하는 것이다. 이것이 왕도의 군대의 장수이다.

孫子曰：用八陳（陣）戰者，因地之利，用八陳（陣）之宜。用陳（陣）參（三）分，誨陳（陣）有蜂（鋒），誨逢（鋒）有後，皆恃（待）令而動。

손자 이르길 : "팔진법으로 싸우는 것은, 유리한 지형에 맞게 적절히 진을 치는 것이다. 진을 칠 때는, 부대를 셋으로 나눠서 진형을 짜며, 진영마다 돌격대를 두고 돌격대 마다 후속 부대를 두어 의명 움직이도록 대기 시킨다.

鬪一，守二。以一侵適（敵），以二收。適（敵）弱以亂，先其選卒以乘之。適

삼분한 부대의 하나는 전투에 임하고, 둘은 수비 한다. 하나는 적진에 들어 싸우고, 두 개의 부대는 약탈과 물자를 노획한

（敵）強以治，先其下卒以誘
之。車騎與戰者，分以為三，
一在於右，一在於左，一在於
後。易則多其車，險則多其
騎，厄則多其弩。險易必知生
地、死地，居生擊死。
二百一十四

다. 적의 전투력이 약하고 진영이 혼란스
러울 때는 먼저 정예병으로 기세를 타고
공략한다. 적의 전투력이 강하고 잘 다
스려져 있다면, 약한 부대를 보내서 적군
을 유인한다. 전차와 기병은 세 갈래로
나누어, 그 하나는 오른쪽에, 다른 하나는
왼쪽에, 나머지 하나는 후방에 배치한다.
지형이 평탄한 곳에서는 전차를, 지세가
험한 곳은 기병을 주로 사용하며, 좁은 지
형에는 쇠뇌를 주로 사용한다. 평탄한 지
형이나 험한 지형은 모두 양지와 음지쪽
을 알고, 양지에서 해를 등지고 음지 방향
으로 공격한다. (2)
214자

역자 주

1.팔진은 周 나라의 토지 제도인 井田制에서 유래한다. 원래의 모습은 병농일치였다. 八陣의
대부분 문구는 도가와 병가의 하이브리드로 연연衍演한 것이고, 나쁘게 평하면 위조와 찬서
의 비난을 받을 수 있다. 팔진은 황건의 난과 손은의 난 이후에 중국 병가에 급속히 개념이 확
산하였다.

2. 居生擊死, 생은 양지 사는 음지이다. 병가에서 지형 평가는 독특한 용어를 사용한다. 음양
은 밤과 낮이고 좌우는 퇴각과 전진의 상징화된 표현이다.

장장본	68편 缺文	
	69편 略甲 缺文	

한신주	없음	

죽간	<略甲> 略甲之法, 商 (敵) 之人方陣 □□無□…… ……欲擊之, 其 埶 (勢) 不可, 夫若此者, 下 之…… ……之以國章, 欲單 (戰) 若 狂, 夫若此者, 少陣…… 1. ……□反, 夫若此者, 以眾 卒從之, 篡卒因之, 必將…… ……篡卒因之…… 左右旁伐以相趨, 此謂囚鉤 擊。 ……之氣不藏於心, 三軍之眾 □循之知不 ……將分□軍以修其□, 人卒 寡而民…… ……威□□其難將之□也。分 其眾, 亂其 ……陣不屬, 故死不…… ……□遠揄之, 敵倦以遠…… 治孤其將, 蕩其心, 擊…… ……其將勇, 其卒眾, …… 彼大眾將之…… ……卒之道…… 相為變, 佚勞相為變。	적의 무장 부대를 공격하는 방법은 (1), 적병이 방진을 취하고 □□無□…… …… 이런 적을 공격하고자 하나 형세 가 허락하지 않고 다음과 같은 상황에 서…… (이하 번역 불가)

역자 주

1. **略甲**은 적의 무장 병력을 공략한다는 뜻이다. 문구가 잔멸되고 무질서하여 번역이 불가능

하다. 자오쿠이푸趙逵夫는 위 해당 죽편을 재구성하여(1994년) 月戰篇에 후속한 문장으로 보고 있다. 그러나 月戰篇에 속한다면 월전의 근본 주제인 신전愼戰(전쟁을 삼가는) 사상과는 동떨어진다. 약갑의 영어권 번역은 R. Sawyer의 "Regulating Mailed Troops"와 R. Ames의 "Overwhelming an Armed Infantry"로 약간 뉘앙스를 달리한다. 약갑은 문장의 전체 문리가 정예로운 적을 공격하는 불리한 상황의 아군이 취할 계략을 말하는 것으로 보이나, 흩어지고 잔멸된 문구의 흔적을 통해 주로 적의 분리, 유인과 매복, 기습 등에 운용할 병력 기동 방법을 논한 것을 알 수 있다. 또한, 군사 작전 전에 형세를 판단하고 衆卒의 사기와 심리를 논한 것으로 추정된다. 약갑은 41편 拾中에 집중적으로 논의하고 있어, 69편에 다시 보이는 것은 의문이다. 손빈의 고유한 7편으로 이른바 제손자 병법 89편에 속했을 것으로 판단되는 죽간 十陣과 十問에 역시 유사한 문구가 있다.

70 ~ 80편 缺文

81 편 三十六策 본문 缺文, 한신주와 죽간 : 없음

〈南齊書, 王敬則傳〉에 檀公의 36책이 전하나 장장본의 81편과 같은 것인지는 알 수 없다. 남북조 시대 檀道濟의 36계는 훨씬 후대에 창작된 것이라 필경 장장본과는 같지 않았을 것이다. 81편에 36책을 넣은 것은 81策에 한 가지 "삼십육계"를 더하여 모두 82편으로 하고, 다시 삼십육계를 영책另册으로 제하여 9로 나누면 (9 X 9), "九神者인 아홉 가지 개념"으로 13편을 구성게 된다. (참조 : 1장, 죽간 과정의 刪册과 재조합) 이는 마지막 82편 預示가 정식 편 수가 아님을 시사한다.

아홉 가지의 알고리즘이 분명한 것은 아니다. 아홉 가지는 도불일(道不一)로 도가 붕괴되어 五事에서 道를 제외한 天, 地, 將, 法의 넷으로 곱하면(4 X 9), 36개의 책략이 된다. 82 편의 기본적 군사사상은 변화를 추구하되 술수術數가 과격하지 않도록 하는 것이지만, 현재 통행하는 〈삼십육계〉는 내용이 교활하고 잔인무도 하다. 또한 역사적 사건을 편취하여 하나의 유치한"콜라쥬 술책"에 지나지 않는다. 통행하는 "삼십육계"가 손무병법의 36책은 결코 아닐 것이다. 이편은 13편으로 진행하는 죽간 과정에의 중간 지점으로 보이지만 내용을 알 수 없어 아쉽다.

도교의 군사 합일체라고 여겨지는 태평도太平道가 하북과 하남 지역에 36개의 조직체(方)를 만들어 머리에 누런 두건을 쓰고 부패한 조정에 대항하면서 도병합일道兵合一의 문헌이 만들어졌다. 13편은 세전 하여 권력에 복무하고, 82편은 도가에 家藏된다. 36책이 여섯 惡이 일어난 시대에 여섯 방책으로 대응하는 것이었다면, 장장본 제20편 육거六舉(여섯 악의 일어남 : 내용은 잔멸하여 알 수 없음)의 문제에 대책이 필요했을 것이다. 한신은 26편 사비四備에서 자세하지는 않지만, 형세를 탈 수 있는 군의 기동을 定, 交, 攻, 分, 合, 變의 여섯으로 나누어 대비해야 한다고 주를 달았다. 이는 곧 각 여섯 상황에 여섯 방책이므로, 36 책의 모습을 대략 유추할 수 있다.

82편 預示(1)
縱觀天下, 盤古開國傳於姬週, 五千餘年, 戰亂不斷矣. 何也? 生殺予奪國不休也. 夫爭奪生靈塗炭, 鄲破井荒, 國毀家亡, 民不聊生也. 夫禁爭奪, 當世之急也. 必得以憂去憂, 以殺去殺, 以暴去暴, 以戰去戰, 方可國泰民安也.

장잔오본

천하를 두루 보건대, 반고의 개국 이래로 주 나라 姬姓이 나라를 이은 지 오천여 년, 전란은 끊이지 않았다. 나라를 빼앗고 사람을 살리고 죽임이 그치지 않으니 어찌 된 일인가? 무릇 목숨과 넋을 빼앗는 싸움에 백성은 도탄에 빠지고, 고을은 파괴되고 농촌은 황폐해졌다. 나라가 무너지고 집안이 망하니 백성은 삶을 영위치 못했다. 대저 빼앗는 싸움을 금하는 것이 지금 가장 급한 일이다. 근심으로 근심을 없애고, 폭력으로 폭력을 없애며, 전쟁으로 전쟁을 없애는 것이 국태민안의 가능한 방편이다.

以禁爲指斬, 民道囚僑伐惡. 吾修兵法善禁, 禁處國統民安也. 吾盡觀先聖之傳策, 盡校各戰之利弊, 盡察天地之玄理, 盡斬詭道之奧妙, 盡玩變數之神判, 盡涉列國之山川, 察遊九州而觀四海, 盡知天下之風土民情, 盡訪天下之兵家賢才, □涉相示, 取精用宏, 嘔心瀝血, 九盡而功成也.

진성을 가리키지 못하게 (2) (전쟁의 때를 말하지 않게)하고, 백성의 도로 악을 벌하고 미친 짓을 囚한다. 나는 병법을 익혔지만 이를 금지함이 최선이어서, 나라를 통합하고 백성을 안정케 함은 (병법)을 금함에 있었다. 나는 옛 성현이 전한 책략을 모두 보고, 전쟁의 폐단과 이익을 비교하고, 천지의 현묘한 이치를 관찰했다. 전쟁 속임수의 깊고 미묘함을 파악했고, 상황의 변화, 방책의 판단키 어려움을 말해 왔다. 여러 나라의 산천을 건넜고, 구주와 사해를 돌아보아 천하의 백성과 사인들의 풍속, 사정을 알게 되었고, 천하 병가의 현인과 인재를 만나 보았다. 그리하여 이제, □ [시간과 공간]을 건너 서로 볼 수 있도록 하고, 정밀하면서 널리 쓰이도록 심장을 토하고 피를 흘려 최선을 다해 (병법을) 만들었다.

歷時八年, 周敬王四年秋而修成兵法八十一篇圖九卷, 以名命簡, 定名《孫武兵法》。 天機不可洩漏, 洩漏者陽壽減; 陰氣不可重複, 重複者身有殃殺, 殺氣不可兌。 愚者心不

8년에 걸쳐, 주 경왕 4년 가을에 <병법 81편과 도록 9권>을 완성하여 죽간에 이름을 붙혀 정하길 <손무병법>이라 했다. (그러나) 천기는 누설할 수 없는 것, 누설하면 양기와 수명이 무너지고, 음기는 돌아와 가중(음양의 순환 시작)되지

安，故吾子慟搰天機陰殺，去步圖而留大則，縮立成簡，一曰計，二曰謀，三曰形，四曰勢，五曰爭，六曰戰，七曰變，八曰實虛，九曰處軍，十曰地形，十一曰九地，十二曰火攻，十三曰用間。

못한다. 음기가 중복하면 재앙과 살기가 몸에 생기니, 그 기를 죽여 흉하지 않도록 한다. 어리석은 자 마음이 불안하다고 하니, 내가 천기 음살이 없어지도록, 도록은 버리고 큰 원칙만 남겨 축약한 죽간을 만들었는데, 첫째는 계, 둘째는 모, 셋째는 형, 넷째는 세, 다섯째는 쟁, 여섯째는 전, 일곱째는 변, 열덟째는 실허, 아홉째는 처군(행군), 열 번째는 지형, 열한 번째는 구지, 열 두 번째는 화공, 열세 번째는 용간이다.

此為十有三篇也，定名《孫子兵法》。所示前者，天機玄，陰氣図，殺狾狾。故非聖明之君不可傳也，非智者賢士不可傳也，庸者不要傳也，膠腥者不可傳也。故定為家傳簡也。……所示後者，百句取精，大則一脈相承，一目了然。小則一是一非，思所費解也。費解則變，故百世而爭變者，變則通也，通則有發也。故定為傳世簡也，此五年所走三□，吾之後世子民明傳也。

이 13편의 이름은 〈손자병법〉이라 정한다. 앞에서 보다시피, 천기는 현현하고, 음기는 図하니 짐승처럼 미처 날뛰지 못하게 죽였다. 그러므로 현명치 못한 군주에 전하지 말고, 지혜 없는 사인에게 전하지 말라. 용렬한 자에게도 전할 필요 없고, 미숙하고 어지러운 자에게도 전하지 말라. 그러므로 집안에 두어 (비밀리에) 전하라. …… 뒤에 보면 알듯이, 수많은 구절은 정밀하고, 큰 원칙은 하나의 맥을 이루어 통하니 일목요연하다. 작은 원칙은 시비가 각각이라 이유를 생각하고 시간을 들여 풀어야 한다. 시간과 노력을 들여 풀면 변화를 알게 되고, 따라서 백가 세태의 군쟁과 구변이란 변화에 곧 통하는 것이다. 하면 곧 퍼져나간다. 그러므로 (공개된) 世傳 죽간으로 정하여 지금 오 년 (□ 3편으로 나누어) 나의 후세 아들 민과 명에게 전한다. (3)

夫天地生吾才，有用吾之方也。周敬王七年春，伍員薦吾於吳。吾以孫子兵法晉見吳王闔閭。闔閭曰：“古今之皆言治國有道。有道者善治，善治者固成。孰有道，孰無道？孰善治，孰無治？孰固成，孰先亡？”吾對曰“明君之間也。古今之天下者，民之天下也。故民大君小有道也，君大民小無道也。治者正理安民也。故義大親小善治也，親大義小無

대저 천지가 나의 재능을 낳았고, 세상이 나의 방책을 사용했다. 주 경왕 7년 봄, 오자서는 나를 오나라에 천거했다. 손자병법을 본 오나라 왕 합려는 나를 접견했다. 합려가 말했다. "고금을 통해 나라를 다스리는 도를 말하고 있는데, 도가 있으면 잘 다스려지고 잘 다스려지면 (국가의 존립)을 확고히 한다. 도가 있음과 없음은 무엇인가? 잘 다스리고 잘못 다스림은 무엇인가? 국가를 확고히 하고 또 먼저 망하게 하는 것은 무엇인가?" 내가 대답하기를 "명군의 물음입니다. 고금의 천

治也。

하란 바로 백성의 천하를 말합니다. 그러므로 백성이 크고 군주가 작은 것이 도입니다. 군주가 크고 백성이 작다면 무도한 것입니다. (4) 다스리는 것은 이치가 바로 서야 백성이 편안합니다. 그러므로 백성과 의리 관계가 크고 군주와 친소 관계가 작으면 잘 다스려집니다. 군주의 친소 관계가 크고 백성과의 의리 관계가 작으면 다스려지지 않는 것입니다. (5)

民害者國强也。國强則民善用，善用則不亂，不亂則固成。故古今畝大稅小固成也，畝小稅大走亡也。”吳王闔閭悅，曰：“善哉。寡人素聞古之善用兵者，一戰而屈人之兵也，未聞不戰而屈人之兵也。孰善用者，孰善之善用者？”吾曰：“百戰百勝，百戰而屈人之兵也，此才大、賊大、盜大也；南北夾擊，一戰而屈人之兵也，此火大、水大、殺大，不得已而為之也；夫以空而取天地夾擊，不戰而屈人之兵，此空大、天大、地大也，兵小也。

백성의 (자발적) 피해로 나라가 강해집니까? 나라가 강하여지려면 백성이 잘 쓰이고, 잘 쓰이면 혼란은 없습니다. 혼란이 없으면 국가는 확고합니다. 따라서 고금을 통해 경작지가 크고 세금이 적으면 나라가 견고하고, 경작지는 작은데 세금이 많으면 (백성은) 달아납니다.” 오왕 합려가 기뻐하며 말하길 “좋은 말이오! 과인이 옛날에 용병을 잘하는 것이란 한 번 싸워 적을 굴복시키는 것이라 들었고, 싸우지 않고 적을 굴복시킨다는 말을 듣지 못했오, 무엇이 잘하는 것이고, 무엇이 더욱 잘하는 것인가?” 내가 말하길, “백번 싸워 백번 이기고, 백번 싸워 적을 굴복시키는 것은 큰 재능이라 할 수 있습니다. 적과 도적이 많아 남북으로 협격하면 한 번 싸움으로 적을 굴복시킬 수 있습니다. (그런데) 대규모 화공과 수공으로 살상이 지대할 것 같으면 부득이 다음과 같이 합니다. 무릇, 행공行㓛으로 천지간에 협격하면 싸우지 않고 적을 굴복시키는 것이요, 이런 (싸우지 않고 방책을 계획 미리 계산해 보는 War-Game) 행공이야말로 중대한 것이고, 하늘(기상과 시기)과 땅(지형)은 크게 (고려할 사항이나) 군사 운용은 사소한 것입니다.

能力小兵小而利全者，謀也；能用空而得天地之功者，謀也；兵大戰小，善用兵也；謀大戰小，善之善用兵也。”吳王闔閭曰：“妙哉！言簡道深，善者之言也。汝子之十三篇，寡人盡觀之矣。可以小試

능력이 작고 병력이 작은데 이익을 보존하려면, 계획을 해야 합니다. 천지의 도움을 얻어 행공을 능히 잘하는 것이 계획인데, 작은 전장에 군사 운용이 원대하면 군사 운용을 잘하는 것이고, 작은 전장에 계획이 훌륭하면 최선의 군사 운용입니다.” 오왕 합려가 말하길, “묘하도다!, 간

勒兵？" 吾答曰： "可"。吳
王闔閭曰： "可試婦人乎？"
吾曰： "可。" 吾即勒兵，殺
目，姬以服。

략한 말에 도가 깊어 훌륭한 말이다. 그
대의 13편을 과인이 다 보았는데, 나의 근
위병으로 작은 시험을 해 보겠나?" 내가
대답하여 "가능합니다." 오왕 합려가 말
하길, "부인들로 시험해도 되나?" 내가 말
하길, "됩니다." 나는 바로 근위병을 지휘
했고 그 두목(目)을 죽이니 후궁들이 복
종했다.

吳王授命於備而伐楚. 吾作兩三
之策. 夫策者, 一備二控也. 一方
修道, 富國強兵, 習陣選卒, 備險
備用. 一方三軍, 三分一擊, 兩守
輪流. 實楚時三年有餘, 楚軍成
矣. 周敬王十二年春, 吾黃道起
兵. 馳車千駟, 革車千乘, 帶甲三
萬, 興兵伐楚. 楚起甲二十萬, 戰
於柏舉. 四面楚歌, 捌方瀚曲, 佯
圍不攻, 牽楚軍也. 楚歸, 吾則千
里設伏, 捌面伏擊, 一戰而屈楚
之兵於郢城. 城中楚王濟江而亡
水中, 夫破楚一戰, 傳於列國, 吳
王闔閭得以天下之親主也.

오 왕은 명을 내려 초나라 정벌을 준비했
다. 나는 양군에 3가지 책략을 만들었다.
무릇 책략이란 한 방책에 두 가지 시행
책이 있는데, 하나는 수도(양병)로 부국
강병을 하여 진법을 훈련하고 군사를 뽑
는 것으로 위기와 군사 운용에 대비했다.
다른 하나는 (용병)으로 삼군을 편성하
여 셋으로 나누어 공격함에 두 군은 수비
와 보급 수송을 하도록 했다. 초 나라 실
제 공격을 위해 3년을 기다려 초 원정군
을 만들었다. 주 경왕 12년 봄, 나는 黃道
에서 군사를 일으켰다. 천 대의 4마리 말
전차와 천 대의 보급 수송차, 예비 무장
병 3만을 동원하여 초나라를 쳤다. 초나
라는 무장병 20만을 동원하여 柏舉에서
전투를 벌였다. (전세를) 사면초가와 별
방한곡(오랑캐 노래)으로 적을 불안케 몰
았다. 공격하지 않고 포위한 척 하여 초
군을 끌어내었다. 초군이 군대를 돌릴 때
나는 천 리에 걸쳐 복병을 두었다. 사방
매복하여 공격하니 한 번 전투로 초군을
(수도) 영성郢城에서 굴복시켰다. 성안
에 있던 초 왕은 강을 건너 물속으로 도망
쳤다. 초나라를 한 번 싸워 격파한 사실
이 여러 나라에 전해지고 오왕 합려는 천
하의 패권 맹주가 되었다.

<孫子兵法> 從而傳民, 吾願足
矣. 輔政七年, 用戰勸戒, 功成身
退, 民之情也. 隱居景林, 經以兵
法. 詩曰 欲得天下, 啟道十發. 用
天地才華, 善謀善發. 勸喩兵法,
變通兵燹. 禁爭奪預殺, 安平萬
家. 吾作詩當歌, 以示子民. 周敬
王十六年秋, 周吳民孫武定簡於

〈손자병법〉을 사람들에게 전함에 나는
소원을 이루었다. 7년간 정치를 하며 전
쟁은 늘 신중히 하려 했다. 공을 이루면
몸을 숨기는 것이 백성 된 자의 마음이다
(노예의 사정이었다). 경림에 숨어 살며
병법을 저술했다. 시경에, "천하를 얻고
자 하면 도를 넓히고 계발해야 한다."했
으니, (6) 천지의 찬란한 재능을 쓰되 옳

景林。

게 계획하고 바르게 시행해야 한다. 병법을 초월하길 힘쓰고 전쟁의 본질을 이해하여 (위기 상황)의 변화를 모색해야 한다. 예상되는 살상과 쟁탈을 금하여 수많은 가속을 편안케 해라. 내가 노래에 맞추어 시를 지어 나의 자식 민에게 보이노라. 주 경왕 16년 (기원전 504년) 가을 주 천자의 오나라 백성 손무가 경림에서 죽간에 썼다

雖稱終語，實言兵理，護示而示，多多益善矣。故定而入為《孫武兵法》第八十二篇。 漢楚王韓信於漢五年二月 四十二

비록 끝맺음 말이나. 전쟁의 원리를 절실하게 담고 있다. 확고히 보고 또 보니, (그의 말이) 많을수록 좋다. 이런 연고로 이렇게 〈손무병법〉 82편이 정해졌다.
한 초왕 한신, 한 나라 5년 2월, 42자

죽간

<见吴王> (1)
……□于孫子之館，曰： "不穀(2) 好□□□□□□□□□兵者與 （歟）？"孫……乎？不穀之好兵□□□□之□□□也，適之好之也。"孫子曰： "兵，利也，非好也。兵，□【也】，非戲也。君王以好與戲問之，外臣不敢對。"

....□[오나라 왕 합려가] 손자가 묶는 숙소에 와 이렇게 말했다. 짐(부곡)은□ □□□□□□□□을 좋아한다. 손자..... 무엇? 내가 전쟁과 군대를 좋아하여 □□□□□□□다. 적이 있어 좋다. 손자 이르길, "군대란 날카로운 것으로 좋은 것이 아닙니다. 전쟁이란 □입니다. 유희가 아닙니다. 군왕이 이를 유희로 여겨 물으시니, 외국인 신하로서 감히 대답할 수 없습니다."

蓋 （闔） 廬曰： "不穀未聞道也，不敢趣之利與……□孫子曰： "唯君王之所欲，以貴者可也，賤者可也，婦人可也。試男於右，試女于左，□□□□……

합려가 이르길 : "짐은 그 도를 듣지 못했다. 그 승리와 ...... 을 감히 취하지 못해..... □ 손자 이르길 : "오직 군왕만이 그를 할 수 있으므로, 귀한 자도 되고, 천한 자도 되며, 부인들도 가능합니다. (3) 남자를 우측에 두고 시험하고, 여자는 좌측에 두어 시험하며. □□□□....... (4)

참조: 〈오월춘추〉에 의하면 다음과 같이 정리된다.
"저는 시험적으로 병법에 따라 어떠한 사람이라도 훈련해 군대를 구성할 수 있습니다. 왕께서 바라신다면 귀족들로 구성된 군대나, 노예들로도 군을 구성할 수

있으며, 여성들을 병사로 훈련할 수도 있습니다. 남녀를 섞어서 오른쪽을 남자로 왼쪽을 여자로 구성한 부대도 만들 수 있습니다."

曰：“不穀願以婦人。”孫子
曰：“婦人多所不忍，臣請
代……畏，有何悔乎？”孫子
曰：“然則請得宮□□……之
國左後蟹面之中，以爲二陣
□□……□曰：“陳（陣）未
成，不足見也。及已成……
□□不辟（辭）其難。”君
曰：“若（諾）。”

이르길, "짐은 부인들로 하길 원한다." 손자 이르길, "부인들은 다소 참을성이 없습니다. 신이 청하건데,.... 두렵습니다. 후회하지 않으시겠습니까?".... 손자 이르길, "궁에서 □□을 얻어..... (군권의) 옥새를 보여 후원에 모으고 두 진으로 □ □.....□

이르길, 진이 아직 훈련되지 않아 보여드리기 부족합니다. 다 만들어 지면 난관을 불사할 것 □□...."

참조: 〈오월춘추〉에 의하면 다음과 같이 정리된다. 오왕 합려가 말하길, "나는 여성으로 만든 군대를 보고 싶다." 손자 이르길 "여성은 인내력이 부족합니다. 저에게 군주를 대신할 수 있도록 전권을 맡겨 주신다면 문제가 없습니다. 그러시면 궁궐의 여자들을 훈련해 군대로 만들어 보이겠습니다."
합려가 말했다. "좋다." 그러자 궁녀들을 뽑아 좌우로 나누어 두 진형을 만들었다. 궁녀 가운데 두 사람을 골라 지휘하도록 했다. 손무가 오왕에게 이르길, "궁녀라도 무기를 손에 들면 한 사람의 병사이니 엄격해야 합니다. 나는 지금 나아가 훈련을 시켜야 합니다만, 아직 진형도 갖춰지지 않았으므로 보여드리기 부족합니다. 왕께서는 궁 안에서 기다려 주십시오. 확실히 진형이 갖춰지게 되면, 명령에 따라 물 속이든 불 속이든 거리낌 없이 돌격하는 부대가 되어 있을 것입니다." 오왕이 말했다. "허락한다."

孫子以其御爲……參乘爲輿
司空，告其御、參乘曰：
“□□……□婦人而告之曰：
“知女（汝）右手？”……
之。”“知女（汝）心？”

손자는 .....을 전차 몰이로 하고, 사공을 참마에 오르게 했다. 전차몰이 무사에 고해, 참마에 오른 자가 이르길, "□□……□ 며 부인들에게 말했다. 이르길, "오른손이라 너희에게 말하면 알겠나?"....."

曰: "知之。" "知女（汝）北（背）?"曰: "知之。"

"가운데라고 너희에게 말하면 알겠나?" 이르길, "압니다." "뒤라고 너희에게 말하면?" 이르길, "압니다."

……左手。胃（謂）女（汝）前，從女（汝）心。胃（謂）女（汝）……□不從令者也。七周而澤（釋）之，鼓而前之……【三告而】五申之，鼓而前之，婦人亂而【□□】金而坐之，有（又）三告而五申之，鼓而前之，婦人亂而笑。三告而五申之者三矣，而令猶不行。

..... 왼손이라 말한다. 너희에게 앞이라 말하면 너희는 앞이라고 따른다. 나가 너희에게 ..... 말하면.... 일곱 번 돌아 반복하고 쉰다. 북을 울리면 전진..... 이렇게 세 번 거듭 알리고, 다섯 번 되새기게 했다. 전진의 북이 울리자, 부인들은 흐트러지고..... 징을 울려 자리에 앉히고, 또다시 세 번 거듭 알리고, 다섯 번 되새기게 하여, 전진의 북을 울리자, 부인들은 소란을 피우고 웃어댔다. 다시 세 번 알리고, 다섯 번 되새기기를 세 차례, 전혀 명을 따르지 않았다.

참고: 〈오월춘추〉에 의하면 다음과 같이 정리된다
손자는 북을 울리며, 궁녀들에게 크게 말했다. "오른쪽은, 오른손이 있는 쪽이다. 알겠느냐?"
궁녀들이 대답하였다. "압니다." "왼쪽은, 왼손이 있는 곳이다. 알겠느냐?" "압니다." "내가 앞쪽이라고 하면, 가슴이 있는 곳이다. 알겠느냐?" "압니다." "내가 뒤라고 하면, 등 쪽이다. 알겠느냐?" "압니다." 이 연습은 일곱 번을 거듭하고 쉰다. 북을 두드리면 앞으로 나가고, 징을 두드리면 제자리에 앉아라." 이와 같은 명령을 세 번 거듭 알리고, 마지막에 다섯 번 암송시켰다. 그런 다음에 북을 울려서 전진하게 하였으나, 궁녀들은 대열을 흩트리고 깔깔거렸다. 꽹과리를 울려 자리에 앉힌 후 다시 세 번 거듭해서 알려주고 다섯 번 복창시킨 다음에 북을 울려 전진하게 하였지만, 여전히 궁녀들은 조금도 명령을 따르지 않았다.

孫子乃召其司馬與輿司空而告之曰: "兵法曰: 弗令弗聞，君將之罪也; 已令已申，卒長之罪也。兵法曰: 賞善始賤，罰……□請謝之。"孫子曰:

손자는 곧 사마와 사공을 불러 고하여 말하길, "병법에 이르길, 영이 바르지 않아 듣지 않는 것은 군주와 장수의 죄이다; 명을 받았으나 시행치 않는 것은 대열 선임자의 죄이다. 병법에 이르길, 상을 많이

"君□……引而員（圓）之，
員（圓）中規；引而方之，方
中巨（矩）。

…… 蓋（闔）廬六日不自
□□□□□□……□□□孫子
再拜而起曰："道得矣。……
□□□長遠近習此教也，以為
恒命。此素教也，將之道也。
民……□莫貴於威。威行于
眾，嚴行於吏，三軍信其將胄
（威）者，乘其適（敵）。千
□十五

……而用之，□□□得矣。若
□十三扁（篇）所……
……【十】三扁（篇）所明道
言功也，誠將聞□……
……【孫】子曰："古（姑）
試之，得而用之，無不□……
1.……□而試之□得□……
……□□□之孫子曰："外
內貴賤得矣。"孫…………
【孫】子曰："
唯…………□也，君王居臺上
而侍（待）之，臣…………□
至日中請令……
……人主也。若夫發令而從，
不聽者誅□□……□也。
請合之于□□□之於……
……陳（陣）已成矣，教□□
聽……
……□不穀請學之。"為終食
而□……
……將軍□不穀不敢不□……
……者□□也。孫子……
……孫子曰："□……
……孫子……
……□□孫子□□……

주는 것은 아래 병사에서 시작하고, 벌은
…… □을 고사하는 것이다." 손자 이르
길, "군주는 □…… 으로 원진을 만들고,
원진 안에 방진을 다시 정해 (공격진 내
의 방어형을 이루어 적을) 막는다.

…… 합려는 6일을 스스로 □□□□
□……□□□□하지 못하고 …□□□□
손자는 다시 엎드려 절하고 이르길, "군
사 운용의 방도는 이렇게 얻습니다. ……
□□□ 이를 토대로 잘하는 사람이 못하
는 사람을 가르치면 항시 명이 설 것입니
다. 이로써 훈련 교육을 분명히 하는 것
이 장수의 도입니다. 백성(전민)에게……
□ (왕의) 위엄보다 중요한 것은 없습니
다. 병사에게도 위엄으로 행하고, 장교들
에게 엄히 하면, 전군이 그 장수의 말을
믿을 것이고, 적을 이길 것입니다. □…

…. 을 사용하면 □□□얻을 것이니, 만
약 13편을 …. …… 13편에는 공을 이룰
수 있는 말과 방법이 분명하게 있으니, 장
수가 성실히 이를 듣고□…… 손자 이르
길, (이하 번역 불가)

참고: 〈오월춘추〉에 의하면 다음과 같
이 정리된다.
손자는 司馬와 司公을 불러 그리고 주위
에 잘 들리게 이렇게 말하였다. "병법에
이르길, 명령이 병사들에게 행해지지 않
는다면, 이는 지도자인 군주와 장수의 죄
이다. 그러나 명령을 빈틈없이 알려주고
확인시킨 뒤에도 듣지 않고 있다면, 이는
명령에 대한 반역이다. 또 병법에 이런
말이 있다. 상을 주어 칭찬하는 것은 신
분이 낮은 병졸로부터 시작하며, 형벌을
내리는 것은 신분이 높은 지휘관으로부
터 시작한다고 하였다." 6일 후 합려가 왔
다. 손자 이르길, "이것으로 군사의 기본
은 가르쳤습니다. 이미 궁녀들은 병사로
서 명령에 행동하고 있습니다. 이것이 훌
륭한 군대입니다. 이처럼 교련하여 잘하
는 사람이 뒤처진 사람을 가르치고, 잘 아
는 사람이 알지 못하는 사람을 가르치면,

……蓋（闔）廬……
……蓋（闔）廬……

저절로 전체의 수준이 올라갑니다. 바로 지도자가 언제나 확실하게 원리원칙이 정해진 명령에 주의하면, 저절로 병사들이 교육되는 것입니다. 이것이 교육의 본질이고, 장수의 의무입니다. 그 영향은 언제나 지도자에게 주목하여, 그 영향에 따라 향상됩니다. 그러니 위엄보다 중요한 것이 없습니다. 위엄이 병사들에게 확고하게 자리 잡고, 엄한 군기가 지휘관들에게 확고하다면, 전군은 장수의 위엄을 믿고 적과 싸울 수 있습니다. 이렇게 장수는 병사들의 마음을 사로잡을 수 있습니다. 만약 나의 병법 13편에 따라 실행한다면, 공을 이룰 수 있을 것입니다."

<吳問>
吳王問孫子曰：“六將軍分守晉國之地，孰先亡？孰固成？”孫子曰：“范、中行是（氏）先亡。”“孰為之次？”“智是（氏）為次。”“孰為之次？”“韓、魏（魏）為次。趙毋失其故法，晉國歸焉。”

오왕 합려가 손무에게 물었다. "晉 나라는 여섯 장군으로 나누어 지키고 있는데 누가 먼저 망하고, 누가 살아남겠소?" 손자 이르길, "범씨范氏와 중항씨中行氏가 먼저 망합니다. "그다음은 누구인가?"'지씨智氏입니다.'그다음은 누구인가?" 한씨韓氏와 위씨魏氏입니다. 趙 씨는 어머니 상을 당하여 법도를 중요하게 여기니 진나라는 조 씨의 정권으로 돌아갑니다." (1)

吳王曰：”其說可得聞乎？”孫子曰：“可。范、中行是（氏）制田，以八十步為畹，以百六十步為畛，而伍稅之。其□田陜（狹），置士多，伍稅之，公家富。公家富，置士多，主喬（驕）臣奢，冀功數戰，故曰先【亡】。

오왕이 이르길, "그 이야기를 더 자세히 듣고 싶다." 손자 이르길, "이렇습니다. 범 씨와 중항 씨는 경작법을 제정함에 (전해진 법을 멋대로 바꿔), 가로 80보 세로 160보의 땅을 백성들에게 나누고, 수확의 반을 세금으로 빼앗았습니다. 백성들에게 나눠 준 땅은 좁은데, 농사일하지 않는 병사들을 많이 기르고 있습니다. 오할을 세금으로 가져가 귀족들은 부유해지고 부유해지니 더욱 병사를 늘려서, 그 주군은 교만해지고 신하는 사치를 일삼으며, 조금 더 땅을 늘리려 여기저기 전쟁을 벌였습니다. 그러니 먼저 망할 것입니다.

……公家富，置士多，主喬

..... 귀족들은 부유해지고 부유해지니 더

（驕）臣奢，冀功數戰，故為范、中行是（氏）次。

욱 병사를 늘려서, 그 주군은 교만해지고 신하는 사치를 일삼으며, 조금 더 땅을 늘리려 여기저기 전쟁을 벌였습니다. 그러므로 범 씨와 중항 씨는 다음에 망합니다.

韓、巍（魏）制田，以百步為畹，以二百步為畛，而伍稅【之】。其□田陜（狹），其置士多，伍稅之，公家富。公家富，置士多，主喬（驕）臣奢，冀功數戰，故為智是（氏）次。

한 씨와 위 씨는 가로 100보 세로 200보의 땅을 백성들에게 나눠주어, 거기에서 나오는 수확의 반을 세금으로 빼앗았습니다. 이렇게 백성들에게 나눠 준 땅이 좁은데도 농사일에 투입되지 않는 사병들을 많이 기르고 있습니다. 수확의 오할을 세금으로 가져가 귀족들은 부유해지고, 부유하니 더욱 병사를 늘려서, 주군은 교만해지고 신하는 사치를 일삼으며, 조금 더 땅을 늘리려 여기저기 전쟁을 벌였습니다. 그러니 조금이라도 영지를 늘리려고 여기저기 전쟁을 일삼았습니다. 그러니 그다음에 망할 것임을 알 수 있습니다.

趙是（氏）制田，以百廿步為畹，以二百卌步為畛，公無稅焉。公家貧，其置士少，主儉臣收，以御富民，故曰固國。晉國歸焉。”吳王曰：“善。王者之道，□□厚愛其民者也。”
二百八十四

조 씨는 경작법을 제정함에 백성들에게 배당한 땅이 가로 120보이고 세로 240보로, (전해 온 법대로 하여 여섯 집안 가운데 가장 넓습니다.) 더구나 조씨는 백성으로부터 세금을 거두지 않습니다. 가문은 가난하여, 병사의 수도 적으며, 주군은 검소하고, 신하들도 신중하니, 백성들이 부유하여 나라가 굳건합니다. 따라서 진나라는 조씨 가문에 돌아갑니다.” 오왕이 이르길, "좋다. 왕도의 길이란 백성을 두텁게 사랑하며 ㅁㅁ하는 것이로다!" 280자

역자 주

1. "예시"는 장장본이 위서라는 주장의 증거가 되는 결정적 독소들이 산재해 있지만, 후기와 같은 것으로 손무의 비밀스러운 행적이 감추어져 있어, 그의 생애를 이해하는데 귀중한 단서가 되는 문구를 포함하고 있다. 시간이 상당히 지난 제삼자의 기록으로 보인다.

2. 畛 : "진성을 가리키다"는 5월 춘궁기에 전쟁을 시작한다는 뜻이다. 〈예기, 월령〉에 "仲夏

之月(5월) 日在東井" 와 같이 기술했다. 井은 軫과 같은 남방 7宿 중 하나이다. 軫은 동지에 나타나 5(井), 6(柳), 7(翼)월에는 해 같은 자리에 남중하여 보이지 않는다.

3. 아들 民과 明 : 장장본의 손자 아들 삼 형제의 기록은 "손자는 3명의 자식이 있다. 장자는 손치, 자는 動이고 둘째는 손명 ,자는 靜이며 셋째는 손적, 자는 化이다. 孫武共有三個兒子 長子孫馳 字動 二子孫明 字靜 三子孫敵 字化" 民은 보이지 않아 미궁이다.

4. 陰氣不可重複 : 復은 주역의 지뢰복으로 일양一陽의 효爻가 아래에 생겨 음양 순환의 재시작을 말한다. 복은 동지의 괘이기도 하다.

5. 義大親小善治 : 군신유의 부자유친의 연변으로 전국시대의 맹자 이후 정립된 유학적 사고이므로 후대에 찬개한 문장으로 보인다.

6."欲得天下 啟道十發"은 시경에 보이지 않는다. 詩라함은 장장본에 기술한 34편의 十發을 지칭한 것이다.

죽간 견오왕

1. 見吳王, 죽간에는 편명이 나타나지 않았으나, 죽간정리소조에 의해 "見威王"과 같은 문식으로 제목이 정해졌다. 오왕 합려와 손무의 대화 전개는 〈오월춘추〉, 〈사기〉 등에 잘 소개되어 있다. 그러나 이 내용은 모두 후한 이후에 다시 편찬이 거듭되면서 문구가 가감되어 실제의 진위를 알 수 없다. 죽간은 서한 시대의 장묘에 부장된 것이고, 내용은 간략하다. 한나라 국시에 따라 후세에 사관들의 "역사 공정"을 알 수 있어 사료의 가치는 높다.

2. 부곡不穀은 주나라 천자가 제후들에 대해 자신을 낮추어 부르는 것으로 朕과 같은 의미이다. 오왕이 부곡을 감히 참칭한 것이다.

3. 이른바 "孫子練女兵笑劇"으로, 이를 주제로 한 여러 형태의 雜劇이 元 나라 때 항간에 크게 유행했다. 물론 모티브는 사마천의 〈사기〉와 동한 시대의 〈오월춘추〉에서 따온 것이다. 송원 시대에 이야기가 더욱 재미 위주로 沆演해서, 원모를 짐작할 수 있는 것은 죽간에서 가능하다. 앞에서 기술했지만 (참고 : 1장, 좌전에 없는 영웅의 의미) 서한 시대에 사마천의 "역사 공정"에 의해 창작된 이야기이다. 또한 사마양저가 齊 景公의 남색 상대인 남기男技 장고莊賈의 참수 사건을 한의 사관이 변곡한 것으로 보인다. 죽간의 문맥으로 보아 두 궁녀를 참수한 잔인한 사건은 일어나지 않았고 군사 훈련의 중요성을 장수가 인내하여 부하를 타이르는 반복 교육에 두고 있다. 서한의 사상계는 동중서가 장악하고 있었다. 사회 질서를 유학에 없는 "尊卑의 차별상"으로 몰아가며 여성을 비하했다. 여성에 대한 능력의 차별은 오월 지역에는 없었고, 오히려 강남에서는 중원에서 남하한 도교가 부흥하며, 현지 컬트와 결합하여 여성적 힘과 창조력을 숭배했다. 오나라 이후 강남에는 女兵笑劇이 나타날 수 있는 토양이 아니었다.

4. "試男於右，試女于左" 이 문구는 다른 해석의 여지가 있다. "남과 여를 좌, 우로 나누어 시

험"한다는 표면적 발언이 아니라, 병법 용어인 전방과 공격을 뜻하는 右와 후방과 방어, 지연 및 철수를 뜻하는 左로 역할 분담을 말한 것으로 볼 수 있다. 음양을 조화있게 사용함이 전승의 요체임은 장장본의 기본 사상이다.

죽간 오문

1. 춘추시대 말의 상황을 손무와 오 왕의 대화로 기록했다. 晉나라는 지 씨, 위 씨, 한 씨, 조 씨의 네 유력 가문으로 남아 권력을 다투었다. 이후 지 씨는 위 씨, 한 씨와 연합하여 민심이 쏠리는 조 씨를 치려 하나, 오히려 조 씨가 위 씨와 한 씨와 연맹하여 지 씨를 멸족시킨다. 이후 晉은 분할 되어 각각 위나라, 한나라, 조나라로 독립한다. 이를 '三家分晉'이라 하며, 이로써 戰國時代가 시작되었다. 삼진 지역은 전국 외교에서 주요 쟁점이었다. 강국인 진, 제, 초의 중앙 교차로이며, 남방과 동중국해에서 일어나는 오월과 같은 해양 강국의 중원 진출의 통로이므로 주요 관심 지역이 된다.

출처	원문	번역
兵策	……百戰百勝者，麈戰而屈人之兵也；南北夾擊，一戰而屈人之兵也；天地夾擊，不戰而屈人之兵也。	……백전백승이란, (1) 전투에서 적 부대를 전멸시켜 굴복시키는 것이고; 남북 협격(화공과 수공의 동시 사용)은 한 번의 싸움으로 적을 굴복시키는 것이며, 천지 협격(천시에 맞고 지형의 이점을 동시에 얻으면)은 싸우지 않고 적을 굴복시키는 것이다.
장양본	故百戰為災戰；一戰決存亡，不戰決乾坤。故一戰勝百戰，不戰勝一戰。此週國師之戰策也。……	그러므로, 백 번의 싸움이란 전쟁의 재난이요; 한 번의 결전은 죽고 사는 (비참한) 일이니, 싸우지 않고 건곤(천하)을 결정한다. 그러므로 한 번 싸움이 백번의 싸움보다 낫고, 싸우지 않는 것이 한 번의 싸움보다 낫다. 이것이야말로, 군 통수권자의 전쟁 책략이다.....
한신주	없음	
죽간	없음	

역자 주

1. 손자 13편에는 백전백승이란 문구는 없다. 전승의 참혹함을 경계하여 不戰而勝을 강조하고, 전장 상황을 통찰하여 百戰不殆, 백번 싸워도 위험에 빠지지 않는 것을 善用兵者로 한다.

출처	원문	번역

장장본 篡卒 缺文

한신주 없음

죽간 <篡（選）卒>(1)
孫子曰: 兵之勝在於篡（選）卒，其勇在於制，其巧在於埶（勢），其利在於信，其德在於道，其富在於亟歸，其強在於休民，其傷在於數戰。.

손자 이르길, 전쟁의 승리는 병사를 선발해서 정예화 하는데 달려있다. 그 용기는 (상벌)의 절제에서 생긴다. 그 전투 기법은 형세를 잘 이용하여 발휘되고, 그 군대의 날카로움은 (장수에 대한) 신의에서 벼려지고, 그 영향력은 道에 맞아야 나타난다. 그 풍부함은 (출병하여 작전을 빨리 끝내 자원을 절약해서) 쌓이고, 강건함은 戰民이 충분히 휴식하여 얻어지나, 전투를 자주 하면 (병사가 부상하고 사기가) 상하기 마련이다.

孫子曰: 德行者，兵之厚積也。信者，兵明賞也。惡戰者，兵之王器也。取眾者，勝□□□也。

손자 이르길, 부대가 덕성을 갖추고 행동하면 군사적 저력이 두터워진다. (장수와 병사 사이)의 믿음은 상을 공명하게 시행하는 데에 있다. 전쟁을 혐오하는 것이 군대를 운용하는 왕도의 수단이다. 병사와 그 백성의 마음을 얻어야 승리 □□□ 할 수 있다.

孫子曰: 恒勝有五: 得主剸（專）制，勝。知道，勝。得眾，勝。左右和，勝。糧（量）適（敵)計險，勝。.

손자 이르길, 항상 승리하는 다섯 가지가 있다. (2) (장수가) 군주에게 지휘권을 위임받아 군을 완전히 장악하고 있다면 승리한다. (장수가) 道(군사운용, 전략, 전술)를 잘 안다면 승리한다. 부하의 신망을 얻으면 승리한다. 군대 내의 좌우가 화목하면 승리한다. 적의 정세를 파악하여 계획하고 시험 확인하면 승리한다.

孫子曰: 恒不勝有五: 御將，不勝。不知道，不勝。乖將，不勝。不用間，不勝。不得

손자 이르길, 항상 이기지 못하는 (이유) 다섯 가지가 있다. 군주가 전투하는 장수를 간섭하면 이기지 못한다. 군사 운용에

眾，不勝。.

어두우면 이기지 못한다. 장수들 사이에 틈이 벌어져 있으면 이기지 못한다. 정보 운용을 할 줄 모르면 이기지 못한다. 장수가 부하들의 마음을 얻지 못하면 이기지 못한다.

孫子曰: 勝在盡□[忠]，明賞，篡（選），乘敵之□[虛]。是胃（謂）泰武之葆。.

손자 이르길, 승리는 □[충성]을 다하며, 상을 공명정대히 시행하고, 좋은 병사를 선발해 정예화하며, 적의 □[허점]을 (3) 찾아 이용하는 데에 달려있다. 이를 일러 주 무왕(泰武)의 보존(葆, 保) 법이라 한다.

孫子曰: 不得主弗將也。……

손자 이르길, 군주의 신임을 받지 못하면, 장수의 역할을 제대로 할 수 없다."

……□□令，一曰信，二曰忠，三曰敢。安忠？忠王。安信？信賞。安敢？敢去不善。不忠於王，不敢用其兵。不信于賞，百生（姓）弗德。不敢去不善，百生（姓）弗畏。

...... □□ 영이 서려면, 첫째는 신의, 둘째는 충성, 셋째는 과감성이다. 어떻게 충성하는가? 왕도에 충성한다. 어떻게 신의가 있는가? 상의 공정함에 대한 믿음이 있어야 한다. 어떻게 해야 과감할 수 있는가? 옳지 못한 것을 과감히 버리는 것이다. 왕도에 대한 충심이 없다면, 군사 운용을 과감히 할 수 없다. 포상에 대한 믿음이 없다면, 백성은 그 덕을 바라지 못할 것이다. 옳지 않은 것을 과감히 버리지 못하면, 백성은 (그 장수를) 경외하지 않을 것이다.

역자 주

1. 찬졸篡卒이란 병사를 선발하여 뽑는 것이다.

2. 많은 문구가 손자 13편의 謀攻에 "知勝有五"의 개념과 동일하다. "五"는 오행의 원리에 의거 장수가 숙지할 사항으로 13편 여러 곳에 등장한다. 計편에 經之以五, 九變편에 將有五危, 火攻편에 攻火有五, 用間편에 用間有五가 있다.

3. Zhang Zhenze(張震澤, 1983)의 보완 해석을 따랐다.

출처	원문	번역

장장본 行篡 缺文

한신주 없음

죽간

\<行篡\>(1)

孫子曰: 用兵移民之道, 權衡也。權衡, 所以篡賢取良也。陰陽, 所以聚眾合敵也。

손자 이르길, 병력을 운용함에 戰民(노예 전투원)을 움직이는 방법은, 균형 잡힌 법의 집행(권형)에 있다. 권형이란, (저울로 단다는 것을 의미하지만 그 기준이 공정해야 한다.) 어진 사람을 끌어모으고 유능한 인재의 선발은 공정해야 한다. 음과 양으로 (나뉜 사람의 품성을 적재적소에 써서) 적과 正合을 이루어야 한다. (2)

正衡再累……既忠, 是謂不窮。稱鄉縣(懸)衡, 雖(惟)其宜也。

그 정합은 다시 검토하여 거듭하여 균형를 이루고…… 이는 끝이 없다 할 수 있다. 이는 (국가 자원)을 씀에 각 고을마다 고르고 균형되게 해야 공정하게 된다.

私公之財壹也。夫民有不足於壽而有餘於貨者, 有不足於貨而有餘於壽者,

사재와 공재 역시 가리지 않고 똑같이 처리해야 한다. 무릇 백성은 목숨을 아까워하지만, 재물이 넉넉한 자가 있고, 재산은 없어도 목숨은 바치려는 자가 있다. (재해석 : 무릇 노예에게, (士가) 재화를 남기려 보수를 부족이 하는 것은, (공공의) 재화를 부족이 하여 보수를 여유있게 주려는 것이다.)

唯明王、聖人智(知)之, 故能留之。死者不毒, 奪者不溫(慍)。

오직 명철한 군주와 성인만이 이를 잘 알고, 능히 적절히 사용할 수 있다. 그러하면 죽은 자로 원한을 품지 않고, 재물을 징발당해도 나라에 분노하지 않게 된다.

此無窮…… □□□□民皆盡力, 近者弗則, 遠者無能。貨多則辨, 辨則民不德其上。貨

이는 무궁한…… □□□□ 군주와 가까운 사람들이 최선을 다하려 하지 않는다면, 멀리 있는 자

少則□, □則天下以為尊。然則為民賕也, 吾所以為賕也。此兵之久也, 用兵之國之寶也

들은 무엇하나 하려고 하지 않을 것이다. 나라에 재화가 많아 나누어 거두면 백성은 윗사람들이 부덕하다고 여길 것이다. 재화가 적어 □면, □한 이유로 천하가 존경할 것이다. 그런즉 백성은 재화를 기부할 것이고, 나 역시 재물을 쓸 것이다. (3) 이것이 오랫동안 전쟁을 수행할 수 있게 하는 군사 운용의 국가적 보배이다.

역자 주

1. 행찬行篡은 "자원의 징발"이라는 뜻이다. 포괄적인 국가 전략 자원의 효율성을 논한다.

2. "취중합적聚眾合敵"은 "이정합以正合"의 다른 표현이다. 적과의 정합은 국경선의 유지나, 정규전에서의 적과 접촉 등에 적에 응할 적절한 인적 자원을 활용해야 함을 말한다.

3. "吾所以為賕也"이라는 문구는 의미심장한 여러 사건을 함의하고 있다. "내가 뇌물을 쓰는 바이다."라고 해석하면 문장의 초두에 보이는 "移民之道"는 노예 전투원의 이동 또는 노예에서 벗어나는 방법"으로 해석할 수 있다. 이것은 죽간 손자 13편 九地에 "吾士無餘財 非惡貨也; 無餘死 非惡壽也"를 "오나라 士(노예 관리자)들은 재물이 없어 재화를 싫어하지 않았다; 죽을 여지가 없으니 받는 것(壽)을 싫어하지 않았다."는 것으로 해석할 수 있는 단서가 된다. 문장이 부서져 논지 파악의 어려움이 있으나, 행찬편은 "손자 군사사상"에 큰 영향을 준 발원지로 보인다. 노예군의 운용과 문제점이 서서히 변화하여 나중에 전쟁을 재정의 문제라는 토대 위에 올려놓았다. (참고 : 2장, 장장본으로 풀리는 〈손자병법〉의 비밀, 손무병법 82편 속의 암호들, 마. 손무는 어디 있었나?)

출처	원문	번역
장 장 본	軍伏 (1) 兵理形勢伏擊圖。	병리형세복격도
한 신 주	없음	
죽 간	없음	

역자 주

1. 군복軍伏은 군의 전술 매복을 말한 것으로 추정하나 내용은 알 수 없다.

출처	원문	번역

장장본	麟鳳二 缺文(1)	

한신주	없음	

죽간	<將德> ……赤子，愛之若狡童，敬之若嚴師，用之若土芥，	…..(장수가 병사를 대할 때) 갓난아이를 (2) 바라보듯이, 버릇없는 아이를 사랑하듯이 (하다가도) 엄한 스승처럼 존경하게 하고, 전투에 씀에 토개土芥처럼(3) 한다.
	將 軍…… ……不失，將軍之知 (智) 也。不陘 (輕) 寡，不劫於敵，慎終若始，將軍……	장군…… ……을 잃지 않음은 장군의 지혜이다. (적의 병력이) 적다고 해서 이를 가볍게 보지 말고, 강력한 적의 위협에 놀라지 말고 모든 일을 처음부터 끝까지 신중해야 한다. 장군은....
	……而不禦，君令不入軍門，將軍之恆也。入軍……	.... 간섭하지 않는다. 임금의 명령도 군문에 들어 올 수 없는 것은 장수가 그 임무를 차질 없이 지속해야 하기 때문이다. 군에 들어와 ....
	……將不兩生，軍不兩存，將軍之……	장군은 두 목숨을 살지 않고, 군대는 두 나라에 충성하지 않는다. 장군의 ....
	……□ 將軍之惠也。賞不榆 (逾) 日，罰不還面，不維其人，不何…… ……外辰，此將軍之德也。	장군은……□ 로 베풀어야 한다. 공이 있는 자에게는 바로 포상을 실시하고, 잘못이 발견되면 그날로 처벌하고 다음으로 미루어서는 안 된다. 사적인 친분이나 (출신을 차별하여) 불공정하게 상벌을 시행하면 안 된다 .... 이것이 장군의 덕성이다.

역자 주

1. 장장본 35편 麟鳳의 논지는 죽간에 편명이 兵失과 將德으로 나누어졌다. 將失은 죽간에 將敗의 부분으로 실려, 편제 배열이 혼란스러워 정확한 원모를 알 수 없다. 麟鳳 2는 상당수의 문구가 손자 13편 地形篇으로 전해졌다. 지형편은 은작산 죽간에는 발견되지 않았고, 앞에 기술했듯이 동한 이후 또는 위×진 시대에 13편에 추가된 것으로 보인다. 그 전에 한신이나, 사마천이 언급한 13편은 현재 전래한 13편과 동일 한 것인지는 알 수 없다.

2. 赤子, 愛之若狡童은 손자13편 地形에 약간 변형된 형태로 나타난다. "視卒如嬰兒, 故可與之赴深谿; 視卒如愛子, 故可與之俱死 휘하 병사 보기를 어린아이같이 한다. 그러면 함께 깊은 골짜기도 갈 수 있을 것이다; 휘하 병사 보기를 사랑하는 자식같이 한다. 그러면 함께 죽을 수 있을 것이다." 그러나 이러한 병사를 다룸에 지나치면 영이 서지 않아 다음과 같은 경계의 문구를 추가했다. "厚而不能使, 愛而不能令, 亂而不能治; 譬如驕子, 不可用也 (그 관심을) 두텁게 해도 쓸 수 없고, 사랑하여 영을 내릴 수 없고, 어지러워 다스릴 수 없는 것은; 교만한 자식 같아 사용할 수 없는 것이다."

3. 土芥는 풀과 흙으로 만든 인형이나 장난감이다. 노자 〈도덕경〉 5장, "성인은 인자하지 않아 백성을 풀로 만든 개처럼 본다. 聖人不仁 以百姓爲芻狗"라는 말처럼, 인자한 장수가 전장에서 갑자기 돌변하는 상황을 연상케 한다. 도의 주체인 인간이 전장에서 토개(土芥)처럼 죽을 수 있음은 천도의 무심함에 근거한다. 그러나 그 죽음은 평소에 장수로부터 사랑받은 병사에게는 강제적이 아니고 자발적이다.

출처	원문	번역
장 장 본	軍擊二 (1) ……墨踐隨敵，劃行是……	….. 조용히 적의 의도에 따라 행하고, 계 획을 시행함에 …..
한 신 주	없음	
죽 간	없음	

역자 주

1. 37편 軍擊一은 죽간의 웅빈성과 내용이 같다. 軍擊二의 유일한 문구 "墨踐隨敵"은 손자 13편 九地의 마지막 문구 "踐墨隨敵"과 연관하여 역시 城을 공격하는 책략에 주안을 두었을 것이다.

"敵人開闔 必亟入之 先其所愛 微與之期 踐墨隨敵 以決戰事 적이 성문을 여닫는 사이 반드시 신속히 들어가 먼저 그 사랑하는 바(서시)를 기약 없이 주며, 조용히 적의 의도대로 따르다가 결정적 전투를 벌인다." 앞에 언급했듯이 이것은 합려과 천천, 합려와 구천을 문구에 넣어, 손무가 오월의 멸망을 목도했을 가능성을 시사한다. 이것은 오왕吳王 합려闔閭와 월왕越王 구천勾踐의 복수전인 와신상담(臥薪嘗膽)이라는 고사를 알지 못하면 쓸 수 없는 구절이다. (참조 : 2장, 손무병법 82편 속의 암호들, 다. 吳 나라의 국제적 지위와 손자의 역할)

출처	원문	번역
장 장 0 본	九地三 (1) ……是故不知諸侯之情者，不能預交；不知山林、險阻、沮澤之行者，不能行軍。……不用鄕導者，不能得地利。	……그러므로, 제후들의 계략을 모르면 (미리) 외교 관계를 맺을 수 없고, 산림이나 험한 곳, 늪지 등의 지형을 모르면 행군을 할 수 없다……. 지역 안내자를 활용하지 않으면 지형이 주는 이점을 얻을 수 없다. 재해석: 그러므로 여러 전략비축 계획을 모르면* 물자를 보급 유통할 수 없고, 산림이나 험한 곳, 늪지 등의 지형을 모르면 행군을 할 수 없고, 지역 안내자를 활용하지 않으면 지형이 주는 이점을 얻을 수 없다.
	九地者，一不知，非王霸之兵也。……	구지 가운데, 하나라도 모르면 왕도의 패권 군대가 아니다……
한 신 수	없음	
죽 간	없음	

역자 주

1. 33편, 九地一의 "地者㐁㐁有九，以九稱合，而在天中，似圓非方也…… 지형에 㐁㐁九가 있고, 九로써 정합과 균형을 이루니, 이는 하늘의 중심과 같이 원형이며 방형이 아니다."와 53편 九地二의 "……之地者，天固其六。三軍出陳，不問朝夕，只計明暗。右負丘陵，左前水澤，順者生之，逆者死之，隘地也…… 지형에는 하늘(천시와 기상)과 연관한 확고한 여섯 가지가 있다. 전군이 나아가 진을 치고, 아침저녁을 가리지 않고 세운 명암(기만책과 정보 운용)의 계획이 이미 있는 것이다. 우측에 구릉을 의지하고 좌측 앞에는 물과 호수가 있어도 (이런 지형에) 따라 의지하면 살고, 이런 지형을 거역하면 죽는다. 이것이 좁은 협곡 애로이다. ……" 이 두 편은 문리가 유사하여 손자 13편 地形篇으로 산책刪冊하여 옮겨진 듯하다.

그러나 위 九地三의 보이는 "諸侯之情""不能預交"는 역시 52편 四五에도 같은 문구가 있다. 또한 손자 13편의 군쟁편과 구지편에 겹쳐 거듭 보이는 문구로 역대 손자 연구가들의 쟁점이었다. 13편으로의 축간縮簡과 산책 과정에서 중복 필사된 것이겠지만 "諸侯之情者, 不能預交"를 재해석하면 의문이 풀릴 수 있다. "侯"를 제후로 하지 않고, 侯館인 "전쟁비축 시설"로 하면 52편 四五나 손자 13편 九地의 문구는 행군과 기동성을 지속해서 향상하는 방법으로 문맥이 맞는다. "侯"를 제후로 한다면 손자 13편 군쟁에 논한 인접 제후국과의 외교관계이므로 군쟁의 주제와 맞게 된다.

이 문제는 더 연구가 필요하나, 〈주례周禮〉, 地官, 遺人에는 물자를 쌓아 두는 위자委積라는 말이 보인다. 위자는 나라의 여러 요충지에 지은 전략 비축 창고이다. 물자와 사람이 교통하는 곳에 세워졌고 전시에 대비했다. 위자의 풀이에서 〈주례〉에 "오십 리마다는 시장을 열어 후관을 두었는데, 후관은 큰 창고이다. 五十里有市, 市有候館, 候館有積"에서 알듯이, 후侯는 제후가 아니라 큰 창고이다. 병력의 이동에는 반드시 군수지원 소요를 고려하지 않을 수 없다. 그러므로 원활한 기동이 이루어지고 다음 문구인 지형의 평가와 극복 요령이 기술되어 문리가 맞게 된다.

"예교預交"는 따라서 미리 외교 관계를 맺는 것이 아니라, 〈주역周易〉의 예괘豫卦에서 상징화된 단어이다. 이렇게 풀면 위 문장에 대한 해석의 폭을 더 넓힐 수 있다. 예는 상황의 위기를 표현한 5 음陰 1 양陽의 여섯 가지 괘 가운데 하나이다. 뇌지예雷地豫는 땅속에 숨어 막혀있던 양陽이 급히 솟아올라 九四(제후의 지위) 위에서 부르르 떠는 모습이다. 그 뒤로는 사물의 모순, 대립하는 쌍방 관계를 교감 화합으로 이끄는 언사가 달려 있다. 이는 전통적으로 한 나라에서 유행한 상수파의 괘기설로 해석하여 "예는 제후를 세워 군대를 출동시키니 이롭다. 豫, 利建侯行師"라고 그 큰 그림(大象)으로 설명해 왔다. 그러나 이어지는 단전의 풀이에서 의리파는 象象을 버리고 문자의 의미에 충실하게 해석한다. "예는 강에 응하여 그 뜻을 행한다. 순으로 움직이는 것이 예이다. 彖 豫, 剛應而志行, 順以動, 豫""예의 순이동順以動이란 바로 천지가 순하게 움직이는 것과 같다. 하물며 비축 창고를 세우고 군사를 행하는 일이야 말해 무엇하랴! 故天地如之 而況建侯行師乎"와 같이 풀이하면, 예(豫. 預)의 행위가 창고를 세우고 군대를 보내는 일임을 알 수 있다.

출처	원문	번역
장장본	啟道缺文	
한신주	없음	

죽간

<起道> (1)

…… 起道也何 …… 文王問
大公曰，何謂止道、起道？
太…… …… 方道…… ……
欲其取道…… ……已取之兌
道…… ……道必…… ……道不
悟…… ……勝道明…… ……道
明王必知之…… ……之大國之
道…… ……天之道…… ……首
九道…… ……生天下有道……
…… 途途塞民於兌道，使民學
毋為之…… ……毋知跡可亂，
理可從者，非道……

…… 도를 일으킴이란 어떤 것인가?
…… 문왕이 대공(강태공 여망)에게 묻기
를 "도를 그치고 일으킨다는 것은 무엇을
이름인가?"……
(이하 번역 불가)

역자 주

1. 起道는 죽간 兵失에 "貪而廉，龍[寵]而敬，弱而強，柔而□，起道也。가난하면서도 청렴
하고, 총애를 받고 있으면서도 공손함은 잃지 않으며, 연약한 듯하지만 당당하고, 부드러우면
서도 □이 있는 태도를 성공하는 길, 즉 "기도"라고 한다."로 정의하고 있다. 兵失에 해당하는
35편 麟鳳에는 "貪而廉，龍而敬，弱而強，柔而正，啟道也. 가난하면서도 청렴하고, 총애
받고 있으면서도 공손함은 잃지 않으며, 연약한 듯하지만 당당하고, 부드러우면서도 바른 자
세를 성공하는 길, 즉 "계도"라고 한다"고 역시 정의 한다.

출처	원문	번역
장장본	止道缺文	
한신주	없음	
죽간	<止道>(1) ······ 弗能居止道也, （貪） 而廉, 龍而敬, 柔而 【剛】··········· 止道者, 天 地弗能興也, 行起。道者天 地······ ······起道大······ ······論 止······	도를 그치다.

역자 주

1. 止道는 起道와 중복되 문구로 되어 있다. 내용은 죽간의 兵失과 장장본 麟鳳과 중복된 것으로 추정된다.

출처	원문	번역

장장본 恭名缺文

한신주 없음

죽간

＜五名五恭＞(1)

兵有五名：一曰威强，二曰軒驕，三曰剛至，四曰助忌，五曰重柔。

군의 명성에는 다섯 가지가 있다: 첫째, 위엄이 있고 강력한 부대이다. 둘째, 신중하지 않고 교만한 부대이다. 셋째, 독선적이고 고집이 센 부대이다. 넷째, 지나치게 조심스러운 부대이다. 다섯째, 우유부단하고 연약한 부대이다.

夫威强之兵，則詘（屈）軟而侍（待）之；軒驕之兵，則共（恭）敬而久之；剛至之兵，則誘而取之。鷗忌之兵，則薄其前，噪其旁，深溝高壘而難其糧；重柔之兵，則噪而恐之，振而捅之，出則擊之，不出則回之。

위엄 있고 강력한 부대는 약하고 부드럽게 대적해야 한다. 신중치 않고 교만한 상대는 일부러 공경하고 겸손한 태도로 대응하여 시간을 끈다. 독선적이고 고집이 센 상대는 유인하여 잡는다. 지나치게 조심스러운 부대는 정면을 비우고 다른 방면에서 접촉을 가하여 전진시키고, 아군은 해자를 깊이 파고 누벽을 높이 쌓아 방어를 견고히 하고 (적이 伸張하면) 식량 보급선을 차단한다. 우유부단하고 연약한 부대는 압박하여 공포감을 주고, 흔들어 놓아 벗어나게 하고, 벗어나면 타격한다. 적이 벗어나지 않으면 포위한다.

兵有五共（恭）五暴。何謂五共（恭）？入竞（境）而共（恭），軍失其常。再舉而共（恭），軍毋（無）所粱（糧）。三舉而共（恭），軍失其事。四舉而共（恭），軍無食。五舉而共（恭），軍不及事。

(적의 영토 안에서) 군사 운용에는 다섯 가지 신사적인 태도인 '오공'과 다섯 가지 엄하고 난폭한 태도인 '오폭'이 있다. (2) 오공이란 무엇인가? 국경을 넘어 적의 영토에 들어가 너무 공손하면, 군대는 평상의 질서를 잃을 수 있다. 또다시 관용적이고 공손하면 아군은 식량을 확보하기가 어려워진다. 세 번째도 관용적 태도로 일관한다면 군대는 임무를 수행하는 데 실패한다. 네 번째에도 군대가 관용적 태도를 취한다면 병사들은 굶주리게 된다.

부록 565

계속해서 다섯 번째도 적지의 군대와 백성에게 관용적인 태도만을 계속 취한다면 군대는 그 기능이 없어진다.

入兢（境）而暴，胃（謂）之客。再舉而暴，胃（謂）之華。三舉而暴，主人懼。四舉而暴，卒士見詐。五舉而暴，兵必大耗。

국경을 넘어 (적의 영토에) 들어가서 엄하고 난폭한 태도를 취할 경우에는 (적국 또는 주둔국 백성은) 공격해온 침략군이라고 부를 것이다. 거듭 엄히 난폭한 태도로 그들을 다룬다면, 그들은 아군을 포악한 군대라 말할 것이다. 세 번째에도 그들에게 엄하고 난폭한 태도로 일관한다면, 주둔지 제공국(Host nation)은 의구심과 공포를 느끼게 될 것이다. 네 번째에도 주둔국에 엄하고 난폭한 태도를 취한다면, 그들은 아군을 가식적이고 기만적인 태도로 대할 것이다. 다섯 번째에도 그들에게 엄하고 난폭한 태도를 취한다면, 아군의 전투력은 모두 고갈되고 주둔 비용을 소모할 것이다.

故五共（恭）五暴，必使相錯也。二百五十六

그러므로, 신사적이고 관용적인 태도와 엄하고 난폭한 태도는 두 가지를 적절하게 함께 사용하여 조화를 이루어야 한다. 256자

역자 주

1. 五名五恭은 손자 13편 火攻篇에 "不修其功"의 군사사상에 영양을 주었다. "夫戰勝攻取, 而不修其功者凶, 命曰費留 무릇 싸움에 이겨 공을 취하고, 그 공을 다스리지 못하는 것은 흉하다. 이름하여 비류이다." 이 말은 점령국 또는 연합하여 적을 막아낸 Host Nation에서 취할 주둔군의 행동 강령과 같다. 죽간 13편에는 不修其功을 "不隋其功"으로 표기하여 공을 다스림이 아닌 "타隋"를 사용하여 "노획한 전리품을 나누는 것"으로 그 표현이 원색적이었다. 〈설문해자〉에는 타隋의 본래 의미를 분배하기 위해 "찢어 놓은 고기(裂肉也)."로 해석한다. 오명과 오공의 문맥이 다르고 문장의 성격이 달라 같은 편수에 들었는지는 의문이다. 恭과 暴은 상대적 대비가 아니라 공이 폭을 수식하는 군을 전개(暴)함을 삼감(恭)으로 해석함이 옳다.

2. "暴"의 본래 어원은 무리(衆)를 모아 놓은 "동원령"의 의미였다. 손자 13편 作戰篇에는 "군사 작전을 오래 하여 국가 재정이 부족한 久暴師則國用不足"사태를 경계한다. "恭"은 공경함

이 아니라 두려워 삼가는 것으로 해석을 달리 할 수 있다. 이창선 〈竹簡孫子論變〉 2015, p 263 ~ p 264에는 오공오폭의 해석을 달리하고 있다.

"국경을 넘으면 삼가는데, 군이 정상의 태세를 잃기 때문이고, 재차 일으킴을 삼가는데 군량이 떨어지기 때문이고, 세 번 일으킴을 삼가는데 군이 그 임무를 잃기 때문이고, 네 번 일으킴을 삼가는데 군이 급양하지 못하기 때문이고, 다섯 번 일으킴을 삼가는데 군이 그 임무를 따를 수 없기 때문이다 入境而恭 軍失其常, 再舉而恭 軍無所粱(糧), 三舉而恭 軍失其事, 四舉而恭 軍無食, 五舉而恭, 軍不及事" 이상 다섯 가지 주의사항이 삼가야 할 오공五恭이다."

또한 "(처음 동원하여) 국경을 넘으면 객이 되는 것인데, 두 번 동원됨은 그 의도가 다 드러나게 되는 것이고, 세 번 동원됨은 그 기획자(主人, 전쟁을 주도한 세력)들이 두려워하는 것이고, 네 번 동원됨은 병사들이 그 거짓됨을 볼 것이고, 다섯 번 동원되면 군대는 크게 소모되니 이것이 오공오폭이며 반드시 상하 (장수와 사병)를 어긋나게 한다 入境而暴, 謂之客 再舉而暴, 謂之華 三舉而暴, 主人懼 四舉而暴, 卒士見詐 五舉而暴, 兵必大耗 故五恭五暴, 必使相錯也)."

출처	원문	번역
장장본	己彼缺文	
한신주	없음	
죽간	**<客主人分>** (1) 兵有客之分，有主人之分。	군사 운용에서 전투 편성은 공격 부대의 편성(분수)과 방어 부대의 편성이 있다. (2)
	客之分眾，主人之分少。客負（倍）主人半，然可敵也。負……定者也。客者，後定者也。	공격부대의 병력은 (대개) 많고 방어하는 쪽의 병력은 보다 적다. 공격부대는 적어도 두 배가 되어야 공격이 가능하고, 방어는 당연히 공격 부대의 절반의 병력으로도 막아 싸울 수 있다…… 방어 부대는 (싸울 장소를) 정해 놓았기 때문이다. 공격하는 쪽은 나중에 방어 부대의 작전 구역에서 부대를 편성하게 된다.
	主人安地撫勢以胥。夫客犯益（隘）逾險而至，夫犯益（隘）…..退敢物（刎）頸，進不敢距（拒）敵，其故何也?	방자는 미리 유리한 지형을 선정해 진지를 안전히 해 놓은 것이다. 무릇 공자는 위험한 장애물을 지나고 험한 산을 넘는 등 어렵게 행군하여 전장에 도착하게 된다. 무릇 공격할 때에는 협소한…… 적을 공격하지 않고 감히 물러서는 것은 무엇 때문일까?
	勢不便，地不利也。勢便地利則民自□□……自退。	이는 형세가 불리하고 지형이 불리하기 때문이다. 형세와 지형이 유리하면 병사들은 스스로 □□…… 한다. (형세와 지형이 불리하면 병사들은 명령에도 불구하고) 스스로 후퇴할 것이다.
	所謂善戰者，便勢利地者也。帶甲 (3) 數十萬，民有餘糧弗得食也，有餘……居兵多而用兵少也，居者有餘而用者不足。	소위 용병을 잘하는 자는 먼저 유리한 형세에 유리한 지형을 차지한다. 帶甲(무장할 수 있는 예비 병력)이 수십만이고, 싸우는 전민에 보급할 식량에 여유가 있어도 배급할 수 없는 것은, 비록 적의 군량

이..... 넉넉하다고 하더라도, 작전할 때 보급할 수 없으면 식량은 부족하게 된다.

帶甲數十萬, 千千而出, 千千而□之□……萬萬以遺我。

예비로 대기한 수십만이 천 명씩 나누어 출병하고, □의 □ 천 명씩 (교전하면) 만 명의 아군 병력으로도...... 적을 맞아 싸워 이길 수 있을 것이다.

所謂善戰者, 善剪斷之, 如□會挩者也。能分人之兵, 能安（按）人之兵, 則錙【銖】而有餘。不能分人之兵, 不能按人之兵, 則數負 （倍） 而不足。

소위 용병을 잘하는 자는, 적군을 잘 끊어 분리하고, 적을 움직이지 못하게 □같이 붙잡아 둔다. 적 병력을 능히 분산시키고, 적 병력을 능히 다룰 수만 있다면, 형세의 균형에 "치수錙銖" (4)의 차이가 있어도 여유가 있다. 적 병력을 분산시키지 못하고 적의 병력을 한곳에 묶어 놓을 수 없다면, 비록 아군의 병력이 적보다 배로 많다고 해도 실제로 병력 운용에 부족함을 느끼게 된다.

眾者勝乎? 則投算而戰耳。富者勝乎? 則量粟而戰耳。兵利甲堅者勝乎? 則勝易知矣。

병력이 많다면 승리할 수 있나? 그러면 병력 수의 계산으로 결정할 수 있을 것이다. 물자가 풍부하면 승리할 수 있나? 그러면 군량을 달아 전쟁의 승패를 결정할 수 있을 것이다. 무기기 날카롭고 갑옷이 견고하면 승리할 수 있을까? 그러면 승리를 쉽게 알 수 있을 것이다.

故富未居安也, 貧未居危也; 眾未居勝矣, 少【未居敗也】。以決勝敗安危者, 道也。

그러므로 나라가 부유하다고 안전한 것은 아니며, 나라가 가난하다고 위태로운 것도 아니다. 병력이 많다고 승리하는 것도 아니며, 병력이 적다고 패배하는 것도 아니다. 전쟁의 승패와 나라의 안위를 결정하는 것은 바로 道(용병의 원칙과 전쟁의 원리)에 있다.

敵人眾, 能使之分離而不相救也, 受敵者不得相……以為固, 甲堅兵利不得以為強, 士有勇力不得以衛其將, 則勝有道矣。

적이 많아도, 이들을 분산시켜 서로 구원하지 못하게 하고,........ 을 견고히 하여, 적이 상황을 서로 파악하지 못하게 하고, 적의 무기와 장비가 아무리 좋아도 그를 강하게 쓸 수 없게 하고, 병사가 용감해도 자기 장수를 지킬 수 없도록 하는 것이 바로 전쟁에서 승리하는 길이 된다.

故明主、智（知）道之將必先

그러므로 현명한 군주나 용병의 도를 잘

□，可有功於未戰之前；故不
失可有之功於已戰之後。故兵
出而有功，入而不傷，則明於
兵者也。五百一十四

알고 있는 장수는 전투를 하기 전에 먼저
□ 하여, 이미 승리에 대한 확신으로 싸운
다. 그러므로 싸움이 끝나 그 얻은 공을
잃지 않는다. 그러므로 출병하면 공을 세
우고, 돌아올 때 부대와 병사가 상하지 않
으니, 이것이 용병에 밝은 것이다.
514 자

…… 焉 。為 人 客 則 先 人 作
□…… ……兵曰：主人逆客於
竟（境），□…… ……客好事
則□…………使勞，

(번역불가)

三軍之士可使畢失其志，則勝
可得而據也。是以安（按）左
挾右，右敗而左弗能救；安
（按）右挾左，左敗而右弗
能救。是以兵坐而不起，闢
（避）而不用，近者少而不足
用，遠者疏而不能……

군대는 적이 전투 의지를 모두 상실하도
록 만들어야, 이를 근거로 승리를 얻을 수
있다. 이는 적의 왼쪽을 견제하여 묶고,
적의 오른쪽을 치는 것이다. 적의 좌우가
서로 구원하지 못하도록 만든다. 적의 오
른쪽을 묶고 왼쪽을 쳐, 오른쪽이 왼쪽을
구원하지 못하도록 한다. 이로써 적을 좌
절시켜 일어나지 못하게 하고, 군대를 사
용치 않고 회피하여 전장을 이탈하게 하
며, 적에게 가까운 병력은 적어서 쓰기에
부족하게 하고, 먼 곳에 있는 적은 흩어
져.....

역자 주

1. 客主人分은 장장본에 己彼와 유사한 것으로 구분했으나, 본문의 잔멸로 이를 근거할 자료는 없다. 장장본에는 "客主"라는 용어가 일절 등장하지 않는다. 병법이 道家에 전수되며 나타난 현상이지만 (참고 : 3장, 孫恩의 반란) 대체로 의관남도 사태 이후 강남에 정착한 북방 인의 입에서 객주라는 말이 사라진다. <老子, 河上公章句, 道經, 玄用>에 "나는 감히 主가 되지 않고 客이 되겠다. 主는 먼저 (군사를 일으키는 것)이다. 감히 먼저 군사를 운용하지 않겠다. 吾不敢爲主而爲客 主 先也 不敢先舉兵"라는 도가의 금언은 객주 의미의 혼란을 일으킨다. 객주는 공자와 방자의 상대적 우세를 설명하는 전국시대의 표현 기법이었다. <淮南子> 제 15, 兵略訓에 객주인분과 유사한 문장이 기재되어 있다.

2. "分"은 다양한 해석이 가능하다. Zhang Zhenze(張震澤, 1985)는 은작산 죽간 소조가 해석한

"비율과 배분"과는 달리 "진지 지역 분할"로 해석한다. 필자는 "分數"인 기동 편성으로 보았다.

3. "대갑帶甲"은 투입된 무장병이 아니라, 예비로 갑옷을 치장하여 걸어 둔 예비 군사력을 말한다. 이 문구는 적이 압도적 다수여도 병력을 집중하지 못하고 축차적 투입인 "Piecemeal Attack"을 하게 되면 각개격파가 가능하다는 논지이다. 대갑을 "수십만"으로 표현한 것은, 정예병 십만을 동원하려면 칠십만의 예비병이 있어야 하는 <주례>에 의한 것이다. 병법에서 상대국의 잠재 역량을 "70만"으로 표현하는 것도 그 때문이다. 70만을 모두 동원한다거나, 70만의 여부를 판단하는 것은 용간책의 주요 과업이었다. 70 만의 설정은 정전제에서 구획한 8구역의 땅에 전사를 내는 한 구역을 제외한 일곱 구역의 예비 자원에서 비롯된다.

4. "치수錙銖" 수銖는 아주 가벼운 단위이다. 24수가 한 냥兩이고, 8냥이 한 錙이니, 치와 수는 192배의 무게 차이이다. 무게 단위는 秦의 도량형 통일 이전에 제각기 달라 특별한 의미가 있는 것은 아니다. 형세의 균형을 무게의 비교로 비유한 것은 손자 13편 形篇에 여러 문구로 나타났는데, 특히 은작산 발굴 죽간에 보이는 "不可勝 守, 可勝者 攻也. 守則有餘, 攻則不足 이길 수 없다면 방어하고, 이길 수 있다면 공격한다. 방어는 병력의 여유가 생기나, 공격은 부족하게 된다."와 전래의 13편의 "不可勝者守也. 可勝者攻也. 守則不足, 攻則有餘 이길 수 없는 자는 방어하고, 이길 수 있는 자는 공격한다. 방어는 부족하기 때문이요, 공격은 여유가 있기 때문이다."는 문장의 뜻이 거꾸로 되어 큰 논쟁거리였다. 그러나 죽간의 客主人分에 "방어는 적은 병력으로 병력에 여유를 준다"는 말로 해결점을 찾게 되었다.

출처	원문	번역
장장본	延氣 缺文	
한신주	없음	

<죽간>

<延氣>(1)

孫子曰：合軍聚眾，【務在激氣】。复徒合軍，務在治兵利氣。臨竟（境）近敵，務在厲氣。

손자 이르길, 군대를 모으고 병력을 동원할 때는 사기를 격려 진작하는 일이 중요하다. (싸움에서) 돌아온 무리를 모아 군을 합하고, 군사를 다스리고 사기가 날카로워지도록 힘써 일한다. 국경에 이르러 적과 가까워지면 여귀厲鬼에 (2) 빌어 사기를 올린다.

戰日有期，務在斷氣。今日將戰，務在延氣。

적과 전투할 날이 정해지면 (살아 돌아오지 않겠다는) 각오와 결단의 힘을 진작시킨다. 오늘 장차 전투한다면 기세를 계속 이어주도록 노력한다.

……以威三軍之士，所以激氣也。將軍令…… 其令，所以利氣也。將軍乃……短衣囟裘，以勸士志，所以厲氣也。

...... 함으로써, 전군의 병사들의 사기를 고무한다. 장군의 명령이....... 하는 것은 병사들의 예리한 사기를 올려주는 방법이다. 장군이 솔선해서..... (묘당에서 사냥하는) 갖 옷을 입고 (3) 복장을 간소히 하여 병사들에게 전투 의지를 보이는 것은 여귀에 빌어 그 힘을 얻어 사기를 고무하는 방법이다.

將軍令，令軍人人為三日糧，國人家為……望，國使毋來，軍使毋往，【所以】斷氣也。將軍召將衛人者而告之曰：飲食毋……【所】以延氣……也。

장군이 명령을 내려 모든 병사가 삼일분의 식량을 준비하게 하며, 전장 지역의 나라 백성들이.... 을 바라도록 하는(하지 않는) 것과, 나라의 사신과 군의 사절이 왕래하지 않는 것이 이른바 결연한 단기斷氣이다. 장군이 주변의 호위병을 불러 고하여 말하길 : 음식에는 ..... 하지 말라고 하는 것은, ...함으로써 부대의 사기를 높게 진작한다.

……營也。以易營之，眾而貴武，敵必敗。氣不利則拙，拙則不及，不及則失利，失利……

..... 진영이다. 진영을 자주 바꿈으로써 사람들은 군을 귀히 여기고 (4) 적은 반드시 패배하기 마련이다. 사기가 날카롭지 않으면 행동이 둔해진다. 행동이 둔해지면 승리의 기회를 잃게 된다. 승리를 놓치면......

……氣不利則懾，懾則眾□，眾……

...... 사기가 날카롭지 않으면 두려워 떨게 되고 두려워하면 병사는 □ 함으로써.....

……氣不斷則図，【図】則不專易散，臨難易散必敗。

.......결연한 斷氣가 없으면 図하고, 図하면 용기 있게 흩어져 싸우지 못하고, 쉽게 흩어져 싸우기 어려우면 반드시 패한다.

……□□氣不□則情，情則難使，難使則不可以合旨……

..... □□ (厲氣)가 없으면, 측은한 감정이 생겨 (적을 죽이지 못해) 전투에 사용키 어렵다. 전투에 사용키 어려우면 지시를 따르지 않아......

……□□則不知為已之節，不知為已之節則事…

...... □□ 은 (각개 병사의) 혈연과 가족의 소식을 모르게 하는 것이고, 군의 소식도 보내지 않아 (가족이 이를 모르게 한다.) (5) …….

……□而弗救，身死家殘。將軍召使而勉之，擊……

가르치지 않고 ……□하면, 병사가 전쟁에서 죽더라도, 그들의 집에 돌보아야 할 가솔이 남아 있다면, 장수는 사람을 보내어 그 가족들을 위로해야 한다……

역자주

1. 延氣는 군대의 사기를 진작한다는 의미이다. 전투의 전개 단계별로 激氣, 利氣, 厲氣, 斷氣, 延氣로 묘사한 것은 독창적이지만, 후세에 단어가 격려激勵, 단연斷延으로 연변 하여 격식화 된 경향이 있다. 이편은 전장 심리를 잘 묘사하여 군사 연구가들의 주목을 받았다. 손자 13편에는 주로 九地篇에 비슷한 개념이 기술되어 있다.

2. "厲"는 여귀로 살생을 주관하는 묘당에 모신 신위이다. 여귀는 후사 없이 죽은 제후이며 적

을 살해할 책임을 떠맡아, 병사의 심리적 부담을 덜어주는 컬트 행위에서 왔다. 손자 13편 九地篇에 "屬於廊廟之上, 以誅其事 종묘 위 회랑에서 살생을 주관하는 여귀에게 적을 주벌한 책임을 구한다."는 문구는 전통적으로 "조정의 회랑에 올라 군을 격려하고 군대에 적을 주벌할 책임을 준다."는 것으로 해석되어 왔다. 이는 屬를 "격려"로 의미가 연변 하여 나타난 와오 訛誤이다.

3. 전투에 임하기 전, 묘당에서 사냥에 쓰는 갓옷을 입고 손에 희생양의 피를 바르는 제식 행위가 전승한 것이다.

4. "以易營之, 眾而貴武"는 손자 13편 作戰篇에 "近師者貴賣, 貴賣則百姓財竭, 財竭則急於丘役
군과 밀착되어 비싸게 팔아, 파는 것이 귀해지면 백성의 재물이 고갈되고, 그렇게 되면 노역 공출도 급해진다."의 문구에 어떤 형태이든 영향을 주었다. 군대를 뜻하는 "師"는 하나의 캠페인으로 사람을 모은 것이다. 글자의 어원은 본래 사람이 모이는 시장인 "市"에서 왔다. 따라서 사람이 모이는 진영을 자주 옮김으로써 백성이 군을 귀하게 여기는 뜻이 된다. 문장이 불완전하여 전체 의미의 파악은 어렵다.

5. 殘缺이 심해 해석이 구구하나, 중화권(Liu Xinjian, 1989 Reconstruction))에서는 모두 외부와의 소통을 단절하는 것으로 풀이한다. 손자 13편 九地篇에 "관문을 폐쇄하고 소식을 끊는 夷關折符"와 내용이 상통한다.

출처	원문	번역

장장본 月戰缺文

한신주 없음

주간

<月戰> (1), (2)

孫子曰: 閒於天地之間，莫貴於人。戰□□□人不戰。天時、地利、人和，三者不得，雖勝有殃。

손자 이르길, 하늘과 땅 사이에 있어 사람보다 더 귀한 것은 없다. 전쟁함에 □□□에 사람은 싸우지 않는다. 천시와 지리와 인화, (3) 이 세 가지를 얻지 못하면 비록 이긴다고 해도 재앙이다.

是以必付與而□戰，不得已而後戰。故撫時而戰，不復使其衆。無方而戰者小胜以付歷者也。

따라서 필히 이것을 갖추고 전쟁을 □하되 부득이한 경우에만 싸움에 임한다. 그러므로 때에 맞추어 싸우고, 군사를 거듭 동원해서도 안 된다. 계획과 방책도 없이 전쟁한다면, 작은 승리를 얻더라도, 고통스러운 희생과 대가를 치러야한다.

孫子曰: 十戰而六勝，以星也。十戰而七勝，以日者也。十戰而八勝，以月者也。十戰而九勝，月有……【十戰】而十勝，將善而生過者也，一單……

손자 이르길, 열 번 싸워 여섯 번 승리하는 것은 별의 운행을 잘 파악하고 따랐기 때문이다. 열 번 싸워 일곱 번 이기는 것은 태양의 운행 법칙을 파악하고 순응했기 때문이다. 열 번 싸워 여덟 번 승리할 수 있는 것은 달의 운행 법칙을 알고 이를 이용했기 때문이다. 이들은 모두 유리한 시기를 알고 작전한 결과이다. 열 번 싸워 아홉 번 이긴 것은 달에........ 이 있었기 때문이다. 열 번 싸워 열 번 승리하는 것이 가장 좋은 듯하지만, 사실은 과오을 낳을 수도 있고, 한 번, ...(싸워 승리하는 것이 선용병자이다.)

……所不勝者也五，五者有所一，不勝，故戰之道，有多殺人而不得將卒者，有得將卒而不得捨者，有得舍而不得將軍

...... 승리할 수 없는 다섯 가지 이유가 있다. 이 다섯 가지 가운데 하나의 상황이라도 해당한다면 승리할 수 없다. 그러므로 전쟁의 일정한 원칙은, 자주 나타나

者，有覆軍殺將者。故得其
道，則雖欲生不用得也。八十

는 예로, 많은 적을 죽이지만 적의 장수나 병졸을 잡지 못하는 경우, 적군의 장수와 병졸을 포로로 잡지만 적의 진영을 점령하지 못하는 경우, 또는 적의 진영을 점령했지만, 적장을 생포하지 못하는 경우, 적군을 섬멸하고 적장을 죽이는 경우가 있다. 따라서 이런 전쟁의 결과물을 잘 알면, 비록 살려고 하는 (적을) 죽이지 않고도 (승리를) 얻을 수 있다. 80자

역자 주

1. 月戰은 장장본에 편제명만 전해졌다. 월전은 전쟁을 삼가는 신전愼戰을 주제로 하여 음살陰殺의 의미가 있다. 문장에 별, 해, 달로 점증하여 승산이 높아질수록 형세를 숨겨야 한다는 메타포가 들어 있다. 별은 대체로 동아시아에서는 바람을 주관하는 것으로 손자 13편 火攻篇에는 별자리의 변화에 따른 화공의 시기를 기술하고 있다. 해(太陽)의 운행은 명명백백하므로 압도적 승산을 의미하나, 병법에서는 생지(양지)에 군을 키워 사지를 공격하는 문구로 주로 표현되었다. 달(月)은 태음太陰으로 전쟁이라는 불길한 일을 수행하는 음살의 때를 부여받은 군사 심리를 상징화했다. 열 번 싸워 열 번 이기는 완전승이 부인되는 것은, 완전성을 꺼리는 도가의 "대성약결 大成若缺, 완전히 이룬 것은 어딘가 모자라는" 사상이 기저에 있다. 더구나 완전한 전투를 하지 않도록 충고하는 문구로 13편에, 전쟁은 졸속으로라도 빨리 끝내는"병문졸속兵聞拙速", 포위 시에는 적의 퇴로를 터주는"위사필궐圍師必闕)"등은 병가의 명언으로 인구에 회자한다.

2. 월전편의 편제는 약갑편略甲篇의 한 부분으로 보는 주장도 있다. (趙達夫Zhao Kuifu, 1994 Reconstruction)

3. 天時, 地利, 人和는 전국 시대〈孟子, 公孫丑下〉"천시는 지리보다 못하고 지리는 인화보다 못하다. 天時不如地利 地利不如人和"라는 구절에서 유래한다. 그러나 이 생각은 천지인 삼재三才 사상이 형성된 서한 시대에 정립되어 후세에 맹자의 편자들이 만들었을 것이다. 삼재는 동한 시대에 완성된 손자 13편의 편제 구성과 문장에 지대한 영향을 주었다.

출처	원문	번역
장장 양본	官二(缺文), 官三(缺文), 九處(缺 文,) 十間(缺文), 國實(缺文), 六 患(缺文), 素教(缺文) (1)	
한 신 주	없음	
죽 간	없음	

역자 주

1. 위 7가지 편제명은 82편의 각 편 순서에 어디에 위치하는지 알 수 없고 모두 내용이 잔멸되어었다. 十間은 손자 13편의 五間이 다시 음양으로 나뉘어 오행의 生克을 설명했을 것으로 추정된다. 六患은 六擧의 전후에 있었을 것이다. 官二, 官三은 官一을 발전시킨 문장일 것이고 九處는 九地와 유사 성격일 것으로 추정된다. 九處는 예시에서 보듯 處軍(行軍)의 각론에 속했을 것이나 자세한 내용을 알 수 없다.

4. 축간 과정 요소(3才와 5事)로 분류한 13편

(장): 장장본, (전): 전래본, (죽): 은작산 죽간, (한): 한신비주

縮簡 九神者	장장본 82편		82편과 13편 공통 구절 과 평가	3才	5事	13편
道 天下弗一, 시계始計, 天地將法 Matrix						
神謀	1, 2, 3, 4		上下同欲者勝(전)	天	將	모공謀攻
	5	和同				
	6, 7, 8, 9					
神明	10					
神明	11			天 天	天 地	군형軍形 병세兵勢
	12					
	13, 14, 15					
	16	民情				
	17, 18					
神要	19	十官		天	人	허실虛實
	20	六擧				
	21, 22, 23, 24					
	25	官一				
	26	四備	勢者, 攻無備, 出不意(죽) 攻其無備, 出其不意(전) 視之近, 中之遠(죽) 近而示之遠 遠而示之近(전)			계計
	27					허실虛實
神算	28	天一		地	將	행군行軍
	29	陰紀				
	30	夏紀				
	31	九變一				
	32	九天	風天者 太陰在箕壁翼軫也(장)			화공火攻
	33	九地一				
	34	十發	故善謀者九州爲上, 破關次 之"(장) "全國爲上 破國次之"(전)			謀攻
	35	麟鳳				
	36	天地二				

縮簡 九神者	장장본 82편		82편과 13편 공통 구절 과 평가	3才	5事	13편
神治	37	軍擊一	?			화공火攻
	38	南北				
	39	九奪	5度, 6量, 9奪(장)			구지九地
			分定以後 戰(장) 治衆如治寡 分數是也(전)			병세兵勢
	40	六勝	〈中平兵典〉九法 一曰天 二曰 地 三曰人 四曰度 五曰量 六曰奪 七曰數 八曰稱 九曰勝 天生地 地 生人 人生度 度生量 量生奪 奪生 數 數生稱 稱生勝(장) 兵法, 一曰度 二曰量 三曰數 四 曰稱 五曰勝 地生度 度生量 量 生數 數生稱 稱生勝(전)			군형軍形
	41	拾中				
	42	行空				
	43	方面				
	44	明暗	兵者 詭道也(장) 間之所欲用者 奇正所欲開者 城 之所欲攻者 人之所欲殺者 軍之 所欲擊者(장)			용간用間
	45	奇正	分之以奇數 制之以五形(장) 鬪衆如鬪寡 形名是也(전)			병세兵勢

縮簡 九神者	장장본 82편		82편과 13편 공통 구절 과 평가	3才	5事	13편
	46					
	47	一將	故善用兵者 譬如衛然 衛然者 恆地之蛇也(장) *衛는 현존하지 않는 글자인 죽간 에 보이는 솔(彳率亍)의 오독이다. 故善用兵者 譬如率然率然者 常 山之蛇也(전)	地 地	地 法	구지九地
神變	48, 49					작전作戰 군쟁軍爭
	50	將敗				
	51	九變二	"제나라 안성의 죽간에는 〈九稱 〉, 진나라 궁전 오간鄔簡의 죽 간에는 〈勝變〉이다, 경림간景 林簡은 〈九變二〉로 표현되었 다"(한)	人	地	구변九變
	52	四五	故知四五者 王霸之兵也(장)			구지九地
	53	九地二				
	54					
神心	55, 56, 57			地	地	구지九地
	58	九勢	"故善戰者, 有擇人之勢"(죽) "故 善戰者 求之於勢 不責於人 故能 擇民而任勢"(전)			병세兵勢
	63					
神擊	64	火攻	一曰火人 二曰火積 三曰火輜 四 曰火庫 五曰火隊(장) 故行火有因 因必素具 故發火有 時 起火有日 時者 天之躁也 日者 陰在箕 壁 翼 軫也(장)	人	法	화공火攻
	65, 66					
	67	八陣				
	68					
	69	略甲				
	70, 71, 72					

縮簡 九神者	장장본 82편		82편과 13편 공통 구절 과 평가	3才	5事	13편
神聲	73, 74, 75, 76 77, 78, 79, 80		聲은 聖과 고대 통가자이니 용간 편의 핵심 사상인 "用間以聖, 간첩의 운용은 聖[현장에 있지 않고 귀로 듣고 입으로 말하는 데 스킬]으로 한다"를 요약했다.	天	法	용간用間
	81	三十六策				
	82	預示	"후기" 성격의 글로 손무 생애의 중요 단서를 제공하나 후대에 여러 번 가필되고 찬개되었다.			
	편제 배열 미상 잔문		兵策, 篡卒, 行篡, 軍伏, 麟鳳二 軍擊二, 九地三, 啟道, 止道, 恭名, 己彼, 延氣, 月戰, 官二(缺文), 官三(缺文), 九處(缺文) 十間(缺文), 國實(缺文), 六患(缺文), 素教,(缺文)			

5. 손자병법 演流

시대	제목	지역	思潮	註/著者	음운 및 제본
殷商		황하 중 상류	군의 진퇴를 占에 의존	貞人의 갑골 契 刻	甲骨 金文
西周		요동 山東	육도삼략 원류 발생	강태공 여망	육도 : 전국 삼략 : 서한

시대	제목		지역	思潮	註/著者	음운 및 제본
東周 春秋	齊	〈손무병법 82편〉 장장본	臨淄		손무	죽간 — 閩南語 閩東語 / 吳語 (Ng Nyi Ju)
	吳	〈손무병법〉	姑蘇	13편 여부 미상	손무	
	楚	〈鬼谷子〉	淸溪	不戰而勝 사상의 원류	귀곡자	죽간 — 閩南語 閩東語
	齊	〈손무병법 82편〉 景林簡	臨沂	장장본 한신비주에서 언급한 경림간은 출토된 〈죽간 손빈병법〉과 주요 문구 일치	손무	
		〈安城簡〉 손빈 89편	臨淄 安城	82편에 7편 추가 금방연금龐涓 견위왕見威王 위왕문威王問 진기문루陳忌問壘 강병強兵 십진十陣 십문十問	손빈 (반고의 기록)	
	秦	〈郿鄔簡〉	함양 미오령 낙양		미상	서융음운 추정 SinoTibetan

시대	제목	지역	思潮	註/著者	음운 및 제본	
戰國末	〈黃帝〉	황하 중류	道敎의 원류			秦 문 자 음 운 통 일 秦 隷 體 ⇩ 漢 隷 體
秦漢之際	〈병법 82책〉 〈81수 雋永〉	范陽 山東	초한전쟁 천하 3분 시도	괴철	죽 간	
	〈韓信批註〉 〈韓信序次兵法〉	臨淄	82편 비주 군축 논의	한신		
	〈黃石公三略〉			장량 미상		
西漢	유학을 국시로하는 厭軍 사상 劉歆(기원전 50년경~기원후 23년), 고대 典籍 분류정리					
	중국 남부(오월 지역)를 중원 역사에 편입 시도			사마천		
	〈손자 13편〉	칭하이 大通縣 上孫家 寨漢墓	"孫子曰, 夫十三篇" 손자 13편 형성		木 簡	
東漢	〈한서〉, 〈오월춘추〉, 〈월절서〉로 중화 중심의 역사 일원화 시도			袁康	죽 간 ⇩ 종 이	
	〈손자 13편〉 〈병법 82편〉 편제 조정 및 刪册	洛陽	儒 道 分 爭	82 편	도교의 方士	
				13 편	軍儒	
三國	〈손자 13편〉 정형화	洛陽	병법의 政略化	曹操注	종 이	
	〈孫子略解〉		손자 13편 언급			
	〈편의 16책〉	臨沂		제갈량		

시대		제목	지역	思潮	註/著者	음운 및 제본	
南北朝	南齊	〈36계〉 <南齊書, 王敬則傳> 檀公의 36책	의관 남도	孫恩의 亂	檀道濟	종이	중원지역 북방어
	南朝梁	〈七錄〉		손자병법이 상중하 3권으로 구성되어 있음을 기록	阮孝緖		
		〈손자병법〉			孟氏注		
隋唐		〈손자병법〉 群書治要			魏徵	종이	
		〈唐李問對〉			李靖		
		〈손자병법〉 通典			杜佑注		
		〈史記·正義〉		七錄雲： 孫子兵法三卷. 案： 十三篇爲上卷, 又有中、下二卷的 記載. 孫武兵書除 十三篇之外 還有 八十二篇	張守節		
北宋		〈習學記言卷四十六孫子〉	開封	左傳無戴論 손자병법을 저급한 무인의 학습서로 폄하	葉適		

시대	제목	지역	思潮	註/著者	음운 및 제본	
南宋	〈손자병법〉 태평어람	金×蒙의 침공으로 강남 이주			종이 ⇩ 죽간	
					판각	
元			손자를 주제로한 女兵笑劇 유행		판각	
明						
清	〈손자병법〉 손교본	산동		손성연 주	판각	
民國	〈손무병법 82편〉 장장본 발견	발견 : 산동 필사 : 서안		張瑞璣		
중화 인민 공화국	1972	〈손자병법〉 죽간본 발견	산동 臨沂 한묘	4월 발견시 竹片의 수 4,952매 7월 죽간정리 소조의 보고 손자병법(吳問, 四變, 黃帝伐赤帝, 地形 二, 見吳王 등 포함)은 총 죽간 196매로 이 가운데 완전한 죽간은 11매, 부분 토막은 122매, 잔조각은 63편, 글자수 총 3,160자	미상	
중화 민국	1985	〈손자병법〉 죽간본(1~153번)	북경	죽간 해독 정황간개발표 죽편 총 513개 완전죽간 8매 죽간번호 부여 1~233번	吳九龍 외 죽간 정리 소조	

시대		제목	지역	思潮	註/著者	음운 및 제본
중화 인민 공화국	1989	중국손자병법 연구회 성립				
	1996	9월 〈손무병법 82편〉 죽간 필사본 발표	西安 북경 국 방대학	손자병법 82편 : 家傳 과 손자병법 13편 : 傳世 형태의 존재 역설	方立中	
		10월 ~ 11월	중국 사회과 학원 역사연 구소	위서 간주 손자병법 연구회 7 인 공동성명	李學勤 외 6인	
중화 민국		12월 장장본 초본 문화재 감정		6,70년대 종이, 묵 사용 위조 판정	焦貴洞	
	1997	3월	북경 4 개 법원	方立中 vs. 중국손자학회 소송전		
	1998	3월	북경 동성구 인민 법원	민사 판결문 학술적 논쟁의 범위로 판정 소송기각		

참고 문헌과 World wide web

통행고전

〈손자병법 13편〉〈죽간손자병법 12편〉〈詩經〉〈周易〉〈老子〉〈論語〉〈左傳〉
〈周禮〉〈禮記〉〈孟子〉〈莊子〉〈列子〉〈文子〉〈管子〉〈史記〉〈漢書, 형법지〉
〈漢書, 지리지〉〈漢書, 예문지〉〈後漢書, 吳佑傳〉〈道典〉〈漢書, 酷伍江息夫傳〉
〈說文解字〉〈晏子春秋〉〈鬼谷子〉〈國語, 吳語〉〈司馬法〉〈六韜〉〈潛夫論〉〈呂
氏春秋〉〈吳越春秋〉〈方言〉〈越絶書, 外傳記吳地傳〉〈荀子, 王制〉〈宋本十一家注
孫子〉〈孫子兵法, 日本 櫻田本〉〈孔子家語〉〈離騷〉〈三國志〉〈黃庭經〉〈世說新
語〉〈抱朴子〉〈금낭경〉〈청오경주〉〈素女經〉〈宋書, 卷五三, 謝方明傳〉〈晉書,
列女傳, 王凝之妻谢氏〉〈李白詩集〉〈杜甫詩集〉〈晉書·卷四十一·列傳第十一〉

국내 문헌

- 〈꾸란〉 한국어 번역, 통행본
- 김부식, 〈삼국사기〉 본기 권 18 소수림왕, 통행본
- 신동흔, 〈살아있는 한국신화〉 2014
- 심규호 유소영 역, 岳南 〈손자병법의 탄생〉 도서출판 일빛, 2011
- 윤석산 주해, 〈동경대전〉 모시는 사람들, 2021. 6
- 이석범, 〈제주신화〉 살림지식총서 535
- 이어도 연구회, 〈이어도, 그것이 알고싶다〉 2016. 12
- 李昌善, 〈竹簡孫子論變〉 우물이 있는 집, 2015
- 이창선, 〈누구에게 역사인가〉 지식산업사, 2021
- 張漢喆, 〈漂海錄〉 범우사, 1979
- 최오원, 〈우리 신화 이야기〉, 2005
- 河宇鳳 외 4인 저, 〈朝鮮과 琉球〉 대우학술총서 450 공동연구, 도서출판 아르케, 1999

중화권 문헌

- 中國哲學書電子化計劃 ctext.org
- 孫子兵法竹簡本, 銀雀山 漢墓 출토 〈竹簡孫子兵法〉, 〈銀雀山漢墓竹簡 情況簡
  介〉北京 文物出版社 1985. 9
- 張藏本 〈孫武兵法 82篇〉 1996年 發堀, 吳松霖 跋文本, online PDF
- 〈老子變化經〉, 胡孚琛主編, 中華道教大辭典 北京: 中國社會科學出版社,
  1995年
- 〈老子帛書〉, ctext.org
- 楊善群, 〈孫子〉知書房出版集團, 1996
- 〈人民日報〉 1996년 9월 18일자, 孟西安 기자의 글

- <西安晚報> 기자 金旭華의 취재 1996. 12 20
- <收藏> 1996년 發行 10기, 先任編輯者 楊才玉의 글
- 傳申, <董其昌書畫船 水上行旅與鑑賞, 創作關係研究> 대만대학 예술사 연구소, 研究集刊 第 15期, 民國 92年
- (宋) 林希逸(1193~1271) 注著, 戰國 列子
- 阮籍, <詠懷八十二首>, 中國詩歌研究, www
- 魯迅, <魯迅作品全集, 而已集> "魏晉風度及文章與藥及酒之關係" 臺北 風雲 出版有限公社, 1989
- 逯欽立, <先秦漢魏晉南北朝詩>: 崔宇錫 "魏晉四言詩研究" 中華書局, 1983
- 陶淵明, <讀山海經十三首>, 中國詩歌研究, www
- 蔡妙眞, "微言與解密 - 玩籍, 詠懷詩", 中興大學 中國文學 學報 第 32期, 2012
- 薛綜, <西京賦> www
- 劉陸, <蜀都賦> www
- <甲山北灣孫氏宗譜序>, <泗安孫氏家乘 · 孫氏族譜序> www
- 杜預의 註 <左傳> <春秋經傳集解> www
- 沈欽韓, <地名補注> www
- 王若柏, <黃河 下游遷徙改道原因新解> www
- 董仲舒, 春秋繁露, 淸板刻本 <董子繁露>
- 劉向, <列女傳, 辯通, 齊威虞姬> ctxt.org
- 顧頡剛, <古史辨> 第一冊(編著), 北平樸社出版, 1926年
- 顧頡剛, <古史辨> 第三冊(編著), 樸社出版, 1931年
- 顧頡剛, <中國上古史研究講義>, 北京中華書局出版, 1988年
- 錢穀融、印永淸: <顧頡剛書話>, 浙江人民出版社1998年版
- 趙虛舟(趙本學), <趙注孫子十三篇> 三卷 <孫子校解引類> 重校本, 掃葉山房, 1930
- 吳門嘯客 <孫龐鬪志演義> 上海古籍出版社, 1992
- 吳承洛 <中國度量衡史, 考工記>, 1993.
- 中國國家數字圖書館, 華夏記憶 www
- 黃葵, 刘春生 編著 <孙子兵法词典>, <文物>1981年 第2期, "大通上孙家寨汉简 整理小组 報告" 成都, 四川教育出版社, 1998
- <古本竹書紀年, 魏紀> 方詩銘, 王修齡, "古本竹書紀年輯證" ctext.org
- 葉原宏(Ethan Yet), 朔雪寒 共著 <孫子兵法>與<戰爭論> Google play Book PDF 2021. 5
- 吳恩培, <左傳> 未戴孫武之原因探討, 2012 3 1, 2021 2월9일 인터넷 접속 www
- 陳振孫(宋), <直齋書錄解題> ctxt.org
- 施永圖 <武備秘書> 1662 www
- 孫星衍補集, <岱南閣叢書> 1795, Online Format image, Library of Congress, loc.org
- Xiao Yue 肖悅, "淺析 <倉頡篇> 對後世蒙書的影響" 漢字文化, 2019
- 段玉裁, <說文解字注>, ctext.org
- 玩元, <山左金石志>, ctxt.org
- 玩元, <積古齋鐘鼎彝器款識 1804年>, ctxt.org, China-America digital academic library(CADAL), archive.org
- 李樂毅, 漢字演變五百例, 中國社會科學出版社, 1995年
- 敖陶孫(宋), 洗竹簡諸公同賦, www

- 殷璠, <河嶽英靈集>, 唐人選唐詩新編, 陝西人民教育出版社, 1996
- 何劭, <王弼傳>, www
- 王仲犖 <魏晉南北朝史>, 中華書局, 2007
- 范文瀾, <中國通史簡編>, 江蘇人民出版社, 2020
- 黃庭堅, <平陰張澄居士隱處> 詩三首之一, 中華古詩文古書籍網arteducation.com.tw
- 張彥遠(唐), <法書要錄>卷二, <論書表> ctext.org
- 張震澤, <孫臏兵法校理>, 中華書局, 1984年版
- 張學鋒, 南京大學歷史學系, "句吳是早期方國, 泰伯奔吳不可信" www.thepaper.cn 2018.
- 汪大淵(元), <島夷志略>, 蘇繼廎 校釋, 中華書局 2000
- 葉國良, 陳寅恪先生 <天師道與濱海地域之關係> 食貨月刊 1979
- 國際炎黃文化出版社 出版 溫州魏氏宗親會編 <蒼南魏氏志> 2010
- 高文德主編, <中國少數民族史大辭典>, 吉林教育出版社, 1995
- 劉化冬, <氣功> 雜誌 "黃庭經與氣功" 浙江出版社出版, 1987
- 蘇軾, <孫莘老寄墨>, www
- 魏華存撰, <清虛真人王君內傳>, www
- 宋玉, 高唐賦, www
- 吳澄(元), 道德眞經注, www, ctext.org
- 曾龍生, <明代正一道張天師家族的演變>, 廈文大學民間歷史文獻研究中心, 民國 107年 12月, online PDF
- 柏楊, <丑陋的中國人>, 人民文學出版社 1985
- 劉新建, <孫臏兵法新編註釋> 開封, 河南大學出版, 1989
- 褚良才, 本刊專稿, 1999年 4月 (報刊之友 99 No. 4) China Academic Journal Electronic Publishing House. www.cnki.net
- 褚良才, <孙子兵法与当代商战> 浙江大学出版社, 2002 9

영어권 문헌

- Balmforth, Edmund Elliott, <A chinese military strategist of the warring states, Sun Pin> Rutgers University Dept. of History, 1979
- Baxter-Sagart Old Chinese Reconstruction, Feb 2011 Version, online PDF
- Bloch, Marc Leo, <Apologie pour l'histoire ou Métier d'historien, The Historian's Craft> New York, 1953
- 畢以珣, 商務印書館, 1937, Military art and science, 323 pages, the University of California, Digitized Nov 4 2010
- Carr. Michael "The Shi 'Corpse/Personator' Ceremony in Early China" Reflections on the Dawn of Consciousness: Julian Jaynes' Bicameral Mind Theory Revisited / www.julianjaynes.org.
- Chun Shan(船山, 王夫之), <Major Aspects of Chinese Religion and Philosophy> Dao of Inner Saint and Outer King(內聖外王) Springer; 2012 edition (2014-07-18) (January 1, 1656)
- Firth, R. "Tattooing in Tikopia." Man 36 www

- Florian C. Reiter, <the investigation commissioner of the Nine Heavens 九天> and <the Beginning of his cult in Northern Chiang-Hsi in 731 A.D.> Wuerzburg, Germany online JSTOR Vol 31, 1988, Jstor.org
- Gaffney, David;, Davidine Siaw Voon Sim, <Chen style Taijiquan> North Atlantic Books, 2001
- Goossaert, "Zhang Yuanxu : The Making and Unmaking of a Daoist Saint"www Oxford scholarship online
- Hall, John W. <Japan, from prehistory to modern times.> New York, Delacorte Press, 1970
- Hopkirk, Peter <Foreign Devils on the Silk Road> Oxford Univ. Press Ltd 1984 ; 한국어 번역본, 김영종 역 <실크로드의 악마들>, 사계절, 2000년
- Jaspers, Karl <The Great Philosophers> New York, Harcourt, Brace & World Vol. 2 1962
- Ji Zhe and David Ownby, Vincent Goossaert, <Making Saints in Modern China> Oxford University Press 2017
- Kinoshita, Naoko Prehistoric Ryūkyūan Seafaring: A Cultural and Environmental Perspective, Publisher: Springer Singapore, 2019
- Kohn, Livia, <Xuanxue 玄學 Arcane Learning; Mysterious Learning; Profound Learning.> In The Routledge Encyclopedia of Taoism, ed. Fabrizio Pregadio, 2 vols. 1141. London and New York: Routledge, 2011
- Kohn, Livia, <Sanyi 三一 Three Ones; Three-in-Ones.> In The Routledge Encyclopedia of Taoism, ed. Fabrizio Pregadio, 2 vols. London and New York: Routledge, 2011
- Korean War Almanac, by H. G. Summers JrK
- Kleeman, Terry "Lucentious Cults and Bloody Victuals."1994 online PDF
- Knechtges, David R. 2010, "From the Eastern Han through the Western Jin (AD 25 – 317)". In Owen, Stephen (ed.). The Cambridge History of Chinese Literature, Volume 1: To 1375. Cambridge: Cambridge University Press
- Lau, D. C. and Roger T. Ames Translater, <SUN BIN>, State University of New York Press, 2003
- Lewis, Mark E. <China Between Empires> The Northern and Southern Dynasties. President and Fellows of Harvard College, 2009
- Lu, Guizhen 盧桂珍, Huiyuan, Sengzhao shengren xue yanjiu 慧遠、僧肇聖人學研究. PhD diss. In Zhongguo fojiao xueshu lundian 中國佛教學術論典, vol. 99, 1999
- McLaughlin, Shawn, Rapa Nui Journal Vol. 18(2) "Rongorongo and the Rock art of Easter Island, October 2004
- Miksic, John N. Singapore and the silk road of the sea, 1300-1800. Singapore: NUS Press, 2013
- Miyakawa, Hisayuki(宮川向志) "Local Cults around Mount Lu at the Time of Sun En's Rebellion." In Facets of Taoism: Essays in Chinese Religion. Edited by Holmes Welch and Anna Seidel. New Haven: Yale University Press, 1979
- Nanjing Univ. 南京大學, Scientia Geographica Sinica, 地理科學 2002, 10

- Pardee, Dennis "in The Ancient Languages of Syria-Palestine and Arabia, Ugarlic Clay Tablet" (ed Roger D Woodard) Cambridge University Press, 2008
- Pearson, Richard Edited : School for Oriental and African Studies, University of London : Symposium, Kingdom of the Coral Sea, Nov. 17, 2007
- Puett, Michael J. <To Become a God> cosmology, sacrifice, and Self-Divinization in Early China, Harvard-Yenching Institute Monograph Series 57, Harvard University Press, 2004
- Royal Swedish Academy of Sciences 2012, 任美锷"Socio-economic Impacts on Flooding: A 4000-Year History of the Yellow River, China"Published online 2012 Jun, 5
- Samuel B. Griffith, <Art of War> Oxford At the Claredon Press, 1963
- Sawyer, Ralph D. <SUN PIN, Military Methods> Westview Press, 1995
- Seidel, Anna "Chronocle of Taoist Studies in the West 1950-1990"online PDF
- Shaughnessy, Edward, "Historical Perspectives on The Introduction of The Chariot Into China". Harvard Journal of Asiatic Studies 48, 1988
- Shaughnessy, Edward <On The Authenticity of the Bamboo Annals> Harvard Journal of Asiatic Studies. Vol. 46 No 1, 1986
- Stein, Rolf Alfred <Religious Daoism and Popular Religion from Second to Seventh Century> 1979
- Thompson, Judi and Alan Taylor, <Polynesian Canoes and Navigation> The Institute for Polynesian Studies Brigham Young University-Hawaii Campus Laie, Hawaii, 1980
- Welch, Holmes "The Chang Tien Shik and Taoism in China" Journal of oriental studies 4 (1957~1958), Hong Kong University Press, 1960
- Wu, Xiaolong <Material Culture, Power, and Identity in Ancient China>, Cambridge University Press, 2017
- Zhang Zhenze張震澤, <孫臏兵法校理Sun Bin bing fa jiao li>, Beijing : Zhonghua shu ju : Xin hua shu dian, Beijing fa xing suo fa xing, 1984. 北京 : 中華書局 : 新華書店北京發行所發行, 1984

일본 문헌

- <日本書記> 통행본
- 佐藤武敏訳, 趙曄 <呉越春秋―呉越興亡の歴史物語> 平凡社 洋文庫, 2016
- 宮崎市定, <史記を語る> 黃版, 1979年, 復刊1992年, 岩波文庫, 1996年
- 丹波康頼, <醫心方> 30卷中 弟28卷 www
- 木村政昭, <ムー大陸は琉球にあった> 德間書店, 1991年
- 木村政昭, <邪馬台国は沖縄だった!> ―卑弥呼と海底遺跡の謎を解く, 第三文明社, 2010年
- 德川光圀 編著, 朱之瑜 <大日本史>
- 村山 孚, <勝つための哲学 孫子の言葉> PHP 研究所, 2006

<老孫兵談>을 탈고하며

開門作逕花已老

弄孫習字果漸莊

虛巷鬼兵同不留

古風閒談時世傳

문을 열어 작은 길 내도 꽃은 이미 지고, 손자와 놀며 글자 쓰는 동안 열매 익어 무성합니다. 험난했던 세월 아직도 쉬지 못하여, 빈거리에 보이는 귀신의 군대 같이 머물지 못함을 압니다. 道家와 兵家의 한가한 이야기 이제 세상에 전합니다.